China –
Kultur und Wirtschaftsordnung

Eine system- und evolutionstheoretische
Untersuchung

Inauguraldissertation
zur Erlangung des Doktorgrades
der Wirtschafts- und Sozialwissenschaftlichen Fakultät
der Universität zu Köln

1988

vorgelegt von
Dipl.-Volksw. Carsten Herrmann-Pillath M.A.
aus Bergisch Gladbach

Referent: Prof. Dr. Gernot Gutmann
Korreferent: Prof. Dr. Christian Watrin
Tag der Promotion: 12.2.1988

C. Herrmann-Pillath

China – Kultur und Wirtschaftsordnung

Schriften zum Vergleich von Wirtschaftsordnungen

Herausgegeben von
Prof. Dr. G. Gutmann, Köln
Dr. H. Hamel, Marburg
Prof. Dr. K. Pleyer, Köln
Prof. Dr. A. Schüller, Marburg

Unter Mitwirkung von
Prof. Dr. I. Bog, Marburg
Prof. Dr. D. Cassel, Duisburg
Prof. Dr. H. G. Krüsselberg, Marburg
Prof. Dr. H.-J. Thieme, Bochum
Prof. Dr. U. Wagner, Pforzheim

Redaktion: Dr. Hannelore Hamel

Band 41: China – Kultur und Wirtschaftsordnung

Gustav Fischer Verlag · Stuttgart · New York · 1990

China –
Kultur und Wirtschaftsordnung

Eine system- und evolutionstheoretische
Untersuchung

Von Carsten Herrmann-Pillath

11 Abbildungen

Gustav Fischer Verlag · Stuttgart · New York · 1990

Anschrift des Autors

Dr. Carsten Herrmann-Pillath
Bundesinstitut für ostwissenschaftliche
und internationale Studien
Lindenbornstraße 22

D-5000 Köln 30

Gedruckt mit Unterstützung des Bundesinstituts für ostwissenschaftliche und internationale Studien, Köln.
Die Meinungen, die in den vom Bundesinstitut für ostwissenschaftliche und internationale Studien geförderten Veröffentlichungen geäußert werden, geben ausschließlich die Auffassung des Autors wieder.

CIP-Titelaufnahme der Deutschen Bibliothek

Herrmann-Pillath, Carsten:
China – Kultur und Wirtschaftsordnung : eine system- und evolutionstheoretische Untersuchung / von Carsten Herrmann-Pillath. – Stuttgart ; New York : Fischer, 1990
 (Schriften zum Vergleich von Wirtschaftsordnungen ; Bd. 41)
 ISBN 3-437-50330-8
NE: GT

© Gustav Fischer Verlag · Stuttgart · New York · 1990
Wollgrasweg 49 · D-7000 Stuttgart 70 (Hohenheim)
Das Werk einschließlich aller seiner Teile ist urheberrechtlich geschützt. Jede Verwertung außerhalb der engen Grenzen des Urheberrechtsgesetzes ist ohne Zustimmung des Verlages unzulässig und strafbar.
Das gilt insbesondere für Vervielfältigungen, Übersetzungen, Mikroverfilmungen und die Einspeicherung und Verarbeitung in elektronischen Systemen.
Druck und Einband: Graph. Großbetrieb Friedrich Pustet, Regensburg
Printed in Germany

Vorwort

Untersuchungen von der Art der vorliegenden sind ein gefährliches Unterfangen, denn sie können durch Zielsetzungen und Absichtserklärungen des Autors überstrapaziert werden. Ich hoffe, daß die aus Kostengründen erforderlich gewordene Kürzung und Überarbeitung meiner Dissertation tatsächlich auch dazu beigetragen hat, die Essenz der Gedankengänge schärfer herauszuarbeiten und damit ein geistiges Gerüst aufzustellen, das weitergehenden Analysen hinreichenden Halt zu bieten vermag.

Mein ursprüngliches Motiv, das Thema 'Kultur und Wirtschaftsordnung' für den chinesischen Fall zu bearbeiten, ging natürlich auf ein allgemeines sinologisches Interesse zurück: Ich hatte das Bedürfnis, die verwirrende Vielfalt wirtschaftlicher und gesellschaftlicher Wandlungsvorgänge in China mit Hilfe des Kulturbegriffs zu systematisieren. Dabei schien zunächst die ältere deutsche ordnungstheoretische Tradition kongenial, die derartige Fragen methodisch bereits z. B. mit der Diskussion um 'Wirtschaftsstile' behandelt hatte. Diese Tradition mündet in das Werk Walter Euckens ein. Angesichts der kritisch-rationalistischen Bedenken gegenüber der Methodologie Euckens wurde mir spätestens bewußt, daß mein Vorhaben einen methodischen Neuansatz erforderlich werden ließ, der zwar an diese Tradition anschließt, aber geringer durch Probleme hermeneutischer oder begriffssystematischer Argumentationsformen belastet ist.

Erst bei der erneuten Überarbeitung des Textes war ich mir endgültig sicher, daß ein solcher Neuansatz nur gewonnen werden kann, wenn Marshalls alte Vermutung, die Ökonomie sei eher in der Nähe der Biologie als der Physik anzusiedeln, ernst genommen wird. Euckens Problemstellung der 'Großen Antinomie' wird im Rahmen einer formal evolutionstheoretischen Argumentation elegant gelöst, weil in biologischen Zusammenhängen die Individualität von Einzelphänomenen des Lebens eine Schlüsselrolle spielt, ohne daß damit die wissenschaftliche Hypothesenbildung unmöglich würde. Der jüngeren Wirtschaftswissenschaft und vor allem auch der ökonomischen Institutionslehre ist die Empfindung der Individualität von Phänomenen, die in historischer Zeit ablaufen, leider nach wie vor abhanden gekommen; eine evolutionstheoretische Analyse in der deutschen ordnungstheoretischen Tradition erweist sich daher als ein alternatives Forschungsprogramm zu einem allzu groben 'economic imperialism', der schlicht daran leidet, daß es bei einer geeigneten Interpretation des Kostenbegriffs stets möglich ist, beliebige wirtschaftliche, politische und gesellschaftliche Phänomene ökonomisch zu 'erklären'. Solange jedoch nicht eindeutige Meßkategorien (Preise, Einkommen u. ä.) verfügbar sind, bleibt der ökonomische Theorieimperialismus subjektivistisch und damit empirisch wenig operational.

Die methodologischen Fragen werden hier allerdings nur knapp abgehandelt; die Analyse der chinesischen Wirtschaftsordnung soll für sich sprechen, und ich hoffe, demnächst die theoretische Konzeption in einer separaten Publikation breiter darstellen zu können. In diesem Zusammenhang ist es bereits jetzt wichtig anzumerken, daß die evolutionstheoretische Methodologie gegenüber der gewählten systemtheoretischen deskriptiven Sprache offen ist, d. h. es ist keinesfalls zwingend, die hier dargestellte Rezeption des Werkes von J. G. Miller zu übernehmen. Diese Rezeption war ein eher 'zufälliges' Ergebnis der Evolution meiner Überlegungen.

Wenn eine bestimmte Methode durch ihre Anwendung wesentlich expliziert werden soll, dann besteht natürlich stets die Gefahr, Fakten nicht nur zu stilisieren, sondern sie auch zu verzerren. Da ich nun schon seit längerer Zeit intensiv mit der empirischen China-Forschung befaßt bin, empfinde ich die Spannung zwischen Theorie und komplexer historischer Wirklichkeit sehr deutlich. Eine theoretische Arbeit über China ist nämlich zusätzlich mit dem Problem belastet, daß die eigenen empirischen Untersuchungen nur äußerst kleine Teilbereiche der Wirklichkeitsphänomene erfassen können; in allen anderen Bereichen muß auf die umfangreichen Bemühungen anderer zurückgegriffen werden. Die entscheidende Schwierigkeit besteht nun darin, daß diese Forschungen ihrerseits eine bestimmte theoretische Perspektive zugrundelegen und damit die Fakten stilisieren. Eine synthetische Arbeit wie die vorliegende betreibt also nicht nur eine Vorauswahl von Fakten, sondern auch eine Vorauswahl von Theorien, die in anderen Untersuchungen angewendet wurden. Diese Situation besteht für eine ökonomische Analyse herkömmlicher Prägung nicht in dem Umfang, wie für eine weitgehend interdisziplinäre. Ich hoffe, daß meine system- und evolutionstheoretische Rezeption verschiedener sinologischer Theorien über sozioökonomische Phänomene in China ihrem Gegenstand gerecht wird; der Leser muß jedoch wissen, daß viele Aussagen über China, die hier in meinen spezifischen theoretischen Rahmen eingebettet sind, ihrerseits theoretischer Natur und damit eher falsch als wahr sind. Die erneute wirtschaftliche und gesellschaftliche Krise, in der sich das Land zum Zeitpunkt der Niederschrift dieses Vorwortes befindet, scheint freilich wesentliche Aspekte meiner Überlegungen zu bestätigen.

In diesem Zusammenhang ist eine kurze technische Anmerkung erforderlich. Ich habe chinesische Quellen nur so weit nachgewiesen, als sie nicht in eigenen oder anderen Untersuchungen bereits ausgewertet worden sind. Zudem habe ich chinesische Autoren nur dann persönlich angeführt, wenn dies thematisch erforderlich war, wie im Falle der exemplarischen Diskussion ökonomischer Theorien in China; diese Auswahl ist ihrerseits einseitig, weil z. B. die Radikalisierung der ökonomischen Diskussion in jüngster Zeit nicht berücksichtigt werden konnte. Meine eigene sinologische Quellenarbeit wird daher im Literaturverzeichnis nur teilweise widergespiegelt, und ich bitte um Nachsicht, daß aus Platzgründen immer wieder der Verweis auf eigene, anderweitige Publikationen erfolgen muß.

Dieses Buch hätte auch in der gekürzten Fassung nicht erscheinen können, wenn nicht das Bundesinstitut für ostwissenschaftliche und internationale Studien, Köln, dies großzügig finanziell unterstützt hätte. Ich bin diesem Interesse an 'Exotika' zu Dank verpflichtet. Meinen ganz besonderen Dank muß ich jedoch zwei Menschen aussprechen, ohne deren fortwährende Hilfe diese Arbeit nicht möglich gewesen wäre. Professor Gernot Gutmann, mein Doktorvater, hat das Projekt in Phasen der Unklarheit und Unsicherheit vorurteilsfrei gefördert, und mir damit Wert und Verpflichtung akademischer Freiheit demonstriert. Meine Frau hat über lange Jahre Hoffnungen und Befürchtungen mitgetragen, und mein theoretisches Verständnis der Humanwissenschaften ist wesentlich durch unsere fortlaufenden Gespräche geprägt. Dieses Buch ist daher ihr gewidmet.

Carsten Herrmann-Pillath

Inhalt

ERSTER TEIL

Grundsätzliche Betrachtungen zur systemtheoretischen Analyse der Wechselwirkung zwischen Kultur und Wirtschaftsordnung

Erstes Kapitel
Methodologische Aspekte der Verwendung des Kulturbegriffs in der Beschreibung von Wirtschaftsordnungen

1. Ein ungelöstes Problem in der ökonomischen Theoriediskussion und der potentielle Beitrag des deutschen Posthistorismus 1
2. Der Begriff der 'Kultur' 11
3. Die ökonomische Erklärung kultureller Regeln 16
4. Kulturbegriff und ökonomische Theorie: Eine strukturalistische Synthese 24

Zweites Kapitel
Die systemtheoretische Sprache J.G. Miller's als deskriptives Instrument – eine Rezeption

1. Explikation des Systembegriffs und seiner Beziehung zum Begriff der 'Wirtschaftsordnung' 31
2. Allgemeine Hypothesen zur Evolution von Systemen und den Wechselwirkungen zwischen Subsystemen 49
3. Die Wirtschaftsordnung als Menge informationsverarbeitender Subsysteme von PRODUCER 62

Zweiter Teil

Systemtheoretische Untersuchungen zum Einfluß kultureller Faktoren auf die Evolution der chinesischen Wirtschaftsordnung

Drittes Kapitel

Ordnung und System:
Das Problem der Einheit der chinesischen Wirtschaftsordnung

1. Der ökogenetische Kulturbegriff und das Konzept der 'Systemintegration' . . 75
2. DISTRIBUTOR und Systemintegration 81
3. Staatliche Einheit und zweistufige Ordnungen 101
4. Der Prüfstein der Geschichte:
   Traditionelle Ordnung und die Genese der Volksrepublik 125

Viertes Kapitel

Normative Grundlagen von Entscheidungsprozessen:
Die Wechselwirkung der Ebenen 'Group' und 'Organization'

1. 'Kultur' und die Beliebigkeit des Zeichens 131
2. Traditionelle Sozialisation und feldabhängige Verhaltenssteuerung 137
3. Der Einfluß informaler Gruppenprozesse auf die Entscheidungsfindung in formalen Organisationen und die Implementation allgemeiner Regeln 150
4. Die Entstehung spontaner Ordnungen der Ebenen 'Organization' und 'Society' durch die Effekte von Gruppenprozessen 169

Fünftes Kapitel

Das begriffliche System der chinesischen Nationalökonomie als Medium gesellschaftlicher Entscheidungsprozesse

1. Begriffliche Systeme als Speicher anpassungsrelevanten Wissens 189
2. Historische Hintergründe und sozialphilosophische Grundeinstellungen der chinesischen Nationalökonomie 191
3. Gegenstand und Charakter der Politischen Ökonomie 201
4. Planung, Preise und Gleichgewicht:
   Das Problem der Wirtschaftsrechnung 216

Sechstes Kapitel

Evolutorische Dilemmata:
Kultur, Wirtschaftsordnung und die Zukunft der chinesischen Reformpolitik

1. Das evolutorische Fundamentalproblem:
   Darwinsche Anpassungsoptimierung und teleologe Industrialisierung . . . 230
2. Die laterale Dispersion von Entscheidungsprozessen der Ebene 'Organization' und die Fragmentierung planwirtschaftlicher Entscheidungsträger 238

3. Zweistufige Ordnung, Verantwortungssysteme und die Fragmentierung wirtschaftlicher Koordinationsmechanismen 249
4. Gruppenprozesse und die Fragmentierung allgemeiner Regelwerke oder ordnungspolitischer Entscheidungsfunktionen 262

Anmerkungen zum ersten Teil 275

Anmerkungen zum zweiten Teil 301

Literaturverzeichnis 358

ERSTER TEIL
Grundsätzliche Betrachtungen zur systemtheoretischen Analyse der Wechselwirkung zwischen Kultur und Wirtschaftsordnung

Erstes Kapitel
Methodologische Aspekte der Verwendung des Kulturbegriffs in der Beschreibung von Wirtschaftsordnungen

1. Ein ungelöstes Problem in der ökonomischen Theoriediskussion und der potentielle Beitrag des deutschen Posthistorismus

Geistiger Mittelpunkt der vorliegenden Arbeit ist der Begriff der 'Kultur'. Seit jeher gehört die Frage des Einflusses, den kulturelle Faktoren auf ökonomisches Verhalten ausüben, zu den zyklisch wiederkehrenden Streitpunkten in der ökonomischen Theoriediskussion.[1] Seit dem recht eindeutigen Ausgang des 'Methodenstreites' geht es hier immer um eine Auseinandersetzung zwischen wirtschaftswissenschaftlicher Heterodoxie und herrschender Lehre: Das schillernde Kulturkonzept ist methodologisch anrüchig, denn es führt augenscheinlich in einen theorielosen Deskriptivismus hinein, bedeutet eine Hypostasierung gesellschaftlicher Verhaltensnormen ohne weitergehendes Erklärungsinteresse; gleichzeitig entstehen erhebliche Probleme bei der intersubjektiven Validität wissenschaftlicher Rekonstruktionen konkreter 'Kulturen'.[2]

Mit den jüngsten Erfolgen des 'economic imperialism' scheint der Kulturbegriff so überflüssig wie nie zuvor.[3] Regelgebundenes menschliches Verhalten könne nun mit Hilfe der - im Prinzip neoklassischen - zentralen Axiome der Wirtschaftstheorie erklärt werden ist die Behauptung. Das Kulturkonzept wäre dann durch Explikation eliminiert. Der skeptische Betrachter wird jedoch das Gefühl nicht los, daß es sich hier nur um einen längst vertrauten Abschnitt in der zyklischen Wiederkehr alter Probleme handelt: In der Tat führen die weitreichenden Schwierigkeiten bei der empirischen Operationalisierung vordergründig plausibler ökonomischer Erklärungen menschlichen Verhaltens überraschend schnell zur Einbeziehung kultureller Faktoren zurück.[4]

Im Gegensatz zur romanisch-rationalistischen und zur angelsächsisch-pragmatischen Tradition in der Nationalökonomie hat die deutsche Wirtschaftswissenschaft seit jeher eine wesentlich größere Bereitschaft gezeigt, dem Kulturbegriff eine eigenständige Rolle in ihrem Wirklichkeitsverständnis zuzugestehen.[5] Bereits bei F.List tritt hier ein bestimmtes argumentatives Grundmuster zu Tage, das kulturspezifischen Verhaltensnormen (für List 'nationale' Eigentümlichkeiten) den Status i n t e r m e d i ä r e r Erklärungsvariablen verleiht, d.h. die ökonomische Theorie wird nicht pauschal zugunsten einer kulturwissenschaftlichen Argumentation verworfen, sondern es wird lediglich behauptet, daß sie ohne die ökonomisch nicht weiter reduzierte Berücksichtigung kultureller Faktoren keine empirisch gehaltvollen Wirklichkeitsbeschreibungen ermöglicht.[6]

Zu den klassischen Vorwürfen der kulturwissenschaftlichen Kritik der Wirtschaftstheorie gehört daher die These, daß gerade die orthodoxe Position ihrerseits ein k u l t u r s p e z i f i s c h e s Verhalten beschreibe, wolle man ihr überhaupt empirischen Gehalt zusprechen.[7] Diese Frage ist keinesfalls nur von akademischem Interesse, denn würde die These zutreffen, ergäben sich weitreichende Implikationen für die Theorie und Politik wirtschaftlicher Entwicklung: Ist der 'homo oeconomicus' eine menschliche Universale, dann hängt es lediglich von einer geeigneten Veränderung der Randbedingungen ab, ob eine vorindustrielle Gesellschaft den raschen Übergang zur Industrialisierung zu vollziehen vermag; ist er jedoch seinerseits ein Produkt dieser Industrialisierung, so hängen Geschwindigkeit und Erfolg der Modernisierung traditioneller Gesellschaften von tiefgreifenden Prozessen des Kulturwandels ab.[8] Die Aufgaben der Wirtschaftspolitik sind im zweiten Fall wesentlich komplexer als im ersten, da keine allgemeinen Aussagen über den Zusammenhang zwischen explanatorisch isolierten Randbedingungen und Verhaltensänderungen zur Verfügung stehen - die Sozialtechnologie leidet an einem prinzipiellen Erkenntnisdefizit.[9]

Im Grunde zeitlich parallel mit der Entstehung des 'economic imperialism' führte daher die Krise der Entwicklungspolitik zu Beginn der siebziger Jahre zu einer Renaissance des

Kulturbegriffs in der Entwicklungstheorie. Quantitative Wachstumsmodelle mit dem Grad der Kapitalversorgung einer Volkswirtschaft als entscheidender Randbedingung hatten offensichtlich verkannt, daß quantitative Veränderungen ökonomischer Prozesse qualitative Sprünge mit sich bringen. Auf diese Weise wurde das 'Denken in Ordnungen' als eine wichtige Alternative in der ökonomischen Tradition wiederentdeckt. Kennzeichnend für einen solchen Ansatz ist die versöhnliche Haltung beim Problem der Beziehung zwischen 'homo oeconomicus' und 'Kultur', weil gerade die Betonung individueller Handlungsfreiräume und gewachsener Ordnungen mit sich bringt, daß einseitige Erklärungsansprüche vermieden werden.[10]

Geradezu weltgeschichtliche Bedeutung hatte die Frage der kulturellen Spezifität des 'homo oeconomicus' bereits vor der endgültigen Festigung der ökonomischen Orthodoxie erhalten: In der Entwicklungstheorie von Marx und vor allem in der späteren Rezeption erhält das Problem eine zentrale Position, ob die Transformation von Arbeitswerten in Güterpreise, die sich auf kapitalistischen Märkten ereignet, auch eine 'historische Transformation' impliziert, bei der sich eine Gemeinschaft 'einfacher Warenproduzenten' zu einer Gesellschaft kapitalistischer Warenproduzenten verwandelt. Die von Engels vorgelegte Sicht der marxschen Theorie hatte genau eine solche historische Transformation angenommen, bei der ein marxistischer 'homo oeconomicus' als 'Warenproduzent' eine anthropologische Konstante darstellte: Daraus leitete sich dann die tragische politische Schlußfolgerung ab, daß ein sozialistischer Staat, der die Aufgabe der Modernisierung einer vorindustriellen Gesellschaft übernehmen soll, mit den Mitteln der 'Diktatur des Proletariats' die Entstehung der kapitalistischen Produktionsweise aus den Verhaltensformen 'einfacher Warenproduzenten' verhindern muß. Würde also der Bauer in Agrargesellschaften nicht als 'Warenproduzent' identifiziert, sähe die Rolle des Staates in einer nachholenden sozialistischen Industrialisierung vollständig anders aus. Marx hatte dieses Problem bereits in der Begegnung mit dem russischen Sozialismus erkannt, bei dem die Auffassung weit verbreitet war, daß das Solidaritätsprinzip des Mir Ausgangspunkt einer nicht-kapitalistischen Industrialisierung und eines direkten

Übergangs zum Sozialismus sein könne - ein direkter Widerspruch zur Deutung Engels. Die Lösung, die Marx vorschlug, war eine m e t h o d o l o g i s c h e : Die Wert- und Preistheorie ist zunächst einmal ein analytisches Instrument ohne weitergehende ontologische und empirische Ansprüche, während die mit ihrer Hilfe erstellte Beschreibung der kapitalistischen Produktionsweise im 'Kapital' historisch kontingent ist. Damit war das Transformationsproblem enthistorisiert.[11]

Abgesehen davon, daß die skizzierte marxismusinterne Kontroverse für den zweiten Teil der vorliegenden Arbeit relevant ist, wurde sie hier angesprochen, weil die Problematik, ihr Lösungsversuch und die politischen Implikationen erstmals in einer Form auftraten, deren Grundmuster auf abstrakter Ebene bis in die Gegenwart hinein immer wieder in der ökonomischen Diskussion wiederzuerkennen ist. Die typische Situation entsteht bei der Konfrontation zwischen Agrar- und Industriegesellschaft und ist dann rasch gekennzeichnet vom Konflikt zwischen zwei konträren Positionen: Die eine behauptet, daß in vorindustriellen Gesellschaften das individuelle ökonomische Handeln in wesentlicher Hinsicht normativ determiniert sei, so daß der Übergang zur Dominanz individueller ökonomischer Rationalität im Sinne der Neoklassik als Kulturwandel, ja Kulturverfall zu deuten sei, und die andere geht von der ontologischen Universalität des ökonomischen Prinzips und damit der anthropologischen Universalität der neoklassischen Analyse aus und begreift daher den Kulturwandel nicht als eigenständiges ökonomisches Problem.[12]

Die marxsche Stellungnahme enthält nun in nuce bereits diejenige Perspektive, die nach dem unrühmlichen Niedergang des Historismus von einigen bedeutenden deutschen Nationalökonomen gewählt wurde, deren Beiträge hier unter dem Etikett 'Posthistorismus' zusammengefaßt werden. Die Stärke der neoklassischen Theorie war die Schwäche des Historismus gewesen: Wenige und klar definierte theoretische Annahmen standen einem theorielosen Deskriptivismus gegenüber bzw. verschiedenen ad-hoc Theorien über notwendige Abfolgen ökonomischer Entwicklungsstufen. Unter dem mächtigen Einfluß Max Webers blieb jedoch in Deutschland die Schwäche der Neoklassik Antriebskraft der Suche nach alternativen Denkansätzen: Das empirische Defizit der Anwendung zentraler theoretischer Terme[13] traf auf den massiven Anspruch von Empirizität, den <u>Weber</u> mit seiner soziologischen Betrachtungsweise ökonomischer Phänomene verband. Konzepte wie der 'Idealtypus' und das 'Verstehen' standen damit weiterhin in Konkurrenz mit der ökonomischen Orthodoxie.[14] Posthistoristische Denkansätze setzen in dem Sinne die historistische Tradition fort, als sie nach wie vor vom Primat der Beschreibung ausgehen, d.h. das theoretische Instrumenrium der Wirtschaftswissenschaft wird zunächst weniger nach seinem Erklärungswert beurteilt, als vielmehr nach seiner Eignung für die Erstellung von ökonomischen Wirklichkeitsbeschreibungen, die zu keinem Verlust von Information führen. Dies ist jedoch nur möglich, wenn die konkreten Institutionen einer Volkswirtschaft deskriptiv erfaßt werden; die neoklassische Theorie ist daher beispielsweise für <u>Sombart</u> und <u>Spiethoff</u> entweder deskriptiv zu wenig reichhaltig, um als empirisch gehaltvolle Theorie tauglich zu sein, oder lediglich eine Art stenographierte Beschreibung einer historisch kontingenten Erscheinungsform des Phänomens 'Wirtschaft' und daher natürlich nicht allgemeingültig.[15]

Aus diesem Grunde führt der Posthistorismus in der Tradition <u>Lists</u> eine i n t e r m e d i ä r e E b e n e t h e o r e t i s c h e r K o n z e p t e ein. Im Anschluß an die philosophischen Perspektiven des deutschen Idealismus wird eine scharfe methodologische Unterscheidung getroffen zwischen dem Begriffsapparat, mit dessen Hilfe der Wissenschaftler versucht, Wirklichkeitsbeschreibungen zu erstellen, und der deskriptiv erfaßten Realität selbst. <u>Sombart</u> formuliert verschiedene denkmögliche 'Wirtschaftssysteme' mit Hilfe einer Binärklassifikation distinktiver Merkmale, die als begriffliche Instrumente die 'Ordnung' konkreter Erscheinungsformen des Phänomens 'Wirtschaft' qua 'Unterhaltsfürsorge' vollständig erfassen sollen; nicht mit den 'Wirtschaftssystemen' wird Anspruch auf Empirizität erhoben, sondern erst mit der Formulierung eines 'Wirtschaftsstils', der im Sinne des weberschen 'Idealtypus' wesentliche Aspekte historischer Realität verstehend zugänglich werden läßt.[16] <u>Spiethoff</u> radikalisiert den impliziten Subjektivismus der Auswahlkriterien bei der Zusammenstellung der Binärklassifikation: Er unterscheidet zwischen der 'Reinen Theorie' als abstrakte Begriffsanalyse des Konzeptes 'Wirtschaft' ohne jeden empirischen Gehalt und der 'realistischen Theorie' als Formulierung eines 'Wirtschaftsstils', der die wesentlichen Merkmale einer spezifischen historischen Realisation des Phänomens 'Wirtschaft' erfaßt. Die 'realistische' Allgemeine Volkswirtschaftslehre präsentiert sich dann als eine offene Liste voneinander unabhängiger geschichtlicher Theorien der jeweiligen Wirtschaftsstile; die 'Reine Theorie' besitzt hier insofern eine heuristische Funktion, als sie gewisse allgemein verwendbare Begriffe definiert. Gleichwohl ist jeder 'Wirtschaftsstil' in wesentlicher Hinsicht ein Produkt der Subjektivität des Betrachters, denn es ist - im Gegensatz zur Auffassung Sombarts - kein letztlich verbindliches Relevanzkriterium bei der Merkmalsauswahl verfügbar.[17] Müller-Armack bezieht ähnlich radikal die Gegenposition: Die Differenzierung zwischen Theorie und Empirie, zwischen erkennendem und erkanntem Subjekt fällt im Prozeß der hermeneutischen Vermittlung zwischen dem Weltbild einer bestimmten Epoche bzw. einer bestimmten Region und dem wissenschaftlichen Betrachter fort. Der verstehende Nachvollzug einer Weltanschauung und ihrer Widerspiegelung im ökonomischen Verhalten der Wirtschaftssubjekte sichert die 'Objektivität' der Beschreibung historisch kontingenter 'Wirtschaftsstile'.[18]

Wie zu sehen ist, weist der Posthistorismus deutlich divergierende methodologische Positionen auf; gemeinsam ist jedoch die Überzeugung, daß die ökonomische Theorie im engeren Sinne solange keinen empirischen Gehalt besitzt, als sie nicht durch komprimierte i n s t i t u t i o n e l l e B e s c h r e i b u n g e n ergänzt wird, die einen theoretisch gleichwertigen Status erhalten. Abstrakt formuliert, geht der Posthistorismus davon aus, daß Erklärungen singulärer ökonomischer Erscheinungen (also insbesondere individuelle Handlungen von Wirtschaftssubjekten) nur möglich sind, wenn die wirtschaftstheoretischen Grundannahmen und spezifische, nichtreduzierbare institutionelle Beschreibungen konjunktiv verknüpft im Explanandum auftreten.[19]

Diese posthistoristische Position ist abschließend in den 'Grundlagen der Nationalökonomie' von Eucken systematisiert worden, dessen Bild der 'großen Antinomie' in der wirtschaftswissenschaftlichen Forschung den methodologischen Konflikt zwischen einzelfallbezogenem verstehendem Deskriptivismus und den abstrakten wirtschaftstheoretischen Erklärungsversuchen noch einmal scharf formuliert. Bei der Aufhebung der Antinomie knüpft er an zwei zentrale konzeptuelle Grundhaltungen des Posthistorismus an, nämlich die Forderung nach der Gewinnung von Begriffsapparaten, mit deren Hilfe möglichst gehaltvolle Realitätsbeschreibungen erstellt werden können, sowie die These, daß derartige Begriffsapparate an sich keinen Anspruch auf Empirizität erheben können.

Mit der Vorlage zweier getrennter Werke zur normativen und zur deskriptiven ('positiven') Dimension der Wirtschaftstheorie, den 'Grundsätzen' und den 'Grundlagen', hat <u>Eucken</u> deutlich die Aufgabe der reinen Beschreibung jeglicher Formen des Phänomens 'Wirtschaft' von derjenigen isoliert, eine wirtschaftspolitische Pragmatik für den Fall komplexer Industriegesellschaften zu entwickeln. Das Verhältnis zwischen Erklärung und Beschreibung wird mit Hilfe des Interdependenz-Konzeptes abgeklärt: Bereits in den 'Kapitaltheoretischen Untersuchungen' hatte <u>Eucken</u> die methodologische Kritik am theorielosen Deskriptivismus akzeptiert; abgesehen davon, daß bei einer fiktiven reinen Beschreibung kein Kriterium für die Relevanz von Daten verfügbar wäre, und der Betrachter daher allerhöchstens klassifikatorisch vorgehen kann, besteht der eigentlich problematische Punkt darin, daß ein wesentliches Charakteristikum der Wirklichkeit, nämlich die Regelmäßigkeiten der Zusammenhänge zwischen den Veränderungen unterschiedlicher Daten, mit einer theoriefreien Beschreibung nicht erfaßt werden kann. Damit besteht gerade für den Fall der reinen Beschreibung im Sinne historistischer Methodologien ein wesentliches d e s k r i p t i v e s Defizit. Die theoretische Erklärung von Dateninterdependenzen ist daher nichts anderes als ein mächtiges Mittel der Beschreibung.[20]

Wirklichkeitsbeschreibungen besitzen also im Prinzip die grammatische Struktur erklärender Sätze. Eine Theorie dient nun dazu, zulässige von unzulässigen Sätzen zu unterscheiden. In den 'Untersuchungen' geht <u>Eucken</u> noch davon aus, daß solche Theorien nichts anderes sind als M e n g e n hypothetischer Urteile, die jeweils die Bedingungen ihrer Gültigkeit expli-

zit nennen und auf diese Weise die deskriptive Verknüpfung
zur Realität herstellen. In den 'Grundlagen' tritt jedoch ein
anderer methodologischer Aspekt in den Vordergrund: der s y -
s t e m a t i s c h e Z u s a m m e n h a n g zwischen den unterschiedlichen hypothetischen Urteilen.[21]
Dieser Übergang auf eine höhere logische Ebene bringt die
vielfältigen Verständnisprobleme mit sich, die in der Diskussion des euckenschen Anspruchs aufgetreten sind, mit den
'Grundlagen' eine Universalsprache entwickelt zu haben, die
jede beliebige reale Wirtschaft deskriptiv erfassen könne.
Von Anbeginn war diese Diskussion von dem Mißverständnis geprägt, <u>Eucken</u> versuche, die Vielfalt realer Wirtschaftssysteme auf zwei idealtypische Grundformen zu reduzieren, nämlich
die 'Verkehrswirtschaft' und die 'zentralgeleitete Wirtschaft'.[22] Daß diese Darstellung nicht richtig sein kann,
zeigt schon die Beobachtung, daß <u>Eucken</u> gerade den Stilthco-
retikern vorwirft, auf der deskriptiven Ebene zu 'monistisch'
zu operieren; er verneint die Möglichkeit, eine reale Wirtschaft durch irgendein System begrifflicher Klassifikationen
vollständig beschreiben zu können. Gleichzeitig wendet er sich
aber gegen den theoretischen Pluralismus des Stilbegriffs, da
auf diese Weise der Anspruch auf Allgemeingültigkeit und Intersubjektivität aufgegeben werde. <u>Eucken</u> fordert daher die
Synthese von d e s k r i p t i v e m P l u r a l i s m u s und t h e o -
r e t i s c h e m M o n i s m u s . Dies scheint ihm möglich in Form
der Wirklichkeitsanalyse mit Hilfe der 'Wirtschaftssysteme'.[23]

Die Kritiker dieses Verfahrens haben nun stets übersehen,
daß der Begriff des 'Wirtschaftssystems' ganz im Sinne posthistoristischer Traditionen kein empirisches Konzept ist.
<u>Eucken</u> weicht von seinen Vorgängern allerdings in einer we-
sentlichen Hinsicht ab: Während beispielsweise <u>Sombart</u> unter
einem 'begrifflichen System' eine logisch unverknüpfte Reihung
von Binärmerkmalen versteht, nimmt <u>Eucken</u> in gewisser Weise
die Verwendung des Systemkonzeptes im deutschen Idealismus
beim Wort und und versteht unter einem 'begrifflichen System'
eine Menge logisch zusammenhängender Aussageformen, die einen
bestimmten Begriff wesentlich kennzeichnen. Diese Verbindung
zwischen hypothetischen Urteilen und der logisch aufgebauten
Bedeutungsanalyse stellt auch den wesentlichen Unterschied

zur Auffassung der 'Untersuchungen' dar: Nicht isolierte Aussagen werden mit der Realität konfrontiert, sondern die Wirklichkeit wird als ö k o n o m i s c h e erst durch die Verwendung einer semantisch genau definierten Begrifflichkeit zugänglich.[24]

Euckens 'Wirtschaftssysteme' sind also qua 'Idealtypen' Begriffe ohne empirischen Gehalt, die bestimmte, durch Aussageformen beschriebene Interdependenzarten bezeichnen.[25] Insofern können z.B. die verschiedenen Ausführungen zum Charakter der 'zentralgeleiteten Wirtschaft' als s e m a n t i s c h e R e g e l n der Verwendung dieses Begriffs verstanden werden.[26] Auf diese Weise wird der Sinn der Behauptung plausibel, daß die 'Wirtschaftssysteme' ein geeignetes Mittel für die Erstellung von Beschreibungen seien: Nur die Sätze, die unter Verwendung der Begriffe gebildet werden, erheben Anspruch auf Empirizität. Eine hinlänglich umfangreiche Menge derartiger Sätze ist dann die Darstellung einer ' W i r t s c h a f t s o r d n u n g '. D.h. also konkret, daß die Beschreibung einer Wirtschaftsordnung keinesfalls einem und nur einem geschlossenen Modell z.B. der 'Verkehrswirtschaft' entsprechen muß; sie ist vielmehr eine Menge unterschiedlicher Anwendungen der modelltheoretischen Begrifflichkeit. So wird verständlich, warum Eucken das Konzept des 'Wirtschaftsstils' für zu monistisch hielt. Die spezifische Zusammensetzung der Menge von Anwendungen der 'Wirtschaftssysteme' vermag die einmalige 'Individualität' einer Wirtschaftsordnung wesentlich genauer widerzuspiegeln als die begrenzten Listen klassifikatorischer Merkmale der Stiltheoretiker. Es ist daher möglich, eine äußerst radikale Version des Historismus zu übernehmen, ohne dabei gezwungen zu sein, auf t h e o r e t i s c h e r Ebene eine gleichmächtige Mannigfaltigkeit der beschreibenden S p r a c h e fordern zu müssen - genau dies ist der Kern der euckenschen Aufhebung der 'großen Antinomie'.[27]

Damit wird deutlich, daß die Beschreibung einer Wirtschaftsordnung eine sehr komplexe Aufgabe ist; es gilt, eine Fülle von Modellen zu formulieren, deren Gesamtheit dann den 'Realtypus' einer Wirtschaftsordnung bezeichnet. Hier stellt sich natürlich die Frage nach der geeigneten Abgrenzung dieser Gesamtheit, d.h. ähnlich wie im Falle der reinen Datensammlung das Problem der Relevanz der Modellauswahl. Der zweite wichtige Aspekt bei der Aufhebung der 'großen Antinomie' besteht nun darin, daß die sog. 'generalisierende Abstraktion' im Sinne der weberschen Verwendung des Begriffs 'Idealtypus' das ausschlaggebende Relevanzkriterium liefert. Dies bedeutet, daß neben der Synthese von 'Erklärung' und 'Beschreibung' nun das 'Verstehen' wesentlicher Bestandteil einer einheitlichen ökonomischen Methodologie wird. Ohne die Einbeziehung des politischen, kulturellen oder natürlichen Rahmens wirtschaftlicher Handlungen vermag die Anwendung der Wirtschaftstheorie letztlich nicht zu Empirizität gelangen.[28]

Die Komplexität der Beschreibungsaufgabe resultiert weiterhin daher, daß auf der Ebene der 'Wirtschaftssysteme' die Begriffsanalyse sich im Zuge der Anwendungsversuche im Zeitablauf fortentwickelt, d.h. die Theorie ist nicht ihrerseits statisch, sondern dem ständigen Wandel gegenüber offen. Je nach pragmatischer Effizienz der Beschreibungsbemühungen unter Zuhilfenahme der Theorie wird das begriffliche Instrumentarium verbessert, so daß Iterationen von Modellvarianten entstehen, die zu Fortschritten der Beschreibungsgenauigkeit auf der Ebene der Modellanwendung führen. Derartige Iterationen beginnen mit der 'pointierenden Abstraktion', die einen bestimmten Aspekt der Wirklichkeit analytisch-heuristisch isoliert; dieser Schritt bringt auch die Kluft zwischen Theorie und Realität mit sich, die trotz aller Wechselwirkung bestehen bleibt.[29]

Mit diesen, hier knapp skizzierten Überlegungen <u>Euckens</u> hat die methodologische Entwicklung des Posthistorismus ihren Abschluß gefunden. Nach dem zweiten Weltkrieg ging das Verständnis für den besonderen geistesgeschichtlichen Hintergrund des Posthistorismus in der nationalökonomischen Diskussion verloren; so wurde nicht erkannt, daß hier in der Tat einige wichtige theoretische Probleme gelöst wurden, die bis heute immer wieder Anlaß zu teilweise unfruchtbaren Auseinandersetzungen zwischen verschiedenen Zweigen der Sozialwissenschaften bieten. Dies gilt vor allem für das Verhältnis zwischen spezifisch ökonomischen modelltheoretischen Beschreibungen menschlichen Verhaltens und dem Begriff der 'Kultur': Die Rekonstruktion einer Kultur besitzt eine zentrale Funktion bei der Systematisierung modelltheoretischer Beschreibungen von Wirtschaftsordnungen.[30]

2. Der Begriff der 'Kultur'

Übernimmt man den posthistoristischen Ansatz, geht das ruhige methodologische Gewissen des 'economic approach to human behavior' verloren: Die verwirrende Vielfalt theoretischer Positionen und Glaubensbekenntnisse dringt in die Beschreibung von Wirtschaftsordnungen ein, die sich auf die Interpretation des Begriffs 'Kultur' beziehen.[31] Der Posthistorismus selbst kann nur unwesentlich zu einer Orientierung beitragen.[32]

Aus der Fülle möglicher Kulturbegriffe wird hier folgender näher spezifiziert: <u>'Kultur' bezeichnet eine Menge verhaltensteuernder Regeln, die anpassungsrelevante Information intergenerationell übertragen</u>. Eine solche stenographierte Charakterisierung führt natürlich sofort in die Methodologiediskussion hinein; einige Erläuterungen zu den auftretenden Begriffen sind daher erforderlich:

'Menge': Wird eine Kultur als Regelmenge aufgefaßt, dann kann eine allzu enge Interpretation vermieden werden, die aus der Kennzeichnung als 'Regelsystem' entstehen. Der soziologischen Systemtheorie ist immer wieder vorgeworfen worden, die Rolle des Konfliktes zwischen Individuen und Gruppen zu unterschätzen und damit am Phänomen des gesellschaftlichen Wandels zu scheitern. In der Tat wäre es ein methodologisch unnötig weit getriebenes Verlangen, daß die Beschreibung kultureller Regeln zu einem verhaltenslogisch konsistenten System gelangen solle; dies kann beispielsweise nur für Teilbereiche möglich sein, deren Regelsysteme wechselseitig inkompatibel sind.[33]

'verhaltenssteuernd': Regeln müssen keinesfalls direkt auf singuläre individuelle Handlungen Bezug nehmen; viele Mißverständnisse der Ökonomie/Soziologie-Kontroverse rühren daher, daß der Regelbegriff eine enge deterministische Interpretation erfährt, die in dieser Form auch nicht in der Ökonomie verwendet wird: Regelgebundenes Marktverhalten schließt individuelle Entscheidungsfreiräume nicht aus. D.h. Regeln definieren Bereiche funktional äquivalenter Handlungen, wobei natürlich der Umfang dieser Bereiche im konkreten stark variieren kann. Weiterhin ist zu beachten, daß Regeln hierarchisch ge-

ordnet sein können: Beispielsweise steuern allgemeine Regeln
die Bildung bereichsspezifischer Regeln. Der Begriff der 'Kultur' bezieht sich häufig auf derartige Regeln höherer hierarchischer Ebenen, die dementsprechend abstrakten Charakter
haben.[34]

'Regeln': Die Verwendung des Regelbegriffs in Verhaltensbeschreibungen entspricht aus abstrakter methodologischer Perspektive derjenigen des Gesetzesbegriffs in deduktiv-nomologischen Erklärungen. Problematisch ist natürlich, ob es sich
bei der Rekonstruktion kultureller Regeln um einen verstehenden Nachvollzug von Bewußtseinsphänomenen der Mitglieder einer
bestimmten Gesellschaft handelt, oder um Hypothesen des aussenstehenden Beobachters. Hier wird die letztere Interpretation aufgegriffen und eine Abgrenzung zum Begriff der 'Institution' vorgenommen: Bei 'Institutionen' soll es sich um beobachtbare Zusammenhänge zwischen Regeln und Verhalten in
einer Kultur handeln, bei denen zumindestens für ein Mitglied
der Gesellschaft gilt, daß dieser Zusammenhang bewußt und
darüber hinaus prinzipiell einer gestaltenden Handlung zugänglich ist. Eine Regel kann also eine Institution beschreiben, muß es aber nicht; sie ist zunächst einmal eine deskriptive Hypothese des Beobachters. Der Prozeß des 'Verstehens'
wird somit als r a t i o n a l - h e r m e n e u t i s c h e Beschreibung beobachteten Verhaltens aufgefaßt.[35]

'anpassungsrelevant': Neben der rational-hermeneutischen Perspektive ('Etics') besteht das entscheidende Spezifikum des
hier verwendeten Kulturbegriffs in der Hypothese, daß kulturelle Regeln l a n g f r i s t i g anpassungsoptimierend wirken.
Dabei wird der Begriff der 'Anpassung' im b i o l o g i s c h e n
Sinne verstanden, d.h. es wird angenommen, daß die Evolution
von Regeln im Zeitablauf der biologischen Zielfunktion der
Maximierung des individuellen Reproduktionserfolges unterworfen ist. Im Gegensatz zur Vorgehensweise der Soziobiologie impliziert dies jedoch nicht, daß individuelle Handlungen unmittelbar durch den Bezug auf diese Zielfunktion erklärt werden. Im allgemeinen ist vielmehr davon auszugehen, daß Regeln bestimmte Anpassungsprobleme im t e c h n i s c h e n Sinne
lösen, wobei das entsprechend erforderliche soziale Verhalten nicht langfristig die biologische Zielfunktion verletzen

darf. Aus methodologischer Sicht fungiert die biologische Zielfunktion also als regulatives Prinzip der Bildung von Erklärungen; zu betonen ist aber, daß diese Erklärungen nicht dem funktionalistischen Dilemma ausgesetzt sind, da keinesfalls davon ausgegangen wird, daß zu jedem beliebigen Zeitpunkt individuelles regelgeleitetes Verhalten anpassungsoptimierend sein muß: Es wird lediglich behauptet, daß nur anpassungsoptimierendes Verhalten evolutorisch stabil sein kann, bzw. daß suboptimierendes Verhalten nur bei schwachem selektiven Druck Bestand besitzt. Wesentlich ist weiterhin, daß die Lösung technischer Anpassungsprobleme stets im Sinne des ökonomischen Effizienzbegriffs gedeutet werden kann, ohne daß dies impliziert, daß die Entstehung von Regeln auf ökonomisch rationale individuelle Wahlhandlungen zurückgeführt wird.[36]

'Information': Im Gegensatz zu manchen Verwendungen des Kulturbegriffs, die davon ausgehen, daß menschliche Kulturen komplexe symbolische Systeme ohne unmittelbaren Bezug zur Wirklichkeit sind, wird hier angenommen, daß die Kultur ein Mechanismus der Speicherung von Wissen über die Umwelt ist bzw. von Wissen über Zusammenhänge zwischen Verhalten und Umwelt. Dabei ist freilich zweierlei zu beachten. Erstens, das Informationskonzept ist hier intensional und nicht extensional wie im Falle der klassischen Informationstheorie; damit tritt die wissenschaftlich sehr schwierig zu behandelnde s e m a n t i s c h e Dimension von Information in den Vordergrund. Zweitens, der Umweltbegriff kann nicht unabhängig vom Problem der Semantik eingeführt werden, d.h. eine Kultur definiert eine spezifische Umwelt, die methodisch deutlich von der 'objektiven' Umwelt differenziert werden muß, wie sie der außenstehende Beobachter identifiziert.[37]

'intergenerationell übertragen': Die Übertragung anpassungsrelevanter Information kann selbstverständlich auch zwischen Mitgliedern der gleichen Generation erfolgen. Die ausschlaggebende Funktion der Kultur ist jedoch darin zu sehen, daß sie die 'Vererbung' von Information ermöglicht, die lediglich auf phänotypischer Ebene speicherbar ist, weil die Anpassungsgeschwindigkeit des Genotyps zu gering ausfällt. Dies bedeutet, daß die Sozialisation eine überragende Rolle bei der Analyse kultureller Phänomene spielen muß.[38]

Der vorgeschlagene Begriff der Kultur zeichnet sich vor
allem dadurch aus, daß er kein spezifisch 'geisteswissenschaftlicher' ist, sondern eng in naturwissenschaftliche Zusammenhänge eingebunden ist; gleichwohl erfordert die nähere
Analyse einer konkreten Kultur den Rückgriff auf herkömmliche
geisteswissenschaftliche Methoden. Entscheidend ist jedoch,
daß die b i o l o g i s c h e E v o l u t i o n s t h e o r i e den weiteren Rahmen der Verwendung des Kulturkonzeptes stellt.[39]
Solange allerdings die biologische Analyse von Kulturen
aufgrund der vielfältigen Erkenntnisdefizite nur rudimentär
möglich ist, erscheint es sinnvoll, auf eine radikale darwinistische Reduktion kulturwissenschaftlicher Daten zu verzichten und stattdessen den allgemeineren technischen Anpassungsbegriff in den Vordergrund zu rücken. Eine solche Vorgehensweise haben die Anthropologen Rudolph und Tschohl gewählt; sie
soll hier knapp skizziert werden.[40]

Die biologische Zielfunktion wird zunächst allgemeiner formuliert: Organismen sind komplexe Systeme, deren homöostatische Prozesse die Realisation eines bestimmten Zustandes der
Bionormalität sichern. Bionormalität drückt sich in der durchschnittlich gegebenen Möglichkeit zur Selbsterhaltung und
Selbstreproduktion aus. Die Gesamtheit aller organismischen
Funktionen, die teleonom Bionormalität sichern, wird als 'Anpassung' bezeichnet; diese Funktionen sind vor allem in die
großen Gruppen zu untergliedern: Sicherung eines gleichgewichtigen Energiehaushaltes, Vollzug der Selbstreproduktion, Gewinnung und Verarbeitung von Information, sowie Aktion und
Reaktion bei interorganismischen Beziehungen. Ergebnis der
Anpassung ist die Bildung von Ökosystemen, d.h. homöostatische, strukturierte Systeme aus Organismen und ihren spezifischen Umwelten. Die Entwicklung von Ökosystemen im Zeitablauf wird als 'Ökogenese' bezeichnet, die Menge aller organismischen Verhaltensweisen, die auf die Ökogenese Einfluß
nehmen, als 'Ökosis'. 'Kultur' ist also ein Unterbegriff von
'Ökosis', d.h. ist eine Teilmenge lebensförderlicher organismischer Verhaltensweisen in Ökosystemen. Kultur ermöglicht
eine größere ökogenetische Variabilität bei phylogenetischer
Konstanz. Dabei spielt die Innovation eine große Rolle: Ausgehend von einem bestimmten genetisch verankerten Verhaltens-

repertoire sind lebensförderliche Verhaltensinnovationen möglich, die unabhängig von der genetischen Grundlage stabilisiert und tradiert werden können - die Ökogenese löst sich von der Phylogenese. Voraussetzung von Kultur ist auf organismischer Ebene das Bestehen von 'Psyche' und 'Individualität'. Die Psyche ist ein informationsverarbeitendes Subsystem des Organismus, das auf der Grundlage eines bestimmten Zeichenrepertoires Modelle der Umwelt und außerpsychischer Komponenten des Organismus bildet und verwendet; diese Modelle heißen 'Vorstellungen'.[41]

Die Psyche ist nun in der Lage, die organismische Teleonomie in Form von 'Einstellungen' in eine bewußte Teleologie zu transformieren, d.h. sie ermöglicht zielgerichtetes Verhalten, das letztlich auf das Globalziel der Lebensförderlichkeit ausgerichtet sein muß.[42] Einstellungen strukturieren wiederum die psychisch vermittelte organismische Umwelt- und Selbstwahrnehmung in Form von 'Bedeutungen'.[43] Daraus ergibt sich natürlich eine weitere Dimension des Umweltkonzeptes. Mit der im Verlauf der Evolution ständig zunehmenden Komplexität von Ökosystemen und der entsprechenden psychischen Repräsentationen ist die Psyche schon aufgrund zufallsbedingter Variationen durch die Eigenschaft der 'Individualität' gekennzeichnet.[44] Individualität bedeutet, daß teleologes Verhalten immer wieder notwendig von der ökosystemaren Routine abweicht; solche Variationen werden unabhängig von ihrer Entstehungsursache (Zufall, bewußte Gestaltung etc.) als 'Innovationen' bezeichnet. Die Menge aller ökogenetisch relevanten Innovationen ist dann die 'Kultur'; spielt die Kultur eine dominante Rolle in der Ökogenese ('Öko-Umschlag'), dann wird die Ökogenese als 'Geschichte' bezeichnet. Die Tradierung von Innovationen durch Sozialisation führt dazu, daß diese Geschichte Teil der organismischen Ökosis ist. Die Psyche als Subsystem des Ökosystems ist daher eingebunden in ein komplexes kulturelles Regelwerk bzw. genauer ein Netz kulturell vermittelter Einstellungen und Bedeutungen, die trotz der Möglichkeit der Individualität gewährleisten, daß eine bestimmte Form der Ökosis stabilisiert wird. Individualität und Innovation sind daher nur kulturspezifisch möglich; insbesondere sind idiosynkratische Verhaltensvariationen erst dann Teil der Ökosis, wenn sie Bestandteil der Kultur werden.[45]

Der Begriff der Kultur gewinnt noch an Komplexität, wenn der Umstand explizite Berücksichtigung findet, daß die organismische Ökosis soziales Verhalten einschließt. Kulturelle Anpassung erfolgt in wesentlicher Hinsicht als Anpassung von Sozietäten, die freilich im Durchschnitt individuell lebensförderlich sein muß. Sozialität spielt für die Kultur also eine zweifache Rolle: Zum einen sind soziale Beziehungen die Träger kultureller Information (Sozialisation), zum anderen bringen sie bestimmte Anpassungsleistungen mit sich, die individuell nicht möglich sind.

3. Die ökonomische Erklärung kultureller Regeln

Aus posthistoristischer Perspektive erschien der Kulturbegriff als notwendige methodologische Ergänzung der ökonomischen Theorie. Die neuere Entwicklung des ökonomischen Forschungsprogramms hat jedoch dazu geführt, daß die Entstehung von Institutionen zum Gegenstand seiner spezifischen Analysemethode wurde.[46] Es ist daher erforderlich, diesen Anspruch wenigstens kursorisch auf seine Stichhaltigkeit zu prüfen. Dabei wird der Begriff der 'Institution' mit dem der 'Regel' gleichgesetzt, wie dies im wesentlichen auch in der betreffenden Literatur geschieht.

Der ökonomische Institutionalismus geht davon aus, daß Regeln auf rationale nutzenmaximierende Entscheidungen von Individuen reduziert werden können.[47] Im engeren Kontext ökonomischer Interaktionen auf Märkten sind Regeln und Institutionen daher nichts anderes als Epiphänomene komplexer Mechanismen der Bewertung von Kosten und Nutzen verschiedener Formen der Organisation wirtschaftlicher Arbeitsteilung und des Gütertausches: Keinesfalls ist die Institution eine absolute, nichtreduzierbare D e t e r m i n a n t e wirtschaftlichen Handelns.[48] Das Beispiel der keynes/knightschen 'uncertainty' soll diesen zentralen Punkt illustrieren. Für den ökonomischen Institutionalisten ist die weit verbreitete Interpretation von Regeln als Mechanismen der Reduktion von Unsicherheit ohne weiteres akzeptabel; er geht jedoch davon aus, daß der Zustand der Unsicherheit als solcher ebenso wie die gewählten Reduktionsmechanismen auf einen ökonomischen Kalkül zurückgehen. Zum einen ist Unsicherheit ein Ausdruck des Umstandes zu hoher Opportunitätskosten der Informationsgewinnung; zum anderen ist die absolute Unsicherheit bezüglich zukünftiger Ereignisse ein wesentlicher Bestimmungsgrund der Transaktionskosten und geht somit indirekt in den individuellen Kalkül ein. Das entsprechende Entscheidungsverhalten führt dann zur Installation von Eigentumsrechten, Märkten und Organisationen.[49] Ein 'reiner Institutionalist' sieht dies alles ganz anders: Der Begriff der Unsicherheit hat für ihn keinerlei Beziehung zu quantitativen Konzepten, also auch nicht zum ökonomischen Kostenbegriff. Wirtschaftssubjekte verarbeiten Unsicherheit durch regelgebundenes Verhalten; die Regeln sind das Ergebnis komplexer historischer Prozesse menschlicher Problemlösungsversuche und als solches notwendige Voraussetzung ökonomischer Rechenhaftigkeit individueller Entscheidungen, nicht aber reduzierbar auf derartige Entscheidungen.[50]

Wie man sieht, ist die Regelproblematik keinesfalls an den Begriff der 'Kultur' als 'außerökonomischem' Tatbestand geknüpft, sondern tritt auch bei wirtschaftlichen Phänomenen im engeren Sinne auf. Dies deshalb, weil I n f o r m a t i o n ein wesentlicher Inhalt und Bestimmungsgrund ökonomischer Aktivitäten ist. Insofern Regeln Informationsspeicher sind, muß die Frage also lauten, ob die Entstehung von Information ökonomisch erklärbar ist, oder auch spezifischer, ob die Entstehung bestimmter Formen der Speicherung von Information auf individuelle Opportunitätskostenkalküle reduzierbar ist.

Im Prinzip sind wesentliche Argumente gegen eine positive Antwort auf diese Frage bereits in der Theorie unternehmerischen Verhaltens aufgetreten; und in der Tat ist das ökonomische Unternehmertum nichts anderes als ein Sonderfall kultureller Innovation. Beispielhaft sei nur auf zwei unterschiedliche Argumentationsstränge hingewiesen, den postkeynesianischen und den neoösterreichischen.[51] Shackle hat mit Nachdruck darauf bestanden, daß aufgrund der nichtprobabilistischen Form der Erwartungsbildung bei Unsicherheit keine Anwendung des Marginalkalküls auf unternehmerische Investitionsentscheidungen erfolgen kann. Der entscheidungsrelevante zukünftige Wert einer Investition ist eine essentiell subjektive Größe, die dementsprechend einer Fülle nicht-quantifizierbarer Einflußfaktoren unterliegt. Das explikative Defizit der Neoklassik wird besonders bei der Behandlung des Gewinns als 'Unternehmerlohn' in einer Adding-up-Wirtschaft offenbar. Postkeynesianisch ist der Gewinn eine inkommensurable Größe, die sich als zufälliges Ergebnis des Handelns in realer Zeit und unter Unsicherheit ergibt. Nicht der rational kalkulierte, sondern der überraschend und wider Erwarten realisierte Gewinn weckt unternehmerische Hoffnungen und macht auf diese Weise die Dynamik einer Marktwirtschaft aus.[52] In ähnlicher Weise argumentiert Kirzner. Unternehmerisches Handeln ist auf die Einführung des Neuen ausgerichtet, auf die Entdeckung neuer Aspekte der Wirklichkeit, die Erfindung und Verbreitung neuer Güter: Das Neue kann daher logisch zwingend noch nicht der Bewertung durch bestehende Märkte unterworfen sein, so daß die unternehmerische Entscheidung keinesfalls als Marginalkalkül abgebildet werden darf. Bei der Entstehung neuer Information sind also Unternehmergewinne notwendig nicht-antizipierbare 'windfall profits'; erst wenn diese Information gegeben ist, kann ein prinzipiell neoklassisch modellierbarer Arbitrageprozeß einsetzen, der zur Gewinnerosion führt. Zweck-Mittel-Relationen als Gegenstand des ökonomischen Kalküls können lediglich bei einem gegebenen Stand des Wissens formuliert werden. Das Unternehmertum ist daher eine im Grunde zweckfreie Folge kreativer, subjektiv zentrierter Lernprozesse im Rahmen komplexer katallaktisch-spontaner Ordnungen.[53]

Derartige Denkansätze zeigen, daß die ökonomische Theorie im engeren Sinne - d.h. als Erklärung von Verhalten auf der Grundlage von Opportunitätskostenkalkülen - nur innerhalb informatorisch geschlossener Systeme sinnvoll anwendbar ist. Damit besitzt sie natürlich ohne weiteres ein weites Feld von Anwendungsmöglichkeiten; die Entstehung von Regeln wäre jedoch nur dann erklärbar, wenn gezeigt werden könnte, daß subjektive Entscheidungen zur Informationsgewinnung aus der Sicht eines vollständig informierten externen Beobachters als Anwendungen des Marginalkalküls interpretiert werden könnten.[54]

Die skizzierte Problematik schlägt sich innerhalb des ökonomischen Institutionalismus in schwerwiegenden logischen Konsistenzproblemen nieder. Ein besonders illustrativer Fall ist der Begriff der 'Transaktionskosten': Die Wahl zwischen unterschiedlichen Regelsystemen - Organisation oder Markt - wird als unternehmerische Entscheidung reduziert auf die Frage, welche institutionelle Lösung die geringsten Transaktionskosten aufweist. Transaktionskosten erhalten also den Status von individuellen Opportunitätskosten. Die Frage lautet nun: Sind Transaktionskosten meßbar? Unbestritten ist, daß im Falle der Konkurrenz zwischen zwei gegebenen institutionellen Arrangements zumindestens auf theoretischer Ebene davon gesprochen werden könnte, daß ein Vergleich zwischen den jeweiligen Transaktionskostenniveaus möglich ist. Eine solche Situation entspricht allerdings auch der Prämisse informatorischer Geschlossenheit. Anders liegen die Dinge, wenn entweder beide institutionelle Arrangements noch nicht gegeben sind oder nur eine bereits vorliegt, und eine Entscheidung über die Veränderung des bestehenden Regelwerkes gefällt werden soll. Es gibt dann zwei denkbare Möglichkeiten der Messung von Transaktionskosten: Zum einen die Messung über einen fiktiven Markt 'zweiter Ordnung' für institutionelle Arrangements, und zum anderen über die Bewertungen der Inputs durch das bestehende Marktsystem. Im ersten Fall wäre wieder die Prämisse informatorischer Geschlossenheit erfüllt, sobald der unternehmerische Akt institutioneller Innovation vollzogen ist.

An die zweite Möglichkeit wird in der Regel gedacht, wenn von Transaktionskosten als Opportunitätskosten gesprochen wird. Alle Leistungen und Güter, die für den Vollzug ökonomischer Transaktionen auf Märkten oder in Firmen benötigt werden, gehen mit den vom gegebenen Marktsystem vermittelten Preissignalen in den individuellen Opportunitätskostenkalkül ein. Diese Preise können jedoch notwendig nicht diejenigen Preise sein, die nach der Einführung der institutionellen Alternative am Markt bestehen, da sich die Struktur des Marktsystems verändert hat und also - von Zufallseffekten einmal abgesehen - auch das Gefüge relativer Preise. Das Transaktionskostenniveau der Alternative ist demnach nur e x p o s t bestimmbar; und noch grundsätzlicher: Die jeweiligen marktsystemspezifischen Transaktionskosten vor und nach der Einfüh-

der neuen bzw. geänderten Regel sind inkommensurabel, da sich die jeweilige 'Meßlatte' als Bezugspunkt geändert hat. Dies bedeutet jedoch, daß Transaktionskosten nicht den gleichen Status besitzen wie gewöhnliche endogene Opportunitätskosten im Marktsystem; wenn überhaupt, dann handelt es sich um einen Kostenbegriff anderer theoretischer Qualität, der nicht mit dem klassischen ökonomischen Entscheidungsbegriff in Verbindung zu bringen ist.[55]

Es ergeben sich daher schwere Bedenken gegenüber ökonomischen Erklärungsversuchen wirtschaftlicher Institutionen; an dieser Stelle kann die Problematik leider nicht vertieft werden[56], es soll allerdings noch ein allgemeinerer Ansatz diskutiert werden, der die Brücke zum Kulturbegriff schlägt. Die Schwierigkeiten regelbezogener ökonomischer Kostenbegriffe sind letztlich nur ein Sonderfall der Fruchtlosigkeit jeglicher Versuche, ein und nur ein konsistentes Maß für Regeln und Institutionen formulieren zu wollen. Genausowenig, wie Erkenntnisregeln danach bewertet werden können, ob sie nach dem Maßstab exogen gegebener Wirklichkeitskenntnis maximales Wissen produzieren, können gesellschaftliche Regeln danach beurteilt oder geordnet werden, in welchem Ausmaß sie meßbaren Nutzen hervorbringen, bzw. nach der jeweiligen Entsprechung zu einer bestimmten Meßgröße.[57]

Dieser Punkt ist besonders in der Utilitarismus-Kontroverse deutlich geworden. Der Utilitarismus als ethische Theorie baut auf der Annahme auf, daß normative Empfehlungen auf eine nicht-normative Beschreibung der Konsequenzen von Handlungen und Regeln zurückgeführt werden können, d.h. auf ein intersubjektiv gültiges Nutzenmaß.[58] In diesem Sinne ist der ökonomische Institutionalismus eine utilitaristische Theorie; der wesentliche Unterschied besteht darin, daß er sich stärker auf die Mechanismen der Meßvorgänge konzentriert.[59] Die enge Verwandtschaft drückt sich auch darin aus, daß der Utilitarismus mit Handlungs- und Regelutilitarismus zwei Versionen besitzt, die jeweils dem herkömmlichen ökonomischen Entscheidungsmodell und der institutionalistischen Anwendung entsprechen.[60]

Die hier relevanten regelutilitaristischen Denkansätze sind ähnlich wie die ökonomische Theorie axiomatisierbar.[61]

Die Voraussetzungen, die erfüllt sein müssen, damit ein Maß über einer Menge von Regelalternativen formuliert werden kann, zeigen unmittelbar, daß es sich um eine Theorie eher metaphysischer Natur handelt. Der einfachste Punkt betrifft zunächst den Ausschluß aller offen 'unsozialen' Präferenzen wie z.B. Sadismus. Damit wird das utilitaristische Argument an eine nichtreduzierbare Definition von 'unsozial' gebunden. Im Bereich der 'sozialen' Präferenzen erweist sich dann die Annahme der Autonomie von Präferenzen als äußerst problematisch, die erforderlich ist, um die Addierbarkeit individueller Nutzenwerte zu gewährleisten. Die Autonomiebedingung ist zumeist mit der These der prinzipiellen Ähnlichkeit aller Individuen verknüpft.[62] Diese Konstruktionen hängen aus methodischer Sicht mit dem Erfordernis zusammen, daß ein Rationalitätsbegriff als Grundlage des Maßkonzeptes gefunden werden muß, der unabhängig von den zu vergleichenden Regelsystemen ist. Es gibt nun unterschiedliche Möglichkeiten der Kritik; hier soll diejenige gewählt werden, die unmittelbar mit der oben angesprochenen semiotischen Sicht des Kulturkonzeptes zusammenhängen. Jeder Prozeß der Beschreibung und Bewertung von Regeln setzt geeignete Sprachkonventionen voraus, die festlegen, welche Zeichen welche gesellschaftlichen Zustände repräsentieren, die mit alternativen Regelwerken verbunden sind. Sprachkonventionen sind jedoch ihrerseits Regeln, die nicht in sinnvoller Weise auf isolierte und autonome Individuen bezogen werden können - sie sind bereits ein s o z i a l e s Phänomen. Dieser Umstand hat für die utilitaristische Argumentation allerdings eine aporetische Situation zur Folge. Entweder sind die Sprachkonventionen Teil der zu bewertenden Regeln: Dann impliziert der Bewertungsprozeß bereits die Übernahme einer spezifischen Repräsentationsform und ist damit nicht unabhängig im Sinne der Autonomiethese. Oder es erfolgt der Ausschluß von Sprachkonventionen aus dem Regelkonzept: Dann wären jedoch bestimmte gesellschaftliche Normen transzendentale Voraussetzung des Meßvorgangs; und zudem kann das Ähnlichkeitspostulat nur unter der Ad-hoc-Annahme als gültig betrachtet werden, daß alle denkbaren Sprachkonventionen soziale Zustände in gleicher Weise repräsentieren.[63]

Hieraus folgt, daß es zwar ohne weiteres möglich sein kann,

innerhalb eines gegebenen Systems von Regeln Nutzenerwägungen hinsichtlich einer einzelnen Regel anzustellen, nie aber das Regelsystem als Ganzes zu bewerten. Ein objektives Maß vom Standpunkt eines externen Beobachters ist nicht verfügbar.[64]

Die skizzierte Problematik hängt eng mit einer weiteren Voraussetzung regelutilitaristischer Argumentationen zusammen, die verlangt, daß die einem Meßkonzept zugrundeliegenden Präferenzen 'wahr' sein sollen. Abgesehen davon, daß der Wahrheitsbegriff als solcher eine Fülle methodologischer Schwierigkeiten mit sich bringt[65], wirft die Forderung nach Offenlegung 'wahrer' Präferenzen zwei Fragen auf. Zum einen sollten Präferenzen offenbar dann als 'wahr' bezeichnet werden, wenn ihre Bildung das Ergebnis eines vollständig abgeschlossenen Lernprozesses ist, der im Idealfall zur Erfahrung aller möglichen sozialen Zustände geführt hat. Da letzteres keine sinnvoll operationalisierbare Bedingung ist, muß eine Regel formuliert werden, die den Zeitpunkt des Abbruchs von Lernprozessen festlegt. Eine solche Regel ist eine Konvention und zieht die gleiche aporetische Situation für den Utilitarismus nach sich, wie sie bereits skizziert wurde.[66]

Die zweite Frage betrifft die Alternative, 'Freiheit' als Indikator der Abgeschlossenheit des Lernprozesses zu betrachten. Abgesehen davon, daß 'Freiheit' an sich bereits den Status einer sozialen Norm besitzen muß bzw. an bestimmte Sprachkonventionen gebunden ist[67], führt diese Überlegung in die komplexe Problematik adaptiver Präferenzen hinein, weil ja keinesfalls a priori auszuschließen ist, daß Präferenzen zum Gegenstand freier Entscheidungen werden. Wenn eine bestimmte Präferenz wegen Nicht-Erfüllung eine negative Bewertung eines sozialen Zustandes nach sich zieht, kann diese Bewertung dadurch geändert werden, daß die Präferenz selbst einen Wandel erfährt. Wenn jedoch Präferenzen über Präferenzen gebildet werden, und soziale Zustände auch nach den sie repräsentierenden Präferenzen beurteilt würden, dann wird der Begriff der 'wahren Präferenz' ebenso unscharf wie der eines Regelmaßes.[68] Der Utilitarist gerät hier wieder in eine aporetische Zwickmühle, denn er kann nur dann ein Maß einführen, wenn es möglich wäre, 'wahre' von adaptierten Präferenzen zu unterscheiden. 'Wahre' Präferenzen sind dann zu vermuten, wenn ein sozialer Zustand als der beste gekennzeichnet wird, der außerhalb der Menge erreichbarer Zustände liegt. Damit wird jedoch ein Werturteil gegen adaptive Präferenzen gefällt, d.h. es werden implizite Einschränkungen des Freiheitsbegriffes vorgenommen. Nimmt man zwei verschiedene soziale Zustände mit zugehörigen Regelwerken an, bei denen das erste adaptive Präferenzen mit sich bringt und den sozialen Zustand als optimal kennzeichnet, während das zweite die Bedingung für das Fehlen adaptiver Präferenzen erfüllt und einen Zustand ausserhalb der Menge erreichbarer Zustände als den besten identifiziert: Dann muß der Utilitarist auf der Grundlage reiner Nutzenerwägungen den ersten vorziehen, aus methodologischen Gründen jedoch den zweiten. Verkürzt gesprochen, wird dann aber ein 'Bewußtseinswandel' einem relativen Nutzenverlust vorgezogen, d.h. der methodologische Ansatz unterstellt, daß eine Ausweitung des Möglichkeitsraumes an sich unabhängig vom Nutzenmaß als positiv zu bewerten ist. Das bedeutet jedoch, daß ein außenstehender Beobachter niemals durch eine rein synchronische Analyse sozialer Zustände und zugehöriger Regelwerke zu einer Bewertung gelangen kann. Die Bewertung ist vielmehr nur endogen möglich, wobei die spezifische geschichtliche Folge von Zuständen und Reveländerungen den sich ständig wandelnden Bezugsrahmen darstellt. Dabei treten qualitative Aussagen zur jeweiligen Ausprägung von Freiheit und Autonomie des Individuums in den Vordergrund und verdrängen quantitative Meßkonzepte.[69]

Mit dem Stichwort 'Geschichte' ist die Verbindung zum Kulturbegriff hergestellt. Die hier vorgetragenen abstrakten Überlegungen zu Regelmaßen und zum ökonomischen Institutionalismus haben das theoretische Fundament der posthistoristischen Annahme skizziert, daß die Wirtschaftstheorie keinesfalls ohne historisch kontingente Beschreibungen auskommt. Der Schlüsselbegriff ist dabei derjenige der 'Information': Handele es sich um Präferenzen oder um institutionelle Innovationen, in jedem Fall geht es um die wissenschaftliche Erklärung der Entstehung, der Verwendung und des Wandels individuellen Wissens; mithin lediglich um Sonderfälle kultureller Regelwerke als Informationsträger. Das Phänomen 'Information' ist nun deshalb nicht in seiner Gesamtheit ökonomisch zu erklären, weil jedes operationale Meßkonzept den Bezug auf gegebene Information voraussetzt. Aus diesem Grunde erfordert die adäquate Behandlung des Kulturbegriffs den Übergang zur Evolutionstheorie als essentiell geschichtlicher Theorie. Evolutorische Erklärungen sind in der Lage, die Entstehung ökonomisch effizienter Regelwerke ohne den Rekurs auf das Konzept i n d i v i d u e l l e r Opportunitätskosten verständlich werden zu lassen.[70] Bestimmte Anpassungslösungen erweisen sich in Selektionsprozessen als effizienter als konkurrierende Varianten, ohne daß ihre Entstehung auf eine Wahlhandlung zurückgeführt werden müßte; der entsprechende Kostenbegriff ist ausschließlich derjenige eines externen Beobachters, der freilich nur zu einer ex-post Analyse in der Lage ist.

4. Kulturbegriff und ökonomische Theorie: eine strukturalistische Synthese

Nun stellt sich natürlich die Frage, warum ökonomische Ansätze so erfolgreich bei der B e s c h r e i b u n g unterschiedlichster Aspekte der Wirklichkeit sein können.[71] Die Antwort hat zwei Dimensionen, eine ontologische und eine epistemologische.

Das ökonomische Prinzip als ontologische Aussage bezieht sich sehr allgemein auf die Tatsache, daß die kinematische Modellierung der Evolution eines Systems dann die Form des Lagrange-Formalismus annimmt, wenn die Rate der Veränderung seiner Zustandsfunktion eine zeitabhängige Funktion des Zustandes zu einem bestimmten Zeitpunkt ist.[72] Diese allgemeine Bedingung wird von evolutorischen Prozessen typischerweise erfüllt und sagt nichts über die Mechanismen des Wandels aus. Das bedeutet, daß es ohne weiteres plausibel ist, eine bestimmte Wirklichkeitserscheinung als 'effiziente Problemlösung' darstellen zu können, ohne daß dies implizierte, daß der Lagrange-Formalismus auch ein tatsächliches Entscheidungsverhalten widerspiegelt und damit den Entstehungsmechanismus des betrachteten Phänomens.[73]

Aus epistemologischer Perspektive ist zunächst die Beobachtung entscheidend, daß offensichtlich die Anwendung ökonomischer Theorien mit einer Veränderung ihres G e g e n s t a n d s -

b e r e i c h e s verbunden ist. Während klassische ökonomische
Forschungsansätze sich darauf konzentrierten, z.B. die Beziehungen zwischen Preisen und Nachfrageverhalten zu modellieren, gibt der 'economic imperialism' ontologische Präjudizien zum Gegenstandsbereich der Wirtschaftstheorie auf und führt z.B. neue Güterarten ein.[74] Eine wesentliche Funktion bei solchen Erweiterungen des Gegenstandsbereiches spielen geeignete Interpretationen des Kostenbegriffes, die sich zum Teil weit von demjenigen Kostenkonzept entfernen, das lediglich beobachtbare, durch den Marktprozeß bewertete Ressourcenverwendungen einbezieht.[75] Methodologische Grundlage des 'economic imperialism' ist daher die konsequente Berücksichtigung der Tatsache, daß wesentliche Schlüsselkonzepte der ökonomischen Grundannahmen t h e o r e t i s c h e T e r m e sind; es ist daher möglich, diese Konzepte anzuwenden, ohne dabei auf die 'Beobachtungsinstanz' eines realen Marktes zurückgreifen zu müssen. Dies bedeutet natürlich gleichzeitig, daß eine empirische Operationalisierung der entsprechenden Modelle äusserst schwierig wird.

Methodologisch kann eine solche Vorgehensweise plausibel erscheinen, weil die beobachtbaren Marktpreise auch bei der restriktiven Auslegung der Wirtschaftstheorie keinesfalls eine verläßliche Beobachtungsinstanz sind. Eine Fülle von Marktunvollkommenheiten stellt ihren Charakter als 'Knappheitsindikator' in Frage. Nun ist freilich die Feststellung aufschlußreich, daß diese Einschätzung des Beobachtungswertes von realen Marktpreisen ihrerseits aus der ökonomischen Theorie abgeleitet wird: Sie liefert das Kriterium, ob Marktpreise ihre Meßfunktion optimal erfüllen. Dies bedeutet aber, daß die Wirtschaftstheorie nicht von der Theorie isolierbar ist, die den relevanten Beobachtungsvorgängen zugrundeliegt; sie erfüllt in gleicher Weise eine erklärende und eine meßtheoretische Funktion.[76] Die Folge dieser Sachlage ist natürlich, daß im klassischen Subsumtionsmodell wissenschaftlicher Erklärungen Unschärfen auftreten. In der Terminologie seines modernen Nachfolgers, des deduktiv-nomologischen Erklärungsmodells, drückt sich dies darin aus, daß in den beschreibenden Sätzen der Antecedensbedingungen und des Explanandums diejenige Theorie auftritt, die im Explanans als Gesetz mit den ersteren konjunktiv verknüpft wird, um das Explanandum logisch abzuleiten[77]. Erklärung und Beschreibung sind damit über die Verwendung der Theorie verknüpft; dies bedeutet aber, daß beschreibende Sätze nicht mehr in einfacher Weise mit der Theorie in Konflikt treten können: Es besteht ein zusätzlicher Freiheitsgrad bei der Anpassung zwischen Theorie und Realität. Gerät ein beschreibender Satz in Konflikt mit theoretischen Annahmen, dann muß dies nicht unbedingt den Schluß auf eine Falsifikation nach sich ziehen, sondern kann auch bedeuten, daß die Theorie in ihrer beschreibenden Funktion falsch angewendet wurde. Umgekehrt ist es möglich, den Anwendungsbereich der Theorie solange auszuweiten, als die gewonnenen Beschreibungen logisch konsistent sind, weil es kein theorieunabhängiges Kriterium der Zulässigkeit beobachtungssprachlicher Formulierungen gibt.[78]

In abstrakter Formulierung kann diese methodologische Situation folgendermaßen knapp gekennzeichnet werden. Eine Beschreibung besteht aus einer Folge singulärer Sätze, bei denen der Bezug der Prädikate durch singuläre Termini eindeutig festgelegt ist. Eine Erklärung enthält neben Beschreibungen allgemeine Sätze in wesentlicher Funktion; allgemeine Sätze sind Aussageformen, bei denen Variablen an die Stelle singulärer Termini treten. Im deduktiv-nomologischen Erklärungsmodell ergibt sich eine korrekte Erklärung dann, wenn bei Einsetzung der singulären Termini der beschreibenden Sätze in die Variablenpositionen der allgemeinen Sätze ('Gesetze') ein logisch konsistenter Schluß vom Explanans auf das Explanandum entsteht. Die entscheidende Frage ist nun aber: Wie wird der Bezug der singulären Termini festgelegt?[79] Betrachtet man aus dieser Perspektive die Vorgehensweise wissenschaftlicher Forschung, so fällt zweierlei auf. Erstens, der Vorgang der Messung bedeutet, daß eine Abbildung zwischen einem Gegenstand und einem allgemeinen Terminus ('Prädikat') als Teil eines Kontinuums möglicher Meßwerte erfolgt; allgemeine theoretische Sätze beziehen sich typischerweise auf bestimmte Relationen zwischen diesen Meßwerten. Damit erfolgt offenbar eine Elimination singulärer Termini, die nur noch auf der vorwissenschaftlichen Sprachebene auftreten. Zweitens, das Problem des Bezuges singulärer Termini wird auf diese Weise transformiert in das Problem der Zulässigkeit der Abbildung zwischen einem Gegenstand und einem allgemeinen Terminus der Meßsprache. Für viele wissenschaftliche Theorien gilt nun, daß als einziges Kriterium der Zulässigkeit eines Meßvorganges der Nachweis dient, daß die theoriespezifischen Gesetze gültig sind; d.h. der Gegenstandsbereich der Messung wird mit Hilfe der Theorie festgelegt. Daraus leitet sich die Erkenntnis ab, daß die Gesetze den Status s e m a n t i s c h e r R e g e l n besitzen, die für die Funktion der Theorie immer dann entscheidend sind, wenn deren Gegenstandsbereich nicht a priori extensional definiert worden ist. Verkürzt gesprochen, definieren Gesetze also die I n t e n s i o n desjenigen Terms, der die Theorie bezeichnet.

Diese Skizze läßt deutlich werden, daß die posthistoristische Theoriekonzeption, insbesondere in der Fassung Euckens, einen rational nachvollziehbaren logischen Kern besitzt. Das besondere Verhältnis zwischen Theorie und Realität ergibt sich aus dem Umstand, daß die Gesetzeshypothesen der Wirtschaftstheorie eine Doppelfunktion besitzen, als erklärende Annahmen und als semantische Regeln. In der modernen Wissenschaftstheorie ist diese Sicht der Dinge vor allem von der strukturalistischen Position ausgearbeitet worden.[80] Die Einzelheiten dieses Ansatzes sollen hier nicht interessieren; wichtig ist nur, daß eine Theorie nicht als Menge von Sätzen, sondern als mengentheoretisches Prädikat aufgefaßt wird, dessen Bedeutung durch die Konjunktion der Axiome der Theorie festgelegt wird. Ein solches Prädikat kann natürlich nicht als 'wahr' oder 'falsch' bezeichnet werden; dies ist erst für konkrete Modelle möglich, die über die Herstellung einer Abbildungsrelation zwischen den jeweiligen theoretischen Termen und nicht-theoretischen Bezugstermen entstehen. Der letzte Punkt ist besonders wichtig, denn der nicht-theoretische Bezug ist seinerseits nur aus der Perspektive der jeweils betrachteten Theorie als 'nicht-t-theoretisch' zu kennzeichnen; für sich genommen, enthält er natürlich theoretische Terme anderer Natur, d.h. es handelt sich keinesfalls um eine empiristische Beobachtungssprache. Dies bedeutet allerdings, daß sich auf jeder Stufe einer Hierarchie von Anwendungen aufeinander bezogener Theorien das Phänomen ereignen kann, daß der

Umfang der Menge möglicher Bezugsmodelle nur durch die Theorieanwendung selbst abgeleitet werden kann ('Autodetermination der Extension'). In diesem Fall ist eine Falsifikation äußerst problematisch. Generell gilt jedoch, daß der sog. 'Theoriekern' selbst, d.h. die abstrakte mathematische Struktur im Definiens des mengentheoretischen Prädikates, nicht falsifizierbar ist, solange auf der Ebene der Messung bereits theorieabhängige Funktionen verwendet werden müssen.

Aus strukturalistischer Sicht ist daher der 'economic imperialism' ebenso verständlich wie die Tatsache, daß neoklassische Denkansätze so beharrlich im Zentrum der Wirtschaftswissenschaft stehen können, obgleich sie empirisch nur schwer operationalisierbar sind. Dies schließt jedoch nicht aus, daß Zweifel hinsichtlich des pragmatisch-epistemischen Wertes der Wirtschaftstheorie möglich sind: Es ist fragwürdig, ob es überhaupt eine erfolgreiche Anwendung der Gleichgewichtstheorie gibt. Für partialanalytische Anwendungen ist dieser Pessimismus wohl nicht so nachhaltig, doch bleiben dort die methodologischen Bedenken innerhalb der Wirtschaftstheorie selbst bestehen.[81]

Nun drängt sich die Vermutung auf, daß die auch aus strukturalistischer Perspektive fortbestehende Problematik der Empirizität der Wirtschaftstheorie mit Hilfe des posthistoristischen Vorschlages gelöst werden könnte, intermediäre theoretische Konzepte einzuführen. In der Tat handelt es sich hier um eine der Möglichkeiten, eine nähere empirische Spezifikation der ökonomischen Theorie vorzunehmen. Intuitiv lassen sich nämlich fünf Lösungswege skizzieren:

Erstens: Denkbar wäre die Rückkehr zur klassischen - später marxistischen - Wert/Preis-Analyse, weil die ausschließliche Verwendung des Preisbegriffs als Knappheitsindikator mit sich brachte, daß der nicht-t-theoretische Bezug preistheoretischer Aussagen verloren ging. In der klassischen Theorie diente das Konzept der Arbeitszeit als t-theoretisch unabhängiges Kriterium des Gegenstandsbereiches der Wirtschaftstheorie als Menge ökonomischer Güter.[82] Dieser Weg ist nicht prinzipiell auszuschließen, soll hier aber nicht weiter verfolgt werden.[83]

Zweitens: Methodisch konsequent wäre der Ausschluß rein t-theoretischer Preis- und Knappheitskonzepte aus der ökonomischen

Analyse, d.h. es würden nur solche Opportunitätskosten in Beschreibungen auftreten dürfen, die durch einen nicht-t-theoretischen Bezug als individuell entscheidungsrelevant identifizierbar sind, also z.B. die Kosten, die von der einzelwirtschaftlichen Buchführung identifiziert werden. Ein solcher Schritt hätte weitreichende Konsequenzen, denn die Folge wäre die Aufgabe des Gleichgewichtskonzeptes und der Übergang zu einer konsequent evolutorischen Theorie - methodologischer Individualismus und Nutzenmaximierung implizieren noch längst nicht, daß die Wechselwirkungen zwischen individuellen Wahlhandlungen gleichgewichtstheoretisch modelliert werden können.[84] Denkbar wäre allerdings die Koexistenz von Evolutionstheorie und t-theoretischer Modellierung nach einer deutlichen Abgrenzung des jeweiligen methodologischen Stellenwertes; diese Position wird hier vertreten.

Drittens: In der strukturalistischen Analyse erweisen sich die Anfangsausstattungen und die Präferenzen der Wirtschaftssubjekte als nicht-t-theoretische Terme. Soll also das Problem der Empirizität der Neoklassik unter Beibehaltung des theoretischen Kerns angegangen werden, muß eine Spezifikation des Präferenzbegriffes erfolgen.[85] Dabei dürfte die Unterscheidung zwischen 'Bio-' und 'Psychowerten' eine Verbindung zur Evolutionstheorie ebenso wie zur Kulturwissenschaft herstellen. Mit dem Konzept der 'Bionormalität' ist bereits ein zentraler präferenztheoretischer Begriff eingeführt worden, der als nicht-t-theoretischer Bezug der Wirtschaftstheorie dienen kann. 'Psychowerte' können bei der Analyse adaptiver Präferenzen oder von Konsumnormen eine Rolle spielen.[86]

Viertens: Mit der Ablehnung einer empiristischen Beobachtungssprache läuft das strukturalistische Konzept der 'Empirizität' darauf hinaus, daß Abbildungsrelationen zwischen axiomatisch voneinander unabhängigen Theorien möglich sind; hierbei sind die unterschiedlichsten Formen der Theorievernetzung denkbar.[87] Dies bedeutet unter Umständen, daß sich das Problem der Empirizität der Wirtschaftstheorie auf die Frage begrenzt, ob sich ein eindeutiger Bezug zu anderen Wissenschaftszweigen herstellen läßt, und zwar n i c h t im Sinne einer Reduktion, sondern von Koexistenz. Nichtreduzierbarer Regelbegriff und ökonomische 'Erklärung' würden dann keines-

falls konkurrieren, sondern erst im wechselseitigen Bezug bei Wahrung epistemischer Autonomie empirischen Status erhalten. Dieser Vorschlag ist vor allem in Bereichen wie der Analyse politischer Prozesse hilfreich.[88]
Fünftens: Es wäre im Rahmen einer strikt strukturalistischen Vorgehensweise denkbar, kulturelle Regeln als sog. 'Theoriespezialisierungen' zu betrachten.[89] Dies würde wohl auch der posthistoristischen Forderung nach der Einführung intermediärer theoretischer Konzepte entsprechen. In diesem Fall könnte der abstrakte theoretische Kern der Neoklassik erhalten bleiben, selbst wenn er, isoliert betrachtet, massive Empirizitätsprobleme mit sich brächte; jede erfolgreiche Anwendung einer Theoriespezialisierung würde den pragmatisch-epistemischen Wert des Kerns erweisen. Ein konkreter Fall betrifft beispielsweise die Erklärung organisatorischen Verhaltens und daraus abgeleitet bestimmter Marktstrukturen: Wenn die ökonomische Theorie der Firma auf unbeobachtbare Kostenkonzepte zurückgreifen muß, dann kann es stattdessen sinnvoll sein, die Gestalt von Organisationen mit Hilfe des Regelkonzeptes zu beschreiben und z.B. kulturelle Faktoren zu beachten; die Anwendung der ökonomischen Theorie im engeren Sinne wäre dann auf die Beschreibung des Firmenverhaltens am Markt beschränkt.[90]
Bereits bei einer oberflächlichen Betrachtung zeigt sich also, daß im Rahmen der strukturalistischen Wissenschaftstheorie ohne weiteres eine Synthese zwischen Kulturbegriff und Wirtschaftstheorie möglich ist.[91] Dabei ergibt sich eine nahtlose Anknüpfung an posthistoristische Traditionen; es erweist sich als unfruchtbarer methodischer Absolutismus, stets von der Vorstellung einer 'Konkurrenz' zwischen Teilbereichen der Sozialwissenschaften auszugehen, die u.U. zur Verdrängung ganzer Forschungstraditionen führen könne. Weder läßt die Möglichkeit einer theoretischen ökonomischen Beschreibung von Regeln den Regelbegriff unnötig werden, noch impliziert die nichtreduzierte Verwendung des letzteren eine Ablehnung des ökonomischen Ansatzes. Die Frage lautet nun, wie eine solche Erkenntnis forschungspraktisch umgesetzt werden kann. Es gilt, Sprachkonventionen zu finden, die geeignet sind, verschiedene theoretische Ansätze zu integrieren.

Zweites Kapitel
Die systemtheoretische Sprache J. G. Miller's als deskriptives Instrument – eine Rezeption

1. Explikation des Systembegriffs und seiner Beziehung zum Begriff der 'Wirtschaftsordnung'

Im folgenden wird ein denkbarer Vorschlag erläutert, wie das Konzept der 'Kultur' in wissenschaftlichen Beschreibungen von Wirtschaftsordnungen schärfere Konturen erhalten kann. Ausgangspunkt ist dabei der ontologische Systembegriff[92], wie er bereits mit dem Konzept der Ökosis eingeführt worden ist. Spätestens seit Kornais 'Anti-Äquilibrium' wird die Systemtheorie allerdings als konkurrierendes Forschungsprogramm zur herkömmlichen ökonomischen Perspektive betrachtet; dieser Position wird hier nicht gefolgt.[93] Kornai hatte bekanntlich den Vorwurf an die Neoklassik gerichtet, daß sie die informatorischen Prozesse in realen Wirtschaftssystemen wesentlich zu verkürzt darstelle und daher verkenne, daß für die Dynamik realer Märkte dauerhafte bzw. sich ständig neu aufbauende Ungleichgewichtszustände ausschlaggebend sind. Diese Konfrontation von System- und Gleichgewichtsbegriff ist keinesfalls zwingend[94]; zwar ist es richtig, daß bei der Annahme informatorischer Offenheit eines Marktes eine Fülle zusätzlicher informationsverarbeitender und -speichernder Mechanismen neben dem Preismechanismus im engen Sinne wirksam werden muß (auf diese Weise wurde der Begriff der 'Kultur' eingeführt). Doch schließt dies keinesfalls aus, daß nicht zu jedem beliebigen Zeitpunkt homöostatische Prozesse relativ zur gegebenen Information stattfinden - Arbitrage und Innovation koexistieren ständig. Es besteht die Möglichkeit, daß ständige Ungleichgewichtssituationen erhalten bleiben, weil sich der potentielle Gleichgewichtszustand des Systems laufend ändert, so daß die gleichgewichtsorientierten Kräfte nie eine dauerhaft fixierte Richtung aufweisen.[95]

Es erscheint daher voreilig, die ökonomische Theorie der Systemtheorie zu opfern. Im Sinne der strukturalistischen Position kann vielmehr davon ausgegangen werden, daß die Neoklassik ein Grundmuster homöostatischer Prozesse erfaßt, die bei informatorisch offenen Systemen nur deshalb schwierig empirisch nachweisbar sind, weil der außenstehende Beobachter in

der Regel nicht in der Lage ist, den Pfad der potentiellen
Gleichgewichtszustände zu identifizieren. Dieses, wenn auch
prinzipielle, Defizit empirischer Operationalität spricht
nicht zwingend gegen den theoretischen Wert der ökonomischen
Gleichgewichtstheorie.[96]
Die Plausibilität einer solchen Überlegung ergibt sich
schon aus einer flüchtigen Skizze der möglichen Beziehung zwischen Systemtheorie und Ökonomie. Ausgehend von den Begriffen
des Ökosystems und der Ökosis, könnte ein geschlossenes System offener biotischer Systeme angenommen werden, d.h. für
das Gesamtsystem wird die relevante Umwelt als konstant gegeben vorausgesetzt. Jedes offene System weist eine spezifische
Bionorm auf, deren Stabilisierung durch die Aufnahme von Materie und Energie erreicht wird. Dabei besteht ständig ein positives Entropiegefälle, d.h. die Systeme erhöhen die Entropie der Umwelt, um ihren eigenen Zustand negativer Entropie
aufrecht zu erhalten.[97] Ein Bestandteil der systemspezifischen
Umwelt ist zunächst einmal dann ein 'Gut', wenn es innerhalb
dieses Prozesses nutzbar ist. Denkbar wäre nun, daß durch die
Einbeziehung der Umwelt anderer offener Systeme der Zeitraum
verlängert werden könnte, bis die systemspezifischen Ressourcen erschöpft sind. Bleibt die 'gewaltsame Aneignung' ausgeklammert, so kann dies nur über 'Gütertausch' geschehen: Das
resultierende geschlossene System offener Systeme befände sich
in einem Zustand der Pareto-Optimalität, wenn die 'Lebenszeit'
eines Systems nur noch auf Kosten eines anderen verlängert
werden kann. Voraussetzung von Gütertausch sind entweder divergierende Bionormen ('Präferenzen') oder Unterschiede in
der energetischen Effizienz homöostatischer Teilprozesse, die
Spezialisierungen sinnvoll werden lassen.[98] Das Problem besteht nun natürlich darin, die Tauschprozesse so zu koordinieren, daß die Bionorm jedes Systems optimal realisiert wird;
dies ist nur möglich, wenn ein Maß über dem Güterraum des geschlossenen Systems formuliert wird, das nicht mehr auf spezifische Bionormen Bezug nimmt. Eine solche Kommensurabilisierung von Bionormen erfolgt über den Preisvektor als intersubjektiv-kardinales Nutzenmaß.
   Systemtheorie und Ökonomie sind also kompatibel.[99] Der entscheidende Unterschied besteht nicht auf ontologischer, son-

dern auf epistemologischer Ebene. Dies wird deutlich, wenn man eine der vorliegenden systemtheoretischen Konzeptionen näher betrachtet. Dabei soll es sich um den Ansatz James Grier Millers handeln.[100] Er ist besonders gut geeignet, kulturelle Eigenheiten deskriptiv in den Griff zu bekommen, und ist zudem im weitesten Sinne an biologischen Gesichtspunkten orientiert, wie sie auch der hier erfolgten Definition von 'Kultur' zu Grunde liegen. Im folgenden wird versucht, die sehr umfangreiche Darstellung Millers auf solche Aspekte zu reduzieren, die für die Analyse der Wechselwirkung zwischen Kultur und Wirtschaftsordnung wichtig sind; zu diesem Zweck sind auch einige Modifikationen und Erweiterungen erforderlich, die allerdings keine Veränderungen im Grundsätzlichen vornehmen.

Die epistemologische Differenz zwischen System- und Wirtschaftstheorie läßt sich mit der Unterscheidung zwischen konkreten, begrifflichen und abstrakten Systemen fassen. Abstrakte Systeme sind axiomatisierte etische Sprachen, also Theorien im strukturalistischen Sinne; hierzu gehört die ökonomische Theorie. Konkrete Systeme besitzen materielle Strukturen, die auf ein Raum-Zeit-Koordinatensystem abgebildet werden können. Während nun abstrakte Systeme verwendet werden, um bestimmte globale nicht-kontingente Wirkungsmechanismen in konkreten Systemen zu beschreiben, dienen begriffliche Systeme dazu, bestimmte Teilaspekte oder Eigenheiten konkreter Systeme sprachlich abzubilden - ihnen fehlt die systematisierende Kraft von Axiomen. Dabei ist zu beachten, daß die Informationsverarbeitung in komplexen Systemen nur über begriffliche Systeme erfolgen kann; das heißt, eine Systembeschreibung muß den emischen Nachvollzug derartiger intrasystemarer semiotischer Systeme einschließen.[101]

Die Systemtheorie Millers ist nun im Gegensatz zur Wirtschaftstheorie ein begriffliches System. Genauer gesagt, handelt es sich um eine gemischt taxonomisch-nomologische Sprache: Sie setzt sich zusammen aus einer Reihe klassifikatorischer Termini und einer Fülle nomologischer Hypothesen, die jeweils nicht aus einer begrenzten Menge von Basishypothesen abgeleitet werden. Während die Hypothesen unabhängig vom jeweils betrachteten konkreten System Allgemeingültigkeit beanspruchen, sind die klassifikatorischen Termini geeignet, die Besonderheiten dieses Systems zu erfassen. Jeder Terminus ist dabei mit einem bestimmten, im Verlauf der Forschung veränderbaren Satz von Hypothesen verknüpft, die jedoch nicht ausreichen, um ähnlich wie Axiome den Gegenstandsbereich dieses Begriffs zu determinieren; deshalb bleibt der klassifikatorische Charakter erhalten.[102]

Was ist nun ein 'System' im allgemeinen? Nach dem gängigen Verständnis ist eine Menge von Gegenständen dann als 'System' zu bezeichnen, wenn die Zustände der Elemente funktional verknüpft sind derart, daß der entstehende systemare Zustandsraum mindestens eine Eigenschaft besitzt, die nicht bei den isolierten Elementen vorliegt. Hinreichend ist, daß die Messung einer Eigenschaft des Systems nicht reduzierbar ist auf die Summe der Maße, die den Elementen zugeordnet werden können. So ist beispielsweise der Vektor der Marktpreise eine sog. 'emergente Eigenschaft' des Systems 'Markt', weil er im neoklassischen Rahmen nicht auf die Preissetzungsentscheidungen der Wirtschaftssubjekte reduziert werden kann.[103] Die 'Kultur' im ökogenetischen Sinne ist eine emergente Eigenschaft der Evolution des Ökosystems im Zeitablauf.

Miller unterscheidet nun bei der Analyse biotischer Systeme verschiedene 'Ebenen', von denen hier lediglich vier relevant werden, nämlich 'Organismus' bzw. 'Individual', 'Group', 'Organization' und 'Society'.[104] Diese Hypothese hierarchisch geordneter Systemebenen kann sich auf ein emisches und ein etisches Argument stützen. Etisch ergibt sich die Annahme ebenenspezifischer emergenter Eigenschaften aus der Feststellung, daß theoretische Reduktionsversuche Konsistenzprobleme aufwerfen; emisch folgt sie aus der Reifikation bestimmter Eigenschaften höherer Ebenen innerhalb der begrifflichen Systeme, die die Informationsverarbeitung auf niedrigerer Ebene steuern. Bei der Beschreibung konkreter Systeme kann der aussenstehende Beobachter in der Regel nur auf emische Daten zurückgreifen, um die Ebenen im Einzelfall zu identifizieren, weil verschiedene Systemfunktionen auf verschiedene Ebenen verlagert sein können, und weil sich die spezielle Gestalt dieser Verlagerungen ständig ändern kann.[105]

Neben der genauen Analyse der Emergenzen muß eine exakte Beschreibung konkreter Systeme zwei weitere Dimensionen be-

rücksichtigen: 'Struktur' und 'Prozeß'. Als 'Struktur' eines
Systems wird die räumliche Anordnung seiner Komponenten zu
einem bestimmten Zeitpunkt bezeichnet.[106] Veränderungen dieser Struktur, der gespeicherten Energie oder auch der gespeicherten Information sind 'Prozesse'. Solche Prozesse, die Bestandteil der teleonomen Homöostasie eines Systems sind, werden als 'Funktionen' bezeichnet. Reversible Prozesse liegen
dann vor, wenn die beschreibenden mathematischen Funktionen
unabhängig vom Vorzeichen der Zeitvariablen stets die gleiche
Gestalt besitzen; irreversible Prozesse verändern hingegen
die Bionorm der Homöostasie, so daß die Beschreibung auf die
historische Zeit bezogen werden muß. Im letzteren Fall ist
der systemtheoretische Begriff der 'Funktion' nicht mehr mit
dem mathematischen deckungsgleich. Ist die globale Zielfunktion biotischer Systeme nur realisierbar, wenn Veränderungen
in historischer Zeit erfolgen, dann sind 'nicht-funktionale'
Prozesse im mathematischen Sinne ohne weiteres funktional im
systemtheoretischen.[107]

Die Funktion ist die zentrale Kategorie jeder Systembeschreibung, denn über den Funktionsbegriff werden Subsysteme
identifizierbar. Subsysteme besitzen zwar eine bestimmte materielle Struktur, doch ist diese als Komponente der Systemstruktur nicht unabhängig abgrenzbar. Darüber hinaus besteht
keine eineindeutige Beziehung zwischen Komponenten und Subsystemen. Die Systemanalyse führt daher stets zur Aufgliederung von Systemen in Systeme, nicht aber einfache materielle
Gegenstände.[108] Dabei können höchst komplexe Verhältnisse vorliegen: Eine Komponente kann Träger mehrerer Subsysteme sein,
oder ein Subsystem kann mehrere Komponenten umfassen; Subsysteme und ihre Funktion können auf andere Systeme verlagert
sein. Eine solche Verlagerung kann zwischen unterschiedlichen
Ebenen stattfinden: Man spricht dann jeweils von 'aufwärts',
'abwärts' oder 'lateral dispergierten Subsystemen'. Zu beachten ist, daß es auch eine Frage der Forschungsperspektive ist,
ob ein Subsystem seinerseits als Komponente eines Suprasystems
aufgefaßt werden soll oder umgekehrt; häufig können Aussagen
über Regularitäten der Wechselwirkungen zwischen Systemelementen nur dann getroffen werden, wenn bestimmte Teilbereiche
als 'konstant' angenommen werden, d.h. ihr Systemcharakter

wird heuristisch ausgeblendet.[109]
Die Analyse von Funktionsverlagerungen ist sehr schwierig und umfangreich. Mit ihrer Hilfe kann jedoch erst die Eigenart eines bestimmten Systems, seine 'Individualität', erfaßt werden. Die Funktionen an sich werden in jedem System realisiert; entscheidend ist immer die Frage, wie? In diesem Sinne ist das Konzept der 'Kultur' eng mit der Verlagerungsanalyse verbunden: Der Prozeß der Anpassungsoptimierung im Verlauf systemarer Evolution führt zu bestimmten Verteilungen subsystemarer Funktionen, die durch Regeln entweder explizit stabilisiert oder aus der Sicht des Beobachters beschrieben werden können.

Miller schlägt nun vor, jeder Systemanalyse eine Klassifikation von neunzehn sog. 'kritischen' Funktionen zugrundezulegen, weil die entsprechenden Prozesse für die Homöostasie jedes Systems unabdingbar sind. Jede Funktion entspricht natürlich einem Subsystem bzw. führt zur Identifikation eines solchen. Die neunzehn Subsysteme sind wie folgt zu benennen und knapp zu charakterisieren.

A. <u>Subsysteme, die Materie, Energie und Information verarbeiten</u>

1. REPRODUCER (REP)
Biotische Systeme entwickeln sich über eine Abfolge von Systemgenerationen. Spezielle Subsysteme realisieren daher die Funktion der Reproduktion. Je nach der betrachteten Ebene können dabei erhebliche Identifikationsprobleme auftreten. Beispielsweise wird ein System der Ebene 'Gesellschaft' zwar im Zuge der Reproduktion der Komponenten ('Individuen') reproduziert, doch erfolgt die Stabilisierung bestimmter sozialer Regeln als konstitutive Faktoren des Systems über den Sozialisationsprozeß. Die 'kulturelle Vererbung' wird daher von einem sehr komplex verlagerten REP vollzogen.[110]

2. BOUNDARY (BOU)
Struktur, Materie-Energie- und Informationshaushalt biotischer Systeme werden vor Umwelteinflüssen geschützt. Bei Materie-Energie-Strömen ergibt sich die Abgrenzung aus dem Aufbau eines 'Energiewalles', d.h. es ist Arbeit erforderlich, um die Ströme über die Grenze fließen zu lassen. Im Falle von Information werden vor allem 'unsichtbare Grenzen' gezogen; insbe-

sondere dann, wenn externe Information nicht durch die intrasystemaren begrifflichen Systeme 'verstanden' werden kann, d.h. nicht übersetzbar ist.[111]

B. Subsysteme, die Materie und Energie verarbeiten

3. INGESTOR (ING)
Der Transport von Materie und Energie über die Grenze eines Systems wird als eigenständige Funktion abgegrenzt, weil die teleonome Steuerung der Wechselwirkung mit der Umwelt wesentlich für die systemare Homöostasie ist. Zwischen ING und BOU können enge Beziehungen bestehen.

4. DISTRIBUTOR (DIS)
Exogene Inputs und subsystemare Outputs müssen innerhalb des Systems transportiert und verteilt werden. Die entsprechend erforderlichen informatorischen Prozesse spiegeln sich dabei in der Struktur von DIS wider, z.B. in der Verteilung und Größe von Knotenpunkten.[112]

5. CONVERTER (CON)
Inputs müssen häufig in eine geeignete Form transformiert werden, bevor sie für ein System nutzbar sind. Die wachsende Bedeutung von CON ist ein wesentliches Merkmal der Arogenese.[113]

6. PRODUCER (PRO)
Jedes System stellt gewisse stabile Verbindungen zwischen Materie-Energie- Einheiten her, die entweder für Wachstum, Reparaturen oder Ersatz von Systemkomponenten dienen oder als Output, wenn das System Teil eines Suprasystems ist. Wesentliches Merkmal von PRO ist deshalb, daß mindestens ein Outputbestandteil im Vergleich zu den Inputs entropiereduziert ist.

7. MATTER-ENERGY-STORAGE (MAT)
Die Anpassungsoptimierung von Systemen erfordert, daß Prozesse stattfinden, die eine größere Unabhängigkeit von Umweltveränderungen ermöglichen. Daher wird Materie-Energie gespeichert. Dieser Vorgang spielt auch eine große Rolle bei der Dämpfung der Transmission von Aktivitätsschwankungen zwischen Subsystemen.[114]

8. EXTRUDER (EX)
Der Transport von Outputs (entropiereduzierte Materie-Energie-Einheiten) oder Abfällen (Gegenstände hoher Entropie) über

die Systemgrenze hinweg wird von einem eigenständigen Subsystem vorgenommen. Dabei ist zu beachten, daß die Umwelt stets Bestandteil eines (Öko)systems ist; wird die Systemgrenze daher nicht sehr eng gezogen, müssen Outputs und Abfälle also entweder weiterverarbeitet oder gelagert werden.[115]

9. MOTOR (MOT)
Die Evolution biotischer Systeme hat zu einer ständig wachsenden Bedeutung der Fähigkeit geführt, Komponenten der Umgebung, des Systems und ein System selbst bewegen zu können.

10. SUPPORTER (SUP)
Viele Systemfunktionen hängen davon ab, ob die räumliche Struktur des Systems stabil gehalten werden kann; das gleiche gilt für die materiellen Eigenschaften der Komponenten. Dabei ist zu beachten, daß dies auch für die informatorischen Funktionen gelten kann.[116]

C. Subsysteme, die Information verarbeiten

11. INPUT TRANSDUCER (INP)
Nachdem materielle Träger exogener Information die Systemgrenze passiert haben, müssen sie in der Regel in eine Gestalt transformiert werden, die für die interne Informationsverarbeitung geeignet ist. Dabei werden häufig BOU-Funktionen ausgeübt, da Intensitätstransformationen von Inputsignalen erfolgen.[117]

12. INTERNAL TRANSDUCER (INT)
Analog zu INP, muß auch intrasystemar eine geeignete materielle Transformation informatorischer Outputs von Subsystemen erfolgen.[118]

13. CHANNEL AND NET (CHAN)
Informationsträger müssen im System zwischen Sender und Empfänger transportiert werden. Über BOU erfolgt eine Verknüpfung zwischen inter- und intrasubsystemaren CHAN und damit typischerweise auch eine Veränderung der Information. Veränderungen treten auch durch verschiedene entropiesteigernde Phänomene auf, die mit dem Transport notwendig verbunden sind.[119]

14. DECODER
Die materielle Transformation informatorischer Inputs ändert

nicht das begriffliche System, mit dessen Hilfe die Information dargestellt wird. Für die intrasystemare Informationsverarbeitung muß daher eine 'Übersetzung' in das systemspezifische begriffliche System erfolgen; ist dieser Code nicht einheitlich, sondern subsystemar differenziert, spielt diese Funktion auch für interne Prozesse eine große Rolle.

15. ASSOCIATOR (ASS)

Auf der Grundlage eines begrifflichen Systems bzw. allgemein Zeichensystems lernt jedes biotische System, indem es dauerhafte Verbindungen zwischen bestimmten Zeichen und Zeichenkombinationen herstellt, die von der direkten Umweltwahrnehmung unabhängig sind. Dabei spielt auf niedrigerer Entwicklungsstufe die Konditionierung, auf höheren jedoch das Lernen an Modellen eine besondere Rolle.

16. MEMORY (MEM)

Komplexere Formen der Informationsverarbeitung kommen ohne einen Informationsspeicher nicht aus. Zu beachten ist, daß im Falle der Kultur enge Beziehungen zwischen MEM und REP bestehen. Die Analyse des Regelbegriffs läßt deutlich werden, daß Speicherfunktionen sehr weit verlagert sein können, auch wenn ontologisch die entsprechenden organischen Funktionen nur auf individueller Ebene vorliegen.[120]

17. DECIDER (DEC)

Entscheidungsprozesse werden ganz allgemein als Vorgänge der Informationsverarbeitung aufgefaßt, bei denen Inputs in Outputs transformiert werden, die subsystemare Prozesse steuern. In der Regel ist DEC komplex dispergiert; Grenzfälle sind das reine Subsystem, dessen DEC vollständig aufwärts dispergiert ist, und das autonome, vollständig zentralisierte System, bei dem keine Verlagerung vorliegt. Für die Verlagerungsanalyse ist wichtig, daß ein enger Zusammenhang zwischen der Dispersion von DEC und der subsystemaren Spezifität von DECO besteht.

18. ENCODER (EN)

Für die intersystemare Kommunikation müssen intrasystemare begriffliche Systeme 'übersetzt' werden; gleiches gilt natürlich für den Fall differierender subsystemarer begrifflicher Systeme.

19. OUTPUT TRANSDUCER (OUT)
Intrasystemare materielle Informationsträger müssen in eine Gestalt transformiert werden, die für die intersystemare Kommunikation geeignet ist.

Für die Beschreibung von Funktionsverlagerungen sind zwei Aspekte zunächst grundsätzlich bedeutsam. Zum einen muß jedes Subsystem seinerseits die kritischen Funktionen realisieren, soll das Überleben des Gesamtsystems gesichert sein; es stellt sich daher stets die Frage, inwieweit diese Funktionen innerhalb der Grenze des Subsystems als Subsubsysteme realisiert werden, oder ob sie auf andere Subsysteme des Systems verlagert sind.[121] Zum anderen kann die Analyse von Verlagerungen aus zwei Perspektiven erfolgen, die in der Regel einer diachronischen und einer synchronischen Beschreibung entsprechen. Aus evolutionärer Sicht sind Funktionsverlagerungen das Ergebnis der Aufteilung von Prozessen auf neue Subsysteme und vor allem eine größere Zahl von Komponenten; die Funktionen des einfachen historischen Ausgangssystems können auf diese Weise effizienter realisiert werden. Insofern wäre es plausibel, jede Systemanalyse so anzufertigen, daß Funktionsverlagerungen ausgehend vom 'Ursystem' dargestellt werden. Dies würde im Prinzip einem 'methodologischen Individualismus' der Systemtheorie gleichkommen - beispielsweise wäre die gesellschaftliche Arbeitsteilung als Dispersion individueller PRO auf die Ebene 'Society' darzustellen. Eine solche Vorgehensweise ist nun zwar geeignet, die Evolution von Systemen in historischer Zeit nachzuvollziehen, wirft aber Probleme auf, wenn diese Evolution mit der Emergenz von Eigenschaften verbunden ist. Vor allem für die synchronische Analyse gilt, daß Funktionsverlagerungen aus der Sicht der höchsten gegebenen Ebene nachvollzogen werden sollten, da in der Regel das Gesamtsystem auf dieser Ebene angesiedelt ist.[122] Prima facie läge dann z.B. eine 'soziologische' Betrachtungsweise vor: 'Arbeitsteilung' würde besagen, daß ein PRO der Ebene 'Society' zur Ebene 'Individual' abwärts dispergiert ist.

Tatsächlich kann die Systemanalyse jedoch auf keine der beiden Perspektiven verzichten, will sie zu angemessenen Beschreibungen gelangen. Dies entspricht in allgemeinerer Form den methodologischen Aussagen des Posthistorismus, wie sie im ersten Kapitel aufgearbeitet wurden.[123]

Nun liegt auf der Hand, daß die Beschreibung von Funktionsverlagerungen unter Berücksichtigung der methodologischen Aspekte sehr kompliziert ist. Es müssen daher einige Vereinfachungen vorgenommen werden. Dies betrifft zunächst einmal Konventionen zur Darstellungstechnik.[124]

Die Funktionen werden mit den Abkürzungen bezeichnet. Es darf nie übersehen werden, daß jede Identifikation eines Subsystems sich ausschließlich auf die Prozeßanalyse bezieht, d.h. es handelt sich bei Subsystemen nicht notwendig um 'Dinge'.[125] Die Reifikation der Funktionsterme führt die Analyse augenblicklich irre. So ist z.B. das REP der Ebene 'Individual' keinesfalls nur mit den biologischen Mechanismen der Vererbung gleichzusetzen, sondern auch mit der kontinuierlichen Reproduktion der Persönlichkeit im Verlauf des Lebenszyklus.[126] In jedem Fall sollte sich die Analyse auf die Frage konzentrieren, welche Verlagerungen bei DEC vorliegen, denn für ein Verständnis der Funktionsweise von Subsystemen ist die Art und Weise der Steuerung subsubsystemarer Prozesse ein ausschlaggebender Aspekt. Dabei können Entscheidungsfunktionen ohne weiteres auf unterschiedliche Ebenen verlagert sein. Im Beispiel REP könnte folgende Sachlage vorliegen: In einer traditionellen Gesellschaft werden Reproduktionsentscheidungen über den Einfluß größerer Gruppen determiniert (Ebene 'Group'), in einer Industriegesellschaft entscheiden Individuen selbständig (Ebene 'Individual'), wobei allerdings verschiedene soziale Normen prägend wirken (Ebene 'Society'   ). Zu beachten ist, daß eine Mikroanalyse der DEC-Verlagerung ergeben wird, daß bestimmte Teilfunktionen des DEC von REP dispergiert sind ('subsubsub-Systeme'), so z.B. beim Einfluß sozialer Normen DECO. Es hängt vom Zweck der Untersuchungen ab, wie detailliert vorgegangen werden muß.

Folgende Kurzzeichen finden Verwendung, wenn solche komplexeren Sachverhalte dargestellt werden. Neben den schon angegebenen Abkürzungen der Subsysteme treten Abkürzungen der Ebenenbezeichnungen auf: IND für 'Individual', GR für 'Group', ORG für 'Organization' und SOC für 'Society'. DEC(SOC) soll dann ein DECIDER der Ebene 'Society' bezeichnen. Im Falle komplexerer Analysen wird die Kernfunktion als Ausgangspunkt der

Verlagerungen durch einen Stern gekennzeichnet, also z.B. DEC(SOC)*. Ein Subsystem wird durch die Verwendung eckiger Klammern näher spezifiziert, wobei die Funktionsbezeichnungen in Kleinbuchstaben geschrieben werden: <Dec>PRO(SOC) bedeutet dann "das DECIDER eines PRODUCER der Ebene 'Society'". Innerhalb der eckigen Klammer können weitere Teilprozesse detaillierter identifiziert werden; von links nach rechts gelesen, ergibt sich die hierarchische Abhängigkeit der Sub^x-Systeme, also z.B.: <Dec-Ass-Dis>PRO(SOC) als "das DECIDER des ASSOCIATOR von DISTRIBUTOR eines PRODUCER der Ebene 'Society'". Bei einer groben Analyse, die auf Feinheiten der DEC-Verlagerungen keine Rücksicht nimmt, wäre dieses DEC Teil von <Dec>PRO(SOC).

Der Begriff 'hierarchisch' kann in diesem Zusammenhang zwei Bedeutungen besitzen. Und zwar, wenn eine Verlagerung von DEC erfolgt, ohne daß ein Übergang zu einer anderen Ebene stattfindet, dann wird darunter die geordnete Reihe subsystemarer Abhängigkeit verstanden; ist DEC nicht verlagert, dann besitzt das systemare DEC einen stufenmäßigen Aufbau. Beide Bedeutungen ergänzen sich jedoch in dem Sinne, daß der hier auftretende Begriff der 'Verlagerung' von der gewählten analytischen Perspektive abhängt. Im Beispiel von <Dec-Ass-Dis>PRO(SOC) bedeutet dies: Die Funktion PRO wird auf der Ebene 'Society' betrachtet, d.h. Verlagerungen bleiben aus der Analyse ausgeklammert. Zur Realisation von PRO ist die Funktion DIS erforderlich ('Güterallokation') wobei das Subsystem ASS von DIS Lernprozesse zur Erhöhung der Allokationseffizienz vollzieht; ob sich derartige Lernprozesse tatsächlich in Verhaltensänderungen niederschlagen, ist das Ergebnis der Funktion DEC. Da keine Verlagerungen zwischen Ebenen betrachtet werden, muß diese Funktion ein Teil der Funktion <Dec>PRO(SOC) sein, also z.B. eine Hierarchieebene in einer Zentralverwaltungswirtschaft. Mit Hilfe der Symbole |,| und = wird dieser Sachverhalt folgendermaßen ausgedrückt: |<Dec-Ass-Dis>PRO(SOC)| = |<Dec>PRO(SOC)|. Die Balken grenzen ein Subsystem als analytische Einheit ab, die Identität bezieht sich auf die entsprechenden Funktionen, nicht aber 'Gegenstände' im reifizierten Sinne. Wichtig ist, daß erst eine Gleichung dieser Art eindeutig festlegt, daß keine Verlagerungen über Ebenen vorliegen;

Ausdrücke in eckigen Klammern bedeuten bei isolierter Verwendung lediglich, daß die Untersuchung auf die vollständige Verlagerungsanalyse verzichtet, und nur die jeweilige Funktion hinreichend genau spezifiziert wird. Eine vollständige Verlagerungsanalyse muß stattdessen die Richtung der Dispersion erfassen: DEC(SOC)/ORG soll besagen, daß ein DECIDER der Ebene 'Society' auf die Ebene 'Organization' verlagert, also 'abwärts dispergiert' ist. Eine Zentralverwaltungswirtschaft weist also typischerweise die Figur <Dec>PRO(SOC)/ORG auf. Besteht kein Bedarf weitergehender Analysen, so kann mit Hilfe von |,| ein solcher Ausdruck für sich verwendet werden. Soll jedoch das jeweilige Subsystem näher identifiziert werden, das die verlagerte Funktion realisiert, müssen unter Verwendung des Symbols # weitergehende Bezüge hergestellt werden. Die Zentralverwaltungswirtschaft wird dann in der einfachsten Version abgebildet als <Dec>PRO(SOC)/ORG#DEC(ORG). Damit ist natürlich noch nichts darüber gesagt, in welcher Weise Produktionsentscheidungen gefällt werden; liegt die Präferenzstruktur eines Diktators zu Grunde, dann gilt unter Verwendung von Balken |<Dec>PRO(SOC)/ORG#DEC(ORG)|/IND#DEC(IND). Dieses Beispiel ist auch gut geeignet, den oben angesprochenen Wechsel von Perspektiven darzustellen, der für die Analyse von Funktionsverlagerungen sehr wichtig ist, und im folgenden als 'Prinzip der heterarchischen Analyse' bezeichnet wird.[127] Aus der Perspektive der Ebene 'Individual' ist nicht nur PRO aufwärts dispergiert, sondern z.B. auch <En-Dec> PRO(IND), denn der Diktator benötigt für die Transmission seiner Produktionsbefehle das organisatorische Informationssystem der zentralen Wirtschaftsverwaltung. Eine heterarchische Analyse kann sich in einem Ausdruck niederschlagen, bei dem eine Identität zwischen zwei Verlagerungsanalysen formuliert wird, die jeweils eine unterschiedliche Kernfunktion aufweisen, wie z.B. <Dec>PRO(IND)* und <Dec>PRO(SOC)*. Eine konzentrierte Darstellung in einem Ausdruck ist freilich ökonomischer, also im Beispiel des Diktators und der Zentralverwaltungswirtschaft wie folgt:
<En>||<Dec>PRO(SOC)/ORG#DEC(ORG)|IND#<Dec>PRO(IND)|/ORG#DEC(ORG)
Die heterarchische Analyse spiegelt sich hier in einer 'Verla-

gerungsschleife' wider , d.h. im zweimaligen Auftreten von DEC(ORG); damit ist der Ausdruck rekursiv geschlossen. Die rekursive Schließung ist für die Systemanalyse deshalb wesentlich, weil es keinen absoluten Referenzpunkt gibt: Systeme werden stets in Systeme analysiert.[128] Was die Leseweise derartiger Ausdrücke betrifft, so muß innerhalb der Balken stets von links nach rechts, bei einer Balkensequenz von außen nach innen gelesen werden.

Ein darstellungstechnischer Sonderfall ist die laterale Dispersion, weil die #-Analyse dort obligatorisch ist, um gehaltvolle Aussagen zu formulieren. Werden z.B. BOU-Funktionen von DECO realisiert, ohne daß Ebenen überschritten werden, dann bedeutet dies beispielsweise: <Dec-Bou>PRO(SOC)/SOC#<Dec-Deco> PRO(SOC).

Will man die skizzierten abstrakten Verlagerungsgestalten inhaltlich interpretieren, so müssen natürlich die Ergebnisse verschiedenster sozialwissenschaftlicher Disziplinen aufgegriffen werden. Eine zentrale Bedeutung besitzt dabei die Identifikation emergenter Eigenschaften, denn nur sie erlauben den Schluß auf das Vorliegen ebenenüberschreitender Funktionsverlagerungen.[129] Dabei ergibt sich zumeist eine Zuordnung zwischen bestimmten Emergenzphänomenen und speziellen Forschungsansätzen, also z.B. im Falle von Emergenzen der Ebene 'Society' der Bezug zur Soziologie oder bei solchen der Ebene 'Gruppe' zur Sozialpsychologie. Diese fachspezifischen Erkenntnisse sind weder wechselseitig reduzierbar, noch sind sie in den von **Miller** aufgelisteten allgemeingültigen funktionsspezifischen Hypothesen enthalten, die in den folgenden Abschnitten noch zum Teil näher betrachtet werden. In diesem Sinne ist die systemtheoretische Sprache also interdisziplinär. Je nach Art der gestellten Untersuchungsaufgabe ergibt sich allerdings das Erfordernis, bestimmte Aspekte aus der Verlagerungsanalyse auszuklammern; auf diese Weise wird es erst möglich, fachspezifische Hypothesen zu formulieren. Mit einem solchen Verfahren gehen jedoch stets Informationsverluste einher, deren Behebung die Einbeziehung anderer Disziplinen nötig werden läßt. So werden in der neoklassischen Marktanalyse 'Unternehmen' lediglich als Träger mathematischer Produktionsfunktionen betrachtet und nicht ihrerseits als sozioökonomische Systeme; im Idealfall sind sie ähnlich wie Individuen Preisnehmer und damit bloße Komponenten des Marktsystems: Die besondere neoklassische Forschungsperspektive schließt die Möglichkeit der Abwärts-Dispersion von Funktionen der Ebene 'Society' methodisch aus und kann nur auf diese Weise zu allgemeingültigen Hypothesen über Marktmechanismen gelangen. Im Gegensatz hierzu geht die organisationstheoretische Analyse des Unternehmens ausdrücklich von der Annahme aus, Unternehmen seien komplexe Sozialsysteme; um allerdings zu Aussagen begrenzter Allgemeingültigkeit zu gelangen, muß sie die Umwelt eines solchen Systems auf den Status einer Komponente reduzieren. Sobald derartige methodische Eingrenzungen der wissenschaftlichen Vorgehensweise aufgehoben werden, und Märkte mit den auf ihnen agierenden Unternehmen als 'Systeme aus Systemen' aufgefaßt werden, findet zwar eine größere Annäherung der gewonnenen Beschreibungen an die Wirklichkeit statt, doch verlieren die Aussagen deutlich an Schärfe und Generalisierbarkeit.[130]

Das Beispiel zeigt, daß die vorgestellten systemtheoretischen Sprachkonventionen den großen Vorzug aufweisen, unterschiedliche Forschungsansätze der Sozialwissenschaften integrieren zu können. Spezialdisziplinen isolieren bestimmte Subsysteme oder bestimmte Formen der Funktionsverlagerung, um zu Erkenntnisfortschritt gelangen zu können. Eine solche Isolation muß jedoch notwendig stets Probleme empirischer Operationalität aufwerfen - deshalb kann nur das Nebeneinander unterschiedlicher Perspektiven zu einer befriedigenden Gesamtansicht des Phänomens 'biotisches System' gelangen.[131] Genau diese Aussage war auch das Ergebnis des ersten Kapitels.

Nun ergibt sich natürlich die Frage, in welcher Weise die Systemtheorie die spezifisch ökonomische Analyse und den Status des Kulturbegriffs widerspiegeln soll. Das Konzept des 'Wirtschaftssystems' hat als ontologisches seinen Sinn verloren.[132] Stattdessen besteht die Möglichkeit, sämtliche Systemprozesse mit Hilfe des abstrakten Systems 'Ökonomie' zu analysieren. Dies entspräche als epistemische Erscheinung dem 'economic imperialism'. Würde eine solche Option hier aufgegriffen, müßte allerdings eine ständige Konfrontation mit den methodologischen Problemen stattfinden, die im ersten Kapitel skizziert wurden. Hier soll deshalb das 'Überlegungsgleichgewicht' durchgehalten werden: Die Analyse spezifisch 'wirtschaftlicher' Systemvorgänge muß stets beide möglichen Perspektiven einer Verlagerungsanalyse im Auge behalten. Soll allerdings der Begriff der 'Kultur' stärker berücksichtigt werden, dann steht die Perspektive der Ebene 'Society' im Vordergrund.[133] Was ist nun aber die differentia specifica der ökonomischen Analyse? Klassisch sind die Verweise auf das Knappheitskonzept; andere Schlagworte sind 'Bedürfnisbefriedigung', 'Unterhaltsfürsorge' oder 'Einkommenserzielung'. Man kann den gemeinsamen Gehalt derartiger Charakterisierungen systemtheoretisch folgendermassen fassen: Ökonomische Analysen beschäftigen sich offenbar mit der Frage, auf welche Weise biotische Systeme ihren Zustand negativer Entropie (Bionorm) über Interaktionen mit der systemspezifischen Umwelt realisieren; neben der Nutzung von Potentialen negativer Entropie verdienen dabei Prozesse der Inputtransformation eine besondere Aufmerksamkeit. In gewohnter Sprache geht es also um 'Konsum-' und 'Produktionsvorgänge'. Der Konsumbegriff ist freilich systemtheoretisch problematisch. Streng genommen, findet reiner Konsum erst auf derjenigen Systemebene statt, wo sämtliche Outputs 'Abfälle' sind; die Isolation und künstliche Verknüpfung bestimmter Vorgänge der Inputaufnahme und Abfallabgabe ist nicht sinnvoll. Jede Wechselwirkung mit der Umwelt, die zum Aufbau mindestens eines Outputs relativ niedrigerer Entropie führt, ist als 'Produktion' zu kennzeichnen - dabei darf nicht übersehen werden, daß Outputs auch intersubsystemar genutzt werden.[134] Damit wird es möglich, eine alternative Abgrenzung der ökonomischen Analyse zu formulieren: <u>Die Wirtschaftswissenschaft als Teil der Systemtheorie befaßt sich mit der Untersuchung der Funktion PRODUCER bei biotischen Systemen</u>.

Wieder ist zu betonen, daß jede Form der Reifikation vermieden werden muß. Es gibt keine besonderen Komponentenarten, die per se als PRO zu kennzeichnen sind, wie z.B. Unternehmen; Haushalte sind gleichermaßen als PRO zu analysieren.[135] Analytische Differenzierungen ergeben sich erst aus der systemtheoretischen Beschreibung der Funktionsverlagerungen subsubsystemarer Funktionen von PRO. Dabei entsteht natürlich die Möglichkeit, unterschiedliche sozialwissenschaftliche Disziplinen ganz in der Weise methodisch zu vereinen, wie dies oben erläutert wurde.[136] Die Wirtschaftswissenschaft hat hier also den Status eines begrifflichen Systems, nicht aber eines abstrakten.

Nun bedeutet ein solcher deskriptiver Ansatz natürlich zunächst, daß ökonomische Prozesse in konkreten Systemen auch hinsichtlich ihrer materiellen Aspekte möglichst genau zu erfassen sind. Forschungspraktisch bedeutet dies z.B. die Einbeziehung der Wirtschaftsgeographie. Ein solcher Arbeitsaufwand ist in der Regel nicht erforderlich; die ökonomische Analyse befaßt sich daher typischerweise schwerpunktmäßig mit der Informationsverarbeitung in PRO, d.h. mit den Gruppen A und C der Subsysteme. Man kann in dieser Hinsicht unmittelbar an herkömmliche ökonomische Denkansätze anknüpfen: Euckens Synthese der posthistoristischen Konzeptionen stellt sich systemtheoretisch als Analyse der Funktion DEC von PRO dar. Der Idealtyp der 'zentralgeleiteten Wirtschaft' ist dann als ein PRO ohne DEC-Verlagerung zu begreifen, während die 'Verkehrswirtschaft' all jene Fälle der Verlagerung erfaßt, bei denen Bereiche der Entscheidungsautonomie verschiedener DEC gegeben sind.[137]

Die Untersuchung von DEC kann wiederum in zwei unterschiedlichen Weisen erfolgen: Zum einen stehen die abstrakten Systeme der Neoklassik bzw. der Theorie der Zentralverwaltungswirtschaft zur Verfügung[138]; zum anderen könnte ein konsequenter institutionalistischer Deskriptivismus gewählt werden. Würde man nun den Fall dispergierter DEC mit dem Instrumentarium der Neoklassik angehen, dann bliebe der Kulturbegriff ein weiteres Mal ausgeklammert. Daß ein solcher Schritt unbefriedigend wäre, liegt klar auf der Hand: Der bekannte Vorwurf informationstheoretischer Naivität reiner Preis-Mengen-Modelle der wirtschaftlichen Informationsverarbeitung schlägt sich systemtheoretisch darin nieder, eine möglichst umfassende Analyse der Subsysteme von <Dec>PRO zu fordern. Dabei ist es natürlich wenig sinnvoll, die Funktion DECO beispielsweise ausschließlich auf die Verwendung von Preissignalen zu beschränken. Reine Preis-, Mengen-, oder Preis-Mengen-Modelle sind für die Beschreibung konkreter Systeme zu wenig operational.[139] Dies hatte, wie gesehen, auch Eucken bereits erkannt und deshalb das Konzept der 'Wirtschaftsordnung' formuliert. Die entsprechende Einbeziehung verschiedener sozialwissenschaftlicher und historischer Untersuchungsmethoden in die Ordnungsanalyse findet ihr systemtheoretisches Gegenstück in der Vielfalt von Perspektiven, die eine Analyse von Funktionsverlagerungen leiten können. Dann erscheint folgende Festlegung sinnvoll: Eine 'Wirtschaftsordnung' ist die Menge aller subsystemarer Phänomene und der Beziehungen zwischen Subsystemen im Bereich der Informationsverarbeitung von <Dec>PRO(SOC).

Auf der Grundlage dieser Konvention wird der Regelbegriff konsequent auf den der 'Information' reduziert und kann als etischer Terminus verwendet werden, wie dies bereits erläutert wurde. Institutionen sind lediglich eine Form der Informationsspeicherung und -verarbeitung. Das systemtheoretisch eingebundene Ordnungskonzept muß demnach sämtliche informatorischen Phänomene erfassen, so weit sie zum Ziel der speziellen Untersuchung in Beziehung gesetzt werden können. Beispielsweise darf die Ordnungsanalyse nicht nur Institutionen der Ebene 'Society' wie z.B. Rechtsnormen berücksichtigen, sondern muß auch spezifische Erscheinungen anderer Ebenen erfassen wie z.B. bestimmte Formen organisatorischen Verhaltens. Insofern wird ihr Gegenstandsbereich im Vergleich zur traditionellen Vorgehensweise beträchtlich ausgeweitet. Einschränkungen ergeben sich erst aus dem Untersuchungszweck.

Ein solcher Untersuchungszweck ist im Falle der vorliegenden Arbeit die Wechselwirkung zwischen Kultur und Wirtschaftsordnung in einem konkreten sozioökonomischen System. Der ökogenetische Kulturbegriff spiegelt sich dementsprechend in einer besonderen systemtheoretischen Forschungsperspektive wider. Zum einen wird die heterarchische Analyse künstlich beschnitten und rückt die Ebene 'Society' in den Vordergrund, d.h. bei der Untersuchung von Funktionsverlagerungen wird stets gefragt, inwieweit bestimmte Vorgänge der Informationsverarbeitung auf die Ebene 'Society' verlagert sind. Dabei ergeben sich natürlich Erkenntnisse bezüglich vorliegender Verlagerungsschleifen, weil die Analyse immer bei PRO(SOC) beginnt.[140] Zum anderen gilt die Aufmerksamkeit der besonderen Gestalt dieser Verlagerungen: Der Kulturbegriff wird zumeist im interdisziplinären Zusammenhang spezifiziert, indem z.B.

Erkenntnisse der Sozialpsychologie aufgegriffen werden; die Eigentümlichkeit des systemtheoretischen Ansatzes besteht jedoch darin, die kulturell determinierte 'Individualität' einer Wirtschaftsordnung anhand der spezifischen Verlagerungsgestalten kenntlich werden zu lassen.[141] Dabei besteht das langfristige Ziel solcher Untersuchungen darin, möglichst einfache Gestalten zu identifizieren, die hinreichend sind, um eine Wirtschaftsordnung bzw. einen gewissen 'Typus' von Ordnungen gegenüber anderen Ordnungen und Typen abzugrenzen. Genau an dieser Stelle tritt dann auch wieder der allgemeine evolutionstheoretische Hintergrund der Systemtheorie aus dem Schatten heraus: Das Erkenntnisinteresse besteht zunächst in der <u>klassifikatorischen Deskription von Ordnungen</u> mit Hilfe der systemtheoretischen Begrifflichkeit; das Konzept der 'Kultur' dient hier der Kennzeichnung individueller bzw. 'artspezifischer' Züge analog zur biologischen Taxonomie; anschließend ist jedoch zu fragen, in welcher Weise <u>die historische Genese dieser Ordnungen mit Hilfe der spezifisch biologischen Zielfunktion als Resultat von Selektionsprozessen erklärt werden kann</u>.[142]

Die vorliegende Untersuchung muß sich - bis auf einige Hinweise - bescheiden und die klassifikatorische Beschreibung betonen. Gleichwohl handelt es sich dabei um eine Aufgabe, die seit der Verdrängung des Posthistorismus durch die formale Sicht ökonomischer Phänomene sträflich vernachlässigt worden ist, so daß bislang die Voraussetzungen für die Anwendung evolutionstheoretischer Erklärungsmethoden nicht gegeben sind, d.h. die Vielfalt taxonomisch geordneten Forschungsmaterials, das die Vielfalt individueller Erscheinungen im Bereich biotischer Systeme widerspiegelt.

2. Allgemeine Hypothesen zur Evolution von Systemen und der Wechselwirkungen zwischen Subsystemen

Die mit der Konzentration auf die Wechselwirkung zwischen Kultur und Wirtschaftsordnung verbundene Betonung taxonomischer Aspekte weicht wesentlich vom Erkenntnisinteresse J.G. <u>Miller</u>'s ab. <u>Miller</u> konzentriert sich auf die Frage, ob die Systemtheorie von einer Menge ebenenunabhängiger, individuell nicht kontingenter nomologischer Hypothesen ausgehen kann.

Im folgenden sollen einige dieser Hypothesen betrachtet werden, soweit sie für den zweiten Teil der Arbeit von Belang sind bzw. soweit sie für das allgemeine Verständnis der Systemtheorie unabdingbar sind. Aus evolutionstheoretischer Sicht haben die Hypothesen zum Teil jeweils einen unterschiedlichen methodischen Status. Besonders für die im dritten Abschnitt betrachteten gilt, daß sie vor allem <u>technologische Restriktionen</u> von Anpassungsprozessen identifizieren, also z.B. gewisse Formen der Informationsverarbeitung ausschliessen. Andere versuchen dagegen, allgemeine Merkmale der Entwicklungsrichtung von Systemen zu nennen, haben also eher beschreibenden Charakter. Im Ganzen ist es jedoch sinnvoll, sie analog zur biologischen Methodologie mit den sog. 'proximate causes' der Systemevolution in Verbindung zu bringen im Gegensatz zu den 'ultimate causes' selektiver Prozesse.[143]

Die grundlegende Annahme im Bereich der 'proximate causes' betrifft zunächst die allgemeine Dynamik von Systemen: Offene biotische Systeme streben stets einen Zustand des Fließgleichgewichtes in der Wechselwirkung mit der Umwelt an. Reaktionen auf exogene Störungen sind dem allgemeinen Prinzip von <u>Le Châtelier</u> unterworfen, d.h. sie minimieren die Belastung (stress) durch wechselseitige Anpassung einer Fülle von Systemvariablen. Derartige Fließgleichgewichte weisen daher auch stets eine Tendenz zu ökonomischer Effizienz der Input-Output-Transformationen auf: Der Erhalt des systemspezifischen Zustandes relativer negativer Entropie (Bionorm) über die energetische Nutzung des Entropiegefälles zwischen Inputs und Outputs[144] geschieht dann in optimaler Weise, wenn die Entropieerzeugung und Energiebeanspruchung durch die Transformationsprozesse selbst minimiert wird. Je größer die intrasystemare Entropieerzeugung, desto langwieriger werden die homöostatischen Prozesse und also desto dauerhafter die Ungleichgewichtszustände. Eine konkrete Realisation der entsprechenden systemaren Anpassungsmechanismen kann freilich nur über den Rekurs auf die 'ultimate causes' erklärt werden.[145]

Die beobachtete Evolution biotischer Systeme zeigt, daß derartige optimierende Anpassungsmechanismen in evolutorischen bzw. historischen Zeiträumen mit einem ständig wachsenden relativen Anteil des Verbrauchs an Materie und Energie für die Informationsverarbeitung am Gesamtverbrauch einher gehen.[146] Dies ist Ausdruck der kontinuierlichen Ausweitung der relevanten Umwelt. Die verschiedenen Mechanismen können zwei großen Gruppen zugeordnet werden: Zum einen die 'vegetative' Anpassung durch negative Feed-back-Schleifen, die fest im Systemaufbau verankert sind; deren informatorische Leistungsfähigkeit ist jedoch begrenzt, weil für Regel- und Steuergrößen informatorische Abgeschlossenheit vorauszusetzen ist.[147] Zum anderen spielen daher hierarchische Regelsysteme eine große Rolle, bei denen beispielsweise über ein 'Wertesystem' festgelegt wird, welche Teilbereiche eines Systems unter Belastung prioritär erhalten werden müssen; d.h. es kann eine Selektion spezifischerer Anpassungsmechanismen erfolgen. Bei der teleologen Ökosis der kulturierten Anpassung ist eine solche Wertehierarchie nicht nur ihrerseits je nach den äußeren Bedingungen wandelbar, sondern kann darüber hinaus durch die Verwendung begrifflicher Systeme thematisiert werden. Dementsprechend sind Wertekonflikte möglich, deren Aufhebung ebenso wie die Stabilisierung einer bestehenden Wertehierarchie 'Macht' voraussetzt und zur Folge hat. 'Macht' bedeutet innerhalb eines hierarchischen DEC, daß übergeordnete Stufen niedrigere steuern und kontrollieren können, und im Regelfall davon auszugehen ist, daß Botschaften der ersteren in den relevanten Systembereichen so verstanden und befolgt werden, wie es beabsichtigt war.[148] Das Ausmaß und die Effizienz von Macht werden von verschiedenen Faktoren bestimmt, unter anderem der räumlichen Verteilung von Subsystemen und Komponenten als wesentlicher Determinante der Materie-Energie, die für die Informationsübertragung erforderlich ist, und der Komplexität der Funktionsverlagerungen im Vergleich zur informatorischen Kapazität von DEC.[149] Zu beachten ist, daß 'Macht' nicht unbedingt an die Prämisse der Teleologie gebunden ist[150]; die Systemtheorie hat immer zwischen teleonomen Zwecken und teleologen Zielen zu differenzieren - dementsprechend gibt es unterschiedliche Ausprägungen von 'Macht'.[151]

Die Zentripetalität von Macht wird nun ausgeglichen von der Zentrifugalität wachsender Komplexität. Offenbar überleben biotische Systeme desto länger, je komplexer sie sind; 'Komplexität' schlägt sich in der wachsenden Zahl unterschiedlicher

Komponenten und Subsysteme nieder, die spezifische Teilbereiche der systemaren Homöostasie realisieren und dabei eine partikulare, letztlich aus dem globalen Systemzweck abgeleitete Zweck- oder Zielorientierung aufweisen.[152] Die Möglichkeit globaler 'Zweckharmonie' setzt allerdings voraus, daß Konflikte zwischen Systemteilbereichen lösbar sind, deren Bedeutung notwendig mit der wachsenden Zahl funktionaler Differenzierungen zunimmt. Komplexitätswachstum führt daher zu einer informatorischen Dominanz von Konfliktdaten im systemaren DEC. Besonders auf supraorganismischer Ebene wird dieses Problem evolutorisch vor allem in zweierlei Weise gelöst. Erstens, das systemare DEC wird verstärkt dispergiert, wobei ein Teilbereich spezialisiert die Abstimmung von Konflikten übernimmt ('Politik'), indem z.B. Wertanpassungen erfolgen; zweitens, die Vereinheitlichung begrifflicher Systeme führt zur Universalisierung bestimmter Werte unabhängig von partikularen Zwecken.[153]

Die zweite Möglichkeit spielt eine große Rolle bei der Bewältigung extremer systemarer Belastungssituationen; vermutlich besitzen diejenigen Systeme die relativ größte Überlebenswahrscheinlichkeit, die in der Lage sind, in solchen Situationen intrasystemare Konflikte zeitweilig einem dominanten Systemziel unterzuordnen. Haben universalisierte Werte solche Ziele internalisiert, so führen Belastungserfahrungen zur Konfliktunterdrückung, ohne daß besondere DEC-Mechanismen wirksam werden müssen.[154] Partielle Universalisierungen sind auch für einen anderen Mechanismus der Konfliktbewältigung von Bedeutung, der nicht an Extremlagen gebunden ist. Weil die Konfliktlösung desto schwieriger und langwieriger ist, je größer die Zahl der betreffenden Subsysteme, weisen biotische Systeme die Tendenz auf, Konflikte auf Auseinandersetzungen zwischen größeren Blöcken zu reduzieren. Die Universalisierung auf der Ebene der Blöcke führt zu einer Zusammenfassung bestimmter Konfliktklassen unter Ziele größeren Allgemeinheitsgrades. Auf diese Weise werden bestimmte Konfliktarten auf blockinterne Auseinandersetzungen begrenzt, so daß das systemare DEC entlastet ist.[155] Dabei besteht natürlich ein trade-off zwischen Universalisierung und semantischer Schärfe, der wiederum den Nutzen der Universalisierung in Frage stellen kann, weil Unschärfe Interpretationskonflikte nach sich ziehen muß.[156]

Auf jeder Systemebene oder bei jedem Subsystem erfolgt die Konfliktbereinigung über die jeweiligen DEC, die ständig exo- und endogenen potentiellen Konflikten ausgesetzt sind. Treten Zielvorgaben unterschiedlicher Suprasysteme auf, muß je nach dem Grad der Widersprüchlichkeit ein Abstimmungsprozeß erfolgen, der den Entscheidungsvorgang verlängert. Besitzt das systemare DEC eine klar abgegrenzte konfliktorientierte Funktion, so werden vor allem wieder supraorganismische Systeme stabilisiert, indem eine 'präventive' Abstimmung des Wertesystems erfolgt, das dieses DEC zur Bewertung von und Entscheidung zwischen Zielalternativen verwendet. Diese Form der Universalisierung unterscheidet sich insofern von der partiellen Universalisierung bei der Blockbildung, als letztere auf die allgemeine Tendenz zurückzuführen ist, daß sich Systeme und Komponenten um so leichter und schneller assoziieren, je ähnlicher sie in ihrem Aufbau, ihrer Funktion oder ihrer Entwicklungsgeschichte sind.[157]

Miller formuliert noch eine Fülle weiterer Hypothesen zur Frage der Art und Weise homöostatischer Abstimmungsprozesse zwischen Subsystemen, die im Einzelfall sehr wichtig sein können; aus Raumgründen wird hier jedoch auf eine vertieftere Darstellung verzichtet.[158] Der allgemeine Rahmen dieser Hypothesen ergibt sich aus der näheren Betrachtung des Komplexitätsproblems. Evolutorisch ist vermutlich bereits eine hinreichende Bedingung von Komplexitätswachstum das quantitative Wachstum der Komponentenzahl eines Systems, denn in diesem Fall steigt der Informationsbedarf und damit die Zahl informationsverarbeitender Systemelemente überproportional an.[159] Sieben allgemeine Aussagen können zu diesem Komplexitätswachstum formuliert werden.

Erstens, der Grad und die Zahl funktionaler Differenzierungen zwischen Subsystemen nimmt in evolutorischer und historischer Zeit zu. Zweitens, der Grad der Autonomie subsystemarer DEC gegenüber dem systemaren DEC wächst, weil dies eine notwendige Bedingung für die informatorisch effiziente Realisation der funktionalen Differenzierung ist. Drittens, funktionale Differenzierung und wachsende DEC-Autonomie sind gleichzeitig verknüpft mit einer steigenden Interdependenz der Subsysteme, weil viele subsubsystemare Funktionen stärker dispergiert werden. Viertens, die Zahl spezifischer homöostatischer Mechanismen nimmt zu, weil einerseits die subsystemare Teleonomie stärker ausdifferenziert ist, und weil der Umfang erforderlicher intersubsystemarer Abstimmungsprozesse ständig wächst. Fünftens, die Ausweitung der funktionalen Differenzierung hat eine wachsende Schärfe der Abgrenzungen zwischen Subsystemen zur Folge, weil unter anderem die intrasubsystemaren begrifflichen Systeme spezifischer werden und damit eine informatorische Grenze aufbauen. Sechstens, die bislang skizzierten Phänomene des Komplexitätswachstums führen dazu, daß die Fähigkeit biotischer Systeme ständig zunimmt, zwischen unterschiedlichen Inputarten differenzieren zu können und spezifische Verarbeitungsprozesse aufzubauen; dieser Punkt wird häufig als Erhöhung der Fähigkeit zur 'Komplexitätsreduktion' und damit zur Konstitution komplexerer relevanter Umwelten gekennzeichnet. Siebtens, in ähnlicher Weise entwickeln Systeme auch eine immer größere Fähigkeit zur Erzeugung differenzierter Outputs, zumindestens soweit eine Untersuchungsebene betroffen ist, bei der solche Outputs im Suprasystem weiter verarbeitet werden.[160]

Wie die Diskussion der Konfliktproblematik bereits verdeutlichte, gewinnt mit einem solchen Komplexitätswachstum auch das Problem der 'Integration' an Bedeutung. Man kann 'Integration' systemtheoretisch als den Grad interpretieren, in dem das systemare DEC subsystemare Prozesse kontrolliert und an globalen Systemzwecken und -zielen ausrichtet.[161] Insofern besteht ein trade-off zwischen Komplexität und Integration; mehr noch, es könnte sogar ein selbstverstärkender Zusammenhang vorliegen, denn jede Verringerung der Integration erhöht den Bedarf an Informationsverarbeitung und gibt damit einen weiteren Anstoß zu einem integrationsmindernden Komplexitätswachstum. Jedes Wachstum des Umfanges an Information, die in einem System zu verarbeiten ist, verschärft das Problem der Kapazitätsgrenzen des systemaren DEC und führt daher zu weiteren Funktionsverlagerungen.[162] Eine solche 'Entscheidungsdezentralisierung' hat im wesentlichen zwei Konsequenzen. Zum einen können lokale Belastungen schneller und effizienter durch par-

tielle homöostatische Mechanismen aufgefangen werden, so daß
auch die globale Stabilität des Systems zunimmt. Auf der anderen Seite verringert sich jedoch die Verfügbarkeit relevanter Information auf der Ebene des systemaren DEC; damit steigt
die Wahrscheinlichkeit, daß aus unterschiedlichen Subsystemen
widersprüchliche Information anfällt - systemare DEC-Prozesse
werden dann zeitraubender und ineffizienter.[163]

Nun können trade-offs zwischen Komplexität und Integration
nur dann bewertet werden, wenn auf der systemaren Ebene eine
klar formulierte Ziel/Zweck- oder Wertehierarchie vorliegt.
Wachstum von Komplexität bringt jedoch notwendig auch die Auflösung derartiger Hierarchien mit sich.[164] Insofern zeichnen
sich normale Belastungszustände insbesondere supraorganismischer biotischer Systeme dahingehend aus, daß ein DEC der höchsten Ebene bei Bedarf lediglich die Abstimmung divergierender
partikularer Ziele/Zwecke gemäß dem Globalzweck 'Systemerhalt'
vornimmt. Eine Bewertung dieses Normalzustandes ist nur im Bezug auf einen potentiellen extremen Belastungszustand möglich:
Ist das System, wie oben bereits einmal angesprochen, dann
nicht in der Lage, durch hohe Integration Zielprioritäten zu
setzen, wird jenseits eines gewissen Belastungsgrades eine
verstärkte Dezentralisation des Systems mit der Tendenz zur
Auflösung in seine Komponenten auftreten.[165]

Ein solcher potentieller Übergang zu hoher Integration muß
auf der Grundlage universalisierter begrifflicher Systeme
stattfinden. Diese Universalisierung setzt eine ständige informatorische Wechselwirkung zwischen den Systemteilen im Normalzustand voraus, da andernfalls schon rein zufallsbedingte
Divergenzen entstehen würden. Bei hoher Dezentralisierung eines Systems ist also eine potentielle Reintegration nur dann
gewährleistet, wenn zwischen den Subsystemen ein möglichst
großer Informationsfluß herrscht, der natürlich auch die Effizienz des Normalzustandes erhöht.[166]

Aus dieser Perspektive erscheint es sinnvoll, das Konzept
der Integration insofern auszuweiten, als die Integration
durch universalisierte begriffliche Systeme bzw. allgemeiner,
semiotische Systeme neben der Ziel/Zweck-Integration einzubeziehen ist. Genauer formuliert, handelt es sich hier also um
die Universalisierung kommunikatorischer Regelsysteme: Die In-

formationstransmission und -verarbeitung ist dann nicht durch spezifische Merkmale von Sender und Empfänger beeinflußt. Dies bedeutet beispielsweise für ein System der Ebene 'Society' konkret, daß der Grad der Integration wesentlich bestimmt wird durch die Entfaltung einer universalen kommunikativen Kompetenz der Individuen, die auf der Universalisierung begrifflicher Systeme aufbaut. Information muß prinzipiell aus allen Bereichen der Gesellschaft für jedes Individuum verfügbar sein, ihre Ver- und Bewertung unabhängig von der sozialen Position des Individuums, insbesondere innerhalb des politischen Entscheidungssystems. Die Ablösung kommunikativer Regeln von Positionen ist dann auch umgekehrt eine hinreichende Bedingung, daß prinzipiell jede Position jedem kommunikativ kompetenten Individuum offensteht: Das politische Entscheidungssystem ist offen und nicht mit sozialen Differenzierungen verbunden. Eine solche Chancengleichheit der Beteiligung am Prozeß der politischen Willensbildung erhöht dann die Akzeptanz politischer Entscheidungen im Einzelfall: Genau dies bedeutet aber Integration.[167]

Komplexitätswachstum besitzt also zwei Dimensionen. Zum einen entsteht eine Vielfalt spezifischer begrifflicher Systeme, die funktional spezialisierte Prozesse ermöglichen; zum anderen wird dieses disintegrative Potential jedoch ausgeglichen durch die wachsende Universalisierung begrifflicher Systeme, die bei der intersubsystemaren Kommunikation (insbesondere zwischen dispergierten DEC) Verwendung finden.

Nun stellt sich natürlich die Frage, welche Restriktionen für die Entwicklung der informationsverarbeitenden Mechanismen bestehen, wenn die Komplexität biotischer Systeme zunimmt. <u>Miller</u> hat sich dabei besonders intensiv mit CHANNEL AND NET befaßt. Im hier erläuterten Sinne handelt es sich wieder um eine spezielle Forschungsperspektive; zu beachten ist, daß CHAN seinerseits sämtliche Subsysteme aufweisen muß, sei es in stark dispergierter Form. So finden an Knotenpunkten von CHAN oder an den Endpunkten subsystemarer BOU häufig Veränderungen der transferierten Information statt; in diesem Fall sind die jeweiligen Komponenten entweder Teile des hierarchischen systemaren DEC oder - aus systemarer Perspektive - abwärts dispergierte, partiell autonome DEC, <Dec>CHAN.

Allerdings ist zu beachten, daß Informationsveränderungen bereits durch entropiesteigernde Zufallseffekte auftreten; dieser Informationsverlust ist nicht aufhebbar.[168] Bei Unterbrechungen und Störungen von CHAN-Kanälen gewinnen derartige Effekte noch an Bedeutung.[169] Sie werden weiterhin durch systematische Einflußfaktoren verstärkt: So korreliert das Ausmaß der Informationsverzerrung mit der Länge der Kanäle (also der Entfernung zwischen DEC und den kontrollierten Prozessen), und wächst die Irrtumswahrscheinlichkeit monoton mit der Zahl der Komponenten und Kanäle von CHAN. Die letztere Erscheinung kann u.U. aufwiegen, daß die Wahrscheinlichkeit des Systemzusammenbruchs mit steigender Kanalzahl sinkt. Ein wichtiger Grund ist wohl, daß unter gewissen Bedingungen die Wahrscheinlichkeit einer sicheren Funktionsweise von CHAN sich als Produkt der Irrtumswahrscheinlichkeiten bei Teileinheiten ergibt.[170]

Um derartige störende Effekte zu vermeiden, minimieren Systeme die Zahl der Komponenten und Kanäle von CHAN; dem steht gegenüber, daß eine Erhöhung der Zahl bestimmter Kanalstrukturtypen (insbesondere Parallelübertragung und Feed-back-Schleifen) die Qualität der Informationsübertragung verbessert.[171] Die entscheidende Restriktion dürfte daher in der begrenzten informatorischen Kapazität von DEC-Einheiten liegen; bei einer großen Zahl informationsverändernder Knoten ist in der Regel ein systemares hierarchisches DEC überfordert, so daß eine Verlagerung stattfinden muß.[172] Die Bildung CHAN-spezifischer Entscheidungssubsubsysteme kann Spezialisierungsvorteile nach sich ziehen, erhöht aber zumindest temporär die energetisch-materiellen Kosten der Informationssubsysteme ('sunk cost'). Entscheidend ist aber, daß idiosynkratische begriffliche Systeme entstehen können (im folgenden: 'Kodespezialisierungen'), die den Informationstransfer erschweren. Damit ist die Voraussetzung für die autonome und spontane Entstehung neuer Komponentengruppierungen und funktionaler Segregationen gegeben, die im ursprünglichen Systemaufbau nicht vorhanden waren (s.o., 'Blockbildung'): Einander ähnliche oder räumlich nahe Komponenten teilen Information tendenziell in größerem Ausmaß als andere. Dieser Vorgang ist selbstverstärkend, weil die Wahrscheinlichkeit der Nutzung eines bestimmten Kanals negativ korreliert mit dem Umfang der Kodierungsprozesse, die mit der intersubsystemaren Informationsübermittlung verbunden sind; darüber hinaus wird ein bereits verwendeter Kanal häufiger wiederverwendet. CHAN kann also selbständige Anstöße zum Systemwandel geben.[173]

Neben den schon erwähnten entropischen Informationsdistorsionen lassen sich bestimmte sehr allgemeine Aussagen über systematische Informationsveränderungen durch relativ autonome <Dec>CHAN treffen. Die Möglichkeit negativer feed-back Effekte im Falle negativ bewerteter, weiterzuleitender Information bedingt eine Tendenz, positiv bewertete Daten genauer zu transferieren als negative. In ähnlicher Weise werden Botschaften, die Spannungen im System verstärken, weniger leicht fortgeleitet als solche, die Spannungen mildern.[174] Darüber hinaus besteht ein genereller bias, solche Signale prioritär zu befördern, deren Intensität relativ zum 'weißen Rauschen' besonders groß ist - dies müssen nicht unbedingt die bedeutsamsten Informationen sein, was die endgültige Bewertung der Signale durch die DEC-Zielhierarchie betrifft.[175] Unterschiedliche Signalintensitäten können auch zur Folge haben, daß bestimmte Botschaften in einem hierarchischen systemaren DEC nicht über niedrigere Stufen hinaus bis zur Hierarchiespitze gelangen, weil die jeweiligen <Inp-Dec>CHAN entsprechende Reizschwellen aufweisen. Unterliegt diese besondere Reaktion auf divergierende Signalintensitäten nicht ihrerseits der Kontrolle durch das systemare DEC, dann können Informationsverluste entstehen, die nicht der Wertehierarchie von DEC entsprechen.[176]

Die bislang betrachteten Phänomene betreffen allgemeine Aspekte der Informationsübertragung im gesamten CHAN. Weitergehende Einblicke können gewonnen werden, wenn die Konsequenzen des Tatbestandes systematisch analysiert werden, daß Kanäle stets begrenzte Kapazitäten aufweisen. Generell gilt, daß der Output eines Kanals bei steigender Inputbelastung zunächst proportional zunimmt, mit der Annäherung an die Kapazitätsgrenze langsamer ansteigt, und nach Überschreitung dieser Grenze rasch auf Null zurückfällt - der Kanal bricht dann zusammen und übermittelt gar keine Information mehr.[177]

Derartige Kanalzusammenbrüche zu verhindern, ist der Hauptzweck der komplexen homöostatischen Anpassungsprozesse im Subsystem CHAN, die im Zusammenwirken subsubsystemarer Vorgänge ablaufen. Sie stabilisieren den Output von Kanälen an der Kapazitätsgrenze derart, daß auch im Falle zeitweiliger Überbelastung kein plötzlicher und vollständiger Zusammenbruch erfolgt; je näher die Grenze, desto stärker dominieren sie den Prozeß der Informationsübertragung. Dabei geht es stets um eine quantitative Reduktion der Inputmenge nach Maßgabe der Kapazitätsgrenze.[178] Die entsprechenden Anpassungsmechanismen weisen einen unterschiedlichen Grad an Komplexität auf und tragen dementsprechend auch in unterschiedlichem Ausmaß zum Komplexitätswachstum des Gesamtsystems bei.

Mechanismen geringer Komplexität sind die Zufallsauswahl, die Entropieerhöhung und die Einführung von Warteregeln.[179] Bei der zufälligen Sperrung des Kanals gegenüber bestimmten Inputs können auch einfache Auswahlkriterien wirksam werden (z.B. nach der Herkunft des Inputs); sie sind solange als 'zufällig' zu betrachten, als sie nicht auf Lernprozesse bezüglich der Bedeutung der Inputarten für das System zurückgehen. In diesem Fall ist die Wahrscheinlichkeit des Verlustes wichtiger Information hoch. Dies gilt auch für die globale Erhöhung der Entropie im Kanal (der stärkeren 'Verrauschung' sämtlicher übertragener Information). Warteregeln können stattdessen die gesamte Information bewahren, verändern aber u.U. ihre zeitliche Verteilung in ungünstiger Weise. Sind sie bei einem abwärts dispergierten <Dec-Bou>CHAN verankert, ist eine zieladäquate Reihung nicht notwendig gegeben. Darüber hinaus stellen Warteregeln natürlich keine Dauerlösung dar, wenn die Überlastung kein kurzfristiges Phänomen ist.[180]

Im Vergleich zu den genannten Mechanismen sind Filterprozesse bereits komplexer: Hier werden nicht Informationsträger an der Überschreitung von <Bou>CHAN gehindert, sondern bestimmte Aspekte der übertragenen Information 'ausgesiebt'. Je nach der Bedeutung von Lernprozessen können sie ebenfalls erhebliche Informationsverluste nach sich ziehen.[181] Gewinnen erfahrungsbedingte Informationsbewertungen jedoch an Stellenwert, findet ein gleitender Übergang zu den Anpassungsmechanismen größter Komplexität statt: Abstraktion und Chunking.

In beiden Fällen handelt es sich um intensionale semantische Veränderungen von Information im Gegensatz zu rein quan-

titativ-extensionalen Reduktionen. Die Abstraktion stellt eine
Abbildungsrelation zwischen Mengen von Informationsträgern und
einer bestimmten Informationsart her, d.h. im Gegensatz zum
reinen Filtern wird auch die Zahl der Träger reduziert. Das
Chunking faßt auf der Grundlage vergangener Erfahrungen bestimmte Gruppierungen und Reihen von Informationsträgern zusammen und stellt ebenfalls eine Abbildungsrelation zu einem
bestimmten Symboltyp her. In beiden Fällen gewinnt also DECO
erheblich an Bedeutung. Ob die Verfahren effizient sind und zu
einer Minimierung des Verlustes an relevanter Information führen, hängt von der Art der gegebenen Funktionsverlagerungen ab.
Die entscheidende Frage ist, ob der Empfänger von Information
zu einer entsprechenden Bedeutungsanalyse in der Lage ist, und
ob die Kodierungsvorgänge pragmatischen Relevanzkriterien unterworfen sind. So könnte z.B. <Ass-Deco>CHAN zu <Ass>DEC verlagert sein oder <Mem-Dec>CHAN zu <Mem>DEC. Pauschal ist daher festzustellen, daß die komplexeren Anpassungsmechanismen
in CHAN eine entscheidende Antriebskraft der Universalisierung
begrifflicher Systeme sind. Legt beispielsweise das systemare
DEC die semantischen Regeln fest, die die Abstraktion und das
Chunking determinieren, dann sind wesentliche Teile begrifflicher Systeme bei den Subsystemen CHAN, MEM oder DECO harmonisiert.[182] Derartige Verlagerungsgestalten werden in evolutorischer Perspektive selektiv bevorzugt, weil der Verlust anpassungsrelevanter Information durch Reduktionsvorgänge zur
Bewahrung der Kanalkapazitäten in CHAN minimiert wird.

Natürlich kann das Kapazitätsproblem auch über die Vergrösserung der Kanalzahl angegangen werden; dann wird es jedoch
lediglich auf den Empfänger verschoben, der in Analogie zu
Filter-, Abstraktions- und Chunkingvorgängen eine systematische Auswahl der Informationskanäle treffen muß.[183] Wirkt kein
Mechanismus in hinreichender Weise, bleibt noch die Möglichkeit der 'Flucht'.[184]

Komplexitätswachstum ist also in wesentlicher Hinsicht
gleichbedeutend mit der Erhöhung der semantischen Komplexität der begrifflichen Systeme, die von den informationsverarbeitenden Subsystemen verwendet werden.[185] Die intensionalen
Reduktionsmechanismen ('Sinnsysteme'[186]) gewinnen dabei erheblich an Bedeutung, wenn die Systeme auf höheren Ebenen ange-

siedelt sind, weil die Kanalkapazitäten mit dem Übergang zu höheren Ebenen stark abnehmen. Hier spielen verschiedene Faktoren eine Rolle, wie z.b. die sich multiplikativ verstärkenden Effekte von Engpässen und Kanälen mit hohen Irrtumswahrscheinlichkeiten und die starke Expansion des intersubsystemaren Informationstransfers bei gleichzeitigem Wachstum der Komponenten- und Subsystem-Menge. Dennoch ist zu beobachten, daß mit der ausgleichenden Erhöhung der semantischen Komplexität und dementsprechend der wachsenden Zahl homöostatischer Prozesse im Bereich der Informationsverarbeitung die Anpassungseffizienz auf Systemebene zunimmt. Dies drückt sich darin aus, daß die relativen Kosten je übertragener Informationseinheit (bezogen auf die energetischen Gesamtkosten der Informationsübertragung) mit der erreichten Höhe der Systemebene abnehmen, während die absoluten Kosten steigen.[187]

Die Erhöhung der Anpassungseffizienz entlang der Ebenenhierarchie ist evolutorisch auf den selektiven Wert bestimmter emergenter Eigenschaften zurückzuführen. Diese Eigenschaften konnten vor allem als qualitative Neuerungen im Bereich der Informationsverarbeitung identifiziert werden: Komplexere semiotische Systeme gewährleisten eine systemnormadäquate Auswahl relevanter Information. So entstehen beispielsweise auf der Ebene 'Group' informatorische Mechanismen, die Gefangenendilemmata langfristig vermeiden. Dabei wird der individuelle Systemzweck anpassungseffizienter durch bestimmte Gruppenleistungen realisiert, obgleich diejenigen Ziele, die auf der Ebene 'Individual' informatorisch wirksam werden, mit dem Gruppenziel in Widerspruch stehen. Gruppenspezifische Werthierarchien u.ä. verhindern dann kurzfristiges individuelles Maximierungsverhalten. Auf der Ebene 'Society' verhindern jedoch die begrenzteren Kanalkapazitäten die Entstehung vergleichbarer informatorischer Mechanismen; aus diesem Grunde bleiben wichtige Funktionen abwärts zur Ebene 'Group' dispergiert. Andererseits entstehen jedoch neue informatorische Phänomene wie der Marktpreis, die auf den niedrigeren Ebenen nicht möglich waren. Die entsprechenden universalisierten Codes eröffnen neue Dimensionen funktionaler Differenzierungen und damit Effizienzgewinne, die auf individueller Ebene anpassungsoptimierend im Sinne des Systemzweckes wirken.

3. Die Wirtschaftsordnung als Menge informationsverarbeitender Subsysteme von PRODUCER

Die Hypothesen zur Evolution und Funktionsweise von biotischen Systemen, die bislang betrachtet wurden, beziehen sich natürlich in gleicher Weise auf Systeme wie auf Subsysteme. Aussagen zu CHAN gelten nicht nur für das CHAN auf systemarer Ebene, sondern auch für jedes CHAN in der sub^xsystemaren Hierarchie. Daraus ergibt sich unmittelbar, daß die Anwendung der Hypothesen bei der Beschreibung konkreter Systeme sehr schwierig sein kann, denn das beobachtete Systemverhalten wird durch das Zusammenwirken sämtlicher Sub^xsysteme bestimmt und müßte dann auch mit Hilfe eines 'Hypothesengeflechtes' beschrieben werden. Die Anwendung einzelner Hypothesen führt daher notwendig immer in erhebliche Schwierigkeiten empirischer Operationalität hinein.[188]

Wendet man sich nun einer Wirtschaftsordnung als Menge aller informationsverarbeitender Subsysteme von PRO zu, muß also zunächst grundsätzlich festgestellt werden: Jeder Nachvollzug einer bestimmten Gestalt von Funktionsverlagerungen impliziert, daß die entsprechenden nomologischen Hypothesen relevant werden. Es stellt sich daher die Frage, welche Detailtiefe eine Untersuchung anstreben soll. In der vorliegenden Arbeit wird folgende Entscheidung getroffen: Die Verlagerungsanalyse soll in ausführlicherer Weise erfolgen, weil die spezifische Gestalt von Funktionsverlagerungen methodologisch als wesentliches Merkmal kultureller Eigentümlichkeiten identifiziert worden war; die Anwendung von Hypothesen soll dagegen nur im Rahmen grober, wenig ausdifferenzierter Hinweise stattfinden, d.h. im wesentlichen bei der ersten 'Schicht' von Subsystemen wie z.B. CHAN oder <Chan>PRO.[189] Eine solche Vorgehensweise ist hier deshalb legitim, weil das Problem der Wechselwirkung zwischen Kultur und Wirtschaftsordnung im Vordergrund steht; es geht nicht darum, bestimmte ebenenunabhängige, nicht-kontingente Hypothesen zu formulieren und zu prüfen.

Ausgangspunkt jeder Analyse von PRO muß die Betrachtung von <Dec>PRO sein; dies ist auch die klassische Position <u>Euckens</u>. Seine Vorstellung, den 'morphologischen Apparat' der 'Wirtschaftssysteme' wie die Buchstaben eines Alphabetes bei der Beschreibung von Wirtschaftsordnungen anzuwenden, entspricht in der Systemtheorie der Untersuchungszielsetzung, eine detaillierte Analyse der Funktionsverlagerungen von <Dec>PRO zu erreichen. Eine solche Aufgabe ist sehr kompliziert, denn - wie schon den Hypothesen zur Systemevolution zu entnehmen ist - wesentliche DEC-Teilfunktionen sind entweder auf andere Subsysteme lateral dispergiert oder auf Sub^xsysteme abwärts dispergiert. Einige Beispiele sollen diesen wichtigen Punkt verdeutlichen und damit auch einen ersten Einblick in den Argumentationsstil bieten, der mit der Anwendung der systemtheoretischen Sprache verbunden ist.

Beim ökogenetischen Kulturkonzept spielt ebenso wie in der Wirtschaftstheorie das Phänomen der Innovation eine entscheidende Rolle. Es stellt sich also die Frage, welche Beziehung zwischen <Ass-Dec>PRO(SOC) und <Ass>DEC(SOC) bzw. allgemein ASS(SOC) besteht. Die Analyse gewinnt den entscheidenden Anhaltspunkt mit der Feststellung, daß wichtige ASS-Teilfunktionen zur Ebene 'Individual' abwärts dispergiert sein müssen, denn in jedem Fall müssen Neuerungen von Individuen erzeugt und auch akzeptiert werden. Also gilt <Ass-Dec>PRO(SOC)/ASS (IND) ebenso wie <Ass>DEC(SOC)/ASS(IND). Die ökonomische Theorie des Unternehmers bricht ihre Analyse häufig an dieser Stelle ab, um dem Prinzip des methodologischen Individualismus gerecht werden zu können.[190] Wenn man nun jedoch fragt, in welcher Weise die Funktion <Dec>ASS(IND) realisiert ist, so ergeben sich je nach den Eigenarten des jeweils betrachteten Systems offensichtlich vielfältige Möglichkeiten der Funktionsverlagerungen; dies wird unmittelbar augenfällig, wenn man nur die ökonomische Differenzierung zwischen 'Invention' und 'Innovation' berücksichtigt und in diesem Sinne zunächst zwischen Inventionsvorgängen bei ASS(IND) und Innovationsvorgängen auf der Ebene 'Society' (z.B. Markt) unterscheidet.[191] So kann in traditionellen Gesellschaften <Dec>ASS(IND) auf die Ebene 'Group' aufwärts dispergiert sein; dies muß keinesfalls bedeuten, daß Gruppen explizite Entscheidungsfunktionen z.B. in Form von Abstimmungen übernehmen, denkbar ist vielmehr auch die Verlagerungsgestalt <Dec>ASS(IND)/GR#<Deco-Dec> ASS(GR), d.h. bestimmte Gruppennormen, die in der informatorischen Verarbeitung einer individuellen Invention wirksam werden, sind wesentlich ausschlaggebend für die Innovation auf

Gruppenebene. Die Analyse des Innovationsphänomens führt daher
zu der abgeleiteten Frage, in welcher Weise systemare Lernprozesse bei der Kodierung von neuer Information stattfinden; in
diesem Zusammenhang könnte die Hypothese formuliert werden,
daß die in der DECO-Funktion implizit gegebene Bewertung neuer
Information auf Wertehierarchien zurückgeht, die sich in selektiven Anpassungsprozessen stabilisiert haben.[192] So kann
gelten: <Dec-Ass>|<Dec>ASS(IND)/GR#<Deco-Dec>ASS(GR)|/SOC#
<Mem>PRO(SOC). In diesem Fall würde also davon ausgegangen, daß
sich die Anpassung vor allem im technischen Sinne vollzieht,
d.h. der darwinsche Anpassungsbegriff bliebe ausgeklammert;
weiterhin wird die Gruppe als Teil eines umfangreicheren Systems der Ebene 'Society' betrachtet. Die Verlagerungsanalyse
zeigt demnach, welche spezifischen Teilfunktionen auf welcher
Ebene angesiedelt sind, und führt in Form einer Schleife vom
Ausgangspunkt der Fragestellung, PRO(SOC), auch letztlich zu
PRO(SOC) zurück. Für den Fall industrialisierter Volkswirtschaften kann sich nun ein wesentlich anderes Bild ergeben,
weil die Ebene 'Organization' eine zentrale Rolle bei Innovationsvorgängen spielt. Während Inventionen nach wie vor auf
der Ebene 'Individual' stattfinden, sind Verlagerungen vor allem in zwei Richtungen sehr bedeutsam: Was die Vorbedingungen
der Invention betrifft, so ist ein bedeutender Teil des relevanten Wissens auf der Ebene 'Organization' verankert[193]; was
die Durchsetzung der Invention betrifft, so sind organisatorische Mechanismen von entscheidender Wichtigkeit für einen Erfolg des Innovationsvorganges. Letzteres gilt organisationsintern ebenso wie für die Durchsetzung der Invention am Markt.[194]
Diese große Bedeutung der Ebene 'Organization' war eindeutig
ein Ergebnis der Industrialisierung in Europa; die Entstehung
der entsprechenden emergenten Eigenschaften hing offenbar mit
den technologischen Entwicklungen im Verlauf der Anpassungsprozesse zusammen, die im europäischen Agro-Ökosystem vollzogen wurden.[195] In China verlief diese Entwicklung beispielsweise vollkommen anders; wie später noch gezeigt wird, führte
das Ausbleiben bestimmter technologischer Innovationen zu einer nur schwachen Emergenz der Ebene 'Organization' im Vergleich zu den Marktsystemen der Ebene 'Society'.
  Diese knapp angedeutete Beobachtung zeigt zweierlei: Er-

stens, im Gegensatz zu manchen Positionen in der ökonomischen Ordnungstheorie handelt es sich bei Institutionen der Ebene 'Organization' um eigenständige Ordnungsphänomene, die in der Analyse von PRO(SOC) volle Aufmerksamkeit verdienen; zweitens, offenbar können bestimmte Erscheinungen im Bereich der Informationsverarbeitung auch mit Entwicklungen bei den Subsystemen zusammenhängen, die Materie und Energie verarbeiten. Der zweite Punkt entspricht in gewisser Weise der marxistischen Hypothese zur Determination des Überbaus durch den Unterbau; die Systemtheorie vermag wieder einige Aspekte dieses Ansatzes aufzunehmen, ohne ihn verabsolutieren zu müssen. So gilt offenbar, daß die Emergenz der Ebene 'Organization' mit der Evolution von <Pro>PRO(SOC) eng verknüpft war, d.h. mit der vermehrten Kapitalbildung.[196]

Wie das Beispiel zeigt, darf der systemtheoretische Begriff der 'Entscheidung' keinesfalls eng auf den Typus planmäßiger und bewußter individueller Entscheidungen z.B. auf Märkten oder an der Spitze von Befehlshierarchien beschränkt werden.[197] Ein polypolistischer Markt ist ein DEC der Ebene 'Society', was wichtige Eigenschaften der Produkte betrifft, die auf ihm gehandelt werden. Die genaue Analyse eines Einzelfalls kann freilich ein komplexeres Bild bieten. Das Beispiel der historischen Entwicklung des Londoner Kapitalmarktes ist gut geeignet, um die vielen Schattierungen des systemtheoretischen Entscheidungsbegriffs aufzuzeigen, und um gleichzeitig eine weitere Illustration der Rolle von Emergenzen zu bieten.

Ein Kapitalmarkt ist ein Teilbereich von PRO(SOC), auf dem bestimmte Arten der Outputs von <Int>PRO(SOC) über <Dis>PRO(SOC) verteilt werden (z.B. Wertpapiere). Dabei ist entscheidend, welche Information von diesen Outputs getragen wird; je nach Art der Outputs können z.B. Entscheidungsfunktionen übertragen werden, d.h. über DIS wird die spezielle Verlagerungsgestalt von DEC determiniert. Hier soll lediglich interessieren, daß natürlich ein Problem der Universalisierung des Kodes besteht, der intra- und intersubsubsystemar verwendet wird; so kann die Situation bestehen, daß ein Unternehmer als Anbieter von Finanzmitteln den informatorischen Gehalt eines Outputs anders einschätzt, als dies der Realität entspricht, weil der Produzent bei der Kode-Anwendung bewußte Verzerrungen der Information anstrebt, also z.B. nicht vorhandene Bonität vortäuscht. Unter Vernachlässigung aller Details geht dieses Problem also grundsätzlich auf die Tatsache zurück, daß <Dec-Deco-Dis>PRO(SOC) notwendig zumindestens teilweise zur Ebene 'Individual' abwärts dispergiert ist. Zwischen den EN und DECO Funktionen einzelner PRO(IND) muß daher keinesfalls notwendig Kongruenz der Kode-Verwendung vorliegen. Wenn man einmal die historische Perspektive und damit diejenige der Ebene 'Individual' wählt, dann bedeutet dies, daß evolutorisch effizient offenbar solche Regelwerke wären, bei denen die intersubjektive Kompatibilität und Verläßlichkeit individueller Kode-Anwendungen dadurch gewährleistet sind, daß DECO bzw. <Dec>DECO Funktionen aufwärts verlagert werden. Im konkreten Fall des Londoner Kapitalmarktes geschah dies bis in die jüngere Vergangenheit in der Tat folgendermaßen: Die Menge teilnehmender Individuen war auf Gruppen von Personen begrenzt, die sich durch eine gemeinsame Herkunft (z.B. Ausbildung) auszeichneten und zumindestens potentiell stets durch face-to-face-Kontakte in Verbindung stehen konnten. Gruppenspezifische Kontroll- und Sanktionsmechanismen sicherten auf diese Weise die intersubjektive Verläßlichkeit der Kode-Verwendungen ab.[198] DECO war somit auf die Ebene 'Group' aufwärts dispergiert und in wesentlichem Ausmaß individuellen Entscheidungsprozessen entzogen. Nachdem die Zahl der Marktteilnehmer gewachsen war, wurde das Prinzip der Gruppenkontrolle in Form der berühmten 'Clubs' realisiert; dabei deutet sich insofern bereits die Emergenz der Ebene 'Organization' an, als Zulassung und Ausschluß von Club-Mitgliedern zum Teil nach formalen Statuten erfolgten. Sie trat endgültig in den Vordergrund, als die zunehmende Anonymität des Kapitalmarktes Gruppenmechanismen an Wirkung verlieren ließ.

Bei dieser Entwicklung spielten zwei Tendenzen eine Rolle. Zum einen gewann das politische System an Einfluß, also DEC(SOC), und zwar in Form einer regulierenden staatlichen Instanz der Ebene 'Organization' ('Prevention of Fraud (Investment) Act' von 1958). Allerdings blieb der Kontakt zur Ebene 'Group' insofern gewahrt, als sich das Verhalten dieser Instanz am Kodex der 'City' ausrichtete (positiv formuliert im

'Licensed Dealers (Conduct of Business) Rules' von 1960). Auf der anderen Seite führte das Interesse der 'City' an einer Minimierung staatlicher Eingriffe zur Einrichtung einer nichtstaatlichen Regulierungsorganisation, d.h. also zur Emergenz der Ebene 'Organization' ohne Vermittlung von DEC(SOC)/ORG. Es enstand ein 'Takeover Panel', das eine Selbstkontrolle bei Firmenübernahmen durchführte; Orientierung boten zunächst informelle Verhaltenskodices, die allerdings bald positiv systematisiert wurden ('City Code on Take-Overs and Mergers' von 1968). Die Organisation sichert nun die intersubjektive Verläßlichkeit des kapitalmarktspezifischen begrifflichen Systems ab, indem z.B. Gewinnprognosen von Firmen überprüft werden oder verbindliche 'Code'-Interpretationen erfolgen.[199]

Die Evolution des Londoner Kapitalmarktes führte also zu einer sehr komplexen Verlagerung von DEC-Funktionen, insbesondere im Bereich von DECO. Es wäre systemtheoretisch naiv, würde man die Wahlfreiheiten von Individuen bei der Marktteilnahme so interpretieren, daß ein DEC der Ebene 'Society' vollständig abwärts zur Ebene 'Individual' dispergiert wäre. Stattdessen muß für spezielle sub^xsystemare Funktionen exakt untersucht werden, auf welcher Ebene sie angesiedelt sind. Dabei lassen sich bereits bei diesem Beispiel ohne weiteres auch kulturelle Faktoren erkennen: So bei den Mechanismen der Gruppenabgrenzung in der frühen Phase der Ausbildung des Kapitalmarktes[200], oder bei der Reaktion der 'City' auf bereits erfolgte oder drohende Staatseingriffe[201]. Einige Aspekte der beiden historischen Phasen können systemtheoretisch ungefähr folgendermaßen charakterisiert werden:
<Dec-Bou>|<Dec>|<Dec-En-Int>PRO(SOC) /IND#<Dec-Deco>PRO(IND)|/GR#<Deco>CHAN(GR)|/SOC#<Mem>DECO(SOC)
für die frühe Phase und
<Ass>|<Dec-Bou>|<Dec>|<En-Int>PRO(SOC)/IND#<Deco>PRO(IND)|/ORG#<Dec>DECO(ORG)|/SOC#<Mem>DECO(SOC)|/IND#ASS(IND)
für die sechziger Jahre dieses Jahrhunderts. Wichtig ist, daß die jeweiligen Entscheidungen zur Abgrenzung der ebenenspezifischen DEC-Funktionen im Bereich der Kode-Verwendung auf die Ebene 'Society' dispergiert sind, d.h. genauer, daß sie durch bestimmte soziale Normen wesentlich determiniert sind (DECO). Dabei ist zu vermuten, daß in der jüngeren Zeit individuelle

Lernprozesse eine größere Rolle spielen, weil die wirtschaftspolitische Dimension der Regulierung durch die Entwicklung entsprechender begrifflicher Systeme eine Kodierung erhalten kann, die sie individuellen Verstandesleistungen zugänglich werden läßt.

Wie die Beispiele erkennen lassen, spielen fünf informationsverarbeitende Subsysteme eine besonders große Rolle in der systemtheoretischen Analyse der Wechselwirkung zwischen Kultur und Wirtschaftsordnung: CHAN, DECO, ASS, MEM, und DEC. Miller formuliert für diese Funktionen wieder eine Fülle von Hypothesen der Art, wie sie für CHAN bereits erläutert worden sind.

Was zunächst DEC betrifft, so laufen systemare Entscheidungsprozesse stets nach dem vierstufigen Muster ab: Zielformulierung, Analyse zielrelevanter Information, Generierung einer Problemlösung und Implementation durch Aussendung einer Botschaft.[202] Es sollte inzwischen deutlich geworden sein, daß die Art der Ziele, die in DEC-Prozessen auftreten, stark geprägt ist von der jeweiligen Gestalt der Funktionsverlagerungen. Ein systemares DEC der Ebene 'Society' muß keinesfalls (insbesondere in Normalzuständen) positiv definierte Ziele besitzen, die als solche für Subsysteme niedriger Ebenen erkennbar sind. Ein 'Ziel' ist beispielsweise die Gleichgewichtslösung eines neoklassischen Wettbewerbsmarktes; der Prozeß, der zur Erreichung dieser Lösung führt, läßt sich in die genannten vier Stufen untergliedern, wobei natürlich Funktionsverlagerungen vorliegen.[203] Solche Verlagerungen spielen in einem 'neoösterreichischen' oder 'postkeynesianischen' Markt noch eine wesentlich bedeutendere Rolle: Dort ist die Phase der Zielformulierung abwärts dispergiert; Mechanismen der Ebene 'Society' besitzen allerdings nach wie vor eine große Bedeutung z.B. bei der 'Formulierung von Botschaften' (Marktpreise).

Im allgemeinen ist davon auszugehen, daß mit der Höhe der Systemebene auch das entsprechende nicht-verlagerte DEC nur solche Ziele formuliert, die von Bedeutung für sämtliche Systembestandteile sind; also wird ein DEC der Ebene 'Society' eher grundlegende Werthierarchien festlegen oder langfristige Entscheidungen fällen.[204] In dieser Hinsicht dürfte das subsubsystemare DECO eine wichtige Rolle spielen. Jedes DEC besitzt ein spezifisches semiotisches System, das zuströmende Informationen implizit in einen Gesamtzusammenhang einordnet, der die Entscheidungssituation perspektivisch an der gewählten Zielsetzung ausgerichtet darstellt.[205] Nun besteht natürlich die Möglichkeit, daß Entscheidungsvorgänge abwärts dispergiert sind, während DECO auf systemarer Ebene verbleibt (s.o., Kode-Universalisierung). Derartige Aspekte der Bedeutungsanalyse von DEC-Funktionen stellen einen wichtigen Gegenstand kulturwissenschaftlicher Analysen dar.[206]

Unabhängig von dieser Bedeutungsdimension von DEC-Funktionen lassen sich jedoch einige allgemeinere Hypothesen zum Charakter der Mechanismen formulieren. DEC-Funktionen treten immer dann in Operation, wenn die systemare Homöostasie gestört ist. Es wurde bereits erläutert, daß sich aus der Tatsache, daß homöostatische Prozesse ihrerseits Energie verbrauchen und Entropie erzeugen, ein ökonomisches Prinzip ableiten läßt, zumindestens, solange von einem entsprechenden Anpassungsdruck (Konkurrenz) auszugehen ist. Dies bedeutet, daß DEC-Funktionen formal als 'ökonomisch rationale' Entscheidungen modelliert werden können.[207] Es werden solche Alternativen aus dem erkannten Möglichkeitsraum ausgewählt, die entweder mit der geringsten Entropieerhöhung oder dem geringsten Energieverbrauch verbunden sind (Kostenminimierung), oder die Rückkehr zum Gleichgewichtszustand möglichst rasch bewerkstelligen (der Fluß der Zeit bringt durch Zufallsprozesse Entropieerhöhung mit sich).[208] Eine solche prinzipielle Effizienzorientierung besteht natürlich auch auf subsystemarer Ebene. Dort gilt zudem, daß subsystemare Bionormen bestimmte 'Gleichgewichtsausstattungen' mit Ressourcen definieren; jede überproportionale Ressourcenkonzentration stört die Realisation anderer Systemfunktionen.[209]

Der systemtheoretische Effizienzbegriff unterscheidet sich in einer wesentlichen Hinsicht jedoch vom ökonomischen. Biotische Systeme müssen unter extremen Belastungssituationen in der Lage sein, eine maximale Energieleistung zu realisieren. Für die Optimierung im Normalzustand gilt daher stets die Nebenbedingung, daß der Systemaufbau die Verhaltensalternative der Mengenmaximierung im weitesten Sinne nicht ausschließen darf.[210]

Die allgemeine systemtheoretische Effizienzhypothese erlaubt die Ableitung einiger weiterer Hypothesen zum Entscheidungsverhalten. Die Abhängigkeit eines systemaren DEC von Informationen aus anderen Subsystemen mit partiell autonomen DEC bringt es mit sich, daß immer jene Subsysteme einen besonders starken Einfluß auf das systemare DEC ausüben, die den Zugang zu wichtiger Information kontrollieren; dabei spielt natürlich auch die Perzeption der informatorischen Prioritäten eine wichtige Rolle.[211] Dementsprechend ist 'Macht' im System dispergiert; die Existenz subsystemspezifischer Informationsmechanismen gehört damit bereits zu den hinreichenden Bedingungen einer partiellen Verlagerung von DEC. Verstärkend wirkt noch, daß die DEC-Dispersion eine schnellere und leichtere Verfügbarkeit von Information zur Folge hat.[212]

Die DEC-Dispersion bringt daher Effizienzvorteile mit sich, weil die Transferwege über CHAN verkürzt werden; abgesehen von der entsprechenden Verringerung störender CHAN-Effekte (s.o.) nehmen deshalb die Zeiträume zu, die für Entscheidungsprozesse insgesamt zur Verfügung stehen. Je kürzer die Zeitspanne, die für Entscheidungsprozesse vorgegeben ist, desto weniger gründlich erfolgt die Entscheidungsvorbereitung (Informationsverarbeitung).[213] Die Nähe von DEC zu den Orten der Entstehung neuer Information wirkt temporal optimierend.[214] Hinzu kommt, daß eine hochgradige Konzentration von DEC-Prozessen auf der höchsten Ebene zum Aufbau sehr komplexer begrifflicher Systeme führen muß, deren Zeichen durch Abstraktion oder Chunking einen hohen informatorischen Gehalt besitzen; je größer dieser Gehalt, desto länger wird aber die Bearbeitungszeit. Eine stärkere Dispersion minimiert daher die Entscheidungszeit, weil die entsprechenden spezifischen begrifflichen Systeme weniger komplexe Zeichen aufweisen.[215] Eine Verkürzung der Verarbeitungszeit kann auch erreicht werden, indem die Informationsträger unabhängig von der konkret vermittelten Information mit Prioritätsindices versehen werden, die auf Häufigkeitsverteilungen bezüglich der Beziehung zwischen Herkunft und Bedeutung von Information zurückgehen. Dabei können sich natürlich auch erhebliche Verzerrungen ergeben. Eine weitere Möglichkeit besteht in der globalen Begrenzung der Transmitterzahl; hier folgt wiederum ein trade-off zum oben angesprochenen semantischen Komplexitätswachstum durch Komprimierung des Kodes.[216]

In Verbindung mit den Hypothesen, die im zweiten Abschnitt angesprochen wurden, kann also die Vermutung ausgesprochen werden, daß die Emergenzen unterschiedlicher Systemebenen dazu führen, daß die Korrektheit und homöostatische Effizienz von DEC-Prozessen mit der Höhe der Systemebene zunimmt.[217] Daraus ergibt sich der wichtige Schluß, daß für die spezifische Gestalt von Funktionsverlagerungen, die mit Untersuchungen zur Wechselwirkung zwischen Kultur und Wirtschaftsordnung erfaßt wird, eine globale systemtheoretische Effizienzvermutung gilt. Zu beachten ist natürlich, daß die Effizienz von Funktionsverlagerungen nur relativ zu einer bestimmten anpassungsrelevanten Umgebung beurteilt werden kann. Langfristig kann jedoch eine kulturell bedingte Form der DEC-Dispersion nicht stabil sein, wenn sie technische Restriktionen verletzt bzw. wenn beispielsweise konkurrierende Systeme anpassungseffizienter im technischen Sinne operieren.[218] Dies bedeutet im Gegensatz zum strikten ökonomischen Effizienzbegriff nicht, daß zu jedem Zeitpunkt der Systementwicklung eine Effizienzoptimierung zumindestens auf theoretischer Ebene abgeleitet wird[219]; je nach Ausmaß des selektiven Druckes können suboptimierende kulturell bedingte Funktionsverlagerungen längere Zeit stabil sein. Dies gilt insbesondere dann, wenn aufgrund eines raschen Wandels der Umweltbedingungen bestehende optimierende Lösungen obsolet werden: Solange ein solcher Wandel nicht seinerseits langfristig stabil ist, kann eine Bewahrung obsoleter Verlagerungsgestalten eine optimale evolutorische Strategie bleiben.[220]

In der Tat lassen sich für ASS Hypothesen formulieren, die solche Annahmen zum Optimierungsverhalten lebender Systeme stützen. In jeder Hinsicht können die Entscheidungsvorgänge bei DEC nur unter Beachtung von ASS-Prozessen analysiert werden. ASS operiert auf der Grundlage von Modellrepräsentationen der Umwelt; haben sich diese Modelle bewährt, werden neue Erfahrungen stets zunächst modellkonform interpretiert. Sind Modelländerungen erforderlich, so wird der entsprechende Aufwand minimiert. Insbesondere weisen die genetisch ältesten Modellbestandteile die größte Veränderungsresistenz auf: Bestimmte langfristig stabile Funktionsverlagerungen können daher auch dann lange Zeit bewahrt bleiben, wenn sie bei geänderten Umweltdaten kurzfristig technische Effizienznormen verletzen. Der endgültige Wandel der Verlagerungsgestalt beansprucht desto mehr Zeit, je höher die Ebene eines Systems, weil die Komplexität der Dispersion regelmäßig größer ist und damit natürlich auch diejenige der unterschiedlichen sub^xsystemspezifischen Lernmodelle. Aus diesem Grund besitzen kulturelle Regeln der Ebene 'Society' eine große Beharrungskraft gegenüber Änderungsdruck: Während die Entstehung neuer Regelvarianten auf individueller Ebene u.U. schnell möglich ist, beansprucht deren Integration auf der Ebene 'Society' erheblich mehr Zeit.[221]

Der entscheidende Punkt ist nun sicherlich, daß komplexere begriffliche Lernmodelle bzw. bestimmte grundlegende Muster des Problemlösungsverhaltens zu den emergenten Eigenschaften von Systemen höherer Ebenen gehören.[222] Individuelle organismische Lernprozesse nach dem Muster der klassischen und der operanten Konditionierung sind nicht geeignet, zu anpassungseffizienten Veränderungen begrifflicher (semiotischer) Lernmodelle zu führen.[223] Die Bedeutung von Zeichen wird auf supraorganismischer Ebene determiniert, um die Kommunikationseffizienz zu bewahren; deshalb können zwar idiosynkratische individuelle Veränderungen erfolgen, werden jedoch evolutorisch erst dann stabilisiert, wenn sie auf supraorganismischen Ebenen verankert sind.

Insofern muß eine enge Beziehung zwischen ASS und MEM konstatiert werden. Lernvorgänge kumulativer Natur sind nur über die Vermittlung von MEM möglich, wobei begriffliche Systeme wiederum eine hervorragende Rolle spielen, weil sie eine Ablösung des systemaren MEM von REP bzw. von <Mem>REP realisieren.[224] Die Evolution biotischer Systeme hat zunehmend zu einer Verschiebung der intrasystemaren Arbeitsteilung geführt derart, daß <Mem>REP nur noch sehr allgemeine Regeln der Art und Weise der Informationsspeicherung in MEM enthält, während die Inhalte nur noch bei MEM in Form von gespeicherten Zeichen verfügbar sind. Dies ist die Voraussetzung dafür, daß individuelle ASS diejenige Bedeutung erlangen konnten, die sie in der kulturierten Ökosis besitzen. Auf supraorganismischer Ebene kehrt sich dann die Beziehung zwischen REP und MEM sogar um: Reproduktionsfunktionen sind zumeist lateral zu MEM dispergiert. Die sog. 'Ablösung der Kultur von der biologischen Grundlage der Reproduktion' ist mit der Emergenz größerer Anpassungsflexibilität auf höheren Systemebenen verbunden.[225]

Diese Feststellungen müssen nun nicht bedeuten, daß MEM-Funktionen im Sinne eines hypostasierten Kulturbegriffs nicht abwärts verlagert sind. Ein wesentliches Merkmal komplexerer biotischer Systeme höherer Ebenen besteht darin, daß MEM stark dispergiert ist. Eine solche Dispersion ist anpassungseffizient, weil MEM im Zeitablauf entropiesteigernden Erscheinungen ausgesetzt ist.[226] Je näher MEM daher bei jenen Subsystemen realisiert ist, die die jeweiligen MEM-Teilfunktionen bzw. spezifischen Informationen benötigen, desto reibungsfreier verläuft die dauernde Stabilisierung dieser Information durch die laufende Anwendung. Dies schließt jedoch nicht aus, daß Kode-Universalisierungen mit der Emergenz der höheren Ebenen effizienzwirksam werden.[227]

Damit wird deutlich, daß für sämtliche informationsverarbeitenden Subsysteme und für ihre Wechselbeziehungen die Art und Weise der Realisation von DECO von prägendem Einfluß ist. Die Spezifität von DECO-Funktionen ist eine entscheidende Determinante der energetischen Kosten, die mit der Informationsverarbeitung verbunden sind; die Dispersion von DEC-Funktionen wird wesentlich bestimmt durch den Grad des Zugangs, den ein systemares DEC zu subsystemaren DECO besitzt. Integration und Komplexität von Systemen hängen unmittelbar mit der konkreten Ausprägung von DECO zusammen. Als globale Vermutung dürfte gelten, daß biotische Systeme im Zeitablauf den Umfang intrasystemarer Kodierungsvorgänge reduzieren, indem die Zahl prozeßspezifischer begrifflicher (semiotischer) Systeme vermindert wird. Im Einzelfall findet eine solche Entwicklung ihre Grenze bei dem Verlust anpassungseffizienter Kode-Spezialisierungen. Welcher Grad der Kode-Universalisierung optimal ist, muß über <Dec>DECO-Prozesse determiniert werden; bei komplexen Systemen mit einem Umschlag von der Teleonomie zur Teleologie entstehen hier besondere DECO-Teilfunktionen, mit deren Hilfe begriffliche Systeme bewertet werden.[228]

Für DECO gelten ähnliche Effizienzvermutungen wie für ande-

re informationsverarbeitende Subsysteme, hier im Sinne einer
Kode-Optimierung: Beispielsweise bei der Reduktion von Redundanz, der Anpassung des DECO-Outputs an die spezifische Verarbeitungskapazität des Empfängers, oder bei der Berücksichtigung der Häufigkeitsverteilung von Informationsarten in der
Kode-Gestaltung (je häufiger eine Informationsart, desto einfacher die Symbolstruktur).[229] Derartige Effizienzsteigerungen
erfolgen in der Regel in Form eines geeigneten Chunking; dies
führt jedoch zu Kode-Spezialisierungen, da die betreffenden
semantischen Regeln nicht notwendig auf systemarer Ebene global nachvollziehbar sind. Das Bedeutungsproblem ist somit vom
Effizienzproblem nicht abtrennbar; daher ist das Konzept der
Kultur nicht reduzierbar. Ein weiteres Beispiel für anpassungseffiziente Kode-Transformationen ist die Berücksichtigung von
entropiesteigernden CHAN-Effekten; durch geeignete Kodierungen
(Redundanzen) kann die Informationsübertragung maximiert werden.[230]

Die bei ASS erwähnte Tendenz von Systemen, das Ausmaß von
Abweichungen und Veränderungen der Lernmodelle zu minimieren,
hängt eng mit der Tendenz von DECO zusammen, Information stets
so zu verarbeiten, daß Systemspannungen reduziert werden.[231]
Insofern muß Anpassungseffizienz nicht bedeuten, daß DECO eine
'objektive' Informationstransmission vollzieht.[232] DECO bewirkt vielmehr eine langfristig optimierende selektive begriffliche Ordnung von Information, die jeweils 'pragmatisch' an
dem homöostatischen Systemzweck orientiert ist bzw. an partikularen Ziel/Zweckhierarchien von Subsystemen. Diese pragmatische Spezifität von Zeichensystemen bewirkt letztlich den inhärenten Pluralismus komplexer Systeme. Dies gilt auch für
streng hierarchisch aufgebaute DEC ohne Funktionsverlagerung:
Selbst Hierarchien können Systeme nicht vollständig integrieren, da auf jeder Stufe Kodespezialisierungen erfolgen, die
zu Informationsverlusten an der Hierarchiespitze führen. Im
Falle einer vollständigen Integration würde freilich die Notwendigkeit eines hierarchischen DEC wegfallen, weil ein einheitliches DEC sämtliche Systemprozesse erfassen könnte.[233]

ZWEITER TEIL
Systemtheoretische Untersuchungen zum Einfluß kultureller Faktoren auf die Evolution der chinesischen Wirtschaftsordnung

Drittes Kapitel
Ordnung und System: Das Problem der Einheit der chinesischen Wirtschaftsordnung

1. Der ökogenetische Kulturbegriff und das Konzept der 'Systemintegration'

Sieht man einmal vom theoretischen Interesse ab, so ergibt sich das Erfordernis, die Wechselwirkung zwischen Kultur und Wirtschaftsordnung in der Volksrepublik China zu untersuchen, unmittelbar aus dem Leitgedanken der chinesischen Wirtschaftsreform, einen 'Sozialismus chinesischer Prägung' schaffen zu wollen. Wenn man noch einmal das Begriffspaar 'emisch/etisch' aufgreift, dann bedeutet dies, daß die emische Perspektive (vom Standpunkt eines systemendogenen Subjektes) und die etische (vom Standpunkt eines externen wissenschaftlichen Beobachters) konvergieren. In der Tat entspricht der systemtheoretische Kulturbegriff ziemlich genau der Verwendung des Kulturkonzeptes, wie es in der theoretischen Entwicklung des Sinomarxismus aufgetreten ist: Die 'Kultur' ist eine <u>intermediäre</u> Bestimmungsgröße sozioökonomischer Entwicklungen; Gesetzesaussagen der ökonomischen Theorie - sei sie orthodox oder marxistisch - sind nicht hinreichend, um die Handlungen von Individuen im gesellschaftlichen und historischen Zusammenhang zu beschreiben oder zu erklären.[1] Die 'pragmatischen' Abweichungen der chinesischen Reform von der traditionellen marxistischen Lehre wurden und werden häufig theoretisch legitimiert, indem der Bezug zur kontingenten historischen Situation Chinas als notwendiges Prinzip eines politischen Handelns begriffen wird, das sich am 'wissenschaftlichen Sozialismus' orientiert.[2]

Diese eher abstrakten Argumentationsformen spiegeln sich

in der konkreten Wirtschaftspolitik in vielfältiger Weise
wider. Außenstehende Beobachter und chinesische Beteiligte
verweisen immer wieder auf den Einfluß, den kulturelle Faktoren auf die Entwicklung der Reformpolitik ausüben. Dabei wird
eine große Gruppe von negativ bewerteten Wechselwirkungen innerhalb Chinas häufig mit dem Terminus 'Feudalismus' bezeichnet; externe Kommentatoren registrieren das Beharrungsvermögen von 'Cliquenwirtschaft', 'Beziehungsnetzen' oder 'Bürokratismus'. Auf der anderen Seite werden freilich auch positive Aspekte kultureller Traditionen hervorgehoben: So wird
der anpassungsfähige Pragmatismus mit konfuzianischem Gedankengut in Verbindung gebracht, die stabilisierende Kraft der
kommunistischen Partei mit der klassischen Rolle des Berufsbeamtentums, oder auch die Gruppenbindung des Chinesen mit
mit der ökonomischen und sozialen Effizienz bestimmter Formen
der Unternehmensorganisation.[3]

Alleine diese Beobachtungen geben hinreichend Anlaß, das
Problem des Einflusses kultureller Faktoren auf die Evolution
der chinesischen Wirtschaftsordnung zu thematisieren. Der systemtheoretische Ansatz erlaubt es jedoch, den vagen Kulturbegriff, wie er in der Diskussion auftritt, exakter zu spezifizieren. Dies ist nicht nur von Bedeutung für die ordnungstheoretische Analyse im ökonomischen Sinne, sondern auch für
die systematische Aufarbeitung <u>sinologischen</u> Wissens. Die Sinologie als spezialisierte Regionalwissenschaft neigt natürlich immer wieder dazu, kulturellen Eigenheiten Chinas einen
besonderen Status innerhalb der Erklärung gesellschaftlicher
Phänomene einzuräumen.[4] Solange allerdings keine Verbindung
zu gängigen ökonomischen Forschungsparadigmata hergestellt
wird, ist der Vorwurf der 'adhoccery' rasch zur Hand, wenn
man derartige Beiträge der Sinologie in ordnungstheoretische
Betrachtungen einbringt. Auf der anderen Seite kommt jeder,
der sich intensiver mit China befaßt, zu irgendeinem Zeitpunkt in eine Phase der Reflektion: Der Rekurs auf 'Tradition'
und 'Geschichte' erscheint als der letzte Strohhalm, an dem
sich die vergeblichen Versuche festhalten können, in die oft
chaotisch wirkende Vielschichtigkeit der Wandlungsprozesse in
China Ordnung zu bringen.[5]

Die Verwendung des Kulturbegriffs in der Sinologie geht

auf das Bedürfnis zurück, in der <u>Vielfalt</u> konkreter Erscheinungen die <u>Einheit</u> des Untersuchungsgegenstandes zu konstituieren. Ein solches Bedürfnis lag auch den posthistoristischen Stil- und Ordnungsbegriffen zu Grunde. Das Problem der Einheit stellt sich systemtheoretisch in dreifacher Weise. Zunächst muß die Frage aufgeworfen werden, ob auf der Ebene des begrifflichen Systems, das in der Beschreibung des Untersuchungsgegenstandes verwendet wird, bestimmte begriffliche Strukturen identifizierbar sind, die invariant gegenüber Veränderungen der Forschungsperspektive sind, insbesondere, was die Analyse unterschiedlicher Teilbereiche des Gegenstandes betrifft. Während die systemtheoretischen Hypothesen invariant gegenüber der Betrachtung unterschiedlicher konkreter Systeme sind, muß sich daher die Einheit eines bestimmten konkreten Systems nicht in der Hypotheseninvarianz widerspiegeln, sondern in der <u>Universalität</u> bestimmter <u>Verlagerungsgestalten</u>. Konzentriert man sich auf die Untersuchung einer Wirtschaftsordnung, dann bedeutet dies konkret, daß bestimmte informationsverarbeitende Mechanismen von <Dec>PRO (SOC) für das gesamte System charakteristisch sein müssen, bzw. bestimmte Beziehungen zwischen informationsverarbeitenden Subsystemen. Dabei kann es sich beispielsweise um allgemeine Merkmale von Entscheidungsprozessen in der Politik oder im Management von Unternehmen handeln. Wenn man sich einmal auf die kurze Definition von 'Kultur' zurückbesinnt, wie sie im zweiten Abschnitt des ersten Kapitels formuliert wurde, dann beziehen sich derartige kulturspezifische Invarianzen offenbar auf die Art und Weise, mit der Verhaltensphänomene der Ebene 'Individual' durch Wechselwirkungen mit der Ebene 'Society' beeinflußt sind. Zu erwarten ist, daß die Invarianzen nur auf einem relativ hohen begrifflichen Abstraktionsniveau nachweisbar sind; d.h. vor allem, daß singuläre Handlungen von Individuen kaum den Stoff darstellen werden, aus dem die kulturelle Einheit einer Wirtschaftsordnung konstruiert werden kann.

Was also den kulturellen Regelbegriff betrifft, so ist jede Identifikation der 'Einheit' einer Wirtschaftsordnung nur etisch möglich; die Konvergenz zur emischen Perspektive ergibt sich erst dann, wenn eine solche Einheit über das <u>system-</u>

endogene begriffliche System thematisiert wird, wie dies in China seit dem ersten Westkontakt besonders ausgeprägt der Fall ist.[6] Die etische Konstruktion von 'Einheit' kann sich dann in der hermeneutischen Vermittlung bewähren. Für den systemtheoretischen Kulturbegriff ist dies jedoch nicht ausreichend: Es muß vielmehr gezeigt werden, daß Invarianzen im Verlagerungsgeflecht von <Dec>PRO(SOC) im technischen oder gar darwinschen Sinne anpassungsrelevant sind. Dabei kann es, wie im chinesischen Fall, um recht verschiedene Aspekte sozioökonomischer Systeme gehen, wie zum einen das Problem der Organisation intrafamilialer Arbeitsteilung mit Einkommenspoolung und der Möglichkeit von Free-rider-Verhalten, und zum anderen das Problem der Stabilisierung eines potentiell ständig von außen bedrohten Territorialstaates durch eine zentrale politische Macht. Darüber hinaus ist zu zeigen, daß aufgedeckte Invarianzen intergenerationell übertragen werden; diese Frage wird im vierten Kapitel eingehend diskutiert - hier muß zunächst festgestellt werden, daß nur der Nachweis faktischer intergenerationeller Übertragung geeignet ist, um den Einfluß 'historischer' Faktoren auf gegenwärtige Systemphänomene zu bestätigen. Dabei besteht natürlich das Problem, daß der Zusammenhang zwischen Makrophänomenen der Ebene 'Society' und Mikroprozessen der Informationsübertragung auf den Ebenen 'Individual' und 'Group' (familiäre Sozialisation) schwer identifizierbar sein kann bzw. unter Umständen seinerseits qualitative Veränderungen im Zeitablauf erfährt. Systemtheoretisch formuliert, ist die Form intergenerationeller Übertragung keinesfalls ausschließlich an bestimmte Dispersionsweisen der Funktion REP geknüpft: So können bestimmte staatliche Ordnungserscheinungen unabhängig von den Ebenen 'Individual' und 'Group' im Zeitablauf reproduziert werden, weil REP-Funktionen der Ebene 'Organization' wirksam sind.[7] Insofern besitzt z.B. die familiäre Sozialisation zwar eine Schlüsselrolle in systemtheoretischen Analysen der Beziehungen zwischen Kultur und Wirtschaftsordnung, doch ist zu beachten, daß es eine Fülle weiterer Übertragungsmechanismen gibt, bzw. daß bestimmte Funktionen im Sozialisationsprozeß komplex dispergiert sein können. In diesem Zusammenhang ist noch einmal besonders auf die Wirkung begrifflicher Systeme zu verweisen:

Bestimmte Begriffe können über die entsprechende Strukturierung des semantischen Umweltbezuges von Sprachverwendern Information intergenerationell übertragen. Ein Musterfall ist die Stabilisierung kultureller Eigentümlichkeiten bei der Rezeption exogener kultureller Einflüsse über den Prozeß der Übersetzung (DECO).[8]

Insofern kann die etische Rekonstruktion der Einheit einer Wirtschaftsordnung nicht abgelöst erfolgen vom Nachvollzug emischer begrifflicher Systeme und von Anpassungsproblemen des konkreten betrachteten Systems. Was die Emik angeht, so wird im fünften Kapitel ein weiterer wichtiger Aspekt diskutiert: Schlägt sich die Einheit einer Wirtschaftsordnung in einer gewissen grundlegenden Einheit nationalökonomischer Begriffsbildungen nieder, wie sie in der Problemwahrnehmung und den Entscheidungsvorgängen auf höheren Stufen oder Ebenen von <Dec>PRO(SOC) auftreten?[9]

In diesem Kapitel steht jedoch das Integrationsproblem im engeren Sinne im Vordergrund, um die Frage der 'Einheit' zu spezifizieren. Die zwei weiterhin relevanten Möglichkeiten, diese Frage systemtheoretisch anzugehen, beziehen sich zum einen darauf, in welchem Maße ein System durch Ströme von Materie und Energie zwischen Subsystemen integriert ist, und natürlich darauf, welche Rolle die Integration durch Entscheidungszentralisation bzw. Macht oder durch Universalisierung begrifflicher Systeme spielt. Der zuerst genannte Punkt betrifft zwar nicht unmittelbar die hier verwendete Konzeption von 'Wirtschaftsordnung', doch entspricht selbstverständlich ein bestimmter Umfang von 'realwirtschaftlicher' Verflechtung durch Güter- und Faktorbewegungen einer informatorischen Verknüpfung zwischen denjenigen informationsverarbeitenden Subsystemen, die diese Bewegungen steuern. Das Problem der Einheit der Wirtschaftsordnung ist nicht ablösbar vom Problem der Einheit des konkreten Systems. Zudem können systemintern BOU-Funktionen erkennbar werden lassen, welchen Einfluß disintegrative Aspekte der Wirtschaftsordnung auf die Ströme von Materie und Energie haben, beispielsweise, wenn bestimmte Steuerhoheitsrechte (Binnenzölle!) nicht zentralisiert verwaltet werden.

Der systemtheoretische Integrationsbegriff hat offenbar

einiges mit dem herkömmlichen ökonomischen Integrationskonzept gemeinsam. Zu beachten ist nur, daß systemtheoretisch die Zentralisation von <Dec>PRO(SOC) nicht bedeuten muß, daß wirtschaftliche Aktivitäten zentral geplant werden; ein integrierter Markt mit einem engen Preiszusammenhang zwischen den Regionen, der über Arbitrage hergestellt wird, ist ein zentralisiertes DEC der Ebene 'Society'. Für die Analyse einer Wirtschaftsordnung ist freilich die Frage wesentlich bedeutsamer, in welchem Ausmaß Ordnungsfunktionen zentralisiert sind, d.h. welche Bedeutung die Universalisierung begrifflicher Systeme im weitesten Sinne besitzt. Dies betrifft beispielsweise die konkrete Ausgestaltung der Formulierung und Durchsetzung von Rechtsnormen[10]: Die systemtheoretische Analyse muß nachweisen, inwieweit Rechtsnormen innerhalb des untersuchten konkreten Systems universelle Gültigkeit besitzen, auf welchem Wege sie zustande kommen, und welche Prozesse bei ihrer Interpretation und Durchsetzung wirksam werden; dabei können komplexe Funktionsverlagerungen auftreten, wenn z.B. die Formulierung positiver Normen auf der Ebene 'Organization' (Staat) zentralisiert ist, die Interpretation jedoch ausschließlich dezentral erfolgt, d.h. <En>DECO(SOC) ist abwärts dispergiert.

Die Frage nach der Integration eines Systems läßt sich demnach keinesfalls in einfacher Weise beantworten. Kulturelle Faktoren können eine ganz wesentliche Rolle spielen, wenn sie als universalisierte Bestandteile begrifflicher bzw. allgemein semiotischer Systeme die potentielle Integration unter extremen Belastungen gewährleisten. In China hat dieser Punkt für den Bereich elitärer Kultur wiederholt eine große historische Bedeutung gehabt, wenn es darum ging, die ethnische Identität unter Fremdherrschaft zu wahren, oder wenn kulturelle Assimilationsprozesse bei Fremdherrschaft stattfanden. Der Zerfall der elitären Kultur begleitete auch den Zerfall des chinesischen Kaiserreichs zu Beginn des 20.Jhds. Insofern wird deutlich, daß Systemintegration auf der Ebene von Steuerungsfunktionen gegeben sein kann, ohne daß gleichzeitig das System über Ströme von Materie und Energie hochintegriert ist. Im chinesischen Fall lief die politische Integration der ökonomischen voraus: Dies wirft besondere Probleme auf, was die Beziehung zwischen Staat und Wirtschaftsordnung angeht.

2. DISTRIBUTOR und Systemintegration

'Kultur' als anpassungsrelevantes Wissen muß gespeichert und intergenerationell übertragen werden. Obgleich Information nur dann operational ist, wenn sie von Individuen verstanden und gehandhabt wird[11], sind insbesondere die Speichermechanismen keinesfalls ausschließlich an biotische Formen von MEM gebunden. Kennzeichnend für die menschliche Kultur ist, daß Artifakte die Funktion von Informationsträgern übernehmen. Dabei müssen diese Artifakte nicht unbedingt bewußt für diesen Zweck entworfen worden sein, wie dies z.B. bei Büchern oder Gedenkstätten der Fall ist; es besteht vielmehr auch die Möglichkeit, daß anpassungsrelevantes Wissen in der besonderen Ausprägung der materiellen Kultur einer Gesellschaft festgehalten ist und das Verhalten von Individuen steuert, ohne daß dies den Individuen bewußt sein muß. Ein wichtiges Beispiel ist in diesem Zusammenhang die Entstehung von Kulturlandschaften bzw. allgemein kulturell gestalteten geographischen Räumen, die sich letztlich auf bestimmte Innovationen und die Populationsdynamik zurückführen läßt.[12] Anpassungsrelevantes Wissen wird gespeichert in der Verteilung von Wohnstätten, Dörfern oder Städten, in der Entwicklung eines Netzes von Verkehrsverbindungen, in der Veränderung der Landschaft durch landwirtschaftliche Aktivitäten. Ökonomisch betrachtet, handelt es sich dabei in dem Moment, wenn die entsprechenden Artifakte über einen längeren Zeitraum existieren, um einen Prozeß der Kapitalbildung, der mit der Entstehung versunkener Kosten verbunden ist. Eine dauerhafte Umgestaltung der Landschaft ist eine Investitionstätigkeit, deren Kostenkalkül sich wesentlich von dem laufenden Kalkül der Individuen unterscheidet, die später in dieser Landschaft leben. Obgleich die versunkenen Kosten nicht mehr direkt entscheidungsrelevant sind, nimmt das Wissen, das im materiellen Ergebnis früherer Investitionstätigkeit gespeichert ist, Einfluß auf die individuellen Handlungen, indem der Raum der Wahlmöglichkeiten verändert wird: Nicht die versunkenen Kosten, wohl aber die Kosten einer alternativen Neuinvestition (z.B. Verlegung eines Dorfes) sind nach wie vor entscheidungsrelevant. Insofern braucht das Wissen, das einer früheren Investition zu Grunde lag, nicht von biotischen

Speichermechanismen späterer Generationen erfaßt zu werden;
es ist in der Strukturierung der Handlungsräume laufender
Entscheidungen implizit gegeben.[13]

Aus systemtheoretischer Sicht bedeutet dies, daß zwischen den Subsystemen, die Information verarbeiten, und den Subsystemen, die Materie und Energie verarbeiten, enge Beziehungen bestehen können, da letztere dispergierte MEM-Funktionen übernehmen. Im folgenden soll eine Konzentration auf die Frage erfolgen, welche Rolle DIS für MEM-Funktionen in der chinesischen Wirtschaftsordnung spielt. Zu beachten ist natürlich, daß zwar <Dis>PRO(SOC) als Struktur materieller Artifakte (Städte, Straßen, Fahrzeuge u.s.w.) beschrieben werden kann, daß jedoch <Rep-Dis>PRO(SOC) nur auf biotischer Ebene realisierbar ist, weil andernfalls entropische Effekte zur Auflösung von DIS führen. Laufende Entscheidungen und Handlungen sind also eine notwendige Bedingung der Reproduktion des Wissens, das in Artifakten gespeichert ist. Im chinesischen Fall ist nun bemerkenswert, daß seit Gründung der Volksrepublik die Ordnungspolitik immer wieder von der allgemeinen Überlegung beherrscht wird, daß die informatorische Struktur des ökonomischen Entscheidungssystems an die Rahmenbedingungen der 'natürlichen Wirtschaftsräume' angepaßt werden solle. Dabei ist die Wahl zwischen den Alternativen 'Markt' und 'Plan' im Grunde erst ein nachgelagertes wirtschaftspolitisches Problem, das sich aus der Frage ergibt, welche informatorischen Mechanismen am besten geeignet sind, um eine optimale Anpassung der ökonomischen Institutionen an die natürlichen Räume zu erreichen. Daß eine solche Anpassung unumgänglich ist, ergibt sich davon unabhängig zunächst durch die Feststellung, daß die laufenden Kosten ökonomischer Transaktionen (DIS) innerhalb eines administrativen Systems zu hoch sind, wenn dessen Aufbau lediglich politischen Kriterien entspricht.

Diese Grundfrage chinesischer Wirtschaftspolitik hängt eng mit dem Problem der 'Einheit' der Wirtschaftsordnung bzw. allgemein der Systemintegration zusammen. Seit rund zwei Jahrzehnten wird in der sinologischen Literatur A.Donnithorne's These diskutiert, es handele sich bei der Volkswirtschaft der VR China um eine 'cellular economy'.[14] In der Tat gehörte der Grundsatz regionaler Autarkie zu den Leitgedanken maoi-

stischer Wirtschaftspolitik, die in dieser Hinsicht von militärstrategischen Überlegungen beherrscht wurde.[15] Nach einigen Auseinandersetzungen um das 'sowjetische Modell' wurden auf dem 8.Parteitag der KPCh im Jahre 1956 die Versuche endgültig abgebrochen, eine zentrale Planung der gesamten Volkswirtschaft zu installieren. 'Zentrale Planung' bedeutete seit diesem Zeitpunkt lediglich: Aufbau eines von der politischen Zentrale gesteuerten industriellen Teilsystems der chinesischen Wirtschaft. In allen anderen Bereichen dominierte das von der Fraktion Maos vorgezogene Prinzip der regional-administrativen Dezentralisation. So entstand die 'cellular economy'; idealtypisch gesprochen, eine Hierarchie relativ autonomer zentral geleiteter Wirtschaften, bei der die Hierarchiespitze lediglich den Netto-Gütertransfer zwischen den Provinzen über Materialbilanzen steuert, sich bei Erfüllung aller Planverpflichtungen niedrigerer Verwaltungseinheiten aber keinesfalls in deren Planungsprozeß einschaltet.[16] Dies bedeutet, daß der Ausgangspunkt der jüngeren Reformpolitik keine Wirtschaftsordnung ist, die über ein hochzentralisiertes DEC integriert ist; die regionale Verwaltungshierarchie entspricht keinem stufenmäßig aufgebautem DEC, sondern einem DEC, der auf der Ebene 'Organization' lateral dispergiert ist:
||<Dec>PRO(SOC)/ORG#<Dec>PRO(ORG)|/ORG#<Dec>PRO(ORG)|/ORG# ... u.s.w.

Geht man also zunächst von <u>Miller</u>'s engerem Integrationsbegriff aus, so war die Wirtschaftsordnung vor der Reform in der Tat gering integriert. Dies spiegelte sich im relativ geringen Umfang der Ströme von Materie und Energie zwischen den Teileinheiten des Systems wider. Nun stellt sich die Frage, ob die skizzierte Grundstruktur des informationsverarbeitenden Systems dem kulturell verankerten Regelwerk entspricht. Dies wäre prinzipiell dann der Fall, wenn der Ausgangspunkt der Ordnungspolitik nach 1949 ein idealtypisches agrarstaatliches ökonomisches System gewesen wäre: Derartige Systeme sind in der Regel hochgradig segmental differenziert und bestehen aus einer Menge wirtschaftlich gering verflochtener dörflicher Produktionseinheiten; der Staat übernimmt die Bereitstellung weniger kollektiver Güter (vor allem Verteidigung) und finanziert sie u.a. über Agrarabgaben. Diese Segmentierung schlägt sich bei den informationsverarbeitenden

Subsystemen - hier vor allem DECO - darin nieder, daß die einzelnen dörflichen sozioökonomischen Systeme Träger autonomer begrifflicher Systeme sind (sog. 'little cultures'), während die 'Hochkultur' der staatlichen Elite ein eigenständiges, von den dörflichen 'Kulturen' isoliertes Zeichenreservoir darstellt.[17] Die maoistische Politik entsprach in wesentlichen Aspekten einem solchen Idealtyp.[18]

Hätte die kommunistische Machtübernahme von 1949 also lediglich dazu geführt, daß der staatliche 'Überbau' eines klassischen Agrarstaates ausgewechselt worden wäre, hätte nicht unbedingt ein Konflikt mit anpassungsrelevantem Wissen stattgefunden, wie es in der chinesischen Kulturlandschaft gespeichert ist.[19] Tatsächlich läßt sich jedoch nachweisen, daß die maoistische Politik nicht nur einen status quo der Systemintegration festschrieb, sondern im Gegenteil disintegrativ wirkte und verheerende Folgen für das aus Anpassungsprozessen entstandene chinesische kulturierte Ökosystem hatte. Für ein besseres Verständnis dieser Problematik ist ein kurzer Rückblick auf wesentliche historische Entwicklungen erforderlich.

Ähnlich wie in Europa die Industrielle Revolution die Gestalt des Ökosystems im 20.Jahrhundert langfristig determinierte[20], müssen die Anfänge des modernen China weitaus früher gesucht werden, nämlich ungefähr im 11.Jhd., der Blütezeit der Song-Dynastie und der Periode einer mittelalterlichen 'ökonomischen Revolution'.[21] Elvin's klassische Analyse dieser Umbrüche zeigt eine Fülle ausschlaggebender Faktoren auf, wie z.B.: die Rolle großer Landgüter bei der Transmission agrotechnologischer Innovationen zu den leibeigenen bäuerlichen Produzenten und beim Aufbau komplexer kommerzieller Systeme; die Bereitstellung von Infrastruktur durch den nicht-feudal organisierten Zentralstaat, die insbesondere die Entfaltung eines marktwirtschaftlichen Wassertransportsystems ermöglichte; die monetäre Innovation staatlich emittierten Papiergeldes, die den deflatorischen Druck begrenzter Währungsmetallressourcen aufhob, und die mit der Entwicklung privater Kreditinstitutionen einher ging; eine Fülle wissenschaftlich-technischer Neuerungen nach der Erfindung des Buchdruckes im 9.Jhd.[22]

Eine entscheidende Bedeutung besaß freilich die Entfaltung

makroregionaler Wirtschaftssysteme, sei es als Folge, sei es als Bedingung wirtschaftlichen Wachstums. Es begann eine über Jahrhunderte währende Evolution von Marktsystemen, deren Komplexität und Dichte mit dem Verlauf des Bevölkerungswachstums zunahm. Diese historische Kontinuität ist insofern bemerkenswert, als andere Entwicklungslinien, die in der Song-Zeit ihren Anfang nahmen, im Verlauf der chinesischen Geschichte mehr oder weniger abrupt abbrechen: Dies betrifft vor allem die Fortentwicklung des Geldsystems[23] und natürlich den technologischen Fortschritt. Was letzteres angeht , so handelt es sich offensichtlich um Anpassungsprozesse, die mit Hilfe der Entwicklungs- und Wachstumstheorie von G.Hesse erklärbar sind.[24] Unter der südlichen Song-Dynastie hatte sich das südliche China zu einem wirtschaftlichen Wachstumsmotor herausgebildet, da seine günstigen klimatischen Bedingungen eine erhebliche Expansion der Agrarproduktion erlaubten. Dies führte jedoch nicht zu einem wachsenden Bedarf an Kapitalbildung, um unter Verwendung zeitsparender Technologien eine Extensivierung der Produktion zu ermöglichen bzw. eine Erhöhung der Arbeitsproduktivität, sondern zu einer stärkeren Intensivierung und damit zu einer Erhöhung der Bodenproduktivität. Nicht die menschliche Arbeit, sondern der Boden wurde damit in China zum entscheidenden Engpaßfaktor des Wachstums. Während in Europa die Anpassung der Agrarproduzenten an den Bevölkerungsdruck und die klimatischen Bedingungen dazu führte, daß leistungsfähige landwirtschaftliche Geräte entwickelt wurden (was wiederum einen Nachfrageschub im Bereich vorgelagerter Kapitalgüterproduktion nach sich zog[25]), erfolgte in China eine zunehmende Intensivierung der Handarbeit im Rahmen einer bäuerlichen Hortikultur, die innerhalb des einzelnen Familienhaushaltes arbeitsteilig organisiert wurde.[26] Eine solche Produktionsweise schafft prinzipiell Anreize zum Bevölkerungswachstum, denn die Intensivierung setzt innerhalb des einzelnen Haushaltes eine hinreichende Zahl von Arbeitskräften voraus.[27] Das Bevölkerungswachstum führt auf einem bestimmten erreichten Niveau der Bevölkerungsdichte zu einer verschärften Knappheit an Ressourcen, die für eine eventuelle Kapitalbildung bei technologischem Fortschritt benötigt würden. Damit fallen wesentliche ökonomische Anreize zu einer Kapitalbildung außerhalb des Agrarsektors fort, weil der Faktor 'Kapital' relativ zum Faktor 'Arbeit' teuer ist.[28]

So ist erklärbar, warum die sozioökonomische Entwicklung in China vollständig andere Formen annahm, als in Europa, obgleich zur Song-Zeit ein beträchtlicher Entwicklungsvorsprung bestand, wenn man den 'europäischen Sonderweg' als Maßstab anlegen möchte.[29] Diese Entwicklung einer Kulturlandschaft, die von komplexen regionalen Marktsystemen geprägt ist, hat sich bis in die Gegenwart hinein vollzogen.

Bereits gegen Ende der Tang-Dynastie (618-907) hat die Eigendynamik der Marktentwicklung dazu geführt, daß der Staat zugunsten eines Binnenzollsystems auf die direkte Kontrolle der Märkte verzichtete.[30] Unter den Song ermöglichten die florierenden regionalen Märkte eine durchgreifende Kommerzialisierung der chinesischen Landwirtschaft, die zu einer wachsenden Arbeitsteilung und Spezialisierung der Produzenten führte.[31] Kristallisationspunkt derartiger Marktsysteme waren Millionenstädte, die ihren Bedarf an gewerblichen Gütern über die handwerkliche Produktion auf dem Lande stillten.[32] Bereits zur Song-Zeit handelte es sich bei den entsprechenden wirtschaftlichen Makroregionen um Gebiete vom Umfang Nordchinas, Südchinas und Sichuans. Die Märkte operierten derart flexibel und effizient, daß der einzelne bäuerliche Produzent sich unmittelbar an die Erfordernisse der florierenden Außenwirtschaft anpassen konnte.[33] Damit läßt sich feststellen, daß der chinesische Agrarstaat schon früh in keiner Weise dem oben skizzierten Idealtyp entsprach: Die dörfliche Wirtschaft war eingebunden in weitreichende arbeitsteilige Verflechtungen ökonomischer Aktivitäten, der Zentralstaat fest in die ökonomischen Zusammenhänge einer bestimmten Makroregion integriert.[34] Allerdings war das ökonomische Gesamtsystem vermutlich bis zum Ende des Kaiserreichs nur lose verflochten: Die Wachstumszyklen einzelner Makroregionen liefen unabhängig voneinander ab und waren bestimmend für die großen dynastischen Zyklen in der Herrschaftsgeschichte. Die Grenzen zwischen Makrosystemen folgen im wesentlichen geographischen Bestimmungsgründen der Transportkosten von Gütern und Personen.[35]

Abb. 1: Regionale Makrosysteme der chinesischen Wirtschaft um 1893. Quelle: G.W.Skinner (1985), S.273.

Die administrative Hierarchie des Staates war allerdings nicht kongruent zum Aufbau der regionalen Marktsysteme. Dabei spielte das Interesse der Zentralregierung eine ausschlaggebende Rolle, lokale ökonomische und wirtschaftliche Machtzentren voneinander zu isolieren. Diese fehlende Kongruenz konnte keinen nachhaltig negativen Einfluß auf ökonomische Aktivitäten ausüben, weil der Staat selbst bei politisch sensiblen Bereichen wie der Verwaltung des Salzmonopols eher indirekte Methoden der Wirtschaftslenkung anwendete, wie z.B. über die Kooptation der freien Händler.[36]

Die Entwicklung der regionalen Marktsysteme folgte über die Jahrhunderte hinweg dem Einfluß, den Bevölkerungsdichte und Transportkosten auf die Entfaltung von Angebot und Nachfrage nahmen.[37] Dabei bewirkte die relative Stagnation des Fortschritts bei der Transporttechnologie ebenso wie die Kostengünstigkeit des Faktors 'Arbeit', daß die räumliche Verteilung von Warenumschlagsorten (Knoten von DIS) unterhalb der Ebene großstädtischer Zentren von Makrosystemen[38] sehr genau die jeweiligen Nachfragebedingungen und Kosten der Bereitstellung des Angebotes widerspiegelte. Das bedeutet konkret, daß sich drei Marktstufen herausbildeten - Standardmarkt, mittlerer und zentraler Markt -, bei denen die unterste unmittelbar den relativ homogenen Bedürfnissen der bäuerlichen Bevölkerung diente, während die oberste Großhandelsfunktionen beim Handel mit Produkten der bäuerlichen Nebenproduktion übernahm, ein umfangreicheres und spezialisierteres Sortiment bereitstellte, und als Umschlagplatz für den Warenverkehr zwischen den verschiedenen regionalen Teilsystemen diente.[39] Standardmärkte lagen in der Regel im Einzugsbereich von mehr als einem mittleren Markt, so daß Wettbewerbsprozesse möglich waren.[40] Staatliche Regulierungen oder fiskalische Eingriffe fanden hauptsächlich auf zentralen Märkten statt, während bereits auf der Ebene mittlerer Märkte der Einfluß lokaler Eliten dominierte.[41]

Die Evolution dieser Struktur des Distributionssystems führte dazu, daß die soziokulturelle Grenze des Dorfes aufgebrochen wurde; nicht die <u>Dorfgemeinschaft</u> war die abgeschlossene ökonomische Grundeinheit, sondern das <u>System aus bäuerlichen Familienhaushalten und Standardmärkten</u>. Die ökonomi-

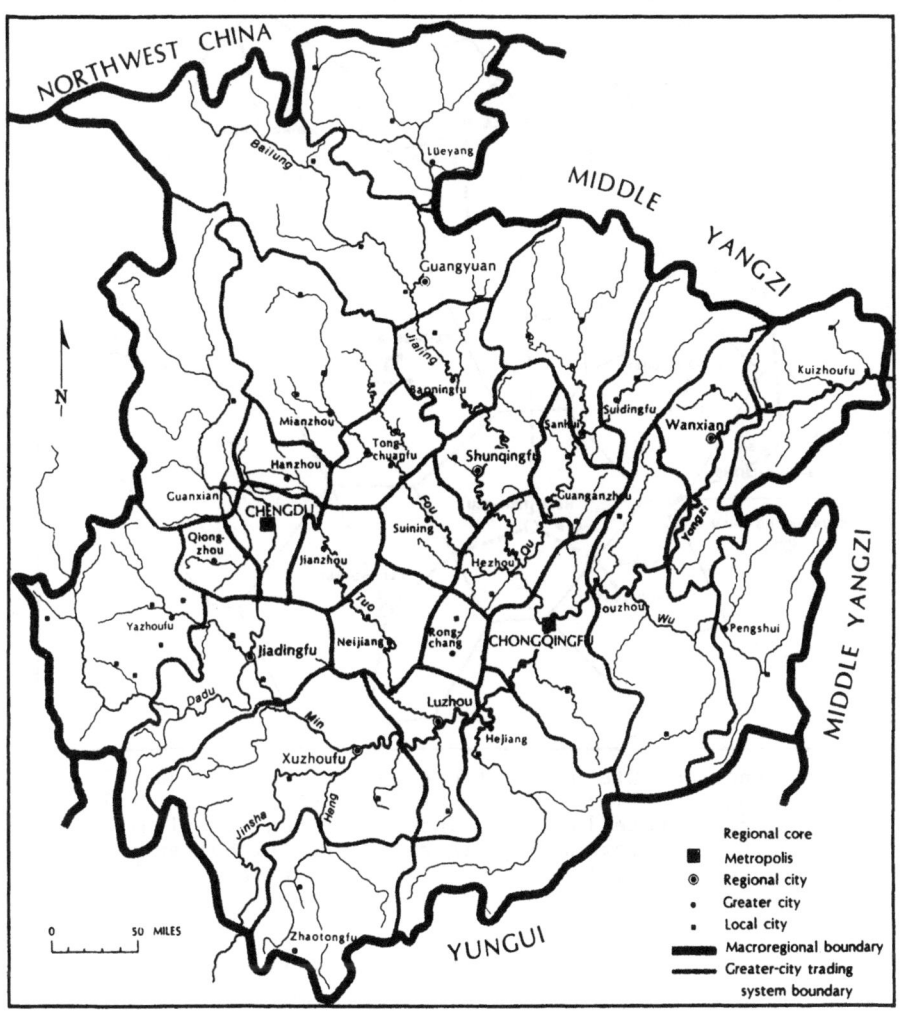

Abb.2: Die innere Struktur der Makroregion des Changjiang-Oberlaufes um 1893. Quelle: G.W.Skinner (1985), S.282.

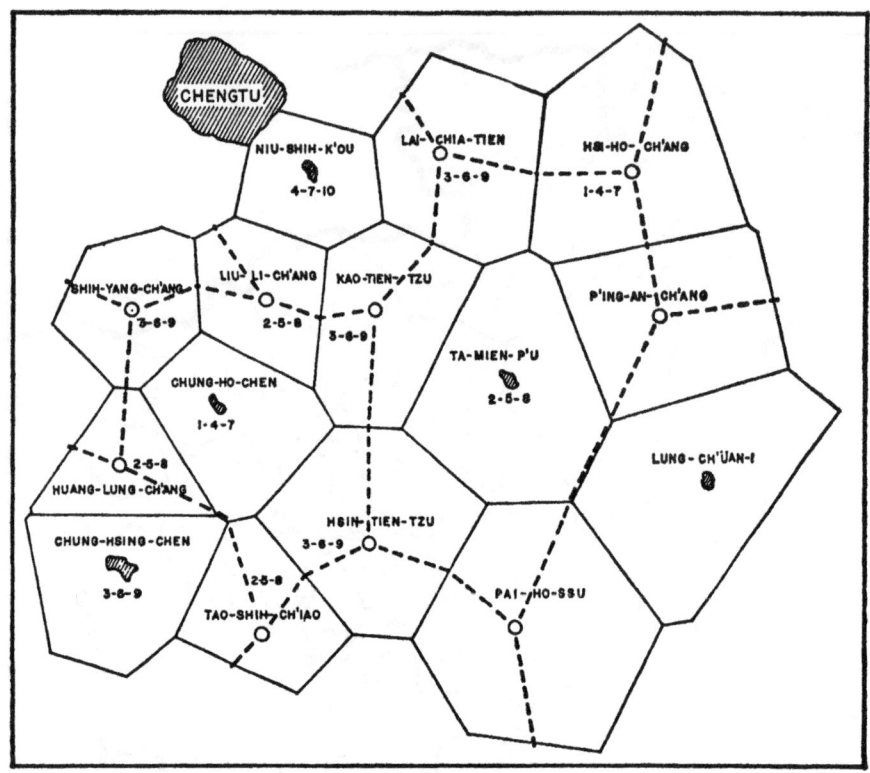

Abb.3: Standardmärkte und mittlere Märkte bei Chengdu (Sichuan). Quelle: G.W.Skinner (1964/65), S.26. Idealisierte Darstellung. Die durchgezogenen Grenzlinien umreißen Standardmarktgebiete, die gestrichelten den Einzugsbereich mittlerer Märkte. Schraffierte Ortskennzeichnungen stehen für mittlere Marktplätze.

schen Beziehungen zwischen Haushalt und Markt dominierten eindeutig die dorfinterne soziale Organisation.[42] Systemtheoretisch bedeutet diese wichtige Erkenntnis, daß offenbar <Dec>PRO(IND) nicht zur Ebene 'Group', sondern bereits zur Ebene 'Society' aufwärts dispergiert war. Die relativ hohe Systemintegration im Standardmarktbereich hatte entsprechende Funktionsverlagerungen von DECO zur Folge: Nahezu sämtliche lebenswichtigen sozialen Aktivitäten wie Heiraten, Abschlüsse von Pachtverträgen oder die Aufnahme von Kreditbeziehungen fanden über den Standardmarkt statt. Dabei waren bestimmte Ordnungsfunktionen wiederum zur Ebene 'Group' abwärts dispergiert; dies betraf zum einen z.B. die Organisation von Märkten über Korporationen, und zum anderen die informelle soziale Kontrolle durch die Elite konfuzianischer Literati.[43]

Man kann diese Sachlage knapp folgendermaßen skizzieren:

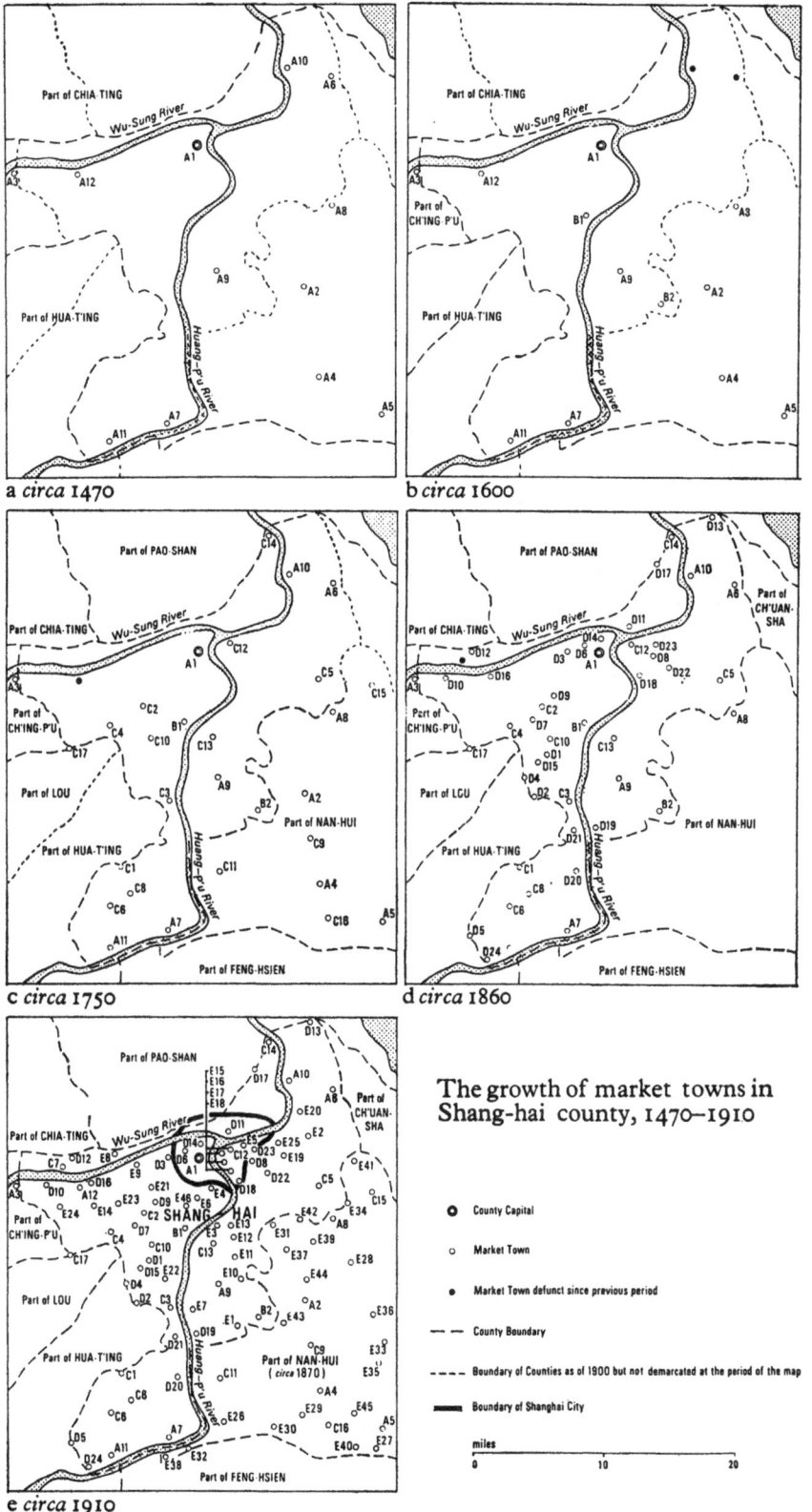

Abb. 4: Die Entwicklung der Marktplätze im Kreis Shanghai, 1470-1910. Quelle: Elvin (1973), S.271ff.

<Rep>|<Deco>|<Dec>PRO(SOC)/IND#<Dec>PRO(IND)|/SOC#<Deco-Dis>
PRO(SOC)|/GR#DEC(GR) für den Fall der Korporationen, wobei
der Einfachheit halber die Ebene 'Organization' ausgeklammert
bleibt, oder: <Dec-Bou>|<En>||<Dec>PRO(SOC)/IND#<Dec>PRO(IND)|
/SOC#DEC(SOC)|/GR#<Deco>DEC(GR)|/ORG#DEC(ORG) für den Fall
des Einflusses informeller Eliten.[44]

Die Entwicklung von DIS geschieht also in enger Wechselwirkung mit der Entwicklung der informationsverarbeitenden Subsysteme. Bevor die angesprochene soziokulturelle Dimension der Marktsysteme im nachfolgenden Abschnitt näher analysiert wird, ist hier entscheidend, daß die räumliche Gestalt von DIS offensichtlich unmittelbar anpassungsrelevantes Wissen speichert, und zwar einerseits im technischen Sinne: <Deco>|<Mem-Dec>PRO(SOC) /IND#<Dec>PRO(IND)|/SOC#<Dis>PRO(SOC), und anderseits im darwinschen: <Mem-Pro>|REP(SOC)/IND#<Rep>PRO(IND)|/SOC#<Dis>PRO(SOC). Dies deshalb, weil die Funktionsweise von DIS Voraussetzung der hohen Agrarproduktivität durch arbeitsteilige Spezialisierung auf der Grundlage traditioneller Agrartechnologien war; über das generative Verhalten der bäuerlichen Familien setzte sich jedes Produktivitätswachstum unmittelbar in ein Bevölkerungswachstum um, das wiederum die weitere Entfaltung regionaler Marktsysteme anregte.[45] Am Vorabend der Gründung der VR China bestand daher ein Agroökosystem, das sich im Gegensatz zum europäischen Ökosystem durch folgenden bemerkenswerten Sachverhalt auszeichnete: <u>Das Komplexitätswachstum regionaler Marktsysteme entspricht als Anpassungsprozeß der Kapitalbildung und simultanen Emergenz der Ebene 'Organization' im Verlauf der industriellen Revolution.</u>

Wenn man einmal die Krise des chinesischen Agroökosystems in der ersten Hälfte des 20.Jhds. als untypisch ausklammert[46], dann spiegeln sich die Anpassungsleistungen der Marktsysteme unmittelbar in den ökonomischen Aktivitäten bäuerlicher Haushalte wider.[47] Nach dem Niedergang der großen Landgüter im 18.Jhd. verschwand der Großgrundbesitz als soziale Kraft und organisatorische Einheit; der einzelne bäuerliche Haushalt wurde endgültig zur grundlegenden ökonomischen Produktionseinheit. Die Verfügungs- und Nutzungsrechte an Land lagen im allgemeinen dezentral in der Hand männlicher Familienvorstände.[48] Wie schon bemerkt, hängt die Anpassungseffizienz dieser patriarchalischen Familienorganisation mit der herausra-

genden Bedeutung intensiver individueller Handarbeit in der
chinesischen Hortikultur bzw. im Reisanbau Südchinas zusammen: Die durch Sozialisation vermittelte Autorität des Familienoberhauptes minimiert die X-Ineffizienz einer Teamproduktion bei Einkommenspooling, wenn die Intensität des individuellen Arbeitseinsatzes nur schwer über den Output meßbar
ist.[49] Intergenerationell wurde das Land an alle männlichen
Nachfahren gleichberechtigt verteilt, wobei jeweils bestimmte
Flächen nach ihrer Qualität klassifiziert wurden, und jeder
Erbe Land jeder Qualität erhielt. Die Familiengröße paßte
sich den verfügbaren Ressourcen an; in der Regel war jedoch
nur die Kernfamilie stabil, weil größere Familieneinheiten
sich noch vor dem Ableben eines Patriarchen auflösten. Auf
diese Weise war Reichtum über mehrere Generationen hinweg ohne Bestand.[50] Die zum Teil extreme Landzersplitterung hatte
zur Folge, daß jeder Haushalt seine Produktion diversifizieren und damit die verfügbare Arbeitskraft auslasten konnte.[51]
Auf dieser zum Teil unzureichenden Subsistenzgrundlage konnte
dann eine marktorientierte Spezialisierung auf Nebentätigkeiten erfolgen. Dabei wies das Marktsystem derart niedrige
Transaktionskosten auf, daß z.B. bei der Weberei sogar Verlagssysteme unrentabel waren: Die Produzenten kauften Rohstoffe und verkauften Produkte u.U. täglich am Markt; eine ähnliche Sachlage lag auch beim Zwischenhandel vor, so daß auf
jeder Stufe des Marktsystems der Umfang der erforderlichen
Kapitalbindung minimiert wurde. Die Folge war, daß komplexere
Unternehmensorganisationen nicht entstanden; es entfalteten
sich zwar hochstehende Managementfähigkeiten im Bereich des
Handels, doch nicht bezüglich der Lenkung größerer Unternehmen.[52]

Damit läßt sich zusammenfassend feststellen, daß in der
Tat ein Grundproblem chinesischer Ordnungspolitik nach 1949
darin bestehen mußte, das über DIS gespeicherte anpassungsrelevante Wissen im Verlauf politisch angeregter Integrationsprozesse zu operationalisieren. Vor allem die maoistische Politik der bewußten Zerstörung regionaler Marktsysteme mußte
daher in dem Falle zum Verlust dieses Wissens führen, wenn
die neu eingeführten Institutionen der Ebene 'Organization'
nicht zur Replikation in der Lage waren; dies entsprach na-

türlich der tatsächlichen Sachlage, weil die im Verwaltungsapparat zuständigen Personen nicht über geeignete spezialisierte Kenntnisse verfügten.[53] Darüber hinaus stiegen die Kosten von Güterbewegungen erheblich, da die Handelsströme nicht mehr den Wegen folgten, die sich über Jahrhunderte ausgebildet hatten. Systemtheoretisch können vor allem drei Ursachen der langfristig schädlichen Wirkungen der maoistischen Disintegrationspolitik identifiziert werden: Erstens, |<Mem> PRO(SOC)/<Dis>PRO(SOC)| wurde zerstört; zweitens, |<Rep-Dis> PRO(SOC)| kam nicht mehr zur Wirkung, weil das in DIS gespeicherte Wissen nicht über individuelle Handlungen operationalisiert wurde; drittens, <Dis>PRO(SOC) wurde durch künstliche Eingriffe abwärts dispergiert, und zwar zur Ebene 'Organization', die ursprünglich nicht aus spontanen evolutorischen Prozessen entstanden war. Beim letzten Punkt lassen sich Aussagen zu notwendigen Effizienzverlusten auch direkt aus systemtheoretischen Hypothesen ableiten.[54]

Man kann die Auswirkungen der Ordnungspolitik nach 1949 freilich nur schwer quantifizieren, was die allgemeine Frage der Systemintegration angeht. Dennoch gibt es einige deutliche Hinweise, daß die wirtschaftliche Integration in China künstlich niedrig gehalten wurde. Lyons hat mit Hilfe eines internationalen Vergleiches gezeigt, daß der Zusammenhang zwischen dem Outputwachstum und der Entwicklung des Transportvolumens in China deutlich anders ausfällt als z.B. in anderen wirtschaftlichen Großräumen wie der UdSSR und den USA, wenn Perioden vergleichbaren Entwicklungsstandes betrachtet werden: Das Transportvolumen wächst unterproportional. Es ist aufschlußreich, daß dieses Ergebnis für bestimmte Gütergruppen wie Getreide, Stahl oder Zement besonders eindeutig ausfällt, die im Mittelpunkt der regionalen Autarkiepolitik standen.[55] Lyons Ausführungen werden auch bestätigt, wenn man (Abb.5) die langfristige Entwicklung des Personen- und Gütertransportes betrachtet. Mit der Einleitung der jüngeren Reformpolitik erfolgt ein krasser Bruch in den Indexreihen; besonders beim Gütertransport ist augenfällig, daß die beiden Perioden mit einer besonders starken Dominanz maoistischer Entwicklungskonzepte (1959-1962, 1966-1970) auch mit Wachstumseinbrüchen beim Transportwesen verbunden sind. In weiterer Perspektive ist auch zu beachten, daß zwischen 1957 und

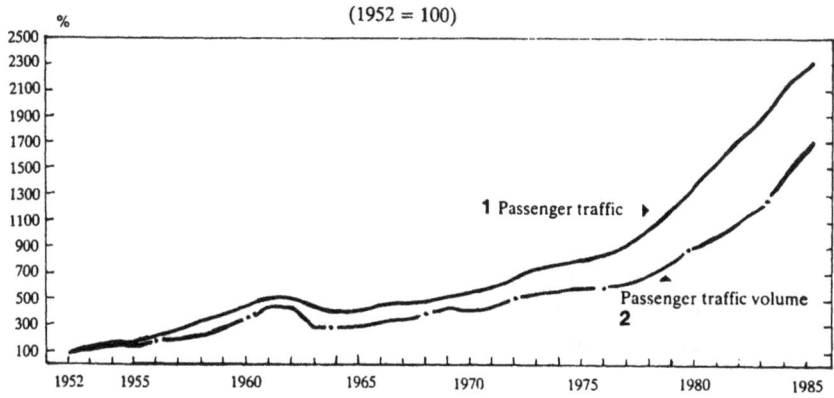

1: Index des Passagiertransportes
2: Index des Passagierumschlages

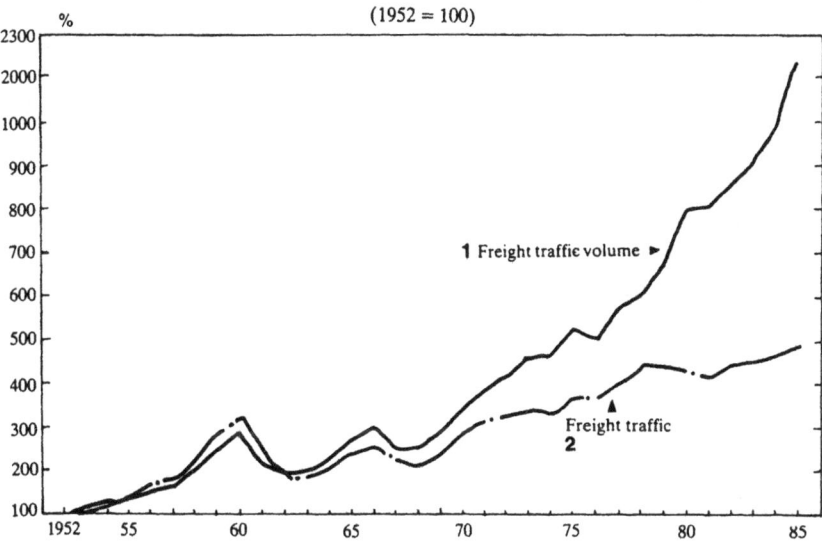

1: Index des Güterumschlages
2: Index des Gütertransportes

Abb. 5: Die Entwicklung des Transportwesens seit der Gründung der VR China. Quelle: <u>Zhongguo tongji nianjian</u> 1986, S.413.

1978 eine anomale Stagnation des in marxistischer Terminologie 'unproduktiven' Dienstleistungssektors stattgefunden hat; man kann davon ausgehen, daß im Bereich der Dienstleistungen ein großer Teil der informatorischen Verflechtungsleistungen einer Volkswirtschaft erbracht wird.[56]

Vor dem skizzierten historischen Hintergrund wird verständlich, warum die chinesische Wirtschaftspolitik häufig weniger vom Konflikt zwischen Plan und Markt, als von der Integrationsproblematik beherrscht wurde und wird. Nach der Ablösung vom sowjetischen Entwicklungskonzept Mitte der fünfziger Jahre resultierte die Forderung nach einer verstärkten Dezentralisierung im Konflikt von   Systemkonzepten, weniger Ordnungskonzepten: Eine Programmatik der regional-administrativen Dezentralisierung traf auf die Alternative der funktionalen Dezentralisierung innerhalb der Hierarchien von Branchenministerien.[57] Während des 'Großen Sprunges' und der kulturrevolutionären Dekade dominierte die Entwicklungstrategie des Aufbaus 'regionaler industrieller Systeme'; aus diesem Integrationskonzept leitete sich dann die Zielvorstellung des Aufbaus regionaler Planungsorgane ab.[58] Bereits im Jahre 1958 wurde jedoch auch eine dritte globale integrationstheoretische Alternative vorgelegt: Mit dem Schlagwort der "ökonomischen Kooperationszonen" grenzten sich die Vertreter dieser Position gegen die beiden anderen Dezentralisierungsprogramme ab und forderten eine funktionsfähige Synthese von Branchen- und Regionalprinzip.[59] Nach dem 'Großen Sprung' wurden dann erste Versuche unternommen, die volkswirtschaftliche Lenkung in Form der Einrichtung von provinzübergreifenden 'Verwaltungszonen' an die Strukturen regionaler Makrosysteme anzupassen. Die entsprechenden Planungseinheiten sollten keine Planebenen einer streng hierarchisch aufgebauten Zentralverwaltungswirtschaft sein, sondern strukturpolitische Lenkungseinheiten, vergleichbar mit dem Konzept der 'planification'.[60] Unter Liu Shaoqi nahmen diese Ansätze beispielsweise im sensiblen Bereich der Materialverwaltung Gestalt an, indem einerseits eine ausgeprägte Rezentralisierung in Form eines speziellen Ministeriums erfolgte, dessen Tätigkeit 256 Produkte erfaßte; andererseits sollte es jedoch nach den 'Prinzipien eines Handelsministeriums' arbeiten: Dies bedeutete, daß man damit begann, die hierarchische Gliederung der Materialumschlagstellen aufzulösen, und sie u.a. in den Makroregionen des Nord- und Südwestens durch einen Aufbau gemäß der Wirtschaftsräume zu ersetzen, sowie, daß unter ministerieller Leitung 152 sog. "Produktivmitteldienstleistungsgesellschaften" gegründet wurden, die freizügiger operieren und ergänzende Handelsfunktionen übernehmen sollten.[61]

Der Zusammenhang derartiger wirtschaftspolitischer Maßnahmen mit einer Rezeption der Informationen, die in der chinesischen Kulturlandschaft enthalten sind, wurde zu dieser Zeit besonders bei der Reorganisation der Volkskommunen deutlich. Die Volkskommunen waren im Verlauf des 'Großen Sprunges' ohne Berücksichtigung der traditionellen Standardmarktgebiete gebildet worden. Dementsprechend waren die Kosten des Warenverkehrs entlang der vorgegebenen administrativen Wege hoch. Die Readjustierungsphase der ersten Hälfte der sechziger Jahre war dann auch mit Bemühungen verbunden, über intensive Recherchen die traditionellen Marktgebiete zu reidentifizieren, um die Volkskommunen besser mit den natürlichen Wirtschaftsräumen zur Deckung bringen zu können; außerdem wurden die freien Märkte wieder stärker geöffnet. Auch auf höheren Ebenen der Markthierarchie erfolgten Liberalisierungsmaßnahmen; so wurden 'Warentauschtreffen' mit gemischtem Publikum eingerichtet, oder traten sog. 'Handelswarenhäuser' als staatliche Marktpartner auf. Dabei blieben natürlich wesentliche Wettbewerbsparameter wie der Preis unter staatlicher Kontrolle, doch wurde insbesondere der Kontrahierungszwang mit bestimmten Verwaltungsorganen abgeschwächt, und vor allem private Anbieter ländlicher Nebenproduktion konnten sich innerhalb der Markthierarchie frei bewegen.[62]

Derartige Maßnahmen konnten bis 1978 aufgrund der politischen Auseinandersetzungen keine grundlegende Veränderung der Handelsadministration erreichen. Die Folge war, daß auf jeder Ebene der Markthierarchie die entsprechenden Prozesse arbeitsteiliger Spezialisierung auf der Mikroebene bäuerlicher Haushalte verhindert wurden, da die steuernden Signale aus dem Handelsbereich ausblieben.[63] Wie Skinner dies ausdrückt, ist bei allen derartigen administrativen Maßnahmen entscheidend, ob die Grenzen zwischen Teileinheiten der Markt- oder

Handelshierarchie 'diskret' oder 'diffus' sind: Jede Renaissance des traditionellen Marktsystems ist mit einer wachsenden 'Diffusität' der Administration verbunden.[64] Seit 1978 bedeutet dies konkret, daß nicht nur die Zahl freier städtischer und ländlicher Märkte ebenso rapide gestiegen ist wie die dort getätigten Umsätze[65]; entscheidender ist, daß die Qualität der Handelstransaktionen sich grundlegend verändert hat und längst nicht mehr nur die Überplanproduktion des Agrarsektors erfaßt. Inzwischen operieren die Märkte wieder mit einer zeitlichen und räumlichen Dichte, wie sie auch im traditionellen System gegeben war; hinzu kommt, daß private Wanderhändler eine entscheidende Rolle bei der Verteilung von Waren entlang der regionalen Markthierarchie spielen.[66] Ein vergleichbarer Prozeß vollzieht sich auch im Bereich des ländlichen Großhandels im engeren Sinne. Staatliche Organe werden in multifunktionale sog. 'Handelszentren' verwandelt unabhängig von administrativen Hierarchien operieren sollen. Ein Musterfall ist die Wiederbelebung eines der vier traditionellen nationalen Reishandelszentren in Wuxi, Provinz Jiangsu. Angeregt wurde dieser Prozeß dadurch, daß sich im Rahmen der allgemeinen agrarpolitischen Liberalisierung private Produzenten (insbesondere sog. 'spezialisierte Haushalte') und Kleinhändler am historischen Handelsplatz trafen. Im Jahre 1984 wurde dann das 'Handelszentrum' als Kapitalgesellschaft mit privater Beteiligung gegründet; es ist ein Zusammenschluß verschiedenster staatlicher, kollektiver und privater Unternehmen der Umgebung und prinzipiell gegenüber jeder Form neuer Beteiligungen ebenso offen wie gegenüber der Zusammenarbeit mit möglichen Handelspartnern aus ganz China. Damit wurde die starre Organisation des staatlichen Getreideankaufs erheblich aufgelockert: hinzu kommt, daß neben dem Handelszentrum ein staatlich regulierter freier Getreidemarkt eingerichtet wurde.[67]

Derartige Entwicklungen führen selbstverständlich noch nicht zu einer Dominanz von Marktbeziehungen.[68] Dennoch können die Staatsvertreter in der Regel nicht die Funktionen individueller Händler ersetzen, die zum Teil ja über ländliche Kooperativen u.ä. arbeiten. Im Bereich des industriellen Produktivmittelhandels sind ähnliche Entwicklungen zu beobachten. Bis 1977 erfaßte die zentrale Materialplanung lediglich die interprovinziellen Güterströme zum Ausgleich unvermeidbarer Versorgungslücken. Nach einer kurzen Phase der Rezentralisierung wurde dann die Zahl vollständig zentral geplanter Produkte erheblich reduziert, während gleichzeitig nachhaltige institutionelle Öffnungsprozesse stattfanden: So können die lokalen Materialämter flexibler operieren, sog. 'Materialversorgungspunkte' können auf den freien Märkten bzw. im direkten Kontakt mit Produzenten Güter beschaffen, oder organisieren auch direkt freie Produktivmittelmärkte.[69]

Die Bedeutung solcher Öffnungsprozesse wird besonders augenfällig, wenn man bedenkt, daß in der jüngeren Zeit auch der Aufbau der staatlichen Verwaltung an die natürliche Gliederung von Wirtschaftsräumen angepaßt werden soll. Das Konzept der 'Wirtschaftszone' ist zu einem globalen wirtschaftspolitischen Programmpunkt aufgerückt. Auf theoretischer Ebene wird argumentiert, daß für jede Art von Gütern die 'Gesetze der Warenzirkulation' gelten müssen, die sich in der historisch gewachsenen Gestalt von Wirtschaftszonen niedergeschlagen haben; diese Gesetze gelten für Plan und Markt gleichermaßen. Die entscheidende Integrationsleistung der Einrichtung eines 'einheitlichen sozialistischen Marktes' könne allerdings nicht mit der einfachen Einführung eines monolithischen staatlichen Planungssystems erbracht werden, sondern sei vielmehr das Ergebnis langwieriger historischer Entwicklungen.[70] Die staatliche Politik greift diese Gedanken auf, indem Städte und Gemeinden die Möglichkeit erhalten, einen 'bezirksfreien Status' zu beantragen; eine ländliche Gemeinde mit einem bestimmten Anteil an nicht-landwirtschaftlich tätiger Bevölkerung kann beispielsweise zur 'Marktgemeinde' werden, womit ihr erweiterte Rechte und Freiräume im Wirtschaftsverkehr mit der Umgebung zugestanden werden. Analog wird auf höheren Ebenen der Markthierarchie vorgegangen: Großstädtische Zentren wirtschaftlicher Makroregionen wie Shanghai, Wuhan, Guangzhou oder Chongqing werden aus der staatlichen Planungshierarchie herausgelöst und werden zu sog. eigenständigen 'Planungseinheiten'.[71]

Systemtheoretisch betrachtet, liegt die Essenz dieser Maßnahmen darin, daß zwar partiell das in DIS gespeicherte Wissen über Individuen operationalisiert wird, die auf Märkten ökonomische Transaktionen vollziehen; den größeren Teil der Reorganisationsmaßnahmen führen jedoch staatliche Wirtschaftsverwaltungen durch , d.h. die Ebene 'Organization' behält eine zentrale Position, ganz im Gegensatz zur traditionellen Wirtschaftsordnung. Während vor 1949 <Rep-Mem>PRO (SOC) und <En-Mem>PRO(SOC) bei der Dispersion von MEM zu DIS abwärts zur Ebene 'Individual' verlagert waren, gilt nun für beide Funktionen, daß organisatorische Prozesse eine große Rolle spielen. Detaillierter könnte man daher formulieren: <Dec>|<Dec>|<Dec>|<En>|<Mem>|<Deco>|<Mem>|<Dec>PRO(SOC)*/ORG# <Dec>PRO(ORG)|/ORG#<Mem-Dec>PRO(ORG)|/ORG#<Chan>PRO(ORG)|/ SOC#<Dis>PRO(SOC)|/IND#<Dec>PRO(IND)|/ORG#<Dec-Dis>PRO(ORG)| /SOC#DEC(SOC)|/ORG#DEC(ORG), wenn man sich auf die EN-Funktion konzentriert. Entscheidend ist die Beobachtung, daß ungeachtet der Reformmaßnahmen Prozesse der Ebene 'Organization' dominieren, wobei eine enge Wechselwirkung zwischen politischen - DEC(SOC) - und ökonomischen - <Dec>PRO(SOC) - zu verzeichnen ist. Das heißt, daß die Wechselwirkung zwischen den Ebenen 'Individual' und 'Society' über die Vermittlung des Marktsystems nach wie vor eine eher sekundäre Rolle spielt. Eine weiter in die Tiefe gehende Analyse müßte diese Rolle in der Weise näher spezifizieren, daß <Ass>PRO(ORG) zu |<En-Mem>PRO (ORG)/IND#<Dec>PRO(IND)| dispergiert ist.

Abschließend bleibt noch festzustellen, daß die jüngere chinesische Reformpolitik vor dem skizzierten historischen und damit ökogenetischen Hintergrund ohne weiteres auf einige zentrale allgemeingültige, d.h. nicht kulturspezifische Hypothesen der Systemtheorie zurückgeführt werden kann. Zunächst gilt, daß die politischen Prozesse eindeutig am Globalziel der Effizienzerhöhung bzw. Minderung der Entropieerzeugung orientiert sind. Die Politik vor 1978 hat in dieser Hinsicht langfristig eindeutig negative Wirkung gezeigt; dies kann unmittelbar Ausmaß der Entropieerzeugung in Form von Umweltzerstörungen gemessen werden.[72] Die Ursachen für diese negativen Effizienzwirkungen sind vielfältig. Erwähnt wurden bereits die künstliche Reduktion der Ebene, auf der informationsverarbeitende Prozesse ablaufen, und die Abschottung gegenüber bestimmten Informationen, die im dispergierten MEM gespeichert sind; die Störung von MEM-Funktionen war be-

sonders daher gravierend, weil genetisch weit zurückliegende
MEM-Bestandteile ausgeschaltet wurden. Eine genauere Analyse
müßte des weiteren beachten, daß mit der administrativen Veränderung von DIS weitreichende Wandlungen von CHAN und
DECO vollzogen wurden. Ganz allgemein muß darauf verwiesen
werden, daß der Umfang 'vegetativer' homöostatischer Prozesse erheblich reduziert war, obgleich die Voraussetzung relativ weitgehender informatorischer Geschlossenheit besonders
im Agrarsektor sicherlich als erfüllt betrachtet werden kann.[73]
Stattdessen verringerte die staatliche Wirtschaftspolitik die
Zahl und die Komplexität der Kanäle und Knoten von CHAN mit
der notwendigen Folge, daß im System homöostatische Prozesse
wirksam wurden, die eine entsprechende Überlastung von CHAN
bzw. zentralisierten DEC verhinderten. Da der Grad funktionaler Differenzierung des traditionellen Agroökosystems im gleichen Zuge erheblich reduziert wurde, konnten keine komplexeren Schutzmechanismen wie das Chunking entstehen, die Kode-Spezialisierungen und eine direkte Anpassung an ASS-Prozesse
erfordern; an ihre Stelle traten einfachere homöostatische
Prozesse, wie die Reduktion des Informationsgehaltes im Rahmen von Kennziffernsystemen oder die Weglassung von Information über die sog. 'statistischen Musteranalysen'.[74] Die entsprechenden Informationsverluste zogen selbstverständlich Effizienzminderungen nach sich. Ähnlich nachteilig wirkten die
Versuche, die Dispersion von DEC zu verringern.

Insofern schließt die Reformpolitik an die Entwicklungspfade an, die im traditionellen China beginnen, und die zu
einer größeren Systemintegration durch arbeitsteilige Spezialisierung und komplexere informatorische Mechanismen führen.
Die Frage lautet nun, welche Bedeutung in diesem Zusammenhang
die Universalisierung begrifflicher bzw. semiotischer Systeme
als alternatives Integrationsmittel neben der DEC-Zentralisation haben kann.

3. Staatliche Einheit und zweistufige Ordnungen

Die Universalisierung begrifflicher bzw. semiotischer Systeme ist normalerweise dasjenige Phänomen, das angesprochen
wird, wenn vom Einfluß 'kultureller Faktoren' auf die Politik und Wirtschaftsordnung eines Landes die Rede ist.

'Kultur' als Ökosis erfaßt einen wesentlich weiteren Bereich
von Wirklichkeitserscheinungen, wie die Analyse von DIS beispielhaft demonstrierte. Was jedoch die grundlegende Problematik der 'Einheit' der Wirtschaftsordnung angeht, so läßt
eine solche Analyse wesentliche Fragen offen, solange nicht
gezeigt werden kann, daß ein hoher Integrationsgrad von DIS
eine entsprechend hohe informatorische Verflechtung des Gesamtsystems auf der Grundlage von Kode-Universalisierungen zur
Folge hat.

Ernest Gellner hat in dieser Hinsicht die bemerkenswerte
Hypothese formuliert, daß die Entstehung des Nationalstaates,
die Ausbildung einer 'universal high culture' und die Entwicklung von Bildungseinrichtungen als Trägern der 'Exosozialisation' von Kindern (im Gegensatz zur familiären Sozialisation)
eng mit dem Phänomen der Industrialisierung verbunden sei;
d.h. konkreter, daß die Universalisierung kultureller Zeichensysteme der Stabilisierung von Gesellschaften diene, die durch
eine erheblich gestiegene soziale Mobilität ("social entropy")
und weit ausdifferenzierte funktionale Spezialisierung gekennzeichnet sind.[75] Die idealtypische Agrargesellschaft sei im
Gegensatz hierzu durch eine Segmentierung und Spezifizierung
kultureller Zeichensysteme zu charakterisieren: Die staatlichen Eliten sind Träger der Hochkultur und insbesondere der
schriftlichen Überlieferungen, während die breite Schicht der
bäuerlichen Produzenten Träger einer 'Volkskultur' ist, die
entsprechend der räumlichen Verteilung von Dorfgemeinschaften
in 'little cultures' als voneinander isolierte Segmente zer-
fällt. Diese kulturelle Dichotomie spiegelt sich auch in den
Sozialisationsformen wider: Innerhalb der staatlichen Eliten
dominiert die Exosozialisation, innerhalb der Dorfgemeinschaften die familiäre.[76]

Wie schon erläutert, weicht der chinesische Fall auf Grund
erheblich abweichender wirtschaftlicher Interaktionsmuster von
diesem idealtypischen Bild der Dorfkultur ab. Die ökonomische
Verflechtung in lokalen Marktsystemen bewirkte eine Ausweitung
der Grenzen von 'little cultures'. Mit dieser Feststellung
ist freilich noch nichts darüber ausgesagt, ob die kulturelle Dichotomie an Schärfe verloren hat, wie sie Gellner skizziert. Damit stellt sich die erste prinzipielle Frage: Welche

Bedeutung hatte eine eventuell bestehende kulturelle Dichotomie für den Schritt Chinas in die Moderne, und wo liegen dementsprechend die Wurzeln einer Kode-Universalisierung, die mit der Modernisierung verbunden sein dürfte?

Aus evolutionstheoretischer Sicht wäre eine solche Perspektive freilich zu eng. Das Problem der 'Einheit' einer Wirtschaftsordnung stellt sich einerseits dahingehend, indem untersucht wird, ob bestimmte technische Anpassungsleistungen über wirtschaftliche Prozesse wie die Entwicklung hierarchischer Marktsysteme notwendig mit bestimmten Formen der Kode-Universalisierung (z.B. einheitliche Rechtsnormen) verbunden sind. Andererseits besitzt dieses Problem jedoch auch die sehr konkrete Dimension der Einheit einer spezifischen menschlichen Gesellschaft innerhalb der Konkurrenz zwischen unterschiedlichen Gesellschaften um knappe Ressourcen. In dieser Hinsicht setzt sich die Einheit einer Gesellschaft allgemein im Aufbau staatlicher Institutionen um, die Träger des öffentlichen Gutes 'Militär' sind. Die militärische Macht des Staates dient dann zum einen der Verteidigung von Ressourcen, d.h. in der Agrarwirtschaft vor allem des Landes, und natürlich auch der Aneignung neuer Ressourcen in der gewaltsamen Auseinandersetzung mit anderen Gesellschaften.[77]

Nun handelt es sich bei der Organisation militärischer Machtmittel typischerweise um die Bereitstellung eines öffentlichen Gutes, die ständig durch die Gefahr von Freifahrerverhalten bedroht ist. Es ist daher evolutorisch plausibel, wenn sich kultivierte Ökosysteme in einer Richtung entwickeln, die zu einer Minimierung dieser Gefahr führt. Eines der einfachsten und historisch sehr bedeutsamen Regelwerke ist die Entstehung individueller Eigentumsrechte am Territorium, das von einer Gesellschaft beansprucht wird. Die Eigentumsrechte von Königen und Kaisern können ebenso aus dieser Perspektive interpretiert werden wie komplexere Formen des Landeigentums in Feudalgesellschaften.[78] Nun gilt aber auch für solche Eigentumsformen, daß sie der ständigen Gefahr des Zerfalls durch die gesellschaftsinterne Konkurrenz um knappe Ressourcen ausgesetzt sind.[79] Aus diesem Grunde spielen kulturell tradierte Kode-Universalisierungen in jedem konkreten Fall eine große Rolle bei der Vermeidung von Freifahrerverhalten oder bei der

Stabilisierung der Eigentumsinstitutionen, die mit der staatlichen Macht verquickt sind.[80] Dabei kann auch ein prinzipielles Problem gelöst werden, das für den chinesischen Fall bis in die Gegenwart hinein eine besonders ausgeprägte Bedeutung besitzt: Wenn das Territorium einer Gesellschaft groß genug und mit den entsprechenden natürlichen Bedingungen ausgestattet ist, so daß sich neben einem staatlichen politischen Zentrum mehrere ökonomische Zentren bzw. Regionen mit Wohlstandskonzentrationen bilden können, dann wird die staatliche Einheit gefährdet, indem die Möglichkeit besteht, daß wirtschaftliche Macht in politische Macht und damit Zentrifugalität übergeht. Würde man davon ausgehen, daß die Politik in den ökonomischen Zentren von Individuen bestimmt wird, dann ließe sich hypothetisch der Zeitpunkt des staatlichen Zerfalls aus den Kosten-Nutzen-Kalkülen der Individuen ablesen, die z.B. die persönliche Belastung durch die Finanzierung des Zentralstaates mit dem Nutzen eines gemeinsamen militärischen Schutzes vergleichen; die entsprechenden Größen sind jedoch nur schwer empirisch operationalisierbar, und die relevanten Entscheidungsprozesse zumeist erheblich komplexer.[81] Dennoch bleibt festzuhalten, daß die <u>Zentrifugalität eines ökonomischen Polyzentrismus u.U. die Bereitstellung öffentlicher Güter gefährden kann, die eine politische Einheit in Form zentraler staatlicher Institutionen voraussetzen</u>. Dabei muß es sich nicht nur direkt um den gemeinsamen militärischen Schutz des Gesamtterritoriums handeln: Als 'öffentliches Gut' sind auch die Wohlstandsgewinne zu betrachten, die durch die Einsparung der Kosten des gegenseitigen militärischen Schutzes der Einzelregionen und eventuelle 'economies of scale' einer gemeinsamen Verteidigung entstehen, und natürlich auch Wachstumswirkungen einer engeren wirtschaftlichen Integration und weitergehenden regionalen Arbeitsteilung, die mit dem Abbau von Grenzen in der Regel verbunden sind.[82] Kode-Universalisierungen können also reale positive Effekte von Integrationsprozessen jeder Art stabilisieren; dabei muß es keinesfalls unmittelbar darum gehen, bestimmte militärische Organisationsformen zu begünstigen - hinreichend ist die Stabilisierung der staatlichen Einheit.

In Europa hat die Ökogenese beim Übergang vom Spätmittelalter zur Neuzeit dazu geführt, daß der mittelalterliche Personenverbandsstaat bzw. der spätmittelalterliche Ständestaat vom Territorialstaat verdrängt wurden. Damit war die Voraussetzung einer Trennung zwischen politischen und spezifisch ökonomischen Ordnungsstrukturen geschaffen, die in den Eigentumsinstitutionen des Feudalismus eng verflochten waren. Die Entstehung neuzeitlicher Wirtschaftsordnungen ist also unauflöslich mit der Genese eines Staates verbunden, der sich vor allem durch folgende Merkmale auszeichnet: er ist eine politische Leistungseinheit und umfaßt einen einheitlichen Wirtschaftsraum; er vereinigt Militär-, Gerichts- und Steuerhoheit auf der Grundlage eines durchgreifenden Machtapparates und eines stabilen Machtzentrums; er verwaltet konzentriert wirtschaftliche und bürokratische Herrschaftsmittel; er übt Herrschaft nicht über einen Personenverband, sondern über ein genau abgegrenztes Gebiet aus; er besitzt ein Monopol legitimer Gewaltanwendung zur inneren Friedenssicherung, das sich in positiven Rechtsnormen niederschlägt.[83]

In China entstand ein analoges staatliches Gebilde mit der Gründung des Einheitsstaates durch <u>Qin Shi Huangdi</u> im dritten vorchristlichen Jahrhundert. Obgleich sich die kurz darauf nachfolgende Dynastie der Han ideologisch scharf von der Dynastie Qin abgrenzte, blieb die Stabilisierung des Territorialstaates durch administrative Mittel ein Grundproblem chinesischer Politik der folgenden zwei Jahrtausende.[84] Hinzu kam jedoch, daß das Problem der 'Ordnung von Wirtschaft und Gesellschaft' im Mittelpunkt geistiger Auseinandersetzungen innerhalb der elitären Hochkultur blieb; die klassische Situation der 'Achsenzeit' - der Zeit der 'Streitenden Reiche' (481-221 v.Chr.) - wurde damit fortgeschrieben, als staatsphilosophische und ethische Diskussionen dominierten.[85]

Während für den europäischen Fall ohne Zweifel davon auszugehen ist, daß die Konkurrenz unabhängiger Machtzentren und entsprechender Territorialstaaten den gesellschaftlichen Wandel und damit u.U. erhebliche Wohlstandsschübe begünstigt hat, waren Perioden des zentralstaatlichen Zerfalls in China immer auch Zeiten wirtschaftlichen Niedergangs. Das jüngste Beispiel dieser Art war die Auflösung des Kaiserreiches in die 'Warlord'-Territorien nach 1911.[86] Historische Parallelen sind die Zeit der 'Drei Reiche' nach dem Untergang der Han-Dynastie im 3.Jhd., der Niedergang der Tang-Dynastie nach dem ersten Fanal des An Lushan-Aufstandes Mitte des 8.Jhds., oder auch die Vorphase des Zerfalls des Kaiserreiches während und nach der Taiping-Rebellion. Die typische Situation ist dahingehend zu kennzeichnen, daß sich militärische und ökonomische Macht (z.B. über die Konzentration von Landeigentum) in der Hand regionaler Amtsinhaber vereint hatten, und dementsprechend ein Abfall von der Zentralregierung möglich wurde. Je schwächer die politische Stellung einer Herrscherdynastie, desto deutlicher verwandelten sich die ökonomischen Grenzen der Makroregionen in politische Grenzen des Einzugsbereiches regionaler Machtzentren.[87]

Damit läßt sich die zweite prinzipielle Frage formulieren: Welche Bedeutung hatten universalisierte begriffliche Systeme, also namentlich der Konfuzianismus, für die Stabilisierung der zentralstaatlichen Einheit Chinas, und welche Rolle könnte den entsprechenden kulturellen Traditionen bei der Wiedergewinnung staatlicher Einheit nach 1949 zugeschrieben werden?

Die beiden hier aufgeworfenen Fragen lassen sich selbstverständlich nicht isoliert beantworten. Dies schon deshalb, weil die Rolle des Konfuzianismus bei der Erzeugung staatlicher Kontinuität nicht unabhängig von der Frage diskutiert werden kann, wie weit die unter dieser Schulbezeichnung gesammelten Überzeugungen lediglich elitespezifisch waren, und damit natürlich über den Austausch von Eliten schlagartig an Bedeutung verlieren.[88] In gleicher Weise muß entschieden werden, ob die Ausbildung einer universalisierten 'kommunistisch-maoistischen' Kultur nach 1949 vielleicht nicht an die elitespezifischen Weltanschauungen des Kaiserreichs anknüpft, wohl aber an die traditionelle Volkskultur.[89]

Eine in gebotener Kürze erfolgende Diskussion der Problematik muß folgende Aspekte unterscheiden. Erstens, bestimmte Formen sozialer und politischer Organisation können als stabile 'technologische' Lösungen zum Problem der Staatskontinuität reproduziert werden, ohne daß die entsprechenden Institutionen emisch durch positiv nachvollziehbare Normen verankert sind. Zweitens, es besteht die Möglichkeit, daß weder die emisch rekonstruierte elitäre Kultur noch die entsprechende

Volkskultur direkt Regelmechanismen enthalten, die zur Stabilisierung der staatlichen Einheit führen, daß aber bestimmte kulturell verankerte Verhaltensweisen im Zusammenspiel mit anderen Faktoren dieses Ergebnis als 'Nebeneffekt' zeitigen. Drittens, mit Blick auf die Frage der kulturellen Dichotomie ist zu überlegen, inwieweit ein kultureller Dualismus notwendig disintegrativ wirken muß, oder ob nicht vielmehr auch ein 'symbiotisches' Verhältnis zwischen elitärer und Volkskultur denkbar ist. Viertens, ganz allgemein muß natürlich stets beachtet werden, daß die systematischen Wirkungen bestimmter kulturell geregelter Verhaltensformen keinesfalls mit denjenigen Effekten identisch sein müssen, die von den Normen auf das Verhalten ausgehen, oder die bei einer rein emischen Analyse aufgedeckt werden können.

Was zunächst technologische Lösungen zum Problem der Herrschaftsstabilisierung im Zentralstaat angeht, so haben sich mit der songzeitlichen ökonomischen Revolution erhebliche Schwierigkeiten eingestellt, über administrative Techniken eine direkte staatliche Kontrolle potentiell zentrifugaler ökonomischer Aktivitäten durchzusetzen. Die Gründung der Tang-Dynastie war noch begleitet von einer relativ strikt verfolgten Politik der 'Gleichverteilung des Landes' im Rahmen einer Zerschlagung des Großgrundbesitztums und von einer umfassenden Regulierung freier Märkte. Im Laufe der Jahrhunderte, und insbesondere während der letzten beiden Dynastien des Kaiserreiches, der Ming und der Qing, wuchs jedoch das Mißverhältnis zwischen staatlichen Kontrollzielen und tatsächlich verfügbaren administrativen Mitteln ständig.[90] Der Zentralstaat mußte daher auf indirekte Kontrollmechanismen zurückgreifen, die sich seit der Han-Zeit entwickelt hatten.

Hierzu gehörte die Ausbildung der im 2.Abschnitt betrachteten administrativen Struktur, bei der bestimmte Verwaltungsebenen nicht die jeweilige Rolle eines Ortes oder einer Region in der Markthierarchie widerspiegelten, oder anderweitige 'checks and balances' eingebaut waren.[91] Hinzu kam das Dienstverbot für Staatsbeamte in der eigenen Heimatregion bzw. das Prinzip der ständigen Rotation von Amtsinhabern, um zu verhindern, daß sich stabile persönliche Beziehungen zu lokalen Eliten ausbilden konnten.[92] Über das Bildungssystem wurde jedoch die entscheidende Maßnahme durchgesetzt: Eine strikt staatlich kontrollierte Exosozialisation der Herrschaftseliten, die mit der Durchsetzung meritokratischer Prinzipien erreichen konnte, daß sich die hierarchische politische Macht von einer rein ökonomischen Grundlage z.B. in Form des Landeigentums ablöste.[93] Systemtheoretisch können alle derartigen institutionellen Entwicklungen als Mechanismen gedeutet werden, DEC(SOC) von <Dec>PRO(SOC) abzugrenzen, also z.B. im Falle des Bildungssystems:<Dec>|<Dec-En>|<Deco>|<Bou>DEC(SOC)/SOC#ASS(SOC)|/ORG#<Deco>ASS(ORG)|/SOC#DEC(SOC)|/ORG#DEC(ORG). Dennoch gelang es auf diese Weise niemals dauerhaft, die disintegrativen Kräfte aufzuheben, die der ständig spontan wirksam werdenden Verlagerung <Dec-Bou>DEC(SOC)/SOC#<Dec>PRO(SOC) entsprangen. Der Konflikt zwischen Politik und Ökonomie war stets auch eine Spannung zwischen den Ebenen 'Organization' und 'Society'. Zumeist schon bei der Gründung einer Dynastie wurden die Keime des späteren organisatorischen Zerfalls gelegt, indem bestimmten Personengruppen Sonderrechte eingeräumt wurden, die in der Regel bereits eine herausragende Position im wirtschaftlichen Bereich besaßen, d.h. vor allem als Großgrundbesitzer.[94] Daraus ergab sich dann immer wieder eine Tendenz zur 'Refeudalisierung' des ökonomischen Systems, die den Bestand des einheitlichen Territorialstaates in Frage stellte.

Der Begriff der 'Refeudalisierung' wurde hier bewußt gewählt, da im chinesischen Kontext der Terminus 'Feudalismus' bis heute in einer umfassenderen Weise verwendet wird, als dies mit Blick auf das europäische Mittelalter üblich ist. Gemeint ist eine Verflechtung zwischen territorial begrenzter politischer Macht, kongruenter Konzentration ökonomischer Verfügungsrechte und persönlicher Beziehungen (insbesondere dauerhafter Loyalitäten) innerhalb einer abgegrenzten Gruppe. Läßt man zunächst die Rolle der persönlichen Beziehungen ausser Acht, die später noch im Detail analysiert wird, dann handelt es sich in der Tat um eine Grundstruktur der Politischen Ökonomie Chinas, die bis in die Gegenwart Bedeutung besitzt. Abstrakt betrachtet, muß nämlich die Einräumung von Sonderrechten ebenfalls als ein Mittel der Stabilisierung des Einheitsstaates gewertet werden, weil auf diese Weise die Kosten

und Nutzen einer Sezessionsentscheidung von Teileinheiten
ebenso verändert werden, wie die Rahmendaten des Kalküls,
der einer Entscheidung zugrundeliegt, als Konkurrent einer
herrschenden Elite um die Macht im Zentralstaat aufzutreten.
Solange die Möglichkeit einer engen Verquickung zwischen regionaler ökonomischer und politischer Macht besteht, muß eine
herrschende Elite in der politischen Zentrale die Loyalität
regionaler Eliten sichern, indem besondere wirtschaftliche
Vermögensrechte eingeräumt werden, d.h. die Stabilität des
Zentralstaates wurzelt in einer ständig erneuerten Tauschbeziehung zwischen konkurrierenden Eliten. Dabei ist es hypothetisch möglich, diese Stabilität als eine Art Gleichgewichtslösung der Elitenkonkurrenz zu begreifen - cum grano salis,
denn es fehlen wesentliche Informationen beispielsweise über
die Kosten, die mit dem Angebot eines bestimmten Gutes genau
abgegrenzter Vermögensrechte verbunden sind. Das grundlegende
Dilemma besteht darin, daß die Zugestehung von Sonderrechten
letztlich zum Zerfall der staatlichen Einheit führen kann und
damit zur Zerstörung der entsprechend bereitgestellten öffentlichen Güter; da deren Wert ex ante über individuell meßbare
und wahrnehmbare Opportunitätskosten nicht feststellbar ist,
kann die stabile Gleichgewichtslösung nicht über rationale individuelle Entscheidungen gefunden werden, sondern nur über
evolutorische Selektionsprozesse, wie sie sich im Aufstieg
und Niedergang der Dynastien widerspiegeln.[95]

Im modernen China drückt sich diese Sachlage in Form der
Konkurrenz von Fraktionen um die politische Macht im Zentrum
aus, sowie der Regionalisierung der Ordnungspolitik bzw. Dezentralisierung zentralstaatlicher Hoheitsrechte. Seit der
Gründung der Volksrepublik ist die politisch eigentlich naheliegende Konzentration sämtlicher Vermögensrechte bei der
Zentrale offensichtlich keine stabile Lösung, weil eine Fraktion, die eine solche Politik implementieren würde, rasch regionale Loyalitäten verlieren, und durch eine Fraktion ersetzt
würde, die eine Organisation ökonomischer Institutionen 'anbietet', bei der Vermögensrechte stärker dezentralisiert sind.
Natürlich besteht die letzte Voraussetzung der Wirkungsweise
derartiger Mechanismen darin, daß über die Rolle der KPCh in
der Wirtschaftsverwaltung überhaupt erst eine Situation ge-

schaffen wurde, bei der politische und ökonomische Eliten kongruent sein können. Historisch ist dies jedoch auf den Versuch zurückzuführen, die Machtposition einer neuen, durch Exosozialisation stabilisierten politischen Elite angesichts einer tatsächlichen Machtkonstellation zu festigen, bei der ökonomische Eliten einen erheblichen Einfluß auf die Politik hätten nehmen können.[96] Weiterhin ist zu beachten, daß der konkrete Verlauf von Tauschbeziehungen zwischen Eliten wesentlich determiniert wird durch die jeweilige Ausgangsverteilung von Vermögensrechten bzw. allgemeiner, Machtmitteln.[97] Für die Zentrale ist es daher sehr wichtig, die Kontrolle über bestimmte Bestandteile des volkswirtschaftlichen Vermögens zu besitzen, wie z.b. moderne industrielle Komplexe und deren Outputs.[98]

Vor diesem Hintergrund können eine Fülle gegenwärtiger Ordnungsphänomene auf das traditionelle sozialtechnologische Grundmuster der Stabilisierung des Einheitsstaates zurückgeführt werden. Der Wiederaufbau entsprechender informatorischer Mechanismen ereignete sich bereits Mitte der fünfziger Jahre, als die Abkehr vom 'sowjetischen Modell' erfolgte, und damit in wesentlichen Bereichen des ökonomischen Lenkungssystems neben zentrale Kontrollfunktionen zumindest gleichberechtigte regionale Kontrollfunktionen traten.[99] Als Resultat eines jahrzehntelangen politischen Tauziehens entstand eine sehr komplexe Verteilung von territorialen Verfügungsrechten am volkswirtschaftlichen Vermögen, d.h. vor allem für den industriellen Sektor, da Betriebe jeweils einer bestimmten Stufe der regionalen Verwaltungshierarchie zugeordnet wurden, die dementsprechend wesentliche Entscheidungsbefugnisse bezüglich der Unternehmenspolitik und natürlich der erwirtschafteten Mittel einschließlich der Abschreibungen hatten. Wie stark die Position regionaler Verwaltungen gegenüber der Zentrale ist, wurde in den jüngsten schwerwiegenden Problemen der Reformpolitik deutlich, der es nicht gelang, die enge Verbindung zwischen Unternehmensvermögen und -ertrag und Einnahmenentwicklung regionaler Organe aufzulösen. Die geplante Steuerreform sollte erreichen, daß der Unternehmensertrag nur noch über eine einheitliche progressive oder proportionale Einkommensteuer (je nach Unternehmenstyp oder -größe) durch fiskalische

Ansprüche belastet werden sollte, um unternehmerischem Verhalten langfristig stabile Rahmenbedingungen zu bieten. Es gibt nun aber für die Lokalverwaltungen offenbar eine Fülle von Zugriffsmöglichkeiten, die für die Zentralregierung außer Kontrolle bleiben.

Zunächst einmal ist zu nennen, daß regionale Verwaltungen durch gezielte Maßnahmen die zentrale Steuergesetzgebung modifizieren; insbesondere werden für reguläre Steuern Erlasse geltend gemacht, während auf der anderen Seite der Unternehmensertrag durch eine Fülle irregulärer Abgaben belastet wird, die direkt lokalen Haushalten zur Verfügung stehen.[100] Diese Abgabenwillkür ist zu Beginn der Steuerreform durch zentrale Bestimmungen gewissermaßen systematisch legitimiert worden, indem eine sog. 'Regulierungsteuer' eingeführt worden war, die solange ergänzend neben der eigentlichen Einkommensbesteuerung bestehen sollte, als der Unternehmensgewinn durch verzerrte Preise, administrative Einflüsse u.ä. keine verläßliche Leistungskennziffer ist. Diese Sondersteuer ist freilich zu einer Dauereinrichtung geworden; der genaue unternehmensspezifische Steuersatz wird von den lokalen Verwaltungen festgelegt. Die steuerpolitische Polarisierung des chinesischen Staates schlägt sich konzentriert in den sog. 'Einkommen außer Bilanz' und dementsprechend hohen 'Fonds außer Bilanz' nieder, deren Umfang nahezu denjenigen des zentralen Staatshaushaltes erreicht, obgleich dieser schon die offiziellen regionalen Haushalte einschließt. In die zentralstaatlich nicht regulierten Nebenhaushalte gehen die verschiedensten Abgaben und Gebühren ebenso ein wie die Gewinnabführungen von Unternehmen, die ausschließlich unter der Verfügungsgewalt der jeweiligen Lokalverwaltung stehen.[101]

Erstaunlicherweise konnten derartige Schwierigkeiten bei der Steuer- und Haushaltspolitik keinesfalls durch Reformmaßnahmen überwunden werden. Dies liegt daran, daß die grundlegenden Organisationsstrukturen des Staatshaushaltes bereits am Dualismus Zentrale/Region ausgerichtet sind. Während der Kulturrevolution trat dies besonders deutlich zu Tage, als man die Selbständigkeit der Provinzen im Rahmen sog. 'Verantwortungssysteme' ausweitete, d.h. solange die Abführungspflichten gegenüber der Zentrale bei Haushaltsausgleich erfüllt waren, konnten die Provinzen ihr Ausgabenvolumen entsprechend der Entwicklung der eigenen Einnahmen festsetzen.[102] Der jüngeren Steuerreform gelang es jedoch nicht, die Rezentralisierung der Budgetpolitik auszunutzen, um den interregionalen Interessenausgleich beispielsweise über ein systematisch föderalistisch aufgebautes Budgetsystem in Verbindung mit Regelungen zum Finanzausgleich zu bewerkstelligen. Stattdessen wurde die gegebene Verteilung von Vermögensrechten bestätigt, indem die Einführung einer Einkommensteuer mit der Bestimmung verbunden ist, daß diejenigen regionalen oder zentralen Verwaltungen Anspruch auf das Steueraufkommen aus denjenigen spezifischen Unternehmenserträgen haben, die aus jeweils zugeordneten Betrieben stammen. Die Zentrale muß also nach wie vor die Akzeptanz von Reformschritten bei regionalen Verwaltungen durch die Zuweisung spezifischer Vermögensrechte sichern; offenbar wäre es nicht hinreichend, bloße Beteiligungen an einem nicht weiter spezifizierten Aufkommen einer Steuerart zuzugestehen.[103] Die ohnehin starke Position der Regionen ist in der jüngsten Zeit weiter gefestigt worden, weil der größte Teil der Unternehmen über Verträge[104] unmittelbar gegenüber der zuständigen Verwaltung zur Erbringung bestimmter Leistungen verpflichtet wird; dabei nimmt die Besteuerung wieder den Charakter einer Gewinnabführung an, da z.B. absolute Beträge zum geplanten Steueraufkommen festgelegt werden, und bei Überplangewinnen der 'überschüssige' Steuerbetrag im Unternehmen verbleibt.[105]

Man kann derartige tiefsitzende Spannungen zwischen zentral verfolgter Wirtschaftspolitik und regionalen Interessen in allen wesentlichen Bereichen der Ordnungspolitik wiederentdecken. Erwähnt sei hier nur die Reform der Geldverfassung, bei der eine zentralisierte, makroökonomisch orientierte Geldmengensteuerung ständig durch die Bestrebungen der regionalen Verwaltungen in Frage gestellt wird, eine eigenständige Kreditpolitik zu verfolgen[106]; oder auch die Außenwirtschaftspolitik, bei der die Provinzen zum Teil sehr deutliche Versuche unternehmen, sich von der Zentrale zu lösen, bis hin zu einer direkten Standortkonkurrenz durch eigenständige ordnungspolitische Maßnahmen.[107]

Aus solchen Beobachtungen läßt sich der Schluß ziehen, daß von den Mechanismen, die zur Stabilisierung der staatlichen

Einheit wirksam werden, ein disintegrativer Einfluß auf die
Wirtschaftsordnung ausgeht. Sieht man einmal davon ab, daß
die Reformpolitik eine Fülle von Experimenten mit sich bringt,
die regional begrenzt sind, so muß dennoch die bemerkenswerte
Feststellung getroffen werden, daß der zum Teil chaotisch wirkende Regionalismus der gegenwärtigen chinesischen Wirtschaftspolitik[108] auf tiefere Gründe zurückzuführen ist und daher
u.U. auch einen langfristig bestehenden Zustand der Wirtschaftsordnung widerspiegeln kann. Man muß diese Sachlage in
engem Zusammenhang mit der im zweiten Abschnitt diskutierten
'cellular economy' sehen: Weil das zur Ebene 'Organization'
abwärts dispergierte <Dec>PRO(SOC) seinerseits auf dieser Ebene lateral dispergiert ist, geht die Reformpolitik nicht von
einem hochintegrierten DEC aus, sondern bereits von einer dezentralisierten Entscheidungsstruktur im politischen System,
dessen Abgrenzung zu spezifisch ökonomischen Entscheidungsprozessen bislang unscharf war. Insofern gelangt man zu einer ersten und vorläufigen Kennzeichnung der 'zweistufigen Ordnung'
in China: Zunächst ist mit diesem Begriff gemeint, daß die
Entwicklung der Wirtschaftsordnung ein Prozeß ist, der im System-Gesamtzusammenhang der politischen Entscheidungsstruktur
untergeordnet ist, wobei die letztere keinesfalls mit Hilfe
von Totalitarismus-Modellen erfaßt werden kann, sondern vielmehr in sehr komplexer Weise auf der Ebene 'Society' angesiedelt und damit durch eigenständige Ordnungsphänomene ausgezeichnet ist.[109] Systemtheoretisch kann dies knapp wie folgt
dargestellt werden: <Dec>|||<Dec>||<Dec>PRO(SOC)/ORG#<Dec>
PRO(ORG)|/ORG#<Dec>PRO(ORG)|/SOC#DEC(SOC)|/ORG#DEC(ORG)|/ORG#
DEC(ORG)|/SOC#DEC(SOC). Dies bedeutet, daß nicht nur DEC-Funktionen von PRO auf der Ebene 'Organization' lateral dispergiert sind, sondern auch die entsprechend abwärts verlagerten
DEC(SOC) Funktionen. Die Abstimmung der Entscheidungsprozesse
zwischen den verschiedenen partiell autonomen DEC findet wiederum auf der Ebene 'Society' statt. Dann stellt sich natürlich die Frage, wie dies geschieht.
  Damit wird freilich nur das Problem der 'Einheit' erneut
aufgeworfen. Systemtheoretisch läßt sich der relativ geringe
Grad der Integration von DEC(SOC) unmittelbar auf Hypothesen
zur optimalen Dezentralisierung, zur Vermeidung der Überlastung

von CHAN u.s.w. zurückführen. Dies betrifft jedoch lediglich die 'proximate causes' und nicht die evolutorischen 'ultimate causes'. So war die traditionelle politische Organisation im Kaiserreich offensichtlich zu gering integriert, um unter der Belastung des gewaltsamen West-Kontaktes eine temporäre Ausrichtung sämtlicher systemarer Aktivitäten an bestimmten Einzelzielen zu erreichen; die Folge war der Zerfall des Systems.[110] Mit dem Aufstieg der KPCh wurde der Versuch unternommen, eine Reintegration des Systems zu erreichen; wie gezeigt, ist dies im Bereich der Wirtschaftsordnung offenbar nur begrenzt gelungen. Es muß daher untersucht werden, welche Integrationsmechanismen in der traditionellen Ordnung wirksam wurden, um die staatliche Einheit trotz der Zentrifugalität zu wahren, die auch noch der skizzierten 'Tauschbeziehung' zwischen Regionen und Zentrale innewohnte.[111]

Damit gelangt die Diskussion zum zweiten der oben genannten vier Aspekte der möglichen Rolle kultureller Traditionen bei der Stabilisierung der staatlichen Einheit. Die Exosozialisation der administrativen Elite über die Jahrzehnte währende Indoktrination mit konfuzianischen Klassikern sollte eine ideologische Homogenität der Personengruppe sichern, die Positionen im staatlichen Machtapparat innehat.[112] Betrachtet man nun den Konfuzianismus näher, so fällt unmittelbar eine beträchtliche Spannung zwischen der administrativen Praxis des Kaiserreiches und den geistigen Inhalten der klassischen Moralphilosophie auf; diese Spannung besteht seit der Ablösung des Reichsgründers durch die Dynastie der Han, die gezwungen war, die administrativen Innovationen der Qin fortzuführen, obgleich sie auf die dem Konfuzianismus diametral entgegengerichtete Staatsphilosophie des Legalismus zurückgehen.

Die Schlüsselrolle beim Konflikt zwischen Legalismus und Konfuzianismus spielt der Begriff des 'Gesetzes' bzw. des 'Rechtes' ('fa').[113] Systemtheoretisch betrachtet, war der totalitäre Legalismus eine Theorie der vollständigen Systemintegration durch ein drakonisch anzuwendendes, allgemeines gesetzliches Regelwerk, das von einer ausschließlich an den Zentralstaat gebundenen Verwaltung durchgesetzt wird; dabei erwartete man allerdings, daß die Furcht vor Strafe schließlich die Menschen selbständig zum richtigen Handeln im Sinne der

Zielhierarchie veranlassen werde, die vom Fürsten als zentraler Entscheidungseinheit vorgegeben worden ist. Ähnlich wie der Taoismus ging daher letztlich auch der Legalismus davon aus, daß der Idealzustand einer menschlichen Gesellschaft mit dem 'Nicht-Handeln' der Regierung verbunden sei.[114] Darüber hinaus ist allerdings zu beachten, daß der Legalismus keinesfalls ein einheitliches Gedankengebäude war; auf die praktische Politik nahm seit der Han-Zeit[115] eher eine gemäßigte Variante, der sog. 'östliche Legalismus', Einfluß, der vor allem im Bereich der Wirtschaftspolitik wesentliche Elemente der Verwaltungspraxis des Kaiserreiches entwickelt hatte.[116]

Während also der Legalismus im Prinzip von der Vorstellung ausging, daß der Staat Individuen direkt zu organisieren und zu verwalten habe, um soziale Harmonie und Frieden zu erzeugen, glaubten die Konfuzianer, daß eine staatliche Ordnung im Verhältnis zur 'natürlichen Ordnung' einer Gesellschaft lediglich subsidiär sei. Diese grundlegende Differenz wurzelt letztlich in einem vollständig unterschiedlichen Menschenbild, denn im Gegensatz zu legalistischen Autoren setzen Konfuzianer voraus, daß die menschliche Natur im Prinzip gut sei, und unterstellen im Zweifelsfall sogar, daß moralisch verwerfliche Handlungen das Resultat 'künstlicher' Einflüsse der Zivilisation sind.[117] _Kong Zi_ selbst erkannte beispielsweise in der feudalen Vergangenheit Chinas einen Zustand, bei dem die gesellschaftliche Ordnung noch durch natürliche Beziehungen zwischen Individuen erzeugt wurde, während eine legalistische Politik z.B. der steuerlichen Gleichbehandlung von Land unabhängig vom Status des Besitzers diese Ordnung verzerre.[118] Die spätere Entwicklung des Konfuzianismus - insbesondere des songzeitlichen Neokonfuzianismus - arbeitete solche noch vagen staatsphilosophischen Ideen dahingehend aus, daß geradezu in kosmischen Dimensionen gedacht und angenommen wurde, die Ordnung der Gesellschaft und des Universums wurzele im Mikrokosmos der sozialen Beziehungen der Individuen, die von komplexen hierarchischen Relationen zwischen Gruppenpositionen geprägt sind. Solange die Individuen die Regeln befolgen, die das Verhalten festlegen, das einer bestimmten Position in einer Gruppe gerecht wird, leitet sich die Ordnung des gesellschaftlichen und gar physikalischen Makrokosmos ohne weitergehende spezifische Maßnahmen ab.[119]

Auf der Grundlage derartiger Überzeugungen war das Verwaltungshandeln des konfuzianischen Staates im Laufe der chinesischen Geschichte von einigen Paradoxa belastet.[120] Die staatsphilosophische Idealvorstellung nimmt an, daß der Kreisbeamte als Vertreter der untersten Verwaltungsebene ähnlich wie der Kaiser in der Lage ist, allein durch sein moralisches Wohlverhalten eine Ausstrahlungskraft zu besitzen, die andere Individuen dazu veranlaßt, die Ordnung in ihrem sozialen Mikrokosmos aufrecht zu erhalten. Praktisch bedeutete dies, daß administrative Eingriffe und rechtliche Regulierungen der Staatsverwaltung indirekt als ein Versagen der ethischen Vorbildfunktion der konfuzianischen Elite interpretiert werden mußten; im Gegensatz zur europäischen Tradition wurde also das 'Gesetz' nicht als konstitutiver Ordnungsfaktor einer Gesellschaft betrachtet, sondern im Falle seiner Anwendung als Ausdruck moralischer Schwäche der beteiligten Individuen.[121] Der abschreckenden Wirkung von Korruption und Willkür bei öffentlichen Gerichtsverhandlungen lag also eine gewisse Systematik zu Grunde. Besonders augenfällig wird die praktische Relevanz des Konfuzianismus freilich in der Tatsache, daß die Entwicklung des chinesischen Rechts sich vor allem im Bereich des Straf- und Verwaltungsrechts vollzog, während das Privatrecht als ökonomischer Ordnungsfaktor völlig unterentwickelt blieb. Im Bereich der Wirtschaft dominierte daher die Selbstorganisation über Gruppenbeziehungen, wenn nicht der Markt als spontane Ordnung hinreichend stabil war.[122]

Darüber hinaus waren allerdings auch die vorhandenen positiven Rechtsnormen durchtränkt von der Zielsetzung, Primärgruppen zu stabilisieren, um die soziale Ordnung zu sichern.[123] Der Neokonfuzianismus war jedoch in den Jahrhunderten seiner Entfaltung auch in dieser Hinsicht zu einer problematischen Einstellung gelangt; ethisch relevante dualistische Weltanschauungen wurden durch den mingzeitlichen Philosophen und Beamten Wang Yangming eher wieder verdrängt, der die klassische Position von der guten Natur des Menschen und von der 'zivilisationsgeschädigten' prästabilierten Harmonie zwischen Individuum, Gesellschaft und Natur erneut aufgriff. Er nahm an, daß im Prinzip die introspektive Konzentration auf die ethische Selbstperfektion innerhalb der Primärgruppe hinreichend sei, um die soziale Ordnung zu erzeugen. Seine praktischen Vorschläge setzten jedoch eine legalistische Tradition fort, die bis in die Gegenwart hinein immer wieder Versuche gekennzeichnet hat, die staatliche Organisation bis hin zur Erfassung des Individuums auszubauen: Es handelt sich dabei um die Idee, die gesamte Bevölkerung in einem hierarchischen Gruppensystem zusammenzufassen; dabei ging es dem Konfuzianer freilich darum, die natürliche Ordnung zu stabilisieren, während beim Legalismus das Interesse an Kontrolle dominierte. Begleitet wurden derartige Versuche von der Forderung nach ständiger moralischer Indoktrination durch staatliche Organe, wie z.B. die öffentliche Lesung moralischer Texte, das Lancieren von Exempelliteratur oder Zensurmaßnahmen. Wenn diese politischen Schritte letztlich auch ohne unmittelbare praktische Bedeutung blieben, setzten sie doch das chinesische Sozialsystem unter eine ständige Spannung, die vor allem innerhalb des Verwaltungsapparates wahrnehmbar wurde.[124]

Aus evolutionstheoretischer Sicht ist nun entscheidend, daß die hier nur oberflächlich skizzierte konfuzianische Haltung zum Staat und zum Verwaltungshandeln einem tatsächlichen Zustand staatlicher Organisation entspricht, wie er insbesondere die letzten Jahrhunderte des Kaiserreiches geprägt hat. Legalistische Ordnungsvorstellungen hätten unter keinen Umständen realisiert werden können, weil die Kosten der Unterhaltung des Verwaltungsapparates eine allzu hohe Steuerbelastung der Volkswirtschaft nach sich gezogen hätten. Konfuzianer, Taoisten und gemäßigte Legalisten waren sich auch schon sehr früh dahingehend einig gewesen, daß eine gesunde wirtschaftliche Entwicklung nur möglich sei, wenn die staatliche Steuerlast minimiert wird.[125] Tatsächlich war der Zentralstaat auch nicht in der Lage, die Verwaltungstätigkeit der untersten Staatsorgane - d.h. der Kreisbeamten - zu finanzieren. Er führte im Grunde 'rituelle Budgets' und konzentrierte sich auf die Finanzierung des Militärs und der kostspieligen zentralen Einrichtungen, während diejenige Verwaltungsebene völlig unzureichend mit Geldern ausgestattet war, die sich als einzige unmittelbar mit der Bevölkerung befaßte, sei es bei der Steuereintreibung, bei der Rechtsprechung oder bei der Produktion öffentlicher Güter. Dies hatte zur Folge, daß die 'öffentliche' Verwaltung von 'privaten' Organisationsformen dominiert wurde. Der Kreisbeamte war zudem aufgrund seiner fachlich unspezifizierten und wenig sachgerechten Ausbildung kaum in der Lage, qualifizierte Entscheidungen zu treffen. Daher war seine Tätigkeit ohne die private Beschäftigung persönlicher Sekretäre und Mitarbeiter kaum denkbar; weil aber das persönliche Vermögen des Kreisbeamten in der Regel nicht ausreichte, um die Beschäftigung der beträchtlichen Zahl von Hilfskräften (Boten, Büttel etc.) zu finanzieren, gehörte die Korruption mehr oder weniger zu den notwendigen Bestandteilen des chinesischen Finanzsystems.[126] In gewisser Weise spiegelt diese Korruption freilich wieder auch systematische Aspekte des Konfuzianismus wider, denn zum einen ist der Kontakt mit der Staatsgewalt bereits ein Ausdruck des moralischen Versagens betroffener Individuen, zum anderen aber entspricht schon das bloße Erfordernis von Verwaltungshandlungen einem Sündenfall des ethischen Perfektionisten.

Insofern läßt sich feststellen, daß der Konfuzianismus in der Tat einen Zustand des Systems stabilisiert, bei dem eine hohe Integration aus Effizienzgründen nicht möglich ist, bei dem jedoch Kontrollmechanismen niedriger Ebenen möglichst weitgehend verhindern, daß Teilsysteme in einer Weise agieren, daß die Einheit gefährdet wird. Hierzu gehört zwar auch der Versuch, bestimmte Kode-Universalisierungen durchzusetzen, wie z.B. die kulturalistische Überhöhung der 'Zentrale' und des Kaiserhauses[127], doch sind die beiden Grundpfeiler der traditionellen Gesellschaftsordnung wohl die Kontrolle der Eliten auf der Ebene 'Organization' und die Selbstkontrolle der Bevölkerung auf der Ebene 'Group'. Dabei werden auf der Ebene 'Organization' vor allem Exosozialisation, Kode-Universalisierung (Ethik des Konfuzianismus) und Verwaltungsrecht wirksam, während auf der Ebene 'Group' vor allem die traditionelle Familienorientierung des einzelnen Individuums im Vordergrund steht. Dieses Prinzip soll hier als 'zweistufige Ordnung' bezeichnet werden, weil im Gegensatz zur europäischen Tradition gesellschaftlicher Organisation nicht die Vorstellung besteht, der Staat könne als Organ der Implementation allgemeiner, direkt individuell verhaltensrelevanter Normen ('Gesetze') dysfunktionale Verhaltensweisen von Teilsystemen ausschließen; stattdessen soll vielmehr die kontingente Verhaltenssteuerung innerhalb hierarchisch aufgebauter Gruppen diese Leistung vollbringen. Dabei ist die Primärgruppe der Familie zwar die entscheidende Instanz, dient jedoch auch als Grundmuster sozialer Interaktionen in anderen Sekundärgruppen.[128] Die Gruppe ist also in China ein eigenständiges Ordnungsphänomen.[129] Man kann dies in einfacher Weise so formulieren: <Dec>|<Mem-Deco>|<Dec-Ass>|<En>|<Mem>|||DEC(SOC)*/ IND#DEC(IND)|/GR#DEC(GR)|/GR#DECO(GR)|/SOC#MEM(SOC)|/GR#DECO (GR)|/ORG#DEC(ORG)|/SOC#MEM(SOC)|/SOC#DEC(SOC).

Es ist diese eigentümliche 'zweistufige' Ordnung, die zumeist mit dem Terminus 'Partikularismus' gemeint ist; sehr früh wurde dieser Begriff mit der Vorstellung in Verbindung gebracht, die traditionelle chinesische Kultur sei nicht in der Lage, den Übergang zu einem modernen Staatswesen und zur Industriegesellschaft zu vollziehen.[130] Offiziell bemühte sich der sozialistische Staat darum, möglichst sämtliche Ausdrucksformen traditionellen partikularistischen Verhaltens zu zerstören, wie vor allem die materielle und organisatorische Grundlage der größeren Verwandtschaftseinheiten wie Clan und Lineage.[131] Tatsächlich ist jedoch die evolutorische Stabilität der 'zweistufigen Ordnung' wesentlich größer; dies liegt an einem Sachverhalt, der mit dem dritten hier zu betrachtenden Aspekt der Problematik zusammenhängt.

Selbstverständlich war in der traditionellen Sozialordnung bereits der Keim möglicher Zerfallsprozesse der staatlichen Einheit enthalten, denn es bestanden außerhalb der internen Organisation der Verwaltung keine prinzipiellen Vorkehrungen gegenüber der möglichen Dysfunktionalität von Gruppenprozessen.[132] Die Stärke des Konfuzianismus lag jedoch darin, eine Brücke zwischen der Hochkultur der Elite und der Volkskultur schlagen zu können, indem er im Prinzip wichtige Elemente traditioneller chinesischer Religiosität ethisch überhöhte. In diesem Sinne entspricht der Konfuzianismus der integrativen Kraft des Marktsystems, denn die enge wirtschaftliche Verflechtung zwischen Stadt und Land hatte über Jahrtausende hinweg verhindert, daß sich eine scharfe Dichotomie zwischen urbaner und ländlicher Kultur herausbilden konnte.[133]

Volkskultur und Kultur der Elite spielten vor allem in dreierlei Hinsicht zusammen: Erstens, bestimmte politische Normen des Konfuzianismus waren unmittelbar anpassungsrelevant für die bäuerlichen Haushalte, zweitens, die ethischen Normen entsprachen in wesentlicher Hinsicht den faktischen traditionellen Formen sozialer Organisation, und drittens, im Falle des Versagens der Elite konnte innerhalb der Volkskultur auf einen inhärenten Dualismus von Konformismus und Nonkonformismus zurückgegriffen werden.[134]

Was zunächst den letzten Punkt betrifft, so muß das ambivalente Verhältnis zwischen Volkskultur und Konfuzianismus Beachtung finden. In der Tat gelangt die konfuzianische Lehre zu einer ethischen Überhöhung vor allem des traditionellen Ahnenkultes und der Rolle der Familie im Leben des Individuums; auf der anderen Seite werden jedoch potentiell 'subversive' Bestandteile der Volksreligion vollständig verdrängt, so daß in China die bemerkenswerte Situation entstand, daß ein kultureller Dualismus nicht direkt zwischen Stadt und Land oder zwischen Elite und Bauern existierte, sondern eher potentiell in Abhängigkeit von der Art und Weise, wie die Elite ihre Funktion im Staatswesen erfüllte.

Die Verdrängung ausschließlich bäuerlicher und antistaatlicher Anschauungen aus der elitären Kultur begann bereits in den ersten Jahrhunderten v.Chr., als die Lehren des _Mo Zi_ und der verwandten 'Ackerbauschule' mehr oder weniger aus der schriftlichen Überlieferung verschwanden. Es handelte sich dabei um Auffassungen, die sich ausschließlich auf das Ziel der Stabilisierung der Dorfgemeinschaft und vor allem der landwirtschaftlichen Produktivität konzentrierten; man lehnte zwar keinesfalls den Aufbau politisch-funktionaler Hierarchien ab, doch richtete sich eine scharfe, ökonomisch begründete Kritik gegen die materielle Kultur der Elite, die von den Konfuzianern als wesentlicher Ausdruck der 'natürlichen' sozialen Differenzierungen betrachtet wurde.[135] Philosophen wie _Meng Zi_ versuchten, diese radikale ökonomische Kritik an der Herrschaftselite aufzufangen, indem ethische Normen formuliert wurden, die eine Dominanz wirtschaftlicher Interessen bei sozialen Beziehungen zwischen Gleichgestellten im Volke keinesfalls ausschließen, wohl aber bei den Beziehungen zwischen Herrschenden und Beherrschten.[136]

Ein ähnlicher Prozeß der Abschirmung der elitären Kultur gegenüber potentiell antistaatlichen Anschauungen ereignete sich während der Tang-Zeit, als eine intensive Rezeption des Buddhismus stattfand. Nachdem jedoch die Gefahr aufkam, daß sich aus der buddhistischen sangha ein zweiter geistiger und nicht zuletzt ökonomischer Pol neben dem Zentralstaat entwikkeln könnte, ging die Regierung sehr scharf gegen die Buddhisten vor. Bei der geistigen Auseinandersetzung spielte vor allem die Frage eine Rolle, wie weit die konfuzianische Tugend der 'Loyalität' zum Herrscher und zum Staat für Buddhisten verbindlich sein könne, die prinzipiell diesseitig orientierten menschlichen Aktivitäten mißtrauisch gegenüberstanden und vor allem keine weltliche Autorität akzeptierten. Bei einem chinesischen Gegenstück zum Investiturstreit konnte letztlich der Staat die Oberhand gewinnen, indem er wesentliche Rechte der Verwaltung der sangha für sich beanspruchte. Auf diese Weise konnte in China keine fundamental bipolare Macht- und Gesellschaftsstruktur entstehen, wie sie für Europa charakteristisch ist.[137] Dennoch blieb der Buddhismus für den kulturellen Dualismus in der Volksreligion von größter Bedeutung, denn seit seiner Rezeption schöpfen Geheimgesellschaften, chiliastische Bewegungen oder Bauernaufstände aus seinem Symbolrepertoire, das insbesondere mit den Gestalten des Boddhisattvas Guanyin und des 'Messias' Maitreya eine Diesseitsorientierung erfahren hat.[138]

Wenn man die chinesische Volkskultur auf einer sehr abstrakten Ebene analysiert, dann fallen vor allem drei Aspekte auf. Der weite Bereich des Ahnenkultes und anderer Formen öffentlicher Religiosität steht in prinzipieller Harmonie mit der elitären konfuzianischen Kultur; im Großen und Ganzen dienen die Rituale dazu, die Kohärenz jeweils betroffener sozialer Gruppierungen zu stärken. So bekräftigt der Ahnenkult der engeren Familie die korporative Einheit im Wechsel der Generationen.[139] Dies bedeutet, daß <u>Volksreligion und Konfuzianismus konvergieren, indem die ökonomische Grundeinheit des chinesischen Agroökosystems stabilisiert wird</u>. Es ist in diesem Zusammenhang also ohne weiteres berechtigt, von einer Kode-Universalisierung zu sprechen, die wesentliche Funktionen für die Systemintegration und Einheit der Wirtschaftsordnung besitzt. Hiervon deutlich zu unterscheiden ist die nach innen gerichtete Religiosität der einzelnen Familie: Diese Differenzierung schlägt sich vor allem in der klaren geschlechtsspezifischen Aufgabenteilung beim Ahnenkult nieder sowie in der Verehrung des sog. 'Küchengottes'. Während der offizielle Ahnenkult ausschließlich von Männern vollzogen wird, führen die Frauen die persönliche Ahnenverehrung in der Familie durch; die Männer widmen sich wiederum der Verehrung des 'Küchengottes' als einer Art Schutzpatron der Familie. Entscheidend ist nun, daß der 'Küchengott' bei der offiziellen Förderung der Volksreligion durch die Konfuzianer keine Berücksichtigung fand. Dies liegt daran, daß hier die zutiefst 'anarchische' Dimension des chinesischen Sozialverhaltens zum Tragen kommt, d.h. die potentielle Ablösung der einzelnen Familie aus den größeren Zusammenhängen der Gesellschaftsordnung.[140] Der dritte Aspekt betrifft schließlich das angesprochene Symbolrepertoire des Buddhismus. Man könnte die Verehrung des 'Küchengottes' gleichsam als Ausdruck des 'gebändigten Nonkonformismus' deuten, und den chinesischen Volksbuddhismus als potentiell offenen Nonkonformismus. Während bei ersterem jedoch noch die Familie als Grundeinheit des Handelns auftritt, bezieht sich der letztere auf das vereinzelte Individuum; in der chinesischen Geschichte waren dementsprechend die Entwurzelten, die 'you min' ('vagabundierende Bevölkerung'), diejenigen, die im praktischen Handeln auf die chiliastische Symbolik zurückgriffen. Dies geschah in größerem Ausmaß immer dann, wenn aufgrund exogener Faktoren oder wegen des Ordnungsverfalls einer niedergehenden Dynastie die wirtschaftlichen Grundlagen der familiären Reproduktion zerstört wurden, und beträchtliche Zahlen von Individuen nicht mehr in der Lage waren, Kernfamilien aufzubauen.[141]

Wird also von der verwirrenden Vielfalt chinesischer Volksreligiosität abstrahiert, dann ergibt ein klarer und systematischer Zusammenhang zwischen bestimmten materiellen Zuständen von PRO(SOC), dem Grad der Realisation staatlicher Einheit und der Dominanz bestimmter Formen der Volksreligion. Dabei entspricht das Kontinuum unterschiedlicher Ausprägungen verwandtschaftlicher Organisationsdichte der Spannbreite unterschiedlicher religiöser Ausdrucksformen.[142] Insofern muß festgestellt werden, daß die Volksreligion im Prinzip als 'Überbau' der ökonomischen und evolutorischen Grundeinheit der chinesischen Wirtschaftsordnung, d.h. der Familie, betrachtet werden muß. Dabei ist einerseits <Pro>REP(IND) zu PRO(GR) aufwärts dispergiert, während andererseits PRO(SOC) zu PRO(GR) abwärts verlagert ist. Dies bedeutet, daß |DEC(SOC)/ORG#DEC(ORG)| direkt von PRO(GR) abhängig ist, um die notwendigen Ressourcen beispielsweise für die Aufrechterhaltung von BOU(SOC) verfügbar zu haben. Elitäre Kultur und Volkskultur treffen sich dementsprechend in ihrer Funktion der Stabilisierung von PRO(GR).

Der Konfuzianismus hatte diesen grundlegenden Sachverhalt bereits sehr früh weltanschaulich verarbeitet. Neben dem schon erläuterten ideologischen Primat der Familie spiegelten bereits die frühen Überlegungen des Meng Zi (372-289 v.Chr.) das wirtschaftspolitische Erfordernis wider, daß der Agrarsektor und die Familie als Produktionseinheit geschützt werden sollten. Die politische Herrschaft wurde nur dann als legitim erachtet, wenn sie in der Lage war, die Entstehung breiter Massen von 'you min' zu verhindern. Konkret forderte Meng Zi daher, daß die Regierung jeder Familie hinreichend Land zur Verfügung stellen solle, um einem Drei-Generationen-Haushalt die Fähigkeit zur 'ewigen Produktion' ('heng chan') zu sichern. Daraus leitete sich zwar immer wieder die politische Forderung nach der 'Gleichverteilung des Landes' ab[143], doch schlug diese partielle staatswirtschaftliche Orientierung des Konfuzianismus keinesfalls auf den Bereich der Handelspolitik durch, wie dies bei den radikaleren Legalisten der Fall war. Meng Zi verurteilte zwar Handelsmonopole, betrachtet aber den Austausch von Gütern zwischen arbeitsteilig spezialisierten Produzenten in Landwirtschaft und Handwerk als Zeichen des zivilisatorischen Fortschrittes; er wendet sich klar gegen eine Besteuerung von Marktaktivitäten und bezieht zur ländlichen Nebenproduktion positiv Stellung.[144]

Für die wirtschaftspolitischen Hauptströmungen in der politischen Kultur der Elite gilt seit dieser Zeit generell, daß 'Reichtum des Staates' ('fu guo') und 'Wohlstand des Volkes' ('fu min') in engem Zusammenhang gesehen werden. Eine relativ liberale Einstellung zu privatwirtschaftlichen Aktivitäten war also unabdingbar, wollte man die wohlstandsfördernden Effekte der wachsenden Komplexität der Marktsysteme und der interregionalen Arbeitsteilung nicht stören. Selbst im Bereich der Verwaltung staatlicher Monopole war daher die Kooptation der Kaufmannsschicht nicht nur ein pragmatischer Schritt, sondern prinzipiell auch ideologisch legitimiert.[145] Darüber hinaus unternahmen die konfuzianischen Beamten und Literati vielfältige Funktionen bei der Wirtschaftsförderung. Der Kreisbeamte befaßte sich je nach persönlichem Engagement beispielsweise mit der Verbreitung neuen agrartechnologischen Wissens oder kümmerte sich um die Verbesserung der Volkshygiene; die lokale Gentry organisierte die Produktion öffentlicher Güter (z.B. Bewässerungssysteme, Brückenbau etc.), veranstaltete Markttreffen oder übernahm im weitesten Sinne sozialpolitische Funktionen.[146] Die Sicherung wirtschaftlicher Wohlfahrt gehörte zu den Pflichten des Konfuzianers, der in seiner Funktion als Beamter 'Vater und Mutter des Volkes' zu sein hatte.[147]

Damit ergibt sich in der Tat ein Gesamtbild der chinesischen Wirtschaftsordnung der Kaiserzeit, das bestimmte gestaltbildende und einheitsstiftende Prinzipien erkennbar werden läßt, obgleich der Grad der Systemintegration durch Ströme von Materie und Energie relativ gering war, was die Beziehungen zwischen Makroregionen angeht. Dieses Gesamtbild ist vor allem aus evolutionstheoretischer Sicht sehr plausibel, weil die hier nur oberflächlich skizzierten Beziehungen zwischen Staat, Wirtschaft und Kultur eindeutig in einem <u>funktionalen Zusammenhang mit der biologischen Zielfunktion der darwinschen Anpassungsoptimierung stehen</u>. Die systemtheoretische Analyse braucht im chinesischen Fall also nicht bei der Betrachtung technischer Anpassungsleistungen von PRO(SOC) stehen zu bleiben, sondern kann unmittelbar Aussagen darüber treffen, wie bestimmte Funktionen von REP(IND) zum Bereich von PRO(SOC) verlagert sind. Dabei ist beispielsweise zu beachten, daß die ethische Überhöhung der Familie im Konfuzianismus zu einer Festigung der intergenerationellen korporativen Einheit führt, wie sie nicht notwendig aus der reinen individuellen Nutzenmaximierung ableitbar ist; hieraus ergaben sich dann Konsequenzen für das Ausmaß, in dem die entscheidende wirtschaftliche Anpassungsleistung individueller DEC-Prozesse aufwärts verlagert sein kann.[148]

4. Der Prüfstein der Geschichte: Traditionelle Ordnung und die Genese der Volksrepublik

Die knapp skizzierten Merkmale der traditionellen 'zweistufigen Ordnung' mit ihrer Wechselwirkung zwischen Volkskultur und Konfuzianismus liegen in zum Teil essentiellen Anpassungsmechanismen des chinesischen kulturierten Ökosystems begründet. Dies gilt nicht nur für den offensichtlichen Zusammenhang zwischen relativer wirtschaftspolitischer Liberalität, dem Erfordernis einer ungestörten Entfaltung von Marktsystemen und den Kosten einer Systemintegration durch DEC-Zentralisation, sondern betrifft auch wichtige Aspekte begrifflicher und semiotischer Systeme, die eindeutig im Dienste der Stabilisierung bestimmter Anpassungsleistungen von Institutionen stehen, bei denen die Gefahr der Selbstauflösung durch Freifahrerverhalten etc. besteht. Im Mittelpunkt steht dabei zum einen die Bewahrung der staatlichen Einheit mit dem Hauptziel der Sicherung der Grenzen und damit der Ressourcen, und zum anderen die Stabilisierung der Familie als produktiver Grundeinheit eines Agroökosystems, das auf der arbeitsintensiven Hortikultur aufgebaut ist.[149] In beiden Fällen bestehen im Prinzip starke individuelle Motive, destruktive Verhaltensformen kurzfristiger Gewinnmaximierung anzunehmen. So ist es im intergenerationellen Zusammenhang keinesfalls selbstverständlich, daß Individuen die Ressource 'Boden' in einer Weise behandeln, daß die Produktivität auch über die eigene Lebenszeit hinaus gesichert bleibt; indem der Konfuzianismus im Zusammenspiel mit dem Ahnenkult die langfristige Einheit der Familie betont, wird dann nicht nur die ökonomische Grundlage des Staates langfristig gesichert, sondern auch diejenige der <u>darwinschen Anpassungsoptimierung</u> im Generationenwechsel.

Die jüngere chinesische Geschichte bis hin zur gegenwärtigen Reformpolitik ist ein Prüfstein dieser These. Die KPCh hatte ihren Kampf um die Macht mit dem Ziel angetreten, die traditionelle Gesellschaft durch eine moderne, kommunistische Industriegesellschaft zu ersetzen. Dabei vollzog die Partei einen wechselvollen Zickzackkurs im Bereich der institutionellen Entwürfe. In zwei Phasen ihrer Entwicklung spielte die Agrarpolitik eine besonders große Rolle und war jeweils auch mit einer Rückkehr zu eher traditionellen Formen der gesellschaftlichen Organisation verbunden: Einmal auf dem Weg zur Macht, nachdem die Guomindang die städtische Basis der KPCh zerstört hatte, und zudem prinzipielle Zweifel an der revolutionären Strategie der Komintern aufgekommen waren[150], und dann natürlich seit 1978, als die Produktivität des Agrarsektors hauptsächlich deshalb wesentlich erhöht werden konnte, weil die nach 1949 aufgebauten Agrarinstitutionen aufgelöst und durch Organisationsformen ersetzt wurden, die sehr eng an die traditionelle Ordnung anschließen.[151]

Rückblickend läßt sich feststellen, daß der Erfolg der KPCh in der Auseinandersetzung mit der Guomindang vor allem darauf beruhte, daß sie vor 1949 politische und wirtschaftliche Zielsetzungen verkörperte, die im Kern bäuerliche Interessen widerspiegelten, und zwar konkret das Interesse an der Wiedergewinnung ökonomischer Stabilität als entscheidender Rahmenbedingung familiärer Stabilität.[152] Gleichzeitig konnte sie als revolutionäre Bewegung den Dualismus der Volkskultur überbrükken, d.h. sie bot nicht nur ein eigenständiges symbolisches Repertoire von Protest und Rebellion, sondern dieses Repertoire konnte nach der Rezeption durch die Bauern direkt mit den traditionellen Symbolen des chiliastischen Volksbuddhismus verknüpft werden.[153] Insofern stand die KPCh zwischen Volkskultur und elitärer Kultur: Die bäuerlichen Ziele schlugen auf die letztere durch, indem der Marxismus 'sinisiert' wurde, der an die Stelle des Konfuzianismus treten sollte. Die ideologische Öffnung des Marxismus gegenüber den praktischen Erfordernissen der chinesischen Situation bedeutete, daß vielfältige Möglichkeiten bestanden, die Kontinuität zu traditionellen Institutionen zu wahren.[154]

Das ausschlaggebende Argument jeder systemtheoretischen Aussage zur Wechselwirkung zwischen Kultur und Wirtschaftsordnung muß stets sein, daß die Auswirkungen historisch gewachsener Institutionen auf die Gegenwart deshalb bestehen, weil sie bei relativer Konstanz der Rahmenbedingungen anpassungsoptimierende Lösungen waren, zu denen auch die Wandlungsprozesse der Gegenwart konvergieren müssen. Im chinesischen Fall war der Aus-

gangspunkt der Entstehung des modernen Staates geprägt von
grundlegenden Störungen der traditionellen Ordnung, nachdem
die staatliche Einheit aufgelöst war und die konfuzianischen
Eliten ihre Funktion verloren hatten. Dieser Auflösungsprozeß
wurde hauptsächlich durch den militärischen Druck des westlichen Imperialismus verursacht: Der bis zum Westkontakt bestehende Grad der Systemintegration war nicht ausreichend, um die
Kosten der Aufrechterhaltung von BOU decken zu können. Ökonomischer Ausdruck dieser Überbelastung war die schwere Finanzkrise des Kaiserreiches seit der Taiping-Rebellion. Sie zog vor
allem zwei Effekte nach sich. Zum einen wurden die Grundpfeiler staatlicher Einheit angegriffen: Die Prinzipien der traditionellen Exosozialisation der Elite verloren zusehends an Gültigkeit, weil der Umfang des Ämterkaufes erheblich zunahm, und
somit die Trennung zwischen ökonomischer und politischer Elite
aufgehoben wurde; gleichzeitig führte der militärische Druck
zu einer zunehmenden Dezentralisation der Macht, weil regionale
Finanzmagnaten und Militärführer an Bedeutung gewannen. Zum anderen führte die Finanzkrise auch direkt zur Störung von Anpassungsleistungen der traditionellen Ordnung, denn der zentral geführte Wasserbau wurde stark vernachlässigt, mit der
Folge einer Kumulation von Überschwemmungskatastrophen.[155]

Die enge Ursachenverknüpfung zwischen militärischen Auseinandersetzungen, fiskalischer Krise und Störungen kulturierter
Anpassungsmechanismen bestand bis in die vierziger Jahre des
20.Jhds fort, und wird besonders auf der Mikroebene des bäuerlichen Haushaltes wahrnehmbar, dessen wirtschaftliches Handeln
unter vollständig veränderten Rahmenbedingungen stattfinden
mußte. Es war im 2. Abschnitt bereits erwähnt worden, daß die
Zersplitterung Chinas in Warlord-Territorien nach 1911 mit
einer Störung der regionalen Marktsysteme durch die Belastung
mit Binnenzöllen verbunden war; hinzu kam selbstverständlich
eine allgemeine Abgabeneskalation. Dabei veränderten sich die
Methoden der Besteuerung allmählich: Im Agrarsektor wurde die
Steuerpflicht zur Sollertragssteuer umgebildet und zudem vom
Eigentümer auf den Pächter abgewälzt. Obgleich die Guomindang
nach 1930 Versuche zur Wiedergewinnung fiskalischer Stabilität
unternahm, blieb die Last des Militärhaushaltes auf Grund der
japanischen Bedrohung und der Auseinandersetzungen mit den Kom-

munisten groß; die Finanzierung über eine 'Inflationssteuer' verdrängte jedoch teilweise die regulären Einnahmen. Diese Entwicklung konnte nicht ohne Auswirkungen auf die Institution der Pacht bleiben: Pachtverträge wurden instabil und zusehends an kurzfristigen Zielen der Gewinnmaximierung orientiert, die fixe Pacht trat an die Stelle der Anteilspacht, Saatkredite durften nicht mehr in Abhängigkeit vom erwirtschafteten Ertrag zurückgezahlt werden, und die Pachtverträge enthielten Klauseln über die Art des Anbaus, d.h. vor allem u.U. die Verpflichtung zur Produktion von 'cash crops', so daß Aktivitäten zur Subsistenzsicherung stark eingeschränkt wurden. Die Inflation führte zum Zusammenbruch des traditionellen Kreditsystems und zu maßloser Spekulation mit Grundnahrungsmitteln, der Umfang von Güterhorten wuchs ständig.[156]

Der Verfall traditioneller Eigentums- und Pachtinstitutionen, die eine enge Verbindung zwischen Familie, Subsistenzsicherung und Land berücksichtigt hatten[157], wurde begleitet von einer Auflösung der Rolle konfuzianischer Eliten auf dem Lande. Es bildete sich allmählich ein ökonomischer und kultureller Dualismus von Stadt und Land heraus. In dieser Situation konnte eine Wende zum Guten nur erwartet werden, wenn es einer neuen Elite gelang, die Grundstrukturen der Anpassungsmechanismen der traditionellen Ordnung zu rekonstruieren; genau dies war auch die Politik der KPCh in den 'revolutionären Basen' und besetzten Gebieten vor 1949.[158] Eines der wichtigsten Elemente ihrer Strategie war ohne Zweifel der ernsthaft verfolgte Versuch, über die Selbstversorgung der Truppen die bäuerlichen Produzenten zu entlasten.[159] Entscheidend war jedoch, daß Parteikader im wesentlichen Ordnungsfunktionen auf dem Wege zur Wiedereinsetzung traditioneller Institutionen übernehmen sollten und zum Teil auch übernahmen. So wurde die Eigentumsverfassung nicht grundlegend verändert, sondern man strebte die Rückkehr zu ursprünglichen Formen der Beziehung Pächter/Verpächter an, wie z.B. zur Anteilspacht. Private Kredite wurden geschützt, solange eine gewisse Zinsobergrenze eingehalten blieb. Besonders bemerkenswert ist sicherlich, daß die KPCh sich intensiv um die Restauration der regionalen Marktsysteme bemühte.[160] Binnenzölle wurden abgeschafft, und man förderte traditionelle Marktveranstaltungen, bot Wanderhändlern physischen Schutz. Der wettbewerbliche Marktpreis wurde nicht nur von den Bauern, sondern auch von der KPCh als 'gerechter' Preis akzeptiert, solange eine gewisse Marktpflege über Ausgleichslager zur Subsistenzniveausicherung erfolgte.[161]

Aus derartigen Beobachtungen läßt sich schließen, daß die KPCh vor 1949 in der Tat eine Politik in direkter Kontinuität mit der traditionellen Ordnung eingeleitet hatte. Diese Kontinuität war sicherlich zunächst das Ergebnis eines 'revolutionären Pragmatismus'[162]; dies bedeutet jedoch umgekehrt, daß offenbar die Zielsetzungen der Bauern direkten Einfluß auf das Verhalten der KPCh nahmen, so daß DEC(ORG) aufwärts zur Ebene 'Society' verlagert war. In diesem Zusammenhang ist die enge Verknüpfung zwischen politischen Entscheidungsprozessen, PRO (SOC) und REP(IND) bemerkenswert, weil sie augenfällig werden läßt, daß Anpassungsmechanismen wirksam wurden: <Rep>|DEC(ORG) /SOC#<Dec>PRO(SOC)|/IND#REP(IND). Betrachtet man beispielsweise die Politik der Restauration von Marktsystemen, läßt sich einfach formulieren: <Deco>|<En>|<Mem>|<Dec>|<Pro>|<Rep>PRO (SOC)/IND#REP(IND)|/GR#PRO(GR)|/SOC#<Dec>PRO(SOC)|/SOC#<Dis> PRO(SOC)|/IND#<Dec>PRO(IND)|/ORG#DEC(ORG).

In dieser einfachen Darstellung sind im Prinzip alle wesentlichen Elemente enthalten, die eine systemtheoretische Rekonstruktion der 'Einheit' von System und Ordnung in China berücksichtigen sollte; gleichzeitig wird deutlich, daß darwinsche Anpassungsmechanismen auf individueller Ebene eine wichtige Rolle spielen. Um die Analyse einmal im einzelnen aufzuschlüsseln: Ansatzpunkt der Politik mußte die Stabilisierung der Reproduktion von PRO(SOC) sein, die aus prinzipiellen biologischen Gründen nicht unabhängig von REP(IND) erfolgen kann; zwischen PRO(SOC) und REP(IND) besteht nun der direkte Zusammenhang dahingehend, daß REP(IND) von wirtschaftlichen Produktionsprozessen determiniert wird, die im China nach 1911 fundamental gestört waren. Die Eigentümlichkeit dieser Produktionsprozesse bestand im spezifisch chinesischen Agroökosystem darin , daß unter der Voraussetzung einer bestimmten Bevölkerungsdichte[163] eine hinreichende Produktivität der arbeitsintensiven Hortikultur nur über besondere Motivations- und Kontrollmechanismen der Ebene 'Group' erreicht werden kann; hinzu kommt, daß diese Mechanismen auch die langfristige Stabilität von REP-Funktionen gewährleisten können. Das Verhalten der Systembestandteile der Ebene 'Group' ('Familie') wird nun in vielerlei Hinsicht durch Prozesse der Ebene 'Society' determiniert; hierzu gehören die normative Stabilisierung der Familie ebenso wie die Preissignale des Marktes. An dieser Stelle interessiert einmal lediglich die Frage, wo u.U. MEM-Funktionen verankert sind, die anpassungsrelevantes Wissen der kulturierten Ökogenese vermitteln. Wie gesehen, besitzt dabei DIS eine hervorragende Bedeutung, wobei natürlich die genauere Analyse Subsysteme wie CHAN oder SUP beachten müßte. Aus der Sicht der KPCh ergab sich aus dieser Sachlage, daß die Wiedergewinnung wirtschaftlicher Prosperität nur möglich sein kann, wenn dieses Wissen wirtschaftspolitisch operationalisiert wird; das Problem besteht freilich darin, daß die relevanten EN-Funktionen notwendig zur Ebene 'Individual' dispergiert sind, solange kein vollständiger Bruch in der Entwicklung des Agrökosystems erfolgt ist. Die Rolle politischer Gestaltung bleibt jedoch trotzdem gewahrt, denn die Wirtschaftspolitik überläßt die Entwicklung des Marktsystems keinesfalls sich selbst, sondern versucht, die wahrgenommenen Signale ihrerseits in organisatorische Maßnahmen umzusetzen, die wiederum Rahmenbedingungen von Markttransaktionen darstellen.

Im Verlauf der nachfolgenden Betrachtungen wird das Problem der 'Einheit' in vielfältiger Weise wieder aufgegriffen werden, denn bei jeder institutionellen Einzelanalyse stellt sich natürlich die Frage, ob die Beobachtungen ein generalisierbares Bild ergeben. Hier ist zunächst hinreichend, daß einige grundlegende Verlagerungsgestalten aufgedeckt werden konnten, von denen vermutet werden kann, daß sie im Wandel historischer Einzelerscheinungen bis in die Gegenwart hinein deshalb ein beträchtliches Beharrungsvermögen aufweisen, weil sie zentrale technische und darwinsche Anpassungsleistungen unter den langfristig stabilen natürlichen Rahmenbedingungen des chinesischen Ökosystems erbringen. Selbstverständlich wirft dies die prinzipielle Frage auf, ob der Übergang zur Industrialisierung diese Rahmenbedingungen in einer Weise verändert, daß die spezifischen Anpassungsmechanismen der traditionellen Ordnung nicht mehr funktionell sind. Dies ist nur sehr schwierig zu beantworten, und wird im folgenden wiederholt Beachtung finden.

Viertes Kapitel
Normative Grundlagen von Entscheidungsprozessen:
Die Wechselwirkung der Ebenen 'Group' und 'Organization'

1. 'Kultur' und die Beliebigkeit des Zeichens

Bei den Ausführungen des vorstehenden Kapitels blieb ein Punkt noch außer Acht, der nun Gelegenheit bietet, in die Problematik dieses Kapitels einzuführen: Es ist dies die Frage, inwieweit bestimmte begriffliche oder semiotische Systeme unabhängig von der Funktion, die sie erfüllen, eine eigenständige Bedeutung haben, oder ob sie nicht vielmehr 'beliebig'[164] sind, d.h. der Wandel derartiger Systeme könnte u.U. darüber hinwegtäuschen, daß die zugrundeliegenden 'realen' Systemprozesse unverändert stattfinden. Konkreter formuliert, könnte also die Situation entstehen, daß ein augenscheinlich revolutionärer Wandel des äußeren Erscheinungsbildes einer Kultur ohne jede reale Wirkung bleibt, auch wenn z.B. politische Entscheidungseinheiten dieses Ziel anstreben. Im Prinzip entspricht diese Problematik der marxistischen Diskussion um das Verhältnis zwischen Überbau und Unterbau, die für den chinesischen Kommunismus von größter Bedeutung war. Ein zentraler programmatischer Punkt der 'Sinisierung des Marxismus' war die Überlegung, daß die Determination von Klassenverhältnissen nicht ausschließlich durch mechanische historische Prozesse erfolgt, wie sie der klassische historische Materialismus beschreibt, sondern daß der subjektive Wille des Menschen sich aus diesen Zwängen herauslösen kann, und also den Sprung zum Sozialismus oder gar Kommunismus unabhängig vom Stand der Entwicklung der Produktivkräfte bewältigen könnte.[165] Dementsprechend wäre es also denkbar, daß über die Veränderung 'kultureller' Rahmenbedingungen der Entscheidungsfindung der Individuen ein solcher Wille bestärkt oder gar erst erzeugt werden könnte.

Die westliche Chinaforschung hatte mit ihrem anfänglichen Bild von der totalitären Verdrängung des Partikularismus durch den Universalismus bis zur Kulturrevolution dieses Bild übernommen. Nachdem dieses Ereignis jedoch auch die geläufigen Forschungsparadigmata erschüttert hatte, etablierte sich die 'politische Kulturforschung' in der gegenwartsbezogenen Sinologie.[166] Man ging nun davon aus, daß die politischen Entscheidungsprozesse in China erheblich durch tradierte kulturelle Normen beeinflußt werden; eine besondere Aufmerksamkeit erfuhr dabei die Frage, welchen Einfluß die kindliche Sozialisation auf das Verhalten von Erwachsenen in Gruppenbeziehungen hat.[167] Systemtheoretisch gesprochen, rückte damit die Ebene 'Group' in den Vordergrund.[168] Es liegt auf der Hand, daß damit ein unmitelbarer Anschluß an die Analysen des dritten Kapitels gegeben ist, wo ebenfalls diese Ebene eine erhebliche Bedeutung zugesprochen bekam. Für die Systemtheorie ergibt sich freilich sofort, daß die Eingrenzung auf politische Entscheidungsprozesse im engeren Sinne künstlich ist - 'politische' Konflikte und Entscheidungsvorgänge ereignen sich in gleicher Weise z.B. auch in Unternehmen.[169] Insofern ist die 'politische Kulturforschung' in zweierlei Hinsicht systemtheoretisch relevant: Zum einen gibt sie Einblick in bestimmte Aspekte der Art und Weise, wie wirtschafts- und speziell langfristige ordnungspolitische Entscheidungen gefällt werden; dies ist deshalb wichtig, weil eine einfache Rationalitätsprämisse wohl wenig sinnvoll ist, um die Vorgänge der letzten Jahrzehnte zu beschreiben.[170] Zum anderen dürften jedoch auch auf niedrigeren Stufen und Ebenen von <Dec>PRO(SOC) ähnliche Prozesse stattfinden, wie im Entscheidungszentrum des Systems; dies müßte zumindestens der Fall sein, wenn die Individuen über die Sozialisation mit bestimmten allgemeinen kulturspezifischen Verhaltensmustern ausgestattet werden, die unabhängig vom gegebenen konkreten institutionellen Rahmen sind.

Die politische Kulturforschung ist nun allerdings ihrerseits nicht vollständig mit sich im Reinen hinsichtlich der Frage, wie ihr spezifischer Forschungsansatz abzugrenzen ist. <u>Dittmer</u>[171] beispielsweise weist ihr zwar eine formal eindeutige Aufgabe zu, doch bleiben gewisse Grundsatzprobleme bestehen. Für die Systemtheorie ist seine allgemeine Charakterisierung wichtig, daß die politische Kulturforschung sich mit der Politik als semiotischem System befasse, wobei die Analyse einzelner Zeichen schwerpunktmäßig den <u>kontextabhängigen Sinn</u> erfasse, und weniger die <u>Bedeutung als empirische Referenz</u>. Damit bleibt freilich der Status semiotischer Systeme in Erklärungen konkreter Ereignisse oder Verhaltensformen unentschieden, denn nach wie vor sind drei Sichtweisen denkbar. Erstens, semiotische Systeme können einen unabhängigen und nichtreduzierbaren Status haben, d.h. konkret vor allem, daß sie nur schwer über zielgerichtete politische Entscheidungen beeinflußbar sind, also z.B.: <Dec-Deco>|DEC(SOC)/ORG#DEC(ORG)|/ SOC#MEM(SOC). Zweitens, semiotische Systeme können - wie u.a. in Totalitarismus-Modellen angenommen - direkt durch politische Entscheidungen verändert und definiert werden, also z.B.: |<Dec>DECO(SOC)/SOC#DEC(SOC)|/ORG#DEC(ORG). Und drittens, es könnte die versöhnliche, freilich zumeist nichtssagende Hypothese akzeptiert werden, daß semiotische Systeme 'intermediäre Variablen' seien, d.h. Entscheidungsprozesse und kulturelle Determinanten stehen in ständiger Wechselwirkung miteinander, also z.B.: <Deco>|<Mem>||<Dec>DECO(SOC)/SOC#DEC(SOC)|/ORG#DEC (ORG)|/SOC#DECO(SOC)|/ORG#DECO(ORG)...

Aus evolutionstheoretischer Sicht ist diese Problematik jedoch eher von untergeordneter Bedeutung, denn - überspitzt formuliert - die Analyse beginnt nicht bei einem gegebenen Zeichen und führt dann zu 'Sinn' und 'Bedeutung', sondern sie betrachtet die 'Bedeutung' qua realer Anpassungsfunktion als Ausgangspunkt, führt den 'Sinn' auf die komplexen Wechselwirkungen zwischen Funktionsverlagerungen als Ergebnis kulturierter Ökogenese zurück, und gelangt zum semiotischen System als prinzipiell 'beliebigen' Endpunkt der Betrachtungen.

Der chinesische Fall vermag das Prinzip dieser Betrachtungsweise augenfällig zu illustrieren. Blickt man auf die Geschichte der VR China zurück, dann erweist sich das Implementationsproblem als eine Grundfrage der Politik; d.h. Mikroanalysen der politischen Prozesse, die Entscheidungen in der Zentrale mit den realen Konsequenzen verbinden, zeigen in der Regel, daß die von der Zentrale intendierten Wirkungen nicht in der beabsichtigten Form auftreten bzw. daß im Falle von Teilerfolgen die zugrundeliegenden Mechanismen keinesfalls dem Bild eines strikt hierarchisch aufgebauten DEC entsprechen. Dabei ist die interessante Konstellation zu beobachten, daß bestimmte Symbole innerhalb offener politischer Auseinandersetzungen auf zentraler Ebene für völlig andere Zielkonflikte operationalisiert werden, wenn die Ebene der Implementation betroffen ist. Ein klassischer Fall ist die Wechselwirkung zwischen traditionellen Verwandtschaftsbeziehungen der Ebene 'Group' und administrativen Maßnahmen der Ebene 'Organization' im Agrarsektor, so daß z.B. gilt: <Deco>||<En>|<Dec>PRO(SOC)/ ORG#<Dec>PRO(ORG)|/ORG#DEC(ORG)|/ GR #CHAN(GR)|/SOC#DECO(SOC). Nach 1949 hatte die KPCh zwar eine Politik der Zerschlagung traditioneller Verwandtschaftsorganisationen verfolgt, doch waren damit natürlich nicht die faktisch bestehenden Verwandtschaftsbeziehungen betroffen. Solange traditionelle Organisationen wie der Clan lediglich bestimmte klar abgegrenzte ökonomische Funktionen hatten, konnte ein Verdrängungsprozeß relativ leicht durchgesetzt werden, wenn alternative politische Institutionen diese Funktionen übernahmen.[172] Engere Verwandtschaftsbeziehungen innerhalb eines Dorfes, die zum Teil mit massiven Besitzstandsinteressen verbunden sein konnten, ließen sich jedoch nur schwer durch politische Organisationsformen substituieren. Dementsprechend entwickelte sich im Laufe der fünfziger Jahre die Verwaltungsstruktur entlang der Grenzlinien zwischen sozialen Gruppierungen, die von den traditionellen Verwandtschaftsverhältnissen vorgegeben waren; dies hatte im Endeffekt die paradoxe Situation zur Folge, daß die Bedeutung der Verwandtschaft für wirtschaftliche Prozesse zunahm, weil im Vergleich zur traditionellen Ordnung das individuelle Eigentumsrecht am Land mehr oder weniger wirksam aufgehoben war.[173]

Madsen hat mit Hilfe einer detaillierten mikroanalytischen Dorfstudie die Konsequenzen beleuchtet, die eine solche institutionelle Ausgangsposition für die Politikimplementation nach sich zog.[174] Wurde die dörfliche Wirtschaft sich mehr oder weniger selbst überlassen, dann führten die spontanen Wirkungen von Eigen- und Gruppeninteressen in der Regel zur Verletzung von Zielen der Zentrale. Aus diesem Grunde versuchte man immer wieder, durch die Versendung ortsfremder, zum Teil anonymer 'Arbeitsgruppen' aus der 'Zentrale' eine Politikimplementation zu erreichen, die von lokalen Einflüssen unberührt blieb; Mao griff dann während der Kulturrevolution besonders auf das Instrument zurück, den ethisch-politischen Rigorismus landverschickter Jugendlicher aus der Stadt für die Realisation politischer Gestaltungsziele zu nutzen. In beiden Fällen konnte jedoch ein fundamentales 'semantisches Defizit' nicht

vermieden werden, das darauf zurückzuführen war, daß die rts-
fremden 'Universalisten' nicht mit den Details und komplizier-
ten Verflechtungen der Verwandtschaftsgruppen im Dorf vertraut waren, und dementsprechend die eigentlichen Konfliktpo-
tentiale nicht identifizieren konnten. Umgekehrt benutzten die
Dorfbewohner Konzepte und programmatische Thesen der zentral
verordneten Politik, um persönliche Interessen zu verfolgen und
Auseinandersetzungen zwischen internen Gruppierungen auszutra-
gen. Die Folge war, daß der Informationsfluß zwischen internen
und externen Teilnehmern am Prozeß der Politikimplementation
erheblich verzerrt wurde - die Begriffe und Symbole der Politik degenerierten zu leeren Worthülsen, deren Bedeutung mit
der Person des jeweiligen Verwenders variierte. Madsen zeigt
nun, daß die Verwandtschaftsbeziehungen im Dorf das politische
Verhalten einzelner Individuen von Grund auf prägten. Dies galt
besonders für die Führungspersönlichkeiten: Der Konflikt zwischen 'Kapitalismus' und 'Kommunismus', d.h. zwischen der
Orientierung am wirtschaftlichen Eigeninteresse und der rigorosen maoistischen Ethik[175], stellte sich im Kontext der Dorfgemeinschaft als persönliche Auseinandersetzung zwischen zwei
Führern dar. Dabei traf der Interessenvertreter einer wohlhabenderen Verwandtschaftsgruppe (Zweig der Dorf-Lineage) auf
einen Angehörigen einer ärmeren, weniger eng verflochtenen. Der
letztere ergriff nun die Gelegenheit, über die persönliche
Identifikation mit der Dorfgemeinschaft als Ganzes an Einfluß
zu gewinnen und die Position der wohlhabenderen Gruppe zu
schwächen; dabei handelte es sich jedoch letztlich ebenfalls
um eine partikularistische Bindung, denn es entstanden rasch
Konflikte mit der übergeordneten Verwaltung, weil die Gültigkeit der maoistischen Ethik an der Dorfgrenze aufhörte.

Ohne hier weiter in Details gehen zu können[176], bleibt folgende prinzipielle Feststellung zu vermerken. Das Beispiel
zeigt, daß keine Analyse zentraler wirtschaftspolitischer Maßnahmen in der Lage sein kann, die real bestehende Ordnung zu
beschreiben. So bleibt eine Darstellung der Agrarinstitutionen unvollständig, wenn nicht Verwandtschaftsbeziehungen berücksichtigt werden, die eine wesentliche Rahmenbedingung von
DEC-Funktionen der Ebene 'Group' sind; die analytische Schwierigkeit besteht nun aber darin, daß offenbar traditionelle

Verhaltensmuster auch dann auftreten können, wenn kein extern repräsentiertes Verwandtschaftssystem besteht. Dies liegt im wesentlichen daran, daß die partikularistischen Funktionen des Verwandtschaftssystems auch von anderen Symbolsystemen im Rahmen einer Gruppenbildung übernommen werden können. Zudem unterstützt natürlich die Machtstruktur der Verwaltungsorgane des sozialistischen Staates insbesondere traditionelles Autoritätsverhalten. Diese Wechselwirkung zwischen Tradition und Organisation kann auch im Zusammenhang der gegenwärtigen Reformpolitik dazu führen, daß zentrale politische Maßnahmen bei der Implementation entstellt werden: So wurde z.B. der rasche Prozeß der Transformation der Agrarinstitutionen von chinesischer Seite so dargestellt, als ob die Bauern mit einem Akt des 'institutional choice' diejenige Organisationsform ausgewählt hätten, die ihren Bedürfnissen am ehesten gerecht werden kann[177]; westliche Fallstudien zeigen jedoch, daß die Agrarreform zumindest in ihrer entscheidenden ersten Phase im Prinzip nach dem alten Muster mobilisatorischer Steuerung durch Dorfkader erfolgte, die sich bemühten, Signale aus der Zentrale richtig zu interpretieren und dann möglichst schnell und konform umzusetzen. Ihr Einfluß im Dorf war nach wie vor groß genug, um den institutionellen Wandel auch dann einzuleiten, wenn er aller Wahrscheinlichkeit nach nicht den Präferenzen der Bauern entsprach.[178] Eine ähnliche Beobachtung konnte bei der Umsetzung der Reformen bei Ankaufverfahren von Getreide verzeichnet werden.[179]

Gold hat in einer bemerkenswerten Studie den 'Neotraditionalismus' im China der Reform dargestellt.[180] Während auch in der westlichen China-Forschung lange Zeit die Vorstellung dominierte, die sozialen Beziehungen seien in China von einer mehr oder weniger rigorosen universalistischen kommunistischen Moral zwischen 'Genossen' geprägt, kann man gegenwärtig eine äußerst schnelle Wiedergeburt des Sozialverhaltens beobachten, wie es für die Gesellschaft des späten Kaiserreiches charakteristisch war. In knappen Stichworten lassen sich die grundlegenden Verhaltensmuster wie folgt kennzeichnen: Partikularismus, Familien- und Verwandtschaftssolidarität, Reziprozität[181], mangelndes staatsbürgerliches Bewußtsein, Betonung wirtschaftlicher Aspekte der Ehe, Geschlechts- und Altershierarchien, Autoritätsgläubigkeit, bürokratische Arroganz und Korruption, Ritualisierung sozialer Interaktionen, humanistische Bildungsideale der Elite.[182]

Es liegt auf der Hand, daß derartige Verhaltensmuster nicht ohne Auswirkung auf die Entwicklung der Wirtschaftsordnung bleiben können. Es stellt sich jedoch primär die Frage, wie ihre Reproduktion im System erfolgt. Der Ökonom neigt gewöhnlich dazu, die Verhaltensweisen von Individuen auf den institutionellen Rahmen zurückzuführen; dies ist in China sicherlich in vielerlei Hinsicht der Fall, wie z.B. im Zusammenhang der Machtpositionen der Bürokratie. Auf der anderen Seite ist jedoch zu beachten, daß institutionelle Prozesse spontan ablaufen können und keinesfalls dem unbegrenzten Gestaltungswillen der Politik unterliegen. Eine solche spontane Entwicklung unterliegt aber ihrerseits bestimmten regulativen Prinzipien, die vor allem mit der 'normativen Grundausstattung' der Individuen zusammenhängen, die in soziale Interaktionen eintreten.[183]

2. Traditionelle Sozialisation und feldabhängige Verhaltenssteuerung

Die evolutionstheoretische Analyse kultureller Phänomene hat zu der Hypothese geführt, daß bestimmte Formen der Produktion mit bestimmten fundamentalen 'kognitiven Stilen' einhergehen.[184] Dabei begünstigt beispielsweise die Agrarwirtschaft holistische Problemlösungsverfahren im Gegensatz zu analytischen, d.h. Individuen verarbeiten Information mit einer sehr stark ausgeprägten Orientierung am gesamten Kontext einer einzelnen Informationseinheit. Diese holistische Ausrichtung geht im Bereich des Sozialverhaltens einher mit einer ähnlich starken Orientierung am jeweils konkret gegebenen sozialen Umfeld. Man kann die beiden groben Alternativen als 'feldabhängige' bzw. 'feldunabhängige' Kognition oder Verhaltenssteuerung bezeichnen. Systemtheoretisch bedeutet eine feldabhängige Verhaltenssteuerung die Dominanz der Ebene 'Group', weil face-to-face-Kontakte im Gegensatz zu situationsunabhängigen sozialen Normen (Ebene 'Society') ausschlaggebend für das individuelle Verhalten sind.

Der chinesische Fall ist eine bemerkenswerte Bestätigung dieser Hypothese. Blickt man auf die Geschichte zurück, so fällt beispielsweise auf, daß die chinesische Hochkultur trotz vielfältiger Ansätze nicht zu einer eigenständigen Entwicklung der Naturwissenschaft europäischen Typs gelangt ist. Abgesehen davon, daß dies natürlich auch damit zusammenhing, daß die systemspezifischen Anpassungsmechanismen die für den Experimentalbereich unerläßliche parallele Entfaltung der Technik bremsten[185], muß auf bestimmte fundamentale kognitive Haltungen hingewiesen werden, die ganz den Annahmen der evolutionstheoretischen Hypothese entsprechen. So empfanden gebildete Chinesen die europäische Auffassung als befremdlich, daß im Schöpfungs- ebenso wie im Erkenntnisprozeß eine klare Trennung zwischen Subjekt und Objekt vorgelegen habe bzw. durchgehalten werden könne; gemeint ist der Ausgangspunkt der europäischen Naturwissenschaft, daß die Natur durch den exogenen Akt eines Schöpfergottes 'Gesetzen' unterworfen worden sei, die wiederum Objekt einer unabhängigen menschlichen Erkenntnis sein können. Aus chinesischer Sicht sind stattdessen Subjekt und Objekt unauflösbar miteinander verflochten, da die Ordnung des sozialen Mikrokosmos die Ordnung des physikalischen Makrokosmos determiniert; aus diesem Grunde ist es die reflektierende Introspektion des ethisch perfektionierten Individuums, die zu eigentlicher Erkenntnis der 'Dinge' gelangen kann.[186]

Ähnlich wie also die traditionelle zweistufige Ordnung die konkrete Interdependenz individueller Handlungen in der Gruppe wesentlich stärker betont als die Rolle allgemeiner positiver Normen, läßt sich der kognitive Stil dahingehend charakterisieren, daß konkrete Problemlösungsversuche abstrakte Denkansätze dominieren, oder daß die Analyse von Gesamtzusammenhängen in klar gegeneinander abgegrenzte Bestimmungsgründe hinter der eher intuitiven, holistischen Gesamtschau zurücktritt.[187]

Wichtig ist, daß derartige globale Charakterisierungen des Zusammenhangs zwischen Kognition und Verhaltensregulation ohne weiteres empirischen Überprüfungen zugänglich sind, wenn es darum geht, die Relevanz in der Gegenwart aufzuzeigen. Bloom ist es gelungen, die Grundmerkmale feldabhängiger Verhaltensregulation bei Chinesen außerhalb der Volksrepublik über psychologische Testverfahren nachzuweisen.[188] Dabei wurden frühere Ergebnisse[189] bestätigt, daß Chinesen kognitive Dissonanzen zwischen allgemeinen Normen und konkreten individuellen Ver-

haltensweisen wesentlich leichter ertragen und verarbeiten als
Europäer. In der Ausdrucksweise von Bloom bedeutet dies, daß
ein geringerer Grad an 'social principledness' vorliegt. So
werden in den Tests z.B. in signifikant geringem Umfang Argumentationsformen bei der Bewertung von Handlungen verwendet,
die sich von der konkreten Situation ablösen und im Irrealis
auf allgemeine Regeln Bezug nehmen. Dies entspricht exakt der
systemtheoretischen Annahme, daß die Ebene 'Group' eine besondere Rolle bei der Verhaltenssteuerung spielt.

Bevor die spezifischen Formen dieser Verhaltensregulation im
Überblick erläutert werden, muß kurz auf die Frage eingegangen
werden, wie weit eigentlich traditionelle Formen der Familie
und der Sozialisation für das Sozialverhalten im modernen China bestimmend sein können, denn die Entstehung feldabhängigen
Verhaltens kann nur über die Sozialisation erklärt werden.[190]
Dabei ist zu beachten, daß natürlich die gegenwärtige Situation durch Sozialisationsprozesse determiniert wird, die in der
Vergangenheit liegen; hier kann nicht auf die sehr komplexe
Frage eingegangen werden, welche Bedeutung in dieser Hinsicht
die Kulturrevolution besitzt - es soll lediglich interessieren, welche groben Indikatoren verfügbar sind, die anzeigen,
inwieweit die traditionelle Familie in den letzten Jahrzehnten
Lebenskraft besaß.[191]

Zunächst einmal sei vermerkt, daß die Bedeutung der Exosozialisation im prägenden Vorschulalter der Kinder bis 1980 gering war; im nationalen Durchschnitt besuchten nur 10% aller
Kinder einen Kindergarten, wobei natürlich deutliche regionale
Unterschiede bestanden.[192] Da in den meisten Familien beide
Elternteile berufstätig sind, obliegt die Kindererziehung also vor allem den Großeltern - eine der wichtigsten Voraussetzungen für die Transmission traditioneller Verhaltensmuster.[193]

Ganz allgemein gilt, daß die KPCh nach einer kurzen Phase
revolutionärer Bemühungen in der Familienpolitik die traditionelle Kernfamilie förderte; bereits gegen Ende der fünfziger
Jahre veranlaßten die Beschäftigungsprobleme eine Kampagne zur
neuerlichen Aufwertung der Hausfrauentätigkeit, und auf dem
Lande wurde die Rückkehr zu traditionellen Heiratspraktiken
geduldet.[194] Wie bereits erläutert, unterlag die gesamte Agrarpolitik insbesondere nach dem 'Großen Sprung' im Prinzip

der bäuerlichen Zielvorstellung - wie Stacey dies formuliert hat[195] - die ökonomische Grundlage der traditionellen Familie zu 'demokratisieren', d.h. institutionelle Veränderungen waren nur solange stabil, als sie dem 'peasant household individualism' gerecht wurden.[196] Im Verlauf der sechziger Jahre verfestigte sich diese Beziehung zwischen Politik und traditionellen Familienidealen zusehends. Unmittelbar greifbar wurde dieser Vorgang vor allem an zwei Erscheinungen. Erstens, nach den heftigen Auseinandersetzungen um den 'chinesischen Malthus' Ma Yinchu konvergierte die expansiv orientierte maoistische Bevölkerungspolitik mit dem Interesse der Bauern an einer möglichst großen Nachkommenschaft; zweitens, man verzichtete vollständig auf jegliche zielgerichtete emanzipatorische Maßnahmen im Bereich der Frauenpolitik, so daß auf dem Lande die Stellung der Frau deutlich traditionellen Mustern verhaftet blieb, während in der Stadt die allgemeinen sozioökonomischen Veränderungen einen allmählichen Wandel nach sich zogen.[197] Bezieht man jedoch Detailanalysen sozialer Interaktionen ein, wie sie z.B. über die Auswertung von Literatur möglich sind, dann verfestigt sich dieser Eindruck von der Rolle traditioneller Familienideale weiter. Selbst in Phasen radikaler Kritik an der Familie war zu beobachten, daß die traditionelle Verwandtschaftsterminologie auf das weitere soziale Umfeld übertragen wurde.[198] Perioden der Normalisierung sind dagegen dadurch gekennzeichnet, daß der 'sozialistische Realismus' den moralischen Wert der Kernfamilie, der Verläßlichkeit weiterer Verwandtschaftsbeziehungen und vor allem herkömmlicher Verhaltensmuster in der Familie betont.[199] Was das letztere betrifft, so sind namentlich drei Punkte erwähnenswert. Erstens, die Rolle der Frau erscheint geprägt von der Aufgabe, als Mutter ein enges Verhältnis zum Sohn zu pflegen, und als Braut und Ehefrau ein harmonisches Verhältnis mit den Schwiegereltern anzustreben. Zweitens, der Vater wird in der Regel als Idealfigur dargestellt, die von persönlicher Integrität, moralischer Rigidität und einer gewissen menschlichen Distanz gekennzeichnet ist. Und drittens, ganz allgemein erfährt die ältere Generation eine beträchtliche Aufwertung.

Dieser familienpolitische Traditionalismus wurde durch eine Fülle teils beabsichtigter, teils unbeabsichtigter institutio-

neller Effekte bestärkt. Vor allem auf dem Lande spielte eine
große Rolle, daß traditionelle Symbolsysteme gleichsam in die
semiotische Gestalt der Begriffssysteme von Politik und Verwaltung übersetzt wurden. Ohne hier auf Details eingehen zu
können, seien nur einige wichtige Punkte aufgezeigt. So wurde
die Kontinuität der Familie als korporativer Einheit in der
Verwendung maoistischer Klassenterminologie repliziert: Der
einmal zugewiesene Klassenstatus einer Person vererbte sich zur
Nachkommenschaft gemäß den herkömmlichen Erbfolgeregelungen.
Dies bedeutete vor allem, daß nur die patrilineare Generationenfolge relevant war, eine Frage, die in vielen Belangen eine
wichtige Rolle spielt. Das betraf natürlich zunächst einmal
jeden konkreten Erbfall: Auch im sozialistischen China war die
Frau auf dem Lande nicht mehr erbberechtigt, wenn sie mit ihrer Heirat aus der Familie der Eltern in diejenige des Mannes
eintrat; dieser Verlust jeglicher Eigentumsrechte galt auch
im Falle einer Scheidung. Umgekehrt besaßen nur diejenigen älteren Menschen gegenüber dem Kollektiv Anspruch auf soziale
Unterstützung, die keine Söhne hatten. Die zentrale Position
der männlichen Linie und der männlichen Haushaltsvorstände trat
in jeder Hinsicht in den Vordergrund; wesentlich war sicherlich die Kontrolle der Einkommen, denn bis zur gegenwärtigen
Agrarreform wurden Arbeitspunkte haushaltsweise abgerechnet,
d.h. bezogen auf den männlichen Haushaltsvorstand. Bemerkenswert ist weiterhin, daß neben derartigen 'Übersetzungsprozessen' ohne weiteres traditionelle rituelle Formen der Bekräftigung familiärer Identität fortbestanden; auffälligerweise
galt dies besonders für wohlhabendere Dorfgemeinschaften in der
Nähe von Städten und derem 'modernisierenden' Einfluß. Die
jüngere Agrarreform hat derartige Rituale wieder stärker in
den Vordergrund treten lassen: Selbst KPCh-Kader werden bei
der Organisation bewaffneter Lineage-Konflikte aktiv.[200]

Verwandtschaftliche Primärgruppen kontrollierten trotz aller Versuche des Staates, 'neutrale' organisatorische Hierarchien durchzusetzen, wesentliche ökonomische Ressourcen und
vor allem auch eben diejenigen administrativen Positionen, die
zu ihrer Verdrängung eingeführt worden waren. Das traditionelle System stabilisierte sich über die Kontinuität herkömmlicher Heiratsformen, mit den entsprechenden Konsequenzen für

die familiäre Sozialisation. Es ist dem Staat seit der programmatischen Verkündigung des Ehegesetzes von 1950 nicht gelungen, über die organisatorische Einbindung von Individuen (z.B. Schutz individueller Interessen durch den kommunistischen Frauenverband) den Einfluß der Primärgruppen zu mindern. Bis in jüngste Zeit hinein wächst der Anteil selbständig geschlossener Ehen nur langsam, noch fast die Hälfte aller Ehepartner wird von den Eltern ausgewählt. Der Brautpreis besitzt nach wie vor wichtige Funktionen bei der Allokation weiblicher Arbeitskräfte, und im Rahmen intensiver Bautätigkeit kehrt man zum Ideal der 'mehreren Generationen unter einem Dach' zurück.[201]

In der Stadt stellt sich das Bild natürlich anders dar, insbesondere, was die Rolle traditioneller Ausdrucksformen partikularistischer Beziehungen angeht (z.B. Ahnenkult). Trotzdem ist zu beachten, daß in vielerlei Hinsicht die 'danwei', d.h. die Arbeitseinheit eines Individuums, Funktionen des traditionellen Verwandtschaftsverbandes übernimmt, da ihre umfassende Daseinsfürsorge auch familiäre Fragen betrifft. Besonders während der Kulturrevolution entstand eine eigentümliche Mischung organisatorischer Strukturen und herkömmlicher Normen, indem z.B. auch in der Stadt Klassenmerkmale patrilinear vererbt wurden. Aber auch nach dieser Zeit fungieren 'danwei'-Kader z.B. als traditionelle 'Heiratsvermittler' oder bemühen sich um die Regulierung von Eheproblemen. Insbesondere die Rolle der Frau ist nur einem langsamen Wandlungsprozeß unterworfen. Dabei üben freilich einige äußere ökonomische Zwänge konservativen Druck aus, wie beispielsweise der Umstand, daß aufgrund der problematischen Wohnungslage die Sitte der patrilokalen Haushaltsgründung begünstigt wird. Die Macht der Schwiegereltern wird dann über eine Fülle von Faktoren gefestigt: So sind die meisten Familien von der Rente der Eltern finanziell abhängig, werden bis in die Gegenwart hinein Arbeitsplätze vom Vater auf den Sohn 'vererbt'. Besonders bedeutsam ist jedoch, wie <u>Davis</u> in einer jüngst erschienenen Analyse gezeigt hat, daß die gesamte Struktur des urbanen Lohn- und Sozialsystems traditionelle Autoritätsstrukturen zwischen den Generationen repliziert. Hier wirken zwar im wesentlichen ökonomische Gründe, denn die ältere Generation konnte in den Genuß 'politischer Geschenke' kommen, die in der Gegenwart für die jüngere Generation nicht mehr finanzierbar sind - gleichwohl ergibt sich die Konvergenz von Tradition und Moderne.[202]

Man kann die hier kursorisch erläuterte Wechselwirkung zwischen den Ebenen 'Group' und 'Organization' bei der Stabilisierung der traditionellen Familienbeziehungen systemtheoretisch wie folgt charakterisieren: <Rep>|<Mem>|<En>|<Dec-Mem>| <Deco>|<Dec>REP(IND)*/GR#<Dec>REP(GR)|/SOC#DECO(SOC)|/ORG#DEC (ORG)|/GR#DECO(GR)|/SOC#MEM(SOC)|/GR#<Rep>DECO(GR). Schließt man für den weiteren Verlauf der Analyse zunächst die evolutionstheoretische Perspektive im engeren Sinne aus (d.h. verzichtet man auf den unmittelbaren Rückbezug auf REP(IND) dann ist die zentrale Frage offenbar die, wie <Rep>DECO(GR) wirksam wird, also die Reproduktion semiotischer Systeme der Ebene 'Group'. Die Wechselwirkung mit der Ebene 'Organization' ergibt sich dann daraus, daß Individuen als Komponenten von Organisationen dieses Symbolrepertoire einbringen, und zwar mit der Folge, daß die Verhaltenssteuerung über organisatorische Regeln nicht unabhängig von der Kodierung in Symbolen der Ebene 'Group' erfolgen kann. Damit werden jedoch auch notwendig DEC-Funktionen von der Ebene 'Organization' zur Ebene 'Group' abwärts dispergiert.[203]

Aus dieser Feststellung leiten sich zwei Überlegungen ab: Erstens, es muß offenbar abgeklärt werden, welche grundlegenden Normen die traditionelle chinesische Familie prägen, und wie die entsprechenden Sozialisationsprozesse <u>allgemeine</u> Verhaltensmuster der Ebene 'Group' bedingen, die nicht notwendig an das Symbolrepertoire der Verwandtschaft gebunden sind; und zweitens, es muß untersucht werden, welchen Einfluß diese Verhaltensmuster auf <Dec>PRO(SOC) nehmen, soweit eine Verlagerung auf die Ebene 'Organization' vorliegt, also z.B. im Falle staatlicher wirtschaftspolitischer Entscheidungen oder bei der Unternehmungsführung.

Diese allgemeine Bedeutung der Ebene 'Group' für das chinesische Sozialverhalten ist besonders in <u>Wilson</u>'s Untersuchungen zur politischen Sozialisation aufgezeigt worden.[204] Ein bemerkenswerter empirischer Nachweis gelang über den 'achievement-Index' nach <u>McClelland</u>: Kulturelle Unterschiede zwischen Chinesen und US-Amerikanern schlugen sich darin nieder, daß gruppenorientierte Amerikaner einen signifikant geringeren Grad an Leistungsmotivation aufwiesen als gruppenorientierte Chinesen. Im ersten Fall wird deutlich, daß individuelle Leistung häufig als Selbstbestätigung des einzelnen Individuums gegen den Druck der Gruppenkonformität begriffen wird, während im zweiten die Dinge diametral entgegengesetzt liegen, d.h. Leistungsmotivation ergibt sich gerade aus dem Bedürfnis des Einzelnen, den Ansprüchen der Gruppe gerecht zu werden.[205] Dabei ist allerdings zu beachten, daß Anspruch und Leistung u.U. über eher äußerliche Formen der Repräsentation verglichen werden. Dies bedeutet, daß Leistung häufig nicht als z.B. Äußerung individueller Kreativität auftritt, sondern lediglich als Versuch, bestimmten exogenen Verhaltensnormen gerecht zu werden: Das 'Gesicht' ('lian') und das Auftreten nach außen ('biaoxian') stehen dann im Mittelpunkt des individuellen Interesses.[206] Zwischen Gruppe und Individuum kann daher ein tiefer emotionaler Schnitt bestehen; die Gruppe kann das Individuum zur Konformität zwingen, indem verschiedene Formen der Beschämung verwendet werden bis hin zur Isolation und zum Gruppenausschluß.[207] Auf diese Weise werden wesentliche Mechanismen der personalen Identifikation angegriffen, denn die individuellen Verhaltensregeln sind in hohem Maße auf den unmittelbaren sozialen Kontext bezogen. Wilson betont daher, daß offenbar das traditionelle Muster der Beziehungen zwischen Individuum und Familie auch in Gruppen Nicht-Verwandter wiederentdeckt werden kann; auch im modernen China steht die Identität der Person weniger im Spannungsfeld von Individuum und Gesellschaft, sondern vielmehr von Individuum und Gruppe.[208]

Diese Betrachtungen zeigen, daß die Bedeutung der Ebene 'Group' sich daher ergeben muß, weil das Individuum die Anlage zu feldabhängiger Verhaltensregulation bzw. im Grunde Selbstkontrolle in jede konkrete Gruppeninteraktion bereits einbringt; andernfalls wäre der skizzierte <u>systematische</u> Einfluß der Gruppe nicht erklärbar, soweit er offensichtlich von der externen Repräsentation durch Verwandtschaftssysteme unabhängig ist. <Mem-Rep>DECO(GR) ist also zur Ebene 'Individual' abwärts dispergiert.

Die Grundmuster feldabhängiger Verhaltensregulation werden nun innerhalb der Familie vermittelt. Das Kind lernt, daß die konkrete Gruppe Träger wichtiger externer Regeln des Verhaltens ist; es lernt, daß moralisches Wohlverhalten daran bemessen wird, ob es den Erwartungen konkreter Personen gerecht werden kann, während autonome ethische Entscheidungen unter Berücksichtigung nicht-kontingenter allgemeiner Regeln eher einen untergeordneten Stellenwert besitzen.

Solomon's klassische Darstellung der traditionellen chinesischen Sozialisation erlaubt es, die Mechanismen zu identifizieren, die derartige Grundeinstellungen im Kind verankern.[209] Die vielleicht ausschlaggebende Phase der Persönlichkeitsentwicklung des Kindes ist der Bruch des Erziehungsstiles der Eltern, der sich ungefähr im sechsten Lebensjahr ereignet; dabei besitzt allerdings die Vater-Sohn-Beziehung eine besonders große Bedeutung. Bis zu diesem Alter werden Kinder mehr oder weniger als lernunfähig betrachtet, und man spricht ihnen kein Verständnis für moralische Fragen zu. Dementsprechend genießen sie eine beträchtliche Freiheit beim Ausdruck spontaner Emotionen; diese Emotionalität wird besonders durch eine ähnlich starke Zuneigung seitens der Mutter beantwortet. Nach dem sechsten Lebensjahr verändert sich das Verhalten des Vaters grundlegend: Er hält sich in weiter emotionaler Distanz zum Kind, betont seine Autorität und setzt bestimmte moralische Regeln gewöhnlich mit Hilfe physischer Strafen durch. Ein wichtiger Inhalt derartiger Regeln ist das rechte Verhalten innerhalb der genau definierten Gruppenhierarchie; die Ansprüche der verschiedenen Personen an das Kind leiten sich formal aus Statuspositionen ab. Im Verhältnis zum Sohn bemüht sich die Mutter andererseits um eine weiterhin enge Beziehung, weil ihre spätere Macht als Schwiegermutter hiervon abhängt.

Dieser Umschwung der Erziehungsstile bedingt eine emotionale Krise, weil kein langsamer Übergang zu einer sozial eingebundenen individuellen Expressivität und Emotionalität erfolgt, sondern im Extremfall die krasse Konfrontation von ungeregelter Emotionalität und Ritualismus stattfindet. Das Individuum gewinnt zwar eine starke Empfindung für die eigene Innerlichkeit, verfügt aber nicht über ein Repertoire an Verhaltensformen, um diese Innerlichkeit durch die Schablone exogen reglementierter Rollen hindurch zum Ausdruck bringen zu können.[210]

Das problematische Verhältnis zur eigenen Emotionalität wird noch verstärkt durch die scharfe Sanktion aggressiver Impulse: Das Kind lernt, daß jede Form von Aggression gefährlich ist, da sie den Zusammenhalt einer Gruppe gefährden kann. Dementsprechend ist zu beobachten, daß es seine Interessen im Konfliktfall durchzusetzen sucht, indem es sich an hierarchisch übergeordnete Personen wendet, die aufgrund ihrer Autorität in der Lage sind, den Konflikt zu regeln und die Interessen des Kindes zu vertreten. 'Autorität' bedeutet für das Kind freilich keinesfalls Vertrauen, sondern stets eine unnahbare, respekt- und furchtgebietende Instanz. Autoritätsorientierung und Rekurs auf indirekte Mittel der Konfliktaustragung laufen jedoch nicht auf eine vollständige Unterdrückung des Selbstbewußtseins hinaus, denn die Spannung zwischen Innerlichkeit und exogener Reglementierung hält das Bedürfnis nach Selbstbestätigung wach. Die erlernten Verhaltensmuster lassen dann als geeignetestes Mittel einer solchen Selbstbestätigung die Bemühung erscheinen, Autoritätspositionen zu erlangen bzw. Status in autoritäres Verhalten umzusetzen.

Mit Solomon lassen sich daher drei fundamentale normative Konflikte im chinesischen Sozialverhalten identifizieren, die über die Sozialisation zur Ursache der Dynamik von Interaktionen zwischen Individuen werden. Erstens, das Prinzip absoluter hierarchischer Autorität trifft auf eine im konkreten Einzelfall indeterminierte Spannung zwischen der Abhängigkeitsempfindung des Individuums im Bezug zu einer solchen Autorität und seinem Bedürfnis nach Selbstbestätigung. Zweitens, eine solche Spannung drückt sich in einem dauerhaft bestehenden Konflikt zwischen Aggressivität und sozialer Harmonie innerhalb einer hierarchisch strukturierten Gruppe aus, d.h. es besteht u.U. ein prekärer Gleichgewichtszustand, der durch eine Abschwächung exogen fundierter Autorität gestört werden kann; unkontrollierte Aggression könnte dann die Folge sein. Und schließlich drittens, der Konflikt zwischen individuellem und Gruppeninteresse ist ständig wahrnehmbar. Aus dieser Konstellation ergibt sich, daß die allseitige Furcht vor den unkontrollierbaren Folgen einer Aufhebung hierarchischer Autorität ein zentraler Mechanismus ist, der die Individuen zu einer freiwilligen Unterordnung veranlaßt.[211]

In der traditionellen chinesischen Familie lassen sich die-

se normativen Konflikte in vielfältiger Weise wiederentdecken.
Obgleich ihr normatives Selbstverständnis vom Ideal der Großfamilie unter der Führung eines Patriarchen geprägt ist, besteht sie in der Regel nur aus der Kernfamilie und den Schwiegereltern der Frau. Ihre tatsächliche Größe wird einerseits durch ökonomische Faktoren determiniert, und andererseits durch die Wirkung bestimmter Spannungen, die im hierarchischen Verwandtschaftssystem impliziert sind. Wirtschaftliche Einflüsse werden vor allem in zweierlei Hinsicht wirksam: Zum einen begrenzt die Ressourcenbasis den Umfang einer Kernfamilie, und zum anderen können bestimmte organisatorische Erfordernisse den Zusammenhalt mehrerer Kernfamilien festigen, insbesondere zwischen Eltern und verheirateten Söhnen.[212]

Eine solche Mobilisation weiterer Verwandtschaftsbeziehungen kann über ein komplexes hierarchisches System klassifikatorischer Verwandtschaftsbezeichnungen erfolgen.[213] Ein Kind, das diese Bezeichnungen lernt, wird gleichzeitig mit einem Statussystem vertraut, bei dem seine relative Position zu anderen Personen genau definiert ist und damit auch eindeutig bestimmte Rechte und Pflichten. Dabei ist der patrilineare Teil besonders stark ausdifferenziert - über die männlichen Familienmitglieder werden komplexere organisatorische Zusammenhänge aufgebaut. Die drei grundlegenden Gestaltprinzipien der Verwandtschaftshierarchie sind Generation, Alter und Geschlecht; sie dominieren sich in der angegebenen Reihenfolge, allerdings kann der Faktor 'Geschlecht' u.U. den Faktor 'Alter' verdrängen. Der normative Konflikt zwischen der Einbindung in die hierarchische Gruppe und der individuellen Selbstbestätigung tritt in diesem System bei der Beziehung zwischen den Brüdern zu Tage, die zwar nach der Generation absolut gleichgestellt sind, jedoch nach dem Alter in einer hierarchischen Ordnung stehen. Nach der Heirat der Brüder führt diese Spannung zwischen divergierenden Statusbewertungen mehr oder weniger rasch zur Auflösung der Familie in verschiedene Kernfamilien; dabei wird einerseits der Einfluß der Schwiegertöchter wirksam, die von den Eltern des Mannes unabhängig werden möchten, und andererseits der Umstand, daß die Autorität des Vaters mit wachsendem Alter schwindet.[214]

Vor allem für den männlichen Teil der traditionellen chinesischen Familie ist daher die Spannung zwischen Gruppe und Individuum ständig spürbar.[215] Ein Ausbruch aus der Gruppenbindung ergibt sich freilich immer erst aus der Mechanik des Lebenszyklus, ist also auch exogenen Regelungen unterworfen; indem das Individuum im Lebenszyklus unterschiedliche Positionen in der Verwandtschaftshierarchie relativ zu anderen einnimmt, wird es auch mit veränderlichen Rechten und Pflichten ausgestattet. Der Vorrang der Gruppe drückt sich dabei vor allem in zwei normativen Verpflichtungen aus. Das einzelne Individuum ist im Grunde nur ein Teil der größeren Einheit der Familie als Folge von Generationen; es ist daher verpflichtet, seinen Beitrag zur Fortführung der Familie zu leisten (hieraus leitet sich z.B. das Recht der Eltern ab, über die Heirat der Kinder zu bestimmen).[216] Gleichzeitig besitzt es daher auch kein absolutes individuelles Eigentumsrecht an den Ressourcen der Familie, also vor allem dem Land; das Individuum ist vielmehr Sachwalter des Familienvermögens in der Generationenfolge. So ist es z.B. verpflichtet, das Land unbedingt im Familienbesitz zu wahren; der Verkauf von Land wird nur in strengen Notlagen als zulässig erachtet.[217]

Pelzel hat in einem aufschlußreichen Vergleich mit dem japanischen Verwandtschaftssystem gezeigt, daß die chinesischen Familiennormen in der Tat ein spezifisches Sozialverhalten generieren, wie es dann auch von der politischen Kulturforschung in den Mittelpunkt der Aufmerksamkeit gerückt wird. In Japan ist die größere Verwandtschaftsgruppe nicht über komplexe hierarchische Statusbezeichnungen strukturiert, um die Konformität individuellen Verhaltens zu gewährleisten. Dementsprechend sind derartige Gruppen auch eher Korporationen von Individuen mit gleichberechtigten Interessen. Auf der anderen Seite enthält die hierarchische Struktur innerhalb der engeren Familie keine Unklarheiten hinsichtlich des relativen Status von Brüdern, so daß von dieser Seite her kein Druck zur Auflösung größerer Familieneinheiten besteht. Aus diesem Grunde ist die japanische Großgruppe von einer stärker ausgeprägten Gruppenidentität und Konsensorientierung gekennzeichnet, während in der chinesischen die absolute Autorität der Hierarchiespitze entscheidend für die Einheit der Gruppe bleibt; so besitzt z.B. in Japan der Familienrat der Großfamilie eine starke Stellung gegenüber dem Patriarchen. Da gleichzeitig die zwischenmenschlichen Beziehungen weniger stark ritualisiert sind, kann das Individuum auch affektbetonter handeln, d.h. es besteht kein prinzipieller Bruch zwischen Innerlichkeit und äußerem Verhalten.[218]

Damit bleiben einige allgemeine Feststellungen zu vermerken, bevor die Frage diskutiert wird, welche Konsequenzen die traditionelle Sozialisation für Interaktionen außerhalb des Verwandtschaftssystems hat. Das Individuum lernt in der Familie, welche grundlegenden Mechanismen das Verhalten in einer Gruppe bestimmen. Die traditionelle zweistufige Ordnung des Kaiserreiches vermittelte außerdem Normen, die eine Priorität der Verhaltensregulation in der Gruppe gegenüber anderen, subsidiären gesellschaftlichen Regeln festlegten, insbesondere gegenüber dem positiven Recht. Die feldabhängige Verhaltenssteuerung wurde also zu einem Grundmerkmal des chinesischen Ökosystems. Innerhalb der Familie drückte sich dies in der Einbindung des Individuums in ein komplexes hierarchisches Statussystem von Verwandtschaftsbezeichnungen aus; dies bedeutet, daß Autoritäts- und Machtpositionen sich nicht aus gruppenspezifischen, autonomen Interaktionen zwischen Individuen ergeben, sondern vielmehr aus der vorgegebenen formalen Hierarchie, deren konkrete Zuordnung zu Personen sich aus der Mechanik des Lebenszyklus ergibt. Bemerkenswert ist weiterhin, daß die hierarchische Ordnung einen sehr allgemeinen Charakter hat, während auf der anderen Seite die Pflichten gegenüber konkreten Personen als Inhabern bestimmter Positionen auf spezifische, einzelfallbezogene Forderungen zurückgehen. Die feldabhängige Verhaltensregulation bedeutet also, daß <u>Regeln mit einem mittleren Abstraktionsgrad</u> fehlen. Auf der Ebene 'Society' werden zwar die normativen Grundlagen dieser Verhaltenssteuerung vermittelt (z.B. in Form der tradierten Verwandtschaftssysteme), doch handelt es sich dabei <u>nicht um unmittelbar handlungsrelevante intermediäre Regeln</u>. Handlungsrelevant sind erst spezifische Forderungen konkreter Personen.

Daraus ergibt sich, daß die traditionelle Form der Verhaltenssteuerung u.U. mit Regeln der Ebene 'Organization' kollidieren kann, wenn diese nicht feldabhängig sind. Dies ist in der Tat ein Grundproblem der chinesischen Wirtschaftsordnung.

3. Der Einfluß informaler Gruppenprozesse auf die Entscheidungsfindung in formalen Organisationen und die Implementation allgemeiner Regeln

In der jüngeren anthropologischen Literatur zum chinesischen Verwandtschaftssystem wird wiederholt betont, daß seine offensichtliche Funktionalität bei der Lösung organisatorischer Probleme demonstriere, wie weit es sich dabei lediglich um eine mögliche Ausprägung partikularistischen Verhaltens in der chinesischen Gesellschaft handele. In der Tat wäre es wenig sinnvoll, die Verwandtschaft als absolute Determinante des individuellen Verhaltens zu betrachten, denn offensichtlich hängt die tatsächliche Bedeutung von Verwandtschaftsbeziehungen, die über die Kernfamilie hinausreichen, vom Umfang der Gruppe von Individuen ab, die zur Realisation einer bestimmten Aufgabe zu organisieren und zu mobilisieren sind. Ein Musterfall ist die beträchtliche geographische Variation der Verbreitung von Lineage-Organisationen, die vor allem in Südost-China eine große Rolle bei der Bereitstellung öffentlicher bzw. genauer 'Clubgüter' spielten.[219]

Bei der <u>Lineage</u> ist die tatsächliche Abstammung der männlichen Mitglieder von einem gemeinsamen Ahnen das ausschlaggebende Medium der Gruppenkohäsion. Sie hat gleichwohl einen klar abgegrenzten korporativen Charakter und verfügt z.B. über ein eigenes Vermögen, das der Finanzierung spezifischer Aufgaben dient (z.B. Bau von Schulen); die Verwandtschaft der Mitglieder bedeutet jedoch keinesfalls, daß sie über ein begrenztes Maß hinaus (z.B. Veranstaltung von Festen mit freier Kost) distributive Funktionen besitzt. Die Instrumentalisierung der Verwandtschaft für organisatorische Ziele tritt beim <u>Clan</u> noch deutlicher zu Tage. Auf der Grundlage eines gemeinsamen Familiennamens wird hier die gemeinsame Abkunft von einem männlichen Ahnen durch fiktive Genealogien künstlich konstruiert; die Gruppenkohäsion wird durch den Ahnenkult rituell bekräftigt. Die eigentlichen Aufgaben des Clan - z.B. die Interessenvertretung gegenüber dem Staat - werden über ein korporatives Vermögen (Land, Immobilien u.ä.) finanziert; im Unterschied zur verwandtschaftlich enger verknüpften Lineage, wo formal jedes männliche Mitglied Miteigentümer des gesamten Vermögens ist, werden beim Clan jedoch häufig die Eigentumsrechte genau spezifiziert und u.U. 'verbrieft', d.h. sie sind auch abtretbar.²²⁰

Bereits diese traditionellen Formen verwandtschaftlicher Organisation zeigen also klar, daß die Verwandtschaft im Grunde eine Art spezifischer 'organisatorischer Ideologie' ist; der 'Partikularismus' wäre dann also eine 'Tiefenstruktur'²²¹ des chinesischen Sozialverhaltens, und die Verwandtschaft eine der möglichen Ausdrucksformen. Wäre diese Beziehung umgekehrt gerichtet, d.h. wäre die Verwandtschaft ein nicht weiter reduzierbares Grundmuster des Sozialverhaltens in anderen Bereichen, dann müßte mit der Zurückdrängung der traditionellen Verwandtschaftssysteme durch einen sozialistischen Staat auch eine Aufhebung partikularistischen Verhaltens zu erwarten sein. Führt die familiäre Sozialisation jedoch lediglich zur Erlernung bestimmter Grundnormen feldabhängiger Verhaltenssteuerung, dann dürfte ein solcher Wandlungsprozeß nur sehr langsam stattfinden, weil die Prozesse der Ebene 'Group' sich zunächst unabhängig von einem konkreten Symbolsystem reproduzieren. Bei einer einfachen soziologischen Betrachtungsweise ergäbe sich also z.B.: <Ass>|<Dec>||<Dec>|DEC(SOC)/GR#DEC(GR)|/GR#DECO(GR)|/SOC#<Dec>MEM(SOC)|/GR#DECO(GR)| wobei |||REP(SOC)/SOC#MEM(SOC)|/IND#ASS(IND)|/GR#DECO(GR)|/SOC ...

In der Tat läßt sich der Partikularismus als 'Tiefenstruktur' in sämtlichen Bereichen des Sozialverhaltens nachweisen. Interessanterweise konvergieren dabei die etische soziologische bzw. sozialpsychologische Analyse und die emische Repräsentation des Partikularismus: Der nur schwer übersetzbare Begriff der 'guanxi' ('Beziehungen') ist aus dem Chinesischen in die westliche Fachliteratur eingegangen.²²²

Auf einer abstrakten Ebene betrachtet, bedeutet der Vollzug sozialer Interaktionen über 'guanxi' zunächst nichts anderes, als daß die Ebene 'Group' auch dann eine hervorragende Bedeutung besitzt, wenn größere Personenzahlen betroffen sind: In diesem Fall wird ein gemeinsames Handeln realisiert, indem Signale über ein Geflecht wechselseitig verknüpfter Gruppen übertragen werden. Der Zusammenhalt dieser Gruppen wird durch ein Netz persönlicher Loyalitäten gewährleistet, dessen Stabilität solange gesichert ist, als die Loyalitäten durch ein laufendes Geben und Nehmen im Rahmen reziproker Verpflichtungen bestätigt werden.²²³ Diese Reziprozität kann u.U. sehr lang-

fristiger Natur sein, wenn das normative Fundament der Verpflichtungen wie im Falle der Verwandtschaft fest ist. Insofern könnte die Familie mit ihren unterschiedlichen Ausprägungen als Grenzfall von 'guanxi' betrachtet werden.
<u>Jacobs</u> hat das Phänomen der 'guanxi' systematisch in folgende Komponenten aufgelöst.[224] Die spezifische Qualität von 'guanxi' wird durch die unabhängige Variable der sog. 'Basis' festgelegt; dabei handelt es sich um bestimmte gemeinsame Merkmale von Gruppenmitgliedern, die partikularistisch operationalisierbar sind. Als intermediäre Variable sind die 'ganqing' zu identifizieren, d.h. der Grad emotionaler Bindung zwischen bestimmten Personen, und als abhängige Variable schließlich die 'Nähe' von 'guanxi'.

Der Wert einer 'guanxi'-Basis ergibt sich aus der Bedeutung des entsprechenden Merkmals für die personale Identität der Individuen; aus diesem Grunde besitzt die Sozialisation natürlich einen erheblichen Einfluß. Konkret kann es sich dabei z.B. handeln um die gemeinsame Herkunft, Verwandtschaft, eine gemeinsame Ausbildungszeit oder längerfristige wirtschaftliche Zusammenarbeit.[225] So hatten für die politischen Loyalitäten in der Volksrepublik lange Zeit die Zugehörigkeiten zu bestimmten Seilschaften der Armee aus der Zeit des 'Langen Marsches' eine große Bedeutung.[226] Da bei einer konkreten Person natürlich unterschiedliche 'guanxi'-Basen nebeneinander bestehen können, ergibt sich stets auch die Möglichkeit von Loyalitätskonflikten. Haben sich bestimmte 'guanxi'-Typen langfristig stabilisiert, so entstehen relativ homogene Gruppennetze, die z.B. in der Politik als 'Fraktionen' bezeichnet werden. Dabei spielt hier zunächst keine Rolle, daß die Bildung von Fraktionen natürlich in Konflikten um Sachfragen einen Anlaß besitzt; die Mobilisierungen von Loyalitäten ist aber für die Austragung von Konflikten entscheidend.[227]

Die über 'guanxi' gebildeten Gruppen sind zwar hierarchisch aufgebaut, doch dürfen sie keinesfalls als eine Menge rein dyadischer Beziehungen zwischen 'Patron' und 'Klient' aufgefaßt werden. Die Reziprozität der persönlichen Loyalitäten bedeutet vielmehr, daß auch hierarchisch übergeordnete Gruppenmitglieder ein gleichwertiges Element der homogenen Gruppenbeziehungen sind. Dies spiegelt sich auch in den 'ganqing' wider, d.h.

den affektbetonten Bindungen zwischen Personen. Im Gegensatz zu rein emotionalen persönlichen Bindungen wie Freundschaft oder Liebe[228] besitzen 'ganqing' hauptsächlich außerhalb verwandtschaftlicher Beziehungen Bedeutung, sind stärker formalisiert und finden ebenfalls in reziproken Bekräftigungshandlungen Ausdruck. Sie demonstrieren auf diese Weise die Verläßlichkeit der persönlichen Bindung bei der Lösung konkreter Sachfragen, z.B. im Falle langfristig bestehender Geschäftsbeziehungen.[229] Diese Mischung affektiver Komponenten und instrumenteller ist sehr charakteristisch für das Bestehen von 'guanxi'; der affektive Aspekt bringt letztlich eine Abmilderung hierarchischer Gegensätze mit sich, wie sie auch materiell im Erfordernis der Reziprozität impliziert ist.

Systemtheoretisch müssen 'guanxi' als Mechanismus der Konfliktbewältigung durch die Bildung größerer homogener Blöcke in einer Gesellschaft betrachtet werden. Ihre Entstehung erfolgt spontan, wobei die Intensität kommunikativer Kontakte zwischen Individuen sowie der Grad ihrer Ähnlichkeit in bestimmten Merkmalen ausschlaggebend für die 'Nähe' der 'guanxi' ist. Sie sind gleichzeitig ein einfaches Mittel der Reduktion informatorischer Komplexität, denn die Vermittlung von Information über CHAN(SOC) erfolgt z.B. unter Zuordnung zu bestimmten Prioritätsindices (hierarchischer Status des Senders) und vor allem mit der Abschottung gegenüber den u.U. konfligierenden Informationsströmen in anderen 'guanxi'-Netzen.[230]

Bedeutsam ist nun, daß in der traditionellen chinesischen Gesellschaft 'guanxi' Ausgangspunkt der Bildung stärker formalisierter <u>Organisationen</u> sein können. Das organisatorische Talent der Chinesen innerhalb und außerhalb Chinas ist weit bekannt - traditionell wird das Leben des Individuums (vor allem im städtischen Milieu) von einer Fülle meistens recht loser Assoziationen und Korporationen beherrscht, die neben den engeren verwandtschaftlichen Beziehungen bestehen.[231] Sangren[232] hat in diesem Zusammenhang die system- und evolutionstheoretisch bemerkenswerte Hypothese formuliert, daß weder Verwandtschaft noch 'guanxi' im engeren Sinne spezifisch chinesische kulturelle Merkmale seien, sondern daß bestimmte dynamische Grundmuster organisatorischen Verhaltens als Merkmale 'tieferer Ebenen' der Kultur den Ausgangspunkt der sozialen Anpassungsleistungen bilden. Eine solche These kann hier nicht abschließend beurteilt werden, wichtig sind jedoch zwei Aspekte: Erstens, wenn Prozesse der Ebene 'Group' Anlässe der Emergenz der Ebene 'Organization' bieten, dann müssen sich bei einer exogenen Implementation organisatorischer Strukturen nicht nur Wechselwirkungen zwischen Gruppen- und organisatorischen Prozessen ergeben, sondern u.U. auch zwischen unterschiedlichen Organisationsmustern; zweitens, solange die Bestimmungsgründe der Entwicklung von Organisationen auf Märkten nicht empirisch operational durch ökonomische Modelle aufgezeigt werden können, dann sind ohne Zweifel Aussagen zu kulturell tradierten organisatorischen Präferenzen von hohem Erkenntnisinteresse.[233]

Traditionelle chinesische Korporationen weisen nun bestimmte Grundmerkmale auf, die man in der Tat auch bei Organisationen im modernen China wiederentdecken kann. Dabei handelt es sich zunächst um das Prinzip der 'Einheit' ('tuanjie'), das beispielsweise im politischen Denken der KPCh eine wichtige Rolle spielt.[234] 'Tuanjie' bedeutet, daß die organisierte Gruppe gegenüber der Außenwelt stets geschlossen auftreten muß; interne Meinungsverschiedenheiten sollten nicht nach außen wahrnehmbar sein, da sie eine Schwachstelle der Interessengemeinschaft erkennen lassen würden. 'Tuanjie' schließt jedoch eine interne Austragung von Konflikten nicht aus, ist also nicht mit einer strikt autoritären Lenkung der Organisation durch die Führung gleichzusetzen. Die spezifische Gestalt des hierarchischen Aufbaus von Korporationen berücksichtigt das Erfordernis einer Austragung von Konflikten explizit; dabei sind bestimmte Gruppenstrukturen das ausschlaggebende gestaltbildende Prinzip. Korporationen weisen nämlich einerseits eine klare Linienhierarchie auf, vermeiden jedoch andererseits allzu ausgeprägte Machtkonzentrationen bei einzelnen Instanzen; die Homogenität und Reziprozität von 'guanxi' wirkt dabei regulierend.[235] Konkret bedeutet dies, daß die Linienhierarchie als Hierarchie von Gruppen realisiert wird, die jeweils intern partizipatorischen Prozessen Raum geben. Auf jeder Hierarchiestufe werden Komitees mit Entscheidungsfunktionen gebildet, deren Mitglieder jeweils von den Mitgliedern der Korporation auf der gleichen hierarchischen Stufe gewählt sind; direkte Wahlen der Führungsspitze durch die Basis gibt es nicht.

Die Komitees auf einer bestimmten hierarchischen Stufe bestimmen jeweils die Mitglieder der Komitees auf der nächsthöheren. Innerhalb der Komitees werden Entscheidungen wiederum nach dem Konsensprinzip gefällt ('tuanjie'). Hinzu kommt, daß die Positionen für bestimmte Aufgaben (Schatzmeister u.ä.) durch ständig rotierende Amtsinhaber besetzt werden, um eine Verfestigung von Machtpositionen zu vermeiden.

Die Gruppe ist also die Entscheidungseinheit innerhalb einer Linienhierarchie. Dies bedeutet, daß sämtliche Bestimmungsgründe feldabhängiger Verhaltensregulation auch für organisatorische Prozesse bedeutsam sind, und konkrete Einzelfallentscheidungen keinesfalls ausschließlich auf die formalen Organisationsregelungen bezogen werden können. Eine wesentliche Folge dynamischer Gruppenprozesse ist in der Regel, daß innerhalb der Entscheidungseinheiten solange autoritäre Einflüsse des Gruppenführers durchschlagen, als die gruppeninterne Reziprozität und Loyalität gewährleistet ist. Untergeordnete Hierarchiestufen oder Korporationsmitglieder außerhalb der Entscheidungseinheiten müssen die entsprechenden Entscheidungen akzeptieren und können nach der Wahl von Komitees keine weitere Beteiligung ausüben. Daraus ergibt sich, daß die Entscheidungsstruktur einer autoritären Linienhierarchie entspricht, bei der die Autorität von Einzelpersonen über Gruppenprozesse diffus ausstrahlt. Geht man einmal von der Ebene 'Individual' aus, dann läßt sich das skizzierte Grundmuster organisatorischen Verhaltens offenbar als eine 'rekursive Entscheidungsstruktur' kennzeichnen: ...|<Dec>|<Dec>|DEC(IND)/GR#DEC(GR)| /IND#DEC(IND)|/GR#DEC(GR)|/IND#DEC(IND) ... Berücksichtigt man die allgemeine Rolle von DECO(GR) bei der Ausbildung diffuser Autorität explizit, sowie die Tatsache, daß die Muster feldabhängiger Verhaltensregulation in Primärgruppen erlernt werden, dann ergibt sich: |<Rep>|<Deco>| ... |<Dec>|<Dec>|<Dec>| DEC(SOC)*/GR#DEC(GR)|/IND#DEC(IND)|/GR#DEC(GR)|/IND#DEC(IND)| ... /GR#DECO(GR)|/SOC#MEM(SOC)|/GR#<Ass>DECO(SOC)|/IND.

Es ist interessant, daß in der westlichen Theorie der Unternehmungsführung <u>Likert</u> ein Konzept der sog. 'überlappenden Gruppen' vorgelegt hat, das im wesentlichen der Realität organisatorischen Verhaltens in China entspricht; freilich mit dem wesentlichen Unterschied, daß es sich bei <u>Likert</u> um ein sozialtechnologisches Konzept handelt, das auf der Ebene 'Organization' implementiert wird, während es im chinesischen Fall um ein spontanes Phänomen geht, bei dem die Ebene 'Organization' entweder als emergentes Phänomen auftritt, oder u.U. völlig hinter Gruppenprozessen zurücktritt, selbst wenn formale Organisationsstrukturen vorgegeben sind.[236]

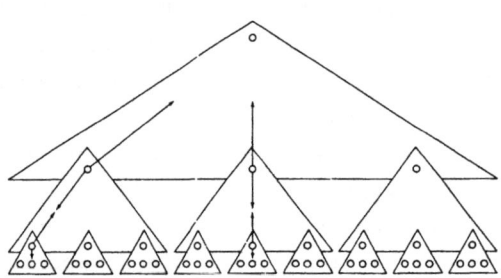

Kreise = Gruppenmitglieder
Dreiecke = hierarchisch aufgebaute Gruppen mit partizipatorischen Elementen und 'guanxi'-Reziprozität
Pfeile = autoritäre hierarchische Beziehungen zwischen Gruppenmitgliedern

Abb.6: Die likertschen 'überlappenden Gruppen' als Grundmuster chinesischen Organisationsverhaltens
Quelle der Graphik: <u>Schanz</u> (1978), S.174

Tatsächlich ist die 'Organisationsgeschichte' der VR China seit 1949 von ständigen Spannungen zwischen den kulturell tradierten Präferenzen für gruppenbezogene Entscheidungstrukturen und der 'individualistischen' Konzeption der Linienhierarchie gekennzeichnet, wie sie vom sog. 'sowjetischen Modell' vermittelt wird. Dieser normative Konflikt gewann auch deshalb an Schärfe, weil er stets durch andere politisch bedeutsame Spannungen überlagert wurde. Dabei handelte es sich im politischen Bereich um die stets latente Auseinandersetzung zwischen Partei und Staatsapparat, im wirtschaftspolitischen um den bereits ausführlich analysierten Konflikt zwischen Zentrale und Regionen, oder bei dem Problem der Unternehmensverfassung um die Spannung zwischen Partei und funktional spezialisiertem Management. In der allgemeinen politischen Organisation kennzeichnen gruppengebundene Komitee-Entscheidungen mit diffuser Autorität den Aufbau der Partei, während die staatlichen Institutionen im engeren Sinne - also z.B. der Staatsrat - nach einer klar personalisierten Linienhierarchie konzipiert sind.[237] Eine Dominanz des Komitee-Prinzips bei der politischen Entscheidungsfindung war daher stets auch verbunden mit einer nachhaltigen, aber diffusen Einflußnahme der Partei auf die funktional spezialisierten Entscheidungen staatlicher Instanzen. Die formale Organisation der Partei selbst greift mit der Betonung von 'tuanjie', der Entscheidungsfindung in Komitee-Hierarchien, dem hierarchisch abgestuften Wahlsystem, oder sogar mit den Vorschriften zur Ämterrotation zentrale Elemente traditioneller Korporationen auf.[238] Darüber hinaus treten auch hier offene Kollisionen zwischen informalen Gruppenprozessen und formalen organisatorischen Bestimmungen auf.[239] Eine ähnliche Konstellation der Beziehungen zwischen Partei und staatlichen Institutionen tritt auch im Konflikt zwischen Zentrale und Regionen zu Tage. Die <u>Zentralisierung</u> ist in der Regel verbunden mit einer Stärkung der <u>funktionalen Linienhierarchie des Staatsrates</u>, während die <u>regionale Dezentralisierung</u> zu einer erheblichen <u>Ausweitung des Parteieinflusses</u> auf die eigentlichen formalen Entscheidungsinstanzen führt. Dies entspricht auf der Mikroebene exakt den Ausführungen im dritten Kapitel, die eine tauschtheoretische Perspektive der Beziehungen zwischen Zentrale und Regionen entwickelten. Das tauschtheoretische Argument läßt sich nun mikrosoziologisch in der Reziprozität der 'guanxi' verankern, die Gruppenvernetzungen zwischen Parteimitgliedern in der Region und in der Zentrale herstellen. Und schließlich besteht im Bereich der Unternehmensverfassung ein analoges Problem, weil seit den Auseinandersetzungen um das sowjetische Prinzip der 'Ein-Mann-Führung' Reformversuche immer wieder mit der Einführung von Leitungskomitees verbunden sind, bei denen der Parteisekretär in der Regel einen erheblichen Zuwachs an diffuser Autorität erfährt, ohne daß er fachliche Kompetenzen als Funktionsspezialist besitzt.[240]

Welche Folgen derartige Spannungen zwischen den Ebenen 'Group' und 'Organization' besitzen, läßt sich besonders gut am Problem des 'Fraktionalismus' in der chinesischen Politik verdeutlichen.[241] Bis in die jüngste Vergangenheit hinein[242] waren politische Prozesse in China vor allem Auseinandersetzungen um die Verteilung persönlicher Autorität und Macht; dabei können u.U. Sachfragen instrumentalisiert werden, doch wird in der Regel die persönliche Macht als Mittel betrachtet, um bestimmte Programme gegen den politischen Gegner durchzusetzen.[243] Für den auswärtigen Betrachter kann es daher sehr schwierig sein, die tatsächliche Bedeutung politischer Sachprogramme im Entscheidungsprozeß abzuschätzen; hinzu kommt, daß in der Phase interner Auseinandersetzungen das Konsensprinzip solange durchgehalten werden muß, als nicht der Machtkonflikt bereits in eine 'antagonistische' Phase eingetreten ist, oder gar eine grundlegende Machtverschiebung schon stattgefunden hat. Gegenpol der 'tuanjie' ist daher die offene Fraktionsbildung. Fraktionen sind latent stets vorhanden und gründen in den 'guanxi' ihrer Mitglieder; sie werden also durch ein Netz persönlicher Beziehungen zusammengehalten, das seinerseits durch laufende soziale Interaktionen und besonders durch gegenseitige Dienste der Individuen aufrecht erhalten wird. Insofern könnte man sagen, daß sich der Zusammenhalt einer Fraktion aus der Bewertung der Bilanz des wechselseitigen Gebens und Nehmens ergibt, die von ihren Mitgliedern ständig geführt wird. Ökonomisch betrachtet, orientieren sich die Individuen bei der Bildung latenter Fraktionen also nach dem 'Ertragswert' bestimmter 'guanxi'; dabei ist die jeweilige Machtverteilung in der Zentrale ausschlaggebend für die Einschätzung des instrumentellen Wertes bestimmter 'guanxi'. Solange insbesondere über die Massenmedien die 'tuanjie' der Zentrale vermittelt wird, bleiben die Fraktionen latent, so daß die entsprechende Machtverteilung in der Zentrale im Großen und Ganzen auf anderen Ebenen des politischen Systems repliziert wird, weil der 'Ertragswert' der entsprechenden 'guanxi' relativ zu konkurrierenden Fraktionen am größten ist.

Wird jedoch am Verhalten der Zentrale eine Aufhebung des Konsenses sichtbar (dabei reichen minimale 'chiffrierte' Andeutungen in offiziellen Verlautbarungen aus), dann wird der Ertragswert bestimmter 'guanxi' zusehends unsicher bzw. kann sich zugunsten einer offenen Fraktionsbildung verschieben. Die allgemeine Ablehnung längerfristiger und aggressiver Ausein-

andersetzungen in der politischen Führung[244] begünstigt jedoch
eine Art 'Dominoeffekt' politischen Wandels: Dies bedeutet,
daß politische Konflikte zunächst unter der Wahrung von 'tuanjie' innerhalb der Zentrale ausgetragen werden; nach einer Entscheidung wird gegebenenfalls der Konsens kurzfristig aufgehoben, und die neuen Machtverhältnisse werden öffentlich implementiert (z.B. über personelle Veränderungen). Anschließend
wird dann 'tuanjie' wieder hergestellt, wobei die Umsetzung der
neuen Politik auf allen Ebenen fast schlagartig geschieht, da
die chiffriert wahrnehmbaren Veränderungen bereits im 'guanxi'-Gefüge vorweggenommen worden waren. Für den auswärtigen Betrachter ergibt sich daraus ein Bild beträchtlicher politischer
Homogenität einerseits und der Möglichkeit krasser politischer
Umschwünge andererseits.[245] Dabei spielen eigentlich organisatorische Maßnahmen im politischen Wandel eine eher untergeordnete Rolle, insbesondere, was den Einfluß der Zentrale angeht;
diese operiert mehr als 'Signalgeber' für das Kommunikationsnetz der 'guanxi'. Eine solche Aufhebung bzw. untergeordnete
Rolle organisatorischer Maßnahmen kennzeichnete allerdings lange Zeit nicht nur Phasen krassen politischen Wandels, sondern
auch die allgemeine Politikimplementation über die sog. 'yundong' ('Kampagne'). Interessanterweise handelt es sich hier
keinesfalls nur um eine Erscheinung der kommunistischen politischen Kultur der Volksrepublik; auch taiwanesische Großunternehmen nutzen die 'yundong' als Integrationsinstrument beim
organisatorischen Wandel.[246] Kennzeichnend für eine 'yundong'
ist, daß die Zielvorgaben der Hierarchiespitze sehr vage sind,
die soziale Interaktion zwischen den Betroffenen merklich intensiver stattfindet als im 'Normalzustand', und daß die Ergebnisse nur schwer gemessen werden können.[247] Das soziale
Teilsystem wird in eine Art Zustand der 'Übererregung' und
'Überintegration' versetzt, indem auf allen Hierarchiestufen
der Gruppennetze die jeweiligen Führer auf politische Signale
reagieren und den Zwang zur Gruppenkonformität ausnutzen, um
das Verhalten des einzelnen Individuums auf die 'yundong' auszurichten.[248]

Ein wichtiges Beispiel solcher 'Dominoeffekte' im politischen System war augenscheinlich die Implementation der Agrarreform nach 1978, die hier schon einmal betrachtet wurde.[249]

Die lawinenartige Umwälzung der Eigentumsinstitutionen auf dem Lande ereignete sich ohne eigentlich durchgreifende organisatorische Maßnahmen der Zentrale. Auf der anderen Seite waren jedoch auch die Bauern längst nicht so aktiv, wie dies manche Quellen nahelegen, denn nach langen Jahren staatlicher Politik gegen 'kapitalistische Umtriebe' bezogen sie eher eine vorsichtige und skeptische Stellung. Betrachtet man nun die Zeitfolge der Ereignisse, dann ist in der Tat unklar, warum die Reform mit einer derartigen Geschwindigkeit stattgefunden hat. In den Jahren 1979 und 1980 wurde zunächst nur das restriktivere System des 'bao chan dao hu' (d.h. die Aufschlüsselung von Produktionskennziffern nach Haushalten) für wirtschaftlich rückständige Regionen genehmigt; im Jahre 1980 folgte das 'bao gan dao hu', d.h. das eigentliche 'Verantwortungssystem'.[250] Das System wurde jedoch nach wie vor nicht als vollwertiger Teil der sozialistischen Wirtschaft betrachtet, sondern hauptsächlich als kurzfristig wirksames Instrument der Überwindung ländlicher Armut. Nach 1980 fand dann jedoch in nur eineinhalb Jahren eine vollständige Transformation der Agrarverwaltung statt, deren Ergebnis schließlich Ende 1982 - die offizielle Verlautbarung lag sogar erst im April 1983 vor - von der Zentrale abgesegnet wurde.[251]

Dieser Prozeß ist nur erklärbar, wenn man annimmt, daß ein 'Dominoeffekt' nach traditionellem Muster chinesischer Politik wirksam geworden ist. In der Tat ereignete sich der Umbruch in der Agrarpolitik gerade dann, als mit dem Wechsel Zhao Ziyangs vom Posten des Gouverneurs in Sichuan, einer Pilotprovinz der Reformen, zu dem des Ministerpräsidenten klar geworden war, daß die Fraktion Deng Xiaopings in der Zentrale erheblich an Macht gewonnen hatte. Eine kritische Rolle bei der Umsetzung dieses Signals in konkrete politische Maßnahmen spielten die mittleren Verwaltungsebenen (Kreis, Kommune), für deren Vertreter politische Karriereüberlegungen von Bedeutung sind. Unger beschreibt in einer Detailstudie diese Vorgänge mit treffenden Worten folgendermaßen:[252]

> In sum, the evidence suggests that a complex and unplanned interplay between the top and bottom levels of the bureaucratic structure, involving ambigious directives from the top and competitive pressures among politically nervous lower-level officials, had culminated in the countryside's

near-total abandonment of the collectives. There had been no master plan, no deliberate effort from above to steer all of rural China uniformly down a single path. Yet, due to the nature of Chinese political organization, that is precisely what occurred.

Evolutionstheoretisch ist in diesem Zusammenhang natürlich bemerkenswert, daß dieser politische Prozeß letztlich zu einem Ergebnis führte, das ohne Zweifel auf dem Pfad zur Anpassungsoptimierung liegt. Dabei spielen Sachfragen vor allem auf zentraler Ebene eine große Rolle, wenn verschiedene Standpunkte aufeinandertreffen, die von verschiedenen Personen vertreten werden. Insofern gehen Effizienzargumente in den politischen Prozeß ein; doch geschieht die Implementation spezifischer Programme ausschließlich über den herkömmlichen Integrationsmechanismus der 'guanxi' und latenten Fraktionen, d.h. ohne Bezug zu Effizienzüberlegungen.[253] Wenn man der Einfachheit halber die REP-Funktion ausklammert und die oben genannte rekursive Entscheidungstruktur als impliziten Bestandteil von CHAN betrachtet, dann kann diese Wechselwirkung zwischen PRO und politischem System folgendermaßen skizziert werden:
||<Mem>|<Deco>|<Ass>|<Dec>||<Dec>PRO(SOC)*/SOC#DEC(SOC)|/GR#DEC(GR)|/IND#DEC(IND)|/GR#DECO(GR)|/SOC#CHAN(SOC)|/GR#DECO(GR)|/GR#<Mem-Dec>PRO(GR)|/SOC#<Dec>PRO(SOC). Dies bedeutet, daß zumindest für die erste Phase der jüngeren chinesischen Reformpolitik noch keine scharfe Grenze zwischen spezifisch ökonomischen und politischen Entscheidungsfunktionen bestand; im Gegenteil übernehmen politische Prozesse und dabei namentlich die skizzierten Funktionen der Ebene 'Group' wesentliche <Dec>PRO-Funktionen.

Betrachtet man also noch einmal die politischen Entscheidungsmechanismen näher, dann fällt auf, daß die Ebene 'Organization' offenbar nur geringe eigenständige Entscheidungsfunktionen in dem Sinne besitzt, daß z.B. organisatorische Teileinheiten selbständig formulierte Ziele verfolgen; Pye sprach deshalb einmal von "a bureaucratic polity, but not a bureaucratic politics".[254] Dies wird vor allem zum Teil dadurch bewußt erreicht, daß die Partei als Parallelorganisation mit der Dominanz informaler Entscheidungsmechanismen den Zugang zu Positionen im staatlichen Verwaltungsapparat kontrolliert.[255] Dabei wird die Ebene 'Organization' innerhalb der Partei von

Gruppenprozessen beherrscht; dies überträgt sich auf den Aufbau der staatlichen Verwaltung. In dieser Verwaltung ist das 'Büro' als eigentliches ausführendes Organ der Exekutive zwar eine langfristig stabile Einheit und dient dementsprechend auch als Identifikationskern der Mitarbeiter ('danwei'). Der weitere formale Rahmen der Ministerien ist dagegen sehr flexibel und wird ständig den politischen Erfordernissen angepaßt. Derartige Anpassungsvorgänge spiegeln häufig Verschiebungen in den persönlichen Machtpositionen der Führungspersonen wider, die in der Regel nur gering fachlich spezialisiert sind. An der Spitze der Verwaltung ist daher die politische Macht nur sehr lose mit bestimmten Verwaltungsfunktionen oder Organisationen assoziiert; dies drückt sich auch darin aus, daß die Beziehungen zwischen Ministern einerseits und Kommissionen, Vizepremiers oder Staatsräten andererseits von einer verwirrenden Vielfalt von Kompetenzzuweisungen beherrscht wird.[256]

Diese entscheidende Rolle der Gruppenprozesse innerhalb der Partei für die Allokation von Verwaltungsmacht kann folgendermaßen skizziert werden (es gilt wieder, daß die rekursive Entscheidungstruktur bei CHAN implizit gegeben ist):
||<Deco>|<Ass>||<Dec>|<Dec>|<Bou-Dec>DEC(SOC)*/ORG#<Deco-Inp>ING(ORG)|/SOC#DECO(SOC)|/ORG#DEC(ORG)|/GR#DEC(GR)|/IND#DEC(IND)|/GR#DECO(GR)|/SOC#CHAN(SOC)|/GR#DECO(GR). Die spezifischen Kommunikationsnetze in der Verwaltung entsprechen:
<Dec>|<Dec>|<Bou>|<Chan>|<Dec>CHAN(ORG)/ORG#DEC(ORG)|/GR#CHAN(GR)|/GR#DECO(GR)|/IND#DEC(IND)|/GR.

Eine wichtige Konsequenz von Prozessen der Ebene 'Group' ist, daß <u>Individuen</u> innerhalb der jeweiligen Bezugsgruppen eine erhebliche Autorität besitzen und damit konkrete politische Maßnahmen beeinflussen können. Nach dem traditionellen Grundmuster feldabhängiger Verhaltensregulation spielt dabei der Faktor 'Alter' eine große Rolle bzw. abgeleitet auch der 'Generation'. So sind unterschiedliche Gruppen nach dem Generationsprinzip hierarchisch geordnet, wobei die 'guanxi' die Generationen zwar verknüpfen, gleichwohl aber die Loyalitäten innerhalb einer Generation die 'guanxi' zu Angehörigen einer jüngeren Generation dominieren.[257] Es gilt also: |<En>|<Ass>|<Mem>|<Dec>|DEC(SOC)/GR#DEC(GR)|/GR#DECO(GR)|/IND#MEM(IND)|/SOC#REP(SOC)|/GR#DECO(GR)|/SOC. Da innerhalb der Spitze der

Gerontokratie wiederum Einzelpersonen solange die Führungsgruppe beherrschen können, als Loyalität und Reziprozität gewahrt bleiben, besteht für das Gesamtsystem stets die Gefahr, in eine individuelle Autokratie umzuschlagen, ohne daß die formale Struktur des Staates dies vorsieht. Über Gruppenprozesse kann also DEC(SOC) bis hin zu DEC(IND) verlagert werden, wie es besonders während der Ära Mao der Fall war; dies hat dann natürlich weitreichende Folgen für die Anpassungseffizienz des Gesamtsystems.[258] Obgleich nach 1978 eine Stärkung formaler Entscheidungsverfahren insbesondere des Staatsrates diese Gefahr bannen sollte[259], führt insbesondere der latente Generationenkonflikt dazu, daß zum einen de facto Individuen (vor allem natürlich Deng Xiaoping) einen erheblichen Einfluß auf die Politik nehmen, und zum anderen nach wie vor die inhärente Tendenz zum vollständigen 'Umkippen' des Systems besteht. Ein konkreter Ausdruck dieser Sachlage ist die weiterhin grosse Bedeutung der politischen Nachfolgeprobleme, die mit einem Generationenwechsel aufgeworfen werden. Auch für die gegenwärtige Reformpolitik gilt, daß ihr Fortgang nach dem Tode Deng Xiaopings nicht nur durch Argumente rationaler sozialtechnologischer Gestaltung determiniert wird, sondern auch durch die Verschiebungen von Machtpositionen und Loyalitäten innerhalb der 'guanxi'-Netze, die nach Generationen hierarchisch geordnet sind.[260] Diese Bedeutung persönlicher Nachfolge für die wirtschaftspolitische Kontinuität läßt sich knapp folgendermaßen fassen: <En>|<Rep>|<Mem>|<Ass>|<En-Dec>PRO(SOC)/ORG# <Dec>PRO(ORG)|/ORG#<Ass>DEC(ORG)|/IND#MEM(IND)|/GR#DECO(GR)| /IND.

Im Überblick kann man also feststellen, daß Gruppenprozesse zur Folge haben, daß ähnlich wie im traditionellen politischen System die persönliche Macht und ihre ethische Selbstkontrolle Angelpunkt der systemaren Entscheidungsfunktionen sind.[261] Pye faßt die Bedeutung von 'Macht' daher in drei Funktionsprinzipien politischer Prozesse zusammen[262]: Erstens, die beteiligten Individuen begreifen Machtbeziehungen als eine umfassende, abgeschlossene und ausschließliche Hierarchie von Personen, weniger von Instanzen; dementsprechend ist es sehr schwer, formale Differenzierungen zwischen verschiedenen autonomen Trägern legitimierter Macht durchzusetzen oder soziale

Teilbereiche wie 'Politik' und 'Wirtschaft' gegeneinander abzugrenzen.[263] Zweitens, bei sozialen Interaktionen nimmt die hierarchische Statusdifferenz zwischen den Beteiligten entscheidenden Einfluß auf die konkreten Ergebnisse, d.h. die symbolische Repräsentation personenbezogener Hierarchien hat <u>neben</u> organisatorischen Bestimmungen oder gesetzlichen Regeln eine eigenständige Lenkungs- und Kontrollfunktion. Drittens, Macht wird über Netze persönlicher Beziehungen vermittelt, die gleichzeitig die strikte Statushierarchie in dem Sinne auflokkern, als die Macht durch die laufende Reziprozität der entsprechenden sozialen Interaktionen legitimiert werden muß.

Abschließend sei die Bedeutung informaler Gruppenprozesse und persönlicher Autorität am Beispiel wirtschaftspolitischer Entscheidungsprozesse verdeutlicht. Vor 1978 wurde die Wirtschaftspolitik nahezu auschließlich vom Fraktionalismus beherrscht; formale Entscheidungsmechanismen besaßen so gut wie keine Gültigkeit. Seit 1978 haben einerseits formale Prozeduren erheblich an Bedeutung gewonnen[264] und andererseits sind die informalen Prozesse wieder auf der Ebene 'Group' stabilisiert worden, d.h. das System wird nicht mehr ausschließlich von der Machtposition eines einzelnen Individuums dominiert. Bemerkenswert ist insbesondere, daß die funktional spezialisierten Organe des Staatsrates die relevanten wirtschaftlichen Aktivitäten über eine Fülle von Detailregelungen zu steuern suchen. Sobald jedoch übergreifende Probleme zu bewältigen sind, die auf der höchsten ministeriellen Führungsebene abgestimmt werden müssen, treten institutionell diffuse Gruppen von Entscheidungsträgern an die Stelle der formalen Instanzen. Bei derartigen Vorgängen laufender Konfliktregulierung, Interessenabwägung und Setzung von Prioritäten hängt die Realisation der Zielvorstellungen einzelner Ressorts entscheidend davon ab, ob sich eine wichtige Person in der obersten Führungsgruppe mit den Ressortbelangen identifiziert - ist eine solche persönliche Bindung nicht vorhanden, dann wird selbst im Falle sachlicher Relevanz in der Regel keine Berücksichtigung erfolgen.[265]

Die 'institutionelle Diffusität' der Wirtschaftspolitik schlägt sich vor allem in zwei Formen nieder. Zum einen werden wichtige Detailkonzepte in einer 'Reformkomission' ausgearbeitet, die bis 1987 unter der persönlichen Leitung des damaligen Ministerpräsidenten Zhao Ziyang stand. Komissionen stehen zwar an der Spitze der staatlichen Verwaltung, doch haben sie eher einen Stabscharakter, da sie nicht unmittelbar gegenüber den Ministerien weisungsbefugt sind; allerdings sind die Ministerien in den Komissionen vertreten, so daß eine wechselseitige Beeinflussung möglich ist. Zhao Ziyang bestimmte natürlich durch seine persönliche Autorität die Entscheidungsprozesse in dieser Komission nachhaltig; seine eigene Politik ist jedoch nicht unabhängig von exogenen Gruppeneinflüssen. Die zweite Form institutioneller Diffusität betrifft daher den Umstand, daß die Grundlinien der Politik zumindestens in der ersten Hälfte der achtziger Jahre von keinem der formal legitimierten Entscheidungsorgane wie Staatsrat, ZK-Sekretariat oder Politbüro definiert wurden, sondern von einer Gruppe führender Persönlichkeiten mit einem Kern, der nach dem Senioritätsprinzip gebildet ist, und sich vornehmlich aus den noch lebenden Führern des 'Langen Marsches' zusammensetzte.[266] Die Mitglieder dieses 'Ältestenrates' besitzen de jure gar keine Entscheidungskompetenzen, da sie lediglich der schon erwähnten 'Zentralen Beraterkomission' angehören.

Wie Kokubun jüngst in einer detaillierten Analyse gezeigt hat, können derartige informale Entscheidungsgruppen allerdings auch Sachfragen großer Bedeutung regulieren; im untersuchten konkreten Fall ging es um den grundsätzlichen Wandel der Außenwirtschaftspolitik und speziell um die Stornierung bedeutender Auslandsaufträge zwischen 1980 und 1981 (u.a. im Zusammenhang des umstrittenen Baoshan-Stahlwerkes).[267] Entscheidungen derartiger Komplexität und Bedeutung hätten offenbar nicht mit der gebotenen Schnelligkeit von den zuständigen Instanzen getroffen werden können, insbesondere weil Konflikte zwischen Ministerien bestanden. Innerhalb der Führungsgruppe älterer Autoritätspersonen - damals vor allem Deng Xiaoping, Chen Yun, Li Xiannian und Hua Guofeng - konnte die radikale Kehrtwendung in der Außenwirtschaftspolitik derart rasch eingeleitet werden, daß die ausländischen Geschäftspartner arg überrascht waren. Die neue Linie wurde mit der Amtsenthebung Huas bekräftigt und von der ausschlaggebenden Autoritätsperson, Deng, definiert, so daß nahezu ebenso rasch eine Wiederaufnahme der Geschäftsbeziehungen erfolgen konnte, die durch Stornierungen unterbrochen worden waren. Bei diesen Vorgängen spielten persönliche Ressortbindungen und Loyalitätsgruppen eine herausragende Rolle. Während der Implementationsperiode des 'Großen Sprungs nach Westen' (1978-1980) trieb neben Hua Guofeng vor allem Li Xiannian diese Politik voran und konnte dabei mit der Unterstützung Deng Xiaopings rechnen, der generell für die Öffnungspolitik votierte. Nach 1980 trat dann der Einfluß Chen Yuns in den Vordergrund. Li und Chen repräsentierten jeweils bestimmte Ressortinteressen und Ministergruppen, und zwar jeweils aus den Bereichen Erdöl und Metall bzw. Planung und Finanzen. Nach der radikalen Wende innerhalb der Führungsgruppe verlor die Loyalitätsgruppe um Li ihre exekutiven Funktionen, während Mitglieder der Gruppe um Chen wichtige, zum Teil neugeschaffene Positionen in übergreifenden Kontrollgremien erhielten, wie z.B. Bo Yibo, der Vorsitzender einer neuen 'Komission für Maschinenbau' wurde.

Eine derart enge Verknüpfung zwischen Gruppenprozessen innerhalb der Führungsspitze und spezifischen administrativen Handlungen stellt allerdings eher die Ausnahme dar, ist jedoch gut geeignet, um die Bedeutung der Ebene 'Group' für die Implementation der Wirtschaftspolitik zu illustrieren.[268] Wie schon bemerkt, geht es in der Regel eher um grundlegende Abstimmungen der allgemeinen Richtung der Politik. Dies bringt es mit sich, daß eine beträchtliche semantische Lücke zwischen den Vorstellungen besteht, die innerhalb der Führungsgruppe zu wirtschaftspolitischen Fragen vertreten werden, und den konkreten administrativen Handlungen. Dies entspricht exakt der oben getroffenen Feststellung, daß die Wirkung feldabhängiger Verhaltensregulation dazu führt, daß intermediäre handlungsrelevante Regelwerke schwach ausgeprägt sind. Praktische Konsequenz dieser Sachlage ist die Diffusität der Beziehungen zwischen spezifischen wirtschaftspolitischen Maßnahmen und der Dominanz bestimmter Auffassungen innerhalb der Führungsgruppe.

Dies wird besonders deutlich, wenn man untersucht, welche wirtschaftspolitischen Positionen von den maßgebenden Persönlichkeiten der Reformperiode vertreten werden, nämlich Deng Xiaoping, Zhao Ziyang und Chen Yun.[269] Bei der politischen Schlüsselfigur Deng Xiaoping zeigt sich dann überraschenderweise, daß <u>Deng</u> bei der Wirtschaftspolitik im engeren Sinne eher uninformiert und inaktiv ist: seine Autorität richtet sich im wesentlichen auf vage, fast symbolische Zielsetzungen wie die 'Öffnung nach Außen' oder die 'Beschleunigung der wirtschaftlichen Entwicklung'.[270] Auf der anderen Seite ist es gerade der vielbeschworene 'Pragmatiker' <u>Deng</u>, der das Erbe <u>Maos</u> in der chinesischen Politik am konsequentesten fortführt. Dies ist daran abzulesen, daß er zwar bereit ist, ein breites Spektrum sozialtechnologischer Maßnahmen als Handlungsmöglichkeiten zu akzeptieren, jedoch andererseits sehr strikte Vorstellungen hat, was die Rolle der Partei und der <u>moralisch-politischen Kultur</u> im Lande angeht. Seiner Auffassung nach muß die politische Kontrolle der Wirtschaft über "Denken und Regeln" erfolgen, wobei über das "Denken" die prinzipielle 'tuanjie' Chinas gewährleistet werden müsse.[271] Ein wesentlicher Unterschied besteht allerdings zur maoistischen Tradition der ethischen politischen Kontrolle: <u>Deng</u> spricht dem positiven Recht eine wesentliche Funktion bei der Sicherung politischer Stabilität zu. Diese Haltung vermag natürlich eine wichtige Antriebskraft für die Ausbildung einer berechenbaren Reformpolitik sein.[272] <u>Chen Yun</u> und <u>Zhao Ziyang</u> weisen im Gegensatz zu <u>Deng</u> nur geringfügige Verbindungen zur maoistischen Tradition auf. <u>Chen Yun</u> hatte Mitte der fünfziger Jahre ein sehr konkretes wirtschaftspolitisches Programm propagiert, das sich knapp mit den Stichworten umreißen läßt: straffe zentrale Planung mit einer möglichst weitgehenden Vielfalt der Steuerungsmittel (z.B. auch Preise oder Zinsen), begrenzte Freiräume für den Markt hauptsächlich im Agrarsektor, Pluralismus der Eigentumsformen und Finanzkonservativismus.[273] Im Zusammenhang der jüngeren Reformpolitik bleibt seine Position jedoch eher vage, da er z.B. keine spezifischen Aussagen zur möglichen Gestalt zentraler staatlicher Planung tätigt, d.h. zur Konstruktion des Käfigs, der den Vogel 'freier Markt' beherbergen soll. Klar ist im Grunde nur, daß <u>Chen</u> stets die <u>zentralistische Option</u> der Politik vertritt, wobei im Gegensatz zu <u>Deng</u> 'Zentralismus' nicht nur die Rolle des Staates als 'moralisches Zentrum' meint, sondern auch als direkt handelndes administratives Zentrum. <u>Zhao Ziyang</u> hingegen bezieht keine klar definierte Position zur Frage des Zentralismus bzw. ganz allgemein zu Ordnungsfragen. Er ist eher ein klarer Befürworter prozeduraler Rationalität, d.h. seine spezifischen wirtschaftspolitischen Vorstellungen leiten sich zumeist aus der Expertenanalyse bestimmter Probleme und den dort empfohlenen Heilmitteln ab. Zhao selbst scheint Präferenzen für Rationalisierungsmaßnahmen zu besitzen, z.B. im Bereich der staatlichen Verwaltung oder in Unternehmen mit Hilfe moderner Managementmethoden.

Im Überblick läßt sich also festhalten, daß die Entscheidungsprozesse und Politikimplementation auf der höchsten Stufe der systemaren DEC-Hierarchie äußerst komplexe Wechselwirkungen zwischen den Ebenen 'Group' und 'Organization' aufweisen. Um das Beispiel der Außenwirtschaftspolitik einmal im Detail zu betrachten: |||<Dec>|<En>|<Ass>||<Dec>|<Dec>||<Dec-Bou> PRO(SOC)*/ORG#<Dec-Bou-Dis>PRO(ORG)|/ORG#DEC(ORG)|/GR#DEC(GR)| /IND#DEC(IND)|/GR#DECO(GR)|/SOC#CHAN(SOC)|/SOC#DECO(SOC)|/IND #DEC(IND)|/GR#DEC(GR)|/GR#DECO(GR)| = ||<Deco>|<Ass>||<Dec>| <Dec>|<Bou-Dec>DEC(SOC)*/ORG#<Deco-Inp>ING(ORG)|/SOC#DECO(SOC)| /ORG # DEC(ORG)|/GR#DEC(GR)|/IND#DEC(IND)|/GR#DECO(GR)|/SOC# CHAN(SOC)|GR#DECO(GR)|. Dabei verbirgt sich hinter CHAN wieder die rekursive Entscheidungstruktur in Gruppennetzen.

Evolutionstheoretisch ist nun besonders bemerkenswert, daß sich nicht nur auf der Mikroebene ein Zusammenhang zwischen feldabhängiger Verhaltenssteuerung und feldabhängiger Kognition verzeichnen läßt, sondern daß sich über die Gruppenprozesse ein ähnlicher Zusammenhang auch auf höheren Systemebenen ergibt, d.h. sogar auf der Ebene 'Society'.[274] Der Pragmatismus der Reformpolitik hängt eng mit der Tatsache zusammen, daß mit der Dominanz der Führungsgruppe in der chinesischen Politik gleichzeitig ein Keil zwischen allgemeine und abstrakte Wertvorstellungen einerseits und das konkrete wirtschaftspolitische Handeln andererseits getrieben wird. Dieser kognitive Aspekt der Reformpolitik wird im nächsten Kapitel noch näher analysiert werden. An dieser Stelle muß nun noch eine exemplarische Analyse der spezifischen Ausdrucksformen von Wechselwirkungen zwischen den Ebenen 'Group' und 'Organisation' bei <Dec>PRO(SOC) erfolgen. Dabei soll es sich zum einen um Fragen der innerbetrieblichen Organisation und Unternehmensverfassung handeln und zum anderen um die Entstehung korporativer Ordnungen im Verlauf der Reformpolitik.

4. Die Entstehung spontaner Ordnungen der Ebenen 'Organization' und 'Society' durch die Effekte von Gruppenprozessen

Die bislang skizzierten normativen Grundmuster von Entscheidungsprozessen in der chinesischen Gesellschaft können in jedem Teilbereich wiederentdeckt werden. Die bereits analysierte Dynamik der Gruppenprozesse in der Politik ließ deutlich werden, daß offenbar die Anlagen zur feldabhängigen Verhaltenssteuerung, die von den Individuen über die erfahrene Sozialisation in jede spezifische soziale Interaktion eingebracht werden, Anlaß zur Entstehung spontaner Ordnungen sein können. Diese spontanen Ordnungen entwickeln sich über die laufende wechselseitige Beeinflussung zwischen spezifischen organisatorischen und institutionellen Regelungen einerseits und den gruppenbezogenen individuellen Verhaltensweisen andererseits. Auf der Ebene 'Society' entstehen dann bestimmte makrosoziologische und - wie noch zu zeigen sein wird - makroökonomische Phänomene und grundlegende Ordnungsmuster, die als charakteristisch für die chinesische Kultur betrachtet werden können. Ein solches Grundmuster ergibt sich beispielsweise aus den beiden Verlagerungsgestalten, die im Zusammenhang der lateralen Dispersion von DEC auf der Ebene 'Organization' und bei der Analyse der rekursiven Entscheidungstruktur auf der Ebene 'Group' identifiziert worden sind: <Ass>|<Deco>| ... | <Dec>|<Dec>|<Dec>|<Dec>||<Dec>PRO(SOC)/ORG#<Dec>PRO(ORG)|/ORG #<Dec>PRO(ORG)|/ORG| ... |/GR#DEC(GR)|/IND#DEC(IND)|/GR#DEC(GR)| /IND#DEC(IND)| ... |/SOC#<Deco>DEC(SOC)|/SOC. Bei der Betrachtung dieser Verlagerungsgestalt ergeben sich drei Fragen, von denen zwei im folgenden untersucht werden und die dritte im nächsten Kapitel. Was die letztere betrifft, so ist für die technische Anpassungsoptimierung von <Dec>PRO(SOC)-Funktionen offenbar ausschlaggebend, wie das skizzierte Grundmuster fortzuführen ist, d.h. ob Lernprozesse PRO-spezifisch ablaufen oder nicht. Die bisherige Analyse betrachtete ausschließlich jene Aspekte der Entscheidungsprozesse auf der höchsten Stufe von DEC, bei denen über die Gruppendynamik keine scharfe Trennung zwischen spezifisch politischen und spezifisch ökonomischen Entscheidungen generiert wurde.[275]

Liegt jedoch eine spezifische <Dec>PRO(SOC)-Funktion vor, dann können sich natürlich dennoch außerhalb der hierarchischen

DEC-Funktionen der Ebene 'Organization' Einflüsse der Gruppenprozesse auf die Beziehungen zwischen Organisationen ergeben. In der oben skizzierten Verlagerungsgestalt wird z.B. der bereits geäußerte Gedanke wiedergegeben, daß die tauschtheoretisch nachvollziehbare Relation zwischen Zentrale und Regionen in 'guanxi'-Netzen mikrosoziologisch verankert werden kann. Für den Reformprozeß ergibt sich daraus die bedeutsame Frage, ob nicht auch Marktprozesse als Phänomene der Ebene 'Society' über die Ebene 'Group' beeinflußt werden könnten; und noch konkreter: es könnte möglich sein, daß durch die Wirkung feldabhängiger Verhaltenssteuerung der Ebene 'Group' organisatorische Strukturen spontan entstehen, die zu Funktionsverlagerungen von <Dec>PRO(SOC) zur Ebene 'Organization' Anlaß geben, und zwar ohne daß dies von der zentralen Wirtschaftspolitik intendiert ist. Diese Frage wird unter dem Stichwort 'Korporativismus' diskutiert werden.

Zunächst wird jedoch ein anderes Problem aufgegriffen. In der westlichen Sozial- und Wirtschaftstheorie spielen Vorgänge der Ebene 'Individual' eine herausragende Rolle; dies wird mit dem Argument begründet, daß nur Individuen Träger von Wissen und als 'Unternehmer' im weitesten Sinne von Lernprozessen sein können. Auch hier ergibt sich also die Frage, inwieweit die oben skizzierte Verlagerungsgestalt bis zur Ebene 'Individual' fortzusetzen ist, um ASS-Funktionen beschreiben zu können. Im Bereich höchster wirtschaftspolitischer Entscheidungsprozesse war bereits deutlich geworden, daß sich die spezifische Ausdrucksform individueller Entscheidungen aus der Gruppendynamik ergibt, d.h. das einzelne Individuum, das sich im Loyalitätsnetz als Führungspersönlichkeit herausbildet, ist in der Lage, seine Erfahrungen über die eigene Autorität in politische Aktionen umzusetzen. Nun ist natürlich zu überlegen, inwieweit ähnliche Effekte feldabhängiger Verhaltenssteuerung auch im Unternehmensbereich auftreten können. Geht man dabei einmal von Cantillons Verständnis des Individuums als 'Unternehmer seiner Arbeitskraft' aus[276], wären also zwei repräsentative Problembereiche zu untersuchen: Erstens, die Rolle der unternehmerischen Führungspersönlichkeit in der Unternehmensorganisation, und zweitens, der Umfang individueller Freiräume des einzelnen Arbeitnehmers bei der Gestaltung der sozialen und wirtschaftlichen Bedingungen der Arbeit im Unternehmen. Evolutionstheoretisch ist die Rolle des Individuums in systemaren Lernprozessen insofern prioritär, als ontologisch nur das Individuum materieller Träger idiosynkratischer Verhaltensvarianten sein kann, die als Innovationen Teil der 'Kultur' eines Ökosystems werden können. Ob diese Möglichkeit freilich Realität wird, hängt von Vorgängen ab, die zu einem wesentlichen Teil auf höheren Ebenen als der Ebene 'Individual' ablaufen. Im chinesischen Fall liegt die Annahme unmittelbar nahe, daß die Ebene 'Group' deshalb eine hervorragende Bedeutung besitzen muß, weil jede individuelle Verhaltensidiosynkrasie einen Bruch mit der Gruppenkonformität bedeuten muß; ist jedoch die personale Identität stark an die feldabhängige Verhaltensregulation durch die Gruppe gebunden, so wirft der Nonkonformismus erheblich schwerwiegendere Probleme für das Individuum auf, als dies der Fall ist, wenn über komplexere Rollenmuster der Ebene 'Society' ein ausgeprägterer Verhaltenspluralismus möglich ist.[277]

Im Rahmen der gegenwärtigen Reformpolitik dient der Begriff des 'Unternehmers' als eines der wesentlichen Leitbilder der Unternehmensreform.[278] Vor allem in der Managementtheorie und -praxis wird nachdrücklich ein selbstbewußter Individualismus im Dienste der Modernisierung Chinas gefordert; so waren einige vom Staatsrat besonders gelobte unternehmerische Fabrikdirektoren der Auffassung, daß ein sozialistischer Unternehmer Neuerungswillen, Risikobereitschaft, Selbstvertrauen und Beharrlichkeit als besondere Charaktereigenschaften aufweisen müsse; im kognitiven Bereich solle Phantasie und analytische Entscheidungskraft dominieren. Politische Standfestigkeit und 'Liebe zum Vaterland' wurden zwar als wichtig erachtet, doch eher im Sinne prinzipieller moralischer Werte, als einer Verpflichtung zu Disziplin und Regeltreue. Die Fabrikdirektoren empfahlen daher, die Managementausbildung in China so auszurichten, daß die weitverbreitete Neigung zu Passivität und Konformismus abgebaut werde.[279] Im Jahre 1985 fanden dementsprechend intensive Diskussionen zur Frage der Stellung des Fabrikdirektors in der Wirtschaftsordnung statt; dabei ging es vor allem um den staatseigenen Sektor, bei dem der mögliche Interessenkonflikt zwischen staatlich repräsentiertem 'Gemeinwohl' und individuellem Handeln am schärfsten ausfallen kann. Konkret ging es hier vor allem um zwei Probleme: Erstens, welche Position nimmt der Fabrikdirektor im staatseigenen Betrieb ein, d.h. vertritt er die Interessen des Staates oder die des Unternehmens, und zweitens, wie sollte das Verhältnis zwischen Direktor und Parteikomitee gestaltet werden?

Auf einem eigens veranstalteten Symposium mit Fabrikdirektoren aus dem Reformvorreiter Sichuan wurde deutlich, daß hinsichtlich des ersten Problems eine erhebliche Unsicherheit besteht.[280] Die meisten der Teilnehmer identifizieren sich eindeutig mit ihrem Unternehmen (70%), fühlen sich aber zum Lippenbekenntnis veranlaßt, das Interesse des Staates zu vertreten. Einige Teilnehmer sind der Auffassung, daß der Fabrikdirektor mit der Forderung eines Interessenausgleichs zwischen Staat, Unternehmen und Mitarbeitern völlig überansprucht werde; dies müsse vielmehr über allgemeine Regeln der Rechts- und Wirtschaftsordnung bewerkstelligt werden, wobei zwischen Staat und Unternehmen die Steuerpflicht das entscheidende Bindeglied sei.

In der laufenden Diskussion, die natürlich von den verschiedensten Reformexperimenten begleitet wird[281], besitzt die These, daß der Direktor ausschließlich den Staat vertrete, nur eine nebensächliche Bedeutung; die widerstreitenden Positionen sind vielmehr erstens, die Auffassung, daß der Direktor ausschließlich der Repräsentant der Unternehmensinteressen sei, und zweitens, die Theorie vom 'Doppelcharakter' ('shuang zhong sheng fen') des Direktors. Für die erste Option wird vor allem das Argument angeführt, daß es unnötig sei, über die Verpflichtungen hinaus, die ein Unternehmen als Rechtsperson gegenüber dem Staat besitze, noch eine besondere Bindung des Vertreters dieser Rechtsperson zum Staat zu postulieren. So sei es z.B. widersinnig, warenwirtschaftliche Beziehungen zwischen 'Staatsvertretern' herzustellen, nicht aber zwischen 'Unternehmensvertretern'; solange der Fabrikdirektor noch in irgendeiner Weise abhängig von der staatlichen Verwaltung sei, werde es erheblich erschwert, die Unabhängigkeit der Unternehmen durchzusetzen. Darüber hinaus sei es bei der geplanten Ausweitung demokratischer Prinzipien der Unternehmensführung unabdingbar, daß der Direktor - z.B. im Falle einer Wahl durch die

Belegschaft - eindeutig dem Unternehmen zugeordnet ist.[282]
Die zweite Position begründet die 'Theorie vom Doppelcharakter'
vor allem eigentumstheoretisch. Zwar ergebe sich die relative
Autonomie des Staatsunternehmens aus der Trennung zwischen Eigentum und Verfügungsrechten, doch handele der Direktor besonders im Innenverhältnis als Staatsvertreter und im Auftrage
des Eigentümers. Dabei drehe es sich weniger um ein juristisches, als vielmehr um ein ökonomisches Argument. Daraus ergebe sich freilich, daß die Position des Direktors je nach den
allgemeinen ordnungspolitischen Rahmenbedingungen unterschiedlich ausgeprägt sein kann; dementsprechend sei die These vom
'Doppelcharakter' nur für bestimmte Unternehmenstypen anwendbar, d.h. vor allem für große und mittlere Staatsbetriebe.[283]
Im Anschluß an diese Auseinandersetzungen wurde dann im Dezember 1985 ein programmatisches Papier der führenden Köpfe der
Unternehmensreform veröffentlicht, das die Eigentümlichkeiten
der chinesischen Unternehmensverfassung im Gegensatz zur sowjetischen und jugoslawischen erläuterte.[284] Zur Stellung des
Fabrikdirektors wurde eine Kompromißthese formuliert, indem
spitzfindig zwischen 'Doppelfunktion' und 'Doppelcharakter' unterschieden wird; man sprach sich zwar gegen die Theorie vom
'Doppelcharakter' aus, war jedoch der Auffassung, daß das spezielle Verhältnis zwischen Staat und Unternehmen bereits im
Rechtsinstitut der 'Rechtsperson' geregelt sei. Die Stellung
des Fabrikdirektors sei daher vom Unternehmenstyp abhängig und
von den konkreten Regelungen im Einzelfall; bestimmte grundlegende Rechte des Staates als Eigentümer könnten jedoch selbst
beim verpachteten Staatsunternehmen nicht aufgehoben werden.[285]

Als Ergebnis dieser Diskussionen bleibt festzuhalten, daß
der formale Rahmen der Tätigkeit von Direktoren keine eindeutige rechtliche Absicherung des individuellen Unternehmertums
bietet, zumindestens, was das Staatseigentum angeht.[286] Dies
ist im gegebenen Zusammenhang insofern wichtig, als damit Mechanismen feldabhängiger Verhaltensregulation wirksam werden
können, ohne daß die Individuen die Möglichkeit besitzen, bei
dem Versuch nicht-konformen Verhaltens sich auf die Legitimation durch allgemeine Regeln berufen zu können. Die ordnungspolitische Kontingenz ist die wichtigste exogene Voraussetzung
einer Dominanz der Ebene 'Group'.

Eine solche Dominanz ist auch in der Tat gegeben, wenn man wiederum betrachtet, welche Rolle das Parteikomitee im Verhältnis zum Direktor spielt bzw. spielen soll. Der Grundtenor der reformpolitischen Zielvorstellungen ist hier recht einheitlich: Das Komitee soll sich auf globale Führungs- und Kontrollfunktionen beschränken, und nicht mehr in die laufenden Managemententscheidungen eingreifen.[287] Dabei ist natürlich unklar, welche Entscheidungsarten vom Direktor allein angegangen werden können, d.h. in der Terminologie westlicher Managementlehre, wie weit seine Autonomie innerhalb der Führungsgruppe über den Bereich operativer Entscheidungen hinausreicht. Der allgemeine Trend scheint hier so zu verlaufen, daß im Prinzip die Tradition kollektiver Führung fortgesetzt wird, die aus der Kritik am sowjetischen Modell der 'Einmannleitung' entstanden war.[288] Obgleich viele Kritiker beanstanden, daß eine motivationstechnisch ungünstige Situation entsteht, wenn der Fabrikdirektor zwar einerseits formale Selbständigkeit und Verantwortung erhalte, andererseits aber von den Entscheidungen eines Gremiums beeinflußt werde, das selbst keine klar definierte Verantwortung für spezifische Handlungen trage, so bleibt dennoch die Autorität des Parteikomitees ungeschmälert, so weit sie über diffuse Gruppenprozesse umgesetzt wird.[289]

Wie eine derartige Umsetzung erfolgt, hängt vor allem davon ab, ob in einem Unternehmen eine Personalunion von Direktor und Parteisekretär vorliegt oder nicht. Sind Direktor und Sekretär nicht identisch, dann wird im allgemeinen die Auffassung vertreten, daß der Sekretär der wichtigste Mittelsmann zwischen Unternehmen und Verwaltung sei und bei allen wichtigen unternehmenspolitischen Entscheidungen ein Mitspracherecht besitze, vor allem aber bei der Personalpolitik. Der Direktor hat wiederum in jedem Fall gegenüber der Parteizelle Rechenschaft abzulegen. Die Kritiker dieser Arbeitsteilung beanstanden, daß ein solches System sich aufgrund des höheren politischen Status des Sekretärs zu einem informalen 'Parteisekretärsystem' entwickeln würde, d.h. der Status Quo bliebe unverändert, und weiterhin, daß jeglicher Entscheidungsprozeß zu viel Zeit beanspruchen würde, weil erfahrungsgemäß untere Instanzen stets versuchen, direkt mit dem Sekretär in Kontakt zu gelangen, dessen Autorität höher eingeschätzt wird - der Se-

kretär müsse sich dann ständig mit dem Direktor rückkoppeln.
Die Personalunion bringt freilich ihrerseits das Problem mit
sich, daß der externe Einfluß der Parteiorgane auf das Unternehmen direkt wirksam werden kann; insbesondere ist zu beachten, daß der Direktor als Sekretär natürlich unmittelbar den
formalen disziplinarischen Regelungen der Partei unterworfen
ist.[290]
Die meisten Fabrikdirektoren votieren allerdings für die
Personalunion, weil sich in diesem Fall das Problem der Konkurrenz zwischen formaler Managementautorität des Direktors (Ebene 'Organization') und informaler politischer Autorität des
Sekretärs (Ebene 'Group') umgehen läßt; im Falle der Ämtertrennung werde die Effizienz der Entscheidungsprozesse im Unternehmen letztlich wesentlich durch die persönlichen Beziehungen zwischen Direktor und Sekretär determiniert.[291]

Sieht man freilich vom spezifischen Problem der Rolle der
Partei ab, so ist im Verlauf der Reformen zu beobachten, daß
die organisatorischen Konzeptionen in Theorie und Praxis eine
deutliche Präferenz für die Einrichtung von Führungsgruppen im
Bereich strategischer Entscheidungen aufweisen. Die individuelle Selbständigkeit des Direktors beschränkt sich in der Regel
auf die operativen - also rein exekutiven - Entscheidungen.[292]
Dabei ist bemerkenswert, daß viele Unternehmen derartige Gruppen nicht nur auf der höchsten Ebene der Unternehmensführung
einrichten (die 'chang wu hui'), sondern ganz nach dem Muster
traditioneller Korporationen eine Komiteehierarchie auf sämtlichen Ebenen aufbauen. Die jeweiligen Komiteevorsitzenden werden dann formal an die Gruppenentscheidungen gebunden. Das Führungskomitee kann z.B. dem Direktor Entscheidungen abnehmen
im Bereich der lang- und mittelfristigen Unternehmensplanung,
der Investitions- und Personalpolitik oder der Organisation.[293]

Betrachtet man spezifische Unternehmensverfassungen im Detail, dann zeigt sich auch in jenen Fällen, wo das Führungskomitee nicht umfassend weisungsbefugt ist, daß der Direktor
formal eng an die Gruppe gebunden ist. Er erhält in der Regel
weitreichende Kompetenzen , ist jedoch stets verpflichtet,
die Auffassungen der Gruppe in der Entscheidungsfindung zu berücksichtigen. Die Autorität der Partei wird einerseits über
die Teilnahme des Sekretärs in der Führungsgruppe wirksam und

andererseits durch die Überwachung des gesamten Kaderapparates.[294] Dies bedeutet, daß sämtliche Veränderungen des gesetzlichen Rahmens der Unternehmensautonomie kaum beurteilt werden können, wenn nicht im konkreten Einzelfall bekannt ist, wie die Entscheidungs- und Weisungsbefugnisse im Unternehmen verteilt sind. Die 'Individualisierung' der Unternehmenspolitik im Konzept des unternehmerisch handelnden Fabrikdirektors bedeutet intern häufig nur, daß der Direktor eindeutige <u>Weisungsbefugnisse besitzt, während die Entscheidungsbefugnisse diffus über Gruppen verteilt sind</u>. Der Direktor kann sich keinesfalls auf formale Regelungen berufen, um den Gruppeneinfluß abzublokken; will er seine unternehmerische Individualität durchsetzen, dann bleibt nur die Option, innerhalb der Gruppenhierarchie auch die informelle Autoritätsperson in der Führungsgruppe zu sein. Welche Folgen eine solche Konstellation für die Unternehmenspolitik hat, kann man freilich nur schwer abschätzen, denn weder läßt die westliche Organisationstheorie bislang eindeutige und verallgemeinerbare Aussagen zur Wechselwirkung zwischen Gruppenprozessen und individuellen Entscheidungen zu, noch könnten dementsprechend die kulturellen Besonderheiten Chinas berücksichtigt werden.[295]

Systemtheoretisch lassen sich die bislang skizzierten Entscheidungsstrukturen folgendermaßen beschreiben: |<Dec>||<En>| <Dec>|<En>|<Ass>|<Dec>PRO(SOC)*/ORG#<Dec>PRO(ORG)|/IND# ASS(IND)|/GR#DECO(GR)|/ORG#<Dec>PRO(ORG)|/GR#<En>DEC(GR)|/ORG #<Deco>PRO(ORG)|/GR#DECO(GR)| = |<Mem>|<Ass>|<Dec>|<En>||<Ass> PRO(IND)*/ORG#<Ass>PRO(ORG)|/IND#ASS(IND)|/ORG#<Deco>PRO(ORG)| /GR#DEC(GR)|/GR#<Ass-Dec>PRO(GR)|/SOC#DECO(SOC)|. Ein Urteil zur Effizienz läßt sich kaum bilden; systemtheoretisch gilt zwar, daß die Ebene 'Group' anpassungseffizienter operiert als die Ebene 'Individual', doch bedeutet Unternehmertum auch, daß wichtige Entscheidungsprozesse auf der Ebene 'Society' ablaufen. Ausschlaggebend dürfte sein, inwieweit Gruppenprozesse die Diffusität von <Bou>PRO(SOC) erhöhen, d.h. in welchem Ausmaß PRO-spezifische DEC-Funktionen durch sachfremde Informationen und vor allem Konfliktentscheidungen beansprucht werden. Je stärker nämlich DEC durch Konflikte belastet wird, desto größer wird der Anteil von Informationen und Entscheidungsvorgängen, die mit einer möglichen Reduktion von Spannungszuständen zusammenhängen; dabei können Verzerrungen von Prioritäten entstehen, die zu Störungen der Anpassungseffizienz führen.[296] Dies gilt insbesondere dann, wenn die Signale der Ebene 'Group' intensiver wahrgenommen werden als die Signale höherer Ebenen, wenn also z.B. der Einfluß der Gruppe für einen Fabrikdirektor mehr wiegt als allgemeine formale Regelungen der staatlichen Wirtschaftspolitik.

Ein konzentrierter Ausdruck derartiger Phänomene war in den letzten Jahren das vollständige Versagen der Lohnreform bzw. der Versuche, eine makroökonomische Kontrolle des Lohnfonds zu implementieren.[297] Hierbei spielen zwei globale Bestimmungsgründe zusammen: Zum einen die Tatsache, daß im Bereich der Allokation der Arbeitskräfte Prozesse der Ebene 'Society' eine eher geringe Rolle spielen (Markt), und zum anderen die unternehmensinternen Wechselwirkungen zwischen Belegschaft und Unternehmensführung, die über die Ebenen 'Group' und 'Organization' vermittelt werden.[298] Dabei greift die staatliche Wirtschaftspolitik besonders auf der Ebene 'Society' ein, und zwar mit bestimmten organisatorischen Maßnahmen wie der Besteuerung von Prämienfonds[299] und mit ordnungspolitischen Maßnahmen im Bereich des Arbeitsmarktes.[300]

Was in aller Kürze das letztere angeht, so wirken verschiedene staatliche Regulierungen nachhaltig mobilitätshemmend; geringe Mobilität bedeutet jedoch, daß die Wirtschaftssubjekte nicht die Möglichkeit besitzen, organisatorischen und Gruppenzwängen in einem konkreten Unternehmen auszuweichen, d.h. die einzige Alternative, ihre individuellen Präferenzen zu realisieren, besteht darin, die Entscheidungsprozesse im Unternehmen zu beeinflussen. Auf der anderen Seite wirken freilich einige staatliche Regulierungen derart, daß selbst im Falle der Möglichkeit des Arbeitsplatzwechsels die Individuen eher den Verbleib im Unternehmen wählen, weil ein Wechsel tangibles und intangibles Kapital entwertet. Tangibel sind z.B. der Zusammenhang zwischen der Dauer der Betriebszugehörigkeit und der Lohn- und Rentenhöhe, intangibel die Verläßlichkeit bestimmter 'guanxi'.[301] Hinzu kommt, daß die soziale Bewertung von Arbeitsplätzen mit der Eigentumsform eines Unternehmens variiert, da jeweils der Umfang sozialer Sicherheit bzw. zusätzlicher sozialer Dienste unterschiedlich ist.[302] Ähnliches gilt für die Statusdifferenz zwischen lebenslang angestellten Arbeitskräften und den befristet beschäftigten 'Vertragsarbeitern', die noch von den allgemeinen Rahmenbedingungen der räumlichen Mobilität beeinflußt wird.[303] Was die allgemeinen Entwicklungen der Arbeitsmarktpolitik angeht, so kommt hinzu, daß der Grad der individuellen Freiheit, bestimmte Arbeitsplätze auszuwählen, mit dem Grad der Knappheit der jeweiligen spezifischen Fähigkeiten korreliert, d.h. wenn der Bedarf größer ist als das Angebot, dann erfolgt entweder eine staatliche Verteilung der Arbeitskräfte oder besitzen die Unternehmen ein wesentliches Mitspracherecht bei individuellen Entscheidungen. Ist das Angebot wesentlich größer als die Nachfrage, so besteht zwar eine niedrigere Schranke des Marktzugangs, doch beeinflussen die Arbeitsämter, 'Arbeitsdienstleistungsgesellschaften' und Unternehmen in dem Falle die individuellen Entscheidungen wesentlich, wenn die Betreffenden nicht vollständig in die Privatwirtschaft abwandern, d.h. in der Regel, selbständig unternehmerisch aktiv werden.[304] Überschüssige Arbeitskräfte werden bislang immer noch hauptsächlich innerhalb der größeren Unternehmenseinheit eingesetzt, wo sie anfallen; dies betrifft nicht nur die bereits Beschäftigten, sondern auch deren Kinder. Die Unternehmen versuchen lediglich, den Beschäftigungsstatus herabzusetzen, um die Kostenbelastung zu minimieren; dies kann zum einen über revolvierende befristete Verträge geschehen, oder durch die Gründung von Tochterunternehmen mit einer 'niedrigeren' Eigentumsform, d.h. Staatsbetriebe gründen Kollektivbetriebe.[305]

Dies bedeutet also, daß die Mobilität von Arbeitskräften wesentlich auf der Ebene 'Organization' determiniert wird:
|<Ass>|<En>||<Dec-Mot>PRO(IND)*/SOC#<Dec-Dis>PRO(SOC)|/ORG#<Dec-Dis>PRO(ORG)|/ORG#<Deco>PRO(ORG)|/ORG#<Ass-Dec>PRO(ORG)|
= |<Dec>|<Bou>|<Dec-Dis>PRO(SOC)*/ ORG #<Dec-Dis-Pro>PRO(ORG)|/ORG#<Deco>PRO(ORG)|/ORG#<Dec>PRO(ORG)|. Dies spiegelt die tiefsitzenden ideologischen Hemmungen der Wirtschaftspolitik wider, in einem sozialistischen Wirtschaftssystem einen freien Arbeitsmarkt zu dulden. Zwar gehören die prinzipiellen Diskussionen um die Frage, ob es im Sozialismus überhaupt ein individuelles Eigentumsrecht an der persönlichen Arbeitskraft geben kann, sicherlich der Vergangenheit an, doch bedeutet dies

noch längst nicht, daß die Arbeitskraft der freien Wirkung des 'Wertgesetzes' unterworfen wird.[306] Hinzu kommt, daß innerhalb der wirtschaftspolitischen Beratung stark divergierende Stellungnahmen zu verzeichnen sind; dabei spielt interessanterweise das Argument eine große Rolle, daß eine 'spezifisch chinesische' Unternehmensverfassung sich eben deshalb durch eine stabilitas loci der Beschäftigten auszeichnen solle, weil nur in diesem Fall das Unternehmen als soziale, und nicht nur als wirtschaftliche Einheit, stabil sein kann. Eine solche Forderung nach einer Begrenzung der Reformexperimente mit flexiblen Arbeitsverträgen wird auch damit begründet, daß Partizipationsinstitutionen nur bei weitgehender Stabilität des Beschäftigungsstandes Sinn hätten.[307]

Die äußeren Rahmenbedingungen der Entscheidungsprozesse in Unternehmen bewirken demnach, daß die persönlichen Beziehungen zwischen Belegschaftsmitgliedern einen wesentlich größeren Stellenwert besitzen, als dies der Fall ist, wenn 'exit' eine ständig verfügbare Verhaltensalternative ist.[308] Was hier die Stellung der Unternehmungsführung angeht, so spielen Bestimmungsgründe der Ebene 'Group' und der Ebene 'Organization' zusammen, wenn in konkreten Situationen Wechselwirkungen zwischen Leitungsentscheidungen und den Präferenzen der Belegschaft entstehen.

Auf der Ebene 'Organization' entsteht eine solche Wechselwirkung formal dann, wenn es feste Kanäle der Partizipation von Arbeitnehmern bei Führungsentscheidungen gibt. In der Reformpolitik spielt der Partizipationsgedanke keine überragende Rolle. Man geht in der Regel davon aus, daß im Falle der Ausweitung der Unternehmensautonomie die absolute Macht des Fabrikdirektors ein gewisses Gegengewicht in Form der Mitarbeiterpartizipation erhalten müsse; wie dies konkret zu geschehen hat, ist abhängig vom Eigentumsstatus eines Unternehmens und seiner Größe.[309] Für den Bereich des kollektiven Eigentums sehen sämtliche neue Regelungen zur Unternehmensverfassung auf jeden Fall vor, daß die Belegschaft das Führungspersonal zu wählen habe sowie grundlegende Entscheidungs- und Kontrollfunktionen bei der strategischen Unternehmensführung besitzen müsse. Da jedoch de facto viele Kollektivunternehmen bislang nach dem Muster von Staatsbetrieben geleitet wurden, dürften die Entwicklungen im Staatssektor im Prinzip verallgemeinerbar sein.[310]

Die formalen Regelungen zur Mitarbeiterpartizipation betreffen vor allem die Rolle der Betriebsversammlung.[311] Echte Entscheidungsbefugnisse besitzt die Betriebsversammlung nur im Bereich des Arbeitsschutzes, der Sozialmaßnahmen und der Gestaltung des Prämiensystems, d.h. bei wichtigen Bestimmungsgründen der Kostenentwicklung eines Unternehmens. Bei der Unternehmenspolitik geht es eher um Diskussions- und Informationsrechte; u.U. besteht jedoch ein Vorschlags- oder gar Wahlrecht bei der Besetzung von Führungspersonen.[312] Bemerkenswert ist nun, daß die Organisation der Arbeit der Betriebsversammlung bereits das Komitee- und Gruppenprinzip berücksichtigt. Die alle zwei Jahre direkt gewählten Mitglieder der Betriebsversammlung werden außerhalb der regulären Sitzungszeit zu Gruppen zusammengefaßt, die ihrerseits Vorsitzende wählen. Die mindestens halbjährlich tagende Betriebsversammlung bestellt ein Leitungskomitee für die Erfüllung der laufenden Funktionen. Ist aus zeitlichen Gründen eine ordentliche Beschlußfindung durch die Betriebsversammlung nicht möglich, dann ist das Leitungskomitee im Rahmen einer Sitzung sämtlicher Gruppenleiter beschlußfähig. In größeren Unternehmen werden diese Regelungen zumeist dahingehend detailliert, daß ein hierarchisches (zumeist dreistufiges) System von Mitarbeiterversammlungen besteht, die jeweils bestimmte Partizipationsbefugnisse im relevanten Unternehmensbereich besitzen. Grundeinheit ist dabei die 'Gruppe' ('Produktionsgruppe' u.ä., 'banzu'), also eine Mannschaft z.B. an einem Fließband, in einer Werkstatt etc. Nach der Konzeption des führenden Theoretikers der Unternehmensreform, <u>Jiang Yiwei</u>, ist die Gruppe der eigentliche Kernbereich der betrieblichen Partizipation und Wirkung 'kollektiver Wirtschaftsgesinnung'.[313] Sie soll zur Basiseinheit im Verteilungssystem und der Arbeitsorganisation werden; während zwischen Gruppe und Unternehmensführung das Leistungsprinzip eindeutig dominieren müsse, sollten gruppenintern Leistungsorientierung und moralische Verteilungsprinzipien gleichberechtigt nebeneinander stehen.

In der Tat spielen Gruppen innerhalb der allgemeinen formalen Unternehmensorganisation eine immer größere Rolle; erwäh-

nenswert sind vor allem die Rückkehr zu traditionellen Formen des 'inside contracting' durch Gruppenführer und die Rezeption des japanischen Modells der 'QC-Gruppen'.[314] Tendenziell ergibt sich der Eindruck, als ob das Konzept der 'zweistufigen Ordnung' auch auf die Unternehmensorganisation angewendet würde, d.h. autonome Gruppenprozesse regeln die Angelegenheiten in ihrem unmittelbaren Umfeld, und die formale Unternehmensorganisation ist eine Art 'Überbau'.
Dieser Eindruck läßt sich näher spezifizieren, wenn man A. Walder's Untersuchungen zur Organisationskultur chinesischer Unternehmen einbezieht.[315] Wenn die Gruppe im Aufbau des Unternehmens eine zentrale Stellung erhält, dann bedeutet dies bei einer gleichzeitigen Anpassung oder Abschwächung formaler organisatorischer Regeln, daß die traditionelle Abhängigkeit des Individuums von der Gruppe und vor allem von der Autorität des Gruppenführers verstärkt wird. Werden außerdem wesentliche Entscheidungsbefugnisse zur Verteilung von Löhnen und Prämien zur Gruppe dezentralisiert, erhalten die Gruppenführer diejenigen Machtmittel, die sie benötigen, um Tauschbeziehungen mit anderen Individuen aufzubauen: Auf jeder Hierarchieebene konstituieren sich dann die Autorität von Gruppenführern und die Loyalität von Gruppenmitgliedern im Austausch materieller Begünstigungen und konformer Verhaltensweisen.

Walder spricht daher von der 'organisierten Abhängigkeit' des Individuums. Das chinesische Unternehmen als 'danwei' ist eine umfassende Lebenseinheit des Einzelnen. Ob Wohnung, Krankenversorgung, Zuteilung von Bezugsscheinen im Rationierungsfall, Stellenbeschaffung für Kinder von Beschäftigten, Bereinigung familiärer Konflikte - in jedem Fall können Vorgesetzte aktiv werden, um individuelle Präferenzen zu erfüllen oder Verhaltenssanktionen zu verhängen.[316] Eine solche Situation bietet unmittelbar Anlaß zum Aufbau möglichst weitreichender 'guanxi', weil das Individuum in den wenigsten Fällen durchsetzbare formale Ansprüche insbesondere auf Sonderleistungen besitzt. Hinzu kommt, daß die Laufbahnentwicklung vollständig von Gruppen und Gruppenführern abhängig ist: Das individuelle Verhalten ist in ein weitreichendes Netz formaler und informaler Kontrollmechanismen eingebunden, die in der 'danwei' natürlich auch die Freizeit erfassen.[317] Damit verliert die Gruppe ihre mögliche Funktion als 'Gegenkultur' zur formalen Autorität der Vorgesetzten.[318] Dies betrifft vor allem die Einengung des Spielraums individueller Emotionalität und Expressivität. Die Verknüpfung zwischen Autorität und Allokation von Lebenschancen bedingt eine hochgradige Personalisierung sämtlicher betrieblicher Vorgänge; die Ausdrucksfähigkeit des Individuums wird von der Restriktion dominiert, möglichst positive Beziehungen zu Vorgesetzten zu unterhalten und konformes Verhalten zu demonstrieren. Zu diesem Zweck muß eine äußerliche Verhaltensschablone aufgebaut werden, die den Vorstellungen der Autoritätspersonen möglichst gerecht wird. Gleichzeitig werden über den Austausch von Gefälligkeiten 'ganqing' erzeugt .[319] Damit bleiben im Prinzip nur zwei globale Verhaltensoptionen: Entweder die aktive bzw. aktivistische[320] Umsetzung von Vorgesetztenwünschen oder die passive Konformität. Langfristig entscheidend ist der Aufbau mobilisierbarer 'guanxi': Zu diesem Zweck muß das Individuum versuchen, seinerseits bestimmte, mit Verfügungsrechten ausgestattete Autoritätspositionen zu erlangen, um ein Interaktionsgefüge aufzubauen, das auf Reziprozität gründet. Damit gilt für den Staatsbetrieb in der VR China die Feststellung, die <u>Silin</u> bereits bei einer Detailstudie taiwanesischer Großunternehmen getroffen hat: Vor allem aus der Sicht der Beteiligten wird die formale Organisationsstruktur vollständig durch die informalen Gruppenbeziehungen verdrängt.[321]

Daraus ergibt sich systemtheoretisch folgendes Bild:
|<Mem>|<Ass>|<Dec>|<Dec>|<En>|<Dec-Deco>|<En>|<Dec>PRO(IND)/IND#<Dec>PRO(IND)|*/ORG#<Chan>PRO(ORG)|/ORG#<Dec>PRO(ORG)|/GR#DECO(GR)|/IND#DEC(IND)|/GR#DECO(GR)|/IND#ASS(IND)|/SOC#MEM(SOC)| = |<Mem>|<Ass>|<En>|<Bou>|<Dec>|<Deco-En>|<Dec>|<En>|<Ass-Dec>PRO(SOC)*/IND#DEC(IND)|/GR#DECO(GR)|/GR#DEC(GR)|/ORG#<Dis>PRO(ORG)|/GR#DECO(GR)|GR#<Deco>ING(GR)|/ORG#<Deco>PRO(ORG)|/IND#ASS(IND)|/SOC#MEM(SOC)|. Über MEM(SOC) ergibt sich dann die Beziehung zur traditionellen chinesischen Sozialisation.

Insofern ist verständlich, warum in China vom 'Feudalismus' im Betrieb gesprochen wird.[322] Zu bedenken ist freilich, daß die Autorität des Vorgesetzten keine absolute ist, denn sie ist an die Reziprozität der Leistungen gebunden. Dies ist dann auch der Grund, warum die Entwicklung von Löhnen und Prämien bislang unkontrolliert expansiv erfolgt. Hinzu kommt, daß die bisherige Praxis, vor allem bei Prämienzuweisungen die Entscheidungen an die Basisgruppen zu delegieren, dazu führt, daß ein erhebliches Konfliktpotential aufgebaut wird. In der Tat haben persönliche Auseinandersetzungen über Löhne und Prämien in den letzten Jahren trotz der erfolgten Expansion eher zugenommen. Die Vorgesetzten können dieses Konfliktpotential nur entschärfen, indem die Prämienvergabe möglichst egalitär erfolgt; das Ziel der Leistungsmotivation wird angestrebt, indem globale Zuschläge vorgenommen werden. Auf diese Weise wird jedoch der beabsichtigte Effekt der Lohnreform untergraben. Es ist daher sinnvoll, wenn Walder davon spricht, daß makroökonomisch und reformpolitisch negative Konsequenzen in den informalen Gruppenprozessen auf der Unternehmensebene ihren Anlaß finden.

Natürlich können derartige Entwicklungen langfristig nur dann Bestand haben, wenn die Institutionen der Unternehmensumwelt eine Lohnexpansion nicht negativ sanktionieren. Nicht umsonst schlägt die auf der Ebene 'Group' vermittelte Koalition zwischen Belegschaft und Management auch in Form von Versuchen durch, äußeren Druck zu umgehen, z.B. bestimmte finanzielle Kontrollen. Solche Prozesse setzen freilich interessanterweise eine ähnliche Dominanz der Ebene 'Group' voraus wie die unternehmensinternen Vorgänge. Genauso, wie formale organisatorische Regelungen durch informale Gruppenbeziehungen verdrängt und aufgehoben werden können, erfaßt die Gruppenbildung auch die Implementation allgemeiner Regeln auf der Ebene 'Society'; dabei ist besonders wichtig, daß offenbar ähnlich wie in der traditionellen chinesischen Gesellschaft Gruppenprozesse Anlaß der Emergenz von Organisationen sein können.[323] Bezeichnend ist zudem, daß entsprechende Politikempfehlungen auch von staatlicher Seite formuliert werden.

Grundgedanke der traditionellen zweistufigen Ordnung Chinas war, über den normativen Druck zu sozialer Harmonie in der Gruppe Ordnung in jenen gesellschaftlichen Bereichen zu schaffen, die von der staatlichen Macht nicht erfaßt werden; der Begriff der 'Macht' betrifft hier nicht nur die direkte formale Weisungsmacht, sondern auch die formale Regelautorität.

In Europa ist eine verwandte Ordnungskonzeption unter dem Begriff des 'Korporativismus' bekannt. Auch die korporativistische Ordnungspolitik verzichtet auf eine direkte staatliche Lenkung ökonomischer Prozesse und bewahrt formal die Selbständigkeit der Wirtschaftssubjekte. Ein soziales Harmonieprinzip soll jedoch durchgesetzt werden, indem die Vertreter divergierender Partikularinteressen in Verbänden zusammengefaßt werden, die jeweils den Interessenausgleich durch Verhandlungen übernehmen. Ein staatlicher Einfluß ergibt sich eher informal durch die Präsenz von Staatsvertretern an den Verbandsspitzen.[324] Im Unterschied zu China wird also die Rolle von Organisationen unmittelbar betont.

In der jüngsten chinesischen Ordnungspolitik beginnt nun der Begriff der 'Korporation' ('xie hui') expressis verbis eine gewisse leitende Funktion anzunehmen.[325] Hierzu gehört beispielsweise das Konzept der 'Branchenkorporation' ('hangye xiehui'). So sollen die Reformen im Bereich des Maschinenbaus dazu führen, daß die staatlichen Stellen nicht mehr direkt mit den Unternehmen in Kontakt treten müssen, sondern über die Vermittlung von Branchenkorporationen als parastaatliche Träger der Industriepolitik.[326] Das Konzept wurde wieder vom Reformtheoretiker Jiang Yiwei entwickelt. Nach seiner Vorstellung soll eine Korporation ein lockerer, vereinsähnlicher Verband sein, der demokratisch geleitet wird und keinesfalls mit Zwangsmitgliedschaft verbunden ist. Der Vorstand soll dann u.a. folgende Aufgaben erhalten: Preispolitik, Strukturpolitik, Transmission technologischer Neuerungen, Marktforschung, oder den Interessenausgleich zwischen Staat und Unternehmen; Unternehmen, die Dienstleistungen der Korporation nutzen, müssen natürlich ihrerseits reziproke Verpflichtungen eingehen, z.B. in Form einer Berichtspflicht zur eigenen Forschung und Entwicklung.[327]

Es ist zur Zeit nur schwer möglich, über die Analyse einzelner Daten hinaus zu einem allgemeinen Bild der Rolle von Korporationen in der chinesischen Wirtschaft zu gelangen. Die langfristige Entwicklungstendenz läßt sich wohl am besten so kennzeichnen, daß offenbar das alte 'Doppelgleissystem' der Koexistenz sektoraler ministerieller Lenkungsorgane und regionaler staatlicher Verwaltungseinheiten ersetzt werden soll durch ein 'weiches' System, bei dem die regionale Wirtschaftsplanung am Konzept der 'Wirtschaftszonen' orientiert sein wird und die sektorale an dem der 'Branchenkorporationen'. Ebenso, wie die Berücksichtigung natürlicher Wirtschaftsräume zu einer Aufweichung der Trennwände zwischen regionalen Verwaltungen führen soll, erwartet man den Abbau sektoral abgeschlossener Wirtschaftsverwaltungen von der Einführung des Branchenprinzips, weil die Branchengliederung der Industrie wesentlich feiner ist als die ministerielle Grobgliederung. Vor allem verläuft die erstere häufig horizontal zur letzteren.[328] Im Ergebnis wäre ein Unternehmen nicht mehr in eine einheitliche vertikale Informationsstruktur eingebunden, sondern in eine vielfältige korporative Vernetzung unterschiedlicher Branchenorganisationen, insbesondere im Falle von Mehr-Produktunternehmen.[329]

Idealtypisch sollen Korporationen nicht-staatliche ('min jian') Einrichtungen sein, die keine selbständigen Entscheidungsbefugnisse gegenüber den Unternehmen besitzen; sie sollen ähnlich wie die traditionellen Zünfte und Gilden auf der Grundlage der selbstorganisierten Kooperation entstehen.[330] Tatsächlich spielt natürlich der Staat bzw. die Partei eine wesentliche lenkende Funktion; beispielsweise haben die inzwischen weit verbreiteten Korporationen der städtischen Einzelwirtschaft den Charakter öffentlicher 'Massenorganisationen', die zum Teil staatliche Hoheitsaufgaben übernehmen, wie die Preiskontrolle, die Steuerverwaltung oder die Schlichtung. Der wesentliche Unterschied zur staatlichen Verwaltung scheint in ihrer Finanzierung über spezifische Zwangsbeiträge zu liegen, die nicht im Staatshaushalt erfaßt sind.[331]

Dementsprechend gilt für die Korporationen das Prinzip der kontrollierten Selbstverwaltung, wie es auch im Aufbau des chinesischen Staates realisiert ist.[332] Der Staat beschränkt seine Aktivitäten auf diejenigen Bereiche, die für den eigenen Bestand besonders wichtig sind, während die Selbstverwaltungseinheit all jene Prozesse reguliert, die für den Staat weniger bedeutsam sind bzw. deren Kontrollkosten zu hoch ausfallen.[333] Diese Selbstverwaltung kann u.U. Anlaß der Entstehung rigiderer Organisationsstrukturen werden, die an die Stelle anderer staatlicher Organisationen treten; so ist z.B. zu beobachten, daß aus Branchenkorporationen spezialisierte 'Trusts' entste-

hen, bei denen natürlich die Entscheidungsbefugnisse der zugehörigen Unternehmen weiter beschnitten werden. Ob und wie derartige Verschiebungen der Struktur von Entscheidungsbefugnissen stattfinden, hängt freilich im wesentlichen von den informalen Beziehungen zwischen den handelnden Personen als Autoritätsträgern ab. Dies hat zur Folge, daß die Entstehung von Organisationen für den externen Beobachter nur noch sehr schwer nachvollziehbar ist; für die Analyse von <Dec>PRO(SOC) ergibt sich, daß die tatsächlichen Entscheidungsbefugnisse kaum noch eindeutig identifiziert werden können, da sie von den Gruppenprozessen in den Leitungskomitees determiniert sind. Dabei ist im einzelnen völlig unklar, welche Beziehung zwischen den formalen ordnungspolitischen Bestimmungen zur Unternehmensautonomie und den Vorgängen besteht, die über Korporationen abgewickelt werden, die durch 'freiwillige' Vereinbarungen beispielsweise die Entscheidungsbefugnisse zum Transfer von technologischen Neuerungen auf die Verbandsebene verlagern.[334]
Diese Unklarheit entsteht im wesentlichen daher, weil traditionell Partizipation und hierarchische Autorität nebeneinander bestehen, wobei jedoch die Autorität des Trägers der Entscheidungsbefugnisse diffus über Gruppen verteilt ist. Die Reform in China geht daher in zweierlei Hinsicht an die traditionellen Wurzeln des Wirtschaftsverhaltens zurück: Einerseits entstehen Bereiche der Wirtschaft, die von authentischen Marktprozessen und der anonymen Konkurrenz zwischen kleinen Anbietern gekennzeichnet sind (wie z.B. in der Landwirtschaft); andererseits wird jedoch der Markt in dem Moment 'partikularisiert', wenn die Konkurrenzbeziehungen deutlich wahrnehmbar auf Personen bzw. Vertretern von Organisationen aufbauen. Im letzteren Fall wird auf der Ebene 'Group' deutlich, daß die Marktkonkurrenz die 'soziale Harmonie' zwischen den betroffenen Personen stört; während der Wettbewerb auf anonymen Märkten als sozial verträglich empfunden wird, erfolgt auf durchsichtigen Märkten mit einer überschaubaren Zahl von Anbietern seine Verdrängung durch den Aufbau organisatorisch verankerter und berechenbarer persönlicher Beziehungen.[335]
Man kann derartige informatorischen Beziehungen zwischen den Wirtschaftssubjekten knapp wie folgt skizzieren: |<Deco>|<En>| <Dec>|<Deco-Chan>||<Deco-Dis>PRO(SOC)*/ORG#<En>PRO(ORG)|/SOC

#<Deco>PRO(SOC)|/ORG#DEC(ORG)|/ORG#<Deco>PRO(ORG)|/SOC#DECO (SOC)|/GR#DECO(GR)|.Dies drückt sich besonders in dem Phänomen aus, daß der Zentralstaat über bestimmte Reformmaßnahmen Märkte installiert (Ebene 'Society'), diese Märkte jedoch spontan durch mehr oder weniger eng verflochtene Organisationen verdrängt werden, die aus der Wechselwirkung der Ebenen 'Group' und 'Organization' entstehen. Hierbei ist zu beachten, daß der Begriff 'spontan' keinesfalls ausschließt, daß nicht dezentrale politische Organe bei der Organisationsgründung aktiv werden. Die Aktivitäten regionaler oder ministerieller Teileinheiten sind jedoch nicht unbedingt zielkonform mit den Absichten der Zentrale; damit schließt sich der Kreis zu den Problemen, die im dritten Kapitel diskutiert worden sind.

Ein besonders wichtiges und interessantes Beispiel stellt in dieser Hinsicht die ordnungspolitische Reform im Bereich der Transmission technologischer Informationen und Innovationen dar.[336] Hier kann leider nicht auf Details eingegangen werden. Wichtig ist nur, daß einerseits beträchtliche Marktelemente eingeführt werden, weil das Patentgesetz ebenso wie die Bestimmungen zu Technologietransferverträgen weitgehende Preisflexibilität zulassen, andererseits jedoch beabsichtigt ist, Verbindungen zwischen Organisationen eine wesentliche Funktion bei der Marktentwicklung einzuräumen. Gleichzeitig ist unklar, auf welcher Ebene die ausschlaggebenden Entscheidungsrechte angesiedelt sind; es war schon erwähnt worden, daß sie z.B. innerhalb einer Korporation auf die Verbandsspitze verlagert sein können. Um so mehr erfolgt eine solche Reduktion der Unternehmensautonomie innerhalb fester Unternehmensverbindungen oder in dem Falle, wenn regionale Verwaltungen als Vermittler auftreten.[337]

Daraus ergibt sich ein sehr komplexes Bild der Funktionsverlagerungen im Bereich der Transmission von Wissen, das erheblich vom idealtypischen Bild eines Marktes (Ebene 'Society') interagierender individueller Träger dispergierten Wissens (Ebene 'Individual') abweicht, das die westliche Nationalökonomie zeichnet:[338] |<En>|<Deco>||<Dec>|<En>|<Dec>|<Ass>PRO(SOC)* /IND#ASS(IND)|/ORG#<Dec>PRO(ORG)|/SOC#<Deco>PRO(SOC)|/ORG# DEC(ORG)|ORG#<Dec>PRO(ORG)|/GR#DECO(GR)|/ORG#<Deco-Chan>PRO (ORG)| = |<En>|<Dec>|<Dec>||<En>|<Dec>|<Deco>||<En-Ass>PRO(IND)*

/SOC#<Deco-Chan-Ass>PRO(SOC)|/ORG#<Chan>PRO(ORG)|/SOC#<Deco>
PRO(SOC)|/ORG#DEC(ORG)|/SOC#DECO(SOC)|/GR#DECO(GR)|/IND#DEC
(IND)|/SOC#DEC(SOC)|/SOC#DECO<SOC)|.

Mit diesem kurzen Einblick in kulturspezifische Merkmale der jüngsten chinesischen Reformpolitik soll die Diskussion normativer Bestimmungsgründe von Entscheidungsprozessen in der chinesischen Wirtschaftsordnung abgeschlossen werden. Im sechsten Kapitel wird das Problem der Beziehungen zwischen der Ebene 'Group' und der Ebene 'Society' noch einmal aufgegriffen, denn bei den betrachteten Beispielen zu korporativen Institutionen handelt es sich um ein Grundmerkmal der neueren Ordnungspolitik, das unabhängig von der Bildung entsprechender formaler Organisationen besteht. Hier war entscheidend, einen weiten Bogen von den Prinzipien feldabhängiger Verhaltensregulation zur Ausbildung bestimmter Formen gesellschaftlicher Institutionen zu schlagen. Für die Systemanalyse ist es unzureichend, nur jene formalen Institutionen zu analysieren, die von der staatlichen Wirtschaftspolitik geschaffen werden, also in Lachmanns Terminologie die 'äußeren Institutionen' einer Volkswirtschaft; vielmehr müssen die 'inneren Institutionen' ebenso Beachtung finden, die aus spontanen Anpassungsprozessen auf allen Ebenen des Systems entstehen. Dabei wirken immer dann, wenn keine klaren, individuell wahrnehmbaren Effizienzvorteile für bestimmte Institutionen bestehen, kulturell tradierte Präferenzen für spezifische Organisationsformen auf die institutionelle Entwicklung der Wirtschaft ein. Die entscheidende Frage ist nun, ob zwischen derartigen Präferenzen und den möglichen Effizienzvorteilen allgemeiner Regeln der Ebene 'Society' Widersprüche bestehen können. Beispielsweise können ursprünglich anpassungseffiziente Prozesse der Ebene 'Group' auf der Ebene 'Society' dazu führen, daß allgemeine Regeln durch Korruption zerstört werden, oder der Marktwettbewerb durch Kollusionen aufgehoben wird. 'Innere' und 'äußere' Institutionen können also in Konflikt treten.

Insofern ergibt sich als eine der wichtigsten Aufgaben zentraler DEC, derartige Konflikte zu vermeiden oder zu lösen. Dabei spielt die <u>Ausarbeitung und Anwendung von Theorien eine ausschlaggebende Rolle, die Informationen über die Anpassungseffizienz bestimmter Institutionen bereitstellen</u>.

Fünftes Kapitel
Das begriffliche System der chinesischen Nationalökonomie als Medium gesellschaftlicher Entscheidungsprozesse

1. Begriffliche Systeme als Speicher anpassungsrelevanten Wissens

Die Evolution des Lebens hat allmählich dazu geführt, daß teleonome Prozesse in teleologe transformiert wurden. Beim Menschen spielt bewußtes zielgerichtetes Verhalten eine ebenso große Rolle wie zufällige Variationen der begrifflichen Systeme, die anpassungsrelevantes Wissen speichern.[339] Überspitzt gesprochen, spielen sich mit der Entstehung der Kultur Anpassung und Selektion nicht mehr unmittelbar auf organismischer Ebene ab, sondern auf der Ebene symbolisch repräsentierter Umweltvorstellungen als Entscheidungsrahmen. Aus diesem Grunde muß die Analyse von <u>Theorien</u> Teil jeder systemtheoretischen Untersuchung sein. DEC-Subsysteme auf jeder Ebene verwenden bestimmte begriffliche Systeme - u.U. auch abstrakte Systeme -, um über die Abbildung der Umwelt eine Definition der Situation und der anliegenden Probleme zu erreichen; die Entscheidungsvorgänge operieren dann auf der Grundlage dieser Problemrepräsentation, und getroffene Entscheidungen werden über Symbole und Begriffe verschlüsselt und an andere Subsysteme übermittelt.

Im Bereich der Wirtschafts- und Ordnungspolitik ist es bedeutsam , welche ökonomischen Theorien von <Dec>PRO(SOC)/ORG #DEC(ORG) (also den staatlichen Organen) verwendet werden, um institutionelle und prozeßpolitische Gestaltungsentscheidungen zu fällen. Die historischen Erfahrungen zeigen, daß derartige Theorien die Weltgeschichte entscheidend beeinflussen können, so z.B. bei der Verdrängung des Merkantilismus oder natürlich nach der Oktoberrevolution. Sind neue Theorien einmal entstanden und werden auch in politische Handlungen umgesetzt, dann führt langfristig die Konkurrenz der Systeme über Nachahmung und Selektion zur Auslese derjenigen Theorien, die anpassungsoptimierend sind.[340]

Die Besonderheit nationalökonomischer Theorien liegt nun darin , daß sie emergente Eigenschaften der Ebene 'Society' identifizieren, die als solche nicht aus der Perspektive begrifflicher Systeme wahrnehmbar sind, die auf niedrigeren Ebenen verwendet werden. Mehr noch, wesentliche Theorieelemente betreffen Erscheinungen, bei denen ein Verhalten, das sich an begrifflichen Systemen niedrigerer Ebenen orientiert, auf der Ebene 'Society' anpassungsineffizient und kontraproduktiv wirkt. Dies hängt letztlich mit der Kontraintuitivität emergenter Eigenschaften zusammen.[341] Da nun aber das Entscheidungsverhalten von Individuen in der Regel selten von der Erkenntnis kontraintuitiver Phänomene geleitet wird, besitzen nationalökonomische Theorien eine herausragende Funktion bei der Stabilisierung der Anpassungsleistungen komplexer Gesellschaften.[342]

Theorien stehen in enger Verbindung mit allen Vorgängen innerhalb eines Systems. Im Grunde gehört es daher zu den Aufgaben der Systemtheorie, die Transmissionsmechanismen zwischen der Formulierung von Theorien und der Implementation von Entscheidungen zu untersuchen. Dies kann für den chinesischen Fall aus Raumgründen hier nicht geschehen.[343] Es gehört jedoch zu den besonders bemerkenswerten Wandlungsprozessen der Reform, daß die Politik sehr weit gegenüber der nationalökonomischen Beratung geöffnet ist. Wesentliche Konzepte der politischen Programmatik - ein Schlüsselbegriff ist z.B. derjenige der "geplanten Warenwirtschaft" - stammen ursprünglich aus der internen ökonomischen Diskussion; die Tatsache, daß bei der politischen Umsetzung die persönliche Autorität von Personen wie Deng Xiaoping und Zhao Ziyang erforderlich ist, ändert nichts an dem Umstand einer weitgehenden Rationalisierung der Politik.[344]

Umgekehrt wirken allerdings Systemprozesse auch auf die Theoriebildung zurück. Damit sind weniger die unmittelbaren selektiven Wirkungen der Folgen theoriegeleiteter politischer Handlungen angesprochen[345], als vielmehr der Zusammenhang zwischen kulturierter Anpassung und grundlegenden Theoriestrukturen. Im chinesischen Fall gilt dies besonders für die Beziehung zwischen Sozialisation, Systemökologie, feldabhängiger Verhaltensregulation und kognitivem Stil.[346] So hat Baum beispielsweise darauf hingewiesen, daß bestimmte Forschungseinstellungen der chinesischen Wissenschaft wie das Nebeneinander von begrifflichem Schematismus und Empirismus eng mit kulturellen Traditionen zusammenhängen.[347] In der Tat kann insbesondere bei sozialwissenschaftlichen Theorien ein feldabhängiger kognitiver Stil zu ganz anderen Problemlösungsverfahren (theoretisch wie politisch) gelangen, als dies bei feldunabhängiger Kognition der Fall ist. Der wesentliche Unterschied liegt darin, daß die feldunabhängige Kognition theoretische Strukturen möglichst kontextfrei analysiert und daher rasch zum Aufbau abstrakter Systeme gelangt, während die feldabhängige stets den Kontakt zu konkreten Problemen bewahrt.[348] Was die chinesische Nationalökonomie angeht, so ist bemerkenswert, daß ein prinzipieller Zusammenhang zwischen Theoriebildung und systemaren Anpassungsleistungen unterstellt wird, d.h. etische und emische Perspektive konvergieren um ein weiteres. Das bedeutet konkret, daß in der Theorieentwicklung immer wieder das Argument auftritt, die kontingente historische Situation Chinas müsse Leitfaden wissenschaftlich orientierten Denkens und Handelns sein. Insbesondere bei der Marxismus-Rezeption wird ständig deutlich, daß das Anpassungsargument auch systemendogen eine große Rolle spielt, d.h. die kontextfreie Theorie wird als irrelevant betrachtet, solange sie nicht an spezifische äußere Funktionsbedingungen des chinesischen Ökosystems angepaßt ist.[349]

Im folgenden wird versucht, einige Grundelemente der chinesischen Nationalökonomie darzustellen, so weit sie für diese, bislang international noch recht isolierte wissenschaftliche Kommunikationsgemeinschaft von allgemeiner Bedeutung sind.

2. Historische Hintergründe und sozialphilosophische Grundeinstellungen der chinesischen Nationalökonomie

Nach der Kulturrevolution hat sich in der chinesischen Politik zusehends der Gedanke durchgesetzt, daß der spezifische Bereich des 'Wirtschaftlichen' von einer Eigengesetzlichkeit beherrscht werde, die durch politische Entscheidungen nicht beeinflußbar ist, und die durch einen besonderen Erkenntnisprozeß, nämlich die ökonomische Forschung, aufgedeckt werden muß, d.h. diese Eigengesetzlichkeit ist erst unvollständig bekannt und keinesfalls bereits durch bestehende Weltanschauungen offengelegt. Umgekehrt sind die chinesischen Ökonomen jeder Schattierung der Überzeugung, daß die Gefahr subjektiv-voluntaristischer Ausnutzung politischer Machtpositionen nur vermieden werden kann, wenn die Politik durch wissenschaftliche Beratung 'verobjektiviert' ist.[350]

Ein Grundgedanke ist dabei, daß die Wissenschaft weniger prinzipielle theoretische Einsichten zu gewinnen habe, sondern vielmehr abklären müsse, wie die vorhandene abstrakte Theorie des Marxismus auf konkrete historische Situationen anwendbar ist. Aufgabe des 'wissenschaftlichen Sozialismus' ist, den Sinn des Begriffs 'Sozialismus nach Chinas eigener Art' zu explizieren: Ganz wie bei <u>List</u> tritt also die 'Nation' als entscheidende intermediäre Variable in wissenschaftlichen Diskussionen auf. Dies hat zur Folge, daß in vielen Bereichen gefordert wird, eine 'sinisierte' oder 'sinospezifische' ('zhongguohua', 'Zhongguo tese de') Rezeption des vorhandenen Wissens zu erstellen.[351] Das Kontingenzdenken treibt vor allem einen Keil zwischen die allgemeinen Theoreme der marxistischen Klassiker und die praktisch orientierte wirtschaftspolitische Theorie; es ist damit eine der wichtigsten Voraussetzungen für den sog. 'Pragmatismus der Reformer'. Es wird argumentiert, daß die Theoreme unterspezifiziert seien und damit nicht unmittelbar praktisch relevant, weil die Klassiker noch nicht mit den Problemen eines existierenden sozialistischen Wirtschaftssystems konfrontiert waren; dementsprechend habe nicht nur die Wissenschaft, sondern auch die Politik die Aufgabe, den Marxismus <u>als Theorie</u> fortzuentwickeln.[352] Insofern erhalten die Klassiker und ihre Auffassungen zum Teil den Charakter eines <u>ritualisierten formalen Rahmens der Argumentation bzw. grundlegender Werturteile</u>.[353] Allerdings konkurrieren diese Werturteile mit dem Werturteil, das in der Verwendung des Begriffs der 'Nation' impliziert ist; ganz in der spätkonfuzianischen Tradition, begreift man wiederum den Marxismus als eine Schale um den Kern spezifisch chinesischer Werte und Geisteshaltungen.[354]

Diese zentrale Rolle der nationalen Identität bei der Fortentwicklung der chinesischen Gesellschafts- und Wirtschaftstheorie hatte sich seit dem ausgehenden 19.Jhd. herauskristallisiert, als progressive Konfuzianer die Vorstellung entwickelten, daß nur der Nationalismus geeignet sein könne, den Partikularismus der traditionellen chinesischen Gesellschaft zu überwinden, den sie als ein Haupthindernis einer künftigen Modernisierung identifizierten.[355] In den zwanziger Jahren des 20.

Jhds. setzten sich vor allem drei sozialphilosophische Strömungen mit dem Problem der 'Nation' auseinander, die unmittelbar mit der Rezeption des Marxismus in China zusammenhängen: Der Sunyatsenismus, der orthodoxe Marxismus Chen Duxius und die marxistische Heterodoxie Li Dazhaos.³⁵⁶ Mao Zedongs 'Sinisierung des Marxismus' erfolgte dann in den dreissiger Jahren im Anschluß an die Konzeptionen Lis.³⁵⁷

Sun Yatsen radikalisierte den Gedanken der konfuzianischen Reformer, daß nur der Nationalismus die Integration einer Gesellschaft gewährleisten könne, die dem individuellen Handeln den Freiraum läßt, der für die Beschleunigung der sozioökonomischen Entwicklung erforderlich ist. Er griff die europäischen Konzepte von 'Freiheit', 'Demokratie' und 'Nation' vor einem sozialdarwinistischen Hintergrund auf und interpretierte 'Freiheit' als 'Freiheit der Nation', weniger des Individuums; die individuelle Freiheit ist im wesentlichen ein Entwicklungsinstrument und findet ihre Grenzen nicht an der Freiheit anderer Individuen, sondern an den Erfordernissen der nationalen Modernisierungsaufgabe. Derartige Überlegungen schlugen natürlich rasch in totalitäre Positionen um; nicht zuletzt deshalb, weil Sun aufgrund seiner Ausbildung nicht in der Lage war, den abstrakten Begriff der 'Nation' mit der kulturellen Tradition Chinas zu verknüpfen. Insbesondere fehlte ihm das Gespür für die Agrarproblematik.³⁵⁸

Während Suns Nationalismus scheiterte, weil er geschichtslos blieb, versagte Chen Duxius orthodoxer Marxismus, weil er nationalistische Konzepte zu Gunsten des kommunistischen Internationalismus und der abstrakten Theorie ablehnte. Er glaubte, daß jeder Rückbezug auf die traditionelle chinesische Gesellschaft die Modernisierung in Frage stellen würde, und stützte sich daher taktisch auf die in seinen Augen 'fortschrittlichste' soziale Schicht, nämlich die Industriearbeiterschaft.³⁵⁹ Dies mußte letztlich eine Sackgasse werden, weil die tatsächlichen Probleme Chinas nicht in den Klassenantagonismen wurzelten, die von der marxistischen Orthodoxie beschworen wurden.

Lediglich bei Li Dazhao konnte eine funktionsfähige Synthese zwischen abstrakter marxistischer Theorie, kultureller Tradition und Nationalismus herausgebildet werden. Er ist auch tatsächlich der 'chinesischste' der frühen Theoretiker, denn

er reduziert den Marxismus auf ein System ethischer Werte und
drängt den historischen Materialismus als abstrakte Theorie,
die sich direkt auf konkrete Phänomene bezieht, in den Hintergrund. Dies hat zur Folge, daß er keine sozioökonomischen Determinanten, sondern die Summe moralischer Einzelentscheidungen von Individuen für die kommunistischen Werte als entscheidend für den Erfolg der Revolution und damit Modernisierung
betrachtet. Gleichzeitig wird der kommunistische Internationalismus des Proletariats auf den Kopf gestellt, indem die 'proletarische Nation' die Schlüsselrolle in der Weltrevolution erhält. Auf dieser Grundlage kann Li einerseits wesentliche Aspekte der chinesischen Tradition verarbeiten wie z.B. den Glauben an die universelle Erziehbarkeit des Individuums, und andererseits zum ersten marxistischen 'Pragmatiker' Chinas werden,
indem er erkennt, daß der Sieg einer kommunistischen Revolution in China nur vom Lande ausgehen kann.[360]

Die gegenwärtige Koexistenz von Pragmatismus und Ideologie
in der chinesischen Reformpolitik hat also weit zurückliegende Wurzeln. Die 'Sinisierung des Marxismus' wurde damit eingeleitet, daß der historische Materialismus durch den Dualismus
von ethischen Grundwerten und kontingentem Handeln verdrängt
wurde. Bis in die Mitte der fünfziger Jahre hinein empfand auch
Mao Zedong diesen Dualismus noch nicht als problematisch; er
war daher in der Lage, mit Konzepten wie der 'Neuen Demokratie' flexible wirtschaftspolitische Ziele zu setzen. Solange
die gesellschaftlichen Teileinheiten dem ethischen Fundamentalkonsens zustimmten, konnte eine solche Politik als 'sozialistisch' firmieren. Erst die beträchtlichen Unschärfen hinsichtlich der Interpretation dieses Konsenses und die ständige Erfahrung mit dem 'moralischen Versagen' der ökonomischen
Akteure führten zur Aufhebung des Dualismus im maoistischen Radikalismus.[361]

Allerdings hatte die 'Sinisierung des Marxismus' in den
dreißiger Jahren einige spezifischere Kennzeichnungen erfahren.[362] Die Kernthesen lauteten: Erstens, die marxistischen
Klassiker bilden den Ausgangspunkt jeglicher wissenschaftlicher
Lösungsversuche der chinesischen Probleme, zweitens, 'wissenschaftlich' bedeutet in diesem Zusammenhang, daß nationale Besonderheiten detailliert zu analysieren und zu berücksichtigen

sind, und drittens, eine solche Wechselwirkung zwischen Theorie und Praxis bedeutet nicht nur eine Anwendung der marxistischen Theorie, sondern eine Weiterentwicklung, ähnlich wie im Falle der 'Russifizierung des Marxismus' durch Lenin.
In diesem Sinne gehört auch die Reformpolitik in die geistige Tradition der 'Sinisierung des Marxismus'. Ein Prüfstein ist die Fortführung der Klassentheorie Li Dazhaos. Ist der marxistische Klassenbegriff an bestimmte politisch geschützte Eigentumsinstitutionen gebunden und an bestimmte ethische Haltungen der Wirtschaftssubjekte, dann ist schon die bloße Installierung eines sozialistischen politischen Systems eine hinreichende Bedingung der Transformation des Klassenantagonismus in einen 'Nebenwiderspruch' der Gesellschaft; ob dieser 'Nebenwiderspruch' virulent wird, hängt letztlich vom moralischen Verhalten der einzelnen Individuen ab. Dies bedeutet aber, daß wirtschaftlich rationales Verhalten eigeninteressierter Individuen nicht notwendig zur Wiedergeburt des Kapitalismus führen muß, wie dies nicht nur die kulturrevolutionären Theoretiker - insbesondere Yao Wenyuan - behauptet hatten, sondern auch die ältere marxistische Orthodoxie.[363] Solange also der ethisch-politische Fundamentalkonsens ('tuanjie') gewahrt bleibt, kann eine Wirtschaftspolitik nicht als 'unsozialistisch' abqualifiziert werden, die zu einer ökonomisch effizienten und gerechten Verknüpfung von Eigeninteresse, individueller Leistung und Motivation gelangt.[364] Dies gilt sogar unabhängig vom Entwicklungsstand der Produktivkräfte.[365] Es liegt auf der Hand, daß auf diese Weise der Klassenbegriff des historischen Materialismus seiner ökonomischen Bedeutung beraubt ist. Ob der Staat daher zu den Machtmitteln der 'Diktatur des Proletariats' greifen soll, ist nicht eine Frage sozioökonomischer Rückständigkeit und staatlich gesteuerter Entwicklungsstrategien, sondern hängt davon ab, ob Individuen subjektiv den Bedingungen des ethisch-politischen Konsenses gerecht werden.[366]

So wird verständlich, warum in China selbst orthodoxe Autoren willens sind, einen ökonomischen Individualismus als sozialphilosophische Grundlage anzuerkennen, nicht aber eine Übertragung auf den politisch-kulturellen Individualismus zu akzeptieren. So spricht z.B. der Ökonom Jiang Xuemo davon, daß die Sozialbeziehungen im Sozialismus vom Prinzip des 'gegensei-

seitigen Nutzens' und dem 'Gesetz des äquivalenten Tausches'
beherrscht werden. Die übertriebene Betonung kooperativer Verhaltensweisen im Sozialismus bedeute eine unangemessene Übertragung kommunistischer moralischer Normen auf die sozialistische Gesellschaft.[367] Die Ablehnung des politisch-kulturellen
Individualismus - zumindestens seitens der Mehrzahl von marxistischen Reformtheoretikern - trat besonders deutlich in der
Diskussion um 'Humanismus' und 'Entfremdung' hervor, die von
der Auseinandersetzung um das marxsche Frühwerk angeregt worden war.

Eine autoritative Stellungnahme wurde zu diesem Thema von
Hu Qiaomu verfaßt.[368] Er wendet sich scharf gegen alle Versuche, die marxistische Politische Ökonomie als postrevolutionäre Weltanschauung mit dem Argument in Frage zu stellen, daß
'der Mensch' hinter rein materiellen Beziehungen verschwinde.
Es sei unwissenschaftlich, zu postulieren, daß nach der sozialistischen Revolution ein ethischer 'Humanismus' die eigentliche Fortentwicklung des Marxismus ist. Für Hu sind stattdessen folgende Aussagen verbindlich. Erstens, jede isolierte 'humanistische' Konzentration auf das Individuum leitet fehl,
weil man das Individuum seiner historischen Bedingtheit entkleidet und als abstrakte Entität behandelt; abstrakte Termini wie 'menschliche Freiheit' oder 'menschliches Bedürfnis'
sind im Grunde bedeutungsleer. Zweitens, es ist daher unzulässig, 'Individuum' und 'Gesellschaft' zu konfrontieren, und
die letztere z.B. auf die Wahrung des 'Wertes des Menschen'
zu verpflichten; ein solcher Wert ist nämlich gar nicht unabhängig vom sozialen Kontext definierbar. Drittens, vor allem
für den Sozialismus leitet sich jegliches Konzept der 'Individualität' aus der Gesamtheit sozialer Beziehungen ab, so daß
der Sozialismus die Vollendung des Humanismus ist und nicht
umgekehrt. Viertens, es muß freilich deutlich unterschieden
werden zwischen dem Humanismus als Weltanschauung und dem Humanismus als ethischem Prinzip, denn als letzteres ist er auch
integraler Bestandteil des Sozialismus. Und fünftens, daraus
ergibt sich zwingend, daß der Begriff der 'Entfremdung' im
Sozialismus keine Bedeutung besitzt, denn sozialistische Gesellschaftssysteme mögen zwar im einzelnen Mängel aufweisen,
können jedoch nicht prinzipiell individuellen Bedürfnissen

widersprechen; so könne man keinesfalls vom Vergleich zwischen einer abstrakt-utopischen Demokratie und der Realität des 'demokratischen Zentralismus' auf 'politische Entfremdung' im Sozialismus zurückschließen.

Hus Argumentation zeigt deutlich, daß die Konzeption Li Dazhaos nach wie vor Lebenskraft besitzt. Ein ökonomischer Individualismus, der die weltanschauliche Einheit des sozialistischen Gemeinwesens nicht in Frage stellt, ist ohne weiteres akzeptabel, während der politische Individualismus in Konflikt mit den sozialistischen Grundwerten gerät.[369] Für die chinesische Nationalökonomie bedeutet dies, daß sie nur lockeren ideologischen Fesseln unterworfen ist, solange sie sich mit den spezifischen Gesetzmäßigkeiten eines genau abgegrenzten sozialen Teilsystems befaßt; sie verliert ihre Bewegungsfreiheit erst, wenn sie in andere Bereiche eindringt. Daher ist die ökonomische Kritik an der marxistischen Orthodoxie ohne weiteres politisch konform. Dies zeigt sich schon darin, daß die ökonomische Heterodoxie bereits in den fünfziger Jahren fest in der politischen Führungsspitze verankert war.

Es ist sinnvoll, grob drei Hauptströmungen der Politischen Ökonomie in China seit 1949 zu unterscheiden, die jeweils zu bestimmten Zeiten auch starken Einfluß auf die Wirtschaftspolitik ausübten. Erstens, die sowjetsozialistische Orthodoxie, die zwar in den fünfziger Jahren einen ständigen personellen Zustrom von Universitätsabgängern aus der UdSSR erfuhr, sich jedoch politisch stets in einer prekären Lage befand[370], zweitens, der 'Sinosozialismus' als rationale und effizienzorientierte sozialtechnologische Strategie, die besonders im akademischen Bereich Rückendeckung fand, und der 'Sinokommunismus' als ethisch-politische Wertlehre. Sinosozialismus und -kommunismus stehen beide in Konflikt mit der Orthodoxie; sie trennt wiederum der Gegensatz von realistischer Pragmatik und idealistischer Ethik. Bedeutsam ist freilich, daß die Gemeinsamkeiten im Kontrast zur sowjetsozialistischen Orthodoxie vor allem auf wirtschaftstheoretischem Gebiet zu suchen sind.

Clausen hat diesen überraschenden Aspekt der wirtschaftspolitischen Dynamik in China detailliert herausgearbeitet.[371] Sinosozialisten und Orthodoxe stehen sich zwar realpolitisch näher und sind daher koalitionsfähig, wirtschaftstheoretisch trennt sie jedoch ein tiefer Graben.³⁷² In der Person Mao Zedongs wird die geistige Nähe von Sinosozialismus und -kommunismus besonders augenfällig, denn er war einerseits ein hartnäckiger Gegner der Orthodoxie, schwankte jedoch andererseits im Laufe seines Lebens zwischen den alternativen Konzeptionen: Er war ebensosehr die treibende Kraft der Kommune-Bewegung, wie er auch mit den Theorien zur 'Neuen Demokratie' oder zu den 'zehn großen Beziehungen' wesentliche Beiträge zum sinosozialistischen Gedankengut leistete.³⁷³ Innerhalb der geistigen Tradition Li Dazhaos ist dies plausibel, denn - wie u.a. Maos Kritik an der sowjetischen Wirtschaftstheorie zeigt - für Mao besteht kein fundamentaler ökonomischer Unterschied zwischen Kapitalismus und Sozialismus, sondern ein ethisch-politischer. Die Transformation des Eigentumssystems bedeutet nicht, daß nach dem Denkmuster Stalins von einer Aufhebung warenwirtschaftlicher Beziehungen durch neue ökonomische Kategorien auszugehen ist, sondern lediglich, daß die Möglichkeit eines Konfliktes zwischen allgemeinen ökonomischen Gesetzmäßigkeiten und ethisch-politischen Werten entsteht. Bei Mao werden nicht Plan und Markt konfrontiert, sondern Markt und Moral.³⁷⁴

Während der Kulturrevolution ist diese Position vor allem von Zhang Chunqiao ausgearbeitet worden. Als grundlegende Gemeinsamkeit zwischen der radikal-maoistischen Theorie und der sinosozialistischen Reformtheorie kristallisiert sich hier die Auffassung heraus, daß es im Sozialismus keinen prinzipiellen Unterschied zwischen 'Waren' und 'Produkten' gebe, und daß im Verlauf der Entwicklung des Sozialismus keinesfalls mit einer Einschränkung des Wirkungsbereiches des Wertgesetzes zu rechnen sei, weil das Wertgesetz eine allgemeine ökonomische Gesetzmäßigkeit ist. Zhang Chunqiao sah daher die ständige Gefahr einer Rückkehr zum Kapitalismus, wenn es im Sozialismus nicht gelingt, die Rolle wirtschaftlicher Steuerungsmechanismen vollständig durch ethisch-politische Regelwerke zu ersetzen. Es gibt keine Möglichkeit, der Wirkung des Wertgesetzes auszuweichen, es sei denn, das 'Ökonomische' wird als Kategorie aufgehoben. Die sinosozialistischen Reformer wiederum sehen die Rolle des Wertgesetzes ähnlich, gehen aber nicht von einem prinzipiellen Konflikt mit ethisch-politischen Werten aus, weil die wertgesetzliche Effizienz unabdingbar ist, um

die Wachstumsziele des Sozialismus zu realisieren. Die Orthodoxen glauben im Gegensatz hierzu, daß innerhalb des sozialistischen Staatseigentums entweder eine allmähliche Verdrängung des Wertgesetzes erfolge oder seine Operationalisierung im Dienste der Planung.[375]
Wenn trotz der weitgehenden Übereinstimmung breiter Strömungen der chinesischen Theorie eine scharfe Auseinandersetzung zwischen Ökonomie und Staatsmacht stattfand, dann hing dies nicht zuletzt damit zusammen, daß die für den wissenschaftlichen Diskurs notwendige Freiheit nicht isolierbar ist vom Konzept des politisch-kulturellen Individualismus. Auch für die jüngste Reformpolitik gilt, daß die Führung versucht, scharf zwischen der Freiheit der Fachdiskussion und 'bürgerlichem Liberalismus' zu differenzieren. Für die Politik bestand stets das Hauptproblem bei der Rezeption wissenschaftlicher Erkenntnisse weniger darin, daß diese in prinzipieller Hinsicht nicht opportun erschienen, sondern daß die akademische Diskussion und der allgemeine universitäre Lebensstil störend auf die allgemeinen gesellschaftspolitischen Ziele einwirken könnten. Der Grundwert der 'tuanjie' kollidiert mit dem Erfordernis ungeregelter geistiger Auseinandersetzung.[376]
C.C.Lin hat die Grundzüge nationalökonomischen Denkens in China in einer Übersicht zusammengefaßt, die auch für den Ausgangspunkt der gegenwärtigen Reformtheorie volle Gültigkeit besitzt.[377] Diese theoretischen Grundstrukturen sind keinesfalls ein Produkt der Auseinandersetzung mit dem Maoismus, sondern sind bereits in den fünfziger Jahren im Rahmen der Kritik am Stalinismus entstanden. Der Maoismus muß vielmehr als eine denkbare Reaktion auf diese Ansätze zur Politischen Ökonomie angesehen werden, wenn man die Möglichkeit eines Fundamentalkonfliktes zwischen Ethik und Ökonomik in Rechnung stellt. Ansonsten läßt Lins Übersicht sämtliche wesentlichen Merkmale und Gemeinsamkeiten der Hauptströmungen in der chinesischen Ökonomie erkennen. Bereits in den fünfziger Jahren entstanden aus den entsprechenden Diskussionen drei alternative Ordnungskonzeptionen zum Sowjetmodell, die geeignet sind, den charakteristischen Ausgangspunkt der Reformpolitik zu kennzeichnen. Die erste Position zog aus der universellen Gültigkeit des Wertgesetzes den Schluß, daß eine zentrale Wirtschaftslenkung

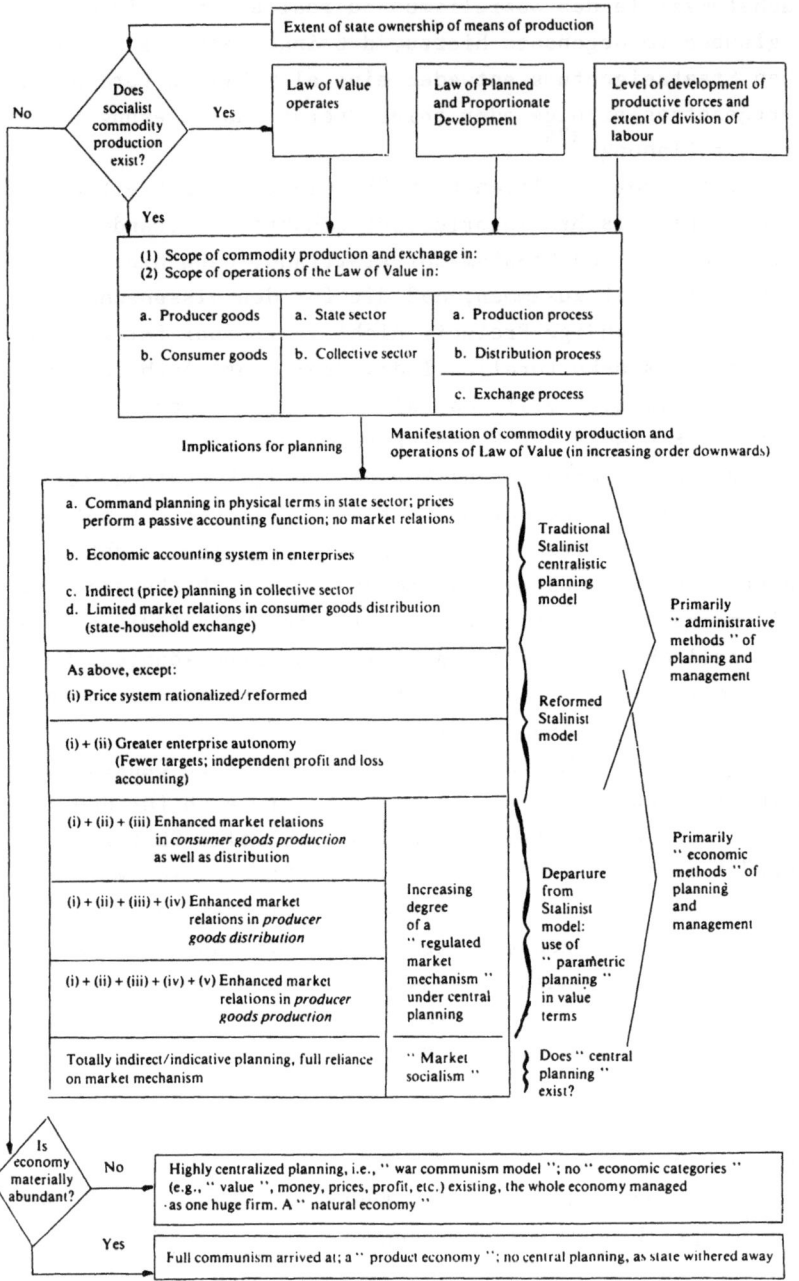

Abb. 7: Wertgesetz, Warenwirtschaft und Wirtschaftsordnung in der chinesischen Wirtschaftstheorie. Quelle: Cyril Chihren Lin (1981), S.17.

nicht über naturale, sondern über monetäre Kennziffersysteme
implementiert werden dürfe, die zweite ging stattdessen davon
aus, daß das Wertgesetz nur über Märkte wirksam werden könne,
so daß ein staatlicher Einfluß nur über die einzelwirtschaftliche Rechnungsführung umsetzbar sei, und die dritte betrachtete das Wertgesetz zwar als eine historisch begrenzte Kategorie, nahm jedoch an, daß seine Aufhebung mit einer Auflösung
des Wirtschaftssystems in eine Menge dezentral planender und
selbstverwalteter Wirtschaftseinheiten verbunden sei. Steuerung
über monetäre Kennziffern und 'Hebel', Marktmechanismen und
Selbstverwaltung - diese Konzepte gehören in der Tat zu den
grundlegenden Merkmalen eines 'chinesischen Modells'.[378]

3. Gegenstand und Charakter der Politischen Ökonomie

Die chinesische nationalökonomische Diskussion wird seit Beginn der Reformpolitik von prinzipiellen Auseinandersetzungen
um die Frage der Basiskategorien der Politischen Ökonomie beherrscht. Neben diesen, mit hohem Abstraktionsgrad durchgeführten Überlegungen, entfalten sich die empirisch und praktisch
orientierten wirtschaftlichen Teildisziplinen zum Teil ohne
wesentlichen Zusammenhang mit der Politischen Ökonomie als
übergreifender Wissenschaft.[379]

Im folgenden sollen zwei Probleme aufgegriffen werden, die
in China eine wesentliche Rolle für die Grundlegung der Politischen Ökonomie spielen: Zum einen das Abgrenzungsproblem in
seinen unterschiedlichen Schattierungen, und zum anderen das
Problem der zentralen Erkenntniskategorien.

Die Diskussion des Abgrenzungsproblems geht zunächst von der
Unterscheidung zwischen der Politischen Ökonomie 'im engeren'
und im 'weiteren Sinne' aus. Letztere beschränkt sich auf die
Untersuchung des Kapitalismus, erstere ist die übergreifende
Wissenschaft der Gesetzmäßigkeiten sämtlicher denkmöglicher
sozioökonomischer Systeme.[380] Für die weitere Politökonomie ergibt sich dann die Frage, ob die ökonomischen Gesetzmäßigkeiten des Kapitalismus auch im Sozialismus gelten, und, falls
dies nicht generell der Fall ist, wie die Politökonomie des Sozialismus aus ihrem unterentwickelten Stadium herauszuführen
ist, das daher resultiert, daß die Klassiker des Marxismus sich
lediglich mit dem Kapitalismus befaßt haben. Bezüglich der The-

se vom unterentwickelten Stand der Politökonomie des Sozialismus besteht interessanterweise weitgehende Einigkeit zwischen eher orthodoxen und progressiven Theoretikern. Als Hauptgründe für diese Situation werden genannt: die Tatsache, daß sozialistische Revolutionen nur in wirtschaftlich rückständigen Ländern stattgefunden haben, und der schädliche Einfluß politischer Faktoren, insbesondere hinsichtlich der Verabsolutierung bestimmter persönlicher Überzeugungen politischer Führer oder der Dogmatisierung marxistischer Klassiker, die sich gar nicht mit der Analyse komplexer realsozialistischer Wirtschaftssysteme befassen.[381]

Zwischen Orthodoxen und Progressiven brechen jedoch tiefe Gräben auf, wenn es um die Frage des Gültigkeitsbereiches ökonomischer Gesetze geht. Ein besonders umstrittener Fall ist natürlich das Wertgesetz. Ansatzpunkt der Diskussionen ist folgende 'Lehrmeinung' zur Rolle des Wertgesetzes im Sozialismus. Das Wertgesetz gehört zu den grundlegenden Gesetzmäßigkeiten des sozialistischen Wirtschaftssystems, unterscheidet sich jedoch in der Funktionsweise von seiner Wirkung im Kapitalismus, weil der Staat es auf Grund der erfolgten Transformation der Eigentumsinstitutionen gezielt und planmäßig bei der Lenkung ökonomischer Prozesse anwenden kann. Dies bedeutet unter anderem, daß Gewinne, Preise und Werte ganz entsprechend der Ausführungen im dritten Band des 'Kapital' eine wesentliche Funktion bei der Abstimmung zwischen Produktion und Nachfrage besitzen; es ist also nicht hinreichend, globale Plan-Mengengleichgewichte erzielen zu wollen, sondern die einzelwirtschaftliche Rechnungsführung bei bestimmten Preisen muß als entscheidendes informatorisches Mittelglied betrachtet werden. Ohne das Wertgesetz ist keine Wirtschaftlichkeitsrechnung denkbar, und damit auch keine gesamtwirtschaftliche Planeffizienz. Für die staatliche Wirtschaftslenkung besitzt das Wertgesetz große Bedeutung, weil durch die gezielte Setzung von Preisen - freilich unter der Voraussetzung langfristiger Konvergenz von Werten und Preisen - die Produktion bestimmter Güter beeinflußt werden kann.[382]

Ein solches Bild ist auch für die osteuropäische poststalinistische Wirtschaftswissenschaft typisch. In China werden nun verschiedene Punkte problematisiert. Ein Ausgangspunkt ist die

Frage, welche Beziehung zwischen den unterschiedlichen postulierten 'Fundamentalgesetzen des Sozialismus' bestehen mag.[383] Einigkeit besteht dahingehend, daß Wirtschaft und Gesellschaft als komplexes interdependentes System aufzufassen sind, wobei die Wirtschaft durch eine Eigengesetzlichkeit gekennzeichnet ist, die insbesondere die konkrete institutionelle Gestalt an die Entwicklung der Produktivkräfte und der Produktionsverhältnisse bindet; jede sozioökonomische Entwicklungsstufe weist entsprechend der Komplexität der wirtschaftlichen Beziehungen ein spezifisches System ökonomischer Gesetze auf, das als solches objektiven Charakter besitzt.

Betrachtet man nun zwei derartiger Gesetze des Sozialismus, nämlich das Wertgesetz und das 'Gesetz der planmäßig-proportionalen Entwicklung', so führt der Interdependenzgedanke rasch in weitreichende konzeptuelle Probleme hinein: Wenn das Wertgesetz 'objektiv' gilt, wie kann man dann davon sprechen, daß eine staatliche Planung es 'bewußt' handhabt? Sind beide Gesetze 'objektiv' gültig, welche Beziehung besteht dann im Falle eines denkbaren Konfliktes zwischen Wertgesetz und Planzielen? Eine radikale Antwort wäre, daß das 'Gesetz der planmäßig-proportionalen Entwicklung' in dem Sinne redundant ist, als die staatliche Planung lediglich für ein reibungsfreies Wirken des Wertgesetzes zu sorgen habe bzw. die hier gewonnenen Informationen planmäßig umsetzen müsse. Die Planung müßte sich also dem Wertgesetz anpassen.[384]

Eine solche Position geht auf das Unbehagen vieler Ökonomen zurück, das mit der subjektivistischen Dimension des Planungsbegriffes verbunden ist.[385] Dennoch taucht der Anlaß der Diskussionen erneut auf, selbst wenn eine Eingrenzung auf das Wertgesetz erfolgt: auch die 'rezipierende' Planung soll das Wertgesetz 'bewußt' umsetzen. Dabei ist unstrittig, daß das Wertgesetz einen unveränderlichen naturgesetzlichen Charakter besitzt.[386] Heftig diskutiert wird jedoch die Schlußfolgerung progressiver Reformtheoretiker, daß ein 'objektives Gesetz' keinesfalls durch die Planung instrumentalisiert werden kann; jede Abweichung der Planungsprozesse von wertgesetzlichen Zwängen müsse augenblicklich zum Kontrollverlust führen, die Planung könne sich höchstens an den Informationen orientieren, die von der wissenschaftlichen Erforschung des Wertgesetzes bereitgestellt werden. Aus dieser Perspektive ist also die gemäßigte 'Lehre vom Werkzeugcharakter des Wertgesetzes' abzulehnen.[387] Die praktische Relevanz derartiger Überlegungen wird unmittelbar augenfällig, wenn man bedenkt, daß dann konsequenterweise jeder Versuch der staatlichen Planung als ökonomisch unsinnig betrachtet werden muß, durch gezielte Preissetzungen den Wirtschaftsprozeß zu beeinflussen.[388]

Davon unabhängig kann jedoch ein Konflikt zwischen progressiven und gemäßigten Reformern bzw. Orthodoxen auch entstehen, wenn es um die Frage des Einzugsbereiches eines objektiv gültigen Wertgesetzes geht. So vertritt die Mehrheit der Ökonomen bislang die Überzeugung, daß der entscheidende Unterschied zwischen Kapitalismus und Sozialismus darin bestehe, daß im letzteren das Wertgesetz nicht mehr die menschliche Arbeitskraft erfasse.[389] Daraus leitet sich natürlich der Eindruck ab, daß der sozioökonomische Fortschritt nach dem Grad gemessen werden könne, in dem die objektive Gültigkeit des Wertgesetzes bereichsbezogene Einschränkungen erfährt. Nach Ansicht des einflußreichen Ökonomen <u>Xue Muqiao</u> bedeutet daher die unreflektierte Rede von der 'Nutzung' des Wertgesetzes im Sozialismus vor allem die 'Begrenzung' seiner Wirkung. Seine Kritiker meinen zu dieser Position:[390]

> (...) Genosse Xue Muqiaos noch deutlichere Formulierung der 'Theorie von der Begrenzung des Wertgesetzes' ist folgende: "Will man das Wertgesetz nutzen, so muß man seine automatische Wirkung im angemessenen Maße begrenzen"; aber spiegelt dies die wichtigsten Merkmale und grundlegenden Erfordernisse des Wertgesetzes wider? Was sind die wichtigsten Merkmale und grundlegenden Erfordernisse des Wertgesetzes? Kann man die in diesen Merkmalen und Erfordernissen wurzelnde Wirkung des Wertgesetzes begrenzen? Zu den wichtigsten Merkmalen des Wertgesetzes sagt Engels: "Wenn das Wertgesetz als grundlegendes Gesetz der Warenproduktion bezeichnet wird, so bedeutet dies, daß Produkte mit dem gleichen Gehalt an gesellschaftlicher Arbeit ausgetauscht werden." Das heißt, grundlegendes Merkmal des Wertgesetzes ist der Tausch von Produkten mit dem gleichen Gehalt an gesellschaftlicher Arbeit, also der äquivalente Tausch. Diese Beziehung des äquivalenten Tausches ist im Hinblick auf jedwede Form der Warenproduktion oder des Warenaustausches in jeder beliebigen Gesellschaft ein Ausdruck bestimmter Produktionsverhältnisse. Sobald daher der Warentausch in einer beliebigen Gesellschaft nicht dem Prinzip des äquivalenten Tausches entspricht, und damit dem grundlegenden Gesetz der Warenproduktion widerspricht, wird er also letztlich die Sanktion des Wertgesetzes erfahren. Was soll auf der augenblicklichen Stufe des Sozialismus eine "angemessene Begrenzung der Wir-

kung des Wertgesetzes" bedeuten? Es würde bedeuten, daß die Menschen nicht das Wertgesetz bewußt nutzen und sein automatisches Wirken operationalisieren, sondern stattdessen versuchen, den Austausch wertgleicher Waren einzuschränken, also keinen äquivalenten Tausch durchzuführen. In der Tat sind viele Jahre im Zuge einer Betonung der strengen Wirkungsbegrenzung des Wertgesetzes viele Produkte angesichts einer Situation mit Preisen weit unter ihren Werten im nichtäquivalenten Tausch umgesetzt worden. Der augenfälligste Ausdruck dieser Tatsache findet sich beim Austausch der Produkte zwischen Industrie und Landwirtschaft, wo lange Zeit der nichtäquivalente Tausch vorherrschte, und die Agrarpreise zu niedrig waren. Das Ergebnis war, daß die ländliche Bevölkerung in diesem Zeitraum nicht wohlhabend werden konnte.

Die Diskussion ist noch nicht zu einem endgültigen Abschluß gelangt. Wichtig ist hier noch die Feststellung, daß die Begriffskategorien und Gesetze der Politischen Ökonomie in China weniger als meßbare empirische Begriffe behandelt werden, sondern vielmehr als komplexe historisch-philosophische Termini. So hält man beispielsweise die Behandlung des Transformationsproblems in der westlichen Nationalökonomie für irrelevant, weil die marxsche Dichotomie von Wert und Preis nicht in ein einheitliches und geschlossenes mathematisches Modell gefaßt werden könne; im kapitalistischen System sei die Transformation von Werten in Preise das Ergebnis komplexer Wettbewerbsprozesse in historischer Zeit und damit nicht mathematisch formulierbar.[391]

Dieser abstrakt-philosophische Charakter der Politischen Ökonomie führt auch in anderen Bereichen immer wieder zu prinzipiellen Abgrenzungsproblemen. Die angesprochene Interdependenzthese zum Verhältnis zwischen Wirtschaft und Gesellschaft wirft z.B. die Frage auf, wie dann eigentlich die Aufgabe der Politischen Ökonomie als Wissenschaft der Produktionsverhältnisse zu spezifizieren sei.[392] Einige Ökonomen möchten daher die Politische Ökonomie in eine allgemeine Systemtheorie einbetten.[393] Hintergrund derartiger Überlegungen ist nicht zuletzt, daß man sich nicht darüber im Klaren ist, wie eine allgemeine Politische Ökonomie in der Lage sein soll, wirtschaftspolitisch operationale Empfehlungen zu einer 'spezifisch chinesischen' Strategie der wirtschaftlichen Entwicklung zu formulieren.[394] Bereits in den fünfziger Jahren hatten diese Probleme des Praxisbezuges der Politischen Ökonomie die Diskussion der Frage veranlaßt, ob denn die gesellschaftlichen Produktivkräfte Gegenstand der Politischen Ökonomie seien. Damals hatte Ping Xin die Auffassung vertreten, daß die Eigengesetzlichkeit der Produktivkraftentwicklung in die Politische Ökonomie einzubeziehen sei, wolle man empirisch operationale Aussagen gewinnen.[395]

Diese These ist bis heute umstritten. Orthodoxe Kritiker beanstanden, daß auf diese Weise eine grundlegende Relativierung sämtlicher Aussagen der Politischen Ökonomie erfolge, und zwar auch bezüglich des Kapitalismus. Umgekehrt leiten gemäßigte Reformtheoretiker aus Ping Xins Überlegungen pragmatische wirtschaftspolitische Empfehlungen ab, denn sozialistische Ordnungspolitik kann dann nicht mehr bedeuten, daß ein idealtypisches Planungskonzept o.ä. implementiert wird, sondern muß die konkreten Probleme der technologischen Entwicklung berücksichtigen, also z.B. bestimmte organisatorische Erfordernisse der Handhabung spezifischer Technologien.[396] Aus der Diskussion des abstrakten Abgrenzungsproblem der Politischen Ökonomie leiten sich also sehr konkrete wirtschaftspolitische Streitfragen ab.

Diese enge Verbindung zwischen fast scholastisch anmutenden Begriffsanalysen und der wirtschaftspolitischen Praxis tritt auch bei der Problematik der zentralen Erkenntniskategorien der Politischen Ökonomie zu Tage. In der ersten Hälfte der achtziger Jahre fanden intensive Auseinandersetzungen über die Frage statt, welche Kategorien eigentlich den 'Ausgangspunkt' der Politischen Ökonomie darstellten. Ein Überblick unterscheidet hier nicht weniger als acht Positionen, die sich jeweils deutlich gegeneinander abgrenzen und folgende 'Ausgangspunkte' in den Mittelpunkt rücken: der Warenbegriff, der Produktbegriff, die Synthese Ware-Produkt, das Unternehmenskonzept, das sozialistische Gemeineigentum, die Analyse der Arbeit (wobei sich hier noch weitere Untergliederungen ergeben, je nachdem, ob die 'vereinte Arbeit', die 'Arbeitszeit' u.s.w. als zentrale Untersuchungskategorien betrachtet werden), der Konsumbegriff oder das Konzept der freien vereinten Arbeit.[397] Die Stellung als 'Ausgangspunkt' der Politischen Ökonomie bedeutet jeweils, daß die Theoretiker der Auffassung sind, man könne ausgehend von der Analyse dieser Erkenntniskategorien zu operationalen Aussagen über die Gestalt einer sozialistischen Wirtschaftsordnung gelangen. Um Argumentationsweise und Methode der chinesischen Politischen Ökonomie zu illustrieren, werden im folgenden einige dieser Positionen betrachtet, wobei die Darstellung einer Position ausführlicher erfolgt, um auch einige charakteristische Details zu erfassen.

Die Analyse des Begriffs der 'Arbeit' hat für die sozialistische Politische Ökonomie deshalb eine zentrale Bedeutung, weil die Frage aufzuwerfen ist, ob nicht der Erhalt des prinzipiell individuellen Charakters der Arbeit im realen Sozialismus dazu führt, daß unabhängig von bestimmten Eigentumsinstitutionen 'warenwirtschaftliche' Beziehungen zwischen den Wirtschaftssubjekten dominieren. Der Ökonom Lin Zili hat diese Frage untersucht und ist dabei zu einer umfassenden theoretischen Begründung der Reformpolitik gelangt.[398]

Ein entscheidender Schritt in Lins Argumentation wird gleich zu Beginn vollzogen: Er führt in die Politische Ökonomie einen Terminus ein, der unmittelbar einen Bezug zu konkret gegebenen Situationen herstellt, d.h. der die Kontingenz wirtschaftspolitischen Handelns zu berücksichtigen vermag. Es handelt sich um den Begriff der 'Arbeitsweise' ('laodong fangshi'), der neben den der 'Produktionsverhältnisse' tritt. Die in einer Gesellschaft vorherrschende 'Arbeitsweise' kann z.B. durch bestimmte Merkmale der technischen Arbeitsorganisation oder der Arbeitsteilung gekennzeichnet werden; bei gleichen Produktionsverhältnissen können menschliche Gesellschaften durch unterschiedliche 'Arbeitsweisen' ausgezeichnet sein. Lin wirft der herkömmlichen Politischen Ökonomie vor, durch die Vermengung dieser beiden Termini schädliche Verwirrung besonders auf dem Gebiet der Wirtschaftspolitik verursacht zu haben. Auch die 'vereinte Arbeit' im Sozialismus könne in Form verschiedenster 'Arbeitsweisen' organisiert sein, solange die freie Selbstbestimmung der Arbeit (und nicht die Fremdbestimmung durch das Kapital) gewährleistet ist.[399]

Dieser Ansatz hat weitreichende Konsequenzen für andere Konzepte der traditionellen Politischen Ökonomie. Weil nicht nur die Produktionsmittel, sondern auch die Arbeit als Grundlage der Produktion betrachtet werden müssen, ergibt sich, daß nicht nur das Produktivmitteleigentum, sondern auch die spezifische Beziehung zwischen Arbeit und Produktivmitteln ausschlaggebend

für die Qualität der Produktionsverhältnisse sind. Der Begriff
des 'Eigentums' ist in dieser Hinsicht nur eine provisorische
Hilfskonstruktion; das Konzept der 'Produktionsverhältnisse'
dürfe jedoch keinesfalls mit dem System positiv ausformulierter Vermögensrechte verwechselt werden. Für <u>Lin</u> ist eine Wirtschaftsordnung daher nicht dadurch zu charakterisieren, daß
die formalen Träger von Eigentumsrechten identifiziert sind;
vielmehr muß konkret die Beziehung zwischen Arbeit und Produktivmitteln analysiert werden.[400]

Die konkrete Gestalt von Arbeitsweise und Produktionsverhältnissen wird nun aber durch die vorliegende Lösung des Problems der Wertrechnung determiniert. Im Sozialismus ergibt
sich aus dem grundlegenden Prinzip der 'Verteilung nach Arbeit' bzw. 'Leistung' ein fundamentales Meßproblem, denn in
einer komplexen arbeitsteiligen Wirtschaft mit einer Fülle qualitativer Unterschiede zwischen verschiedenen Formen der Arbeit
kann der 'äquivalente Tausch' nicht mehr direkt über Arbeitsmengen, sondern über wertäquivalente Waren verrechnet werden.
Nur über den Warenaustausch ist also eine Arbeitswertrechnung
möglich. Da die Klassiker diese Schwierigkeit noch nicht in
ihrer Bedeutung erkannt hatten, müsse der reale Sozialismus
sie selbständig lösen.

<u>Lin</u> schlägt vor, daß die Ordnungspolitik im Sozialismus vom
Gedanken der 'Zweistufigkeit der vereinten Arbeit' ausgehen
müsse, weil die Annahme einer umfassenden Arbeitsvereinigung
auf staatlicher Ebene unrealistisch sei. Stattdessen ist die
Stufe der gesellschaftlichen Einbindung der Arbeit von der
Stufe der spezifischen Produktionseinheiten zu differenzieren.
Insofern ist die Arbeit gleichermaßen 'gesellschaftlich' wie
'partikular'; damit koexistieren im Sozialismus auch gesellschaftliche und partikulare Interessen. Bereits aus diesen allgemeinen Überlegungen läßt sich beispielsweise ableiten, daß
die Allokation des Faktors 'Arbeit' keinesfalls nur auf gesellschaftlicher Ebene ablaufen dürfe - also durch staatliche Planung -, sondern daß der Staat sich nur mit den gesamtgesellschaftlich relevanten Aspekten wie soziale Sicherung oder Arbeitsrecht befassen solle; die spezifischen Arbeitsverhältnisse
müßten jedoch auf der Ebene der Unternehmen bestimmt werden,
d.h. müssen auf freie Verhandlungen zwischen Unternehmen und

Arbeitnehmern zurückgehen.

Das Problem der Wertrechnung kann nun schwerlich in einem konkreten Einzelfall gelöst werden, weil das Konzept der 'Arbeit' im Sozialismus überaus komplex ist - z.B. beeinflussen zeitabhängige Marktkonstellationen als Medium der Meßprozesse die Wertbestimmung der Waren. Lin glaubt daher, daß sich die 'Verteilung nach Arbeit' als eigentlicher Zweck der wirtschaftlichen Wertmessung über die Lohnbildung realisieren müsse; dabei sollte der Staat auf der ersten Stufe bestimmte Grundlöhne festsetzen, während auf der zweiten Stufe ein flexibler Lohnanteil spezifische Aspekte der Arbeitsleistung erfassen müßte, beispielsweise indem der Lohn an den wirtschaftlichen Erfolg eines Unternehmens gebunden und damit an Marktprozesse geknüpft wird. Der entsprechende 'Markt' ist freilich nicht der Markt der Marktwirtschaft, sondern das Zusammentreffen von Angebot und Nachfrage in einem ökonomischen Mischsystem der 'vereinten Arbeit'; beide Marktfaktoren sind ökonomisch vor allem als Wertgrößen zu betrachten, d.h. als Kapital und monetäre Nachfrage. Die wirtschaftlichen Lenkungsmechanismen müssen hier ebenfalls 'zweistufig' konzipiert sein, Bereiche direktiver oder indikativer Planung müssen also neben freien und staatlich regulierten Märkten bestehen. Je qualitativ inhomogener jedoch der Faktor 'Arbeit', desto geringer muß der Umfang staatlicher Planung über Materialbilanzen sein.

Lin leitet seine Position ausführlich aus den Denkansätzen der marxistischen Klassiker ab. Was die prinzipiellen Schlußfolgerungen betrifft, so besteht im Grunde weitgehende Einigkeit zwischen den unterschiedlichen Denkrichtungen. Orthodoxe Ökonomen dürften freilich an der Auflösung des Eigentumsbegriffs Anstoß finden. Autoren, die nämlich das 'sozialistische Gemeineigentum' als Ausgangspunkt der Politischen Ökonomie betrachten, akzeptieren keinesfalls die entstehende Unschärfe der Abgrenzung zwischen Kapitalismus und Sozialismus. Eigentumstheoretisch folgt man der Konzeption des späten Stalin, d.h. man geht davon aus, daß warenwirtschaftliche Beziehungen zwischen Wirtschaftseinheiten mit unterschiedlichem Eigentumsstatus bestehen, nicht aber innerhalb des Staatseigentums. Da die Orthodoxie wiederum die Ausweitung des Einzugsbereiches von Staats- bzw. Gemeineigentum als Indikator gesellschaftlichen Fortschrittes ansieht, ergibt sich, daß zwar eine Reform bei einem gegebenen niedrigen sozioökonomischen Entwicklungsstand akzeptiert wird, jedoch langfristig eine Zunahme des Umfangs zentraler staatlicher Planung erwartet wird. Eine solche Zunahme sei erforderlich, weil der technische Fortschritt zu einer immer ausgeprägteren Vergesellschaftung der Produktion führe, und der Staat seine Eigentumsrechte in angemessener Form durchsetzen müsse.[401]

Diese orthodoxe eigentumstheoretische Position stand lange Zeit im Mittelpunkt der Reformdiskussion. Einer der geistigen Väter der Reformpolitik, <u>Sun Yefang</u>, hat sich immer wieder darum bemüht, die Rolle des Eigentumskonzeptes in der Politischen Ökonomie zu demontieren. <u>Sun</u> wendet sich radikal gegen die Theorie des späten <u>Stalin</u> und wirft ihm eine grundlegende Verfälschung marxistischen Gedankengutes vor, indem er den Begriff der 'Produktionsverhältnisse' umgedeutet habe. Für <u>Sun</u> gibt es gute Gründe, das Eigentumskonzept aus der Politischen Ökonomie zu verbannen:[402]

> Der Grund ist sehr einleuchtend. Und zwar deshalb: Wenn Produktion, Tausch und Verteilung als drei Bestandteile bereits den gesamten Inhalt der Produktionsverhältnisse ausmachen, dann würde es bedeuten, daß man außerhalb der Produktionsverhältnisse eine gesonderte Eigentumsfrage untersuchen würde, indem man neben diese drei Bestandteile noch eine spezielle Form des Eigentums stellt (und diese 'Form des Eigentumssystems' wäre dann eine 'Form des Rechtssystems'). Marx sagte uns jedoch bereits früh: Außerhalb der Produktionsverhältnisse diese Frage untersuchen zu wollen, "ist Metaphysik oder juristische Fiktion", und "bedeutet daher, einen methodischen Fehler zu begehen".

Sun bezieht sich hier auf die marxsche <u>Proudhon</u>-Kritik. Für den Fall <u>Stalins</u> bedeutet dies:

> Nun ist Stalin nicht Proudhon, er konnte unter keinen Umständen "nicht die zeitgebundene Qualität jeder historischen Form verstehen, die die Produktion in einer bestimmten Epoche annimmt". Wenn er aber das Eigentumssystem (Vermögen) von Produktion, Tausch und Verteilung ablöst (und sogar den Tausch aus dem Begriff der Produktionsverhältnisse entfernt), und es weiterhin als den einzigen Gegenstand der Politökonomie betrachtet, dann ist es unumgänglich, daß bei dieser Vorgehensweise die Menschen außerhalb der Produktionsverhältnisse eine Frage des 'Eigentumssystems' untersuchen und damit "Metaphysik oder juristische Fiktion" erzeugen. Und diese Fiktion tritt dann im realen Leben zu Tage.

Die wirtschaftspolitischen Probleme der sozialistischen Länder gehen für Sun auf diese Verfälschung zurück. Insbesondere habe die Verdrängung des Tauschbegriffs dazu geführt, das Konzept der 'Verteilung' als 'Zuteilung' im materiellen Sinne fehlzuinterpretieren, und die engstirnige Konzentration auf den Eigentumsbegriff dazu, daß es nicht für nötig erachtet wurde, sich über die effiziente Gestaltung der Produktionsverhältnisse Gedanken zu machen.

Eine solche Kritik der Eigentumstheorie nehmen nun die Vertreter der 'Unternehmenskonzeption' der Politischen Ökonomie zum Anlaß, spezifischere Reformempfehlungen zu formulieren. Wenn das Recht nur eine äußerliche Erscheinungsform bestimmter ökonomischer Organisationsweisen ist, dann kann die allgemeine Aussage, daß im Sozialismus Gemeineigentum vorliege, sich nur auf bestimmte Aspekte des politischen und sozialen Überbaus beziehen, nicht aber unmittelbar auf die konkrete Zuweisung von Verfügungs- und Nutzungsrechten an bestimmte Wirtschaftseinheiten.[403] Auf einer eigentumstheoretischen Grundlage könnte daher auch von einem 'betrieblichen Teileigentum' gesprochen werden; in der Tat spielt dieser Gedanke seit Jahren in der chinesischen Reformdiskussion eine große Rolle. So spricht beispielsweise Zhi Xiaohe davon, daß das Staatseigentum als eine komplexe Hierarchie betrieblicher Teileigentumsrechte aufgefaßt werden müsse; das Unternehmen besitze eigenständige Rechtsansprüche auf Gewinn, Produktionsmittel u.s.w. Zwischen Staatsunternehmen bedeute daher jeder Güterverkehr stets auch einen Transfer von Eigentumsrechten; somit bestünden zwischen Staatsunternehmen warenwirtschaftliche Beziehungen. Daraus läßt sich u.U. die radikale These ableiten, daß auch für den Bereich des Staatseigentums die direktive Planung kein geeigneter Koordinationsmechanismus ist.[404]

Einer der bekannten Vertreter des unternehmensorientierten Ansatzes ist Jiang Yiwei, dessen wichtige Rolle bei der Gestaltung der Reformpolitik bereits mehrfach deutlich geworden ist.[405] Er baute Ende der siebziger Jahre das Unternehmenskonzept ('qiye benwei lun') als eigenständige Ordnungsvorstellung aus. Vor dem Hintergrund bestimmter allgemeiner Ausprägungen der Produktionsverhältnisse ist für Jiang das Unternehmen ein nicht weiter reduzierbares ökonomisches Phänomen. Es erbringe spezifische organisatorische Leistungen im Bereich von Arbeit und Technologie, die keine andere Lenkungsinstanz übernehmen kann. Aus diesem Grunde muß das Unternehmen ebenso ein eigenständiges Forschungsobjekt der Wirtschaftswissenschaft sein wie auch Gegenstand spezifischer ordnungspolitischer Maßnahmen: Es ist Träger eigener Rechte und partikularer Interessen, wichtigster Akteur beim Warenaustausch und Knotenpunkt verschiedenster ökonomischer Prozesse. Im Verhältnis zu staatlichen Instanzen müsse daher stets ein ausgewogenes Verhältnis zwischen betrieblichen Pflichten und Rechten bestehen.

Vertreter des unternehmensorientierten Ansatzes begreifen Ordnungspolitik eher als konkrete industrielle Organisation und nicht als Umsetzung globaler Ordnungsentwürfe; sie konzentrieren sich daher auf kontingente Bestimmungsgründe der Wirtschaftspolitik. Ihre praktischen Empfehlungen nehmen auch nachhaltig Einfluß auf deren Gestaltung: So gehen die bereits angesprochenen Vorstellungen zu einer Auflösung regionaler und sektoraler Verwaltungshierarchien auf das 'Unternehmenskonzept' zurück.[406]

Es wird wohl bereits deutlich, daß die chinesischen Auseinandersetzungen um den 'Ausgangspunkt' der Politischen Ökonomie in vielerlei Hinsicht zu theoretisch wie pragmatisch divergierenden Meinungen geführt haben. Dabei können prinzipielle Ordnungsfragen im Mittelpunkt stehen - wie im Falle des Eigentumskonzeptes - oder spezifische wirtschaftspolitische Gestaltungsprobleme, wie z.B. im Zusammenhang der konkreten Umsetzung 'betrieblichen Teileigentums'. U.U. können auch politisch brisante Punkte betroffen sein, wie im Falle des letzten hier zu betrachtenden 'Ausgangspunktes', nämlich des Konsumbegriffs.[407] Die Rolle des Konsums im Wirtschaftsprozeß ist sehr früh von der nichtmarxistischen Wirtschaftswissenschaft in China betont worden, und zwar vor allem von Ma Yinchu im Zusammenhang der Rezeption keynesianischen Gedankengutes. Ma hatte in den dreissiger und vierziger Jahren eine nachfrageorientierte Entwicklungsstrategie empfohlen, bei der die Industrialisierung besonders über die Erhöhung der ländlichen Einkommen angeregt werden sollte; das akkumulationsorientierte sowjetische Modell stieß deshalb auf seine scharfe Kritik.[408] Derartige Überlegungen spielen heutzutage in der Reformtheorie eine wichtige Rolle; umstritten ist jedoch, ob die Kategorie 'Konsum' in ir-

gendeiner Weise mit dem Konzept der Produktionsverhältnisse
in Verbindung gebracht werden sollte und damit zu den 'Ausgangspunkten' der Politischen Ökonomie gehören könne.[409] Konsumtheoretiker gehen davon aus, daß eine statische Beschreibung der Produktionsverhältnisse nur sinnvoll ist, wenn der geschlossene Kreislauf von Produktion, Verteilung, Tausch und Konsum analysiert werde. Der Konsum sei vor allem deshalb zu berücksichtigen, weil auf diese Weise die Unterschiede zwischen den Wirtschaftsordnungen hervortreten, die hinsichtlich der Ziele des Wirtschaftens bestehen. So erfahre der Kapitalismus zyklisch nachfragebedingte Krisen, weil der Gewinn das prioritäre Ziel sei (der Konsum ist nur ein indirektes Mittel zur Gewinnerzielung), während der Sozialismus deshalb inhärent stabiler arbeite, weil die Bedürfnisbefriedigung und damit die Nachfrageseite unmittelbar in der Zielsetzung des Wirtschaftens berücksichtigt sei.[410] Hinzu kommen Argumente, die aus der marxschen Reproduktionstheorie abgeleitet werden; weil der Konsum zum entscheidenden beschränkenden Faktor der erweiterten Reproduktion werden kann, muß er in der Politischen Ökonomie besondere Berücksichtigung finden.[411]

Aus diesem Ansatz ergeben sich recht eindeutige ordnungspolitische Konsequenzen. Die hervorragende Rolle des Konsums kann in der hochzentralisierten Planwirtschaft nicht zum Tragen kommen, weil die vielfältigen Änderungen des Konsumverhaltens, die im Verlauf der wirtschaftlichen Entwicklung auftreten, nicht hinreichend informatorisch effizient verarbeitet werden können. Nur der Markt ist das eigentlich zweckentsprechende Umfeld der Konsumgüterproduktion: Relativ autonome Unternehmen haben im Wettbewerb die Aufgabe, Konsumentenwünsche zu erkennen und möglichst rasch in Produktionsentscheidungen umzusetzen.[412] Daraus leitet sich ein ausgesprochen 'marketing-orientiertes' Unternehmenskonzept ab, das in den letzten Jahren besonders unter Managementpraktikern Zuspruch gefunden hat. Abbildung 8 vermittelt einen Eindruck von entsprechenden Überlegungen.[413]

Leider steht hier kein Raum zur Verfügung, die unterschiedlichen Beiträge zur Grundlegung der Politischen Ökonomie weiter im Detail zu betrachten. Aus systemtheoretischer Perspektive bleibt festzuhalten, daß in Anbetracht einer zeitweise intensiven Wechselwirkung zwischen Reformtheorie und praktischer

		Einfache produktionsorientierte Unternehmensführung	Unternehmerisches Produktionsmanagement
Organisation des Produktionsprozesses	Aufbauorganisation	Planung der Organisation: Nach einheitlichen staatlichen Richtlinien, keine Einrichtung von Verkaufs- oder Entwicklungsabteilungen, mangelnde Reagibilität	Nach unternehmerischer Produktionszielsetzung wird eine Organisationsstruktur aufgebaut, wird eine allgemeine Management-Abteilung eingerichtet sowie für Marketing und Produktforschung, vergleichsweise hohe Reagibilität.
		Organisation der Produktion: Betont Erhöhung der Produktivität, ist aber nicht an Marktwandlungen anpassungsfähig.	Entspricht den Bedürfnissen des Marktes, begünstigt Produktvielfalt, mittlere und kleine Losgrößen, rascher Umsatz.
		Regelsystem, Normen und Richtlinien: Nützen der Steuerung des Produktionsprozesses, nicht aber dem Unternehmensmanagement gemäß den Umweltveränderungen.	Entsprechen nicht nur den Erfordernissen der unternehmensinternen Produktionssteuerung, sondern auch dem Management gemäß externen Marktveränderungen, was der Erhöhung der Wettbewerbsfähigkeit nützt.
	Ablauforganisation	Planung, Direktiven, Lenkungssystem, Regulierungen, Kontrolle prägen die Umgebung des Produktionsmanagements.	Prognose, Entscheidung, strategische Planung, operative Planung, Weisungen, Lenkungssystem, Regulierungen, Informationen, Kontrolle gestalten den Produktions- und Verkaufsprozeß (im weiteren Sinne) und sein Management nach allgemeinen Unternehmenszielen.
Organisation der Produktionsbeziehungen	Beziehungen zwischen Unternehmen	Unternehmen und höhere Organe: ausführende, passive Beziehung	ausführende Funktion und Entscheidungsfunktionen, aktives Verhalten
		Horizontale Beziehungen des Unternehmens: Zuteilung von Produkten und Produktionsmitteln.	Kauf und Verkauf von Waren, Tausch von Produkten und Produktionsmitteln.
		Beförderungen werden von höheren Instanzen entschieden.	Das Unternehmen fördert Talente selbständig und entscheidet über Beförderungen.

Organisation der Produktionsbeziehungen	Organisation der Personalbeziehungen	Ausbildung: Dient der Produktion	Betont Management und Rechnungswesen
Organisation der Produktionsbeziehungen	Organisation der Personalbeziehungen	Personalpolitik: Gemäß den staatlichen Planvorgaben wird das Personal festgelegt und werden die Beschäftigten einberufen	Gemäß den globalen Unternehmenszielen und den Managemnenterfordernissen wird das Personal flexibel festgelegt, eingestellt und entlassen.
Organisation der Produktionsbeziehungen	Organisation der Verteilung	Die Lohnskala und die Lohnerhöhungen werden vom Staat einheitlich festgelegt; die Prämiierung von Produktionsarbeitern wird betont.	Im Sinne des Konzeptes der zweistufigen Verteilung legt das Unternehmen die Lohnskala fest; gleichwertige Betonung der Prämiierung des Verkaufs- und technischen Personals neben den Produktionsarbeitern.

Abb.8: Herkömmliche und moderne Unternehmenskonzeption in China: Der 'Gestaltwandel' des Unternehmens. Quelle: Jingji guanli 1984/5, S.78.

Wirtschaftspolitik in der Tat davon gesprochen werden kann, daß die Nationalökonomie eine wesentliche Funktion bei der Formulierung fundamentaler Werturteile zentraler Entscheidungsprozesse besitzt. Dies wird vor allem dort augenfällig, wo auf theoretischer Ebene bestimmte Termini in den Vordergrund gerückt werden, die eine deutliche Schwerpunktverschiebung bei der orthodox-sozialistischen Wirtschaftspolitik mit sich bringen. Dabei scheint eine enge Beziehung zwischen kognitivem Stil, der Diskussion theoretischer Prinzipien und dem praktischen politischen Handeln zu bestehen. Bislang gibt es nur wenige Denkansätze, die versuchen, die abstrakte politisch-ökonomische Diskussion empirisch operational mit den Handlungsempfehlungen in Verbindung zu bringen; die Politische Ökonomie ist daher häufig ein formaler Rahmen kontingenten Handelns. Allerdings darf nicht übersehen werden, daß der wissenschaftliche Fortschritt in den letzten Jahren dazu geführt hat, daß die Politische Ökonomie immer mehr den Charakter einer Institutionenlehre erhält; die bislang - zur praktischen Politik spiegelbildlich![414] - bestehende 'semantische Lücke' zwischen grundlegenden Konzepten und Realitätsbezug verkürzt sich dann erheblich. Aus evolutorischer Sicht ist neben dieser Beobachtung von Ausdrucksformen des kognitiven Stils die Frage von entscheidender Bedeutung, ob die chinesische Nationalökonomie zur Identifikation emergenter Systemeigenschaften gelangt und damit zur Trägerin anpassungsrelevanten Wissens wird. Die Erfahrung der marktwirtschaftlich orientierten Nationalökonomie zeigt, daß es sich hier um eine Fülle von Systemerscheinungen handeln kann, wie z.B. das Geldwesen oder die Wettbewerbspolitik. Eine Schlüsselrolle besitzt jedoch ohne Zweifel der Preis als Knappheitsindikator auf der Ebene 'Society'. Aus diesem Grunde soll im folgenden noch untersucht werden, wie das Preisproblem innerhalb der chinesischen Nationalökonomie behandelt wird. Bei der geistigen Auseinandersetzung zwischen markt- und planwirtschaftlichen Ordnungskonzeptionen ebenso wie innerhalb der gegenwärtigen chinesischen Reformpolitik besitzt die Frage der operationalen Wirtschaftsrechnung weitreichende ordnungspolitische Konsequenzen.[415]

4. Planung, Preise und Gleichgewicht: Das Problem der Wirtschaftsrechnung

Für die chinesische Nationalökonomie ist selbstverständlich die marxsche Preis- und Wertlehre der Ausgangspunkt von Überlegungen zum Problem der Wirtschaftsrechnung; dabei wird die Beziehung zwischen dem ersten und dem dritten Band des 'Kapital' nicht als problematisch empfunden, da man - wie schon bemerkt - die Transformation von Arbeitswerten in Preise als Prozeß betrachtet, der in historischer Zeit abläuft.[416] Der Wert eines Gutes ergibt sich also nach Maßgabe der Menge gesellschaftlich notwendiger Arbeitszeit, die zu seiner Produktion erforderlich ist. In der arbeitsteiligen Wirtschaft drückt sich dieser Wert im Tauschwert aus, der seinerseits in der Geldwirtschaft als Güterpreis auftritt. Das Wertgesetz wirkt auf dem Markt derart, daß die Güterpreise kurzfristig um den Gleichgewichtswert der gesellschaftlich notwendigen Arbeitszeit schwanken und langfristig gegen ihn konvergieren. Im Sozialismus kann das Wertgesetz allerdings 'bewußt' gehandhabt werden; 'chaotische' Wettbewerbsprozesse werden ausgeschaltet, und an die Stelle des Marktpreises tritt der 'Planpreis'. Der Planpreis kann verschiedene Formen annehmen, mit dem zentralstaatlich festgelegten und dem flexiblen Marktpreis als Grenzfällen. Soweit die unreflektierte traditionelle Sicht, die ohne Zweifel auch die ökonomische Bildung der verantwortlichen Politiker widerspiegelt.[417] Für den auswärtigen Betrachter ergibt sich nun bei der Analyse der preistheoretischen Diskussion die Schwierigkeit, daß die meisten Beiträge zwar zu ähnlichen praktischen Empfehlungen gelangen, solange von der gegenwärtigen chinesischen Situation gesprochen wird, daß aber im Bereich idealtypischer Vorstellungen und langfristiger Projektionen erhebliche Differenzen bestehen können. Zur Zeit konsensfähig ist ein Mischsystem mit fünf Preistypen: Zentral und regional administrierte Preise, sog. 'ausgehandelte Preise' (über Verhandlungen zwischen Verwaltungen und Unternehmen), Preise, die innerhalb einer Bandbreite flexibel sind, und schließlich freie Marktpreise. Der Grundgedanke dieses Systems wird zumeist als 'Doppelgleispreissystem' bezeichnet: Für sämtliche Güterarten sollen administrierte Preise und Marktpreise koexistieren.[418] An dieser Stelle werden nun drei unterschiedliche theoretische Denkansätze der Politischen Ökonomie zur Preisproblematik betrachtet.

Die Vertreter der orthodoxen Position beziehen natürlich besonders klar Stellung; hierzu gehören allerdings auch diejenigen Theoretiker, die der Auffassung sind, daß die Preise im Sozialismus eine vollständig andere ökonomische Grundlage besitzen müssen als im Kapitalismus.[419] Die letzteren sprechen zumeist unscharf von öffentlich regulierten Preisen und sind gegenüber sämtlichen pragmatischen Optionen offen. Die Orthodoxie hingegen spricht sich eindeutig für die langfristige Dominanz administrierter Preise aus. Klassisch ist diese Position durch <u>Xu Dixin</u> formuliert worden.[420] Da im Sozialismus die menschliche Arbeit den Warencharakter verloren habe, sei auch der Mehrwertbegriff obsolet und mithin das Wertgesetz. Die Produktion ist streng am Ziel der Erstellung von Gebrauchswerten orientiert; so erfolge die Akkumulation direkt über die Mehrarbeit und nicht über die Vermittlung der Wertkategorie. Ein Meßproblem besteht für <u>Xu</u> nicht, weil bereits die planmäs-

sige und harmonisch abgestimmte Produktion gewährleiste, daß
jedes Gut mit der gesellschaftlich notwendigen Arbeitszeit hergestellt wird: Der Plan und das 'Gesetz der planmäßig-proportionalen Entwicklung' ersetzen das Wertgesetz. Xu übernimmt
dementsprechend auch die Position des späten Stalin: Im Bereich
des Staatseigentums spielt der Wertbegriff nur 'äußerlich' im
Rechnungswesen eine Rolle - für die Koordination des Wirtschaftsprozesses ist er jedoch ohne jede Bedeutung.

Orthodoxe lehnen daher den Produktionspreis als Grundprinzip der Preisbildung im Sozialismus ab; auch wenn dies oberflächlich so erscheine, so besitze doch das Konzept des 'Produktionspreises' nur für die anarchischen Wettbewerbsbedingun-
gen des Kapitalismus Sinn. Hier besteht interessanterweise eine
Konvergenz zu einer anderen reformtheoretischen Position, nämlich mit Sun Yefang.[421] Damit hören jedoch die Ähnlichkeiten
bereits auf. Sun vertritt nämlich die Auffassung, daß das Wertgesetz eine universelle ökonomische Kategorie sei, die beispielsweise auch im Kommunismus sinnvoll angewendet werden kann;
die Preisbildung im Sozialismus ist daher unbedingt dem Wertgesetz unterworfen.[422]

Sun Yefang unterscheidet zwischen einer 'endogenen' ('nei
yin lun') und einer 'exogenen' ('wai yin lun') Theorie des Wertgesetzes im Sozialismus. Bei der letzteren handelt es sich um
die Position Stalins und der Orthodoxie, die behaupten, innerhalb des sozialistischen Staatseigentums seien die Produkte
nur 'äußerlich' Waren. Sun richtet vor allem drei Vorwürfe gegen diese Auffassung. Erstens, sie verhindert die sinnvolle
Durchführung von Wirtschaftlichkeitsrechnungen. Es sei zwar
richtig, daß innerhalb des Staatseigentums keine Warenzirkulation vorläge, doch besitzt der Wertbegriff im Gegensatz zum
'Tauschwert' systemunabhängig Bedeutung. Zweitens, betrachtet
man das Wertgesetz nicht als universell gültig, dann ergeben
sich ständig Anreize, die Preisbildung anderen Zielsetzungen
als der Güterallokation zu unterwerfen (z.B. dem Umverteilungs-
ziel); dann wird jedoch uno actu das Prinzip des äquivalenten
Tausches verletzt. Drittens, der Begriff des 'gesamtwirtschaftlichen Gleichgewichtes' besitzt nur Sinn, wenn er als 'Wert-
gleichgewicht' interpretiert wird und nicht als direkte 'naturale Abgleichung von Gebrauchsnutzen'.[423]

Kritiker <u>Suns</u> beanstanden an derartigen Überlegungen die
These, daß die sozialistische Wirtschaft zwar dem Wertgesetz unterworfen sei, aber dennoch nicht als 'Warenwirtschaft' begriffen werden soll. Dann bleibt natürlich offen, wie eigentlich eine wertgesetzliche Preisbildung erfolgen kann. Dennoch
verdankt die Reformdiskussion <u>Sun</u> die Erkenntnis, daß für die
sozialistische Ordnungspolitik das Problem der Wirtschaftsrechnung und der effizienten Güterallokation zentral ist. <u>Sun</u> gelangt nämlich zu dem Schluß, daß die Zentralverwaltungswirtschaft deshalb nicht der Idealtyp einer sozialistischen Wirtschaft sein könne, weil dann die politökonomische Kategorie
des 'Tausches' bzw. konkreter der 'Zirkulation' negiert werde.
Die Zirkulation ist jedoch entscheidend für die informatorische
Effizienz der Produktion; Produktion und Verteilung können
nicht unmittelbar über einen zentralen Plan reguliert werden,
weil erst der Güter- und Geldkreislauf die relevanten Informationen bereitstellt. <u>Sun</u> wendet sich daher auch gegen die
sog. 'enge' Interpretation des Wertgesetzes als Regulator im
Bereich des Güterhandels; stattdessen schreibt er ihm die Funktion eines Regulators der Kapitalzirkulation zu. Wenn jedoch
in diesem Sinne die Kapitalzirkulation eigentliche Wirkungssphäre des Wertgesetzes ist, dann muß auch die staatliche Planung hier ansetzen und nicht bei Güterproduktion und -verteilung. 'Zentrale Planung' - die auch <u>Sun</u> für unerläßlich hält -
bedeutet dann also im wesentlich die Beeinflussung der Kapitalallokation. Praktisch heißt dies, daß Fragen der Steuerpolitik, der Investitionslenkung, der Zinsregulierung oder der
Abschreibungsverfahren im Mittelpunkt der staatlichen Wirtschaftspolitik stehen müßten.[424]

<u>Suns</u> alternativer Planungsbegriff in Verbindung mit der inzwischen weit verbreiteten Rede von der 'wechselseitigen Durchdringung von Markt und Plan' hat eine bleibende Wirkung auf
die Reformdiskussion gezeigt. Das Wertproblem rückte in den
Mittelpunkt des Interesses.[425] Offen blieb jedoch nach wie vor,
wie die preistheoretischen Probleme zu behandeln sind, die
seit den fünfziger Jahren im Zusammenhang der Auseinandersetzungen um den dritten Band des 'Kapital' aufgeworfen worden
sind. Wenn das Wertgesetz auf Märkten wirkt, müssen dann nicht
flexible Preise im Zeitablauf zur Abbildung von Werten führen?

Und erfordert dies nicht das freie Spiel von Angebot und Nachfrage? Außerdem erschien nach wie vor unklar, wie der Begriff der 'gesellschaftlich notwendigen Arbeitszeit' zu interpretieren ist, denn auch hier konnte alternativ die Angebots- oder die Nachfrageseite betont werden.

Die meisten Autoren sind der Auffassung, daß nur die angebotsorientierte Deutung der 'gesellschaftlich notwendigen Arbeitszeit' wesentlich ist; damit verbleiben sie innerhalb der traditionellen Wertlehre und verdrängen präferenz- und also knappheitsorientierte Denkansätze.[426] Angebot und Nachfrage seien für die marxistische Werttheorie nicht von zentraler Bedeutung; allerdings ist das Marktgleichgewicht notwendige Bedingung der Möglichkeit einer Arbeitswertrechnung - solange kein Gleichgewicht besteht, bleibt der 'Preisschleier' undurchdringbar. Insofern ist der wertgesetzliche Mechanismus praktisch mit Preisflexibilität verbunden, auch wenn der Wertbegriff nicht präferenzorientiert ist.[427] Daher wird die Auffassung Suns mehrheitlich mit Skepsis betrachtet, daß die sozialistische Wirtschaft zwar wertgesetzlich reguliert sei, aber keine Warenwirtschaft sein soll. Stattdessen wird davon ausgegangen, daß Güterwert immer auch Warenwert ist.

Diese Einsicht gehört sicherlich zu den wesentlichen theoretischen Pfeilern der jüngeren Reformpolitik. Es entstand der Begriff der 'geplanten Warenwirtschaft' als Grundmodell einer sozialistischen Wirtschaftsordnung, der mit dem Reformbeschluß von 1984 auch in die Politik einging; bemerkenswert ist, daß es sich hierbei um einen Gedanken handelt, der unabhängig von der Idee 'sinospezifischer' Ansätze entstanden ist. Als 'geplante Warenwirtschaft' ist der 'Sozialismus nach Chinas eigener Art' ein verallgemeinerbares Ordnungskonzept für jedes beliebige sozialistische Wirtschaftssystem.[428] Damit ist für die chinesische Nationalökonomie ein Prozeß des Umbruchs eingeleitet worden, der u.U. allmählich aus der Kontingenz hinausführt.

Ein früher Entwurf zur Preis- und Werttheorie der 'geplanten Warenwirtschaft' ist von Zhang Weida vorgelegt worden.[429] Für Zhang ist das Wertgesetz ebenso wie die Warenwirtschaft eine universale ökonomische Kategorie, die ihren Sinn erst dann verliert, wenn der eigentliche Anlaß ökonomischen Handelns nicht mehr besteht: Dies ist dann der Fall, wenn die Güterknappheit endgültig beseitigt ist, und die menschliche Arbeit nicht mehr dem Lebensunterhalt zu dienen braucht.[430] Einzige Determinante des Grades der Güterknappheit ist der Entwicklungsstand der Produktivkräfte; dagegen besitzen Faktoren wie das Eigentumssystem (unter Einschluß betrieblicher Teileigentumsrechte) keinen Einfluß auf die Wirkungsweise des Wertgesetzes. Teileigentumsrechte entstehen erst umgekehrt aus dem Umstand, daß bei Güterknappheit in ökonomischen Interaktionen Nutzendivergenzen und partikulare Interessen auftreten.

Der Erhalt der Warenwirtschaft im Sozialismus bedeutet nun vor allem dreierlei. Erstens, der 'gesellschaftliche Charakter' eines Gutes drückt sich im Warenwert aus und nicht im 'gesellschaftlichen Eigentum' oder 'Gesetzen der Planwirtschaft'. Zweitens, Wert, Tauschwert und damit auch der Preis sind notwendig miteinander verknüpfte ökonomische Phänomene; eine Wertbestimmung im Sinne der Arbeitswertlehre ist unabhängig vom Tauschwert unmöglich. Dann wird z.B. Sun Yefangs orthodoxes Argument hinfällig, die Wertrechnung könne in der Kostenrechnung verankert werden, denn auch Kosten sind nur als Tauschwerte bestimmbar. Drittens, demnach ist eine wertgesetzliche Wertmessung keine unmittelbare Arbeitswertrechnung. Zhang kann ausgehend von diesen Überlegungen die Nachfrageseite in die Werttheorie einbeziehen: Werte werden zwar in der Produktion erzeugt, aber erst auf dem Markt realisiert. Der Begriff der 'gesellschaftlich notwendigen Arbeitszeit' muß also in beiden möglichen Interpretationen Berücksichtigung finden. Während die zur Produktion eines Gutes erforderliche gesellschaftliche Arbeit 'inneres Maß' des Güterwertes sei, stelle der Bedarf an güterspezifischer gesellschaftlicher Arbeit, der sich aus dem Bedarf an Gebrauchswerten ableitet, eine Obergrenze des Güterwertes im Einzelfall dar. Jeder Mehraufwand konstituiert keinen Wert.[431]

Konsequenterweise betrachtet Zhang den Produktionspreis als Idealtyp des Preises im Sozialismus, und zwar als 'geplanten Preis' auf der Grundlage branchendurchschnittlicher Kapitalkosten und unter Berücksichtigung eines Zuschlages nach der durchschnittlichen gesamtgesellschaftlichen Profitrate. Schon aus pragmatischen Gründen hält er die Kritik am Produktionspreiskonzept für irrelevant, weil der Produktionspreis z.B. geeignet sei, den wirtschaftlich-technologischen Fortschritt zu beschleunigen. Das entscheidende Argument besteht freilich darin, daß der Produktionspreis in einer komplexen arbeitsteiligen Geldwirtschaft zunächst lediglich als Gleichgewichtswert der Marktpreise zu betrachten ist: Die eigentliche Preisbildung kann sich daher nicht unmittelbar am Produktionspreiskonzept orientieren, sondern muß Angebot und Nachfrage berücksichtigen. Auch Planpreise müssen also je nach den Marktverhältnissen um diesen Gleichgewichtswert schwanken. Der Staat muß über die Kontrolle der Geldmenge das Preisniveau stabil halten, während die Einzelpreise flexibel bleiben. Die Preisflexibilität ist unabdingbar für die Funktionsweise des Wertgesetzes, denn andernfalls wird die informatorische Funktion z.B. des betrieblichen Rechnungswesens oder der Gewinnkennziffern gestört.

Der Begriff des 'Planpreises' ist für _Zhang_ keinesfalls mit einem System zentral administrierter Preise gleichzusetzen. Ausschlaggebend für den Umfang eines solchen Systems sind die staatliche Kapazität zur Informationsverarbeitung und die bestehende Struktur betrieblicher Teileigentumsrechte. Praktisch gelangt _Zhang_ daher zur Empfehlung eines Mischsystems, wie es oben bereits skizziert worden ist; zentral festgelegte Preise sollten freilich nur für wenige Güter durchgesetzt werden, wobei auch hier allerdings langfristig die Entwicklung von Angebot und Nachfrage zu berücksichtigen ist. Daraus leiten sich weitreichende wirtschaftspolitische Schlußfolgerungen ab:[432]

> Hinsichtlich der Organisation der sozialistischen Produktion und Zirkulation bedeutet dies: Erstens, direkte und indirekte staatliche Planung müssen vereint werden, und der Schwerpunkt der staatlichen Planung ist bei dem gesamtwirtschaftlichen Gleichgewicht und der mittel- bzw. langfristigen Perspektive zu setzen; dabei sind die direktiven Kennziffern zu vermindern, und die indikativen und prognostischen allmählich auszuweiten, d.h. diejenigen mit empfehlendem Charakter. Der Staat muß Produktion und Entwicklungsrichtung der Unternehmen über die Wirkung der Wirtschaftspolitik, der Wirtschaftsgesetzgebung und der ökonomischen Hebel leiten.
> (...).
> Zweitens, die planmäßige Verteilung und die freie Marktzirkulation der Produktionsmittel müssen vereint werden, ebenso wie im Falle der Konsumgüter der direktive Einkauf durch die Handelsorgane, vereinbarte Produktion und Ankauf und autonome Produktion und Verkauf durch die produzierenden Einheiten.
> (...).

Drittens, man sollte innerhalb der Leitungsarbeit administrative und ökonomische Methoden vereinen, und die Wirtschaft vornehmlich mit ökonomischen Methoden steuern. Unter Führung des staatlichen Planes und innerhalb des Rahmens, der von staatlichen Leitlinien, politischen Maßnahmen und Gesetzen vorgegeben wird, besitzt das Unternehmen das Recht, Warenproduktion, Tausch und andere wirtschaftliche Aktivitäten entsprechend dem Wertgesetz und den Erfordernissen des Marktes unabhängig zu verfolgen. Indem der Staat, gestützt auf die wirtschaftlichen Organisationen, die Wirtschaftsgesetzgebung verstärkt und ökonomische Regulatoren wie Preise, Steuern, Kredit, Lohn oder Profit handhabt, regt er die Produktion der Unternehmen und Initiative, Aktivität und Neuerungswillen des Managements an und führt sie auf diesem Wege zur Verwirklichung des Staatsplanes. Zusammengefaßt gesagt, Plan- und Marktregulierung müssen sich gegenseitig durchdringen und eng verbunden sein. Das sozialistische Planwirtschaftssystem unseres Landes muß die Marktregulierung unter Führung des staatlichen Planes sein.

Bei Zhang taucht zwar der terminus technicus 'geplante Warenwirtschaft' noch nicht auf, doch stellt diese Skizze die Grundgedanken des Konzeptes dar, wie es als Leitmotiv der Reformen wirkt. Aus ideologischer Sicht ist ausschlaggebend, daß die sozialistische Wirtschaft weiterhin als 'Planwirtschaft' firmiert; man unterscheidet daher deutlich zwischen 'Marktwirtschaft' und 'Marktregulierung', paßt aber andererseits den Planungsbegriff entsprechend an.[433]

In der Politik sind derartige Überlegungen weitgehend akzeptiert worden; ein Fundamentalkonsens ist nicht zuletzt deshalb möglich, weil die gefundene Formel weiten Spielraum bei der konkreten Abgrenzung zwischen Markt- und Planbereichen läßt. Der wichtige 'Beschluß des Zentralkomitees der Kommunistischen Partei Chinas über die Reform des Wirtschaftssystems' vom 20.Oktober 1984 läßt diesen Konsens augenfällig werden. In diesem Papier wird davon ausgegangen, daß die Warenwirtschaft ebenso wie eine klare Abgrenzung zwischen staatlicher Verwaltung und Wirtschaftseinheiten das geeignete Mittel sind, um die im Sozialismus angestrebten Entwicklungsziele zu erreichen. Das Planungssystem des Staates sei entsprechend umzugestalten: Der Staat muß verstärkt auf die indikative und indirekte Planung zurückgreifen und sich im Verhältnis zu den Unternehmen auf die Ebene strategischer Entscheidungen konzentrieren. Dies bedeutet für das Preissystem, daß die Bedeutung zentral administrierter Preise schrittweise reduziert werden muß.[434]

Diese Öffnung der Politik gegenüber progressiven Reformansätzen hängt nicht nur mit der theoretischen Auseinandersetzung zu dem Problem der Wirtschaftsrechnung zusammen, sondern auch mit praktischen Erfahrungen hinsichtlich der Schwierigkeiten bei der Messung ökonomischer Größen. Unabhängig von ideologischen Positionen ist die Erkenntnis weit verbreitet, daß angesichts der gegebenen Rahmenbedingungen der chinesischen Wirtschaft (ausgeprägter Ressourcenmangel) ein Übergang von extensiven zu intensiven Wirtschaftsweisen unabdingbar ist, während jedoch andererseits seit dem ersten Fünfjahresplan sich wichtige Produktivitäts- und Leistungskennziffern stetig verschlechtert haben.[435] Daraus ergibt sich die Frage, wie an den Orten der Entstehung wirtschaftlicher Leistung Effizienz gemessen werden kann, und wie die entsprechenden Informationen durch die staatliche Planung so umgesetzt werden können, daß eine weitere Steigerung der Effizienz erfolgt. Die wirtschaftswissenschaftliche Diskussion hat hier verschiedene Lösungsvorschläge entwickelt; die allgemeine Tendenz besteht darin, das Effizienzproblem 'holistisch' anzugehen und sich auf möglichst wenige Wertkennziffern zu konzentrieren.[436] Auch in diesem Bereich hatte Sun Yefang bereits in den fünfziger Jahren die entscheidenden Denkanstöße geliefert; zum einen mit der These, daß der Gewinn konzentrierter Ausdruck der Unternehmensleistung ist, und zum anderen mit der später häufig kritisierten Empfehlung, die Unternehmen sollten in der Regel sämtliche Gewinne an den Staat abführen.[437]

Allerdings kann diese idealtypische Empfehlung nicht unmittelbar in die Politik umgesetzt werden. Die chinesische Ökonomie sieht die Hauptproblematik der Effizienzmessung in dem Umstand, daß bei den gegebenen Umständen kein Meßkonzept ideal operiert.[438] Gebrauchswertrechnungen erlauben erst gar keinen Vergleich zwischen Aufwand und Leistung, und wert- und reineinkommenorientierte Ansätze setzen bereits ein Gleichgewichtspreissystem voraus, das Werte objektiv widerspiegelt. Aus diesem Grunde erscheint es ratsam, ein multidimensionales Kennziffersystem zu entwickeln, das mögliche Widersprüche oder Inhomogenitäten zwischen langer und kurzer Frist, einzel- und gesamtwirtschaftlicher Perspektive oder direkten und indirekten wirtschaftlichen Folgen zu berücksichtigen erlaubt. Allerdings müsse der Gewinn bzw. die Kapital-Profit-Rate eine zentrale Position in einem solchen Kennziffer-System besitzen, weil er eindeutig die ökonomisch aussagekräftigste Größe ist. Aus dieser konsensfähigen Sicht der Dinge ergeben sich allerdings unterschiedliche Schlußfolgerungen, je nachdem, welche Schule der Politischen Ökonomie befragt wird. Orthodoxe Theoretiker gehen davon aus, daß die staatliche Festlegung spezifischer Profitraten ein wichtiges Planungsinstrument ist und daher ein Ausdruck der Aufhebung kapitalistischer Wettbewerbsprozesse durch Planung. Gemäßigte Reformtheoretiker folgen der Ansicht Sun Yefangs: Der Gewinn ist die entscheidende Größe innerhalb der erweiterten Reproduktion, und eben diese erweiterte Reproduktion ist die eigentliche Domäne staatlicher Planung, z.B. im Rahmen der Investitionslenkung. Progressive Ökonomen ziehen dagegen die radikalsten Schlüsse aus der Feststellung, daß Effizienzmessung und Wirtschaftsordnung in einer engen sachlichen Beziehung stehen, und haben in dieser Hinsicht bislang beachtlichen Einfluß auf die Wirtschaftspolitik ausgeübt.[439]

Seit 1979 wurden im Zuge von Reformexperimenten verschiedene Modelle der Gewinnabführung und -aufteilung zwischen Staat und Unternehmen getestet.[440] Es ging darum, die optimale Mischung von Gewinnsozialisierung, Motivationswirkungen der Gewinneinbehaltung und Meßmechanismen von Effizienz und Leistung herzustellen. Ein solcher pragmatischer Konsens zur Gewinnaufteilung zwischen Staat und Unternehmen resultierte auch daher, daß ein zweites Meßproblem zu lösen war: Wie sollte eine 'Verteilung nach Arbeit' meßtechnisch realisiert werden, wenn nicht das Rechnungswesen der Unternehmen als eine eigenständige Meßinstanz hinzutritt? Ausgehend von dieser Frage wurde das Konzept der 'zweistufigen Verteilung' entwickelt, weil offenbar eine Messung individueller Leistung nicht möglich ist, wenn der Staat Lohnsätze zentral festlegt: Der Lohn ist aber Verteilungsinstrument und Leistungskennziffer in einem. Will man also den Geldlohn an der individuellen Leistung ausrichten, so muß zumindestens eine Lohnkomponente die Unternehmensleistung berücksichtigen, die aus dem Zusammenwirken individueller Leistungen entsteht. Andererseits muß das Unternehmen über Gewinnanteile verfügen können, um variable Leistungslöhne auszahlen zu können.[441]

Mit Hilfe der Reformexperimente wurde nun untersucht, welches konkrete Modell der Gewinnaufteilung den theoretischen Meßkonzeptionen gerecht werden kann. Dabei ergab sich, daß jedes Modell, das in irgendeiner Form ex ante vorgegebene Plankennziffern enthielt, wesentliche Defekte aufwies, die besonders im Bereich der Motivation zu Tage traten. Vier Grundmodelle sind zu unterscheiden. Erstens, das klassische Konzept eines Prämienfonds, der aus Gewinnen finanziert wird und an die Lohnsumme gekoppelt ist: Dieses Modell ist allerdings nur für unselbständige Unternehmen innerhalb einer zentral geplanten Wirtschaft sinnvoll und weist die entsprechenden Nachteile auf. Zweitens, die Bindung des Gewinneinbehalts an die Erfüllung bestimmter Kennziffern zum Plangewinn oder zur Gewinnzuwachsrate: Hier traten ständig Konflikte bei der Festlegung der Kennziffern auf, ergaben sich demotivierende ratchet-Effekte und entstanden Planungsunsicherheiten auf der fiskalischen Seite. Drittens, vollständige Gewinn- und Verlust-Verantwortungssysteme: Hier wiederholen sich die Probleme, die bei der Vorgabe einfacherer Kennziffern auftraten. Und viertens, die einfache und einheitliche Besteuerung der Unternehmen in Form einer Einkommensteuer: Diese Lösung erwies sich eindeutig als die beste, und zwar sowohl, was die Motivationswirkungen anging, als auch die längerfristige Verstetigung staatlicher Einnahmen.

Damit setzte sich eine 'warenwirtschaftliche Lösung' durch. Die theoretische Diskussion hatte in Verbindung mit den praktischen Reformexperimenten zum Entwurf einer langfristigen Strategie der Steuerreform geführt.[442] Dabei ging man davon aus, daß ein Übergang von der diskretionären Gewinnabführung zur einheitlichen Besteuerung mit einem Zwischenschritt erfolgen sollte, bei dem Steuer und Gewinnabführung nebeneinander bestehen. Ähnlich wie schon bei den allgemeinen Überlegungen zu Leistungskennziffern, wurde auch klar erkannt, daß die einheitliche Besteuerung nur dann eine funktionsfähige Synthese zwischen staatlichem Einnahmebedarf und Leistungsmessung und -motivation durch Gewinneinbehalt darstellt, wenn die Preise, die in das betriebliche Rechnungswesen eingehen, objektive Knappheiten oder Güterwerte widerspiegeln. Es war daher geplant, die Steuerreform erst nach der Preisreform zu realisieren; die großen Schwierigkeiten bei der Durchführung der Preisreform hatten freilich zur Folge, daß die Steuerreform vorauslief. Dementsprechend gelang es bislang nicht, das Ziel einer Verstetigung der Gewinnabführungen zu erreichen, denn das verzerrte Preissystem bietet immer wieder überzeugende Argumente, um diskretionäre Ausnahmeregelungen zu schaffen.[443]

Im Überblick kann sicherlich davon gesprochen werden, daß Reformtheorie und -politik das Problem der Wirtschaftsrechnung rezipiert haben. Die Schwierigkeiten bei der Umsetzung der gewonnenen Erkenntnisse hängen mit der Komplexität des konkreten Systems zusammen, auf das sie angewendet werden sollen, und natürlich mit der Wechselwirkung zwischen Politik und Wirtschaft.[444] Was das letztere angeht, so besteht ein Grundproblem der Verarbeitung nationalökonomischer Einsichten durch die Politik darin, daß die begrifflichen Systeme, die bei den jeweiligen Subsystemen auftreten, in der Regel unterschiedliche Systemeigenschaften unterschiedlicher Ebenen abbilden. So gehört die Nationalökonomie zu <Deco-Ass>PRO(SOC) und bildet im Falle progressiver theoretischer Ansätze emergente Eigenschaften der Ebene 'Society' ab, die PRO-spezifisch sind. Viele Politiker sind dagegen von der Karriere innerhalb einer Großorganisation geprägt und denken in begrifflichen Systemen, die Eigenschaften der Ebene 'Organization' abbilden, ohne den Zusammenhang zur Ebene 'Society' offenzulegen. Darüber hinaus handelt es sich nicht um PRO-spezifische Kodes. Dies hat zur Folge, daß innerhalb der Politik immer wieder das Ziel der Systemintegration in der Weise aufgefaßt wird, daß eine möglichst weitgehende Zentralisation von Entscheidungen innerhalb eines hierarchischen DEC der Ebene 'Organization' erfolgen müßte. In dieser Hinsicht war die orthodoxe Theorie der Zentralverwaltungswirtschaft also ein leicht übertragbares begriffliches System. Operiert jedoch die Politik mit einem derartigen System, das nicht geeignet ist, emergente Eigenschaften der Ebene 'Society' zu identifizieren, dann besteht die Gefahr, daß durch das politische Handeln die Wirkung derartiger Eigenschaften im konkreten System gestört wird.

Die chinesische Reformpolitik war nun in der ersten Phase weniger vom Einfluß prinzipieller nationalökonomischer Überlegungen geprägt, als vielmehr durch die feldabhängige Kognition, die das Ergebnis kulturierter Anpassungsprozesse in der traditionellen Gesellschaft war. Der spezifische kognitive Stil der politischen Führungspersönlichkeiten brachte es mit sich, daß die modelltheoretische Dichotomie zwischen Theorie der Planwirtschaft und Theorie der Marktwirtschaft nicht als entscheidungsrelevant betrachtet wurde: Der chinesische 'Pragmatismus' besitzt also einen kulturellen Hintergrund. Erst im Verlauf der Reform und einer engeren Wechselwirkung zwischen Politik und Nationalökonomie trat das Bewußtsein in den Vordergrund, daß die Wirtschaftsreform nicht nur eine <u>organisatorische Maßnahme ist, sondern eine ordnungspolitische Reform in dem Sinne, daß es um die Stabilisierung bestimmter emergenter Eigenschaften der Ebene 'Society' geht</u>. Es zeigte sich, daß die einfache Vorstellung von der 'Dezentralisation' ökonomischer Entscheidungen keinesfalls hinreichend ist, um den Reformprozeß zu leiten: Solange der Begriff der 'Dezentralisation' nur innerhalb organisatorischer Denkmuster auftritt, bedeutet eine entsprechende Politik u.U. Disintegration auf der Ebene 'Society' und damit ebenfalls die Destabilisierung emergenter Eigenschaften. Die Nationalökonomie hat in diesem Zusammenhang die Aufgabe, diejenigen Systemfunktionen zu identifizieren, die über ein zentralisiertes DEC realisiert werden müssen, um eine Systemintegration zu erreichen.

Genau an dieser Stelle sind jedoch noch viele Fragen offen. So ist die ökonomische Diskussion beispielsweise zu der Erkenntnis gelangt, daß die Messung von Werten eine emergente Eigenschaft der Ebene 'Society' ist, eine Einsicht, die von weitreichender Bedeutung für die systemare Anpassungsoptimierung im technischen Sinne ist. Gleichzeitig wird jedoch die Auffassung vertreten, daß in einem nicht klar definierten Umfang Preise durch staatliche Organisationen festgelegt werden müßten. Weil aber auf der anderen Seite die Geldtheorie unterentwickelt ist, und keine operationalen Erkenntnisse zur geldpolitischen Steuerung im Sozialismus verfügbar sind, entsteht ein fundamentales Dilemma: Das sog. 'Doppelgleissystem' wird von den Effekten eines de facto dezentralisierten Geldsystems beherrscht, das nicht zur Kontrolle des Geldmengenwachstums in der Lage ist. In diesem Fall werden jedoch prinzipiell mögliche Meßleistungen partiell freigegebener Preise gestört.[445]

Hat also die Theorie der 'geplanten Warenwirtschaft' bislang einen positiven und stimulierenden Einfluß auf die Wirtschaftspolitik ausgeübt, so treten allmählich ihre Defekte und theoretische Unschärfen in den Vordergrund. Diese Entwicklung kann natürlich wieder auf die ökonomische Diskussion zurückwirken, den neuen Ansatz diskreditieren und die Orthodoxie stärken. Ob eine solche Situation entstehen wird, ist noch eine Frage der Zukunft.

Nun gehört es keinesfalls nur zur Aufgabe der Nationalökonomie, anpassungsoptimierende emergente Eigenschaften der Ebene 'Society' aufzuzeigen; in gleicher Weise müssen auch dysfunktionale Eigenschaften identifiziert werden, deren Kontrolle oder Vermeidung dann den staatlichen Instanzen der Wirtschaftspolitik zugewiesen wird.[446] Die wissenschaftliche Erfahrung hat gezeigt, daß es einige Eigenschaften gibt, die - zumindestens im Rahmen bestimmter grundlegender Ordnungstypen - allgemeine Bedeutung besitzen, wie z.B. die inflationäre Wirkung der Property-Rights-Struktur, die im sog. 'jugoslawischen Modell' vorliegt. Evolutionstheoretisch ist jedoch hinzuzufügen, daß konkrete Systeme auch spezifische Anpassungsstörungen aufweisen können, die aus dem Zusammenwirken subsystemarer Eigenschaften entstehen.[447] Die im wesentlichen feldunabhängig argumentierende westliche Nationalökonomie neigt in der Regel dazu, derartige Defekte auf das Unvermögen der Wirtschaftspolitik zurückzuführen, funktionsfähige Institutionen durchzusetzen. Bei einer solchen Argumentation erhält die Politik häufig den Status eines systemexogenen 'deus ex machina', der nach Belieben Institutionen schaffen und zerstören kann. Für den Evolutionstheoretiker ist diese Sicht der Dinge grundlegend falsch, denn er betrachtet die Genese von Institutionen in jedem Fall als systemendogenen Prozeß, der dementsprechend ständig von den bestehenden Institutionen beeinflußt wird.[448]

Rasche Veränderungen materieller Rahmenbedingungen von Systemen oder auch der Beziehungen zwischen Subsystemen können nun zur Folge haben, daß ursprünglich anpassungseffiziente Regelwerke auf höheren Ebenen dysfunktionale Effekte zeitigen. Im folgenden werden derartige Effekte für den chinesischen Fall diskutiert. Für die chinesische Nationalökonomie bestünde hier tatsächlich die Aufgabe, 'spezifisch chinesische' Probleme aufzuarbeiten.

Sechstes Kapitel
Evolutorische Dilemmata: Kultur, Wirtschaftsordnung und die Zukunft der chinesischen Reformpolitik

1. Das evolutorische Fundamentalproblem: Darwinsche Anpassungsoptimierung und teleologe Industrialisierung

Wenn man sich mit der Frage befassen möchte, in welcher Weise kulturelle Faktoren in Zukunft vielleicht den Erfolg der chinesischen Reformpolitik negativ beeinflussen könnten[449], dann ist es unerläßlich, ein Fundamentalproblem anzusprechen, das jedoch aufgrund seiner Komplexität und Bedeutung hier nicht erschöpfend diskutiert werden kann. In diesem Kapitel gilt die Aufmerksamkeit daher vor allem den Effekten, die bestimmte systemare Verlagerungsgestalten auf der Ebene 'Society' nach sich ziehen können, wie sie in den vorherigen Kapiteln als besonders charakteristisch für die chinesische kulturierte Anpassung herausgestellt worden sind. Dabei handelt es sich um drei Phänomene, die sich gegenwärtig als sehr hartnäckige Schwierigkeiten einer erfolgreichen Reformpolitik erweisen, und die in der traditionellen Kultur eindeutig anpassungsoptimierende Funktionen besaßen. Erstens, die laterale Dispersion von DEC-Funktionen der Ebene 'Organization' war in Verbindung mit der reziproken Vernetzung der personalen Entscheidungsträger eine Begleiterscheinung der Stabilisierung eines Staatswesens, dessen Größe zu ständigen Zerfallstendenzen Anlaß gab.[450] Zweitens, innerhalb dieses potentiell auflösungsbedrohten Systems wirkte die 'zweistufige Ordnung' integrativ, indem bestimmte ethische Regelwerke die Selbstregulation all jener sozialen Prozesse unterstützten, die nicht der staatlichen Kontrolle unterliegen konnten. Drittens, bei der Stabilisierung der zweistufigen Ordnung waren Prozesse der Ebene 'Group' entscheidend. Für die gegenwärtige Reformpolitik entstehen aus diesen Ordnungserscheinungen drei Dilemmata, weil die entsprechenden Systemfunktionen zwar innerhalb des traditionellen Agroökosystems stabilisierend und integrativ wirkten, im Falle komplexerer ökonomischer Prozesse jedoch die Systemintegration auf der Ebene 'Society' stören. Erstens, bei der bestehenden planwirtschaftlichen Vermengung zwischen politischer Macht und ökonomischen Entscheidungsfunktionen hat die laterale Dispersion von DEC auf der Ebene 'Organization' zur Folge, daß spontane Funktionsverlagerungen von <Dec>PRO(ORG) zu DEC(ORG) stattfinden und hierarchische Entscheidungträger im Bereich von PRO entstehen, ohne daß dies von der zentralen Wirtschaftspolitik intendiert ist. Zweitens, das traditionelle Konzept der 'zweistufigen Ordnung' drückt sich in der modernen Wirtschaftspolitik als das Modell sog. 'Verantwortungssysteme' aus; Verantwortungssysteme führen jedoch zu Brüchen im wirtschaftlichen Kommunikationszusammenhang, wenn selbstregulierter und hierarchisch gesteuerter Bereich der Wirtschaft zu divergierenden informatorischen Abbildungen realwirtschaftlicher Sachverhalte gelangen. Drittens, spontane Prozesse der Ebene 'Group' führen im Falle komplexerer Institutionen zur Verdrängung formaler und allgemeiner Regeln durch kontingente korporativistische Interaktionen zwischen Personen. Dies hat zur Folge, daß all jene öffentlichen Güter, deren Produktion durch allgemeine Regeln gewährleistet werden muß, nicht mehr bereitgestellt werden, weil die korporativen Gruppen kein unmittelbares Interesse daran besitzen. Diese drei Dilemmata können prägnant mit den drei Schlagworten gekennzeichnet werden: Fragmentierung planwirtschaftlicher und staatlicher Entscheidungsfunktionen, Fragmentierung ökonomischer Koordinationsmechanismen, und Fragmentierung allgemeiner Regelwerke und ordnungspolitischer Entscheidungsfunktionen.

Obgleich diese Dilemmata bereits hinreichend sind, um erhebliche Probleme bei der technischen Anpassungsoptimierung des chinesischen Ökosystems zu verursachen, liegt das evolutorische Fundamentalproblem an einer anderen Stelle. Für die menschliche kulturierte Anpassungsoptimierung spielen teleologe Prozesse eine große Rolle. Dabei muß es sich keinesfalls um zielgerichtete Handlungen hierarchischer DEC drehen, sondern auch um spontane Zielbildungen der Ebene 'Society'. In der jüngeren chinesischen Geschichte haben derartige Prozesse der Zielbildung eine große Bedeutung besessen. Aus evolutionstheoretischer Sicht ist dabei bemerkenswert, daß die Wahrnehmung der Konkurrenz zwischen Gesellschaftsformen ausschlaggebend für diese Zielbildung war und ist. Die Kollision zwischen der

chinesischen Zivilisation und den westlichen Nationen im 19.
Jhd. hatte in China zu der Auffassung geführt, daß die Zukunft
Chinas nur gesichert sei, wenn es gelänge, eine dem Westen vergleichbare Militärmacht aufzubauen. Unabhängig von politischen
Strömungen wurde dementsprechend die nachholende Industrialisierung zu einem allgemein anerkannten gesellschafts- und entwicklungspolitischen Ziel. Für die jüngste Reformpolitik wiederum besitzt weniger diese enge Verknüpfung zwischen Industrialisierung und militärischer Macht Bedeutung, als vielmehr
der Zusammenhang zwischen Industrialisierung und Konsumstandard bzw. gesellschaftlichem Wohlstand. Bei den entsprechenden
Zielbildungsprozessen besitzt jeweils das Muster der europäischen und US-amerikanischen Zivilisationen Vorbildfunktionen.
Die subjektive Wahrnehmung einer Konkurrenz drückt sich in der
Gegenwart darin aus, daß explizit auf den Wettbewerb zwischen
den Gesellschaftssystemen des Kapitalismus und des Sozialismus
Bezug genommen wird; für Deng Xiaoping beispielsweise bezieht
der Sozialismus seine politische Legitimation aus der möglichst
raschen Einlösung des Versprechens, einen höheren und auch sichereren individuellen Lebensstandard zu bieten als der Kapitalismus. Während des Niedergangs des Kaiserreiches und der
Wirren der Republik besaßen sogar sozialdarwinistische Vorstellungen innerhalb der geistigen Elite sinnstiftende Funktionen:
Aus Japan wurde der Gedanke importiert, daß menschliche Gesellschaften in ständiger Auseinandersetzung um lebenswichtige Ressourcen stehen; die chinesische Zivilisation habe im
Westkontakt ihre Unterlegenheit erfahren und müsse eine grundlegende Transformation realisieren, um ihren Platz in der
Welt zu wahren. In diesem Zusammenhang wurden bestimmte Merkmale westlicher Zivilisationen wie z.B. bürgerliche Rechte
oder Parlamentarismus instrumentalistisch gedeutet, d.h. man
sah die gesellschaftliche und politische Struktur in direktem
Zusammenhang mit Wohlstand und Macht; dementsprechend galt es
für China, derartige Strukturen zu übernehmen, um im Wettstreit der Nationen gleichzuziehen.[451]

Aus solchen Beobachtungen läßt sich der Schluß ziehen, daß
bei den teleologen Anpassungsprozessen menschlicher Gesellschaften die Transmission von Anpassungswissen eine entscheidende
Rolle spielt.[452] Hier handelt es sich natürlich lediglich um

hypothetische Beziehungen zwischen bestimmten Beobachtungen
und einem zum jeweiligen Zeitpunkt unterstellten Anpassungserfolg. Das evolutorische Fundamentalproblem ergibt sich nun daraus, daß die informatorische Verknüpfung zwischen menschlichen
Gesellschaften dazu führen kann, daß Anpassungsnormen von einer
Gesellschaft zur anderen übertragen werden, die u.U. in der
Empfängergesellschaft dysfunktional wirken. Typischerweise werden nämlich nicht nur bestimmte Informationen zu grundlegenden sozialen Regelsystemen übertragen, sondern immer auch (je
nach der spezifischen Ausbildung der übertragenden Individuen
gar vornehmlich) konkret-materielle Zielvorstellungen. Hierzu gehört vor allem der Transfer typischer Grundmuster der
Erscheinungsformen industrialisierter Volkswirtschaften. Insbesondere im Falle der militärischen Auseinandersetzung ist
eine entsprechende nachholende qua nachahmende Industrialisierung freilich notwendig; die Produktion bestimmter 'effizienter' Kriegsgeräte erfordert unterschiedslos in jedem Land ähnliche Industrien. Andererseits werden jedoch auch Konsumnormen
übertragen, d.h. der Lebensstandard wird gewöhnlich nicht auf
der abstrakteren Ebene von Lebenschancen bewertet, sondern konkret am Grad der Verfügbarkeit von Güterarten, wie sie in industrialisierten Volkswirtschaften vorhanden sind.

Wenn nun aber die Industrialisierung in Europa, wie hier bereits mehrfach vermutet, ein zufälliger Prozeß der Anpassungsoptimierung von Agrargesellschaften war, die unter bestimmten
natürlichen Bedingungen existierten, dann ist die Annahme keinesfalls gerechtfertigt, daß eine Übertragung entsprechender
materieller Anpassungsnormen auch in anderen Regionen anpassungsoptimierend wirkt. Ökonomisch betrachtet, stellt sich in
diesem Zusammenhang beispielsweise die wesentliche Frage, ob
die externen Effekte, die in den jeweiligen Ökosystemen auftreten, von beträchtlich unterschiedlicher Größe sind. So ist
denkbar, daß in einem Ökosystem mit ausgeprägter Knappheit
wichtiger Ressourcen wie fruchtbarem Boden und Wasser, das in
China besteht, im Falle einer Internalisierung der externen
Effekte von Industrialisierungsprojekten die Situation entstünde, daß aus Kostengründen der Aufbau einer Industrie nach
westlichem Muster unrentabel würde. Die Unrentabilität bei Internalisierung drückt sich evolutorisch als Anpassungsineffi-

zienz aus, wenn keine Internalisierung stattfindet. Insofern
könnte man bezüglich der ökonomischen Mechanismen davon ausgehen, daß alle jene Informationstransmissionen zwischen
menschlichen Gesellschaften anpassungseffizient sind, die Institutionen betreffen, die zur möglichst raschen Internalisierung externer Effekte führen; dies deshalb, weil die Internalisierung bedeutet, daß teleologe Prozesse eng am Ziel der
Anpassungseffizienz ausgerichtet werden. Für die Transmission
<u>materieller</u> Anpassungsnormen ist eine solche Effizienzvermutung jedoch nicht gerechtfertigt. Diese Aussagen bedeuten freilich auch, daß sämtliche materielle und institutionelle Anpassungsnormen, die öffentliche Güter betreffen, schwerlich aus
Effizienzgesichtspunkten beurteilt werden können, da per definitionem der theoretische Bezug zur Internalisierung wegfällt.
So muß es ein trial-and-error Prozeß bleiben, für konkrete kulturierte Ökosysteme eine geeignete Grenze zwischen Markt und
Staat zu ziehen.[453]

Im Falle Chinas stellt sich also das evolutorische Fundamentalproblem zunächst in zweifacher Weise. Zum einen besteht die
Möglichkeit, daß der Umbau des traditionellen Agroökosystems
mit dem Ziel einer Industrialisierung eine evolutorische Sackgasse ist, weil unter den gegebenen natürlichen Bedingungen
eine Industrialisierung nicht anpassungsoptimierend wirkt. Es
gibt bereits viele Hinweise, daß die systembedingt mangelnde
Internalisierung externer Effekte das Ökosystem an den Rand
einer Katastrophe treibt. Hinzu kommt aber auch - und langfristig ist dies von besonderer Bedeutung -, daß die Übernahme
westlicher agrarwirtschaftlicher Vorbilder offenbar dysfunktional wirkt, indem die komplexen ökologischen Zusammenhänge
der arbeitsintensiven Hortikultur gestört werden.[454] Hypothetisch betrachtet, ist davon auszugehen, daß bei gegebener
Knappheit natürlicher Ressourcen sehr hohe Preise auf freien
Märkten entstehen müßten; chinesische Ökonomen sprechen in der
Tat auch davon, daß mit einer langfristig steigenden Tendenz
der Agrarpreise zu rechnen sei, die bislang immer noch durch
staatliche Maßnahmen unterdrückt werde.[455] Dies bedeutet natürlich zunächst nichts anderes, als daß die politische Zielvorstellung einer Selbstversorgung der chinesischen Nation
wenig sinnvoll ist, weil die komparativen Kosten im internatio-

nalen Vergleich relativ zu hoch sind. Eine Nahrungsmittelversorgung über den Import würde jedoch unter der Bedingung des Zahlungsbilanzausgleichs und eines stabilen Wechselkurses bedeuten, daß ein international wettbewerbsfähiges Exportangebot vorhanden sein müßte, und zwar im Bereich industrieller Fertigwaren oder natürlich Dienstleistungen mit einer möglichst geringen Beanspruchung natürlicher Ressourcen. Unerheblich ist dabei, ob der Importbedarf zunächst durch Kapitalimporte finanziert würde. Damit werden folglich um ein weiteres materielle Anpassungsnormen übertragen, diesmal über den internationalen Handel.[456]

Fällt also aufgrund entsprechender weltpolitischer Entwicklungen der Zwang zu militärischen Wettläufen weg, besteht prinzipiell die Möglichkeit, daß die Entwicklung einer eigenständigen materiellen Zivilisation mit 'östlichen' Konsumnormen anpassungseffizienter wäre als eine nachahmende Industrialisierung.[457] An dieser Stelle tritt freilich der zweite Aspekt des evolutorischen Fundamentalproblems zu Tage: Welche Institutionen sind geeignet, das Wissen möglichst rasch zu generieren, das für einen anpassungsoptimierenden Entwicklungspfad erforderlich ist? Hier sind grundsätzliche Entscheidungen zur Rolle des Staates im Entwicklungsprozeß erforderlich: Wo ist er zur Produktion öffentlicher Güter unabdingbar, und wo verhindert er die Internalisierung externer Effekte durch homöostatische ökonomische Mechanismen?

Es gibt einen Bereich der Politik, bei dem in China der Staat großen Einfluß ausübt, und der gleichzeitig den unmittelbaren Berührungspunkt zwischen technischer und darwinscher Anpassungseffizienz darstellt: die Bevölkerungspolitik. Während der Ära Mao bestand kein Gegensatz zwischen politischen Zielvorstellungen und dem individuellen Ziel der Maximierung des relativen Reproduktionserfolges.[458] Seit 1978 besteht dagegen ein Zielkonflikt. Die zentralstaatlichen Entscheidungsinstanzen haben frühere Überlegungen der Wissenschaft übernommen, daß die Modernisierungsaufgabe nur realisierbar sei, wenn der Grad der Ressourcenknappheit durch eine strikte Kontrolle des Bevölkerungswachstums gemindert wird. Das heißt, es wird unterstellt, daß zwischen der technologischen Anpassungseffizienz und der darwinschen zumindest temporär ein

Widerspruch besteht. Ökonomisch betrachtet, ist dies gleichbedeutend mit der Annahme, daß in der gegebenen Situation das individuelle Reproduktionsverhalten zur Produktion öffentlicher Güter bzw. 'Übel' (negativer externer Effekte) führt, weil die vorhandenen institutionellen Rahmenbedingungen die unterstellten Folgen für den langfristigen Entwicklungsprozeß nicht hinreichend internalisieren. Wenn man das Reproduktionsverhalten auf einen ökonomischen Kalkül reduzierte, hieße dies, daß die von der Elterngeneration wahrgenommenen Kosten von Kindern zu niedrig lägen. Dies hängt jedoch direkt mit den gegebenen Formen technischer Anpassungsoptimierung zusammen, denn in der arbeitsintensiven Hortikultur ergibt sich durch die Arbeit von Kindern ein positiver Nettoeinkommensfluß von den Kindern zu den Eltern.[459] Wenn nun der Staat in das entsprechende Reproduktionsverhalten eingreift, dann bedeutet dies also eine Einkommensreduktion. Evolutionstheoretisch ist dies zu eng interpretiert, denn im Gegensatz zu ökonomischen Modellen des Reproduktionsverhaltens, die im Entscheidungskalkül der Eltern lediglich die Kosten der Kinder oder die von ihnen generierten Nettoeinkommensströme berücksichtigen, geht das Konzept der darwinschen Anpassungsoptimierung davon aus, daß die Eltern unter Berücksichtigung der Nettoeinkommensrestriktion den relativen Reproduktionserfolg maximieren. Zwischen beiden Ansätzen besteht freilich eine enge Verbindung, denn der relative Reproduktionserfolg ist ex ante nicht bekannt und wird keinesfalls nur durch die Quantität der Nachkommenschaft determiniert, sondern auch durch die Qualität, die entscheidend für den Erfolg im Selektionsprozeß ist.[460] Eltern, die versuchen, diese Qualität zu maximieren, müssen natürlich die entsprechenden Investitionskosten in Rechnung stellen. Die Investitionskosten wiederum werden von der Form der technischen Anpassungsoptimierung auf der Ebene des Gesamtsystems determiniert; konkret also z.B. durch die Ausbildungskosten.[461]

Schaltet sich der Staat an dieser Stelle ein, dann ist dies mit erheblichen Risiken verknüpft. Wenn die Formen technischer Anpassungsoptimierung sich auf Systemebene rasch verändern, dann könnte in der Tat zwischen Eltern- und Kindergeneration ein Problem der Zeitinkonsistenz bestehen, weil die Kinder einen vollständig anderen Entscheidungskalkül verwenden als

die Eltern, die allerdings in ihren Kalkül das analog
fortgeschriebene Verhalten der Kinder bereits einbezogen hatten. Hinzu kommt eventuell das Argument der externen Effekte.
Doch wäre der staatliche Eingriff nur dann sinnvoll, wenn bereits heute nachweislich bekannt wäre, daß die projektierte
kulturiert-industrialisierte Anpassungsform tatsächlich optimaler ist als die traditionelle. Dies könnte wegen bereits genannter Gründe zweifelhaft erscheinen. Zudem muß der Staat natürlich einen Ausgleich für die Nettoeinkommensverluste der
Elterngeneration schaffen. An dieser Stelle zeigt sich freilich, daß der Eingriff des Staates auf der Seite vermeintlicher
öffentlicher 'Übel' auch den Zwang zur Produktion eines öffentlichen Gutes schafft, das innerhalb der traditionellen Anpassungsform noch ein privates war und innerhalb der Familienorganisation produziert wurde: die Alterssicherung. Eine
strikte Bevölkerungskontrolle setzt voraus, daß die Volkswirtschaft binnen einiger Jahrzehnte in der Lage ist, ein hinreichend hohes Pro-Kopf-Einkommen zu erzielen, aus dem die
Rentnergeneration unterhalten werden kann.[462] Gelingt dies
nicht, schlägt eben die Verletzung des individuellen Zieles
darwinscher Anpassungsoptimierung auf das ökonomische System
zurück. Abgesehen davon, müssen natürlich auch langfristige
intangible Konsequenzen insbesondere einer Politik der Ein-Kind-Familie in Rechnung gestellt werden, z.B. im Zusammenhang
weitreichender Veränderungen des Sozialverhaltens (politische
Sozialisation), die sich aus der Dominanz von Einzelkindern
in den Kindergenerationen ergeben.[463]

Hier kann auf diese komplexen Fragen nicht weiter eingegangen werden. Die Schlaglichter sollten gezeigt haben, daß es
keinesfalls selbstverständlich ist, zu unterstellen, daß eine
Transformation des traditionellen chinesischen Agroökosystems
langfristig anpassungsoptimierend im technischen und im darwinschen Sinne ist. In diesem traditionellen System hingen beide
Anpassungsdimensionen über die spezifische Ausprägung von Familie, Produktionsformen und Staatsorganisation eng zusammen.
Die nachholende und nachahmende Industrialisierung treibt während des Übergangsprozesses einen Keil zwischen diese Verflechtungen, weil der Staat - und auch breite Strömungen insbesondere in der städtischen Bevölkerung - annimmt, daß die organi-

satorische Vorwegnahme von spontanen Begleiterscheinungen der Industrialisierung (z.B. Reduktion der Zahl der Nachkommenschaft) entwicklungsbeschleunigend wirken werde. Stattdessen kann jedoch auch vermutet werden, daß die Industrialisierung nach westlichem Muster in China dysfunktional wirken könnte (falls die externen Effekte nicht internalisiert werden), so daß die staatlichen Maßnahmen verstärkend auf diese negativen Entwicklungen Einfluß nehmen.

Das evolutorische Fundamentalproblem lautet für China also : Das teleologe Anpassungsverhalten der nachholenden und nachahmenden Industrialisierung kann langfristig technisch anpassungsineffizient wirken, und bereits in der Gegenwart bildet sich daher ein Zielkonflikt zwischen technischer und darwinscher Anpassungsoptimierung heraus, der das kulturierte Ökosystem in einen Ungleichgewichtszustand treiben könnte.

2. Die laterale Dispersion von Entscheidungsprozessen der Ebene 'Organization' und die Fragmentierung planwirtschaftlicher Entscheidungsträger

Zu den grundlegenden Merkmalen der chinesischen Wirtschaftsordnung gehört die de-facto Dezentralisation staatlicher Entscheidungsträger. Aus diesem Grunde ist die Reformpolitik immer durch spontane Prozesse der Ebene 'Society' gekennzeichnet, die aus der Wechselwirkung zwischen partiell autonomen DEC (ORG) entstehen. Das politische System des sozialistischen Staates verlagert DEC(SOC) abwärts zur Ebene 'Organization'; die Teilorganisationen insbesondere auf regionaler Ebene sind jedoch hinreichend selbständig, daß die entsprechenden Interaktionen zwischen DEC(ORG) zu emergenten Eigenschaften Anlaß geben. Hier wurden bereits die Konsequenzen für die Implementation der Steuerreform betrachtet: Es ist für das zentrale DEC unmöglich, ein konsequent durchdachtes Reformkonzept durchzusetzen, weil stets die Politische Ökonomie der Beziehungen zwischen Zentrale und Regionen auf den institutionellen Wandel einwirkt. Ein anderes Beispiel für dysfunktionale emergente Eigenschaften ist der Wohlfahrtsverlust durch regionalen Protektionismus.

Eine langfristig sehr problematische Entwicklung ist allerdings auch der Machtzuwachs regionaler Verwaltungen, der sich aus der Reduktion zentralstaatlicher Planungsmacht ergibt.

Westliche Beobachter wie <u>Wong</u> sind inzwischen der Auffassung. daß diese Reduktion keinesfalls die gewünschte Folge gezeitigt hat, die Marktbereiche auszuweiten.[464] In der Tat hängt nach Ansicht chinesischer Ökonomen die nach wie vor zu verzeichnende Tendenz zu Dauerverlusten staatlicher Unternehmen damit zusammen, daß die Unternehmen zwar weniger güterspezifische Plananforderungen zu erfüllen haben, lokale Verwaltungen jedoch weiterhin Kennziffern zum Bruttoproduktionswert vorgeben, mit den entsprechenden Konsequenzen für den Fortbestand von 'Tonnenideologie' und Inputwertmaximierung.[465] Zu beachten ist auch, daß zwischen der Dezentralisation in der Produktionsplanung und der Dezentralisation im Handel Divergenzen bestehen können. Unternehmen können Planziffern bei der Produktion erhalten, obgleich sie für den Absatz im Prinzip selbst verantwortlich sind.[466]

Die Grobstruktur des Planungssystems bzw. allgemeiner formuliert, der Verteilung administrativer Verfügungsrechte an Unternehmen kann ungefähr folgendermaßen skizziert werden:

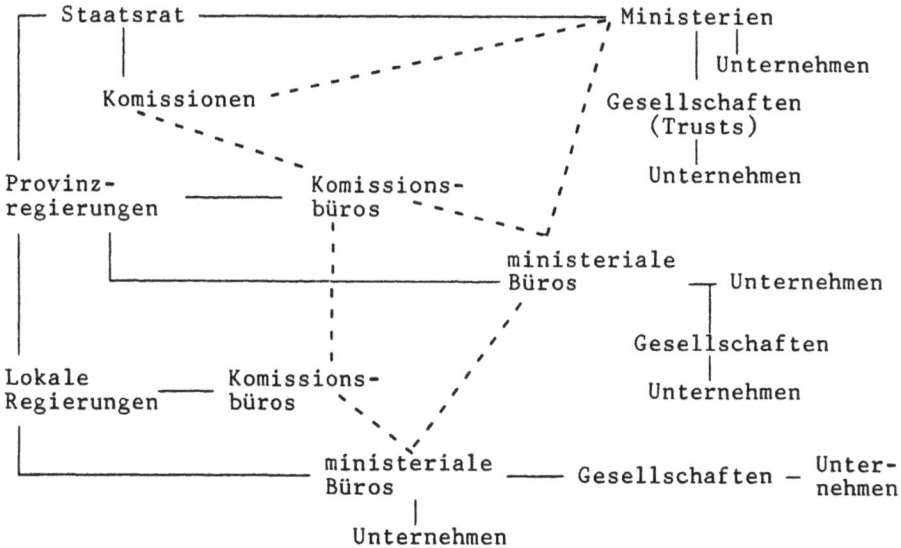

Abb. 9: Grobstruktur der industriellen Planung, nach: <u>Hare</u> (1983), S.192.

Im Extremfall liegt also eine dreidimensionale 'Tensororganisation' vor, um einen Ausdruck aus der westlichen Organisationslehre aufzugreifen. Drei verschiedene Grundtypen von Instanzen sind zu unterscheiden: Erstens, die Ministerien, die in der Regel nach dem Objektprinzip aufgegliedert sind, und auf jeder regionalen Verwaltungsebene durch Büros vertreten werden, zweitens, die nach dem Regionalprinzip organisierten Regierungsorgane, denen jeweils die ministeriellen Büros zugeordnet sind, und drittens, die Komissionen als im allgemeinen funktional spezialisierte Organe, und die in mancher Hinsicht den 'Stäben' in westlichen Großunternehmen entsprechen. Zwischen diesen Instanzen können im Prinzip zwei unterschiedliche Formen von Beziehungen bestehen: Erstens, eindeutige hierarchische Weisungsbefugnisse ('lingdao guanxi') und die sog. 'professionellen Beziehungen' ('yewu guanxi'), deren konkrete Macht gegenüber den Linieninstanzen nur schwer abzuschätzen ist. In Abbildung 9 werden die letzteren mit gestrichelten Linien wiedergegeben.[467]

Die Komplexität des Systems ergibt sich nun daraus, daß die Weisungsbefugnisse im allgemeinen zwar recht klar festgelegt , hingegen die Entscheidungsbefugnisse über das gesamte System diffus verteilt sind. Stehen die unterschiedlich aufgegliederten Instanzen in einer ungefähr gleichgewichtigen Machtverteilung einander gegenüber, dann laufen Entscheidungsprozesse über eine Fülle von Verhandlungen und Konferenzen ab.[468] In welchem Ausmaß 'professionelle Beziehungen' den Charakter von Entscheidungs- und Weisungskanälen annehmen, hängt von der politischen Bedeutung der jeweiligen Instanzen und den sie repräsentierenden Amtsträgern ab.[469] Hinzu kommt aber selbstverständlich der Einfluß der Wirtschaftspolitik: Das Auf und Ab zwischen Zentralisierung und Dezentralisierung im Verlauf der Geschichte der Volksrepublik stellt sich im wesentlichen als Verschiebung der Machtverteilung innerhalb der skizzierten organisatorischen Struktur des Planungssystems dar. Dabei bedeutet die 'Zentralisierung' eine Stärkung der Rolle 'professioneller Beziehungen' im Entscheidungsprozeß. Seit jeher besaß hier die Zentralisierung finanzieller Entscheidungsbefugnisse über Staatshaushalt und Bankensystem eine besondere Bedeutung, weil der Apparat der materialen Planung kaum zur Kontrolle der

vielfältigen wirtschaftlichen Aktivitäten in der Lage ist.[470]
Die gegenwärtige Reformpolitik setzt sich nun das Ziel einer
Dezentralisierung des Systems ökonomischer Entscheidungsrechte.
Dies wird natürlich primär verstanden als eine Dezentralisierung mit der Ausweitung von Entscheidungsbefugnissen der Unternehmen. Gleichwohl erfordert die Anpassung des staatlichen
Planungssystems auch die Ausweitung der Befugnisse regionaler
Verwaltungen. Schon im Rahmen der formalen Bestimmungen erlaubt eine Generalklausel, daß ministerielle und regionale Instanzen im Prinzip und bei unabweisbarem Bedarf das Recht besitzen, Teile der industriellen Produktion imperativ zu lenken.
Allerdings ist es untersagt, entlang der Planungshierarchie
regelmäßig Plankennziffern hinzuzufügen.[471]

Die Reformen des Planungsapparates werden begleitet vom
neuen Ansatz zur regionalen Dezentralisierung, wie er sich aus
dem Konzept 'natürlicher Wirtschaftszonen' ergibt, das bereits
im dritten Kapitel erläutert wurde. Das Ziel, die regionalen
Verwaltungshierarchien über wirtschaftliche Verflechtungen zu
durchbrechen, soll erreicht werden, indem bestimmte Verwaltungsinstanzen auf regionaler Ebene besondere Planungsbefugnisse erhalten: die 'Wirtschaftszentren'. Betrachtet man einmal die Vorstellungen des Maschinenbauministeriums, so würde
dies konkret bedeuten, daß vor allem die Verfügungs- und Entscheidungsrechte der Provinzverwaltungen auf die Ebene städtischer Verwaltungen verlagert werden ('xia fang'). Die städtischen Verwaltungen haben dann die Aufgabe, über die Bildung
von Unternehmenskonglomeraten annahmegemäß effizienter arbeitende Unternehmensgrößen und -organisationen durchzusetzen; die
Konglomerate sollen unabhängig von der herkömmlichen regionalen Verwaltungsgliederung Betriebe in verschiedenen Regionen
verflechten. Das fiskalische Interesse der ursprünglich zuständigen Verwaltungsorgane soll grundsätzlich gewahrt bleiben,
indem die Teilunternehmen in den Konglomeraten den Status einer
Rechtsperson behalten, und damit auch die bisherige Form der
Steuerpflicht unverändert fortbesteht. Die Konglomeratsleitung übernimmt allerdings sämtliche Planungsfunktionen und bestimmt beispielsweise auch die Direktoren der Teilunternehmen.
Ein solcher Prozeß der Unternehmenskonzentration soll freilich in der Regel nicht so weit führen, daß nationale Trusts

entstehen, und dann Wettbewerbsprozesse unmöglich würden. Die
Ministerien besäßen in diesem System die Aufgabe, eine allgemeine Branchenpolitik zu gestalten, also z.B. auf zentraler
Stufe gesetzliche Regelungen und Verordnungen zu formulieren,
langfristige strukturpolitische Maßnahmen zu implementieren,
wichtige innovatorische Großprojekte zu betreuen und Abstimmungsprozesse zwischen den Teilinstanzen zu leiten. Entscheidendes Mittelglied dieser Branchenpolitik sollen die 'Branchenkorporationen' sein, deren objektorientierte Gliederung
ohne weiteres die Konglomeratsgrenzen überschneiden kann. Die
entsprechende Abschwächung ministerieller Entscheidungsbefugnisse soll jedoch nicht von einer spiegelbildlichen Ausweitung
der Entscheidungsmacht städtischer Verwaltungen begleitet werden. Letztere sollen möglichst wenig bei operativen
Entscheidungen auf das Unternehmensverhalten Einfluß nehmen,
sondern die allgemeinen entwicklungsstrategischen Richtlinien
der Ministerien vor Ort umsetzen, Branchen- und Regionalpolitik abstimmen und eine unternehmensgerechte materielle und soziale Infrastruktur aufbauen.[472]
Bereits im Jahre 1984 lief ein entsprechender intensiver
Reorganisationsprozeß im Bereich der Wirtschaftsverwaltung
an.[473] Eine interessante Vorstufe zu den Experimenten mit der
Ausweitung der Rolle städtischer Planungseinheiten waren jedoch
die Reformmaßnahmen auf der Kreisebene, die <u>Kueh</u> ausführlich
analysiert hat.[474] Grundgedanke dieser Maßnahmen war ähnlich
wie im Falle der Städte, daß die Wirtschaftskomitees der Kreise möglichst sämtliche Weisungsbefugnisse und wesentliche Entscheidungsrechte erhalten sollten, um das ineffiziente Neben-
und Durcheinander ministerieller und regionaler Hierarchien
zu vermeiden. Dies bedeutet, daß die Plankommission als unterste Stufe des nationalen Planungssystems den Staatsunternehmen
nicht mehr direkt Plankennziffern vorgibt, sondern nur noch
regional aggregierte Kennziffern an das Wirtschaftskomitee
des Kreises weiterleitet. Das Komitee kann dann diese Vorgaben
nach eigenem Belieben weiter aufschlüsseln bzw. auch das Planungsverfahren frei wählen (indikativ oder direktiv), um regionale Reformvorhaben durchführen zu können. Es ist weiterhin auch der alleinige Ansprechpartner für die lokalen Unternehmen, wenn es um Verhandlungen mit staatlichen Verwaltungen

geht, z.B. bezüglich der Lieferung staatlich zugeteilter Rohstoffe. In gleicher Weise bestehen auch keine direkten Beziehungen mehr zum staatlichen Finanzbüro; das Wirtschaftskomitee ist ausschlaggebendes Mittelglied und wird an den Steuerzahlungen bzw. Gewinnabführungen beteiligt, die ein Unternehmen z.B. im Rahmen eines Verantwortungssystems leistet.[475] Das staatliche Materialamt (soweit es zuständig ist) leitet Inputgüter nur noch in Form von Gesamtzuweisungen an das Wirtschaftskomitee weiter; ähnliches gilt auch im Bereich der Arbeitskräfteallokation. Die Umwandlungen der Rolle staatlicher Verwaltungen gehen so weit, daß ministerielle Organe auf Kreisebene zum Teil aufgelöst und in objektorientierte Abteilungen des Komitees verwandelt werden, u.a. in Form regionaler Gesellschaften. Lediglich die Zweigstelle der staatlichen Grundaufbauverwaltung behält ihren alten Status, um den zentralen Einfluß auf das Investitionsverhalten zu wahren.

Es ist nur schwer abzuschätzen, wie diese Entwicklung in die Gegenwart fortzuschreiben ist, und ob sie auch auf höheren Verwaltungsebenen in vergleichbarer Weise abläuft. Die verfügbaren Daten zeigen einerseits, daß natürlich Widerstände seitens derjenigen Verwaltungsorgane bestehen, deren Macht beschnitten werden soll, und daß andererseits zumindestens die Bedeutung korporativer Planungsverfahren auf regionaler Ebene zunimmt. Letzteres besagt , daß lokale Wirtschaftskomitees die Leitung von Planungskonferenzen übernehmen, bei denen alle betroffenen Verwaltungsorgane beteiligt sind, und die die Grundlinien der regionalen Entwicklungsziele, Kreditpolitik oder strategischer Unternehmensplanung festlegen.[476]

Dieser beträchtliche Machtzuwachs regionaler Verwaltungsorgane drückt sich in vielfältiger Weise aus. Ein wichtiger Aspekt betrifft den möglichen Einfluß auf den Aufbau hierarchischer Unternehmensorganisationen, wie er teilweise ja auch von der Politik intendiert ist. Im Gegensatz zur Kombinatsstrategie der DDR oder den Produktionsvereinigungen der UdSSR[477] wird in China allerdings die Bildung größerer Unternehmensverflechtungen nicht zentral gesteuert, sondern hängt wesentlich von den Verhandlungen zwischen den betroffenen regionalen Verwaltungen ab. Dies bringt es mit sich, daß im Einzelfall kaum beurteilt werden kann, ob eine Reorganisationsmaßnahme auf Effizienzmotive zurückzuführen ist, oder ob lediglich politische Auseinandersetzungen im Hintergrund stehen. In der chinesischen Diskussion wird diese Problematik unter dem Begriffspaar 'Gesellschaften mit Unternehmenscharakter' versus 'Gesellschaften mit Verwaltungscharakter' diskutiert.[478] Viele regionale Verwaltungen benutzen ihre Machtposition gegenüber den Unternehmen, um die Reformpolitik zu unterlaufen, indem Unternehmensverbindungen gegründet werden, auf deren Leitungsorgan ein direkter administrativer Einfluß erfolgen kann, und deren hierarchischer Aufbau die Ausstrahlung dieses Einflusses ermöglicht. Shanghai ist beispielsweise seit langem ein Musterfall dieser Verquickung zwischen Wirtschaftsadministration und Unternehmensorganisation: Der Einfluß des Wirtschaftszentrums soll nicht nur über Marktprozesse wirksam werden, sondern auch durch die Bildung von Großunternehmen, die den Wirtschaftsraum des Changjiang-Deltas erfassen. So ist die Textilindustrie in Form eines dreistufigen Trusts organisiert, dessen Leitung mit einem ministeriellen Branchenbüro der Provinzebene identisch ist; auf der zweiten Stufe sind spezialisierte Gesellschaften gegründet worden, und erst auf der dritten folgen die eigentlichen Unternehmen. Innerhalb dieses Trusts werden Plankennziffern über interne 'Verantwortungssysteme' festgelegt; Reformmaßnahmen beschränken sich auf Versuche, die organisatorische Effizienz zu erhöhen.[479] Dabei ist zu beachten, daß die formale Kennzeichnung einer Gesellschaft als 'Gesellschaft mit Unternehmenscharakter' keinesfall hinreichend ist, um eine administrative Zentralisierung auszuschließen. Nachdem im Mai 1984 erste Regelungen zur Unternehmensautonomie erlassen worden waren, folgten im Winter 1984 massive Proteste Shanghaier Fabrikdirektoren, die sich gegen die internen Machtverhältnisse in Unternehmensverbindungen richteten: Gerade weil betont werde, daß die Gesellschaft den Status eines 'Unternehmens' besitze, würden die Rechte der Teilunternehmen beschnitten, die z.B. sämtliche Gewinne abführen müßten, keine selbständigen Verkäufe tätigen könnten, oder auch keine Entscheidungsrechte bei der Organisation des Prämiensystems besäßen.[480]

Der Zentralstaat versucht, derartige Erscheinungen über rechtliche Regulierungen in den Griff zu bekommen. So wurden

im Jahre 1985 Bestimmungen zur Genehmigung und Eintragung von
Gesellschaften erlassen, die bei Staatsbetrieben eine Zulassungskontrolle durch die Ministerien ermöglichen. Entscheidend
ist, daß 'Verwaltungsgesellschaften' nicht in das Handelsregister eingetragen werden dürfen. Für eine Übergangszeit wird
lediglich eine befristete Zulassung erteilt, wenn die Zusicherung erfolgt, daß eine rasche Entflechtung von Unternehmen und
Verwaltung durchgesetzt wird. Wird eine Gesellschaft jedoch
nicht eingetragen, dann darf sie keine Firma führen und besitzt
nicht den Status einer Rechtsperson, der nach chinesischem
Recht unabdingbar ist, um Wirtschaftsverträge abschließen zu
können.[481]

Derartige Bestimmungen können freilich keinen Einfluß auf
Zentralisierungsprozesse nehmen, die von 'Gesellschaften mit
Unternehmenscharakter' ausgehen. Gesellschaften mit 'Mischcharakter' ('ban xingzhengxing, ban qiyexing') werden daher langfristig das eigentliche Reformproblem darstellen und stark
zentralisierte Entscheidungshierarchien bewahren, die einerseits die Unternehmensautonomie einschränken und andererseits
die Macht regionaler Verwaltungen festigen.[482] Hinzu kommt,
daß die Trustpolitik wiederum auch von der Zentralregierung genutzt wird, um eine engere Kontrolle und Lenkung ökonomischer
Aktivitäten durchzusetzen. Ein interessantes Beispiel ist die
Reform im Bereich des Maschinenbauministeriums. Im Jahre 1982
wurden die bestehenden vier einschlägigen Ministerien zu einer
organisatorischen Einheit zusammengefaßt, die auf der höchsten
Ebene 14 funktional spezialisierte Zentralbereiche aufweist
(Personal/Lohnabrechnung, Produktionssteuerung, zentraler Verkauf u.s.w.); auf der zweiten Ebene stehen acht nach dem Objektprinzip gegliederte Instanzen (Elektrotechnik, Meßgeräte
oder Schwermaschinen) neben fünf zugeordneten Großunternehmen
als 'Gesellschaften mit Unternehmenscharakter'('qiyexing gongsi') besonders im Bereich von Beschaffung und Verkauf. Zu diesen Unternehmen gehört die im Mai 1982 gegründete 'Chinesische
Automobilgesellschaft'. Sie ist eine Verbindung der sieben wichtigsten Großunternehmen der Branche, die ihrerseits Konglomerate einschlägiger Betriebe sind. Nach dem Statut ist der zentrale Trust eine unabhängige Planungseinheit, die sämtliche
ökonomische Aktivitäten unter der Bedingung einer Plangenehmi-

gung durch den Staatsrat selbständig lenken darf. Ursprünglich
für Teilbereiche zuständige ministerielle Stellen unterhalten
freilich 'professionelle Beziehungen' zur Trustleitung. Formal steht der Trust in der 'Verantwortung' gegenüber dem Staat,
die Geschäfte im Sinne des Gemeinwohls optimal zu führen. In
den 'Vorläufigen Bestimmungen zum Lenkungssystem nationaler
spezialisierter Gesellschaften' von 1982 wird der mögliche
Einfluß staatlicher Stellen allerdings noch etwas näher spezifiziert: So darf ein Trust zwar nicht analog zur ursprünglichen
Verwaltungsgliederung aufgebaut sein, doch können die Verwaltungsorgane, die ehemals für die Teilbetriebe zuständig waren,
an Sitzungen der Unternehmensleitung teilnehmen.[483]

Im Innenverhältnis werden die Unternehmenszusammenschlüsse
über die sieben 'Managementverbundgesellschaften' ('lianying
gongsi') grundsätzlich in drei verschiedenen Formen geregelt.
Erstens, sämtliche Aktivitäten eines Teilbetriebes werden von
der Trustspitze direktiv geplant, zweitens, Verkauf und Beschaffung werden der Trustführung unterstellt, während bei Finanzen und Personalpolitik eine gewisse Selbständigkeit der
Teilbetriebe besteht, und drittens, lose bis engere wirtschaftliche Zusammenarbeit zwischen Trust und Teilunternehmen, z.B.
über Kooperationen, Kompensationsgeschäfte, Verkaufsgemeinschaften etc. Lediglich im letzten Fall kann davon gesprochen
werden, daß die Teilbetriebe noch selbständige Unternehmen
sind; allerdings soll die Trustführung in der Regel nicht sämtliche betriebliche Aktivitäten durch Direktivpläne erfassen,
sondern verstärkt über 'Verantwortungssysteme' operieren, die
es den Teilbetrieben erlauben, nach Erfüllung von Planverpflichtungen noch eigenständige Projekte aufzugreifen. Dies wird besonders bei einem Musterfall der Trustpolitik, der Managementverbundgesellschaft 'Ostwind', deutlich. Die Firma erfaßt als
Teilunternehmen der Chinesischen Automobilgesellschaft 109
Einzelbetriebe, die formal nach korporativen Prinzipien zusammengefaßt sind, d.h. der Firmenbeitritt soll freiwillig geschehen, wird über Verträge geregelt und soll Mitbestimmungs-
und Autonomierechte wahren. Tatsächlich besitzen diese Prinzipien nur eine geringe Auswirkung auf die organisatorische Realität. Ein besonders leistungsfähiges Unternehmen - die 'Zweite Automobilfabrik' in Hubei - übernimmt die Führungsrolle, d.h.

vor allem die Planung und Produktion der Endprodukte. Diese 'Hauptfabrik' ('zongchang') muß einerseits die Planverpflichtungen gegenüber der Trustleitung erfüllen, und setzt andererseits die entsprechenden Plankennziffern in Vereinbarungen, Verträgen, Aufträgen oder auch Planvorgaben im Rahmen von 'Verantwortungssystemen' um, die sich an die Teilbetriebe von 'Ostwind' richten. Diese Teilbetriebe waren zumeist ursprünglich selbständige Kraftfahrzeughersteller und produzieren jetzt Bauteile oder bieten Serviceleistungen an. Die Gesamtplanung des Verbundes ist nach dem Grundsatz des 'demokratischen Zentralismus' organisiert; de facto besitzt also die Hauptfabrik wesentliche Entscheidungsbefugnisse hinsichtlich der Personalpolitik, der Investitionsplanung oder der Organisation von Teilbetrieben.[484]

Inwieweit ein solches Beispiel repräsentativ ist, kann nur schwer abgeschätzt werden. Es bestehen erhebliche regionale Variationen, die zeigen, daß die Macht lokaler Verwaltungen sich auch darin niederschlägt, daß eigenständige ordnungspolitische Zielvorstellungen verfolgt werden. Ein Musterfall ist der 'iterative Planungsprozeß' der Reformstadt Shijiazhuang. Innerhalb von drei rasch aufeinanderfolgenden Reformphasen implementierte man dort ein komplexes Mischsystem in der Unternehmenslenkung, wobei das Ausmaß staatlicher Planung mit dem Eigentumsstatus und der Wirtschaftskraft der Betriebe variiert. Die direktive Planung ist allerdings drastisch reduziert worden, und von 1.700 lokal administrierten Güterpreisen sind bis auf 50 sämtliche Preise freigegeben. Der Einfluß der Verwaltung auf die Personalpolitik der Unternehmen ist auf die Einsetzung des Fabrikdirektors beschränkt worden. Begleitet wird diese Liberalisierungsstrategie von der Ausbreitung der Unternehmensverflechtungen im wirtschaftlichen Einzugsbereich von Shijiazhuang. Hier handelt es sich nicht um regionale Verwaltungstrusts, denn es wurde augenscheinlich das Prinzip der Freiwilligkeit gewahrt, und die teilnehmenden Unternehmen behielten ihren Rechtsstatus bei. Allerdings bemühte man sich auch bei der Gründung regionaler Verbundgesellschaften um möglichst flexible Organisationsformen. Ein Beispiel ist die Firma 'Osten' im Bereich der Kunststoffherstellung und -verarbeitung, die vor allem ländliche Unternehmen im Umkreis von drei Provinzen bzw. sieben Landkreisen erfaßt. Zwischen Hauptfabrik und Teilbetrieben bestehen Beziehungen unterschiedlicher Organisationsdichte; dabei kann es sich um eine Art Franchising handeln, Verlagssysteme, Auftragsverarbeitung, Kapitalbeteiligungen oder die Gründung von Gemeinschaftsunternehmen. Diese Flexibilität konnte nicht zuletzt deshalb erreicht werden, weil die lokale Plankommission nicht mehr detaillierte Planvorgaben zur Investitionstätigkeit formuliert, sondern nur noch auf die Wahrung aggregierter regionaler Investitionssummen achtet. Im Bereich der Allokation der Arbeitskräfte wurde ein Vertragssystem eingeführt, das den Unternehmen größere Freiheiten in der Personalpolitik einräumt, und die Rolle der staatlichen Materialverwaltung wurde beträchtlich reduziert.[485]

Zu den grundlegenden Schwierigkeiten einer Analyse des chinesischen Reformprozesses gehört immer wieder, daß der Beobachter zwar über eine Fülle von Informationen verfügt, was konkrete Einzelfälle wirtschaftspolitischer Maßnahmen angeht, es aber kaum zu rechtfertigen ist, diese Einzelbeobachtungen zu einem geschlossenen Bild der Ordnungspolitik zu extrapolieren. Ausgehend von der evolutions- und systemtheoretischen Analyse kultureller Faktoren in der Entwicklung der Wirtschaftsordnung kann jedoch behauptet werden, daß diese methodischen Probleme ein grundlegendes Ordnungsmerkmal des Wirtschaftssystems widerspiegeln: <u>die Fragmentierung planwirtschaftlicher und politischer Entscheidungsfunktionen</u>. In gewisser Weise läßt sich daher <u>Donnithorne</u>'s These von der 'cellular economy' in die Gegenwart fortschreiben, und zwar weniger, was die Verflechtung der Wirtschaft durch Ströme von Materie und Energie betrifft, als vielmehr die weiterhin bestehende Aufsplitterung der Wirtschaftsverwaltung in partiell autonome 'Zentralverwaltungswirtschaften', also die laterale Dispersion von <Dec>PRO(ORG). Dies hat zur Folge, daß die Wirtschaftspolitik der zentralen Führung keinesfalls zu Implementationserfolgen führen muß. Die Ausweitung der Unternehmensautonomie und von Marktbereichen kann auch ergeben , daß die Betriebe in neue Verwaltungshierarchien eingebunden werden, deren Spitze bei regionalen Staatsorganen zu suchen ist, und die unter den unterschiedlichsten formalen Bezeichnungen firmieren. Solange also die Regionalverwaltungen nicht ihrerseits das wirtschaftspolitische Reformprogramm der Zentrale aufgreifen und durchsetzen, bedeutet die Ausweitung von Marktbereichen keinesfalls die Zunahme der Bedeutung wirtschaftlicher Interaktionen zwischen Unternehmen, sondern zwischen Verwaltungsorganen; diese Interaktionen zeichnen sich regelmäßig als eine Mischung marktmässiger Verhandlungen und politischer Konflikte aus, d.h. PROspezifische Entscheidungsprozesse können ständig durch sachfremde Einflüsse beeinträchtigt werden, mit den entsprechenden Folgen für die wirtschaftliche Effizienz. Langfristig wäre denkbar, daß Reformimpulse über die Konkurrenz zwischen Wirtschaftsräumen und zuständigen Verwaltungen übertragen werden[486]: dann wird freilich die Grundsatzfrage aufgeworfen, ob die chinesische Nation überhaupt eine geeignete wirtschaftspolitische Einheit ist, z.B. hinsichtlich des Währungssystems. Die gegenwärtigen Schwierigkeiten zwischen zentral verordneter Wirtschaftspolitik und dem Verhalten regionaler Organe führen also zum Problem der Einheit der chinesischen Wirtschaftsordnung und der Beziehung zwischen Ordnung und System zurück.

3. Zweistufige Ordnung, Verantwortungssysteme und die Fragmentierung wirtschaftlicher Koordinationsmechanismen

Wenn man nach einem verallgemeinerungsfähigen Ordnungsmerkmal der chinesischen Reformpolitik sucht, dann gehört das Konzept der 'Verantwortungssysteme' sicherlich zu den besten Kandidaten. Will man unter die deutsche Übersetzung der entsprechenden chinesischen Termini ebenso die eigentlichen 'zerenzhi' ('Verantwortungssysteme') subsumieren wie die verschiedenen Formen von 'cheng bao' ('Verträge zur Übernahme einer Auftragsverpflichtung') in der Industrie und natürlich das 'bao gan zhidu' ('System selbständiger Ausführung vertraglicher Verpflichtungen') in der Landwirtschaft, dann spielt dieses Konzept eine zentrale Rolle bei der Gestaltung der Außenbeziehungen von Unternehmen - und hier vor allem im Verhältnis zu staatlichen Verwaltungen - sowie bei der Organisation der Innenbeziehungen von Unternehmen, Unternehmensverbindungen und Trusts. Der Grundgedanke ist stets der gleiche: Zwischen zwei Instanzen oder Wirtschaftseinheiten, die in einem hierarchischen Verhältnis stehen, wird ein Vertrag abgeschlossen, der die Verpflichtungen der untergeordneten Einheit gegenüber der höherstehenden festlegt; u.U. kann ein solcher Vertrag auch die reziproken Verpflichtungen der übergeordneten Einheit nennen. Schlüsselbegriffe dieser Ordnungsvorstellung sind die Termini 'Verantwortung', 'Recht' und 'Nutzen':[487]

Der prinzipielle Gehalt des wirtschaftlichen Verantwortungssystems umfaßt drei Aspekte: zum einen die Einheit von Verantwortung, Recht und Nutzen, zum anderen die Berücksichtigung sei es der staatlichen, der kollektiven (des Unternehmens) oder der individuellen Interessen, und schließlich die unmittelbare Verknüpfung zwischen Arbeitsergebnis und Arbeitsleistung.

Zur Einheit von Verantwortung, Recht und Nutzen. Die Verwirklichung des wirtschaftlichen Verantwortungssystems im Bereich der staatseigenen Unternehmen bedeutet, daß ein Unternehmen gegenüber dem Staat zunächst die Aufgabe übernimmt, die von diesem erteilten Pflichten bei Produktion, Zirkulation und Verteilung zu erfüllen. Will allerdings ein Unternehmen diese Aufgaben umsetzen und der Verantwortung gegenüber dem Staat gerecht werden, dann ist es unumgänglich, daß es bei den drei Phasen wirtschaftlicher Aktivitäten Beschaffung, Produktion und Verkauf sowie hinsichtlich der drei Aspekte Personal, Finanzen und Material bestimmte Entscheidungsbefugnisse besitzt. Wenn ein Unternehmen nicht über die notwendigen Rechte verfügt und nicht auf jedes Problem, das bei wirtschaftlichen Aktivitäten auftritt, rechtzeitig reagieren und Maßnahmen ergreifen kann, weil es wegen jeder Angelegenheit höhere Instanzen konsultieren muß, dann werden nicht nur günstige Gelegenheiten verpaßt, sondern es besteht im Grunde keine Möglichkeit, die Verantwortung gegenüber dem Staat zu erfüllen. Soll dies geschehen, dann muß das Unternehmen nicht nur angemessene Rechte besitzen, sondern auch einen entsprechenden wirtschaftlichen Nutzen ziehen können, um den wirtschaftlichen Aktivitäten die bewegende innere Kraft zu verleihen. Wenn man davon spricht, daß die Pflicht des Unternehmens, die gegenüber dem Staat zu erfüllen ist, ein exogener Druck sei, dann ist der wirtschaftliche Nutzen eine endogene Bewegungskraft. Das Recht ist der Garant einer Vereinigung zwischen der Verantwortung des Unternehmens gegenüber dem Staat und seines eigenständigen wirtschaftlichen Interesses.

Wenn ein Unternehmen nicht die Rechte genießt, die zur Realisation von Pflicht und Nutzen erforderlich sind, d.h. wenn die Arbeitsvereinigung eines Unternehmens nicht berechtigt ist, sich um Produktions- und Managementaktivitäten zu kümmern, dann kann sich die Position der Arbeiter als gemeinsamer Eigentümer der Produktionsmittel nicht verwirklichen und damit gleichfalls nicht das Wesentliche der sozialistischen Wirtschaftsdemokratie und Selbstverwaltung. Dies widerspricht nicht nur der sozialistischen Qualität eines Unternehmens, sondern beeinträchtigt auch den sozialistischen Leistungswillen von Unternehmen und Arbeitern. Dementsprechend kann das Unternehmen auch keine relativ autonome Wirtschaftseinheit sein und kein relativ unabhängiger Warenproduzent. Dies aber widerspricht der Realität der zweistufigen Struktur interner ökonomischer Beziehungen in der staatlich verwalteten Wirtschaft und verhindert die stetige Entwicklung der Produktivkräfte.

Bezeichnend ist, daß in derartigen Argumentationen der Begriff der 'Zweistufigkeit' auftritt. Ähnlich wie schon im fünften Kapitel bei der Darstellung der Überlegungen Lin Zilis kennengelernt, bedeutet dieser Terminus in China stets, daß sämtliche ökonomische Interaktionen in einer grundlegenden Weise hierarchisch geordnet sind. Es gibt die Stufe des gemeinwohlorientierten Handelns, wobei das 'Gemeinwohl' durch den Staat repräsentiert wird, und die Stufe durch individuelle Interessen motivierten Handelns. Für eine angemessene Funktionsweise der menschlichen Gesellschaft sind beide Stufen erforderlich, d.h. es ist nicht denkbar, daß einer der beiden Handlungstypen vollständig dominiert. Vielmehr sind beide aufeinander angewiesen, wenn es um die Verwirklichung der jeweils angestrebten Ziele geht. Welche Beziehung im konkreten Einzelfall bestehen soll, muß kontingent geregelt werden; allerdings kann bei einer solchen Regelung der Gedanke der Reziprozität zwischen den jeweiligen Handlungsträgern als Leitmotiv dienen.

Donnithorne hat bereits früh darauf hingewiesen, daß die Idee des 'Verantwortungssystems' (die keine Erfindung der Reformpolitik ist, sondern bereits kurz nach 1949 entwickelt wurde) Wurzeln besitzt, die weit in die chinesische Vergangenheit zurückreichen. Sie spiegelt ein grundlegendes Verständnis von Macht und Autorität wider, das davon ausgeht, daß eine übergeordnete Instanz immer dann die Autonomie einer untergeordneten beachten muß (vor allem im Verhältnis zu nachgeordneten Instanzen), wenn diese ihren Verpflichtungen nachkommt. Umgekehrt kann die untergeordnete Instanz aus der Pflichterfüllung bzw. bereits im Augenblick der Verpflichtung einen Anspruch auf Autonomie ableiten.[488] Diese Reziprozität von Pflicht und Autonomie ist auch ein Grundprinzip der traditionellen Sozialorganisation, wie sie in den vorherigen Kapiteln erläutert wurde; es kann erinnert werden an die zweistufige Ordnung als Grundstruktur der Beziehungen zwischen staatlicher Autorität und autonomen selbstregulierenden Gruppenprozessen oder an die reziproke Einbindung individueller Autorität in Gruppenhierarchien.

Um die Bedeutung dieses Konzeptes zu verstehen, ist es hilfreich, in aller Kürze den Vergleich zur westlichen Idee der 'individuellen Freiheit' zu ziehen. Individualistische Sozialtheorien gehen davon aus, daß der Zusammenhalt der Gesellschaft aus den Interaktionen individueller Handlungen spontan entsteht.Eine hierarchische Ordnung dieser Handlungen durch die staatliche Autorität ist nur dann legitim, wenn sie durch direkte Abstimmungsprozesse der betroffenen Individuen eingeführt worden ist; dabei spielt der Vertragsgedanke eine ähnlich große Rolle wie im chinesischen 'Verantwortungssystem'. Freilich ist der Inhalt eines solchen Vertrages ähnlich unterschiedlich vom chinesischen Muster wie das Legitimationsverfahren: Die hierarchische Autorität soll sich idealtypisch nicht in kontingenten Verpflichtungsakten gegenüber den Individuen äußern, sondern in der Formulierung allgemeiner und prinzipiell zustimmungsgebundener Regeln. Auch hier bricht daher die Spannung zwischen feldabhängiger und feldunabhängiger Kognition und Verhaltensregulation hervor. Würde man das Konzept der 'Zweistufigkeit' auf Europa übertragen, dann ergäbe sich, daß die übergeordnete Stufe eine Regelautorität besitzt, und daß der Gedanke der Reziprozität sich im Erfordernis der Zustimmung ausdrückt. Dabei ist das Individuum Ausgangspunkt der Ordnung.[489]

Das Individuum besitzt auch in der jüngeren chinesischen Sozialtheorie einen hohen Stellenwert, wie z.B. die Überlegungen zum Verhältnis zwischen Klassennutzen und individuellem Interesse zeigen konnten.[490] Gleichwohl ist es nicht Angelpunkt der Gesellschaftsordnung, denn die individuelle Freiheit ist nicht nur formal geregelt, sondern auch an bestimmte konkrete Werte gebunden, die durch das politische System vorgegeben werden; dabei handelt es sich im Prinzip um die Bereitschaft, individuelle Interessen dem Ziel unterzuordnen, China in 'ein reiches und mächtiges Land' zu verwandeln, eine Formel, die bereits von den konfuzianischen Reformern verwendet wurde. Dieser zweckgebundene Individualismus ging über <u>Li Dazhao</u> in das weltanschauliche Fundament des chinesischen Kommunismus ein, der die ethische Entscheidung des Individuums für die Werte des Kommunismus betonte, und die Rolle gesetzmäßiger Determinanten des Klassencharakters in den Hintergrund drängte.

Der Grundgedanke des 'Verantwortungssystems' wurde dementsprechend von den konfuzianisch gebildeten Reformern der Jahrhundertwende entwickelt. <u>Schram</u> spricht hier vom '<u>Yan Fu</u>-Argument'[491]: Das Überleben und die Zukunft des chinesischen Volkes hängen davon ab, ob der Aufbau einer chinesischen Nation gelingt, die sich auf die Eigeninitiative und das Engagement nationalistisch gesonnener Bürger stützen kann. Besonders greifbar werden die gesellschaftspolitischen Konsequenzen dieses Argumentes bei Liang Qichaos Theorie vom 'Neuen Bürger'. Der 'neue Bürger' sollte auf der einen Seite ein klares Bewußtsein der eigenen Persönlichkeit und Individualität besitzen, das sich in autonomes zielorientiertes Handeln umsetzt, und auf der anderen Seite die Nationalität eben als Konstituens der Individualität anerkennen und dementsprechend die personale Autonomie in freier Entscheidung nationalen Zielsetzungen unterordnen. Die demokratische Nation setzt also staatsbürgerliches und nationalistisches Denken voraus; dementsprechend gelangte Liang nach verschiedenen Erfahrungen mit dem chinesischen politischen Verhalten zu dem Schluß, daß ein autokratischer Staat in China deshalb fortbestehen müsse, weil die chinesische Bevölkerung noch nicht den nötigen Bewußtseinsstand erreicht habe, um mit der Demokratie umgehen zu können.[492]

Bei dieser Sicht der Dinge kommt die Theorie des demokratischen Staates ohne den Gedanken 'absoluter individueller Rechte' aus, wie er in der europäischen naturrechtlichen Tradition vermittelt wird. Überhaupt ist die Idee eines 'natürlichen Rechtes' dem politischen Denken in China fremd: Der Mensch erhält seine Qualität des Mensch-Seins erst aus der Einbindung in die menschliche Gesellschaft und ihre Regeln - es gibt keine Rechte eines vorgesellschaftlichen Zustandes, die das Individuum daher gegen die 'Gesellschaft' oder den Staat geltend machen könnte. Erst die Gesellschaft verleiht derartige Rechte. Individuelle Rechte leiten sich aus der Tatsache ab, daß das Individuum Mitglied der Gesellschaft ist, und nicht aus dem bloßen Umstand, daß es eine Person ist; dementsprechend besitzt der Begriff der 'Bürgerrechte' Sinn, nicht aber derjenige der 'Menschenrechte'.[493] In der konfuzianisch orientierten Rechtsphilosophie ist dieser Gedanke dahingehend spezifiziert worden, daß 'Rechte' stets nur im Verbund mit 'Pflichten' Sinn besitzen können. Es gibt keine absoluten Rechte, sondern nur Rechte, die auf bestimmte Pflichten bezogen werden; umgekehrt freilich gibt es auch keine absoluten Pflichten, z.B. eines totalitären Staatswesens. Insofern gilt für das Verhältnis zwischen Indi-

viduum und Gesellschaft das Prinzip der Reziprozität, das auch
die Beziehung zwischen Individuum und Gruppe beherrscht: Jede Verpflichtung erfordert die Einräumung eines Rechtes, jedes
Recht zieht eine Verpflichtung nach sich.[494] In der reformtheoretischen Rechtswissenschaft stellt sich dementsprechend der
'relativ autonome Warenproduzent' als Rechtsperson dar, die
im Verhältnis gegenüber dem Staat bestimmte Rechte und Pflichten trägt: Autonomie und Hierarchie bedingen sich wechselseitig.[495]

Aus dieser Perspektive wäre es also falsch, die 'Verantwortungssysteme' ausschließlich als ein Mittel der Plandurchsetzung bei bestimmten Informations- und Implementationskosten zu
interpretieren. Die 'Verantwortungssysteme' sind ebensosehr ein
Versuch, dem Prinzip des Individualismus Geltung zu verschaffen, wie sie ein Planungsinstrument sind. Als Planungsinstrument sind sie freilich auch ein wesentlicher Bestimmungsgrund
der Fragmentierung der Entscheidungshierarchien.[496] Man könnte
die hierarchischen Entscheidungsträger sich nämlich als Wirtschaftseinheiten denken, die durch geplante Import/Export-Beziehungen verknüpft sind. Eine übergeordnete Einheit plant jeweils nur die Ströme von Materie und Energie, die von der untergeordneten zur übergeordneten fließen sollen; sie greift weder in die internen Entscheidungsvorgänge der untergeordneten
Instanz ein, noch steuert sie Import/Export-Beziehungen nachgelagerter Hierarchien. Gleichzeitig gilt eine Art Prinzip des
'Management by exception', d.h. die übergeordnete Einheit kann
diskretionär auf interne Entscheidungsprozesse der untergeordneten Einfluß nehmen, falls diese ihren 'Exportverpflichtungen'
nicht nachkommt. Dieses Planungsverfahren impliziert weiterhin, daß untergeordnete Instanzen solange selbständige Interaktionen mit Instanzen des gleichen hierarchischen Status unterhalten können, als die Erfüllung der Planverpflichtungen nicht
in Frage gestellt ist.

Systemtheoretisch betrachtet, können 'Verantwortungssysteme'
als ein Mittel informatorischer Entlastung eines zentralen DEC
aufgefaßt werden, der von der Ebene 'Society' zur Ebene 'Organization' abwärts dispergiert ist. Die Entlastung wird durch
das einfache Mittel der Sperre gegenüber irrelevanter Information erreicht.[497] Es liegt auf der Hand, daß ein derartiger

Schutzmechanismus nur unter der Bedingung anpassungseffizient ist, daß bei unterstellter Anpassungseffizienz der Zielbildung des zentralen DEC (die nicht selbstverständlich gegeben ist) tatsächlich keine Zielrelevanz nicht erfaßter Informationen besteht. Diese Annahme unterliegt auch der traditionellen zweistufigen Ordnung: Die Verlagerung bestimmter sozialer Kontrollmechanismen auf die Ebene 'Group' setzt voraus, daß Gruppenprozesse nicht zu emergenten Eigenschaften auf höheren Ebenen führen, die für die entsprechenden DEC-Funktionen entscheidungsrelevant sind. Tatsächlich ergab sich für den traditionellen chinesischen Staat ständig das Problem einer möglichen Kollision zwischen gruppengebundenem Partikularismus und Organisation.

In einer komplexeren Volkswirtschaft kann sich die Annahme informatorischer Irrelevanz von Prozessen niedrigerer hierarchischer Ebenen in einer anderen, wesentlichen Form als falsch erweisen: Dann nämlich, wenn die Abbildung realwirtschaftlicher Prozesse in den begrifflichen Systemen des hierarchischen DEC von derjenigen divergiert, die sich aus selbständigen Interaktionen untergeordneter Instanzen ergibt. Also beispielsweise, wenn die im Zentralplan angesetzten Verrechnungspreise für 'Importe' und 'Exporte' nicht den Knappheitspreisen entsprechen, die sich bei freien Marktbeziehungen für die jeweiligen Güter ergeben. In diesem Fall wirkt die informatorische Abschottung zwischen den Hierarchieebenen auf der Ebene des Gesamtsystems dysfunktional, da sich u.U. erhebliche Effizienzverluste ergeben können, die sich unmittelbar in der Wirtschaftlichkeitsrechnung und dem entsprechenden Verhalten untergeordneter Hierarchieebenen niederschlagen; sie können allerdings auch auf der Ebene des zentralen DEC wahrnehmbar werden, wenn dieser versucht, auf die Wirtschaftlichkeitsrechnung untergeordneter Instanzen Einfluß zu nehmen.

Das Problem der Fragmentierung ökonomischer Koordinationsmechanismen bzw. Informationssysteme ebenso wie die Möglichkeit einer spontanen weitergehenden Fragmentierung planwirtschaftlicher Entscheidungsträger durch 'Verantwortungssysteme' tritt im Zuge der Reformpolitik allerorts zu Tage. Ein Musterfall ist natürlich die Agrarreform, bei der ein globales Verantwortungssystem seine erste, schon klassische Anwendung fand.

Seit jeher endete die staatliche Planhierarchie auf der Kreisebene. Aufgabe der Kreisverwaltung war es, die Plankennziffern des staatlichen Bedarfs an Agrarprodukten (vornehmlich zur Versorgung der städtischen Bevölkerung) zu den eigentlichen Produktionseinheiten zu disaggregieren.[498] Die Aufhebung der Volkskommunen mit der Verfassungsänderung von 1982 hatte nun im Gleichschritt mit der Einführung des 'Verantwortungssystems' die Folge, daß eine beträchtliche organisatorische Flexibilität möglich wurde.[499] In der Regel bleibt beim Kern des Verantwortungssystems, der Getreideproduktion, die Produktionsgruppe Transmitter staatlicher Plankennziffern, da sie als ursprünglicher Eigentümer des Bodens die Landverteilung übernimmt und damit natürlich auch zum Vertragspartner der neuen bäuerlichen Besitzer wird. Allerdings sind noch vielfältige andere Kanäle der Transmission von Plananforderungen möglich: So können staatliche Handelsgesellschaften auch direkt mit bäuerlichen Produzenten in Kontakt treten, Genossenschaften den Ankauf übernehmen, oder Dorfunternehmen, die aus den ehemaligen kollektiven Einrichtungen entstanden sind, den Handel organisieren.[500]

Hier ist nicht der Platz, die institutionellen Details zu verfolgen, die mit der Agrarreform verbunden sind; sie sind in der westlichen Literatur zudem ausführlich beschrieben worden.[501] Es muß allerdings exemplarisch dargestellt werden, wie die erreichte organisatorische Flexibilität Anlaß zum Aufbau neuer Planhierarchien geben kann, und welche Folgen die Fragmentierung ökonomischer Koordinationsmechanismen besitzt.

Was zunächst den ersten Punkt angeht, so ist generell zu beachten, daß die Praxis der Einkaufverfahren längst nicht überall der Theorie des 'Verantwortungssystems' entspricht.[502] Nach wie vor verhalten sich viele Vertreter staatlicher Instanzen de facto als Abgesandte der Planungsbürokratie, die eine bestimmte Produktionsquote verlangt; in Zeiten mit Absatzproblemen und begrenzten Lagerkapazitäten wird freilich ein solches Verhalten auch seitens der Bauern gefördert, die auf diese Weise eine sichere Absatzgarantie besitzen.[503] Interessanter sind jedoch die verschiedenen Erscheinungsformen der Vermischung von Marktprozessen und administrativem Einfluß. Ein Beispiel sind die im dritten Kapitel bereits angesprochenen 'Handelszentren'.

Die Auflösung der starren staatlichen Handelsorganisationen soll in Verbindung mit einer allmählichen Abschaffung des staatlichen Zwangsankaufes[504] dazu führen, daß die staatlichen Handelsorgane zu echten Marktpartnern werden, die allenfalls eine gewisse 'Marktpflege' z.B. über Ausgleichslager treiben.[505] Umgekehrt soll die Bedeutung genossenschaftlicher Verkaufsorganisationen auf freiwilliger Basis zunehmen. Zu diesem Zweck erfolgt eine Redemokratisierung der bestehenden Handelsgenossenschaften: Beispielsweise werden die Genossenschaftskader gewählt, oder können freiwillige Kapitaleinlagen mit Anspruch auf Gewinnbeteiligung geleistet werden, wobei die Genossenversammlung wichtige Entscheidungen bei der Geschäftspolitik fällen soll. Dennoch bleiben die Genossenschaften Teil der sog. 'Kreisgenossenschaftsverbindung', einer parafiskalischen Einrichtung, die direkter Einflußkanal staatlicher Administrationen bleibt und vor allem im Verhältnis zu den Genossenschaften interne 'Verantwortungssysteme' aufbauen kann. Dies kann auch über die Gründung geeigneter Unternehmensverbindungen erfolgen. Letztlich erhält also das Wirtschaftskomitee der Kreisverwaltung im Verhältnis zu den bäuerlichen Produzenten neue Planungsmöglichkeiten. Im Falle des 'Handelszentrums' wird dies sogar unmittelbar offensichtlich, denn bei dieser Einrichtung sind staatliche Handelsorgane und Genossenschaften u.U. direkt über eine Kapitalgesellschaft verschmolzen. Da das 'Handelszentrum' zudem eine Fülle von Serviceleistungen anbietet, dürfte es in der Regel den Markt dominieren - Marktmacht setzt sich dann in Planungsmacht um. Die Genossenschaften als Teil des 'Handelszentrums' werden wiederum Träger interner 'Verantwortungssysteme', die im Umfang der vertraglichen Verpflichtungen den Marktzugang bäuerlicher Produzenten schließen.[506]

Neben dieser Entstehung von neuen Planungshierarchien aus herkömmlichen Institutionen muß auch die mögliche Rolle von Unternehmen Beachtung finden. Die zweite Phase der Agrarreform bringt ausgehend von den 'Verantwortungssystemen' klassischer Natur seit 1984 die Entstehung sog. 'spezialisierter Haushalte' mit sich. Seit diesem Zeitpunkt ist es möglich, Land an Haushalte abzutreten, die sich auf die Getreideproduktion spezialisieren und dementsprechend auch die Produktionsquoten übernehmen, und stattdessen die Haushaltsproduktion vollständig auf ehemalige Nebenerwerbsquellen zu konzentrieren.[507] Diese bemerkenswerte Öffnung der Ordnungspolitik gegenüber dem individuellen Unternehmertum ist nun vor dem Hintergrund der Bildung von Unternehmensverbindungen zu bewerten, die sich auf den Ankauf und die Weiterverarbeitung der Produktion 'spezialisierter Haushalte' ausrichten . Ein bedeutendes Beispiel ist die Vieh- und Kleintierhaltung, die seit 1983 Gegenstand der Trustpolitik ist. Es wurde eine Obergesellschaft für Unternehmensverbindungen dieser Branche gegründet, die auch das entsprechende verarbeitende Gewerbe erfaßt. Ende 1984 gab es 29 Verbundgesellschaften mit Sitz in größeren Städten, die unabhängig von der jeweiligen Verwaltung operieren und einschlägige lokale Unternehmensverbindungen aufnehmen. Diese Verbindungen entstehen wiederum aus Zusammenschlüssen zwischen Produzenten und einschlägigen Handelsorganen. Die Teilnahme von Produzenten wird durch vielfältige Anreize gefördert, beispielsweise günstige Anlagemöglichkeiten für Spargelder (wobei der Status des Anteilseigners mit reziproken Produktionsverpflichtungen verbunden sein kann) oder die kostengünstige Versorgung mit Inputs (z.B. Impfstoffe). Über dieses organisatorische Gerüst können nun 'Verantwortungssysteme' implementiert werden. Die Verbundgesellschaften schließen mit den zugehörigen Unternehmensverbindungen Verträge über bestimmte Produktionsverpflichtungen und finanzielle Abführungen ab; die Vertragserfüllung ist mit Prämienzahlungen oder Gewinnbeteiligungen verknüpft. Die Direktoren der Verbindungen besitzen dafür weitgehende Selbständigkeit bei der Regelung der internen Angelegenheiten. In der Regel werden innerhalb der Verbindungen wiederum 'Verantwortungssysteme' implementiert, die schließlich die 'spezialisierten Haushalte' in das Plangerüst integrieren.[508]

Die ökonomische Effizienz der Bildung hierarchischer Unternehmensorganisationen ist nur schwer nachweisbar; es bleibt nur die allgemeine Feststellung, daß die spontane Entstehung aus Marktinteraktionen die Effizienzvermutung stützt. Im chinesischen Fall gehen jedoch derartige Unternehmensgründungen bereits auf den Einfluß hierarchischer Entscheidungsprozesse zurück; es dürfte sich daher bei den betrachteten Beispielen in der Tat um die Erscheinung handeln, daß 'Verantwortungssysteme' zur Entstehung neuer planwirtschaftlicher Entscheidungsträger

Anlaß geben.

Dies bedeutet aber, daß informatorische Verzerrungen durch Brüche der wirtschaftlichen Koordinationsmechanismen endemischen Charakter erhalten können. Zumindestens besitzt das klassische staatliche 'Verantwortungssystem' im Bereich der Getreideproduktion bereits schwerwiegende negative Auswirkungen auf die ökonomischen Prozesse, weil trotz aller Preisanpassungen die staatlichen Ankaufpreise nach wie vor zu niedrig liegen. Dabei spielen vor allem zwei Faktoren eine wesentliche Rolle. Zum einen berücksichtigt die staatliche Preisbildung nicht die sich ständig verschärfende Knappheit agrarischer Ressourcen, d.h. insbesondere des Landes. Diese Knappheit spiegelt sich jedoch in der Marktpreisentwicklung bei Produktionen, die nicht von 'Verantwortungssystemen' erfaßt sind, wider; gleichzeitig wächst die Bedeutung indirekter Kanäle des Transfers von Eigentumsrechten an Land.[509] Zum anderen führt der inflationäre Druck, der auf Marktpreisen lastet, zu einer allmählichen Ausweitung der Preisschere zuungunsten der Landwirtschaft.

Ein Teilaspekt der chinesischen Inflation wird noch im nächsten Abschnitt dikutiert werden. Hier ist leider kein Raum, auf dieses Phänomen näher einzugehen.[510] Betrachtet man das Faktum 'Inflation' als gegeben, dann muß hier offensichtlich von einem Konflikt zwischen einer dysfunktional wirkenden emergenten Eigenschaft der Ebene 'Society' und der Abbildung realwirtschaftlicher Prozesse verzeichnet werden, die innerhalb der 'Verantwortungssysteme' auf der Ebene 'Organization' erfolgt. Es gibt unterschiedliche konkrete Mechanismen, wie sich dieser Konflikt letztlich auch auf diese realwirtschaftlichen Prozesse auswirkt. Der wichtigste ist bislang der freie ländliche Handel mit Produktionsmitteln, wo der Preisauftrieb, der vom industriellen Sektor ausgeht, direkt für die bäuerlichen Produzenten spürbar wird. Während im Agrarsektor eine relativ rigide Kreditpolitik betrieben wird, oder neuerdings sogar wieder private Kreditgeber operieren dürfen, deren Zinsforderungen ein Mehrfaches der Kreditzinsen staatlicher Banken oder von Genossenschaften betragen, findet im industriellen Bereich eine unkontrollierte Ausweitung der Geldmenge statt, die natürlich in all jenen Bereichen, wo sich freie Marktpreise bilden können, entsprechende Preissteigerungen nach sich zieht.

Daraus ergibt sich unmittelbar eine Verschiebung der Gewinnsignale zwischen den einzelnen Produktionsbereichen in der Landwirtschaft; die Getreideproduktion wird wenig lukrativ - nach der Rekordernte von 1984, die noch von den administrativen Preissteigerungen und einer relativ ruhigen Geldmengenentwicklung profitierte, ist daher nur ein schleppendes weiteres Wachstum zu beobachten. Hinzu kommt, daß die Mengenreaktionen einerseits durch weitere Faktoren verstärkt werden (so führt die Liberalisierung im Außenhandel dazu, daß Überschußprovinzen Getreide exportieren, weil das Niveau der Weltmarktpreise trotz eines überbewerteten Renminbi über dem des Inlands liegt), und andererseits auf andere Produktionen Einfluß nehmen; dies gilt insbesondere für den Zusammenhang zwischen Futtergetreide- und Fleischproduktion. Bei den Erzeugern von Schweinefleisch oder den Kleintierhaltern tritt zudem u.U. ein weiterer Konflikt mit 'Verantwortungssystemen' auf. Letztlich ergeben sich regelrechte 'Schweinezyklen' mit den entsprechenden Folgen für die Stabilität der Versorgung.[511]

Die entscheidende Frage ist nun freilich, ob diese Spannungen zwischen freien Marktpreisen und Verrechnungspreisen in 'Verantwortungssystemen' lediglich eine Folge der Inflation sind, oder ob auch reale Knappheitsverhältnisse, wie vermutet, eine ähnliche Situation nach sich ziehen würden. Während im ersten Fall technische Anpassungsdefekte prinzipiell durch wirtschaftspolitische Systemgestaltung aufgehoben werden könnten, müßte im zweiten von einem fundamentalen Konflikt zwischen teleologen politischen Prozessen und Anpassungseffizienz gesprochen werden; 'Anpassungseffizienz' könnte im Bereich der Lebensmittelproduktion ebenso leicht darwinsch wie technisch interpretiert werden. Es besteht die Möglichkeit, daß über die 'Verantwortungssysteme' eine Grundlinie der chinesischen Politik fortgeführt wird, die unmittelbar nach 1949 ihren Anfang nahm: die gezielte Förderung des industriellen Sektors und im besten Fall die Vernachlässigung des landwirtschaftlichen.[512] Zur Zeit drückt sich dies darin aus, daß der Staat eine gewisse Priorität bei der Kontrolle der Konsumgüterpreise im städtischen Bereich setzt, d.h. also, daß er um die Stabilisierung der städtischen Realeinkommen bemüht ist, während die ländlichen ungeschützt bleiben. Die einzige Möglichkeit, beide Ziele gleichzeitig anzustreben, besteht darin, entweder Produzenten oder Konsumenten zu subventionieren. Dies war auch in der Tat längere Zeit Praxis, schien sich dann zu reduzieren, und nimmt im inflationären Klima wieder an Bedeutung zu. Die Subventionierung bedeutet allerdings nichts anderes, als daß die Auswirkungen der informatorischen Verzerrungen von der Wirtschaftsrechnung des bäuerlichen Haushaltes auf das staatliche Budget verlagert werden. Die Folge muß entweder eine Verdrängung der Produktion öffentlicher Güter sein, oder eine Ausweitung des Defizites. Die Ausweitung des Defizites erfordert wiederum entweder einen Konsumverzicht durch verstärktes Sparen, eine Verschiebung der Investitionsstruktur oder eine direkte Ausweitung der Geldmenge; letzteres verschärft den inflationären Druck und damit die Spannung der Preisschere, ersteres erfordert genau das, was mit den Subventionen vermieden werden sollte, nämlich eine Beschneidung der wirtschaftlichen Handlungsmöglichkeiten entweder des Agrarsektors oder des industriellen.[513]

Wenn also die verzerrten Preissignale Knappheitsverhältnisse falsch darstellen, dann drückt sich in den skizzierten Problemen einer Wirtschaftsrechnung bei Fragmentierung der Koordinationsmechanismen letztlich die Dysfunktionalität einer nachholenden und nachahmenden Industrialisierung als teleologe Anpassungsstrategie aus. Insofern tritt wieder das evolutorische Fundamentalproblem zu Tage. Das Nebeneinander von 'Verantwortungssystemen' und Märkten wäre nur dann anpassungseffizient, wenn entweder beide Informationssysteme bereits in der Gegenwart Signale vermitteln, bei denen - in systemtheoretischer Sprache - intrasubsystemare Prozesse, intersubsystemare Wechselwirkungen und die Wert- bzw. Zielhierarchie des zentralen DEC keine Zielkonflikte aufwiesen; in diesem Fall wäre freilich das staatliche Handeln redundant. Oder es wäre der Fall, daß Zielkonflikte auftreten, bei denen eine Prioritätensetzung durch das zentrale DEC erforderlich ist, weil die Vermutung berechtigt erscheint, daß es sich bei der geplanten Industrialisierung um ein öffentliches Gut handelt. Da der Nutzen der Produktion dieses Gutes späteren Generationen zu Gute kommt, könnte das staatliche Handeln u.U. sogar mit darwinscher Anpassungseffizienz in Verbindung gebracht werden. Dies vorausgesetzt, könnte eine zeitweiliger Bruch wirtschaftlicher Koordinationsmechanismen technisch anpassungsoptimierend sein. Eine Entscheidung dieser Frage ist jedoch wohl kaum möglich.

4. Gruppenprozesse und die Fragmentierung allgemeiner Regelwerke oder ordnungspolitischer Entscheidungsfunktionen

Mit dem Stichwort 'Inflation' ist ein Systemdefekt angesprochen worden, der im Verlauf der chinesischen Reformpolitik immer deutlicher hervorgetreten ist. Die Bestimmungsgründe der Inflation sind komplex und hängen zum Teil mit hinreichend bekannten Mängeln des Kreditwesens zusammen, wie sie auch bei der Analyse der Wirtschaftsordnungen anderer sozialistischer Staaten aufgedeckt werden konnten.[514] In zweierlei Hinsicht spielen im chinesischen Fall allerdings kulturelle Faktoren hinein: Dies betrifft zum einen den Einfluß eines 'Verantwortungssystems' im Bankensektor, zum anderen aber die Entstehung korporativer Ordnungen aus der Wirkung von Gruppenprozessen, die zur Verdrängung formaler organisatorischer Bestimmungen und allgemeiner Regeln im Geldwesen führen.[515]

Wie gesehen, tragen 'Verantwortungssysteme' zur Fragmentierung planwirtschaftlicher Entscheidungsfunktionen bei. Eine solche Fragmentierung kann sich natürlich auch in der Aufhebung allgemeiner Regeln niederschlagen, die von übergeordneten Hierarchiestufen mit Geltung für sämtliche nachgelagerten Stufen formuliert worden sind. Eine solche stufenübergreifende Verhaltenssteuerung widerspricht grundsätzlich den Prinzipien der zweistufigen Ordnung, des 'Verantwortungssystems' und der Feldabhängigkeit, denn es wird keine absolute Handlungsautomie bei der Erfüllung materialer Zielvorgaben eingeräumt. Insofern besteht auf den nachgelagerten Stufen kein Sinn für die Bedeutung allgemeiner Regeln. Dies wurde schon bei der Betrachtung der Steuerreform deutlich: Allgemeine Steuergesetze kollidieren mit dem Prinzip des 'Verantwortungssystems', weil die nachgelagerten Stufen der Entscheidungshierarchie keine Möglichkeit besäßen, das Verhältnis zwischen Verwaltung und Unternehmen kontingent zu gestalten. Dementsprechend war im Zuge der Steuerreform zunächst zu beobachten, daß die dezentralen regionalen Entscheidungsträger diskretionär die Wirkung allgemeiner Steuergesetze beeinflußen (z.B. durch fallweise

Steuererlasse); im Endergebnis entstand jedoch eine Situation, bei der Steuer und 'Verantwortungssystem nebeneinander bestehen, so daß die regionalen Verwaltungen prinzipiell wieder ihre ehemaligen Handlungsspielräume besitzen. Determinanten des tatsächlichen Steuersatzes sind weniger die allgemeinen Regeln des Steuerrechtes, als vielmehr die Autoritätsbeziehungen in Gruppen, die aus den Interaktionen zwischen Unternehmungsführung, Partei und Verwaltung entstehen.

Während jedoch im Bereich des Steuerwesens die Zielverletzung, die sich aus der Verdrängung formaler Bestimmungen durch Gruppenprozesse ergibt, nicht ihrerseits weitere dysfunktionale Effekte zeitigt, entstand mit der Einführung von 'Verantwortungssystemen' im Kreditsektor die Situation, daß auch bei Zielerfüllung auf der Ebene 'Organization' dysfunktionale emergente Eigenschaften der Ebene 'Society' auftreten. Dies ist also ein Musterfall der Erscheinung, daß kulturell bedingte Präferenzen für bestimmte Formen sozialer Organisation zu Funktionsstörungen in Systemen führen können, die einen bestimmten Grad der Komplexität erreichen. Dieser Grad war im chinesischen Fall gegeben, als mit der Einführung staatlicher Planungsverfahren auch das Buchgeld als Medium wirtschaftlicher Transaktionen zwischen Unternehmen geschaffen wurde. Dabei ging die staatliche Wirtschaftspolitik zunächst von der Annahme aus, daß die Buchgeldmenge für die Entwicklung des Preisniveaus zumindestens solange irrelevant sei, als die Auszahlung von Bargeld kontrolliert wird, das für Konsumhandlungen verwendet werden kann. Diese Annahme stellte jedoch nicht in Rechnung, daß der institutionelle Wandel der Volkswirtschaft als Folge der Reform zu vielfältigen Wechselwirkungen zwischen der Entwicklung der Buchgeldmenge und dem Preisniveau geführt hat.[516] Dementsprechend konnten Defekte der geldpolitischen Kontrollmechanismen im Bereich der Entstehung von Buchgeld sehr rasch zu Zielverfehlungen bei der Entwicklung des Preisniveaus Anlaß geben.

Die erste Phase der Bankreform zwischen 1979 und 1983 hatte nun das Ziel verfolgt, einen Kompromiß zwischen zentraler Kontrolle des Kreditvolumens und gewissen Handlungsspielräumen regionaler Verwaltungen zu finden. Es ging also um ein weiteres darum, einen Ausgleich zwischen Funktions- und Regionalprinzip in einem Teilbereich der Wirtschaftsverwaltung zu erreichen; ein solcher Ausgleich wäre gleichzeitig ein Kompromiß zwischen dem Machtanspruch der zentralisierten Linienhierarchie und den gruppengebundenen Autoritätsbeziehungen auf regionaler Ebene. Das 'Verantwortungssystem' erschien dabei wieder als eine geeignete organisatorische Lösung. Im Kreditsektor bestand der Grundgedanke darin, daß auf den unterschiedlichen Stufen der Entscheidungshierarchie jeweils Plankennziffern vorgegeben werden, die sich auf die Deckungslücke der Kreditvergabe beziehen; dies bedeutete, daß die jeweiligen Bankeinheiten solange selbständige Kreditoperationen vornehmen können, als sie ein Einlagenwachstum erzielen, das die Erfüllung dieser Plankennziffern gewährleistet. Die Lücke zwischen Einlagen und Krediten wird wiederum durch Kredite der übergeordneten Bankeinheit gedeckt; bei diesem Verfahren besteht also ein 'zentraler Kreditplan' in der Vorgabe von Umfang und Verteilung dieser Refinanzierungskredite, nicht aber in der vollständigen Planung der Aktivtransaktionen der Banken. Dabei sind unterschiedliche Stufen der Disaggregation denkbar, z.B. je nachdem, ob auch für die unterste Stufe der Bankfilialen ein 'Verantwortungssystem' organisiert wird.

Entscheidend ist nun, daß die Einführung der 'Verantwortungssysteme' im Geldwesen mit sich brachte, daß Teileinheiten des Bankensystems selbständige Abrechnungseinheiten wurden. Sobald aber eine Bankeinheit ihre Kredite nach Maßgabe des Wachstums der Einlagen ausweiten kann, ergibt sich auf der Ebene des Bankensystems die Möglichkeit der Giralgeldschöpfung, d.h. die Kreditmenge kann zunehmen, ohne daß der Umfang der Refinanzierungskredite im 'Verantwortungssystem' sich verändert. Aus der Sicht der einzelwirtschaftlichen Rechnungsführung der Bankeinheiten ist freilich kein Fehlverhalten erkennbar, denn die Kreditschöpfung einer Bankeinheit führt nach dem Vollzug realwirtschaftlicher Transaktionen zu einem Einlagenwachstum bei einer anderen Bankeinheit, also nicht zur Geldvernichtung wie im Falle des klassischen einstufigen Geldsystems einer Planwirtschaft. Aus der Sicht der Hierarchiespitze ist gleichfalls keine primäre Zielverfehlung erkennbar, obgleich natürlich die Entwicklung der Kreditmenge bzw. weiten Geldmenge unter Einschluß von Depositen nicht den geplanten Verlauf nimmt. So-

lange allerdings die Zentrale die Politikimplementation mit
Hilfe begrifflicher Systeme kodiert, die diese Zusammenhänge
nicht erfassen, bleibt auch die zuletzt genannte Zielverfehlung unerkannt.[517]

Die Giralgeldschöpfung ist also ähnlich wie in der europäischen Geldgeschichte als emergente Eigenschaft der Wechselwirkung zwischen Organisationen des Kreditwesens anzusehen, die bestimmte interne Regelungen treffen, von denen die teilnehmenden Personen nicht wissen, welche Folgen diese Regelungen auf der Ebene 'Society' besitzen. Die chinesische Wirtschaftspolitik stieß auf 'das Grundproblem der Geldverfassung': Einerseits erfordert die Ausweitung von Marktbereichen im Zuge der Reformpolitik auch eine entsprechende Ausweitung der Handlungsspielräume einzelner Bankeinheiten, die bei einer direkten quantitativen Kontrolle des Aktivgeschäftes nicht möglich ist; andererseits entstehen uno actu Geldschöpfungspotentiale, die es erforderlich werden lassen, daß <u>auf der Ebene 'Society' eine zentrale quantitative Kontrolle des Umfangs der Geldmenge insgesamt</u> erfolgt.[518]

Im Jahre 1984 wurde daher die zweite Phase der Bankreform eingeleitet, indem die zentrale Kontrollaufgabe der 'Chinesischen Volksbank' als Zentralbank zugewiesen wurde. Wesentlich war dabei die organisatorische Trennung zwischen 'Volksbank' und 'Industrie- und Handelsbank'. Bis 1984 hatte die 'Volksbank' geldpolitische Kontroll- und Geschäftsbankfunktionen in einem ausgeübt, jetzt wurden die letzteren einem besonderen Institut übertragen. Dennoch blieb das Planungsverfahren zunächst unverändert, wenn man einmal von einigen komplizierteren Detailregelungen absieht. Abbildung 10 vermittelt einen Eindruck von der Organisation des chinesischen Geldwesens nach der Einführung einer Zentralbank; dabei ist zu beachten, daß innerhalb der Spezialbankhierarchien wie z.B. im Falle der Agrarbank nach wie vor 'Verantwortungssysteme' implementiert werden.[519]

Wenn man nun anhand von Abbildung 11 die Performanz dieser Geldordnung beurteilen möchte - wobei bedacht werden muß, daß natürlich der offizielle Preisindex die tatsächliche Inflationsrate weit unterschätzt[520] -, dann ergibt sich unmittelbar, daß offenbar bis 1984 die Entwicklung der Geldmenge durch

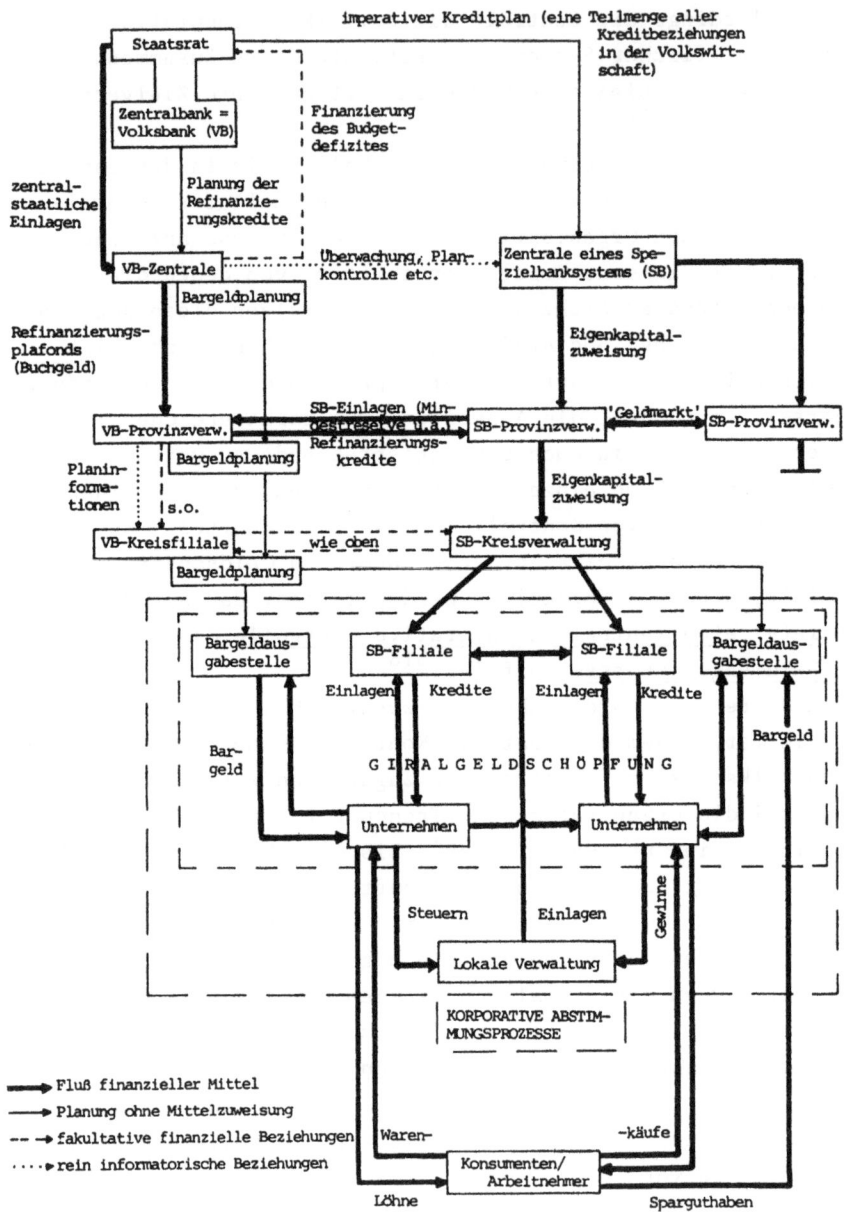

Abb. 10: Das chinesische Geldsystem: Vereinfachte und
vorläufige Darstellung
Quelle: <u>Herrmann-Pillath</u> (1988g).

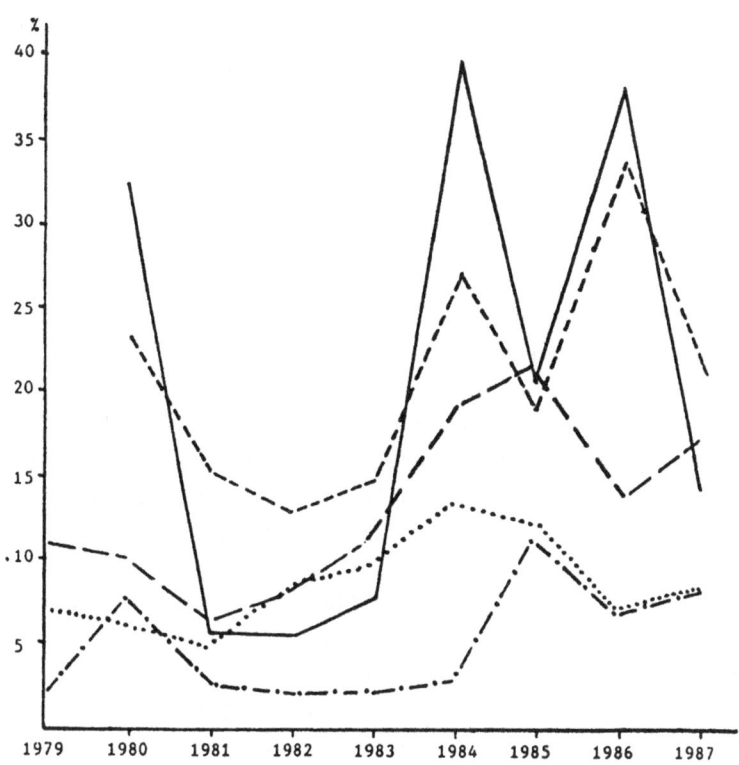

Jährliche Wachstumsraten:

nominales Volkseinkommen: — — —
reales Volkseinkommen: ••••••••••••
offizieller Preisindex der
Lebenshaltungskosten von
Arbeitern und Angestellten: —·—·—·—·
Geldmenge ("M₁"): — — — — —
Zentralbankgeldmenge: ————

Erläuterungen siehe Text

Abb. 11: Makroökonomische Daten zur Performanz des chinesischen Geldsystems; Quelle: <u>Herrmann-Pillath</u> (1988a,f).

die vorhandenen Möglichkeiten zur Giralgeldschöpfung bestimmt wurde, wobei das Geldmengenwachstum weit über der Zunahme der Zentralbankgeldmenge lag, während seit 1984 der zusätzliche Einfluß eines Kontrollverlustes bei der letzteren wirksam wurde. Das jährliche Auf und Ab der Wachstumsraten der Zentralbankgeldmenge spiegelt die periodischen Versuche der 'Volksbank' wider, die Kreditexpansion durch die Spezialbanken zu stoppen. Dies gelingt bislang nur kurzfristig und auf einem gleichwohl hohen Wachstumsniveau, da keine systematisch anwendbaren geldpolitischen Instrumente verfügbar sind, sondern auf eine kampagnenartige Restriktion des Aktivgeschäftes der Spezialbanken zurückgegriffen werden muß. Das bedeutet aber, daß eine zentrale quantitative Kontrolle der Geldmenge anscheinend nicht durchsetzbar ist. Dies, obgleich das chinesische Geldsystem auf dem Papier deutlich hierarchisiert und zentralisiert ist; hinzu kommt, daß in der Regel mindestens zwei Kontrollkanäle bestehen, nämlich zum einen über die Spezialbankenhierarchie, und zum anderen über die 'Volksbank'-Einheiten, die jeweils Spezialbankeinheiten auf der gleichen Ebene der Regionalgliederung überwachen. Aus diesem Grunde ist es auch möglich, im Falle einer kampagnenartigen Restriktionspolitik gewisse Wirkungen zu erzielen.

Das offensichtliche Versagen dieses Planungsapparates besitzt vor allem zwei Gründe: zum einen die Effekte der Aufspaltung des Bankensystems in zwei nebeneinander bestehende Hierarchien, und zum anderen die korporativen Verflechtungen auf der Ebene der eigentlichen Kreditvergabe.

Mit der Bildung einer Zentralbank- und mehrerer Spezialbankhierarchien ist ein Problem der Machtkonkurrenz entstanden. Im industriellen Sektor, wo der eigentliche Herd der chinesischen Inflation zu suchen ist, operieren jetzt 'Volksbank' und 'Industrie- und Handelsbank' nebeneinander; aus dem herkömmlichen 'Verantwortungssystem' ist das Planungskonzept übernommen worden, daß die Spezialbanken jeweils soweit die Kreditvergabe ausweiten können, wie ihr Einlagenwachstum die Erfüllung der Refinanzierungslinie gewährleistet. De facto dienen die Refinanzierungskredite der 'Volksbank' jedoch ex post zur Schliessung bestehender Deckungslücken in der Spezialbankbilanz, und werden auch als dauerhafte Zufuhr finanzieller Mittel betrachtet, d.h. die Bestimmungen zur Fristigkeit und Kreditrückzahlung werden zumindest über eine revolvierende Refinanzierung außer Kraft gesetzt. Diese offensichtliche Verdrängung organisatorischer Bestimmungen im Bankwesen hängt eng mit der Tatsache zusammen, daß die eindeutigen hierarchischen Beziehungen im Monobanksystem aufgehoben worden sind - bis 1984 wurden die Ziele bei der Entwicklung der Refinanzierungskredite erreicht. Ökonomisch betrachtet, hatte dieser Schritt die Konsequenz, daß die Spezialbanken jegliches Interesse an der Planerfüllung im Bereich der Refinanzierungskredite verloren, denn sie sind einem Gefangenendilemma ausgesetzt. Da Kreditvergabe und Einnahmenentwicklung nicht notwendig zeitlich parallel gehen müssen, stellt sich zum Zeitpunkt der Kreditvergabe stets die Frage, ob eine restriktive Kreditpolitik der einzelnen Bankeinheit nicht letztlich zu einer Minderung des realen Geschäftsvolumens führt, wenn andere Banken unkontrolliert expandieren. Im Falle einer allgemeinen Expansion läßt sich zumindestens vermeiden, daß sich das reale Geschäftsvolumen der einzelnen Bank verringert. Dies bedeutet, daß zwar die negativen Folgen einer isolierten Restriktionspolitik einer einzelnen Bank internalisiert werden, nicht jedoch die gesamtwirtschaftlich negativen Folgen einer Überexpansion mit inflatorischen Effekten. Der allgemeine Expansionsdruck schwächt selbstverständlich die Verhandlungsposition der 'Volksbank' in einem wesentlich größeren Ausmaß, als wenn nur eine einzelne Bankeinheit zu stark expandierte.

Die Verhandlungsposition der Volksbank wird jedoch weiterhin deshalb geschwächt, weil der Einfluß korporativer Gruppen gleich in zweierlei Weise wirksam werden kann.[521] Die Spezialbanken sind ohnehin eng in den regionalen Planungsapparat und seine Planungskonferenzen eingebunden; sie können daher in der Regel eigenständige wirtschaftliche Entscheidungen nur schwer durchsetzen. Ähnlich, wie dies auch aus anderen sozialistischen Planwirtschaften bekannt ist, liegen die Determinanten der Kreditvergabe im Einzelfall eher im Bereich der Unternehmen und der Wirtschaftsverwaltung, als innerhalb des Bankapparates. Solange - wie dies in China zur Zeit ständig gefordert wird - die Bank zudem nicht als genuines Unternehmen nach Gewinn und Verlust wirtschaftet, bestehen auch gar keine Anreize, ökonomisch unsinnigen und ineffizienten Kreditverlangen Widerstand entgegenzusetzen; stattdessen wirkt die Zielfunktion des Bürokraten, seinen Tätigkeitsbereich möglichst stark auszuweiten, eher in Richtung einer Interessenharmonie zwischen Banken, Unternehmen und Verwaltung. Hinzu kommt, daß die Autoritätsbeziehungen innerhalb der Partei über informale Gruppenprozesse die Selbständigkeit der Banken weiter schwächen. Da über lange Jahre der Finanzsektor gegenüber dem Produktionssektor ideologisch bedingt vernachlässigt wurde, wirkt bis heute nach, daß Bankkader in der Regel einen relativ niedrigen Status in der Parteihierarchie besitzen; dementsprechend genügen häufig einfache mündliche Kontakte zu Betriebsfunktionären, um eine Kreditvergabe zu erreichen.

Diese korporative Verfilzung der Entscheidungsprozesse auf lokaler Ebene ändert nichts an der skizzierten Situation des Gefangenendilemmas bei der Kreditexpansion; auch die Entscheidungsinstanzen im realen Sektor befürchten im Falle einer isolierten Restriktion wirtschaftliche Verluste im Vergleich mit anderen Regionalverwaltungen. Prinzipiell wäre nun jedoch denkbar, daß eine starke Zentralbank dem Expansionsdrang der Regionen Zügel anlegen könnte, indem sie die Refinanzierungskredite restriktiv handhabt. Dies würde die regionale Konkurrenz auf die Ausweitung der Einlagevolumens verweisen, also z.B. im Falle freier Zinsbildung einen Zinsanstieg nach sich ziehen. Stattdessen ist im Zuge der verschiedenen Reformexperimente zu beobachten, daß die Zentralbank eher in das regionale korporative Netz hineingezogen wird. Bedeutsam war in dieser Hinsicht die Entscheidung, die Kreisfilialen der 'Volksbank' beizubehalten, denn hier bietet sich schon deshalb ein Angriffspunkt der Verdrängung formaler Regeln durch Gruppenprozesse, weil im allgemeinen das 'Volksbank'-Personal von der Verwaltung der 'Industrie- und Handelsbank' abgezogen wird; insbesondere werden die stellvertretenden Leiter der letzteren Leiter der Zentralbankfilialen, so daß sich die ehemalige persönliche Statusdifferenz auf das Verhältnis zwischen den neuen Organisationen überträgt. Nun hatte im ursprünglich eingeführten Kreditplanungssystem die Kreisfiliale der 'Volksbank' keine eigenständigen Entscheidungsfunktionen, sondern sollte lediglich ausführendes Organ und Informationstransmitter sein. Neuere Re-

formexperimente führen jetzt allerdings die Variante ein, daß
die Kreisfilialen Entscheidungsrechte bei der Refinanzierung
der Geschäftsbanken der gleichen hierarchischen Stufe erhalten.
Das ausschlaggebende Argument ist hier, daß die Kreisfilialen
besseren Einblick in die Kreditpolitik einzelner Spezialbankeinheiten gewinnen könnten, und damit den ökonomischen Sinn bestimmter Maßnahmen besser beurteilen würden, als dies bislang
der Fall ist, wenn die 'Volksbank' erst auf der Provinzebene
mit den aggregierten Zahlen zur Kreditentwicklung konfrontiert
wird.

Eine solche Dezentralisierung der Zentralbankfunktionen hat
freilich zur Folge, daß die Kreisfiliale in die korporativen
Entscheidungsmechanismen auf regionaler Ebene einbezogen wird.
Damit wird deutlich, daß die Reformpolitik erheblich durch regionale Partikularinteressen beeinflußt ist, denn ganz nach traditionellem Muster besteht die Gefahr, daß eine Dezentralisierung innerhalb funktionaler Linienhierarchien in eine regionale Dezentralisierung umschlägt, die gleichzeitig mit einer
Zunahme der Bedeutung von Komiteeentscheidungen und Gruppenprozessen verbunden ist.[522] In der Tat werden die Kreisfilialen
zum Teil zu Planungsinstrumenten der Wirtschaftskomitees oder
anderer korporativer Planungseinheiten. Damit verliert die
Notenbank jedoch ihren Charakter eines zentralen geldpolitischen Steuerungsinstrumentes: Die Entwicklung der Geldmenge
wird auf der Mikroebene der Unternehmen, Banken und Verwaltungen determiniert, nicht aber von der 'Volksbank'-Zentrale. Es
ist also paradox, wenn von einigen Befürwortern der 'Volksbank'-Dezentralisierung argumentiert wird, diese Maßnahme führe zu einer Stärkung der Position der Notenbank.

Somit bleibt festzuhalten, daß im Falle der Geldordnung offenbar die Wechselwirkung zwischen den Ebenen 'Group' und 'Organization', die für die Auswirkungen der traditionellen chinesischen Kultur im Modernisierungsprozeß so charakteristisch
ist, zu einem vollständigen Versagen der essentiellen geldpolitischen Kontrollfunktionen führt. Hier kommen natürlich noch
weitere Faktoren hinzu: Erwähnenswert sind vor allem der Zusammenhang zwischen Geldordnung und Unternehmensordnung (ökonomische Effizienz der Kreditvergabe und Konkursfähigkeit der Unternehmen gehören eng zusammen) oder die grundlegenden Mängel

der (sino)marxistischen Geldtheorie, die dazu führten, daß dysfunktionale emergente Eigenschaften des Geldsystems erst gar nicht erkannt wurden. Dann stellt sich freilich die Frage, welche Schritte unternommen werden könnten, um das Inflationsproblem zu lösen, bzw. in einem Zuge das 'Grundproblem der Geldverfassung'. Systemtheoretisch ist zunächst einfach zu vermerken, daß eine solche Lösung auf derjenigen Ebene wirksam werden muß, auf der dysfunktionale Emergenzen auftreten. Die bisherigen Lösungsversuche operieren auf der Ebene 'Organization' und haben dabei entweder selbst Emergenzen gezeigt oder werden von den politischen Prozessen beeinflußt, die aus der Wechselwirkung zwischen DEC(ORG) auf der Ebene 'Society' entstehen. In westlichen Marktwirtschaften ist eine mögliche Lösung entdeckt worden: Die Zentralbank als Organisation wird auf Geld- und Kapitalmärkten geldpolitisch aktiv, d.h. nimmt auf Phänomene der Ebene 'Society' Einfluß. Bei dieser Feststellung ist zu beachten, daß die marktwirtschaftliche Geldpolitik keinesfalls nur deshalb über Märkte operiert, weil die Wirtschaftsverfassung eine andere Methode nicht zuließe; vielmehr gilt, daß die Märkte nicht nur als Transmitter von geldpolitischen Instrumentenwirkungen dienen, sondern gleichzeitig die Informationen bereitstellen, die eine Zentralbank für ihre Tätigkeit benötigt: Dies betrifft vor allem Informationen über die Kassenhaltungspräferenzen und den Geldbedarf der Wirtschaftssubjekte. Indem diese Informationen als <u>Marktdaten</u> auftreten, stellen sie aggregierte individuelle Bedarfsdaten dar, und zwar bereits unter Berücksichtigung der Opportunitätskosten dieses Bedarfs. Genau letzteres ist in Planwirtschaften oder sozialistischen Reformwirtschaften nicht der Fall: Dort wird der individuelle Geldbedarf (bzw. institutionelle) direkt gegenüber den Geldproduzenten geäußert, wobei natürlich bei einer stoffwertlosen Währung dieser Bedarf unbegrenzt ist, denn es treten keine unmittelbaren Opportunitätskosten in Form eines Verzichtes z.B. auf einzutauschendes Gold auf. Die Notenbank als Geldproduzent wiederum besitzt keine Möglichkeit zu beurteilen, welcher Bedarf ex ante in einer Weise zu befriedigen ist, daß ex post die reale Kassenhaltung tatsächlich den Präferenzen entspricht.

Insofern ist es ökonomisch und systemtheoretisch plausibel,

wenn die jüngsten Schritte in der chinesischen Reformpolitik sich in die Richtung einer Installation von Geld- und Kapitalmärkten bewegen. Freilich erfolgen diese Schritte zögernd und unter größten Vorbehalten, obgleich längst erkannt worden ist, daß eine dauerhaft verläßliche Lösung des Inflationsproblems kaum anders denkbar ist. Auf der anderen Seite ist nämlich ebenso klar, daß die Einführung von Geld- und Kapitalmärkten im Prinzip den Übergang zu einem 'kapitalistischen' Wirtschaftssystem im eigentlichen Sinne des Wortes bedeuten würde.

Das Problem der Inflation ist daher ein wichtiges Beispiel für grundlegende technische Anpassungsschwierigkeiten, die nur mit vollständig neuen ordnungspolitischen Ansätzen lösbar sind. Löst man sich einmal von der prinzipiellen 'Plan/Markt'-Dichotomie, dann geht es offenbar darum, einen Grad der Kode-Universalisierung zu erreichen, wie er in der traditionellen Wirtschaft nicht gegeben und nicht erforderlich war. 'Kode-Universalisierung' bedeutet konkret, daß ein zentrales DEC bestimmte allgemeine Regeln formuliert, die Prozesse der Ebene 'Society' steuern, indem das Verhalten von Subsystemen niedrigerer Ebenen reguliert wird. Eine solche umfassende Rolle allgemeiner Regeln wird bei einem bestimmten Grad der Systemverflechtung erforderlich, weil das subsystemare Verhalten notwendig an begrifflichen Systemen orientiert ist, die kontraintuitive emergente Eigenschaften der Ebene 'Society' nicht berücksichtigen können. In der traditionellen Kultur war das Verhältnis zwischen Ordnung und System vor allem durch drei Faktoren gekennzeichnet: Erstens, die Vereinheitlichung bestimmter ethischer Grundwerte in Form der Konvergenz zwischen Konfuzianismus und Familialismus, zweitens, die Kontrolle bestimmter staatlicher Machtmittel auf der Ebene 'Organization', und drittens, die Selbstorganisation vieler gesellschaftlicher Prozesse auf der Ebene 'Group'. Auch hier konnten spontane Emergenzen auf höheren Ebenen dysfunktional wirken, wie z.B. im Falle des dynastischen Niedergangs, wenn die staatliche Organisation durch Gruppenprozesse verdrängt wurde. Dysfunktionale Emergenzen der Ebene 'Society' besaßen jedoch augenscheinlich eher eine geringere Bedeutung: Es ist beispielsweise schwer abzuschätzen, ob die wettbewerbsstörenden Effekte der Gilden (dysfunktionale Emergenz von Gruppenprozessen auf der Ebene 'Society') mehr wiegen als die Produktion öffentlicher Güter im urbanen Sozialsystem durch Gildenzusammenschlüsse (funktionale Emergenz der Ebene 'Organization').

Im China der Gegenwart bringt die nachholende Industrialisierung jedoch ein Komplexitätswachstum der Systemprozesse mit sich, das eine Zunahme der Bedeutung allgemeiner Regeln erforderlich werden läßt. Genau hier wirken aber wesentliche Elemente der traditionellen Kultur dysfunktional, da sie die Fragmentierung der Ordnungspolitik und allgemeiner Regelsysteme bedingen. Bei aller Diskussion über eine erforderliche Dezentralisierung der Wirtschaft darf nämlich nicht übersehen werden, daß die chinesische Wirtschaftspolitik in einer wesentlichen Hinsicht an einem Machtdefizit der Zentrale leidet, die nicht in der Lage ist, allgemeine ordnungspolitische Maßnahmen gegen Partikularinteressen durchzusetzen. In gewisser Weise liegt gar eine aporetische Situation vor, denn im gegebenen politischen System ist ein Machtzuwachs der Zentrale paradoxerweise nur zu erreichen, wenn im geeigneten Umfang Sonderrechte vergeben werden, die zur Erosion allgemeiner Regeln führen. Auch für das politische System müßte daher zunächst ein Regelwerk eingeführt werden, das eine klare ordnungspolitische Zuständigkeit der Zentrale bei entsprechenden Legitimationsmechanismen definiert; ist dies nicht möglich, stellt sich die prinzipielle Frage, ob der chinesische Wirtschaftsraum überhaupt eine technisch anpassungseffiziente wirtschaftspolitische Einheit darstellt.[523] Traditionell begründete sich die politische Einheit im Prozeß der Produktion des öffentlichen Gutes 'Militär'. Heute könnten andere Faktoren bedeutsamer sein, die nicht unbedingt in Richtung einer Einheit von Ordnung und System wirken.

Im Zuge der Evolution der Wechselwirkungen zwischen Kultur und Wirtschaftsordnung hängt die Zukunft der chinesischen Reformpolitik also davon ab, ob das politische System zu einem qualitativen Sprung in der Lage ist: Es gilt, einen verfassungsgebenden Akt zu vollziehen. Die Fragmentierung der Entscheidungsfunktionen und der Regelwerke muß in grundsätzlicher Weise aufgehoben werden, indem bestimmte Fundamentalregeln einer Wirtschaftsverfassung definiert werden, die dann einen funktionsfähigen Rahmen weitergehender ordnungspolitischer Maßnahmen setzen.

Anmerkungen zum ersten Teil

1 Vgl. allgemein Neumark (1976) und Herrmann-Pillath (1987b).
2 Die relevante methodologische Diskussion wird heute vor allem in der Ethnologie bzw. Anthropologie geführt, vgl. Sahlins (1981), Shankman (1984), Taylor (1985), Gudeman (1986) oder Keesing (1987).
3 Die Tradition Beckers (1979) ist zusehends radikalisiert worden, vgl. den Sammelband Radnitzky/Bernholz (1987), wo allerdings mit Gray auch eine skeptische Stimme laut wird, die zu Recht auf die abweichende ökonomische Tradition Hayeks verweist.
4 Ein hervorragender Testfall ist die ökonomische Theorie der Familie bzw. allgemein des reproduktiven Verhaltens, vgl. den Überblick bei Zimmermann (1986) und die Fallstudien Michaels (1979) und Lemenneciers (1979). Zu den Operationalitätsproblemen Handwerker (1986a) und Crosbie (1986). Ein konkretes Beispiel zum Einfluß des Faktors 'Kultur' auf Reproduktionsentscheidungen diskutieren Stamm/Tsui (1986).
5 Für das walrasianische Forschungsprogramm erscheint diese These evident, während in der jüngeren Zeit der Name Adam Smiths immer wieder beschworen wird, um gerade die institutionalistische Dimension der Klassik zu betonen, vgl. z.B. Meyer (1987). Dabei wird übersehen, daß wesentliche Teile des praktisch-moralischen Menschenbildes der schottischen Philosophen mit Termini wie 'benevolence' u.ä. implizite kulturspezifische Werturteile enthalten, so daß ein eigentliches Problembewußtsein nicht entstehen kann.
6 List (1971). Es handelt sich hier ohne Zweifel um einen geistesgeschichtlichen Ableger der Kontroversen um die Sprachabhängigkeit der menschlichen Vernunft, die besonders mit den Namen Herder und Humboldt verknüpft sind, vgl. Marcos Marín (1975), S.42ff., und umfassend Seebaß (1981). Damit wird deutlich, daß die Frage des Verhältnisses zwischen Kultur und ökonomischer ratio nur ein Spezialfall allgemeiner semiotischer Theorien des menschlichen Geistes ist.
7 So mit Nachdruck Sahlins (1981), S.235ff.
8 Vgl. Röpke (1970), (1983a) und M.E.Smith (1982).
9 Illustrativ zur möglichen Rolle des kulturellen Phänomens 'Nationalismus' Kuznets (1981) und Gellner (1983); vgl. allg. Vaizey (1981). Das herkömmliche Konzept wirtschaftspolitischer Rationalität, vgl. z.B. Watrin (1975) oder Pütz (1981), versagt im Falle der Endogenität von Randbedingungen der verwendeten Erklärungsmodelle, vgl. bereits Luhmann (1975) S.39ff. Die Endogenität von Randbedingungen ist das entscheidende Kriterium evolutionstheoretischer Denkansätze, vgl. Küppers (1986), S.231ff., und macht die eigentliche Komplexität der betreffenden Wirklichkeit aus im Sinne Hayeks (1972).
10 Vgl. Röpke (1970), S.184ff., Bauer (1979), Küng (1983), S.209ff. und Meyer (1984). Bemerkenswert ist, daß gerade die ordnungstheoretische Sicht der Marktwirtschaft großes Mißtrauen gegenüber entwicklungspolitischen Eingriffen aus-

lösen muß und sich dabei mit spezifisch anthroplogisch-kulturwissenschaftlichen Analysen trifft, vgl. Clapham (1983) und Goodell (1985). Vgl. allg. Schulz (1979) und Hürni (1980).

11 Zur skizzierten Sicht ausführlich Himmelmann (1974) und vor allem Morishima/Catephores (1978), S.178ff. Die methodologische Perspektive wird von Stegmüller (1986), S.432ff. offengelegt. Zur Bedeutung der Engels-Version und namentlich ihrer Popularisierung durch Kautsky s. Georgescu-Roegen (1960) S.104ff. und Gey (1984). Das Verhältnis zwischen Marx und dem russischen Sozialismus erläutert Lichtheim (1971), S.123ff.

12 Die philosophische Problematik des 'ökonomischen Prinzips' schildert Koslowski (1988), S.175ff. Die Bewertung des Übergangs von der traditionellen zur industriellen Gesellschaft bzw. der wissenschaftlichen Analyse der ersteren war u.a. Anlaß der Entstehung der Soziologie Durkheims, vgl. Bohnen (1975), S.9ff., ist Gegenstand der Konfrontation von 'Reziprozität' und 'Markt' bei Polanyi (1944), führte zum Streit zwischen 'Formalisten' und 'Substantivisten' in der Anthropologie, vgl. Schneider (1974) und Pryor (1977), und spiegelte sich dann in der 'Moral Economy' Kontroverse zwischen Scott (1976) und Popkin (1979) wider, vgl. Keyes (1983a,b), Greenough (1983) und Feeny (1983).

13 Dies gilt bereits für so einfache Begriffe wie den einer Nachfragefunktion, vgl. Morgenstern (1966), S.129ff., oder natürlich den der Präferenzen, vgl. Albert (1954) und Kornai (1975), S.118ff.

14 Vgl. Schachtschabel (1971b).

15 Sombart (1971), S.352ff. und Spiethoff (1971), S.127f., 153.

16 Sombart (1971), S.344ff. Zur Rolle des Systembegriffs im deutschen Idealismus vgl. Zahn (1973). Es sei angemerkt, daß die poppersche Instrumentalismus-Kritik hier nicht unmittelbar greifen kann, vgl. Popper (1983), S.107ff.; die Diskussion müßte analog zur Argumentation der Strukturalisten vorgehen, vgl. Stegmüller (1986), S.314ff. Im sombartschen Fall gleicht der methodologische Status der Merkmalsklassifikation dem der distinktiven Merkmale der Phonologie, vgl. besonders Trubetzkoy (1967), S.29ff. und Jakobson (1979). Im Anschluß an die Phonologie spielt daher in den Kulturwissenschaften neuerdings die methodologische Differenzierung zwischen 'emischer' und 'etischer' Perspektive eine wichtige Rolle, vgl. Harris (1979), S.29ff. und Feleppa (1986), d.h. zwischen den Standpunkten der systemendogenen und -exogenen Beobachtung. Sombart betrachtet diese Unterscheidung bereits als einen wesentlichen Teil der Ordnungsanalyse, denn im 'Wirtschaftsstil' sollte die etische Begriffsklassifikation neben das emische 'Verstehen' treten.

17 Spiethoff (1971), S.126ff.,146ff. Sein Subjektivismus entspricht in der modernen kulturwissenschaftlichen Diskussion im wesentlichen der Position von Clifford Geertz, vgl. den Überblick bei Shankman (1984).

18 Müller-Armack (1971), S.156ff. Er kann also als 'emischer Objektivist' bezeichnet werden; in der Tat bezeichnet er Webers scharfe Unterscheidung zwischen Theorie und Empirie als "übergroße methodische Vorsicht". Vgl. Watrin (1988), S.59ff.

19 Ein hervorragendes Beispiel für einen solchen Ansatz ist
Georgescu-Roegen (1965). Interessanterweise kommt der sog.
'ökonomische Ansatz zum menschlichen Verhalten'ebenfalls nicht
ohne die Annahme bestimmter gegebener Institutionen aus, vgl.
Bohnen (1975) und Albert (1979). Würde die Möglichkeit der
Veränderung bestehender Institutionen Gegenstand von Wahlhandlungen, wäre ein Entscheidungskalkül auf der Grundlage gegebener Sanktionen und damit Opportunitätskosten nicht mehr möglich.

20 Eucken (1954), S.20ff. Zum folgenden vgl. ausführlicher
Herrmann-Pillath (1987b).

21 Eucken (1940). In moderner Terminologie formuliert, ging
Eucken vom 'statement-view' z.B. Poppers (1973), S.140ff.,
(1984) zum 'non-statement-view' z.B. Stegmüllers (1973),
(1979), (1986) über. Dabei spielte ohne Zweifel der Einfluß
der husserlschen Phänomenologie eine große Rolle, zumindest
im Sinne von Husserl (1975), (1984) und besonders gedrängt
(1985), S.98ff.

22 Vgl. Kröll (1971), Kloten (1971), Klinkmüller (1973), Wagener (1979), S.73 und vor allem Lösch (1978).

23 Eucken (1940), S.59,65ff.

24 Vgl. wieder Zahn (1973) und Engfer/Essler (1973). Es handelt sich hier letztlich um die leibnizsche Tradition des
Analysekonzeptes.

25 Es handelt sich also um 'Strukturen' im mathematisch-logischen Sinne, d.h. nach dem Muster von Hilberts Konzept
der Axiomatisierung von Theorien; vgl. Kambartel (1973) und
Stegmüller (1973), S.34ff.

26 Zu dieser Deutung vgl. ausführlicher Herrmann-Pillath
(1987b) und allgemeiner (1988c). Damit ergibt sich eine Verbindungslinie zum sprachphilosophischen Zweig der Methodologiediskussion, die vor allem an Wittgenstein (1971b) anknüpft;
vgl. insbesondere Apel (1973), S.179ff. So wird auch verständlich, warum Eucken es so leicht fällt, die Nationalökonomie als 'Geisteswissenschaft' aufzufassen.

27 Eucken (1940), S.72, 162ff.,171,173. Bekanntlich ging
Eucken vom Entscheidungsproblem aus und identifizierte
die beiden denkmöglichen Grundformen der 'Verkehrswirtschaft'
und 'zentralgeleiteten Wirtschaft', die jeweils eine weitergehende Begriffsanalyse erfahren. Wie jüngste Überlegungen von
Leipold/Schüller (1986a) zu 'Brüchen im Rechnungszusammenhang'
einer Volkswirtschaft zeigen, ist es in der Tat möglich, die
Anwendung des euckenschen 'morphologischen Apparates' so zu
verstehen, daß eine Wirtschaftsordnung durch die konkrete Zusammensetzung der Modellanwendungen gekennzeichnet wird. So
sind z.B. Unternehmen in der Marktwirtschaft 'zentralgeleitete Wirtschaften'. Euckens Analyse des Klosters Bobbio in
(1940), S.72ff., stützt diese These.

28 Eucken (1940), S.168ff.,251f.,268ff. Interessanterweise
vertritt er die Auffassung, daß die 'verstehende Nationalökonomie' im herkömmlichen Sinne ihren Anspruch gar nicht einlöst. Zur Rolle des 'Verstehens' in der Ordnungstheorie auch
Gutmann (1986). Den rationalen Kern dieses problematischen

Begriffs diskutieren Popper (1973), S.182ff. und Stegmüller (1979), S.27ff. Vgl. allerdings Stegmüller (1983), S.414ff.

29 Hier ist wieder auf den phänomenologischen Hintergrund der Überlegungen Euckens zu verweisen. Die eigentümliche Rolle der Wirtschaftstheorie ergibt sich daraus, daß sie eine 'regionale Ontologie' begründet. Vgl. Husserl (1985), S.112ff.

30 Beispielsweise ergibt sich bei vielen anthropologischen Anwendungen der Wirtschaftstheorie, vgl. Schneider (1974), das Problem, daß empirisch kaum operationale Annahmen über den Güterraum erforderlich werden, vgl. auch Pryor (1977), S. 418ff. In diesem Fall sollte davon ausgegangen werden, daß die Annahme einer kulturellen Regel empirisch sinnvoller ist; vgl. Herrmann-Pillath (1987b), S.56. Gudeman (1986) liefert in diesem Zusammenhang auch wertvolle Hinweise. Eine interessante Fallstudie zu einem Teilproblem ist Orlove (1986).

31 Vgl. Boyd/Richerson (1985), S.33.

32 Eucken rückt den Faktor 'Kultur' im Grunde in den Datenkranz, wenn es um konkrete Fälle geht. Bei Müller-Armack findet man zwar einen radikalen kulturwissenschaftlichen Ansatz, er ist jedoch methodologisch sehr problematisch.

33 Zur Problematik der soziologischen Systemtheorie vgl. z.B. Bohnen (1975) und Alexander (1982). Ein Musterfall bereichsabhängiger Regelsysteme ist die Koexistenz von 'Great' and 'Little Tradition' im Falle agrarischer Hochkulturen, vgl. nur Gellner (1983), der auch die bedeutsame Problematik des Übergangs zu einer 'universellen Kultur' ausführlich diskutiert.

34 Zum Begriff 'funktionale Äquivalenz' Luhmann (1970), S. 13ff.; ein Gegenstück in der ökonomischen Theorie findet sich bei Elster (1979). Eine interessante Ausarbeitung des Konzeptes der Regelhierarchien - genauer: Heterarchien - bieten Lumsden/Wilson (1981). In diesem Zusammenhang ist zu betonen, daß Hayeks (1973) Dichotomie von Kosmos und Taxis bzw. von 'abstrakten' und 'organisatorischen' Regeln nicht haltbar ist; ebenso diejenige zwischen den Regeln von Gruppen und der 'Great Society' (1976). Soziale Regelsysteme sind komplex verflochten und weisen ein Kontinuum von unterschiedlichen Reichweiten der Handlungsbeschränkung auf. Interessanterweise spiegelt sich diese Erkenntnis beispielsweise in der Industrieökonomik wider, wo es offenbar nicht möglich ist, in empirisch sinnvoller Weise Organisation und Markt analytisch voneinander zu isolieren; vgl. ausführlich Kaufer (1980).

35 Vgl. prinzipiell Šaumjan (1973), S.140ff. Zum Regelbegriff Steinvorth (1973), Keller (1973), Heringer (1973), Cailleux (1973) und Öhlschläger (1973). Aus ökonomischer Sicht vgl. Schotter (1981) und Vanberg (1984). Schotter unterscheidet allerdings lediglich zwischen 'conventions' und 'institutions', wobei in beiden Fällen bewußte Verhaltenswerwartungen eine große Rolle spielen. Der hier vorgeschlagene Regelbegriff radikalisiert den 'Invisible Hand' Ansatz insofern, als es für Regeln keinesfalls von Bedeutung ist, ob ihre Funktion den Individuen bewußt wird; damit werden natürlich auch spieltheoretische Ansätze problematisch, die ja zumindest die Kenntnis der Pay-off-Funktionen voraussetzen müssen. Die

menschliche Sprache ist wohl ein Musterfall der Wirkung von
Regeln ohne bewußte Kenntnis; vgl. Chomsky (1978), S.13ff.
und (1980), S.45ff. Aus kulturwissenschaftlicher Sicht vgl.
Boyd/Richerson (1985). Die hier gewählte methodologische Position geht wieder auf die 'emisch-etisch' Dichotomie zurück: Der Regelbegriff wird etisch definiert; vgl. Harris
(1979) und die Diskussion bei Westen (1984).

36 Zum Anpassungsbegriff ausführlicher Herrmann-Pillath
 (1988d); es ist an dieser Stelle unmöglich, das Problem
befriedigend zu diskutieren. Die Verwendung des Anpassungsbegriffes orientiert sich an Burian (1983), Dyson-Hudson (1983)
und Corning (1984), S.151ff. Der Zusammenhang zur ökonomischen Theorie ergibt sich über die Brücke der Evolutionsökologie, vgl. Smith (1983a) und den Überblick bei Pianka (1983).
Zur Soziobiologie-Kontroverse aus ökonomischer Sicht Tietzel
(1983) und Witt (1985). Die bei Witt (1987), S.104ff. vorgetragene Kritik an der biologischen Evolutionstheorie im Kontext der Humanwissenschaften vermag ökologisch orientierte
Anpassungskonzepte nicht zu treffen. Der entsprechende Kulturbegriff widerspricht natürlich radikal demjenigen Koslowskis (1984). Eine Brücke zur ökonomischen Theorie ergibt sich
über das Werk Hayeks, vgl. Radnitzky (1987a). Zur Möglichkeit
biologisch suboptimaler kultureller Anpassung Boyd/Richerson
(1985), S.241ff. Zur Funktionalismus-Kritik Gellner (1973)
und Stegmüller (1983), S.676ff. Angemerkt sei, daß die Anpassungseffizienz jeder biologischer Einzelerscheinung lange
Zeit ein äußerst strittiger Punkt in der evolutionstheoretischen Diskussion war, vgl. Provine (1983) und Gould (1983).

37 Zum kulturwissenschaftlichen Symbolbegriff vor allem Sahlins (1981) und Keesing (1987). Das hier verwendete Konzept der 'Information' orientiert sich vor allem an Küppers
(1986). Zur Problematik der Beziehung zwischen den Konzepten
'Umwelt', 'Anpassung' und 'Information' siehe nur Dobzhansky
(1974), Bargatzky (1984) und Wuketits (1987). In der Wirtschaftstheorie deutet sich die Problematik z.B. bei Röpke
(1980) an, wird jedoch zumeist in der Organisationstheorie
besonders ausführlich diskutiert, vgl. Kieser/Kubicek (1983),
Frese (1984) und Marr (1984).

38 In dieser Hinsicht hat Schotter (1981), S.109ff. hochinteressante ökonomische Thesen entwickelt. Umfassend jedoch Boyd/Richerson (1985), besonders S.32ff. Vgl. auch Rindos (1985), (1986). Ein Beispiel 'kultureller Vererbung' diskutieren Kirch/Green (1987). In der Wirtschaftswissenschaft
ist die Bedeutung der Sozialisation eigentlich nur im Rahmen
von Theorien wirtschaftlicher Entwicklung betont worden. Witt
(1987) hat jüngst einen allgemeinen Ansatz vorgelegt, der unabhängig vom hier vertretenen Anpassungskonzept beispielsweise die Rolle der Sozialisation bei der Präferenzbildung integrieren kann.

39 Vgl. hierzu die frühen Ansätze von Durham (1979), Alexander (1979a,b) und Irons (1979a,b). Bereits hier wird eine
wesentlich breitere Spanne von Untersuchungsansätzen deutlich,
als dies von der klassischen Soziobiologie geboten wurde; vgl.
ebenfalls Friedman (1979). Der jüngere Vorschlag von Boyd/
Richerson (1985) gelangt schließlich zu einer übergreifenden
und sehr flexiblen Analyse, da von einer sog. 'dual inheri-

tance theory' ausgegangen wird, bei der populationsgenetische Modelle auf die 'kulturelle Vererbung' Anwendung finden, die in technischer Hinsicht völlig anders funktioniert als die genetische. Je nach Art der unterstellten Modellparameter lassen sich daher die bislang konkurrierenden Stellungnahmen zum Kulturbegriff als Sonderfälle eines allgemeinen evolutionstheoretischen Ansatzes begreifen. Die von Sahlins (1981), Harris (1979) oder Koslowski (1984) vorgetragene Kritik an biologischen Ansätzen greift dann nicht mehr.

40 Rudolph/Tschohl (1977), besonders S.45ff.,85ff.,180ff.

41 Dabei ist zu beachten, daß der Zeichenbegriff notwendig Intersubjektivität und damit Sozialität impliziert; vgl. grundsätzlich v.Savigny (1973), (1980) oder Morris (1981). Auf diese komplexe semiotische Dimension des Kulturbegriffs kann hier leider nicht eingegangen werden.

42 Wieder gilt, daß die funktionalistische Analyse keinesfalls greifen muß. Einzelentwicklungen können ohne weiteres das Ziel der Lebensförderlichkeit verletzen; in der Terminologie von Boyd/Richerson (1985) ausgedrückt, besteht die Möglichkeit eines temporären Konfliktes zwischen 'genetic' und 'cultural fitness'. Darüber hinaus ist zu beachten, daß 'kulturelle Hypertrophien', die das Ziel der Bionormalität verletzen, Teil übergreifender Wechselwirkungen zwischen unterschiedlichen Anpassungsmechanismen sein können, s. Rudolph/ Tschohl (1977), S.264ff. Es besteht also die Möglichkeit, daß beispielsweise die sog. 'Ablösung' des Menschen von der biologischen Grundlage nichts anderes ist als eine temporäre Erscheinung der Industriegesellschaft, um eine provokante These zu formulieren; vgl. zur Deutung der modernen Gesellschaft als 'symbolische Kultur' Baudrillard (1970).

43 Phänomenologische Analysen werden damit zu einem Bestandteil des naturwissenschaftlich orientierten Kulturbegriffs; vgl. Waldenfels (1973) und Holenstein (1980), S.71ff. Hier läßt sich auch eine Brücke zum Konzept 'epigenetischer Regeln' bei Lumsden/Wilson (1981) schlagen.

44 Der Begriff der 'Individualität' spielt eine zentrale Rolle in der Evolutionstheorie. Dabei ist entscheidend, daß Individuen in theoretischen Erklärungen einen von physikalischen Theorien vollständig differierenden Status besitzen, vgl. Mayr (1982), S.32ff. und Hoffman (1983), S.250ff. Im letzteren Fall werden Individuen stets als Elemente einer Begriffsklasse betrachtet (es erfolgt eine Abbildung auf einen Meßwert), während die nichtklassifizierbare Individualität als Zufallsvariation gerade den Stoff biologischer Selektionsprozesse ausmacht. Die Problematik geht letztlich auf die aristotelische Metaphysik zurück, vgl. Pieper (1973). Dieser 'methodologische Individualismus' entspricht n i c h t dem der ökonomischen Theorie, vgl. Albert (1979) und Tietzel (1983). Zu der Problematik ausführlicher Herrmann-Pillath (1988c).

45 Vgl. den konkreten Fall der Entwicklungstheorie bei Röpke (1970) und (1983).

46 Vgl. den historischen Überblick bei Meyer (1983); weiterhin Hartwig (1987), Schüller (1987) und DeAlessi (1987).

47 Albert (1979). Die sog. 'Invisible-hand-Erklärung' ver-

sucht, dieses methodologisch starke Erfordernis abzumildern, vgl. Vanberg (1984). Dabei wird - sehr verkürzt gesprochen - davon ausgegangen, daß die Interaktionen rational eigennützig handelnder Individuen quasi 'ungewollt' zur Entstehung von Regeln führen. Wie die entsprechenden Formalisierungen bei Schotter (1981) zeigen, kann dies die ökonomische Analyse keinesfalls davor retten, Regeln als nichtreduzierbare Handlungsdeterminanten betrachten zu müssen.

48 Eine klassische Arbeit in dieser Tradition ist die Analyse der Firma bei Jensen/Meckling (1979).

49 Vgl. Alchian (1979), (1984), Alchian/Demsetz (1982), oder Williamson (1984). Gute Überblicke bieten Krüsselberg (1983) und Schüller (1983b).

50 Gray (1987) möchte daher die 'kalkulatorische Rationalität' durch eine 'Regelrationalität' ergänzt sehen, vgl. auch die Detailstudie von Kliemt (1986). Illustrativ ist der Vergleich Hutchinsons (1984) mit dem Kommentar Wegehenkels (1984). Vgl. auch Williamson (1984), S.203ff.

51 Die Theorie von Keynes ist übrigens bereits ein interessanter Fall der Verknüpfung zwischen der neoklassischen Theorie und dem Regelbegriff; zum neoklassischen Hintergrund vgl. Negishi (1979), S.27ff. Keynes hält den an langfristigen Erwartungen orientierten Investitionsprozeß für wesentlich durch bestimmte 'conventions' determiniert, die vor allem Unsicherheit durch eine Art 'Kontinuitätsfiktion' reduzieren; bricht diese Fiktion zusammen, ist eine Wirtschaftskrise die Folge. Zu dieser Dimension der keynesschen Theorie Keynes (1936), S.46ff.,147ff., Weintraub (1979), S.47ff., Hey (1981), Rothschild (1981), S.104ff. und Rieter (1985). Der Kontrast zum 'Keynesianismus' wird deutlich beim Vergleich mit Landmann (1976).

52 Shackle (1972), S.176ff.,409ff.

53 Kirzner (1979), S.137ff.,147ff.,215ff. Vgl. Streißler (1980b), Schneider (1986b) und umfassend Witt (1987), der allerdings den Ansatz Kirzners etwas einseitig darstellt.

54 Vgl. Röpke (1980) und vor allem umfassend Streit/Wegner (1988), die das Konzept der 'Information als ökonomischem Gut' abschließend demontieren, zumindestens soweit neoklassische Modellansätze im weitesten Sinne betroffen sind. Bei Seidl (1980) stellt sich die Problematik so dar, daß jede konsequent opportunitätskostenorientierte ökonomische Analyse letztlich zur Pfadabhängigkeit der Gleichgewichtslösung gelangen muß. Die Neoklassik entspricht daher de facto einem 'Kollektiventscheidungsparadigma'. Zur Problematik der Schliessungsannahme der Neoklassik bereits Morgenstern (1966), S. 43ff. Zur Neoklassik als Theorie des externen Beobachters - also im Prinzip der Methodologie Friedmans - Grossekettler (1980).

55 Zum Transaktionskostenbegriff vgl. Schüller (1983), Picot (1984) oder Niehans (1987) sowie allg. DeAlessi (1987). Zur hier vorgetragenen Kritik siehe vor allem Schneider (1986a); grundsätzlich wieder Streit/Wegner (1988). Der eigentümliche Charakter der Transaktionskosten wird erst bei modelltheoretischen Spezifikationsversuchen deutlich. Niehans

(1980), S.126ff., muß für seine gleichgewichtstheoretische
Analyse annehmen, daß diese Kosten auf die Nutzung einer speziellen Ressource (spezialisierte Arbeitskraft) zurückgehen,
die nicht Teil der Anfangsausstattung der Wirtschaftssubjekte
und nicht handelbar ist! Die Demontage des Transaktionskostenbegriffs betrifft natürlich auch den Versuch Wegehenkels
(1981), den spezifischen innovatorischen Unternehmergewinn
auf die Transaktionskostendifferenz ex ante/ex post bei der
Einführung neuer ökonomischer Aktivitäten zu reduzieren: Die
lediglich neoklassisch 'ökonomisierenden' Marktmitgliedern
transferieren solange Bestandteile dieser Differenz in Form
von Gewinnen an den Unternehmer, bis durch ihre eigene Arbitragetätigkeit die Erosion zum bloßen 'Unternehmerlohn' erfolgt ist. Aus der Kritik des Transaktionskostenbegriffs folgt
natürlich, daß auch dieser 'Kommensurabilisierungsversuch'
des Unternehmergewinns scheitern muß. Wenn überhaupt, dann
kann sich der Gewinnbegriff Wegehenkels nur auf die Transaktionskostendifferenz ex post zwischen bestehenden institutionellen Alternativen beziehen.

56 Zwei andere Argumentationsstränge werden bei Herrmann-Pillath (1988d) diskutiert: die Kritik des Kostenbegriffs
in der Vertragstheorie Buchanans und in der Effizienztheorie
der Deregulierung. Ein weiteres wichtiges Feld findet sich
in der Problematik der Beziehung zwischen walrasianischen und
Edgeworth-Ökonomien, vgl. Weintraub (1979), wenn der Kern einer Gleichgewichtslösung mehrere Lösungen besitzt und die Entstehung einer bestimmten Lösung nur dann abgeleitet werden
kann, wenn eine zusätzliche Annahme über pfaddeterminierende
Regeln erfolgt; vgl. ausführlich Schotter (1981).

57 Poppers Versuche, ein Maß der 'verisimilitude' zu formulieren, sind bekanntlich gescheitert, vgl. Popper (1983),
S.XXVff. und umfassend Pähler (1986). Wie Rescher (1973) gezeigt hat, kann im Erkenntnisprozeß selbst nur ein kohärenztheoretischer Wahrheitsbegriff operational sein, der stets auf
das gegebene Wissen bezogen ist; der korrespondenztheoretische Wahrheitsbegriff Poppers kann sich nur auf den hypothetischen Endzustand dieses Prozesses beziehen. Das Argument gegen 'objektive' ökonomische Maßkonzepte ist analog.

58 Sen/Williams (1982) skizzieren die Grundannahmen des Utilitarismus wie folgt: Handlungen werden nach ihrem Beitrag
zur Maximierung von Wohlfahrt bewertet, wobei deren Messung
als individuelle bzw. Summe individueller Wohlfahrt erfolgt;
es gibt keine intrinsische, vom Wohlfahrtsmaß unabhängige Bewertung z.B. auf der Grundlage moralischer Normen oder unveräußerlicher individueller Rechte; die individuellen Präferenzen müssen autonom, wahr und stabil sein, und die Werturteile rational; die Organisation der Entscheidungsfindung
und der Bewertungsverfahren ist nicht ihrerseits Gegenstand
der Überlegungen. Zur Problematik von Nutzenmaßen auch ausführlich Sen (1975).

59 Seidl (1980) zeigt, daß der Marktmechanismus ein Verfahren der Kardinalisierung ordinaler Nutzen ist.

60 Zu den Formen utilitaristischer Argumentationen vgl. Frankena (1972), S.54ff., Mackie (1981), S.157ff. und Hare
(1982).

61 Beispielhaft Harsanyi (1982). Er geht von einer bayesianischen Entscheidungsfunktion aus; ein außenstehendes, rational entscheidendes Individuum muß ein Regelsystem auswählen, wobei es nicht über den eigenen Endzustand bei Gültigkeit dieses Systems informiert ist. Es wird daher unter der Annahme der Gleichwahrscheinlichkeit aller Endzustände eine Mittelwertrechnung erstellen und das System mit dem größten Mittelwert wählen. Vgl. auch kritisch Mueller (1979), S.247ff.

62 Zu den Vorbedingungen der utilitaristischen Argumentation Harsanyi (1982), S.49ff. Zum Ähnlichkeitspostulat auch Hare (1982), S.25f. und Mirrlees (1982). Man vgl. Mackie's Rawls-Kritik; in der Tat wird in vertragstheoretischen Argumentationen das Ähnlichkeitspostulat über das 'Schleier'-Konstrukt eingeführt, bei dem bis auf die Rationalität jedes Merkmal individueller Persönlichkeit verschwindet. Zu dieser verwegenen Annahme auch Buchanan (1987), S.110ff.

63 Vgl. D'Iribarne (1979) und Marsden (1979), S.54. Prinzipiell sind hier auch die Überlegungen Koslowskis (1988) zur Beziehung zwischen formaler und materialer Wertlehre relevant.

64 Vgl. besonders Hayek (1976), S.24ff. Hayek (1973), S.8ff., (1976), S.17ff., zeigt dementsprechend auch, daß utilitaristische Argumente in der Tradition des cartesischen Konstruktivismus stehen. Diese Überlegung betrifft auch die vertragstheoretischen Versuche einer Regelbegründung, vgl. den Überblick bei Leipold (1987) und kritisch Hoppmann (1987); sie hat in der politischen Philsosophie eine lange Tradition, vgl. Matz (1973). Einen präferenztheoretischen Ansatz, der solche Aspekte integrieren könnte, hat Lesourne (1979) vorgelegt; vgl. Lévy-Garboua (1979).

65 Auf die mögliche Verbindungslinie zur Epistemologie war bereits hingewiesen worden; in der Tat entspricht der ökonomische Präferenzbegriff dem korrespondenztheoretischen Wahrheitsbegriff. Auch hier ergibt sich wieder die unmittelbare Relevanz zeichentheoretischer Argumentationen, vgl. zum Wahrheitsbegriff ausführlich Tugendhat (1976) und den Überblick bei Tugendhat/Wolf (1986), S.217ff.

66 Ausführlich D'Iribarne (1979).

67 Vgl. A.Gutmann (1982). Liberale Theoretiker müssen den ethischen Utilitarismus daher ablehnen.

68 Vgl. Hahn (1982), v.Weizsäcker (1984) und Lindenberg (1984a).

69 Das Argument entwickelt im Detail Elster (1982). Vgl. aus anderer Perspektive Krüsselberg (1983).

70 Aus diesem Grunde sind ökonomische Modelle geeignet, das Verhalten von Organismen zu beschreiben, obwohl die subjektiven Voraussetzungen rationalen Entscheidungsverhaltens kaum gegeben sind; vgl. den Überblick bei Pianka (1983) und Smith (1983b).

71 Vgl. programmatisch Ghiselin (1987a).

72 Ausführlich Bunge (1979), S.273ff.

73 Bei Samuelson (1949) heißt die Annahme der Kongruenz kinematischer und dynamischer Analyse 'Korrespondenzprinzip'.

74 Es wird oft übersehen, welche komplexe theoretische Entwicklung bereits mit der Einführung des Konzeptes der Nachfragefunktion u.a. verbunden war; illustrativ in diesem Zusammenhang Schefold (1981a,b) und Helmstädter (1981). Zur Ausweitung des Güterbegriffs vgl. Schneider (1974).

75 In dieser Hinsicht ist der Ansatz Beckers (1979) allerdings vorsichtig; in der ökonomischen Theorie der Familie, vgl. Zimmermann (1986), spielen beobachtbare Marktgrößen eine grosse Rolle. Dies ist allerdings nicht repräsentativ.

76 Ein Beispiel mag die Anwendung der ökonomischen Theorie auf wissenschaftstheoretische Fragestellungen sein, vgl. Ghiselin (1987b) und Radnitzky (1987b). Radnitzky behauptet, das Problem der Basissätze in der popperschen Methodologie könne mit einem 'Kosten-Nutzen-Ansatz' gelöst werden; dabei bleibt aber die Frage der Messung der Kosten im intersubjektiven Zusammenhang der Forschung offen. Insofern könnte die vorläufige Akzeptanz eines Basissatzes nur dann als 'epistemoökonomisch' optimale Lösung dargestellt werden, wenn zumindest die relevanten Schattenpreise aus einem allgemeinen Wettbewerbsgleichgewicht abgeleitet werden können. Damit wird der Vorschlag freilich sehr problematisch, denn bei Vorliegen von 'Marktmacht' und ähnlichen Gründen allokativer Verzerrungen wäre auch die kuhnsche Vision des Forschungsprozesses ökonomisch begründbar. Vgl. die sehr vorsichtigen Ausführungen bei Pähler (1986).

77 Zum deduktiv-nomologischen Erklärungsmodell vgl. Popper (1973), S.369ff. und ausführlich Stegmüller (1983), S. 124ff.,858ff., der die logische Problematik des Konzeptes, insbesondere was die Bedingungen seiner Möglichkeit betrifft, diskutiert.

78 Die Darstellung muß auch im folgenden sehr oberflächlich bleiben. Meine Position wird näher erläutert in Herrmann-Pillath (1987b) und (1988c). Es sei angemerkt, daß sich ein bedeutender Vorläufer in Hayek (1952) findet.

79 Es gibt unterschiedliche philosophische Ansätze, die im wesentlichen zu der folgenden Analyse führen, und dabei im Gegensatz zu Popper (1984) stehen; der eigentliche Anlaß dieser Diskrepanz ist die unterschiedliche Behandlung des Problems singulärer Termini. Vgl. vor allem Strawson (1972), S. 175ff., Quine (1975), S.41ff., (1980) und (1981), S.281ff., Austin (1975) und Tugendhat (1976). Natürlich müßte das Argument noch erheblich spezifiziert werden. Die nachfolgende Überlegung läßt sich gut verdeutlichen, wenn man bedenkt, welche Rolle der theoretische Preisbegriff bei der Identifikation ökonomischer Güter besitzt: Die Gütermenge ist nicht ex ante gegeben, sondern ergibt sich erst als Endzustand eines ökonomischen Prozesses mit der Internalisierung sämtlicher pareto-relevanter externer Effekte. Dieser Punkt wird leider auch in strukturalistischen Analysen übersehen, vgl. Haslinger (1982).

80 Stegmüller (1973), (1979), (1986). Die semantische Problematik wird in der Regel nicht ausdrücklich angesprochen, ist aber in der Verwendung des logischen Modellbegriffs implizit enthalten. Für frühe ökonomische Rezeptionen vgl. Schneider (1981) oder Kühne (1981).

81 Vgl. Schneider (1981), der die Wirtschaftstheorie u.a. als 'Theoriegebrösel' charakterisiert, Balzer (1982) und Stegmüller (1986), S.376ff.

82 In dieser Hinsicht ist die strukturalistische Marx-Analyse illustrativ, vgl. de la Sienra (1982) und Diederich (1982).

83 Dabei müßte vermutlich eine konsequent physikalische Begrifflichkeit eingeführt werden. Im Mittelpunkt stünden die Größen 'Zeit', 'Energie' und 'Entropie'. Zur Relevanz des Entropiebegriffs für die ökonomische Analyse bereits Georgescu-Roegen (1971), (1976). Siehe auch unten, S.32.

84 Vgl. Holub (1978) und Seidl (1980) sowie grundsätzlich Streit/Wegner (1988). Konkret auch Schneider (1981).

85 Dabei können allerdings methodische Probleme entstehen, vgl. Händler (1982), die damit zusammenhängen, daß der Versuch, beobachtbares Verhalten mit externen Umweltdeterminanten in Verbindung zu bringen, zur vollständigen Elimination des Nutzenbegriffs führen kann.

86 Zur Unterscheidung 'Bio-' und 'Psychowert' siehe Bunge (1984), S.160ff. und allgemein Corning (1984), S.151ff. Zum Präferenzbegriff als Gegenstand einer 'evolutorischen Ökonomik' Witt (1987).

87 Vgl. Stegmüller (1986).

88 Dieser Ansatz wird in Herrmann-Pillath (1987b), S.53ff. erläutert. Vgl. Oberschall/Leifer (1986).

89 Zum Begriff der 'Theoriespezialisierung' zunächst Stegmüller (1973), S.96ff. In (1986), S.155ff. wird allerdings die Bedeutung von Spezialisierungen wesentlich schärfer herausgearbeitet: Es wird gezeigt, daß die theoretischen Terme einer Theorie nur bei Vorliegen eines Spezialgesetzes zwingend determiniert werden. Dies würde dann ziemlich genau der Auffassungen Spiethoffs zum Verhältnis zwischen 'reiner' und 'realistischer' Theorie entsprechen. Natürlich verbirgt sich hinter einer solchen Aussage ein gewaltiges Problem der geeigneten Formalisierung!

90 Eine solche Position wurde im Prinzip von Nelson/Winter (1982) entwickelt. Vgl. auch allgemein Kieser/Kubicek (1983), S.345ff.

91 Eine weitere Argumentationslinie setzt bei prinzipielleren Überlegungen an, die den Begriff der 'semantischen Regel' in den Mittelpunkt rücken. Wird die strukturalistische Methode auf diese Weise mit sprachphilosophischen Überlegungen z.B. Apels (1973) in Verbindung gebracht, dann könnte für den Fall der Sozialwissenschaften die Frage in den Mittelpunkt rücken, ob und wie die etische ökonomische Analyse ein emisches Gegenstück besitzt, und wenn nicht, ob dann nicht Regelspezifikationen erforderlich werden, um vollständige Handlungsbeschreibungen erstellen zu können.

92 Zum ontologischen Systembegriff ausführlich Bunge (1979). Er steht im Gegensatz zum erwähnten Gebrauch des Systembegriffs in der Tradition des deutschen Idealismus, der ein epistemologischer war.

93 Kornai (1975). Eine ähnliche Konfrontation nimmt Röpke (1980) vor.

94 Holub (1978), S.176ff., wirft Kornai beispielsweise Inkonsequenz vor: Die beschriebenen Ungleichgewichtszustände wiesen immer noch einen potentiellen Gleichgewichtszustand als Referenz- und Fluchtpunkt der ökonomischen Prozesse auf. Holub sieht daher nur in einem konsequent konflikttheoretischen Ansatz den Ausweg aus dem Nirwana des Gleichgewichtsdenkens.

95 Ein solches Bild zeichnet Wegehenkel (1981). In der Tat ist zu beachten, daß die Gleichgewichtsstruktur nur im statischen Sinne informatorisch geschlossen ist. Aus dynamischer Perspektive ist Wegehenkel zuzustimmen, wenn er betont, daß die Internalisierung externer Effekte als wesentlicher Mechanismus der Evolution von Marktsystemen an die Wahrnehmung dieser Effekte gebunden ist. Diese Wahrnehmung wird jedoch erst durch die Gleichgewichtskräfte im geschlossenen System möglich. Metaphorisch gesprochen, transzendiert das Marktsystem sich ständig selbst. Es ist daher nicht unbedingt notwendig, den Begriff des 'Ungleichgewichts' mit der Synergetik in Verbindung zu bringen, vgl. Fehl (1983). Der von Haken (1983) ausführlich erläuterte Ansatz ist zu stark an die Prämissen der Modellierung thermodynamischer Systeme gebunden, insbesondere was die Annahme hoher Energiezufuhr betrifft, die das System weit vom Gleichgewichtspunkt entfernt. Es müßte zunächst abgeklärt werden, was diese Annahme bei ökonomischen Prozessen bedeuten könnte (z.B. technologische Revolutionen bei der Energieerzeugung?).

96 Weintraub (1979), S.35ff.,71ff. bezeichnet daher zu Recht die Gleichgewichtstheorie als 'Metatheorie'. In strukturalistischer Perspektive kann dieser Aussage ohne weiteres gefolgt werden. Reguliert die Theorie ihren eigenen Gegenstandsbezug, könnte sie als 'Metasprache' im Sinne Tarskis (1972), (1983) aufgefaßt werden, vgl. Herrmann-Pillath (1988c). Die Konfrontation zwischen System- und Gleichgewichtstheorie geht daher wohl auch auf einen unangemessenen, nämlich falsifikatorischen, Theoriebegriff seitens der Gleichgewichtstheoretiker zurück; vgl. Samuelson (1947), S.4 mit Kornai (1975), S.5ff.

97 Zum Entropiekonzept vgl. Georgescu-Roegen (1971), (1987).

98 'Arbeitsteilung' ergibt sich aus dem Umstand, daß jeder Prozeß zur Wahrung eines Zustandes relativer negativer Entropie seinerseits Energie verbraucht und Entropie erzeugt. Hinzu kommt die Möglichkeit der Inputtransformation durch Arbeit, also die Ausdehnung der relevanten Umwelt. In jedem Fall läßt sich intrasystemar ein Maximierungsprinzip im ökonomischen Sinne ableiten. Prozeßspezifische Effizienzunterschiede zwischen Systemen bieten dann die Grundlage der Arbeitsteilung.

99 Es sei darauf hingewiesen, daß die Problematik informatorischer Geschlossenheit auch dem ökogenetischen Anpassungsbegriff eigen ist, vgl. Bargatzky (1984).

100 Miller (1978).

101 Miller (1978), S.16ff. Er betont allerdings die Rolle in-

trasystemarer Begriffssysteme zu wenig. In dieser Hinsicht ist die Einbeziehung von Reschers Systemkonzept hilfreich, vgl. die Skizze von Puntel (1985). Ein engerer Kontakt zur biologischen Perspektive ergäbe sich allerdings mit Hilfe des Anpassungs- und Gleichgewichtsansatzes zur Erforschung epistemischer Systeme bei Piaget (1975). Vgl. auch Cellérier (1987).

102 Zum Zusammenhang zwischen Klassifikation und Hypothesenbildung vgl. Georgescu-Roegen (1971), S.22ff. Dort wird allerdings übersehen, daß die Klassifikation in evolutorischen Theorien eine besondere Rolle spielt, vgl. ausführlich die einschlägigen Kapitel in Mayr (1982) oder auch Riedl (1983).

103 Zum Themenkreis 'Emergenz' und 'Reduktion' vgl. die klärenden Beiträge von Beckner (1974), Shapere (1974) und Popper (1974) sowie bereits Hayek (1952). Eine einfache formale Explikation des Emergenzbegriffs bietet Bunge (1979), S.29f. Miller (1978), S.16,28 bezieht sich auf Foersters 'superadditive composition rule', vgl. auch Corning (1984), S.89: $f(x,y) > f(x) + f(y)$. Ein interessantes ökonomisches Beispiel diskutiert Georgescu-Roegen (1962) auf einer breit angelegten maßtheoretischen Grundlage. Das Beispiel 'Marktpreise geht auf die gleichgewichtstheoretische Feststellung zurück, daß die Annahme der Preissetzungsfähigkeit der Individuen in Modellanalysen hinreichend für die Verfehlung von Gleichgewichtslösungen ist, vgl. Arrow (1959) und Hahn (1977).

104 Miller (1978), S.25ff. Hinzu treten noch die Ebenen 'Zelle', 'Organ', und 'supranationales System'. Das letztere wird hier nur deshalb ausgeklammert, weil dies im chinesischen Fall von geringerer Bedeutung ist. Vgl. auch Röpke (1983a).

105 In der Synergetik läßt sich der Begriff der 'Reifikation' mit Hilfe der sog. 'adiabatischen Elimination' formalisieren, vgl. Haken (1983), S.191ff. Von dort ist es natürlich weit bis zum soziologischen Umweltbegriff, wie ihn z.B. Luhmann (1975) in seiner Systemtheorie verwendet. Zur Rolle emischer ('subjektiver') Konstrukte bei der Abgrenzung z.B. von 'Organisationen' siehe Türk (1978), S.49ff. So hängt es z.B. vom individuellen Verhalten ab, ob organisatorische Regeln reifiziert werden, d.h. als unverschiebbare Restriktionen individueller Entscheidungen zu betrachten sind, oder ob sie nur deshalb Gültigkeit besitzen, weil sie z.B. zu bestimmten Gruppenprozessen kongruent sind. Zu diesen Problemen ist illustrativ Schanz (1978), S.130ff.

106 Miller (1978), S.22ff. Man beachte, daß Millers Strukturbegriff ausschließlich auf konkrete Systeme Bezug nimmt. Aus diesem Grund ergibt sich eine Diskrepanz zum Strukturkonzept in der Mathematik und Logik. Im Grunde entsteht hier zwar kein Problem, weil Miller nicht diskutiert, welche Bedeutung Konzepte wie 'Struktur' und 'Prozeß' bei der Analyse begrifflicher und abstrakter Systeme haben könnten, doch bleibt die Sachlage natürlich unklar.

107 Vgl. hierzu auch die grundsätzlichen Überlegungen von Witt (1987), S.9ff. Der schumpetersche Unternehmer ist im Rahmen der Wirtschaftstheorie ein Musterfall 'nicht-funktionaler Funktionalität'. Mathematische Funktionen können nur das Verhalten des 'Wirtes' beschreiben. Zum Funktionsbegriff

auch Luhmann (1970), S.31ff.,113ff.

108 Die Beziehung zwischen Gegenständen und Systemen erläutert ausführlich und formal exakt Bunge (1979).

109 Ein Musterfall dieser Vorgehensweise ist die Standardprämisse vieler ökonomischer Analysen,daß die Wirtschaftssubjekte Preisnehmer seien. Ein anderes Beispiel sind traditionelle finanzwissenschaftliche Analysen der Steuerinzidenz, die den methodologischen Individualismus verknüpfen mit der Behandlung des Staates als einer 'black box', die Träger von Steuerarten ist; vgl. die einführenden Betrachtungen bei Andel (1983). Sobald die Inzidenzanalyse den Staat 'endogenisiert', verlieren viele Aussagen an Schärfe. Eine ähnliche Rolle spielt die 'ceteris-paribus'-Klausel in ökonomischen Modellen.

110 Angemerkt sei, daß mit der sog. 'Systemtheorie der Evolution' auch der engere biologische Vererbungsbegriff erheblich an Komplexität gewonnen hat, vgl. Wuketits (1987). Anlaß ist die Einbeziehung des Umweltbegriffes aus dem Datenkranz in die ökosystemaren Zusammenhänge.

111 Vgl. besonders Küppers (1986), S.61ff. Für viele sozialwissenschaftliche Analysen ist die semantische Dimension des Informationsbegriffs von überragender Bedeutung, um bestimmte Entitäten im Gegenstandsbereich abgrenzen zu können. So z.B. im Falle der analytischen Auflösung des monolithischen Konzeptes der 'Zentralverwaltungswirtschaft', wenn eine empirische Operationalisierung des abstrakten theoretischen Terms 'zentralgeleitete Wirtschaft' erfolgen soll; vgl. Tismer (1973). Wie können beispielsweise Interessensphären in Großorganisationen identifiziert werden?

112 Miller (1978), Hypothese 3.2.2.1.

113 Umweltunabhängigkeit durch die Fähigkeit zur Inputtransformation gehört zu den Kriterien, die von Biologen vorgeschlagen worden sind, um 'Höherentwicklung' zu messen, vgl. ausführlich Kämpfe et al. (1985), S.132ff. oder Ayala (1974). Die Entwicklung von CON ist ein gutes Beispiel für die Endogenität der Umwelt im Falle lebender Systeme.

114 Ein Beispiel ist die Rolle der Lagerhaltung in Konjunkturmodellen, vgl. Giersch (1977), S.27ff. oder allgemeiner Leijonhufvud (1981) und Schäfer (1981).

115 Dieser Punkt hat als sog. 'Gesetz von der Erhaltung der Materie'in der Umweltökonomik viel Aufmerksamkeit gefunden, vgl. Ayres/Kneese (1982).

116 So dienen bauliche und architektonische Merkmale von Gebäuden der Signalisierung und Aufrechterhaltung sozialer Differenzierungen.

117 Miller (1978), Hypothese 3.3.1.2-1; vgl. Heuss (1965), S.71ff.

118 Dieser Punkt ist keinesfalls trivial: Für die Wahrung der staatlichen Einheit Chinas im Verlauf der Geschichte war es sehr bedeutsam, die dialektal stark divergierenden informatorischen Outputs von Subsystemen bei der Kodierung in ein schriftliches Zeichensystem so umzusetzen, daß eine einheitliche materielle Gestalt entstand, das chinesische Schriftzeichen.

119 Die informationsverarbeitenden Subsysteme werden unten noch näher betrachtet. Zu Entropie-Erscheinungen Miller (1978), Hypothesen 3.3.3.2-1 bis 4, 9, 10.

120 Vgl. Bunge (1984), S.170ff.,239ff.

121 In der Analyse der Unternehmung bei Nelson/Winter (1982) wird beispielsweise behauptet, daß organisatorische Regeln Wissen speichern, das nicht auf individueller Ebene bewußt verfügbar ist ("tacit knowledge"). Auf der anderen Seite liegen viele Informationen natürlich nur bei konkreten Personen vor. Im letzteren Fall ist das MEM der Organisation auf das Subsubsystem MEM von Individuen verlagert; wird deren Verhalten jedoch durch 'tacit knowledge' determiniert, sind Teilprozesse individueller MEM auf ein Subsystem MEM der Ebene 'Organisation' verlagert.

122 Eine solche Aussage wird der Ökonom geradewegs ablehnen; doch sollte bedacht werden, daß wesentliche ökonomische Erscheinungen und Institutionen nur als 'gesellschaftliche' Phänomene gedeutet werden können. Es ist bereits wiederholt auf die Rolle des Preisbegriffs hingewiesen worden. Selbst im Falle einer expliziten Berücksichtigung der Preissetzungsaktivitäten der Wirtschaftssubjekte, siehe z.b. Streißler (1980b), bleibt die Tatsache bestehen, daß die Preise je nach Marktform einen unterschiedlichen Charakter 'sozialer Daten'aufweisen. Besonders deutlich wird dies jedoch im Falle von Einrichtungen wie des Geldes: Geld bezieht seinen Wert aus der Tatsache, daß es sich um eine allgemein anerkannte, individuell nicht beeinflußbare soziale Norm handelt, vgl. Foley (1987). Theoretisch läßt sich dies besonders klar bei der Analyse von Non-tâtonnements ableiten, vgl. Negishi (1979), S.9ff. Wirtschaftspolitisch schlägt sich dieser Umstand im 'Grundproblem der Geldverfassung' nieder, vgl. Lutz (1962), S.28ff. Bislang ist die Alternative kompetitiver Geldordnungen längst nicht befriedigend abgeklärt, vgl. den Überblick bei Derix (1985).

123 Es handelt sich hier um ein sog. 'Überlegungsgleichgewicht'; der Ausdruck stammt von Rawls. Siehe Stegmüller (1986), S.333ff.

124 Die vertiefte Berücksichtigung von Funktionsverlagerungen stellt die wichtigste Erweiterung des millerschen Ansatzes dar. Miller konzentriert sich auf die vorgeschlagenen Hypothesen und ihre Interpretation auf unterschiedlichen Ebenen.

125 Detailliert wieder Bunge (1979). Er unterscheidet scharf zwischen den Dingen, die als Komponenten ein System konstituieren, und den Eigenschaften, die Zusammenhänge zwischen diesen Komponenten oder allgemein Systemprozesse bezeichnen. Millers Subsysteme sind als Funktionen 'properties' oder 'functions' (s.o.) im Sinne Bunges.

126 'Personale Identität' ist also systemtheoretisch ein dynamisches Phänomen; auch die ökonomische Hypothese 'stabiler Präferenzen' wäre aus der REP-Funktion abzuleiten; vgl. Looser (1976), Lesourne (1979) und Witt (1987).

127 Der Begriff der 'Heterarchie' ist von Lumsden/Wilson (1981), S.107ff., eingeführt worden, um das interaktive Verhältnis zwischen Kultur und Individuum zu kennzeichnen.

128 Vgl. Luhmann (1970), S.92ff. und (1975), S.150ff.

129 Ein Beispiel ist der individuelle Innovator in einem Unternehmen. Seine Neuerung kann wesentlich auf Interaktionen innerhalb einer Gruppe zurückgehen; handelt es sich um organisatorische Innovationen, ist die Gruppe generell ein wesentliches Bindeglied zwischen den entsprechenden unterschiedlichen Zuständen der Organisation. Weiterhin kann die Funktion der Gruppe bei Innovationsvorgängen auch unmittelbar durch organisatorische Maßnahmen stabilisiert werden ('brainstorming', Gruppenbildung bei organisatorischen Veränderungen u.s.w.). Jede Ebene - 'Individual', 'Group', 'Organization' - zeichnet sich durch spezifische Eigenschaften aus, deren harmonisches Zusammenwirken nicht zuletzt wichtig für den Erfolg eines Unternehmens ist. Vgl. die vielfältigen Illustrationen in den einschlägigen Abschnitten zur Rolle von Gruppen und zu Innovationsprozessen in Schanz (1978), Grochla (1982) oder Frese (1984).

130 Zur methodologischen Problematik der neoklassischen Unternehmenstheorie vgl. Schneider (1986a,b). Die organisationstheoretische Umweltproblematik diskutieren Kieser/Kubicek (1983), S.317ff. und Frese (1984), S.342ff. Die interaktionistische Sicht wird besonders bei Kaufers (1980), bes. S. 275ff.,364ff.,509ff.,612ff. komplexer Analyse der verschiedenen Hypothesen zum Zusammenhang zwischen Marktstruktur, Unternehmensverhalten und Marktergebnis augenfällig.

131 Vgl. Schneider (1981), S.11ff.

132 Dies betrifft z.B. Formulierungen wie bei Gutmann et al. (1979), S.1ff., es handele sich bei einem Wirtschaftssystem um ein gesellschaftliches 'Subsystem'.

133 So müssen beispielsweise Rechtsnormen stets aus zweierlei Sicht analysiert werden. Zum einen interessiert die Frage, in welcher Weise Rechtsnormen das individuelle Handeln determinieren; hierzu gehört die Analyse der Jurisprudenz und Rechtsprechung. Zum anderen ist zu klären, wie die Entstehung von Normen auf individuelle Handlungen und Interessen zurückzuführen ist; dabei sind umfangreiche historisch-genetische Analysen erforderlich, denn 'micromotives and macrobehavior' müssen nicht zwingend einander entsprechen, vgl. Schelling (1978) aus grundsätzlicher Sicht.

134 So ist die Nahrungsaufnahme als eine Aktivität von <Pro-Rep>PRO(IND) zu betrachten; die Produktionsprozesse sind lediglich nicht außerhalb des Organismus zu beobachten. Die Unterscheidung von 'Konsum' und 'Produktion' ist nur eine Folge der 'Illusion der Arbeitsteilung' in komplexen Geldwirtschaften. Dies zeigt schon die einfache Feststellung, daß Konsumprozesse sehr leicht Gegenstand 'produzierender' Tätigkeiten werden können (Fertignahrung, organisierte Freizeit u.s.w.). Zu beachten ist, daß natürlich auch Zeichensysteme produziert werden, vgl. Baudrillard (1970).

135 Die weit verbreitete Unzufriedenheit mit der Sozialproduktsberechnung, vgl. z.B. Schimmler (1984), hat in der ungenügenden Reflexion über einen analytischen Produktionsbegriff ihre Wurzel. Natürlich leitet sich aus einem solchen Begriff nicht unmittelbar ein Meßkonzept ab, doch bleiben Marktpreise ein unzureichendes Substitut, da die Menge produzierter Leistungen zu eng gefaßt ist. Klassisch sind hier

das Dilemma der Abgrenzung des 'Staatskonsums' bzw. die These von der 'Unproduktivität' staatlicher Leistungen, das bislang meßtechnisch unbefriedigend gelöst ist, vgl. Brümmerhoff (1986), S.8ff., Reding (1985), obgleich bestimmte makroökonomische Fragestellungen nicht ohne eine explizite Angabe über die qualitativen Wirkungen von Staatsausgaben behandelt werden können, vgl. Rose (1980), S.365 oder Hansmeyer (1984), S. 66ff. Klassisch ist ebenfalls das Problem der systematischen Unterschätzung des Sozialproduktes in Entwicklungsländern, vgl. Donges (1981), S.4ff. und Ochel (1982), S.22ff.

136 Ein solcher Ansatz ist also im weitesten Sinne 'verhaltenswissenschaftlich', ohne dabei allerdings einen Konflikt mit der ökonomischen Theorie aufbauen zu wollen. Vgl. Schanz (1980) und Niessen/Rippe (1980).

137 Damit sind nicht nur Märkte Gegenstand der Theorie der 'Verkehrswirtschaft', sondern auch Organisationen; dies entspricht der Möglichkeit tauschtheoretischer Organisationsanalysen, vgl. allg. Homans (1986) und illustrativ Montias (1976), S.191ff. Eine prinzipielle Synthese von Ordnungs- und Organisationstheorie entwickelt Frese (1987), S.13ff.

138 Klassisch Hensel (1979).

139 Dies zeigt schon die Tatsache, daß die Stabilitätserscheinungen realer Marktsysteme unzureichend modelliert werden, vgl. Spatz (1979). Methodisch korrekt wäre ohnehin nur eine Theorie, die bestimmte Informationsstrukturen ihrerseits aus Maximierungsgleichgewichten ableitet, und nicht Preis-Mengen-Kalküle als direkte Abbildung derartiger Strukturen betrachtet. Ein Musterfall ist in dieser Hinsicht die Teamtheorie, vgl. Frese (1984), S.264ff.

140 Die Theorie des Unternehmers muß beispielsweise zwei Aspekte beachten: a) <Ass>PRO(SOC) ist abwärts dispergiert zur Ebene 'Individual', b) soziale Normen determinieren nach dem Muster des klassischen McClelland-Ansatzes die Fähigkeit zum unternehmerischen Handeln, so daß DEC und DECO des ASS der Ebene 'Individual' wiederum auf die Ebene 'Society' verlagert sind.

141 So hat vermutlich die individualistische Wirtschaftsordnung der Vereinigten Staaten ihre Wurzel in kulturellen Traditionen; Einblicke innerhalb eines anderen Kontextes vermitteln Varenne (1984) und Taylor (1985).

142 Zu Evolution und Selektion wieder grundsätzlich Bunge (1979), S.30ff. und zur Universalität des darwinistischen Denkansatzes auch Küppers (1986). Eine Musteranalyse zur polynesischen Kultur bieten Kirch/Green (1987). Vgl. allg. Herrmann-Pillath (1988c,d). Einen aus ökonomischer Sicht interessanten Ausgangspunkt bieten die Untersuchungen Goody's (1977) zu den Zusammenhängen zwischen landwirtschaftlichen Produktionstechnologien und familiärer Organisation der Reproduktion.

143 Zu dieser Unterscheidung Mayr (1982), S.67. Vgl. Riedl (1983).

144 Ein entscheidender Durchbruch in der Evolution des Lebens war allerdings die unmittelbare Nutzung der Sonnenenergie mit Hilfe der Photosynthese, vgl. aus der Perspektive der

Entropie-Analyse Georgescu-Roegen (1976).

145 Im folgenden erfolgt der Verweis auf das Werk Miller's unmittelbar über die Nennung der im Buch systematisch durchnumerierten Hypothesen. Der interessierte Leser kann auf diese Weise direkt Miller's Übersicht der Anwendungsfälle zu Rate ziehen. Zum vorstehenden allerdings Miller (1978), S.35. Eine hervorragende theoretische Analyse von Anpassungsmechanismen in Systemen findet sich bei Stegmüller (1983), S.717ff. Man beachte, daß hier der thermodynamische Gleichgewichtsbegriff verwendet wird. Die Behandlung der 'Ordnung im Ungleichgewicht' im Anschluß an Haken (1983) scheint theoretisch noch zu wenig ausgereift, vgl. Fehl (1983) und die Rezeption bei Gutmann (1983). Zum Zusammenhang zwischen Evolution, Selektion und ökonomischer Effizienz vgl. Smith (1983a).

146 Hypothese 3.3-1. Ein entsprechendes Phänomen in der Ökonomie ist die beobachtete relative Expansion des tertiären Sektors, vgl. Fuchs (1981).

147 Vgl. Kornai (1975), S.171ff. zum 'vegetativen' Charakter des Gesetzes von Angebot und Nachfrage. Vgl. auch Leijonhufvuds (1981) 'Korridor'-Hypothese. Umfassend Miller (1978), S.36ff.

148 Miller (1978), S.37ff. Vgl. die ökonomische Analyse des Machtkonzeptes bei Montias (1976), S.196ff. Hier wird jedoch die semantische Dimension des Informationsprozesses nicht angemessen berücksichtigt, wie sie z.B. in organisationstheoretischen Untersuchungen stärker hervortritt, vgl. Frese (1987), S.81ff.;'Macht' kann deshalb auch in 'Symbolkulturen' impliziert sein. In gewohnter feuilletonistischer Manier weist Galbraith (1987), S.40ff. auf diesen Punkt hin.

149 Vgl. Schenk (1981) und Wagener (1979), S.136ff.

150 Die 'Macht', die von der psychischen Teleologie über den Organismus ausgeübt wird, findet ihre Grenze am 'Unbewußten'. Dabei kann die fehlende begriffliche Repräsentation der entsprechenden Handlungsdeterminanten zur 'Entmachtung' des Bewußten führen. Ausführlich Menne (1976) und Brede (1976) im Anschluß an Jones (1976).

151 Vgl. die bekannten Klassifikationen z.B. bei Grochla (1982), S.41ff.

152 Hypothese 5.2-12.

153 Hypothesen 5.2-17, 18. Zu einer verwandten Deutung politischer Prozesse aus evolutionstheoretischer Perspektive Corning (1984), S.313ff. Die funktionale Differenzierung ist deutlich von der segmentalen Differenzierung zu unterscheiden, vgl. Luhmann (1970), S.123ff. und ähnlich Frese (1984), S. 187ff. Zur Rolle der Universalisierung begrifflicher Systeme sind insbesondere organisationssoziologische Analysen des Identitätsbegriffes von Bedeutung, vgl. Türk (1978), S.124ff. Ein konkretes Beispiel ist die jüngst vieldiskutierte 'Organisationskultur', vgl. Frese (1987), S.292ff. Historisch relevant dürfte die Rolle des Nationalismus beim Übergang von der Agrar- zur Industriegesellschaft und damit von der segmentalen zur explosiv entfaltenden funktionalen Differenzierung sein; ausführlich Gellner (1983).

154 Hypothesen 5.2-1 und 13. Ein historischer Musterfall ist der Untergang der Zweiten Internationalen, der die Verdrängung sozialer Konflikte durch den Nationalismus widerspiegelt; vgl. Lichtheim (1975), S.187ff. Zur Rolle des Nationalismus bei der Konfliktregulierung im Zusammenhang der Industrialisierung Kuznets (1981) und grundsätzlich Gellner (1983).

155 Hypothesen 5.2-15 und 16. Ein höchst interessantes historisches Beispiel ist in dieser Hinsicht das Phänomen der Entstehung sozialer Bewegungen; ausführlich hierzu Raschke (1987). In der ökonomischen Theorie haben intermediäre gesellschaftliche Gruppierungen eine erhebliche Aufmerksamkeit deshalb gewonnen, weil offenbar eine unmittelbare Aggregation individueller Präferenzen gemäß verschiedener Unmöglichkeitstheoreme nicht denkbar ist. Vgl. den Überblick bei Mueller (1979) und die entsprechenden Lösungsvorschläge bei Münnich (1980) oder Bernholz (1984), (1987). Umfassend Brümmerhoff (1986), S.97ff.

156 Hypothesen 5.2-25 und 26. Methodologisch ist hier auch auf den soziologischen Konfliktbegriff zu verweisen, vgl. Alexander (1982), S.51ff.

157 Hypothesen 5.2-20 bis 24. Auf diese Weise funktionieren beispielsweise demokratische Parteiensysteme ohne direkte Volksentscheide. Mit der Wahl erfolgt die Zustimmung zu einem bestimmten Wertesystem, das dann konkreten politischen Entscheidungen zu Grunde liegt, auf die der Wähler keinen Einfluß mehr hat.

158 Für eine Analyse des Kulturkonzeptes ist z.B. Hypothese 5.2-10 von Bedeutung, die besagt, daß ein Zusammenhang zwischen phylogenetischen Unterschieden zwischen Systemteilen und der jeweiligen Widerstandsfähigkeit bei Stress besteht.

159 Hypothese 5.4.1-3. Ökonomische Wachstumsmodelle, die den entsprechenden qualitativen Wandel nicht erfassen, müssen daher versagen. Formal drückt sich dies darin aus, daß der technische Fortschritt nicht angemessen berücksichtigt wird, vgl. Gahlen (1981). Technischer Fortschritt ist aber nichts anderes als der materielle Ausdruck der Entfaltung informationsverarbeitender Mechanismen. Vgl. Krelle (1970).

160 Hypothese 5.4.1-2. Vgl. Luhmann (1975), S.204ff.

161 Miller (1978), S.80f. Vgl. Bunge (1979), S.35ff.

162 Hypothesen 5.4.3-1 und 2. Frese (1984), S.342ff.

163 Hypothesen 5.4.3-4 bis 6. Blümle (1980) weist in diesem Zusammenhang darauf hin, daß bei Unsicherheit Entscheidungsautonomie die stochastische Unabhängigkeit zwischen Systemelementen erhöht und somit das Gesamtsystem besser stabilisiert, als dies bei Entscheidungszentralisation der Fall sein kann.

164 Man vergleiche hier Hayeks (1976) Diskussion der 'catallaxy'/'economy' Dichotomie.

165 Hypothese 5.4.3-7; vgl. Hypothese 5.6-1.

166 Hypothesen 3.3.3.2-14 und 5.4.3-9. Vgl. Kieser/Kubicek (1983), S.345ff. Furubotn/Wiggins (1984) entwickeln beispielsweise eine Effizienzhypothese zu gewissen Mitbestim-

mungsformen, die damit begründet wird, daß eine Ausweitung des Informationsflusses zwischen Arbeitgebern und -nehmern dazu führen kann, daß kurzfristige Zielverletzungen (z.B. Lohnsenkungen) von den letzteren bereitwilliger in Kauf genommen werden, weil die langfristigen Unternehmensziele stärker in den Vordergrund rücken.

167 Luhmann (1975), S.159ff. sieht daher die sozietäre Evolution als Prozeß der verstärkten funktionalen Differenzierung bei gleichzeitiger Ausweitung gesellschaftlicher Inklusion. Ausführlich werden derartige Überlegungen bei Gellner (1983) diskutiert. Die Entstehung demokratischer Sozialsysteme ist ein Musterfall der skizzierten Entwicklungen.

168 Hypothesen 3.3.3.2-1 bis 4.

169 Hypothese 3.3.3.2-5. Dies gilt selbstverständlich auch für künstliche Beschränkungen des Informationstransfers, wie dies z.B. in Planwirtschaften hinsichtlich horizontal gleichgelagerter Planungseinheiten zu beobachten ist. Vgl. ausführlich Schenk et al. (1983), S.1ff.

170 Hypothesen 3.3.3.2-7,9 bis 11. Genauere und differenziertere Aussagen können der Kontrolltheorie entnommen werden, vgl. Baetge (1984).

171 Hypothesen 3.3.3.2-9,10 und 12. Zu beachten ist allerdings, daß ein trade-off besteht zwischen einer Ausweitung des Umfanges verarbeiteter Kontrollinformationen und der Nutzung von Umweltdaten, weil die Ausweitung der ersteren natürlich den gleichen Kapazitätsproblemen gegenüber steht. Vgl. wieder Baetge (1984).

172 Dies ist das klassische Motiv für systemimmanente Reformen in der Zentralverwaltungswirtschaft, z.B. im Rahmen der Kombinatsexperimente; vgl. Hamel (1981) und Klein (1986).

173 Hypothesen 3.3.3.2-13 bis 17. Beispiele finden sich im Falle der Verdrängung formaler Organisationsstrukturen durch informale, insbesondere gruppengebundene Kommunikationsnetze; ausführlich die einschlägigen Abschnitte in Schanz (1978). Politische Systeme werden ebenfalls häufig durch semiotisch abgegrenzte partikulare Gruppen unterwandert, vgl. die Analysen in Cohen (1974).

174 Hypothesen 3.3.3.2-6 und 20. Vgl. Schenk (1981) zu entsprechenden Verhaltensweisen bei Kontrollorganen in Planwirtschaften. Ein anderes Beispiel stellt das weite Feld der adaptiven Präferenzen dar, vgl. den Überblick zur Theorie der kognitiven Dissonanz bei Schanz (1978), S.53ff.

175 Hypothese 3.3.3.2-19. Ein Beispiel ist die Rolle, die 'News' in postkeynesianischen Modellen des Wirtschaftsprozesses spielen, wie z.B. bei Shackle (1972); vgl. Rieter (1985). Das Phänomen 'irrationaler' Spekulationswellen, die nicht dem Bild 'stabilisierender' Spekulation entsprechen, paßt gut zur genannten Hypothese. In der Betriebswirtschaftslehre kann die Diskussion um die sog. 'schwachen Signale' als Illustration dienen; vgl. Welge (1985), S.72ff.

176 Hypothese 3.3.3.2-18.; vgl. Hypothese 3.3.1.2-1.

177 Hypothesen 5.1-1 und 42. Ein längerfristiger Abbruch des Informationsflusses führt dann zu pathologischen Erschei-

nungen, da offene biotische Systeme auf eine ständige Informationszufuhr angewiesen sind.

178 Hypothese 5.1-2.

179 Zum folgenden die ausführliche Hypothese 5.1-3.

180 Hypothesen 5.1-32,33,36,37. Warteschlangen wachsen beispielsweise rasch bis ins Unendliche, wenn die Inputfrequenz größer ist als die Verarbeitungsfrequenz. Ökonomische Analysen der informatorischen Ineffizienz von Warteregeln und anderen Typen von Mengensignalen finden sich bei Spatz (1979), S.140ff. und vor allem bei Kornai (1980): Die Reproduktion von Mangelzuständen spiegelt den Verlust relevanter Information wider, der sich aus der Anwendung einfacher quantitativer Anpassungsmechanismen an der Kapazitätsgrenze der planwirtschaftlichen Informationsverarbeitung ergibt.

181 Ein Musterfall ist die 'Tonnenideologie' in der Zentralverwaltungswirtschaft, die sich aus den informatorischen Filtern der Zentralplanung ergibt (Kennziffern); vgl. z.B. den Überblick bei Gutmann/Klein (1984).

182 Hypothese 5.1-35. So werden Rechtsnormen durch das politische Entscheidungssystem für sämtliche Bereiche des Sozialwesens verbindlich festgelegt. Dies entspricht der Definition der Semantik bestimmter Zeichen, die im Kommunikationsprozeß zwischen Individuen verwendet werden (z.B. Rechtsformen von Unternehmen).

183 Zur Rolle der 'Aufmerksamkeit' vgl. z.B. Waldenfels (1973) und Bunge (1984), S.123ff.

184 Miller (1978), S.147ff. Das 'Aussteigen' in modernen Industriegesellschaften könnte eine Illustration sein.

185 Zu bedenken ist, daß die geschilderten Anpassungsmechanismen natürlich gemischt auftreten können, also z.B. können Abstraktionsprozesse ihrerseits mit Zufallsauslassungen verbunden sein.

186 Vgl. Rudolph/Tschohl (1977), S.275ff.

187 Hypothesen 5.1-4,25,30,31 und Miller (1978), S.124. Man vgl. Wegehenkels (1981) Analyse der Evolution von Marktsystemen: Ein stetiges Wachstum versunkener Kosten geht einher mit der ständigen Erhöhung der Allokationseffizienz. Die Kosten der Einrichtung von Märkten sind in primitiven Entwicklungsstadien von Marktsystemen niedrig, wachsen aber mit zunehmender Komplexität der Systeme. Deren Kapazität zur Informationsverarbeitung wächst jedoch überproportional. Einfache Wachstumsmodelle mit Berücksichtigung des technologischen Wandels zeigen, daß erst ab einer gewissen Größe des investierten Kapitalstockes der technische Fortschritt selbstinduziert das weitere Wachstum beschleunigt; vgl. z.B. Peacock/Shaw (1976), S.93ff.

188 Diese Probleme entsprechen beispielsweise denjenigen der Organisationstheorie H.A.Simon's. Grochla (1978), S.72ff. charakterisiert diese dementsprechend ein System 'hypothetisch-spekulativer' Aussagen im Rahmen einer 'sachlich-analytischen Forschungsstrategie'. Im Falle der millerschen Theorie leitet sich eine solche Kennzeichnung allerdings unmittelbar aus ei-

ner Spezifikation des Phänomens 'Komplexität' ab; vgl. Hayek (1972).

189 Bereits bei einer solchen Grobanalyse ergibt sich freilich das Problem der 'Hypothesenverflechtung'. Der Informationsfluß in Marktsystemen ist typischerweise mit Güterströmen verkoppelt. Dementsprechend kann (wie später im chinesischen Fall zu sehen) CHAN zu DIS lateral dispergiert sein. Zur Gestalt von DIS lassen sich unter bestimmten Bedingungen einfache formale Hypothesen formulieren, die im wesentlichen auch aus der Raumwirtschaftslehre bekannt sind; sie gelten dann auch für CHAN. Umgekehrt können Abweichungen zwischen Realität und Hypothesen offenbar mit CHAN-spezifischen Hypothesen erklärt werden, z.B. hinsichtlich der Bildung von Ballungsräumen. Schon dieser einfache Fall zeigt also, daß die Komplexität von Funktionsverlagerungen erhebliche Freiheitsgrade in der Beziehung zwischen Theorie und Realität eröffnet. Mangelnde Falsifizierbarkeit im Sinne von Albert (1975) ist hier aber ein empirisches Phänomen, kein Theoriedefizit.

190 So z.B. bei der Behandlung des Informationsproblems durch Hayek im Rahmen der Kontroversen um die 'sozialistische Wirtschaftsrechnung'; vgl. den Überblick bei Nienhaus (1984), S.3ff.

191 Vgl. nur den Begriff der 'Marktphasen' wie bei Heuss (1965) u.a.

192 Dies entspricht dann z.B. der Position des 'Cultural Materialism' bei Harris (1979). Harris lehnt den darwinschen Anpassungsbegriff für die Kulturwissenschaft ab, geht aber davon aus, daß kulturelle Zeichensysteme jeder Art Funktionen bei der Lösung technischer Anpassungsprobleme haben. Zur Problematik von Lernprozessen auf der Ebene 'Society' vgl. bereits Röpke (1970).

193 So Nelson/Winter (1982).

194 In der Organisationstheorie hat sich die Erkenntnis herauskristallisiert, daß lose Organisationsstrukturen zwar die individuelle Kreativität fördern, straffere jedoch erforderlich sind, um entsprechende Neuerungen zu implementieren. Analog wird häufig mit Bezug auf Marktoperationen argumentiert: Kleine und intern locker organisierte Betriebe wiesen zwar eine beträchtliche Neuerungsdynamik auf, die Marktdurchsetzung erfordere jedoch größere, hierarchisch aufgebaute Unternehmen. Vgl. z.B. Frese (1984), S.398ff. und Kaufer (1980), S.145ff.

195 Einen historischen Überblick zur Entstehung von 'Organisationen' in Europa bietet Frese (1984), S.29ff. Zu den grundlegenden Anpassungsprozessen im technologischen Bereich Hesse (1982).

196 In einem solchen Fall kommt der systemtheoretische Begriff der 'Wirtschaftsordnung' natürlich in einige methodische Schwierigkeiten, da die erhoffte pragmatische Einschränkung des Untersuchungsgegenstandes hinfällig wird. Dahinter steht letztlich der Umstand, daß zwischen informationsverarbeitenden Subsystemen und denjenigen, die ausschließlich materiell-energetische Funktionen übernehmen, natürlich ebenfalls komplexe Funktionsverlagerungen bestehen können. Ein anderer wichtiger

Aspekt betrifft den informationstheoretischen Umweltbegriff, der ebenfalls letztlich nicht ohne eine explizite Beschreibung materiell-energetischer Sachverhalte auskommt. In der Ökonomie kann der Begriff des 'externen Effektes' nur dann empirisch operationalisiert werden, wenn eine Abbildung zwischen einer nicht-ökonomischen Beschreibung der Ökologie eines Systems und dem ökonomischen System erfolgt. Vgl. Ayres/Kneese (1982), Isard et al. (1982) und Leontief (1982).

197 Aus diesem Grunde führt auch Hayeks (1973) krasse Dichotomie zwischen 'Nomos' und 'Taxis' bzw. 'Markt' und 'Organisation' irre. Auch eine Katallaxie weist ein DEC der Ebene 'Society' auf; dies wird in Hayeks Verwendung des Regelbegriffs auch implizit zugestanden.

198 Siehe Cohen (1974), S.98ff.

199 Siehe Migdley/Burns (1979), S.312ff. und Mallinckrodt (1980), S.192f.

200 Besonders in der Anfangsphase spielten kulturelle Faktoren eine zentrale Rolle, weil die Ausgrenzung der Juden aus dem politischen Prozeß ein ausgeprägtes ökonomisches Engagement nach sich zog, das als solches bestimmte kulturspezifische Grundlagen besitzt. Vgl. grundsätzlich Paraskewopoulos (1988) und zur historischen Entwicklung allg. Born (1976), S. 48ff. und speziell Cohen (1974), S.110ff.

201 Man beachte in diesem Zusammenhang, daß die ökonomische Theorie nur recht unscharfe Aussagen zu einer empirisch operationalen Abgrenzung zwischen Markt und Staatsaufgaben bzw. Regulierungsinstitutionen gibt. Vgl. Watrin (1984), Windisch (1987) und Herrmann-Pillath (1988d).

202 Hypothese 3.3.7.2-1. Vgl. z.B. Mag (1984).

203 Dies kann hier nicht ausgeführt werden; ein indirekter Beleg ist die Tatsache, daß der neoklassische Markt als 'Konkurrenzsozialismus' auftreten kann. Vgl. den Überblick bei Nienhaus (1984), S.3ff.

204 Hypothesen 3.3.7.2-13 und 16. Für die Ebene 'Organization' vgl. z.B. die verfügbaren Aussagen über die Optimierung der Beziehung zwischen Plantyp und Hierarchieebene im Unternehmen, wie bei Welge (1985).

205 Hypothese 3.3.7.2-1. Die Entscheidungstheorie spricht hier von der 'Definition der Situation', vgl. Pfohl/Braun (1981), S.78ff.,364f.

206 Für die Wirtschaftswissenschaft bedeutet dies beispielsweise, daß der formale Entscheidungsbegriff durch die materiale Wertanalyse zu ergänzen ist. Vgl. ausführlich Koslowski (1988).

207 Vgl. Herrmann-Pillath (1988c). Noch einmal ist zu betonen: Dies impliziert keinesfalls ökonomische Rationalität auf der Ebene 'Individual'! So ist die Effizienz des tierischen Organismus das Ergebnis der Prozesse eines hochgradig dispergierten DEC (Ökosystem), der über zufällige Variation und Selektion operiert.

208 Hypothesen 3.3.7.2-14,15 und 19.

209 Hypothese 3.3.7.2-17. Auf organismischer Ebene zieht Über-

gewicht gesundheitliche Störungen nach sich. In der Planwirtschaft reproduziert die Akkumulation von Lägern Mangelzustände, vgl. Kornai (1980). Eine effiziente Lagerhaltung ist auch für die Marktwirtschaft entscheidend, weil Veränderungen des Lagerbestandes wichtige informatorische Signale sind; vgl. Streißler (1977).

210 Hypothese 3.3.7.2-18. Ein Beispiel könnte die Bedeutung des Beschäftigungszieles in der modernen Wirtschaftspolitik sein, dessen Implementation bekanntlich einige Effizienzprobleme nach sich zieht. Weiterhin könnte eine Beziehung zu Leibenstein's (1976) Konzept der 'X-Ineffizienz' bestehen.

211 Hypothese 3.3.7.2-2. Hier ist an Galbraith's umstrittene These von der Rolle der 'Technostruktur' in modernen Markt- und Planwirtschaften zu denken (1968). Ein anderes Beispiel betrifft die Rolle der Interessengruppen in der Demokratie; vgl. den Überblick bei Knoke (1986).

212 Die Dispersion von Macht drückt sich im diffusen Einfluß auf den politischen Prozeß aus, den viele Eliten in modernen oder modernisierenden Gesellschaften ausüben; vgl. Cohen (1974).

213 Hypothese 3.3.7.2-6.

214 Hypothese 3.3.7.2-7.

215 Hypothese 3.3.7.2-8. Ein naheliegendes Beispiel ist die Bildung von Fachsprachen unterschiedlicher wissenschaftlicher Disziplinen, insbesondere wenn sie mit der Verwendung abstrakter Systeme verbunden sind. Werden z.B. wirtschaftswissenschaftliche Sachverhalte interdisziplinär angegangen, erhält ein Begriff wie 'Nutzen' eine äußerst vielschichtige Bedeutung. Durch die Kode-Spezialisierung der Neoklassik wird diese erheblich vereinfacht. Dieses Prinzip gilt für alle Kode-Spezialisierungen: Die Komplexitätsreduktion wird erreicht, indem die Bedeutung der Zeichen in einen engeren Bezugsrahmen gestellt wird (dementsprechend ist die bit-Zahl verringert). Man beachte natürlich, daß dies nur eine pragmatische Verschiebung von Komplexität bedeutet: Auf der Ebene der Abgrenzung zwischen Kode-Spezialisierungen muß der volle informatorische Gehalt wiederhergestellt werden. Die methodologischen Kontroversen in den Sozialwissenschaften sind Ausdruck dieses Sachverhaltes.

216 Hypothesen 3.3.7.2-3 und 4. Die vergeblichen systemimmanenten Reformversuche in der Zentralverwaltungswirtschaft illustrieren diesen Punkt. Die Verwendung weniger und allgemeinerer Kennziffern wirft lediglich das Problem auf, wie deren Bedeutung für die Planung abzuklären ist. Der Planer benötigt dasselbe umfassende Wissen über die Volkswirtschaft, wie es auch bei der strikten Zentralplanung erforderlich ist. Vgl. umfassend Nienhaus (1984).

217 Hypothese 3.3.7.2-21. Ein Marktsystem mit einer geringen Zahl von Teilnehmern operiert mit informatorischen Mechanismen der Ebenen 'Group' oder 'Organization'. Es ist weniger effizient als ein ausgeprägt wettbewerbliches System mit einer größeren Teilnehmerzahl (Ebene 'Society').

218 Ein Beispiel mag die wirtschaftspolitische Entwicklung

der UdSSR sein. Bei der Entstehung der Zentralverwaltungswirtschaft spielten ohne Zweifel (insbesondere nach der Repression der Intelligentsia) kulturelle Faktoren eine große Rolle, z.B. hinsichtlich der Bedeutung des Autoritarismus in Religion und Familienorganisation; verstärkend wirkte die 'politische Kultur' militärischer Mobilisation seit dem Bürgerkrieg. Seit längerer Zeit wirkt nun vor allem der Konkurrenzdruck im internationalen Wettbewerb der politischen Systeme in Richtung einer Reformierung. Zum Faktor 'Kultur' vgl. Streißler (1980a), Meyer (1983), Adelman (1983), Paltiel (1983) und Gill (1984).

219 Allerdings ist zu beachten, daß unter geeigneten Prämissen auch jede Suboptimierung als Optimierung gedeutet werden kann, vgl. Pfohl/Braun (1981), S.64, zum Verhältnis zwischen extremalen und satisfizierenden Zielen.

220 Ausführlich Boyd/Richerson (1985), S.98ff.

221 Hypothesen 3.3.5.2-4 und 6. Eine umfassende Illustration zur Skizze der Evolution von Lernmodellen bietet die Theorie Piagets (1975), der beispielsweise eine direkte Beziehung zwischen dem thermodynamischen Gleichgewichtsbegriff und den Veränderungen epistemischer Strukturen herstellt, (1975), S. 77ff.

222 In diesem Zusammenhang ist die These interessant, daß bestimmte Formen sozioökonomischer Organisation bestimmte 'kognitive Stile' bedingen, d.h. grundlegende Haltungen gegenüber Problemstellungen. So ist für traditionelle Agrargesellschaften eine Dominanz 'feldabhängigen' Verhaltens festzustallen, das sich u.a. in kognitivem Holismus äußert; vgl. Boyd/Richerson (1985), S.178ff. Neuerdings verdichten sich auch Vermutungen hinsichtlich des Zusammenhanges zwischen kognitiven Stilen und der Form sozialer Rollenverteilung zwischen den Geschlechtern; vgl. Papert (1987) und Broughton (1987).

223 Hypothesen 3.3.5.2-1 bis 3. Miller orientiert sich leider eng an der behavioristischen Lerntheorie, vgl. Correll (1971). Die Fundamentalkritik z.B. von Chomsky (1978) wird dabei ebenso übersehen wie diejenige Piagets; vgl. umfassend Hörmann (1978) oder Furth (1981). Auf diese Weise wird die Bedeutung begrifflicher Systeme für die Informationsverarbeitung konkreter Systeme unterschätzt.

224 Ausführlich Rindos (1985) und (1986).

225 Rudolph/Tschohl (1977), S.62f., sprechen daher vom Gegensatz zwischen 'Phylokonstanz' und 'Ökovariabilität'. Hypothesen 3.3.6.2-4 und 5. Das Reproduktionsverhalten supraorganismischer Systeme kann sehr komplex sein. Eine Organisation reproduziert sich z.B. über ständige Sozialisation neuer Mitglieder, so daß REP zum MEM und EN dispergiert ist, aber auch im Falle der Gründung von 'Tochterorganisationen', die zumeist über besondere REP erfolgt.

226 Hypothese 3.3.6.2-1. Dabei spielen natürlich auch entsprechende Effekte in <Chan>MEM eine Rolle.

227 Hypothese 3.3.6.2-6.

228 Die Entstehung derartiger spezialisierter und klar abgegrenzter DECO-Funktionen ist in der Regel eine späte Er-

scheinung in der Evolution von Systemen. So hat es in der Betriebswirtschaftslehre und Unternehmensorganisation lange gedauert, bis die Frage der optimalen Auswahl und Bewertung von Entscheidungsverfahren und -modellen als eigenständiges Problem erkannt wurde; vgl. Pfohl/Braun (1981), S.111ff.,320ff., oder Grochla (1982).

229 Hypothese 3.3.4.2-1. Vgl. ausführlich v.Savigny (1983).

230 Hypothesen 3.3.4.2-2 bis 7.

231 Hypothesen 3.3.4.2-9 und 10. Adaptive Präferenzen können daher aus einer systemtheoretischen Hypothese abgeleitet werden. Grundsätzlich ist eine Verbindung zur linguistischen sog. 'Pollyanna'-Hypothese zu erkennen, die besagt, daß Menschen mehr Worte positiven Inhaltes verwenden als negativen; vgl. Hörmann (1978), S.445f. Man mag hier eine Beziehung zu Keynes's 'convention' herstellen.

232 'Anpassung' bedeutet nicht nur 'Anpassung des Kodes an die Umwelt', sondern auch 'Anpassung einzelner Informationseinheiten an den systematischen Gesamtzusammenhang des begrifflichen Systems'; vgl. allg. Wuketits (1987) und speziell wieder Piaget (1975).

233 Miller (1978), S.65.

Anmerkungen zum zweiten Teil

1   Zur Entstehung der theoretischen Grundlage des 'Sinomarxismus' vgl. vor allem Wylie (1979). Offenbar spielte einer der späteren geistigen Väter der Kulturrevolution, Chen Boda, bereits in den dreißiger Jahren eine wichtige Rolle in der Gestaltung des 'Sinomarxismus' durch Mao Zedong. Die Betonung der intermediären Funktion der Kultur war allerdings charakteristisch für viele zeitgenössische Denker, ganz unabhängig vom spezifisch marxistischen Hintergrund. Sehr illustrativ ist in dieser Hinsicht Alitto (1979).

2   Daraus ergab sich natürlich eine krasse Konfrontation mit der orthodoxen Position der Komintern, die sich am historischen Materialismus engelscher Prägung orientierte (s. erstes Kapitel, erster Abschnitt); ausführlicher hierzu Schram (1981) und Herrmann-Pillath (1986).

3   Einen handlichen Überblick zur innerchinesischen Diskussion bietet Zi Zhongyun (1987); der Begriff des 'Feudalismus' spielt eine große Rolle im politischen Denken Deng Xiaopings (1983), S.294ff., vgl. Friedman (1983) oder Bedeski (1988). Positive Aspekte kultureller Traditionen betont Kraus (1979), S.471ff. Den Bezug zur Unternehmensorganisation stellen vor allem Jiang Yiwei et al. (1985) her. Zum Verhältnis zwischen Pragmatismus und Kultur Pye (1986). Zu beachten ist natürlich, daß die gegenwärtige Betonung kultureller Faktoren in China auf ein politisches Interesse an innerer Stabilität zurückgeht, vgl. Scharping (1987), S.29ff.

4   Einen Anlaß besonderer Art bot hier die Kulturrevolution, die sich in kein Paradigma westlicher Kommunismus-Forschung einordnen ließ. Die klassische Reaktion auf die entsprechende Verunsicherung war Solomon (1971). Überblicke zu Paradigmata der China-Forschung findet man bei Pye (1981), S.41ff. oder Scharping (1988). Der zeitgenössische chinesische Pragmatismus hat allerdings zu einer gewissen Ernüchterung bei der 'kulturologischen Betrachtungsweise' geführt, vgl. Harding (1982), die mit Publikationen wie Schickel (1968) allerdings auch einige Stilblüten getrieben hatte.

5   Ein klares und sachlich begründetes Votum für die Einbeziehung historischer Aspekte bei gegenwartsbezogenen China-Analysen findet man allerdings bei Perkins (1975a) und (1983), S.360f.

6   Zur Bedeutung der Thematisierung von Kultur vgl. die Auseinandersetzung zwischen Smith (1982) und Handler (1984).

7   Ausführlich hierzu Skocpol (1979) und Skocpol/Amenta (1986).

8   Man betrachte in diesem Zusammenhang nur den Verlauf der Rezeption des Buddhismus in China, vgl. Bauer (1974), S.216ff.

9   Die 'gestaltende' und vereinheitlichende Kraft wirtschaftspolitischer Ideen läßt sich am Beispiel der 'Sozialen Marktwirtschaft' verdeutlichen; vgl. Schachtschabel (1971b) und Gutmann (1988).

10 Man beachte allerdings, daß auch für die Zentralisation institutionendeterminierender Entscheidungsprozesse gilt, daß diese nicht nur auf der Ebene 'Organization', sondern auch auf der Ebene 'Society' erfolgen kann. Nicht nur der Staat setzt Institutionen, sondern auch der Markt, beispielsweise im Falle kompetitiver Geldordnungen, vgl. Meyer/Schüller (1976).

11 Vgl. Bunge (1984) zu den epistemologischen Konsequenzen des 'psychoneuralen Monismus'; hierzu auch Herrmann-Pillath (1988c). Weiterhin Küppers (1986) zur Frage der Operationalität von Information aus evolutionstheoretischer Sicht.

12 Eine faszinierende Fallstudie ist O'Brien's (1987) Arbeit zur Entstehung der Agrarwirtschaft, die ohne die Annahme zweckgerichteten individuellen Handelns auskommt.

13 Bei derartigen Argumentationen ist immer darauf zu achten, daß die unterschiedlichen Kostenkategorien scharf differenziert werden. Grundsätzlich hierzu Streit/Wegner (1988) und Herrmann-Pillath (1988d).

14 Donnithorne (1981), S.506. Vgl. Perkins (1983), S.353f.

15 Dabei wirkten vor allem die wirtschaftspolitischen Erfahrungen der vierziger Jahre nach; ausführlich hierzu Schran (1975).

16 Leider wird immer wieder behauptet, die chinesische Wirtschaftsordnung gehöre seit 1949 in die große Gruppe der Planwirtschaften sowjetischen Typs - so z.B. Prybyla (1984). Dies ist schon deshalb absurd, weil bis in die jüngste Gegenwart hinein auf zentraler Ebene kein ausreichender Planungsapparat bestanden hat, vgl. nur Oksenberg (1982), S. 184ff. Auch planwirtschaftlich orientierte chinesische Ökonomen leiten daraus eine gewisse Berechtigung der Reformpolitik ab, wie z.B. Autorenkollektiv (1983a), S.152ff. oder "Jingjixue dongtai" bianjibu (1982), S.50ff. Zur Rolle von Dezentralisationskonzepten ist nach wie vor klassisch Schurmann (1966). Die Bedeutung zentraler Planung in industriellen Teilbereichen erläutern detailliert Zhou Taihe et al. (1984), S.32ff.,213ff. Eine umfassende empirische und theoretische Diskussion der spezifischen Merkmale des chinesischen Planungssystems bietet Lyons (1986). Auf kulturelle Hintergründe der Planungsphilosophie wird im sechsten Kapitel eingegangen.

17 Vgl. Fei (1975), der allerdings zum Teil die besonderen chinesischen Verhältnisse berücksichtigt, und Gellner (1983), S.8ff. Eine klassische Darstellung der 'little cultures' chinesischer Dörfer ist Fei Xiaotong (1939). Eine ausführliche Darstellung der Beziehungen zwischen dörflicher und elitärer Kultur findet man bei Stover (1974).

18 Parish/Whyte (1978), S.301ff. zeigen dementsprechend auch, daß die Autarkiepolitik mit einer ausgeprägteren soziokulturellen Isolation der Dorfgemeinschaften verbunden war; die 'little culture' richtete sich wieder verstärkt nach innen.

19 Eindrucksvolle Analysen dieser Kulturlandschaft sowie des zerstörenden Einflusses der staatlichen Wirtschaftspolitik bietet Smil (1984).

20 Bestimmte fundamentale kulturelle Entwicklungen müssen selbstverständlich in der weiteren Vergangenheit verortet werden, wie z.B. die Entstehung 'bipolarer' Ordnungsstrukturen im Mittelalter (Investiturstreit); vgl. Streißler (1980a) in Verbindung mit Bosl (1973), S.138ff. In China entwickelte sich das Verhältnis zwischen Staat und Kirche völlig anders; entscheidend war die tangzeitliche Auseinandersetzung zwischen Staat und Buddhismus, vgl. ausführlich Ch'en (1973), S.81ff.

21 Franke/Trauzettel (1968), S.192.

22 Elvin (1973), S.113ff. Man vergleiche die Diskussion von Wachstumsfaktoren bei Giersch (1977), S.16ff.

23 Zum Niedergang der Papierwährung Lien-sheng Yang (1952), S.62ff.

24 Hesse (1982).

25 Hesse betont die Rolle der Nachfrage im Agrarsektor; dies entspricht der entscheidenden Funktion, die Schmookler der Nachfrage bei Innovationsprozessen zuwies, vgl. den Überblick bei Kaufer (1980), S.594ff. Wenn dem so ist, so wäre eine wesentliche Einsicht in das große Rätsel der Weltgeschichte gewonnen, warum China keine autochthone industrielle Revolution erfahren hat.

26 Elvin (1975) und (1982).

27 Für die Hortikultur kann angenommen werden, daß der intergenerationelle Netto-Vermögenstransfer für die Elterngeneration positiv ist, weil es eine Fülle von Tätigkeiten gibt, die von Kindern sehr früh und effizient ausgeübt werden können. Zu einem solchen Argument vgl. grundsätzlich Handwerker (1986a,b).

28 Diese Argumentation spielt bei Elvin's (1972) Beschreibung der chinesischen 'high-level equilibrium trap' die entscheidende Rolle. Ausgehend von Hesses Überlegungen kann man jedoch feststellen, daß die Tatsache, daß China keine autonome Industrialisierung erfuhr, auf eine technische und sogar darwinsche Anpassungsoptimierung zurückgeht!

29 Zum 'europäischen Sonderweg' Albert (1986). Für den Evolutionstheoretiker gilt jedoch Darwin's Diktum: Never say 'higher' or 'lower'! Die Industrialisierung ist eine historisch kontingente Form der Anpassungsoptimierung, die für andere Umweltbedingungen ohne weiteres suboptimal sein kann.

30 Vgl. Elvin (1973), S.54ff.,165ff. Die Reformpolitik wiederholt in gewisser Weise die Geschichte; vgl. Riskin (1982).

31 Der Bauer wurde zum 'Kleinunternehmer', der zum Teil sogar die Subsistenzmittel vom Markt bezog, um sich z.B. auf 'Nebentätigkeiten' wie die Papierherstellung konzentrieren zu können. Im Bereich des Handels bildete sich das 'Management' unanbhängig vom Kapitaleigentum als eigenständige Funktion heraus. Teilaktivitäten im Handel wie die Lagerhaltung wurden professionalisiert.

32 Eine hervorragende Darstellung zur Einbindung von Großstädten in größere Wirtschaftsräume bietet Shiba (1977) für den Fall Ningpos. Umfassend vgl. Skinner (1977d).

33 Elvin (1973), S.170ff. Für jüngere Zeiträume vgl. Myers (1970), S.184ff.

34 Klassisch hierzu Chi (1963). Zur heutigen Bedeutung wirtschaftlicher Großräume vgl. Machetzki (1982) und (1983). Chinesische Wirtschaftshistoriker betonen in der jüngeren Zeit darüber hinaus, daß der Übergang von der bäuerlichen 'Natural- und Subsistenzwirtschaft' bereits in der zweiten Hälfte des ersten vorchristlichen Jahrtausends vollzogen worden ist. z.B. Li Yunyuan (1984). Vgl. auch Herrmann-Pillath (1988e).

35 Ausführlich Skinner (1985a). Vgl. auch Ting Kai Chen (1974). Die Makroregionen wuchsen erst im Verlauf des 19.Jhds. zu einem integrierten Wirtschaftsraum zusammen, vgl. Skinner (1977a), S.12,24.

36 Zu der Inkongruenz wirtschaftlicher und administrativer Systeme als machtpolitischer Strategie Skinner (1977d), S.336ff. Zur Kooptation und indirekten Wirtschaftslenkung vgl. die ausführliche Fallstudie Metzger's (1972); ähnlich auch Jones (1972) und (1974). Ein Überblick findet sich bei Kneissel (1978). Für ein Verständnis der chinesischen Geschichte ist unbedingt notwendig, die Fehlurteile zur Rolle der Bürokratie abzulegen, die mit Wittvogels These von der 'hydraulischen Gesellschaft' verbreitet worden sind, vgl. z.B. Leuenberger (1977). Lehrreich ist Skocpol's (1979) Unterscheidung zwischen der zentralisierten zaristischen Bürokratie und der chinesischen 'Protobürokratie'.

37 Ausführlich Skinner (1964/65), S.195ff. und Fei (1975).

38 Skinner (1977b,d). Zu beachten ist natürlich, daß bestimmte politische und militärische Zentren sich nicht ausschließlich auf die Wirkung ökonomischer Faktoren zurückführen lassen.

39 Umfassend Skinner (1964/65).

40 Ebd., S.21,195ff. Hinzu kam ein ständiger Konkurrenzdruck durch die Neugründung von Märkten.

41 Ebd., S.27,30ff. Crissman's (1972) detaillierte empirische Analyse eines modernen taiwanesischen Marktsystems bestätigt im wesentlichen die Ausführungen Skinner's, wenn man die Effekte moderner Transporttechnologien in Rechnung stellt.

42 Ausführlich Myers (1970). Für das chinesische Dorf besitzt die 'moral economy'-Hypothese Scott's (1976) also keine Relevanz. Verschiedene Formen der Kooperation - vgl. Myers (1975) - können unmittelbar durch ökonomische Faktoren erklärt werden. Verwandtschaftsorganisationen besaßen in der Regel nur minimale redistributive Funktionen; sie konzentrierten sich, wenn überhaupt, im ökonomischen Bereich auf die Produktion weniger kollektiver Güter (z.B. Bewässerungssysteme). Vgl. C.K.Yang (1965b), S.92ff. oder Woon (1984).

43 Vgl. Skinner (1964/65), S.32ff., Polachek (1983), S.811ff., Sangren (1984). Klassisch zu den Aktivitäten der Literati ist Chung-li Chang (1955). Eine interessante Fallstudie zur Bedeutung der Marktsysteme für die Ausbildung sozialer Beziehungen ist Hsieh's (1974) Untersuchung des Ablaufs eines Bauernaufstandes im Jahre 1911.

44 Die Bedeutung der Ebene 'Group' wird im vierten Kapitel ausführlich diskutiert werden.

45 Zwischen 1580 und 1850 wuchs die chinesische Bevölkerung von über 200 Millionen Menschen auf ca. 410 Millionen. Dieser Prozeß war auch mit einer beträchtlichen Wohlstandserhöhung verbunden. Zur Leistungsfähigkeit der chinesischen Wirtschaft im 19. Jhd. vor dem und später trotz des Taiping-Aufstandes eindrucksvoll Murphey (1974).

46 Zum Ordnungsverfall und der katastrophalen Wirtschaftslage ausführlich Thaxton (1983); kurz auch Herrmann-Pillath (1988e). S.u., S.125ff.

47 Aus evolutionstheoretischer Perspektive ist plausibel, daß die individuelle Anpassungsoptimierung auf der Ebene der Familie als reproduktiver Einheit stattfindet, so daß das Modell des 'peasant household individualism' sinnvoll ist, vgl. Nee (1985). Daraus braucht keinesfalls ein Konflikt mit dem methodologischen Individualismus ökonomischer Erklärungen entstehen, wie sie Krug/Frey (1987) auf die chinesische Familie anwenden. Vgl. Tietzel (1983) und Smith (1983a). Wie im ersten Kapitel erläutert, besteht der entscheidende Unterschied zwischen evolutionstheoretischen und ökonomischen Erklärungen darin, daß die ökonomische Effizienz z.B. der familiären Organisation ohne die Annahme erklärt wird, daß die Individuen informierte rationale Entscheidungen fällen.

48 Vgl. detailliert Fei Xiaotong (1939), ders. et al. (1945), Gamble (1954) und Myers (1982). Es gab natürlich regionale Unterschiede hinsichtlich der Rolle von Pachtbeziehungen; besonders im Falle Nordchinas besaß die Pacht lediglich eine allokative Funktion beim Ausgleich zwischen Landeigentum und verfügbarer Arbeitskraft. Das Phänomen des rein urbanen 'landlords' war im Grunde eine Zerfallserscheinung der Krise dieses Jahrhunderts; vgl. Thaxton (1983).

49 Vgl. Hazard (1981), S.191ff. und Elvin (1982). Zur 'X-Ineffizienz' allg. Leibenstein (1976) und zur ökonomischen Problematik der Teamproduktion Alchian (1984).

50 Vgl. Taeuber (1970) und Baker (1979), S.10ff. Zum relativen Egalitarismus der chinesischen Agrargesellschaft, insbesondere, wenn Lebenszykluseffekte außer Acht bleiben, auch Myers (1970).

51 Vgl. wieder die illustrativen Dorfstudien Fei Xiaotongs (1939) und ders. et al. (1945). Nach wie vor reizvoll ist auch die Darstellung Wilhelms (1930).

52 Zur Entstehung einseitig ausgeprägter Unternehmerfunktionen vgl. Elvin (1973), S.274ff. Der Typus des 'Unternehmer-Ingenieurs' entstand erst zu Beginn des zwanzigsten Jahrhunderts; wie Rawski (1975), S.206ff. erläutert, konnte jedoch auch dann kein entscheidender Durchbruch bei der industriellen Entwicklung erzielt werden, weil die Kapitalmärkte unterentwickelt waren, und noch der Typus des 'Finanz-Unternehmers' fehlte. Zur Gesamtproblematik auch Wang (1966), S.465ff.

53 Dies drückte sich beispielsweise in den Jahrzehnte währenden Auseinandersetzungen um die richtige Bebauungsstrategie aus; das amtlich verfügbare und vermittelte landwirt-

schaftliche Wissen konnte in der Regel nur unzureichend den lokalen Gegebenheiten gerecht werden. Hierzu vgl. vor allem Stavis (1982b) und Stavis/Meisner (1982). Dies war um so fataler, als die agrartechnologische Entwicklung nur ein unzureichendes Substitut sein konnte; vgl. Reiitsu (1982), S.262ff.

54 Z.B. Hypothese 3.3.7.2-21, s.o. S. 71.

55 Lyons (1985). Außerdem Lyons (1986). Vgl. Louven (1983a).

56 Ausführlicher Yeh (1984), S.701ff.

57 Zur Frage der Dezentralisation vgl. grundsätzlich Schurmann (1966) und mit größerem Bezug auf institutionelle Details der Wirtschaftsordnung Klenner (1979).

58 Vgl. Liu Guoguang (1984), S.270ff. Einen guten Überblick zu entwicklungspolitischen Strategien der Ära Mao findet man bei Kraus (1979). Konkret bedeutete die Konzeption den Aufbau autarker ländlicher Kleinindustrien; vgl. hierzu die knappe Darstellung und Bewertung durch Wong (1982).

59 Zur Entwicklung der damaligen Diskussion Ma Hong (1983), S.151f. Vgl. allgemein wieder Klenner (1979).

60 Ab 1961 handelte es sich bei den 'Kooperationszonen' um: Nordost-, Nord-, Ost-, Zentral-, Nordwest-, und Südwest-China. Was die Planungskonzeption betrifft, so muß man im Chinesischen immer klar zwischen längerfristigen Struktur- und Entwicklungsplanungen ('guihua') und Detailplanungen ('jihua') unterscheiden. Mit der Durchsetzung dieser Politik war auch die Tatsache verbunden, daß sich eine Koalition zwischen Reformern und Planungsbürokratie zeitweise gegen die maoistische Fraktion durchsetzte, vgl. Domes (1982), S.46ff. Zeitgenössische, aber auch spätere westliche Beobachter dieser Vorgänge gelangen offenbar zu keiner rechten Stellungnahme zur tatsächlichen Relevanz des neuen Integrationskonzeptes: Schurmann (1966), S.210, Kraus (1979), S.234ff. oder Klenner (1979), S.249ff. Die hier zitierten neueren chinesischen Quellen legen nahe, daß die Konzeption keineswegs nur auf dem Papier bestand.

61 Ausführlich Zhou Taihe (1984), S.117ff.,505ff.

62 Vgl. Skinner (1964/65), S.375ff. und Donnithorne (1981), S.291ff.

63 Eine ausführliche Analyse der Wohlfahrtsverluste im Agrarsektor durch mangelnde Spezialisierungsmöglichkeiten findet sich bei Lardy (1985).

64 Skinner (1985b).

65 Zwischen 1980 und 1986 ist die Zahl ländlicher Märkte von 37.890 auf 54.600 gestiegen, die Zahl städtischer von 2.919 auf 8.400; für die Umsätze lauten die jeweiligen, vermutlich nicht inflationsbereinigten Zahlen 21,0 Mill. Yuan und 63,1 Mill. Yuan bzw. 2,4 Mill. Yuan und 25,9 Mill. Yuan: Zhongguo tongji nianjian 1987, S.580. Detailliertere Daten zur Entwicklung der ländlichen Märkte findet man im Zhongguo jingji nianjian: 1984, S.V-194ff., 1985, S.V-205ff. oder 1986, S. VI-236ff.

66 Watson (1988) diskutiert die skizzierten Entwicklungen ausführlich.

67 Zum Handelszentrum Wuxi Zhongguo jingji nianjian 1985,
S.VIII-31ff. Die Idee der Handelszentren ist eng mit den
Erfahrungen bezüglich der oben erwähnten 'Handelswarenhäuser'
verbunden, die sich ebenfalls durch Multifunktionalität auszeichneten, bis hin zur Übernahme von Kreditoperationen; vgl.
Yan Cunzeng et al. (1980). Weitere Beispiele und Kommentare:
Jingji guanli 1984/6, S.11f., /7, S.3, /9,S.10,35, /10, S.38,
1985/3, S.8, 1986/10, S.18f., 1987/6, S.40ff., Zhongguo jingji nianjian 1986, S.IV-6, Zhongguo jingji wenti 1984/5, S.53
und /6, S.3. Überblicke zu den Reformen im Großhandelsbereich
finden sich bei Tang Zongkun (1987) und Watson (1988).

68 Beim Beispiel Wuxi betrug im Jahre 1984 der Gesamtumschlag
von Getreide 3,4 Mill. Tonnen; davon wurden 400.000t zu
freien Preisen gehandelt, 25.000t über den freien Getreidemarkt und 150.000t über das Handelszentrum. Leider beziehen
sich derartige Zahlen natürlich auf den Beginn der Entwicklung. Watson (1988), S.24, nennt für das Handelszentrum Wuxi
einen Umsatz im ersten Quartal von 1986 von 185.000t.

69 Zu Reformmaßnahmen im Bereich des Produktivmittelhandels
Zhou Taihe (1984), S.513ff. In englischer Sprache sind
Überblicke von Koziara/Yan (1983) und Tang Zongkun (1987) vorhanden. Zur frühen Blüte von Großhandelsmärkten und Messen
vgl. die Beispiele in China aktuell 1980/5, S.404, 1981/1, S.
23, /3, S.315 und 1983/7, S.422. Übersetzungen aus dem Chinesischen sind zum Teil problematisch; bei den 'Materialversor-
gungspunkten' handelt es sich wörtlich um 'Materialmanagement-
knotenpunkte' ('wuzi jingying wangdian'), wobei im Reform-
jargon der Begriff 'Management' ('jingying') stets unternehmerische Handlungsfreiheiten impliziert. Zur weiteren Entwicklung Zhongguo jingji nianjian 1985, S.IV-31ff. und 1986,
S.IV-6, V-32ff. und Jingji guanli 1984/11, S.24f., 1985/4,
S.12, 1986/7, S.35f., 1987/6, S.45f., /8, S.29ff. und 1988/1,
S.6ff.

70 Zur theoretischen Grundlage der verfolgten Politik vgl.
Jin Zizhong/Ning Guangwen (1980), Ji Chongwei (1982),
He Minglun/Zhou Mingxing (1983), S.39ff., Liu Guoguang (1984),
S.500ff. oder Tang Yong'an (1984). Die Rezeption seitens der
Politik wird besonders im Reformbeschluß des ZK vom 20.10.
1984 deutlich, s. in China aktuell 1984/10, S.591f. Vgl. sinn-
gemäß Liu Fuyuan et al. (1980), S.227ff.,244ff. oder Chen
Ke'ang (1985). Es lohnt sich, an dieser Stelle ein sehr ausführliches Zitat zur Verwendung dieser grundlegenden Konzepte
in der chinesischen Diskussion folgen zu lassen, in Jingji
guanli 1985/6, S.70:
  Wie erfaßt man klar den Unterschied zwischen Verwaltungsgebieten und Wirtschaftszonen mit städtischen Zentren?
  Verwaltungsgebiete und Wirtschaftszonen weisen Gemeinsamkeiten, aber auch Unterschiede und Widersprüche auf. Als man
  in der Vergangenheit Wirtschaftszonen auf der Grundlage städtischer Zentren durch Verwaltungsgebiete ersetzte, konnte
  man die Funktion des Wirtschaftszentrums nur unzureichend
  zur Geltung bringen. Wenn ökonomische Aktivitäten mit Verwaltungsgliederungen in Widerspruch gerieten, ordnete man nicht
  entsprechend den Erfordernissen der wirtschaftlichen Entwicklung das Verwaltungsgebiet diesen unter, sondern orientierte die Aktivitäten an den Verwaltungsgliederungen. Heute
  möchte man diese Organisationsform verändern, mit Städten

als Zentren Wirtschaftszonen aufbauen und ein industrielles Netz organisieren, sowie die Funktion der Städte bei der Organisation der Industrie und anderen wirtschaftlichen Aktivitäten vollständig entfalten; wir kommen dann nicht umhin, die Unterschiede zwischen Wirtschaftszonen und Verwaltungsgebieten noch klarer zu analysieren, um Verwirrungen und das Auftreten neuer Fehler zu vermeiden.
Es gibt hauptsächlich drei Unterschiede zwischen Wirtschaftszonen und Verwaltungsgebieten:
1. Die Grundlage der Gliederungsprinzipien ist unterschiedlich
Das Verwaltungsgebiet ist ein nicht beliebig veränderbarer Zuständigkeitsbereich, der vom Staat nach umfassender Abwägung der verschiedenen sozialen, politischen, wirtschaftlichen, kulturellen, ethnischen, historischen, geographischen u.s.w. Merkmale einer Region durch ein Gesetzgebungsverfahren festgelegt, und von den staatlichen Organen durch Dekret ausgerufen wird.
Die Wirtschaftszone ist ein notwendiges Produkt der regionalen Spezialisierung der gesellschaftlichen Arbeit. Auf der Grundlage natürlicher geographischer und verwandter objektiver Bedingungen und innerer Zusammenhänge der wirtschaftlichen Entwicklung sowie über die verschiedenen Aktivitäten wirtschaftlicher Verbindungen konstituiert sie sich als ein Bereich ökonomischen Handelns mit gemeinsamen Zielen, gemeinsamen Erfordernissen, der gegenseitigen Hilfe zum beiderseitigen Nutzen, der arbeitsteiligen Kooperation und der harmonisch abgestimmten Entwicklung, dessen Umfang sich im Verlauf der wirtschaftlichen Entwicklung verändern kann.
2. Die Lenkungsmethoden sind unterschiedlich
Indem innerhalb eines Verwaltungsgebietes Regierungsorgane jeder Stufe eingerichtet werden, werden sämtliche Regierungsangelegenheiten eines Bezirkes mit Verwaltungsmethoden besorgt. Die Organe sind hierarchisch gegliedert, die unteren Ebenen werden von den oberen geleitet und müssen deren Befehle und Weisungen befolgen. Ihre Lenkungsautorität darf nicht den Kompetenzbereich überschreiten, und sie dürfen keinesfalls über ihre Grenze hinweg in Regierungsangelegenheiten anderer Verwaltungsgebiete intervenieren. Probleme zwischen Gebieten werden durch die Regierungsorgane entsprechend der hierarchischen Gliederung und den formalen Bestimmungen geregelt.
Wirtschaftszonen organisieren die Produktion und die Zirkulation entsprechend den objektiven Erfordernissen der vergesellschafteten Großproduktion, sie besitzen einen offenen Charakter. Ihre ökonomischen Aktivitäten laufen nach den inneren Beziehungen der Wirtschaft ab, und sie erfahren keine Begrenzungen durch Branchen oder Territorien. Die Städte und Regionen, die Wirtschaftszonen konstituieren und die Mitglieder der Aktivitäten im industriellen Netz sind, sind gegenseitig alle gleichberechtigt und stehen in einer Beziehung der gegenseitigen Hilfe und der Kooperation bei einem Austausch äquivalenter Werte. Obgleich diejenige Stadt, die zum Wirtschaftszentrum wird, eine führende Rolle innerhalb der ökonomischen Aktivitäten eines Bezirkes besitzt, besteht dennoch zwischen ihr und den umgebenden Städten und Regionen nicht die Beziehung zwischen Führer und Geführten, und sie darf diese nicht mit Verwaltungsmethoden lenken. Sie muß die umgebenden Regionen attrahieren, indem sie sich haupt-

sächlich darauf stützt, innerhalb der wirtschaftlichen Verbindungen ihre eigenen wirtschaftlich-technologischen Vorteile und ihre qualitativ hochstehenden Dienstleistungen zur Geltung zu bringen. Die Wirtschaftszone muß daher eine Einheit mit der Gesamtstruktur des Landes realisieren, muß ein integraler Bestandteil der umfassenden Gestalt der Volkswirtschaft werden; sie muß andererseits die innere Einheit verwirklichen und jede Region zu einem vollständigen Wirtschaftssystem entwickeln; und weiterhin muß sie auf der Grundlage der regionalen wirtschaftlichen Besonderheiten dafür sorgen, daß mit der Zusammenfassung der Produktionssparten Besonderheiten im Vergleich zu anderen Zonen entstehen.
3. Verwaltungsgebiete besitzen Grenzen, Wirtschaftszonen nicht
Verwaltungsgebiete besitzen nicht nur klare Demarkationen, sondern diese sind sogar relativ stabil. Wirtschaftszonen hingegen können keine klaren und stabilen Grenzlinien ziehen, weil sie die ökonomischen Aktivitäten gemäß den inneren Beziehungen der Wirtschaft organisieren.

71 Den Bezug zu wirtschaftlichen Makroregionen stellt Skinner (1985b), S.411, her. Vgl. Liu Guoguang (1984), S.307ff. Zu den Experimenten, insbesondere dem groß angelegten Pilotversuch in Chongqing, Dailian, Wuhan, Shenyang, Guangzhou Harbin und Xi'an, siehe Guowuyuan gongbao 1985/10, S.267ff. und 1986/1, S.13ff. sowie Jingji guanli 1987/11, S.15ff. und /12, S.17ff. Vgl. auch Weggel (1987a), S.56f.

72 Nun stellt sich selbstverständlich die Frage: Warum ist dann diese Politik überhaupt erfolgt? Aus systemtheoretischer Sicht gibt es zwar keinen Grund, voluntaristisch-diktatorische Fehlentscheidungen als Erklärung auszuschließen, doch sollte stets eine Beziehung zu systemtheoretischen Hypothesen gesucht werden. Es sei hier nur darauf hingewiesen, daß eine mögliche Erklärung bereits im zweiten Kapitel angedeutet worden ist (Anm.218): Sind bestimmte Anpassungsmechanismen selektiv begünstigt worden, so kann eine konservative evolutorische Strategie solange sinnvoll sein, als Alternativen nicht eindeutig ihrerseits begünstigt werden. So können kriegswirtschaftliche Organisationsformen über längere Zeit fortgeführt werden, wie dies im chinesischen Fall offensichtlich geschehen ist, vgl. Schran (1975). Unsicherheiten bezüglich der Strategiewahl können durch grundlegende Wertkonflikte hervorgerufen werden, wie sie in China lange Zeit vorgeherrscht haben. Insofern müssen die Hypothesen zur Konfliktverarbeitung in Systemen mit der Entwicklung der Wirtschaftspolitik in Verbindung gebracht werden, und nicht nur Effizienzargumente. Dabei können Emik und Etik ohne weiteres zur Deckung gebracht werden, vgl. nur Schram (1981) und (1984a).

73 Unternehmerisches Handeln konzentriert sich bei Abwesenheit von technologischem Wandel auf die Entdeckung von Arbitragemöglichkeiten. Vollständig neue Handlungsformen oder Güter spielen eine eher untergeordnete Rolle. Vgl. Kirzner (1979).

74 Zu den Eigentümlichkeiten der chinesischen Statistik vor 1978 vgl. Wang Zheng (1981), Yang Jianbai (1981), Travers (1982) und Stone (1982).

75 Gellner (1983), S.19ff.,63ff.

76 Ebd., S.8ff.
77 Zur evolutionstheoretischen Sicht der Staatenbildung vgl.
    allg. Corning (1984) und speziell zur Bedeutung des Krieges Alexander (1979), S.211ff. Vgl. weiterhin Claessen (1984) und Hirshleifer (1987) sowie Albert (1986), S.12ff.
78 Vgl. nur die Ausführungen bei Bosl (1973), S.102ff. In
    China war die Gründung des Kaiserreichs letztlich auf das Ergebnis einer unmittelbaren Konkurrenz unterschiedlicher staatlicher Organisationsformen des Landeigentums zurückzuführen: Der Feudalismus traf auf den absolutistischen Territorialstaat der Qin, bei dem der König die Produktivität des Bauernstandes über die Vergabe von Land direkt förderte, und die Abgaben zentralisiert für den Aufbau einer Militärmacht verwendete. In der legalistischen Theorie Shang Yangs wurde diese Strategie auch als 'Agrarkampf' bezeichnet. Ausführlicher Herrmann-Pillath (1988e); vgl. die einschlägigen Kapitel in Zhao Jing (1986).
79 Eine diesbezüglich hochinteressante evolutionstheoretische
    Analyse ist Boone (1983).
80 Zur evolutionstheoretischen Analyse des Freifahrer- und
    'Gefangenen'-Problems Boyd/Richerson (1985), S.204ff. Zur Rolle der 'Moral' in der ökonomischen Analyse moderner Politik Kliemt (1986).
81 Ein chinesisches Beispiel zur Komplexität der Prozesse
    ist die Vorgeschichte des Zerfalls des Kaiserreiches, vgl. ausführlich Wang (1966), S.254ff. Ein ökonomischer Ansatz wie derjenige Hirshleifer's (1987) wäre stets nur dann anwendbar, wenn Regionen, Gruppen etc. methodologisch als 'Individuen' betrachtet würden.
82 In dieser Hinsicht ist natürlich die Vertragstheorie Buchanans relevant.
83 Zum vorstehenden Bürgin (1982), S.16.
84 Zur prägenden Rolle des Reichsgründers und seiner stets
    ins 'Unterbewußte' verdrängten Staatsphilosophie Franke/Trauzettel (1968), S.81f.
85 Eine ausführlichere Darstellung insbesondere wirtschaftspolitischer Ordnungsvorstellungen findet sich in Herrmann-Pillath (1988e).
86 Eine interessante Detailstudie ist Kapp (1974), insbesondere aus ökonomischer Sicht. Obgleich regionale Militärmachthaber ein reges Engagement bei der Förderung der lokalen Wirtschaft, vor allem der Industrie, zu Tage legten, griffen sie nachhaltig in die Entfaltung der interregionalen Arbeitsteilung ein und erhöhten beispielsweise die Transportkosten durch die Wiedereinführung von Binnenzöllen, um ihre Militärausgaben zu finanzieren. Auf diese Weise wurde natürlich die Basis des chinesischen Agroökosystems zerstört.
87 Ein Musterfall ist die Machtexpansion der Militärgouverneure gegen Ende der Tang-Dynastie, die nahezu sämtliche entscheidenden wirtschaftspolitischen Befugnisse des Zentralstaates (Steuerhoheit!) an sich rissen und eine 'Refeudalisierung' des Staatswesens einleiteten, indem sie u.a. eigenmächtig ihr Amt vererbten. Vgl. Franke/Trauzettel (1968),S.170ff.

88 Besonders in der Anfangsphase des chinesischen Modernisierungsprozesses neigten einige westliche Kommentatoren dazu, ausgehend von Max Webers Kennzeichnung der chinesischen Kultur als 'partikularistisch' den Kommunismus als verdrängende 'universalistische' Kultur zu betrachten, also in etwa ein Gegenstück zu Gellner's 'universal high culture', der ebenfalls von Weber inspiriert ist; vgl. besonders C.K.Yang (1965a), S.11ff. und das Vorwort von Parsons. Auf diese Weise wird a priori ausgeschlossen, daß es sich beim partikularistischen Konfuzianismus um ein Reservoir universalisierter Chiffren handeln kann. Vgl. zu dieser Problematik ausführlich die Diskussion zwischen Metzger (1977), (1980), Alitto (1980), Haarotunian (1980) und Hao Chang (1980).

89 Vgl. nur Bauer (1974), S.533ff.

90 Vgl. Elvin (1973), S.54ff.,165ff., Skinner (1977a), S.19ff., Shiba (1977), S.422ff. oder Watt (1977), S.382.

91 So kam es z.B. vor, daß zwei hierarchisch gleichstehende Kreisverwaltungen in einem Wirtschaftszentrum angesiedelt waren, um die unmittelbare Kollusion zwischen Beamten und Geschäftsleuten zu verhindern; im Detail Skinner (1977d), S. 336ff.

92 Zur Verwirklichung des Heimatdienstverbotes vgl. z.B. Parsons (1969), S.195ff. Wie Watt (1972) ausführlich schildert, wurden die nötige Kenntnis lokaler Bedingungen und natürlich auch die Kontakte zur lokalen gentry freilich über fest ansässige Privatangestellte eines Kreisbeamten hergestellt.

93 Vgl. Wang (1966), S.12ff. Chang (1955), S.182ff. relativiert diese Aussage für das 19.Jhd. zum Teil, das jedoch aufgrund des gestiegenen Finanzierungsbedarfes des Staates nicht ganz typisch ist. Fest steht aber, daß die Finanzierung der Ausbildung über Fonds größerer Verwandtschaftsverbände eine Leistungsorientierung der Beamtenlaufbahn förderte; vgl. für die jüngere Zeit Woon (1984), S.31. Bemerkenswert ist auch, daß der Staat über feste Regionalquoten eine Zuteilung von Ausbildungsplätzen erreichte, die unabhängig von regionalen Wohlstandskonzentrationen war. Erst mit dem Zusammenbruch des traditionellen Ausbildungssystems änderte sich dies; vgl. Wang (1966), S.143,164,184, Skinner (1977c) oder Buck (1974). Der Zentralstaat wachte daher zudem mit Argusaugen über die Entfaltung privater Akademien, die auch hinsichtlich der inhaltlichen Seite des Unterrichtsstoffes zentrifugale Effekte des Bildungssystems hätten verstärken können. Vgl. exemplarisch Grimm (1969), (1977) und Meskill (1969). Zur Operationalisierung der Bildungspolitik im Rahmen der Sicherung staatlicher Einheit und Elitehomogenität besonders Israel (1983) und Hayhoe (1987), die jeweils unmittelbar den Bezug zur gegenwärtigen Situation herstellen.

94 Die Han-Dynastie führte über die Einrichtung des 'Palastjunkers' die Möglichkeit ein, Staatsstellungen unabhängig vom regulären Verfahren an Mitglieder etablierter Familien zu vergeben; Ming Taizu sicherte sich die Loyalität der Großgrundbesitzer, indem er sie zu Steuerverwaltern deklarierte.

95 Der Begriff des 'Vermögens' wird hier im Anschluß an Krüsselberg (1984a,b) verwendet. Der skizzierte Denkansatz zur Erklärung politischer Phänomene in China hätte auch

von der Organisationstheorie her aufgebaut werden können, z.B. im Rahmen der 'Anreiz-Beitrags-Theorie' von Simon u.a.; vgl. z.B. den Überblick in Grochla (1978).

96 Dies wurde bereits kurz nach der Gründung der Volksrepublik in Form der verschiedenen 'Säuberungskampagnen' augenfällig; vgl. den Überblick in Brady (1982). In diesem Zusammenhang sind Detailanalysen der Kulturrevolution äußerst interessant, denn hinter den gewaltsamen Konflikten zwischen den unterschiedlichen 'Rotgardisten' stand in der Regel der Konflikt zwischen systematisch bevorzugten Kindern der administrativen Elite und den Kindern der ehemaligen 'Bourgeoisie'; vgl. nur den Überblick bei Hsia (1971) und die Detailanalysen bei Chan et al. (1980) und L.T.White (1984).

97 So erklärt sich natürlich die besondere Rolle der Volksarmee in der chinesischen Politik; vgl. den Überblick in Liu (1986) oder detaillierter Segal (1984). Im Zuge der Reform haben sich hier wesentliche Änderungen vollzogen, obgleich bezeichnend ist, daß die persönliche Kontrolle der Armee durch Deng Xiaoping als Vorsitzender der Militärkommission erforderlich ist, um die Loyalität zur Reform zu wahren. Allerdings haben sich auch die 'Tauschbeziehungen' erheblich verschoben, denn die Militärs unterstützen in vielerlei Hinsicht Reformmaßnahmen, um die Modernisierung der Armee zu beschleunigen. Vgl. die ausführlichen Analysen durch Bullard/ O'Dowd (1986) oder Gallagher (1987).

98 Dies wurde sehr früh im Zusammenhang mit der sog. 'Gao-Rao'-Affäre deutlich, als sich die Mandschurei nach 1950 zusehends zu verselbständigen schien. Gao Gang als regionaler Interessenvertreter - allerdings wohl auch als Agent Moskaus - leitete die staatliche Plankommission, die die Industrialisierung Chinas steuern sollte. Zu dieser ersten 'feudalen' Krise der Volksrepublik Schurmann (1966) und Samochin (1981).

99 Im Anschluß an die Ereignisse um Gao Gang hatte man versucht, das sog. 'Harbin'-System zentralisierter Kontrolle der Unternehmen zu implementieren, das vor allem in der Mandschurei mit besonders starkem Druck durchgesetzt wurde. Nach 1956 verfiel dieses System und wurde durch eine ausgeprägte regionale Betriebskontrolle ersetzt; ausführlich Schurmann (1966), S.322ff. Eine ähnlich bemerkenswerte Entwicklung fand bei der Zurückdrängung der Zentralisierungsversuche im Bankwesen statt, als die Volksbank regionaler Kontrolle unterworfen wurde ('Doppelgleissystem'); vgl. ausführlich Walter (1985). Eine ausführliche Analyse entsprechender politischer Entscheidungsprozesse bietet Goodman (1984b), der allerdings hinsichtlich der Rolle der ersten Provinzparteisekretäre zu keiner eindeutigen Dominanz des 'Regionalismus' gelangt.

100 Vgl. sehr deutlich Guowuyuan gongbao 1988/12, S.387ff. und der Kommentar in Zhongguo jingjitizhi gaige 1988/6, S.58ff.

101 Zur Bedeutung von Nebenhaushalten vgl. ausführlich Herrmann-Pillath (1988b) oder den Überblick bei Ma Hong (1986), S.84ff. Zu den komplexen Verhältnissen bei der Zuständigkeit von Verwaltungen für bestimmte Unternehmen ist illustrativ Tang/Ma (1985).

102 Die Entwicklung der Haushaltspolitik in China stellen aus-

führlich dar Tian Yinong et al. (1985). Die Entwicklung während der Kulturrevolution ist insofern bemerkenswert, als die 'chaotischen zehn Jahre' ohne Zweifel auch von einer Dominanz des Regionalismus in der chinesischen Politik gekennzeichnet waren, und zwar in einem Ausmaß, das die staatliche Einheit gefährdete. Die Zerschlagung der zentralen politischen Institutionen führte über den entsprechenden Machtverlust der Zentrale rasch dazu, daß Provinzgouverneure oder lokale Größen sich als unabhängige Machthaber gebärdeten, wobei sie den Personenkult Maos auf die eigene Person übertrugen. Illustrativ ist hier Hinton (1983), S.557ff. Zur Rolle des Lokalismus als Ideologie ist auch die detaillierte Dorfstudie Madsen's (1983) sehr informativ.

103 Die Problematik wird ausführlich in Herrmann-Pillath (1988e) diskutiert.

104 Es handelt sich hier um 'Verträge zur Übernahme einer Aufgabe' ('chengbao hetong'), vielleicht kürzer 'Verantwortungsverträge', da es sich um eine zur Agrarreform analoge Vorgehensweise handelt.

105 Zur Anfangsphase der angesprochenen Reformversuche in der Industrie Naughton (1985). Die Rolle der Lokalregierungen erläutert Wong (1987), die zu dem Schluß gelangt, daß die Reform de facto bislang zu einer Dezentralisation innerhalb der administrativen Hierarchie geführt hat, ohne einen entscheidenden Durchbruch bei der Unternehmensautonomie erzielt zu haben. Zur jüngsten Entwicklung beim Zusammenspiel zwischen Steuerreform und 'chengbao'-Konzept Guowuyuan gongbao 1987/24, S. 802ff. und /30, S.992ff., Caizheng 1987/6, S.11ff., /9, S.5ff., 14, Zhongguo shuiwu 1987/6, S.7ff., /10, S.12 und Jingji guanli 1988/5, S.39.

106 Im Detail hierzu Herrmann-Pillath (1988g). Vgl. auch Zhou Xiaochuan/Zhu Li (1987). S.u., S.263ff.

107 Vgl. Ho/Huenemann (1984), Kueh/Howe (1984), Weggel (1981d), (1985a), und die einschlägigen Ausführungen in Harnischfeger-Ksoll/Wu Jikun (1986). Die Rolle der Auseinandersetzungen zwischen Regionen wurde besonders im Zusammenhang des Sturzes von Generalsekretär Hu Yaobang offensichtlich (Winter 1986/87), denn die forcierte Öffnungspolitik bevorteilte die Küstenprovinzen allzu deutlich; vgl. Schier (1987a).

108 Gute Einblicke vermitteln hier die Provinzberichte in den Zhongguo jingji nianjian; außerdem z.B. Jingji guanli 1984/7, S.10ff. und /8, S.10ff.

109 Vgl. die ausführliche Diskussion in Pye (1981). Ebensowenig ist Tullock's (1987) Autokratiebegriff hilfreich.

110 Vgl. zweites Kapitel, Anm. 165. Nicht umsonst spielte das Konzept der Nation in Verbindung mit sozialdarwinistischen Vorstellungen eine hervorragende Rolle in den Überlegungen, die von chinesischen Intellektuellen um 1900 angestellt wurden, um das Überleben Chinas in der militärischen Konfrontation mit dem Westen zu sichern. Aus systemtheoretischer Sicht ist dabei bemerkenswert, daß Konzepte wie 'Nation', 'Bürger' und 'Kultur' als Bestandteile des emischen begrifflichen Systems den Gedanken widerspiegelten, daß nur über Kode-Universalisierungen ('Nationalismus') und Partizipations- bzw.

Inklusionsprozesse ein evolutorisch beständiger Grad an Systemintegration erreicht werden kann. Vgl. ausführlich die Darstellung der Auffassungen von Persönlichkeiten wie Yan Fu oder Liang Qichao in Wang (1966), S.193ff., Huang (1969), Pusey (1981) oder Nathan (1985), S.45ff. S.u., S.191ff.

111 Man beachte dabei, daß der hypothetische 'optimale Integrationsgrad' nur relativ zu einer gegebenen bzw. erwarteten bestimmten Umweltkonstellation festgelegt werden könnte; letztlich ist der Erfolg einer konkreten Form politischer Organisation im Wettbewerb mit anderen politischen Einheiten ausschlaggebend.

112 Ausführlich hierzu Chang Chung-li (1955) und besonders Watt (1972), der die praktische Relevanz der konfuzianischen Ideologie diskutiert.

113 Zum folgenden ausführlich Weggel (1980b), S.11ff.,216ff.

114 Zur geistigen Verwandtschaft zwischen Taoismus und Legalismus Bauer (1974), S.100ff. Der wirtschaftspolitische Liberalismus im europäischen Sinne wurde in China mit dem Werk des Historikers Si Maqian geboren, blieb jedoch bis zum 19. Jhd. ohne merklichen Einfluß auf die Hauptströmungen staatsphilosophischen Denkens. Er geht zwar auch bei Si auf eine ursprünglich taoistische Schulung zurück, doch verbindet sich bei den meisten Taoisten die Vorstellung eines Minimalstaates mit der Idee der geistigen und wirtschaftlichen Selbstgenügsamkeit des Individuums oder der Dorfgemeinschaft. Ausführlicher wieder Herrmann-Pillath (1988e) und detailliert die einschlägigen Kapitel in Zhao Jing (1986); zu Si auch Shi Shiqi (1986).

115 In den ersten Jahrzehnten nach dem Sturz der Qin wurde eine Politik der 'Erholung des Volkes' ('yu min xiuxi') betrieben, d.h. z.B. der Minimierung der Steuerlast, um die privatwirtschaftlichen Aktivitäten wieder anzuregen; bei der Formulierung dieser Politik spielten taoistisch orientierte Minister wie Lu Jia eine große Rolle. Mit dem großen Symposium zur Monopolfrage, das im Jahre 81 v.Chr. am Kaiserhof veranstaltet wurde, rückte jedoch eine Symbiose zwischen Konfuzianismus und gemäßigtem Legalismus eindeutig in den Vordergrund. S. Zhao Jing (1986), S.294ff.

116 Der 'östliche Legalismus' stellt sich besonders in der Kompilation des Buches 'Guan Zi' dar, dessen jüngere Bestandteile ausführliche Empfehlungen zur indirekten Wirtschaftslenkung über den Mechanismus der Marktpreise enthalten. Ausführlich Zhao Jing (1986), S.248ff.

117 Einen guten Überblick zum Zusammenhang zwischen Menschenbild und Sozialphilosophie in der klassischen chinesischen Diskussion bieten die Arbeiten von Opitz (1968b) und Weber-Schäfer (1968a,b). Zum Legalismus auch Forke (1927). Das positive Menschenbild des Konfuzianismus war auch eine Voraussetzung dafür, daß seit Meng Zi konfuzianische Autoren im Prinzip eine positive Einstellung gegenüber privatwirtschaftlichen Aktivitäten besaßen; ausführlicher wieder Herrmann-Pillath (1988e).

118 Vgl. Zhao Jing (1986), S.23ff. Zu beachten ist allerdings, daß auch Kong Zi in dem Sinne den Feudalismus ablehnte, als er die Position des 'Edlen' meritokratisch ableitet, vgl.

Opitz (1968b).

119 Die Verbindung zwischen der Ordnung des Mikrokosmos und der Ordnung des Makrokosmos war bereits in den klassischen konfuzianischen Texten wie der 'Großen Lehre' und der 'Anwendung der Mitte' formuliert worden, vgl. Weber-Schäfer (1968c). Dabei ist eine Kontinuität mit noch älteren Anschauungen zum Problem der Gesellschaftsordnung zu verzeichnen, wie sie z.B. Opitz (1968a) oder Granet (1980b) beschreiben. Die neokonfuzianische Universalisierung und Radikalisierung dieser Denktraditionen skizziert Bauer (1974), S.284ff. Bemerkenswert ist in diesem Zusammenhang, daß eindeutig das Individuum im Mittelpunkt der Aufmerksamkeit steht; die Gruppenbeziehungen werden im Grunde instrumentalistisch gedeutet und dienen der moralischen Perfektion des Einzelnen. Die Gesamtproblematik wird detailliert bei Metzger (1977) diskutiert.

120 Zur Spannung zwischen politischer Theorie und administrativer Realität Watt (1972), S.78ff.,161ff.,225ff. und Metzger (1977), S.167ff.

121 Zum traditionellen Rechtsverständnis sind neben Weggel (1980b) illustrativ Young (1981) und Li (1981). Zur gegenwärtigen Relevanz derartiger Anschauungen Brady (1982), der allerdings einseitig idealisierend argumentiert, oder Gudošnikov (1984). Die Praxis der Rechtsprechung unter der Qing-Dynastie schildert Watt (1972), S.210ff. Aufgrund der skizzierten Grundhaltung besteht ein erheblicher Druck zur Bereinigung sozialer Konflikte über die Schlichtung, eine Haltung, die bis in die Volksrepublik nachwirkt.

122 Ausführlich Sprenkel (1977).

123 Vgl. Baker (1979), S.107ff. Hierzu gehörte auch, daß z.B. Strafmaße nach dem Grad der Verwandtschaft der Betroffenen variierten.

124 Die Konfuzianer konnten die Versuche zur vollständigen Organisation der Bevölkerung daher legitimieren, weil sie auf die Beschreibung eines entsprechenden Verfahrens in den 'Riten der Zhou' zurückgingen; vgl. zu Theorie und Praxis McKnight (1971) und Watt (1972), der auch ausführlich auf die Rolle Wang Yangmings eingeht. Zur Rolle moralischer Indoktrination auch Eberhard (1971), S.191ff. oder Stacey (1983), S. 15ff. Das Problem der 'ethischen Spannung' in der politischen Kultur des späten Kaiserreiches diskutiert Metzger (1977). Die Kontinuität zur sozialen Organisation in der Volksrepublik diskutiert Schurmann (1966), S.365ff.; zum gegenwärtigen Stand dürfte nach wie vor Weggel (1982b) hilfreich sein.

125 Herrmann-Pillath (1988e). Zur praktischen Relevanz dieser Anschauung Huang (1969). In der Tat war der Niedergang einer Dynastie regelmäßig mit einer Steuereskalation verbunden; so z.B. am Vorabend des Zusammenbruchs des Kaiserreiches, vgl. Liu Kexiang (1981).

126 Zum Begriff der 'rituellen Budgets' ausführlich Stover (1974), S.185ff.; es ist in der Regel tatsächlich wenig sinnvoll, von einer 'Steuerfinanzierung' zu sprechen, vgl. auch Friese (1959). Zur Verwaltungspraxis auf der Ebene des Kreisbeamten ist klassisch Ch'ü (1962), S.49ff.,67ff.,88ff., sowie Watt (1972), S.151ff. und (1977).

127 Vgl. vor allem Stover (1974), S.185ff.,226ff. Zur heutigen Bedeutung des Begriffes der 'Zentrale' ('zhong') vgl. Hinton (1983), S.46ff.,58,172 oder Bachman (1986), S.315f. Die Versetzung von Kadern nach Beijing scheint in der Regel mit einem deutlichen Wandel der Identifikation verbunden zu sein.

128 Hierzu grundsätzlich Eberhard (1971), S.1ff. Diese Frage wird im folgenden Kapitel ausführlicher diskutiert.

129 Vgl. auch die Darstellung in C.&U.Herrmann-Pillath (1987), wo auch ein Vergleich zur grundlegenden europäischen Ordnungsvorstellungen durchgeführt wird.

130 Diese Auffassung vertrat beispielsweise Liang Qichao, nachdem er die erheblichen Probleme bei der Selbstorganisation chinesischer Stadtteile in den Vereinigten Staaten kennengelernt hatte (im Jahre 1903); vgl. Nathan (1985), S. 58ff. Zur aktuellen Diskussion Zi Zhongyun (1987). Eine programmatische Gegenposition zur pessimistischen Sicht wurde in China vor allem nach dem Ersten Weltkrieg entwickelt, als sich die europäische Kultur diskreditiert hatte. Damals entstand die diametral entgegengesetzte Position, daß die Zukunft der Menschheit in der 'Sinisierung' liege; zu derartigen Fragen Opitz (1969a), Viechtbauer/Wegmann (1969) und vor allem Alitto (1979). Zu einer aktuellen, programmatisch positiven Wertung vgl. z.B. Fei/Reynolds (1987).

131 Vgl. Yang (1965a).

132 Vor allem die südostchinesischen Lineage-Organisationen stellten den chinesischen Staat immer wieder vor Probleme; ausführlich Baker (1979), S.121ff.,152ff.

133 Vgl. die Diskussion bei Mote (1977) und Skinner (1977c), S.264ff. Bei der Migration von Eliten in die Städte blieb die Bedeutung und integrative Kraft des 'Herkunftsortes' erhalten, vgl. Skinner (1977e), S.538ff. und Woon (1983), (1984).

134 Zu einer möglichen Beziehung zwischen kulturellem Dualismus und der politischen Entwicklung des modernen China, insbesondere hinsichtlich der Kulturrevolution, Pye (1986b).

135 Vgl. Ding Peng (1983), Forke (1927), S.162ff. und umfassend zur traditionellen Symbolik elitärer Konsumformen Granet (1980a), S.293ff. Bei Mo Zi tritt erstmals in der chinesischen Geschichte eine im weitesten Sinne physiokratische Produktivitätslehre auf, die im Prinzip von allen späteren Autoren - mit der bedeutenden Ausnahme Si Maqians - übernommen wird. Mo Zi lehnt weiterhin die konfuzianische Differenzierung zwischen 'Rechtschaffenheit' ('yi') und 'Nutzen' ('li') ab, indem er 'yi' auf das 'li' der bäuerlichen Bevölkerung reduziert.

136 Zu Meng Zi Weber-Schäfer (1968a), Bauer (1974), S.50ff. und Zhao Jing (1986), S.109ff.

137 Zur bipolaren europäischen Gesellschaftsstruktur Streißler (1980a) und Albert (1986); zur historischen Genese und Bedeutung des Investiturstreites Bosl (1973), S.138ff. Eine ausführliche Analyse der chinesischen Entwicklung erstellt Ch'en (1973), S.81ff. Beim Konflikt zwischen Konfuzianismus und buddhistischem Mönchstum ging es zunächst um die

Frage, ob der Verzicht auf die Bildung einer Familie nicht wesentliche Normen auch des chinesischen Staates verletze. Als die Klöster jedoch auch zu ökonomischen Zentren wurden, rückten weitergehende Kontrollprobleme in den Vordergrund, wie z.B. die Frage der Verleihung des Mönchstatus oder der Gültigkeit staatlicher Rechtsprechung für die Klöster, insbesondere natürlich hinsichtlich der Besteuerung.

138 Vgl. Bauer (1974), S.215ff. und Mabbett (1985), S.101ff.

139 Die pragmatische Orientierung chinesischer Religiosität wird besonders bei Schipper (1977) und Najarian (1982) deutlich, vgl. auch Shiba (1977), S.422. Man kann im Grunde sagen, daß die Fülle unterschiedlicher Verehrungsstätten unterschiedlicher Gottheiten direkt die Vielfalt sozialer Gruppen widerspiegelt, die ihre bestimmte Form des Zusammenhaltes und der Kooperation im Ritual bekräftigen. Die Rolle des Ahnenkultes bei der Stabilisierung der Familie als reproduktiver und produktiver Einheit diskutieren Stover (1974), S.204ff. und Baker (1979), S.26ff.

140 Zur Bedeutung des 'Küchengottes' Fei (1939), S.99ff., Stover (1974), S.122ff. und mit besonderer Berücksichtigung der intrafamilialen Aufgabenteilung Freedman (1970a), S.164ff. Die 'anarchische' Dimension entspricht also im Prinzip Nee's 'peasant household individualism' (1985) und spiegelt den Umstand wider, daß komplexere Verwandtschaftseinheiten im Grunde keine eigenständige Bedeutung bei der Verhaltensregulation besitzen, solange sie nicht der Kernfamilie ökonomischen Nutzen bringen. Dementsprechend besteht auch prinzipiell eine direkte Konkurrenzbeziehung zwischen Kernfamilien, und zwar selbst wenn die Haushaltsvorstände Brüder sind; ein wichtiges Ausdrucksmittel dieser Konkurrenz ist die Geomantie, vgl. Freedman (1970a), S.177f. und (1977), S.313ff.

141 In diesem Zusammenhang ist auch zu beachten, daß der Volksbuddhismus in China keine fatalistische Grundeinstellung vermittelte, wie z.B. Eberhard (1971), S.177ff. betont. Vgl. auch Keyes (1983b) und zu dem gänzlich anders gearteten hinduistischen Kulturbereich, der weitaus stärker von fatalistischen Verhaltensweisen geprägt ist, Greenough (1983), S.845ff. Der chinesische Volksbuddhismus spiegelt also die weitgehende sozialökonomische Offenheit der chinesischen Gesellschaft wider, vgl. Kuhn (1984).

142 Auf die Rolle von Verwandtschaftsorganisationen wird im folgenden Kapitel eingegangen. Wesentlich ist hier lediglich, daß die Volksreligion partikularistisch bleibt, d.h. es gibt keine unmittelbare religiöse Symbolik, die sich auf die staatliche Einheit bezieht. In Japan konnte man in der zweiten Hälfte des 19. Jhds. stattdessen auf die bis dahin halb verschüttete Symbolfigur des Kaisers zurückgreifen. Der chinesische Konfuzianismus blieb dem Paradox der 'Universalisierung des Partikularismus' verhaftet.

143 Das Grundmuster war das berühmte 'Brunnenfeldsystem' auf der Grundlage staatlichen Eigentums am Boden. Hierzu und zur praktischen Relevanz der 'Gleichverteilung des Landes' Zhao Jing (1986), S.109ff. und Franke/Trauzettel (1968), S. 129ff., 151,242ff.

144 Vgl. Zhang Zhi (1986), S.70ff. und Zhao Jing (1986), S.122.

145 Vgl. Metzger's (1972) ausführliche Analyse der Verwaltung
des Salzmonopols unter der Qing-Dynastie.

146 Illustrative Beispiele zur Wirtschaftsförderung durch
Kreisbeamte finden sich bei Dietrich (1972), Sun (1972)
und Elvin (1975). Die Aktivitäten von Beamten und vor allem der
informellen konfuzianischen Literati in der dörflichen Wirtschaft erläutern Chang (1955), S.51ff., Ch'ü (1962), S.168ff.
oder Wang (1966), S.20ff. Skinner (1964/65), S.32ff. schildert
den Zusammenhang zwischen Marktsystemen und informeller Eliteaktivität. Ein knapper Überblick zum sozialpolitischen Engagement der Konfuzianer - das freilich zum Teil auf buddhistischen
Einfluß zurückzuführen ist, vgl. Ch'en (1973) - findet sich
bei Herrmann-Pillath (1987c). Dabei spielte weniger der Staat,
als vielmehr die Selbstorganisation durch informelle Eliten,
im 19.Jhd. natürlich verstärkt auch die Geschäftsleute, eine
überragende Rolle; vgl. die Beispiele bei Elvin (1974), Rhoads
(1974), S.104, Garrett (1974), S.213ff. oder Shiba (1977), S.
422ff.

147 Vgl. Watt (1972), S.85ff.,146ff.

148 Zur Differenzierung zwischen rein ökonomischer und evolutionstheoretischer Nutzenargumentation Smith (1983a).
Eine ökonomische Analyse der chinesischen Familie findet sich
bei Krug/Frey (1987). Aussagen zur Effizienz der Familienorganisation bedeuten freilich keinen Widerspruch zur evolutionstheoretischen Betrachtungsweise; ausschlaggebend sind vielmehr
Aspekte individuellen Verhaltens, die bestimmte langfristige
Perspektiven betreffen, wie z.B. Bemühungen, Land im Familienbesitz zu halten.

149 Eine sehr klare Analyse der Bedeutung militärischer Fragen in der chinesischen Geschichte erstellt Elvin (1973),
S.17ff.,91ff. Spätestens seit der Ming-Zeit war die ausgefeilte militärische Logistik ein entscheidendes Machtinstrument
angesichts der Tatsache, daß politisches und wirtschaftliches
Zentrum des Reiches auseinandergefallen waren. Ein interessantes Beispiel der organisatorischen Effizienz der chinesischen Militärverwaltung erläutert Skinner (1977d), S.317ff.

150 Vgl. Meisner (1969) und Schram (1981).

151 Vgl. Stavis (1982a) und Machetzki (1986b).

152 Es ist das Verdienst von Stacey (1983), die Bedeutung der
'realization crisis' der traditionellen Familie für den
revolutionären Prozeß ins rechte Licht gerückt zu haben. Vgl.
auch die Diskussion bei Honig (1985). In der Tat hatten die
frühen Erfahrungen in den Räterepubliken gezeigt, daß die KPCh
keinesfalls zu einem Erfolg gelangen würde, wenn sie nicht
schon während der kriegerischen Auseinandersetzungen auf die
Erwartungen der Bauern einging ; vgl. Polachek (1983).

153 Vgl. Thaxton (1983), S.70ff.,89ff.,143,159,191ff.,230.
Auch später spielte die Wechselwirkung zwischen Politik
und symbolischen Elementen der Volkskultur eine große Rolle.
Bei Hinton's (1983) Beschreibung der Vorgänge um den 'Großen
Sprung' wird beispielsweise deutlich, daß die anfängliche Begeisterung der Bauern mit der Vorstellung zusammenhing, eine
Art Überflußzustand könnte bald realisiert werden, wie er in
traditionellen Paradiesvorstellungen beschrieben wird.

154 Zur Sinisierungsproblematik vgl. Wylie (1979) oder auch Opitz (1969b). S.u., S.191ff.

155 Zur fiskalischen Krise nach der Taiping-Rebellion Li Kexiang (1981) und allg. Michael (1969). Zu den allgemeinen Veränderungen und Machtverschiebungen im Überblick Franke/Trauzettel (1968). Die veränderte Praxis der Ämtervergabe wird bei Chang (1955) und Watt (1972) erläutert. Die Rolle der Überschwemmungskatastrophen schildert Thaxton (1983), S.28ff.

156 Zu den Veränderungen der traditionellen Ordnung und den ökonomischen Konsequenzen vor allem Thaxton (1983) und Stacey (1983). Myer's (1970) abweichende und vieldiskutierte Darstellung erklärt sich wohl daher, daß er hauptsächlich japanische Quellen zur Situation in besetzten Gebieten auswertete, wo zumindestens in den ersten Jahren nach der Wiederherstellung allgemeiner staatlicher Ordnung eine gewisse wirtschaftliche Erholung einsetzte. Zur Finanzpolitik der Guomindang vgl. Wang (1966), S.422ff. und zur Situation im Kreditsektor Lai (1985). Ausführliche Analysen zur Entwicklung der Pachtverhältnisse findet man in Fei (1939) und Fei et al. (1945), wo besonders die regionalen Variationen deutlich werden, z.B. hinsichtlich der Bedeutung städtischer Grundbesitzer. Zur ökonomischen Interpretation alternativer Pachtarrangements bei variierenden Risiko- und Motivationsstrukturen Feeny (1983).

157 Vgl. besonders Weggel (1980b), S.176ff., Myers (1982) und die empirischen Analysen bei Fei (1939), S.174ff. und Fei et al. (1945), S.75ff., wo besonders deutlich wird, daß Verwandtschaftsbeziehungen bei der Allokation von Verfügungs- und Nutzungsrechten an Land eine große Rolle spielten. Beispielsweise wurde Land möglichst nur innerhalb der eigenen größeren Verwandtschaftsgruppe verkauft, um die Realisation des prinzipiell unaufhebbaren Rückkaufrechtes zu gewährleisten; bei der Beleihung von Land mußte das Subsistenzniveau des Kreditnehmers Berücksichtigung finden.

158 Vgl. ausführlich Zhao Xiaomin et al. (1981).

159 Vgl. Schran (1975).

160 Bemerkenswert deshalb, weil die notorische marxistische Furcht vor der 'Kleinproduzentenmentalität' offenbar keine große Rolle spielte; vgl. Gey (1984). Dies hing mit der Einführung eines subjektiven Klassenbegriffes durch Li Dazhao und später Mao Zedong zusammen, vgl. Schram (1984b) oder Meisner (1969). Zu dieser Problematik auch Herrmann-Pillath (1986).

161 Vgl. Thaxton (1983), S.93ff.

162 Vgl. ausführlich Schram (1981) zum periodischen Wechsel zwischen Pragmatismus und Utopismus in der chinesischen Politik; vgl. auch Klenner (1984). Zum 'Pragmatismus' aus kulturwissenschaftlicher Perspektive Pye (1986a).

163 Vgl. Elvin's (1972) Analyse der 'high-level equilibrium trap'.

164 Dieser Terminus wird hier in Anlehnung an die linguistische Semiotik verwendet, wie er von Saussure eingeführt worden war; vgl. Baldinger (1970), Marcos Marín (1975), S. 102ff. Vgl. aber Jakobson (1979), S.159ff.

165 Bis in die jüngste Zeit hinein war diese These zündender Konfliktstoff im Verhältnis zwischen KPCh und KPdSU; vgl. ausführlich Herrmann-Pillath (1986) und die dort zitierten Quellen. In der Resolution von 1981 wird dieser Standpunkt im Prinzip erneut bekräftigt. Zur Vorgeschichte vgl. Meisner (1969) und Opitz (1969a) sowie Schram (1984b). Ohne Zweifel spielt hier die in der chinesischen Kultur tief verwurzelte Überzeugung eine Rolle, daß das Individuum durch Erziehung weitgehend gestaltbar ist; vgl. Eberhard (1971), S.1ff., Munro (1977) oder Li (1977). S.u., S.194ff.

166 Zu dieser Forschungskonzeption vgl. allg. Meyer (1983); zum Paradigmenproblem Scharping (1988).

167 Klassisch ist natürlich Solomon (1971); weitergehend vgl. Wilson (1977) und (1981). Eine weitere Perspektive wählt Pye (1981); zur Diskussion vgl. Falkenheim (1984).

168 Man beachte, daß es sich hier nicht notwendig um die Bedeutung des Begriffs 'Gruppe' handelt, wie er häufig in der Politologie verwendet wird, z.B. im Sinne von 'Interessengruppe'. Im Bereich der China-Forschung vgl. z.B. den Ansatz bei Goodman (1984a), Ferdinand (1984) und Waller (1984). Wenn hier von der Ebene 'Group' gesprochen wird, dann liegt der Schwerpunkt immer bei Gruppen, die durch direkte persönliche Kontakte zusammengehalten werden, d.h. innerhalb der 'Sinopolitologie' wäre die Verwendung des Begriffs bei Pye (1981) verwandt, u.U. aber auch bei Domes (1984). Vgl. Klinkmüller (1973).

169 Vgl. nur die einschlägigen Ausführungen bei Grochla (1982) oder Frese (1987).

170 Im Gegensatz zum engen Begriff der 'wirtschaftspolitischen Rationalität' z.B. bei Watrin (1975) oder Pütz (1983) muß der Begriff einer 'Systemrationalität' berücksichtigen, daß Machtkonflikte eine wesentliche Rolle bei der Entscheidungsfindung spielen können, insbesondere wenn bestimmte Fragen nur schwer empirisch entscheidbar sind. Zur 'Rationalität' der jüngeren chinesischen Wirtschaftspolitik vgl. Herrmann-Pillath (1987a).

171 Dittmer (1983).

172 Gute Einblicke in die traditionellen ökonomischen Funktionen von Clan-Organisationen vermitteln Baker (1977) und Woon (1984). Zur frühen Verdrängungspolitik Yang (1965a), S. 191ff. Beispielsweise wurden die Clan-Organisationen schon deshalb obsolet, weil sie keine Funktion mehr bei der Förderung begabter Kinder auf dem Wege zur Beamtenkarriere besaßen.

173 Zur Beziehung zwischen größeren Verwandtschaftsgruppierungen (Lineage) und Land vgl. z.B. Potter (1970) und Baker (1979), S.139ff. Die Anpassungsprozesse der staatlichen Agrarorganisation schildern u.a. Pelzel (1972) und Parish/Whyte (1978), S.302ff.

174 Madsen (1981) und ausführlich (1983). Vgl. Unger (1985b).

175 Einen anderen Aspekt dieser Ethik beleuchtet Meisner (1981).

176 Die Darstellung von Madsen findet beispielsweise eine episch ausgebaute Illustration bei Hinton (1983), der im Einzelnen schildert, wie komplex die Beziehungen zwischen exo-

genen politischen Eingriffen und den sozialen Konflikten in einer Dorfgemeinschaft waren, also gewissermaßen zwischen 'Great' und 'Little Culture'; vgl. auch Hinton (1982).

177 So z.B. der Tenor bei Zhou Taihe et al. (1984), S.267ff.

178 Die Darstellung folgt der wichtigen Fallstudie von Unger (1985b). Was die Präferenzen der Bauern angeht, so war allem Anschein nach vor allem in wohlhabenderen Dorfgemeinschaften das Interesse an einer vollständigen Auflösung kollektiver Einrichtungen nicht sehr groß; man befürchtete z.B. den Abbau von Sozialleistungen (Pensionsfonds u.ä.), die über Brigadebetriebe finanziert wurden. Zu dieser Problematik vor allem Zweig (1983) und (1985). S.u., S.159ff.

179 Ausführlich hierzu Oi (1986). Nach der Rekordernte von 1984 war der Staat zusehends in Schwierigkeiten geraten, für den planmäßigen Ankauf von Getreide Lagerhaltungskapazitäten bereitzustellen. Aus diesem Grunde verband man eine Reduktion des Umfanges der Abnahmegarantien mit einer Preiserhöhung; der vertragliche Ankauf sollte an Bedeutung zunehmen. Tatsächlich geben jedoch nach wie vor viele Landkader direktive Produktionskennziffern vor.

180 Gold (1985). Vgl. Walder (1982), (1983a) und (1983b), der detaillierte Studien der 'Organisationskultur' in Unternehmen erstellt. S.u., S.181ff.

181 'Reziprozität' wird hier im anthropologischen Sinne verwendet, vgl. z.B. Pryor (1978), d.h. es ist gemeint, daß soziale Beziehungen von einer laufenden 'Buchhaltung' des Gebens und Nehmens geprägt sind. Vgl. auch die klassische Analyse von Yang (1957).

182 Vgl. auch die ausführliche Untersuchung bei Vetter (1983).

183 Systemtheoretisch muß selbstverständlich immer unterschieden werden zwischen a) den individuell verhaltenssteuernden Normen, soweit sie von einer Person in eine konkrete Interaktion eingebracht werden, und b) den Normen, die als emergente Eigenschaften einer Interaktion bzw. einer längerfristig bestehenden Interaktion entstehen; zum letzteren vgl. besonders Luhmann (1975), S.21ff. oder Stryker (1976). Dabei kann der Einfluß der Sozialisation u.U. auf einer allgemeineren Ebene bestehen, d.h. sie vermittelt beispielsweise bestimmte Grundeinstellungen zu Macht und Autorität, die in einer konkreten Interaktionssituation (z.B. in einem Unternehmen) erst zur Entstehung spezifischerer Verhaltensregeln führen. Eine in dieser Hinsicht faszinierende Studie zur 'Kultur' taiwanesischer Großunternehmen ist Silin (1976).

184 Boyd/Richerson (1985), S.178ff. Das entscheidende Argument ist ökogenetisch: Die Ökologie bestimmter Formen der Besorgung des Lebensunterhaltes bedingt bestimmte grundlegende Formen der Verhaltensregulierung. Je nach Ausprägung einer Agrarwirtschaft wird beispielsweise die Gruppenorientierung und Kooperativität wesentlich stärker betont als bei Jägern und Sammlern. Vgl. früh kongenial Wilhelm (1930) für den chinesischen Fall. Die Kennzeichnung derartiger Zusammenhänge kann freilich beträchtlich variieren, vgl. nur Hayden (1986).

185 Vgl. Zilsel (1976), S.49ff. und Krohn (1976), S.23ff.

186 Vgl. die ausführliche Diskussion dieser Fragen bei El-

vin (1973), S.225ff. und Needham (1977), S.260ff. Eine zentrale Rolle spielt dabei der neokonfuzianische Begriff der 'Untersuchung der Dinge', der bei Metzger (1977) ausführlich diskutiert wird. Die Bedeutung des 'Gesetzesbegriffs', und zwar gerade auch im rechtlichen Sinne, für die Entwicklung der europäischen Naturwissenschaft erläutert wieder Zilsel (1976), bes. S.66ff. Ein Beispiel für die Rolle theologischer Überzeugungen beim Fortgang einer Naturwissenschaft erläutert Mayr (1982), S.103ff.

187 Baum (1982) erläutert ausführlich, welche Bedeutung diese traditionelle Ausgangsposition auch noch für die moderne Wissenschaft in China hat.

188 Bloom (1977) und (1981). Man beachte allerdings, daß Bloom nicht die evolutionstheoretische Hypothese testet, sondern Überlegungen zum Einfluß der Sprache auf soziales Verhalten. Dieser Ansatz läßt sich natürlich zwanglos in die Evolutionstheorie integrieren, weil auch die Sprache den Determinanten 'kognitiver Stile' unterliegen muß, d.h. der Ansatz Bloom's würde also eine Korrelation beschreiben, aber keine ursächliche Beziehung. Dies entspricht auch den sehr komplexen Problemen einer Abgrenzung zwischen Sprache, Denken und Verhalten; vgl. Seebaß (1981).

189 Vgl. Hiniker (1969) und Pye (1981), S.159ff. Man beachte allerdings, daß traditionalistische chinesische Philosophen mit Nachdruck betonen, daß kontingente Verhaltensregulation nicht mit totaler Prinzipienlosigkeit gleichzusetzen ist; vgl. nur Chan (1967a), Mei (1967a) und Tang (1967a).

190 Bei Freedman (1979) wird freilich die Auffassung vertreten, daß bestimmte Formen des chinesischen Sozialverhaltens angeboren sein könnten. Wenn man dem theoretischen Ansatz von Lumsden/Wilson (1981) folgt, dann könnten angeborene Differenzen in der Tat bestehen, allerdings nur sehr schwer nachweisbar sein.

191 Zur Rolle von Generationenunterschieden im Sinne von 'Kohorten'allg. Baumgart/Baumgart (1986); für den chinesischen Fall ist illustrativ Schwarcz (1983) und (1986), was die sog. 'Intelligenz' angeht. Folgt man Madsen's (1983) Analyse, dann dürfte die Kulturrevolution zum Zusammenbruch jeglichen ethischen Rigorismus' geführt haben und damit zum einen eine Rückkehr zum Traditionalismus begünstigt haben, zum anderen aber auch zur 'Minimalmoral' des Marktes. Vgl. auch Shirk (1982) und (1984).

192 Whyte/Parish (1984), S.169. In Provinzhauptstädten besuchen durchschnittlich 47% der Kinder einen Kindergarten, in kleineren Städten 20%. Der niedrige Landesdurchschnitt kommt natürlich durch das fast völlige Fehlen derartiger Einrichtungen auf dem Lande zustande.

193 Die Erwerbsquote liegt in China bei um 80%. Die regional aufgeschlüsselten Zahlen im Zhongguo jingji nianjian 1984, S.I-7, nennen z.B. ein Minimum von ca. 63% für die Provinz Heilongjiang. Whyte/Parish (1984) geben an, daß z.B. nur 5% der Kinder in größeren Städten nicht von Verwandten oder im Kindergarten betreut wird; Nachbarschaftsaktivitäten haben eine untergeordnete Bedeutung.

194 Umfassend Yang (1965a).

195 Stacey (1983), S.108ff.,268ff. Sie spricht freilich konkreter von der 'Demokratisierung' des traditionellen Patriarchats, denn die Eigentumsrechte am Land lagen ausschließlich in männlicher Hand, ebenso die Reproduktionsentscheidungen.

196 Nach der anfänglichen, fast chiliastischen Begeisterung für den 'Großen Sprung' - vgl. Hinton (1983), S.214ff. - konnte beispielsweise eine Stabilisierung der Lage nur erreicht werden, indem durch Deng Zihui bereits sog. 'Verantwortungssysteme' eingeführt wurden, also nach dem Muster der Agrarreform von 1978; vgl. Su Minghui (1986). Wie andererseits Hazard (1981) beschreibt, lebte die radikale Landreform- und Kollektivierungspolitik Ende der vierziger und Mitte der fünfziger Jahre in wesentlicher Hinsicht von persönlichen Interessenkonflikten im Dorf.

197 Ma Yinchu (1981b), S.170ff. hatte Mitte der fünfziger Jahre die Auffassung vertreten, daß eine Modernisierung Chinas nur mit einer strikten Kontrolle des Bevölkerungswachstums zu erreichen sei.

198 Vgl. Dittmer (1981b), S.128ff. und allg. zur Bedeutung derartiger Übertragungen von Verwandtschaftsbezeichnungen Baker (1979), S.162ff.

199 Ausführlich Chin (1970). Gegenwärtig werden solche Ideale wieder propagiert, ein Beispiel ist Zhongguo jinrong 1985/10, S.55f. Vgl. allg. Weggel (1983).

200 Zur 'Vererbung' von Klassenmerkmalen besonders Unger (1984). Die Situation auf dem Lande wird für die sechziger und siebziger Jahre klassisch bei Parish/Whyte (1978) beschrieben. Zur gegenwärtigen Bedeutung traditioneller Verwandtschaftsorganisationen bei sozialen Konflikten auf dem Lande Perry (1985a,b). Vgl. auch Yu (1979).

201 Die Konflikte zwischen Primärgruppen und Organisationen bei der Kontrolle von Eheschließungen schildert Croll (1981). Zur heutigen Lage auf dem Lande Wolf (1984). Allg. schildern Gonzalez (1983) und Nee (1985) die Rückkehr zur traditionellen Familienorganisation. Vgl. aber auch Diamond (1985a). Zur Frage des Brautpreises Parish/Whyte (1978), S.180ff. und zum Teil abweichend Stacey (1983), S.219. Ganz allgemein ist allerdings zu beobachten, daß die Hochzeitskosten in den letzten Jahren erheblich gestiegen sind und in der Regel von den Eltern des Mannes getragen werden müssen; vgl. China aktuell 1986/10, S.636 und 1987/1, S.27.

202 Zur städtischen Praxis der Eheschließungen vor allem Hershatter (1984) und Whyte/Parish (1984), S.111ff. Zur Stellung der Frau Robinson (1985). Der Traditionalismus der Familien drückt sich u.a. darin aus, daß seit der Propagation der Ein-Kind-Familie zukünftige Mütter von den Schwiegereltern unter Druck gesetzt werden, eine Abtreibung ausführen zu lassen, falls das Geschlecht des Kindes durch eine Ultraschalluntersuchung als 'weiblich' identifiziert worden ist. Wie Aird (1983), S.618f. erläutert, haben derartige Vorgehensweisen, vor allem aber natürlich der auf dem Lande praktizierte Infantizid, bereits zu makrodemographischen Verschiebungen geführt. Zur Praxis der Arbeitsplatzvererbung Shirk (1981). Zu den sozialpolitischen und ökonomischen Rahmenbedingungen städtischen

Familienlebens Herrmann-Pillath (1987c). Zur Lage der älteren Generation Tsai (1987). Wie im Text bemerkt, ist die wichtigste Arbeit zur 'gerontokratischen' Verzerrung der Verteilung wirtschaftlicher Privilegien Davis (1988).

203 Auch hier lassen sich vielfältige Verbindungslinien zu allgemeingültigen systemtheoretischen Hypothesen ausmachen, so z.B. hinsichtlich der Rolle von Kode-Spezialisierungen bei CHAN, oder zu den Beharrungskräften genetisch älterer Systemmechanismen.

204 Wilson (1977), (1981) und Wilson/Pusey (1982).

205 Zur komplexen Beziehung zwischen Gruppenkontrolle und individueller Leistungsbereitschaft vgl. theoretisch Leibenstein (1976), S.118ff. und empirisch die einschlägigen Kapitel bei Schanz (1978).

206 Die Bedeutung der Dichotomie zwischen innerer Einstellung und äußerlich wahrnehmbaren Verhalten erläutern für die traditionelle Kultur Stover (1974), S.242ff. und Munro (1977). Ausführliche Analysen zur heutigen Relevanz für das Verhalten in Industrieunternehmen erstellt Walder (1983b).

207 Vgl. grundsätzlich Saari (1982). Derartige Formen des Konformitätszwanges wurden besonders bei der Durchsetzung von Kampagnen verwendet, bei denen die einzelnen Gruppen gleichsam als Steine eines Dominospieles fungierten: Die Spitze der Hierarchie gibt einige Zeichen, und anschließend setzen die in Gang kommenden Gruppenprozesse die Kampagnenziele um, ohne daß wesentliche organisatorische Maßnahmen ergriffen werden müssen; hierzu vor allem Greenblatt (1977) und Bennett (1977). Vgl. weiterhin Shirk (1982) und (1984).

208 Man sollte in diesem Zusammenhang stets bedenken, daß der Rollenpluralismus der westlichen Industriegesellschaft nicht zuletzt deshalb möglich ist, weil das Individuum die Möglichkeit besitzt, in unterschiedlichen Lebensbereichen zu agieren: Seine Identität gleichsam als 'Schnittpunkt' dieser Rollen ist deshalb im wesentlichen ein Phänomen der Ebene 'Society'. In China bietet die 'danwei' einen umfassenden Rahmen nahezu aller sozialer Interaktionen, so daß ein erheblich stärkerer Druck in Richtung Rollenmonismus bzw. Rollenstabilität ausgeübt wird. Die konkrete Bindung an die Gruppe ist also auch die Folge eines mangelnden Pluralismus der Lebensbereiche, im Grunde ähnlich einer statischen Agrargesellschaft.

209 Solomon (1971). Vgl. auch Wolf (1970) und zur heutigen Erziehungspraxis Wolf (1984), S.220 und ausführlich Whyte/Parish (1984), S.167ff. bezüglich des urbanen Sektors und Parish/Whyte (1978), S.221ff. zum ländlichen Bereich. Wesentliche Abweichungen zum traditionellen Bild ergeben sich im Grunde nur in Familien mit einem recht hohen Bildungsniveau. Zu den Folgen des Autoritarismus in der allgemeinen chinesischen Erziehung vgl. Epstein's (1987) Analyse der Jugendkriminalität. Zur emotionalen Isolierung des Individuums wieder Saari (1982). Sullivan (1987), S.815 weist darauf hin, daß die These Solomon's in ähnlicher Weise auch in der chinesischen Diskussion über den 'Despotismus' wiederzuentdecken ist, was die allgemeine Beziehung zwischen familiärem und politischem Verhalten angeht. Metzger (1977) kritisiert allerdings, daß Solomon den Gedanken der Dependenz des Individuums von der Autorität

überbetone und möchte daher die Interdependenz von Gruppe und Individuum in den Vordergrund rücken. Solomons Konfliktthesen scheinen dies allerdings bereits zu implizieren.

210 Saari (1982). Interessant ist der Vergleich zu Pollard (1985).

211 Solomon spricht daher von der Furcht vor 'luan' ('Chaos'). Eine interessante Detailstudie entsprechender Phänomene ist Hazard (1981); sie zeigt, daß viele Exzesse der Landreform und Kollektivierung damit zusammenhingen, daß die Bauern in eine emotionale Zwickmühle gerieten, aus der sie nur durch Gewalt herauszukommen können glaubten, solange die KPCh nicht als starke Ordnungsmacht auftrat. Es schien nur die Alternative zu bestehen zwischen der Unterordnung unter die traditionellen hierarchischen Gruppenbeziehungen zwischen Verwandten bzw. zu Autoritätspersonen oder einer maßlosen Aggression.

212 Eine umfassende Darstellung der chinesischen Familienstruktur findet sich bei Baker (1979), S.1ff. Zur Größe chinesischer Familien Taeuber (1970). Zur Anpassung der Familien an bestimmte organisatorische Erfordernisse, und zwar unabhängig vom modernisierenden urbanen Einfluß, Speare (1974) und vor allem Gallin/Gallin (1982). Cohen (1970) schildert die traditionellen Formen derartiger Anpassungsmechanismen, die auf der Unterscheidung zwischen der Familie als ökonomischer Einheit ('jia') und der Einheit des Wohnortes ('fang') zurückgehen. Vgl. hierzu auch Gonzalez (1983) und Diamond (1985a).

213 Eine ausführliche Analyse der chinesischen Verwandtschaftsterme findet man bei McCoy (1970). Bereits Lévi-Strauss (1977), S.41ff. hat darauf hingewiesen, daß das chinesische System objektiver Verwandtschaftsbezeichnungen es erlaubt, sehr weitreichende soziale Netze auf sehr einfacher Grundlage aufzubauen.

214 Die formalen Spannungen in der Struktur der chinesischen Familie erläutert wieder Baker (1979). Zu den skizzierten Auflösungsprozessen konkret Wolf (1970), Cohen (1970) und Freedman (1979), S.235ff. Krug/Frey (1987) bieten zu diesen Vorgängen eine ökonomische Erklärung, die zwar plausibel ist, doch letztlich empirisch nicht operational, weil die Individuen die Kosten und Nutzen der Unterordnung unter einen Patriarchen kaum rational beurteilen können. Dennoch läßt sich auf diese Weise die evolutorische Effizienz der sozialen Regeln und Prozesse demonstrieren, wie bereits einmal betont worden ist. Die Inkonsistenz des Verwandtschaftssystems führt zu ökonomisch effizienten Entscheidungen - dies ist ein Musterfall der bei Herrmann-Pillath (1987b) bezogenen Position zum Verhältnis von Ökonomie und Soziologie, s.o. S.28ff.

215 Allerdings gilt auch für die Frauen, daß die absolute Unterordnung im Lebenszyklus zumindestens zwei Mal eine erhebliche Abschwächung erfährt und die Durchsetzung individueller Interessen erlaubt: Zum einen bei der indirekten Beeinflussung der Familienspaltung, und natürlich in der Beziehung zum Sohn und besonders zur Schwiegertochter. Vgl. Wolf (1970).

216 In der konfuzianischen Ethik galt es daher als ein Verbrechen, die eigene Fähigkeit zur Reproduktion zu schädigen. Dies war z.B. ein besonderer Streitpunkt im Zusammenhang der Auseinandersetzungen mit der buddhistischen sangha in der Tang-Zeit. Vgl. wieder Ch'en (1973).

217 Vgl. Weggel (1980b), S.179ff.

218 Pelzel (1970). Illustrativ ist auch der Vergleich, den Silin (1976) zwischen chinesischen und japanischen Organisationen erstellt.

219 Grundsätzlich wieder Lévi-Strauss (1977), S.41ff. Zum chinesischen Fall vgl. die zum Teil kontroversen Schilderungen bei Gamble (1954), Potter (1970), Pasternak (1972), Watson (1982) und Strauch (1983). Strauch vertritt übrigens expressis verbis die Auffassung, daß es sich bei der Verwandtschaft um ein 'Idiom' handele.

220 Zu Lineage und Clan aus historischer Sicht Watson (1982) und detailliert Baker (1979), S.49ff.,67ff. Eine interessante Fallstudie von Lineage-Organisationen und ihrer Entwicklung im 20.Jhd. bietet Woon (1984). Zu den finanziellen Organisationsformen insbesondere der Clans Baker (1977). Daß auch Lineages Interessen- und Zweckgemeinschaften sind, läßt sich an der Beobachtung ablesen, daß zwischen Lineages Konflikt ebenso möglich ist wie Kooperation; hierzu besonders Strauch (1983).

221 Sangren (1984), S.410, spricht von 'deeper levels' der Kultur, die zu unterschiedlichen 'adaptive responses' in der Lage sind.

222 Vgl. Gold (1985), S.659ff.

223 Vgl. grundsätzlich Yang (1957). So wird bei Geschäftskontakten, vor allem mit Ausländern, häufig eine sehr ausgeprägte Zug-um-Zug Politik verfolgt, die zum Aufbau längerfristig stabiler Geschäftsbeziehungen führt. Umfassend hierzu Pye (1982) und illustrativ Rae (1982).

224 Jacobs (1982).

225 Die Bedeutung einer 'guanxi'-Basis wird z.B. neuerdings auch von deutschen Exporteuren erkannt; vgl. ausführlich Harnischfeger-Ksoll/Wu Jikun (1986), S.248ff.

226 Ausführliche Analysen der Bedeutung von 'guanxi' in der chinesischen Politik bietet Pye (1981).

227 In der gegenwärtigen Politik ist vermutlich deshalb ein relatives Zurücktreten des 'Fraktionalismus' zu beobachten, weil die 'guanxi'-Basen recht heterogen sind; in gewisser Weise wirken die gemeinsamen Erfahrungen von reformorientierten Personen mit dem Maoismus vereinend. Die feste Position Deng Xiaopings wurzelt freilich ohne Zweifel in der Möglichkeit, vielfältige 'guanxi'-Basen instrumentalisieren zu können. Dagegen besitzt Zhao Ziyang eher eine technokratische Machtposition. Vgl. ausführlich Sandschneider (1985).

228 Zur Rolle der 'Freundschaft' in sozialen Beziehungen vgl. illustrativ Shirk (1982), S.126ff.

229 'Guanxi' und 'ganqing' spielen im traditionellen Wirtschaftsverhalten dann eine große Rolle, wenn Transaktionen aufgrund beträchtlicher Unsicherheiten und Risiken nur schwer über Märkte vollziehbar sind. Ein Beispiel für die Rolle des 'Herkunftsortes' ('tong xiang') im traditionellen Finanzwesen schildert Jones (1972) und (1974). Dabei werden die unterschiedlichen Formen sozialer Beziehungen und ihrer affektiven Kennzeichnung emisch deutlich differenziert; Markttrans-

aktionen werden von partikularistischen Beziehungen jedoch nicht berührt - es besteht eine deutliche Präferenz für Kleinbetriebe eines Einzelunternehmers, die in eher unpersönlicher Konkurrenz zu anderen Unternehmen stehen. Wird es jedoch erforderlich, größere Unternehmen zu gründen oder engere Formen der Kooperation zu entwickeln, dann sind 'ganqing' entscheidend für die Auswahl der Partner und die Stabilität einer Verbindung. 'Ganqing' sind dabei eine besondere Qualität auch der Beziehungen zwischen Verwandten; ohne 'ganqing' ist eine Geschäftsbeziehung zwischen Brüdern beispielsweise keinesfalls stabil genug. Zum traditionellen Wirtschaftsverhalten besonders DeGlopper (1972) und Silin (1972). Was die Präferenz für Betriebe von Einzelunternehmern angeht, so lassen sich einige interessante Beobachtungen vermerken. Oberschall/Leifer (1986) S.248f. verweisen auf eine empirische Untersuchung von Hamilton und Biggart, die zu zeigen versuchen, daß diese Präferenz auch dann dominant ist, wenn Transaktionskostenüberlegungen das Gegenteil vermuten lassen. In der heutigen Agrarpolitik der Volksrepublik ist bemerkenswert, daß die sog. 'spezialisierten Haushalte' nur begrenzt in der Lage sind, längerfristig stabile Mehrpersonenunternehmen zu gründen. Zur Überbrückung von Finanzierungsproblemen z.B. beim Kauf einer Maschine werden Verbindungen eingegangen, die sich in der Regel auflösen, wenn die kumulierten Einnahmen groß genug sind, um die Maschine zu amortisieren und den Kauf einer zweiten zu finanzieren; vgl. Wu Qianxia/Pan Pengfei (1984). Vgl. auch Ward (1972). Wie Silin (1976) zeigt, werden sogar Großunternehmen vom Prinzip der persönlichen Einzelführung geprägt. Näheres hierzu unten, S.170ff.

230 Relevant sind u.a. Hypothesen 3.3.3.2-14 und 16, 3.3.7.2-4, 5.1-3, 5.2-8, 9 und 16. S.o., S.52ff.

231 Vgl. Jacobs (1982), S.224. Dabei geht es vor allem um die Reduktion von Unsicherheit. Polachek (1983), S.811ff., spricht daher auch von 'risk-sharing arrangements'. So gab es in den Städten beispielsweise auch Assoziationen der blinden Bettler!

232 Sangren (1984).

233 Vgl. Schneider (1986a) zur Frage der Indeterminiertheit des 'organizational choice'. So kann in der Organisationstheorie noch längst nicht verbindlich abgeleitet werden, wo beispielsweise die Vorteile der Spartenorganisation liegen. Ihr Siegeszug in den USA hing ohne Zweifel mit der Möglichkeit zusammen, über die Spartenorganisation dem Ideal des freien Unternehmers am ehesten nahezukommen. Vgl. nur die Ausführungen bei Frese (1984).

234 'Tuanjie' ist der Gegenpol zu 'luan' ('Chaos'). Vgl. Solomon (1971), S.99ff.

235 Schon beim Übergang von der autoritären patriarchalischen Familie zur Lineage, und von dort zum Clan, läßt sich verfolgen, wie die Verkürzung des Zeithorizontes der 'Bilanzführung' reziproker Beziehungen die Bedeutung von Partizipation steigert. Vgl. Baker (1977) und (1979), S.55ff.

236 Dabei spielen natürlich auch allgemeine externe Einflüsse eine Rolle; Wie Liu (1986), S.234ff. z.B. bemerkt, förderte die extreme Unsicherheit der Kulturrevolution den Rekurs

auf persönliche Bindungen.

237 Vgl. ausführlich Dittmer (1981c). Nach wie vor wichtig ist Schurmann (1966).

238 Vgl. hierzu das Statut der KPCh, in deutscher Übersetzung abgedruckt in China aktuell 1982/12, sowie im Detail Manion (1984) und (1985).

239 Deng Xiaoping mußte beispielsweise im Zuge der politischen Auseinandersetzungen und der Versuche einer Verjüngung der Parteispitze eine 'Zentrale Beraterkomission' einrichten, in der die Parteiveteranen politisch aktiv werden können; damit besitzen 'guanxi' und Senioritätsprinzip nach wie vor halbformelle Gegenstücke in der formalen Machtstruktur, ohne daß es sich um voll legitimierte Einrichtungen handelte. Beim Sturz des Generalsekretärs Hu Yaobang sollte sich in der Tat auch herausstellen, daß Gruppenprozesse nach wie vor formale organisatorische Bestimmungen aufheben können.

240 Vgl. ausführlich Schurmann (1966), S.263ff.

241 Zum folgenden ausführlich Pye (1981). Pye vertritt allerdings in gewisser Weise eine Extremposition; vgl. daher auch z.B. Liu (1986), S.232ff. Pye neigt dazu, politische Auseinandersetzungen ausschließlich als Fragen persönlicher Macht zu interpretieren und Sachfragen in den Hintergrund zu drängen.

242 Den Übergangszustand beschreibt Oksenberg (1982) am Beispiel der Wirtschaftspolitik.

243 Vgl. hierzu Domes (1982), S.120ff. und (1984). Im Gegensatz zu Pye spricht Domes Sachfragen eine erheblich größere Bedeutung zu. Dies dürfte z.B. den Reformprozeß auch besser kennzeichnen, vgl. nur Lee (1986) und Herrmann-Pillath (1987a). Zur gegenwärtigen Relevanz der nachfolgenden Ausführungen allerdings Schier (1986b) und Staiger (1986c).

244 Vgl. Falkenheim (1982), S.140ff. und grundsätzlich natürlich wieder Solomon (1971).

245 Hinton (1983), S.718ff. berichtet sehr illustrativ von den abrupten und radikalen Veränderungen der ländlichen Kampagnen, die sich nach der Lin-Biao-Krise ereigneten. Vgl. allg. auch Nee (1983).

246 Vgl. Silin (1976), S.116ff.

247 Eine ausführliche Analyse der Effizienz von 'yundong' bietet Cell (1981). Er gelangt zu dem Schluß, daß die 'yundong' im ökonomischen Bereich wenig erfolgreich war, einige Wirkungen jedoch im politischen und z.B. bei Hygienemaßnahmen zeitigte.

248 Die 'yundong' entspricht in gewisser Weise dem Rezept des 'Auftauens' der 'organizational change'-Theoretiker in der modernen Managementlehre, vgl. z.B. Grochla (1982). Ausführlich zu den 'yundong'-Mechanismen Greenblatt (1977) und Bennett (1977). In der jüngeren Zeit versucht die Politik, das Instrument der 'yundong' stillzulegen, da es wegen allzu häufiger Benutzung abgestumpft ist, vgl. im Überblick Weggel (1984a). Auf der anderen Seite gerät das politische System noch spontan in kampagnenartige Zustände, die nur durch massives Gegensteuern zu beherrschen sind, so z.B. in den Jahren 1984 und 1986/87 mit dem 'Kampf gegen geistige Verschmutzung'

und die 'Bürgerliche Liberalisierung'; vgl. hierzu Staiger (1984a), Schram (1984a), S.437ff. und Sullivan (1988). Der integrative Effekt von 'yundong' ist mit den systemtheoretischen Hypothesen zu CHAN (u.a. hinsichtlich der selbstverstärkenden Wirkung von Interaktionen und zur Reduktion von Komplexität) und zur Systemintegration in Verbindung zu bringen.

249 S.o. S. 136.

250 Detaillierte Übersichten zu den verschiedenen Formen der 'Verantwortungssysteme' findet man u.a. bei Garms (1980b), Weggel (1981b), Domes (1982b) und Schlichte (1985).

251 Vgl. Zhou Taihe et al. (1984), S.273f.

252 Unger (1985a), S.593.

253 Ausländische Betrachter haben daher auch Bedenken hinsichtlich der langfristigen Effizienz der verfolgten Politik geäußert; dabei steht die Überlegung im Mittelpunkt, daß die Bereitstellung wesentlicher öffentlicher Güter im Bereich der Infrastruktur nachhaltig gestört werden könne; so z.B. Stone (1985), Kueh (1985), Lieberthal (1985) oder Muromceva (1985). Auf das Argument von Zweig (1983) und (1985), daß die Politik zum Teil wohl nicht den individuellen Präferenzen entspricht, war bereits hingewiesen worden. Bei Herrmann-Pillath/Herrmann-Pillath (1986) wird allerdings die Auffassung vertreten, daß der autoritäre Prozeß nur die erste Phase der Agrarreform geprägt habe, und sich gewissermaßen selbst die Voraussetzung für die weitere Wirksamkeit entzogen hat. Das Infrastrukturargument hängt mit der klassischen Vorstellung von der 'Kapitalbildung durch Arbeit' zusammen, vgl. Zimmerman (1975). Dagegen sind allerdings die wohlfahrtsmindernden Wirkungen der Kadermacht abzuwägen, vgl. allg. Lardy (1985) und zu konkreten Störungen des Wirtschaftsprozesses Zweig (1986).

254 Pye (1981), S.86. Vgl. die Diskussion bei Falkenheim (1984). Es ist im allgemeinen nur schwer abzuschätzen, ob in China bestimmte Organisationen überhaupt als 'Interessengruppen' o.ä. zu identifizieren sind; wie Segal (1984) zeigt, galt dies im Prinzip nicht einmal für die Volksbefreiungsarmee. Vgl. allg. Ferdinand (1984).

255 Zur Bedeutung der 'nomenklatura' im Zeitalter der Reformen des Kadersystems Manion (1984) und (1985).

256 Zur Rolle des 'Büros' ('ju') ist nach wie vor autoritativ Barnett (1967); vgl. Oksenberg (1982).

257 Dies wurde besonders deutlich, als beim Sturz des Generalsekretärs Hu Yaobang im Winter 1986/87 Deng Xiaoping eindeutig die Beziehungen zu Hu den Beziehungen zu den Angehörigen seiner Generation (Chen Yun u.a.) unterordnete. Um die Loyalität der ältesten Führungsgeneration zu wahren, mußte Deng Hu opfern, der es u.a. gewagt hatte, direkt die Autorität der älteren Generation anzugreifen (Forderung nach Anwendung der Pensionierungsregelungen); vgl. Schier (1987). Man bedenke zudem, daß Hu rein formal der Politik Dengs mit dieser Forderung gerecht wurde; vgl. allg. Lee (1983) und Burns (1983). Die Absetzung Hus verletzte zudem verfahrenstechnisch die Parteistatuten!

258 Systemtheoretisch können die Effizienzverluste mit ver-

schiedenen Hypothesen in Verbindung gebracht werden; allgemein gilt ja, daß Funktionen höherer Ebenen anpassungseffizienter sind. Jede weitgehende Abwärts-Dispersion bringt also einerseits Effizienzverluste mit sich, andererseits jedoch Zeitgewinne, da Entscheidungsprozesse höherer Ebenen mehr Zeit beanspruchen. Ausschlaggebend ist wohl, daß die CHAN und DECO Funktionen auf der Ebene 'Individual' stark vereinfacht werden müssen, um Überlastung zu verhindern. Ein Musterfall ist die 'Exempelpolitik' Maos, wie im Falle Dazhais, vgl. Tsou et al. (1982).

259 Zur 'Defeudalisierung' der Politik bietet Tsou (1983) einen hervorragenden Überblick. Pye (1981), S.256, weist freilich auch darauf hin, daß die Stärkung der funktionalen Administration (Staatsrat) Teil der persönlichen Strategie Dengs war, um die Machtpositionen in der Partei zurückzuerobern.

260 Zur allgemeinen Problematik der Nachfolge Sandschneider (1985), der im Einzelnen die Auseinandersetzungen nach der Ära Mao analysiert; er kommt zu dem Schluß, daß China sich von der Charakterisierung als 'transitorisches Krisensystem' bei Domes (1982a), S.117, zu einem 'transitorischen Konfliktsystem' weiterentwickelt habe, bei dem die politischen Auseinandersetzungen verstärkt innerhalb der Institutionen ablaufen, und nicht, wie zur Ära Mao, außerhalb und gegen die Institutionen. Domes gelangt freilich zu seiner Charakterisierung, weil er das Generationenproblem für ein langfristig bestehendes hält. Zur Generationenfrage allg. Braungart/Braungart (1986). Die Rolle von Individuen in der Politik kommunistischer Systeme ('Personenkult') diskutieren Adelman (1983), Paltiel (1983) und Gill (1984). Paltiel stellt die systemtheoretisch plausible These auf (s.o., S.71), daß der Personenkult Teil einer 'combat culture' sei, die während der Bürgerkriege entstanden sei und in Friedenszeiten nicht schnell genug abgelegt werden kann; Gill kritisiert diese Theorie und hält eher institutionelle Defekte der Parteiorganisation für auschlaggebend, die die Individuen dazu veranlassen, Unsicherheit über den Personenkult zu reduzieren. Zur Problematik des 'Despotismus' im China der Reform Sullivan (1987); Verbindungen zu Webers Konzept des 'charismatischen Führers' stellt Robinson (1988) her. Die Analysen bei Sullivan (1988) vermögen augenfällig zu illustrieren, welches Gewicht die Stimme Deng Xiaopings bei der Feinsteuerung politischer Prozesse besitzt. Weggel (1985c) diskutiert ausführlich die Frage, ob das politische System heute noch in kulturrevolutionäre Zustände geraten könnte.

261 Vgl. Granet (1980b), S.111ff. und Clarke (1985).

262 Pye (1981), S.129ff.

263 Vgl. aber Tsou (1983). Die Trennung soziopolitischer Teilbereiche, u.a. im Konzept der 'Gewaltenteilung' erfaßt, strahlt als Idee auf die politischen Reformer in China aus; außerhalb des Problems der Trennung zwischen Partei und Management scheint es sich hier jedoch eher um die Vorstellung einer Minderheit zu handeln. Vgl. Falkenheim (1982), S.246f., Seymour (1983), Womack (1984). Moody jr. (1984) weist darauf hin, daß die Hauptströmung der Reformer dem Dilemma ausgesetzt ist, technokratische Lösungen zu fordern, die gleichzeitig autoritär

sind. Vgl. allg. Wildermuth (1977).

264 Dies drückt sich vor allem in der intensiven Verordnungs- und Gesetzgebungsaktivität aus, und in der ständig zunehmenden Bedeutung der Beratung durch Experten. Zum Bereich der Wirtschaftspolitik vgl. nur Lee (1986) und Herrmann-Pillath (1987a). Zur Rolle des Fraktionalismus vor 1978 Oksenberg (1982), S.165ff.

265 Ebd., S.182ff.

266 Vgl. Machetzki (1986c), S.587f.

267 Kokubun (1986). Die allgemeinen Entwicklungen schildert im Detail Barnett (1981), S.12ff.

268 Traditionell besitzen derartige Gruppenprozesse übrigens ein alljährliches Forum auf den sog. 'ZK-Arbeitskonferenzen' im Seebad Beidaihe. Die jüngste weitreichende Entscheidung, die dort abgesteckt wurde, ist im Juli 1988 gefällt worden, als sich Zhao Ziyang mit seiner Vorstellung einer raschen Preisreform nicht durchsetzen konnte, obgleich die verfahrene Lage bei Inflation und Preissystem sinnvollerweise gar keine andere Alternative ließ. Das Ergebnis der persönlichen Auseinandersetzungen zwischen den Führungspersönlichkeiten wurde dann auf der 10.Plenarsitzung des Politbüros des XIII. ZK der KPCh in konkretere Richtlinien für die Administration umgesetzt. Siehe genauer China aktuell 1988/7, S. 506, und /8, S.611ff.

269 Zu den nachfolgenden Ausführungen Bachman (1986).

270 Allerdings überrascht er die Öffentlichkeit immer wieder mit sporadischen Stellungnahmen zu bestimmten Sachfragen, die gleichzeitig symbolisch die weitere Grundlinie der Politik anzeigen sollen. Beispielsweise bezog er im Mai 1988 klare Stellung zugunsten der Position Zhao Ziyangs, die Preisreform möglichst rasch durchzuführen. Vgl. China aktuell 1988/5, S. 354f.

271 Deng wurde jüngst mit der Bemerkung zitiert: "Wie soll man dazu gelangen, ein derart großes Land wie unseres als Einheit '(tuanjie') zusammenzufassen und es zu organisieren? Erstens, auf der Grundlage des Denkens, und zweitens, auf der Grundlage von Regeln." So z.B. Zhongguo jinrong 1985/11, S.21 und /12, S.55. Bei Deng Xiaoping (1983), S.130ff. wird auch deutlich, daß er 'Befreiung des Denkens' und 'Einheit' stets als zusammengehörig betrachtet. Sozialtechnologischer Mittelpluralismus ist daher für ihn nicht gleichzusetzen mit einer Aufhebung der grundlegenden, weltanschaulich fundierten sozialen Kohäsion.

272 Zu den politischen Zielvorstellungen Dengs ausführlich Ng-Quinn (1982) und Bedeski (1988). Den Wandel des Rechtsdenkens in China schildert Gudošnikov (1984) vor dem Hintergrund der Tradition und des Maoismus. In gewisser Weise ist Deng in der Tat der 'chinesischste' der Reformer, da er im Rahmen von Metzger's (1977) Überlegungen als ein Pol der neokonfuzianischen politischen Kultur Chinas aufgefaßt werden kann, bei dem das pragmatische Handeln stets unter der Spannung möglicher Schuld des moralischen Versagens steht; Gegenpol ist der Rigorismus Maos, der ein solches Versagen nicht hinnimmt; vgl. auch Pusey (1981).

273 Chen Yuns frühere Vorstellungen werden häufig als Leitbild der Reform betrachtet und mit exegetischen Kommentaren versehen, so z.B. bei Zhang Youren (1985).

274 Zum folgenden vgl. Pye (1986a).

275 Nach der bisherigen Darstellung ergibt sich eine institutionelle Trennung zwischen Politik und Wirtschaft lediglich aus der Tatsache, daß die entsprechenden ordnungspolitischen Überzeugungen von Autoritätspersonen in der Führungsgruppe vertreten werden. Aus diesem Grunde könnte das Problem reformpolitischer Kontinuität auch ein Problem persönlicher Nachfolge sein. Eine andere Sichtweise wäre die, daß die Systemrationalität von Anpassungsmechanismen auch die Gruppenprozesse in dem Sinne dominiert, daß abweichende Optionen nicht durchsetzbar sind; vgl. Tsou (1983).

276 Vgl. Schneider (1986b).

277 Zu den systemtheoretischen Überlegungen aus ökonomischer Sicht Herdzina (1980), der allgemeine Wachstumsgleichungen entwickelt, bei denen die Fähigkeit eines Wirtschaftssystems zur Transmission von Inventionen eine besondere Rolle spielt.

278 Einige jüngere Stellungnahmen zu dieser Frage finden sich in Jingji guanli 1987/4, S.5ff. und 1988/6, S.9ff. sowie Zhongguo jingji tizhi gaige 1988/6, S.52ff.

279 Jingji guanli 1985/3, S.55ff. Eine ähnliche Auffassung wird beispielsweise im Handbuch für Fabrikdirektoren, Autorenkollektiv (1985), S.3ff., vertreten; vgl. auch Herrmann-Pillath/Herrmann-Pillath (1987), wo eine gedrängte Darstellung der Beziehung derartiger Auffassungen zur kulturellen Tradition Chinas geboten wird. Man sollte dies auch im Zusammenhang sehen mit der Propagation unternehmerischer Ideale durch den Staatsrat; es werden Individuen öffentlich gelobt, die sich gegen den Willen lokaler Verwaltungen und Parteikomitees durchsetzen. Vgl. Jingji guanli 1984/6, S.27ff. und /7, S.4ff. sowie Zhongguo jingji nianjian 1985, S.VIII-22ff.

280 Jingji guanli 1985/10, S.26ff. Das Fazit der Berichterstatter lautet: "Die Untersuchung zeigt uns, daß in den Äußerungen der Fabrikdirektoren zur eigenen Position folgende Besonderheiten auftreten: Bei der öffentlichen Veranstaltung wird gesagt, sie würden den Staat vertreten, doch in den Detailgesprächen, sie würden das Unternehmen repräsentieren; zweitens, wenn die Frage zum ersten Mal berührt wird, spricht man spontan von der Vertretung des Staates, während bei der genaueren Analyse anerkannt wird, daß man die Interessen des Unternehmens vertrete; drittens, bei gewissen Aufgaben im Verhältnis zu Arbeitern und Angestellten sowie bei der politischen Arbeit vertrete man den Staat, bei der nach außen gerichteten unternehmerischen Aktivität aber das Unternehmen. Wir glauben, daß dies einerseits die Komplexität derjenigen Aspekte der Produktionsverhältnisse widerspiegelt, die die Stellung des Fabrikdirektors betreffen, aber andererseits auch die Unsicherheit der Direktoren bei dieser Frage."

281 Bei der vorliegenden Arbeit können noch nicht die neueren Entwicklungen im Bereich der Gesetzgebung zur Unternehmensverfassung und zur Stellung des Fabrikdirektors berücksichtigt werden; allerdings schreiben die neueren Regelungen

in den Grundzügen die Reformexperimente fort bzw. sind derart
allgemein gehalten (Formelkompromisse), daß im Einzelnen die
bisherige Variationsbreite institutioneller Regeln beibehalten
werden kann. Bei den neuen Bestimmungen handelt es sich vor
allem um: "Bestimmungen zur Arbeit des Fabrikdirektors in
volkseigenen Industrieunternehmen", "Bestimmungen zur Arbeit
der Basisorganisationen der KPCh in volkseigenen Betrieben",
und "Bestimmungen zur Betriebsversammlung in volkseigenen Betrieben", alle drei in Guowuyuan gongbao 1987/1, S.3ff., und
natürlich das jüngst erlassene Unternehmensgesetz, abgedruckt
in Guowuyuan gongbao 1988/11, S.363ff. Man beachte außerdem,
daß sich aus verständlichen Gründen das Interesse zumeist auf
den Staatssektor konzentriert, und dabei besonders auf die
sog. 'Großen und mittleren Betriebe'. Von 463.200 Industrieunternehmen sind lediglich 93.700 volkseigen und wiederum 7.900
'große und mittlere' Betriebe. Allerdings wurden die Kollektivbetriebe de facto als Staatseigentum verwaltet; dies soll sich
im Zuge der Reform ändern: Die Kollektivbetriebe haben wesentlich weitere Entscheidungsfreiräume erhalten, müssen jedoch
auch verstärkt auf den staatlichen Schutz verzichten. Vgl.
Zhongguo tongji nianjian 1986, S.233, Jingji guanli 1984/11,
S.3f. und 1985/3, S.4, die einschlägigen Kapitel in Ma Hong
(1983) und (1986), Tang/Ma (1985) und Zhongguo jingji nianjian
1984, S.IX-55ff. und 1985, S.X-26ff; einen guten empirischen
Einblick in variierende unternehmerische Handlungsfreiheiten
geben die Unternehmensberichte in Jingji guanli und Zhongguo
jingji tizhi gaige sowie die Untersuchungen, die in Tidrick/
Chen Jiyuan gesammelt sind. Bei Byrd (1987a,b) wird besonders
gut deutlich, welche Variationsbreite bestehen kann, wenn es
um die Rolle des Marktes für ein konkretes Unternehmen geht.
Es ist daher hier nicht möglich, verallgemeinerte Beschreibungen zu erstellen.

282 Vgl. Jingji guanli 1985/7, S.9ff.,16ff. und /8, S.24ff.

283 Vgl. Jingji guanli 1985/7, S.12ff. und /8, S.21ff.

284 Jiang Yiwei et al. (1985).

285 Man unterscheidet im Bereich des Staatseigentums grob drei
Unternehmensklassen: den staatlich verwalteten Betrieb
('guo you guo ying'), den staatseigenen, aber kollektiv geführten Betrieb ('quan min suo you, jiti jingying') und den
verpachteten Staatsbetrieb ('guo you si ying').

286 Diese Unsicherheit ist prinzipiell auch in den neueren
Regelungen enthalten, vgl. Anm.281. So enthält der vierte
Abschnitt der Bestimmungen zur Tätigkeit des Fabrikdirektors
expressis verbis die Verpflichtung, staatliche Pläne und Weisungen zu beachten. Hinzu kommt noch die Wirkung des 'Verantwortungssystems, das weiter unten, S.251ff., diskutiert wird.

287 Vgl. z.B.Jiang Yiwei (1984a), S.81ff. oder Xue Muqiao
(1983), S.196. Die in Anm. 281 genannten Bestimmungen berücksichtigen diesen Punkt ausdrücklich.

288 Vgl. hierzu wieder Schurmann (1966) und aus chinesischer
Sicht Ji Zhong (1984) oder Ma Hong (1985).

289 Vgl. Liao Jili (1984), S.10, Ji Zhong (1984), S.21, Jingji guanli 1984/6, S.4,22, /8, S.30ff., /11, S.25ff., /12,
S.20ff., 1985/9, S.40, /12, S.23ff., 1987/7, S.31ff. Im letzten Fall wird sogar ein formales Kontrollsystem dargestellt.
Ausführlich vgl. Chamberlain (1987).

290 Zur Bedeutung von disziplinarischen Kontrollen ausführlich Manion (1984) und (1985).
291 Vgl. Jingji guanli 1985/3, S.5, /12, S.27ff., 1987/12, S.32ff. und 1988/2, S.44f. Zur Macht von Parteisekretären vgl. allg. Clarke (1985). Vgl. auch Autorenkollektiv(1985),S.8.
292 Vgl. grundsätzlich Ji Zhong (1984), S.22ff. und Jingji guanli 1985/4, S.46ff.
293 Vgl. Jingji guanli 1985/1, S.39ff., /9, S.39ff. oder 1986/12, S.45ff. Vgl. auch die Unternehmensberichte in Tung (1982).
294 Zwei Musterfälle reformpolitischer Unternehmensverfassungen sind die Statuten der Shanghaier Werkzeugmaschinenfabrik, in: Jingji guanli 1984/11, S.28ff., und die allgemeine Richtlinie der Reformstadt Changzhou, in: Jingji guanli 1984/12, S.37ff. Vgl. allg. Autorenkollektiv (1983b), S.121ff., Autorenkollektiv (1985) oder Jiang Yiwei et al. (1985). Im erstgenannten Fall ist die Position des Direktors z.B. wie folgt umrissen. Befugnisse: Entscheidungsgewalt bei wichtigen unternehmenspolitischen Maßnahmen wie der technologischen Modernisierung; umfassende interne Weisungsbefugnisse; Besetzung von Posten des Top- und Middle-Managements; Festlegung des Prämiensystems. Pflichten: Berücksichtigung aller Normen und Programme von Staat und Partei; Berücksichtigung aller Vorschläge der Führungsgruppe; Planerfüllung bei unternehmerischem Handeln; politische Arbeit und Personalentwicklung; umfassende Rechenschaft. Die Führungsgruppe tagt monatlich; zu ihr gehören u.a. der Direktor, der Parteisekretär und der Chefingenieur.
295 Vgl. die ausführliche Diskussion in Frese (1984), S.252ff.
Was den kulturellen Hintergrund angeht, so sei auf die oben erwähnten Untersuchungen von Wilson/Pusey (1982) verwiesen, die zeigen, daß die Leistungsmotivation von Chinesen stark gruppengebunden ist.
296 Vgl. zweites Kapitel, Abschnitt 3, Hypothesen zu DEC und DECO. Relevant sind natürlich auch die Hypothesen zur Konfliktaustragung; dabei ist entscheidend, welche Art von Konflikten auf welcher Stufe von DEC ausgetragen werden soll, d.h. wann die Konflikte so spezifisch sind, daß eine effiziente Informationsverarbeitung nur dezentral erfolgen kann, oder wann sie über DECO und Kode-Universalisierungen verallgemeinerbar sind derart, daß sie zentral (z.B. über allgemeine Rechtsnormen) reguliert werden können, und so niedrigere Stufen entlastet werden.
297 Zahlen und eine ausführlichere Diskussion des Problems findet man bei Herrmann-Pillath (1987d) und (1988f). Eine interessante Fallstudie zur Praxis der Lohn- und Prämienpolitik ist Hu et al. (1988).
298 Besonders deutlich sind in dieser Hinsicht Ye Lin (1988) Zhao Lukuan/Yang Tiren (1988) und Zhongguo jingji tizhi gaige 1988/4, S.24f. sowie Jingji guanli 1986/2, S.39 und /11, S.30ff.
299 Vgl. Herrmann-Pillath (1988b).
300 Detailliertere Analysen der chinesischen Arbeitsmarktpo-

litik findet man bei Hoffman (1981), White (1983a) und (1987), Gransow (1983), Kosta (1985), Hebel (1986) und Herrmann-Pillath (1987c).

301 Zum betriebsbezogenen Senioritätsprinzip vgl. Korzec/ Whyte (1981), S.262ff. und unter Berücksichtigung der Renten Herrmann-Pillath (1987c) und Davis (1988). Den arbeitsrechtlichen Ausgangspunkt weitergehender Reformversuche im Arbeitssystem faßt Autorenkollektiv (1983c) zusammen.

302 Zum niedrigen sozialen Status der Kollektiv- und Individualwirtschaft vgl. Jingji guanli 1985/5, S.19, Hershatter (1984), Gold (1985) und Heberer (1987). Im Falle der Individualbetriebe kommt noch die erhebliche Unsicherheit hinzu, die von Schikanen mancher Verwaltungen ausgeht; vgl. Perry (1985a), Zweig (1986) und Heberer (1987).

303 Vgl. White (1987), Herrmann-Pillath (1987c) und Davis (1988). Befristet Beschäftigte erfahren nicht nur eine sozialpolitische Diskriminierung innerhalb des Unternehmens, da sie bestimmte allgemeine Dienste nicht frei in Anspruch nehmen können, sondern genießen im Falle eines zeitweiligen Wohnortwechsels (insbesondere vom Land zur Stadt) nicht den Anspruch städtischer Bewohner auf Dienste des städtischen Sozial- und Rationierungssystems; damit gehen sie z.B. der massiven Konsumentensubventionen verlustig.

304 Hier kann leider nicht auf Details eingegangen werden. Der Staat übt allerorts vielfältige Kontrollen aus. So werden z.B. bei sog. 'befristeten Rotationsverträgen' mit ländlichen Arbeitskräften globale Verträge zwischen Unternehmen und ländlichen Verwaltungen geschlossen, die dann die Vermittlung übernehmen; die ländlichen Arbeitnehmer erhalten befristete Aufenthaltsgenehmigungen für die Städte. Vgl. hierzu Autorenkollektiv (1983c), S.122ff., Blecher (1985), Solinger (1985a) und Zhongguo jingji nianjian 1985, S.VIII-10 und X-101ff. Erst im Jahre 1984 wurden im Bereich des Staatseigentums vorsichtige Schritte zur Flexibilisierung des Planungssystems bei der Arbeitskräfteallokation unternommen, vgl. Zhongguo jingji nianjian 1985, S.II-17f. Nach den jüngsten Zahlen gibt es in China 4,3 Mill. Vertragsarbeiter, China aktuell 1987/1, S.22f. Zu diesem fundamentalen Unterschied im Vergleich zu den RGW-Ländern, bzw. insbesondere der UdSSR, Granick (1987). Weitere Informationen, z.B. zur administrativen Funktion der 'Arbeitsdienstleistungsgesellschaften', findet man bei Herrmann-Pillath (1987c).

305 Zur bemerkenswerten Praxis der 'Arbeitsplatzvererbung' bereits Shirk (1981) und ausführlich Davis (1988).

306 Vgl. den Überblick in "Jingjixue dongtai" bianjibu (1982), S.29ff. und Jiang Xuemo (1982), S.211ff. Zu Reformforderungen vgl. Liu Guoguang (1984), S.347ff., Li Kehua/Zeng Muye (1984), Jingji guanli 1987/9, S.7ff., und Jingji kexue 1984/6, S.19ff., 1987/1, S.56 und /3, S.19ff.,24f.

307 So Jiang Yiwei et al. (1985).

308 In der Terminologie Simon's: Die Rahmenbedingungen der Anreiz-Beitrags-Rechnung sind anders, wenn die Bindungen an eine Organisation unterschiedlich stark ausgeprägt sind.

309 Vgl. z.B. Ji Zhong (1985).

310 Vgl. die in Anm.281 zitierte Literatur.

311 Vgl. auch den frühen Überblick bei Lockett (1983). Zum juristischen Hintergrund (bis zur Formulierung neuer Gesetze im Jahre 1987) vgl. Wu Jie et al. (1984), S.37f., Autorenkollektiv (1983c), S.323ff. und Guowuyuan gongbao 1981, S.489ff. Programmatisch wieder Jiang Yiwei et al. (1985).

312 Was die Wahl des Führungspersonals angeht, so sind die Reformexperimente regional sehr unterschiedlich ausgeprägt. Bei den oben erwähnten Musterverfassungen aus Shanghai und Changzhou besteht diese Option erst gar nicht, während in der Industriestadt Harbin Ende 1984 bereits in 38,8% aller Betriebe die Direktoren von der Belegschaft gewählt wurden. Allerdings muß eine Wahl stets durch die zuständige Verwaltung genehmigt werden. Vgl. Zhongguo jingji nianjian 1985, S.V-271f. und Jingji guanli 1984/7, S.34ff., /8, S.25ff., /12, S.20ff., 1985/1, S.24,39 und /3, S.75f. Im Rahmen der jüngsten Experimente mit sog. 'Verantwortungssystemen' besteht auch die Möglichkeit, daß die Betriebsversammlungen Planverträge mit Direktoren abschließen.

313 Jiang Yiwei (1985), S.215ff.,295ff.,337ff. Vgl. Jingji guanli 1984/6, S.38ff., /10, S.23f., /12, S.32ff., und 1985/3, S.75f. Vgl. auch grundsätzlich jüngst Jingji guanli 1988/1, S.48ff.

314 Zur Funktionsweise firmeninterner Vertragssysteme vgl. Jingji guanli 1984/8, S.77, /11, S.76, 1985/3, S.32f.,37, /5, S.26, und /10, S.70ff. Zur Wiedergeburt traditioneller Formen des 'inside contracting' besonders Zhongguo jingji nianjian 1985, S.II-17, IV-43, Ma Hong (1986), S.168f.,173 und Zhongguo jingji tizhi gaige 1987/1, S.14 und /3, S.33. Zur Entwicklung von QC-Gruppen grudsätzlich wieder Jiang Yiwei (1985), S.334f., 396ff., 474ff. Weiterhin vgl. Jingji guanli 1984/6, S.54ff., 76ff., /8, S.47ff., 1985/6, S.46ff., /8, S.42,75ff., /9, S.48f., /10, S.49, Zhongguo guanli xiandaihua yanjiu hui (1982), S. 228ff. und Zhongguo jingji nianjian 1984, S.IX-52.

315 Walder (1982), (1983a,b).

316 Ein beeindruckendes Bild dieser 'danwei'-Funktionen vermitteln auch Whyte/Parish (1984).

317 Eine wichtige Rolle spielen hier die persönlichen Dossiers, die das Individuum von der Wiege bis zur Bahre begleiten, ohne jemals zugänglich zu sein. Sie verzeichnen sämtliche wichtigen Ereignisse im Leben einer Person und sammeln vor allem die regelmäßigen Vorgesetztenbeurteilungen; ausführlich Manion (1984), S.116ff.

318 Zu dieser Rolle in westlichen Unternehmen Schanz (1978), S.130ff. Wird die Gruppe zur indirekten Kontrollinstanz der Unternehmensführung, dann ist es u.a. nicht möglich, Kritik im Vorfeld formaler Partizipationsmechanismen zu formulieren und u.U. abzuklären.

319 Der Aufbau einer Verhaltensschablone wird mit dem Begriff 'biaoxian' bezeichnet; vgl. Munro (1977).

320 Vgl. hierzu Shirk (1982) und (1984).

321 Silin (1976).

322 Vgl. Autorenkollektiv (1985), S.91. Damit ist hier gemeint, daß die Fabrikdirektoren sämtliche wichtigen Vorgänge im Betrieb durch direkte persönliche Weisungen steuern, und die Rolle organisatorischer Regelungen sehr nebensächlich ist. Man könnte dies allerdings auch auf andere Erscheinungen beziehen; bemerkenswert, aber sicherlich nicht die Regel, ist beispielsweise, daß chinesische Organisationen aufgrund der 'danwei'-zentrierten Heiratspraxis von vielfältigen Verwandtschaftsbeziehungen durchdrungen sind, so z.B. beschrieben bei Jingji guanli 1986/10, S.73ff. Von größerer allgemeiner Bedeutung ist jedoch die von Byrd/Tidrick (1987) aufgestellte Hypothese, das chinesische Unternehmen verfolge die spezifische Zielfunktion der Maximierung des Nettofamilieneinkommens seiner Beschäftigten. Dies würde bedeuten, daß für die 'danwei' im Prinzip die Zielfunktion des bäuerlichen Haushaltes gelten müßte! Verschiedene Beobachtungen, wie z.B. die bereits erwähnte hartnäckig fortbestehende Praxis der Arbeitsplatzvererbung stützen diese Vermutung. Zum folgenden ausführlich Walder (1987).

323 Es war bereits auf die Rolle der Verwandtschaft und der Religion hingewiesen worden. Erwähnenswert sind noch die traditionellen Gilden, auf die heute im Zusammenhang der unten noch betrachteten 'Branchenkorporationen' verwiesen wird. Gilden waren lokale Organisationen einer überschaubaren Gruppe von Anbietern einer Ware oder Dienstleistung (im Schnitt rund 30 Personen). Obgleich der Markt im Verhältnis zwischen Anbietern und Nachfragern als Regulativ akzeptiert wurde, galt dies offenbar weniger für die Anbieterkonkurrenz. In chinesischen Städten waren die Anbieter eines bestimmten Gutes stets örtlich konzentriert, so daß ein ständiger Gruppenkontakt möglich war, aus dem sich dann die Gilden als Entscheidungsträger entwickelten. Sie befaßten sich mit so zentralen Fragen wie der Preispolitik und der Zulassung neuer Anbieter. Der Wettbewerb konnte so stark eingeschränkt sein, daß es einem Anbieter verboten war, an Stammkunden eines Konkurrenten zu verkaufen. Im Verlauf des 19.Jhds. entstanden dann aus Gildenzusammenschlüssen Gremien städtischer Selbstverwaltung, die die Finanzierung und Organisation der Produktion öffentlicher Güter übernahmen (z.B. Feuerwehr, soziale Einrichtungen). Dabei bildeten sich wieder die traditionellen Komitee-Hierarchien heraus. Vgl. Rhoads (1974), S.104ff., Elvin (1974), S.242ff., Golas (1977), DeGlopper (1977), S.645ff. oder Kneißel (1978), S.85ff.

324 Vgl. Hertner (1984) zum Selbstverständnis des faschistischen Korporativismus in Italien und grundsätzlich Gäfgen (1987) und Knoke (1986).

325 Dieser Begriff darf nicht mit 'gongsi' verwechselt werden, das im Englischen als 'Corporation' übersetzt wird. Ausführlicher Herrmann-Pillath/Herrmann-Pillath (1987).

326 Vgl. Zhongguo jingji nianjian 1985, S.V-74,X-25 und Ning Zhangqing (1985). Bereits gegen Ende 1984 wurden für einige Produktgruppen Branchenverbände gegründet.

327 Jiang Yiwei (1985), S.51f.,147ff.

328 Umfassend Jingji guanli 1985/9, S.70f. Beispielsweise wurde die erste Korporation in der Verpackungsindustrie gegründet (1980). Im Entwicklungsprogramm dieses Industriezweiges, der in allen Ministerien eine gewisse Rolle spielt, er-

hielt sie im Jahre 1986 bis zum Jahr 2000 die Aufgabe, ein nationales Organisationsnetz parallel zur ministeriellen Verwaltung aufzubauen, um branchenspezifische Industriepolitik zu implementieren. Vgl. Guowuyuan gongbao 1986/7, S.172.

329 Wie Liu (1982) zeigt, führt jede klare hierarchische Gliederung in China notorisch zur horizontalen informatorischen Abschottung der Systeme; daraus lassen sich systemtheoretisch Effizienzverluste ableiten, die in China auch ständig beklagt werden. Vgl. auch bereits Barnett (1967). Die entscheidende Frage ist nun, ob die sich andeutende organisatorische Proliferation unter der gegebenen Anpassungsstruktur der chinesischen Wirtschaftsordnung u.U. das einzige Mittel ist, um den Informationsfluß flexibler zu gestalten. Man bedenke nur, daß heutzutage ein Unternehmen u.U. einer regionalen Verwaltung zugeordnet ist, sektoral einem Ministerium untersteht, feste Verbindungen innerhalb eines Trusts besitzt, und Mitglied einer Korporation ist! In einer solchen Situation ergeben sich andererseits ständig Ansatzpunkte einer Verdrängung des Marktes als Informationsmittler.

330 Vgl. Jingji guanli 1985/9, S.71.

331 Vgl. grundsätzlich Autorenkollektiv (1983c), S.307f. und konkret Zhongguo jingji nianjian 1984, S.IX-55,125 und 1985, S.V-256,258,X-49, Schädler/Peters (1983), S.155f. und Herrmann-Pillath (1988b).

332 Vgl. umfassend Weggel (1982b) und (1987a).

333 Ein Beispiel mag die jüngst angestrebte Politik im Bereich der Verwaltung des Außenhandelsmonopols sein, das bekanntlich ständig der Gefahr einer Auflösung durch regionale zentrifugale Tendenzen ausgesetzt ist. Nach den neuen Bestimmungen zur Vergabe von Exportlizenzen soll der Staat nur noch diejenigen Exportaktivitäten durch die Lizenzvergabe kontrollieren, bei denen ein unmittelbarer Bedarf besteht; dabei gibt es einen zusätzlichen Freiheitsgrad der Steuerung, indem für bestimmte Produkte regionale Zuständigkeiten festgelegt werden können. Branchenkorporationen sollen dann die Regulierung des Exportmarktes in all jenen Bereichen übernehmen, bei denen keine Lizenzvergabe erforderlich ist. Guowuyuan gongbao 1985/30, S.403.

334 Ein Beispiel ist die nationale Korporation der Bildröhrenbranche, die im Jahre 1985 formal gegründet wurde, jedoch de facto schon seit 1980 in Form eines 'Nationalen Komitees' zur Organisation des Wettbewerbes zwischen den Unternehmen bestand; unter 'Wettbewerb' verstand man 'Wettstreit' ('jingsai', nicht 'jingzheng'). Das Komitee wurde auf Initiative des Gewerkschaftsteilverbandes in der Verteidigungsindustrie und eines elektrotechnischen Trusts gegründet, die als Vermittler sog. 'staatlicher Hilfe' ('min ban guan bang') bei der Organisation der Korporation auftraten. Ihr höchstes Leitungsorgan, die Mitgliederversammlung, wird ausschließlich von den beteiligten Unternehmen gestellt. Die Korporation organisiert z.B. den Austausch technologischer Informationen und Technologie zum Selbstkostenpreis oder Bildungsprogramme für Manager; sie tritt sogar als Lobbyist bei der staatlichen Außenhandelsverwaltung auf, wo sie u.a. Importrestriktionen angeregt hat. Vgl. Jingji guanli 1985/10, S.9f.

335 Vgl. nur Willmott (1972), S.1ff., DeGlopper (1972), (1977) oder Silin (1972). Interessant sind auch die Ausführungen Olsen's (1972), der zeigt, daß in Taiwan unternehmerisches Verhalten keinen hohen normativen Wert besitzt. Ein wichtiger Bestimmungsgrund unternehmerischer Aktivitäten war die Abschottung der begehrten öffentlichen Karrieren gegenüber den Taiwanesen seitens der 'Festländer'.

336 Vgl. hierzu Volti (1981), Rehn (1983), Conroy (1984), Simon (1984), Poljakov (1985), Sarafanov (1986) und vor allem Baark (1987). Auf theoretischem Gebiet waren intensive Überlegungen voraus gegangen, inwieweit Produkte geistiger Arbeit 'Warencharakter' besitzen; das Problembewußtsein entstand, weil nur ein geringer Teil wissenschaftlicher Inventionen in China wirtschaftlich effizient genutzt wird (eine Zahl nennt zwischen 10-30%). Man gelangte daher zu dem Schluß, daß zwischen Anbietern und Nachfragern von Technologie Marktbeziehungen aufzubauen seien, die von bestimmten Anpassungsmaßnahmen im Planungsbereich flankiert werden müßten (z.B. Ausweitung der Verfügungsrechte von Unternehmen an Abschreibungsfonds oder Dezentralisierung der Entscheidungsbefugnisse bei der Kreditvergabe für Innovationen). Vgl. Liu Guoguang (1984), S.236ff.,365ff. und früh Autorenkollektiv (1982), S.282ff.; weiterhin Zeng Yongshou (1985), Zhongguo jinrong 1984/7, S. 15f., Jingji guanli 1985/7, S.20ff., /8, S.65f., Guowuyuan gongbao 1985/5; S.101ff., /9, S.201ff., /14, S.419ff. und 1986/8, S.221ff. sowie Herrmann-Pillath (1985), S.33ff. und die dort zitierte Literatur.

337 Eine deutsche Übersetzung des Patentgesetzes findet man in China aktuell 1984/6, S.334ff.; Zusatzvorschriften siehe Guowuyuan gongbao 1985/3, S.53ff., /28, S.966ff. Zur theoretischen Diskussion Autorenkollektiv (1982), S.300ff. und Autorenkollektiv (1983d), S.383ff.,407ff. Hier wird übrigens deutlich, daß es sich nicht, wie Weggel (1984b) annimmt, um eine rein außenwirtschaftlich motivierte Maßnahme handelt. Weitergehende Erläuterungen erfolgen in Harnischfeger-Ksoll/Wu (1986) und Jingji guanli 1985/6, S.61ff., /7, S.63ff., und /8, S. 61ff. Zum Recht der Technologietransferverträge vgl. Zhongguo jingji nianjian 1985, S.X-40f. Zu konkreten Entwicklungen vgl. Zhongguo jingji nianjian 1985, S.V-124f.,VIII-28f.,X-37f., Jingji guanli 1984/4, S.14ff., /9, S.12f., /11, S.6ff., 1985/ 2, S.18ff., /3, S.8 und /7, S.23ff. und China aktuell 1987/2, S.97ff.

338 Vgl. aber Kornai (1975), Kaufer (1980) und Röpke (1983a,b).

339 Vgl. das Konzept der 'Teleologie' bei Rudolph/Tschohl (1977) und Campbell (1987).

340 Klassische Fälle sind die Verdrängung merkantilistischer Wirtschaftstheorien durch den ökonomischen Liberalismus, also im Prinzip die Geschichte der Adam Smith-Rezeption, vgl. Streißler (1981), und natürlich die bis heute währende Konkurrenz zwischen Ost und West.

341 Eine klassische Analyse der kontraintuitiven Aspekte der Markttheorie hat Stützel (1979) erstellt; vgl. zu einer anderen Thematik auch Schelling (1978). Stützel erläutert ausführlich, wie einzelwirtschaftliche Theorien (Ebene 'Organization'), angewandt auf gesamtwirtschaftliche Zusammenhänge, zu

Fehlschlüssen führen (Ebene 'Society'). Historische Fälle sind beispielsweise der Merkantilismus, bei dem eine unangemessene Übertragung einzelwirtschaftlicher Haushaltsprinzipien auf die Gesamtwirtschaft dazu geführt hat, die Wohlstands- und damit auch Einnahmeneffekte freien Handels zu übersehen, und die Theorie der Zentralverwaltungswirtschaft. Wie oben geschildert, hat es auch in China die Entdeckung gegeben, daß 'fu guo' und 'fu min' eng zusammenhängen. Vgl. auch unten, S.264ff.

342 Ökonomisch formuliert, sind emergente Eigenschaften 'öffentliche Güter', da sie nicht von einer einzelwirtschaftlichen Nutzenrechnung erfaßt werden können. So ist der Wettbewerb ein öffentliches Gut, das vom Staat erst produziert werden muß. Ohne die Markttheorie wäre wiederum die Identifikation dieses öffentlichen Gutes nicht möglich. Vgl. ähnlich Bonus (1981).

343 Siehe ausführlich Herrmann-Pillath (1987a).

344 Vgl. grundsätzlich wieder Tsou (1983). Eine detaillierte Fallstudie der Beziehungen zwischen wirtschaftspolitischer Beratung, politischen Führern und Reformpolitik bietet Lee (1986). Vgl. auch Krug (1984) und White (1987).

345 So ist beispielsweise der Keynesianismus durch die Stagflation ausselektiert worden.

346 S.o., S.137ff.

347 Baum (1982). Eine interessante Fallstudie zu entsprechenden Kommunikationsproblemen zwischen chinesischen und amerikanischen Wissenschaftlern ist Spitzer-Christoff (1986).

348 So ist z.B. im Falle der westlichen Nationalökonomie verwunderlich, warum die neoklassische Gleichgewichtstheorie so hartnäckig ihren Platz im Zentrum der Nationalökonomie wahren kann, obgleich ihr Kontakt zur Wirklichkeit so schwer herstellbar ist. Heterodoxen Forschungsansätzen, die versuchen, die Komplexität realer Phänomene zu erfassen, wird regelmäßig vorgeworfen, in Theorielosigkeit oder Ad-hoc Kontingenz zu verfallen. Dies ist kaum durch rationale wissenschaftliche Methodologien erklärbar, entspricht aber einer evolutionstheoretischen Sicht der Dinge.

349 Der Begriff der 'Landesnatur' ('guo qing') spielt daher eine zentrale Rolle; vgl. besonders Liu Hong/Wei Liqun (1982).

350 Vgl. Lee (1986), S.70 und Xue Muqiao (1982), S.259, Sun Yefang (1983), S.304, Ma Hong (1983), S.30,162ff. sowie Tong Dalin/Liu Ji (1984).

351 So bemerkt ein Reformtheoretiker zum Problem der organisatorischen Modernisierung chinesischer Unternehmen mit Hilfe ausländischer Managementtheorie: "Deshalb besteht, wenn man von Modernisierung spricht, zunächst einmal ein Problem der Sinisierung." Jiang Yiwei (1985), S.333ff.,396ff.,485ff. Zur Forderung nach einer 'spezifisch chinesischen' Betriebswirtschaftslehre vgl. auch Ma Hong (1985), S.7,, Autorenkollektiv (1985), S.20f. oder Li Yue (1984). Ähnlich zur Entwicklungstheorie und -politik Meng Dingzhu (1984) und Liu Guoguang (1984), S.28ff.,65ff. Eine solche Entwicklung wird auch durch die staatliche Forschungsförderung bestärkt, die verlangt,daß

sozialwissenschaftliche Forschungen möglichst unmittelbar praktisch relevante Ergebnisse zeitigen sollten; vgl. Zhongguo jingji nianjian 1984, S.V-245ff. und 1985, S.V-247ff. sowie Guowuyuan gongbao 1985/27, S.925ff.

352 Vgl. Lin Zili (1984), S.30, Wang Haibo (1985), S.9f. oder Zhang Chaozun (1985). Vgl. allg. Pye (1986b).Westliche Beobachter mißverstehen derartige Überlegungen oft als 'Abkehr vom Marxismus', wie auch Schier (1984b) erläutert. Wie die jüngste Diskussion um die 'historische Beschränkung' des 'Kapital' zeigt, sind einige radikale Thesen allerdings tatsächlich auch in China umstritten; vgl.z.B. Jiang Shaojin/Li Wei (1986).

353 Vgl. wieder Baum (1982).

354 Es geht hier um die klassische Formel des konfuzianischen Reformers Zhang Zhitong, man solle die westliche Technik als Instrument in der Praxis nutzen, im Kern aber die chinesische Geisteshaltung bewahren; vgl. z.B. Opitz (1969a) und zur heutigen Relevanz dieser Formel Staiger (1984a).

355 Überblicke über diese Argumente findet man bei Nathan (1985). Vgl. auch P.C.Huang (1969). Eine solche Überlegung zur Rolle des Nationalismus bei der offensichtlichen Überlegenheit der westlichen Nationen hing eng mit der intensiven Rezeption sozialdarwinistischer Auffassungen zusammen.

356 Der Sunyatsenismus ist insofern auch die gemeinsame Wurzel der beiden zur Zeit nebeneinander bestehenden chinesischen Staaten; dementsprechend gibt es eine Fülle von Gemeinsamkeiten, die Weggel (1985b), S.527ff., sehr schön herausstellt. Die Aufzählung läßt die breite Bewegung traditionalistischer Auffassungen beiseite, da sie nicht direkt mit der Entwicklung des Marxismus zusammenhängen. Hier wäre besonders auf den bedeutenden Philosophen Liang Shuming zu verweisen, der in hohem Alter nun auch wieder in der Volksrepublik zu Ehren gelangt. Vgl. im Detail Alitto (1979). Auch hier spielte der Begriff der 'nationalen Identität' eine wichtige Rolle, wurde allerdings stark überhöht, indem eine 'Sinisierung der Menschheit' als höchstes Stadium der Kultur prognostiziert wurde.

357 Vgl. Meisner (1969) und Opitz (1969). Bis heute verbirgt sich der Sinisierungsgedanke in der Formel der 'Mao Zedong-Ideen', vgl. Resolution (1981), S.63ff.

358 Zu Sun Yatsen Viechtbauer/Wegmann (1969) und die einschlägigen Ausführungen in Wang (1966). Bei seinem Freiheitsbegriff ist zu beachten, daß in der chinesischen Geistestradition ein rechtes pendant zum europäischen Freiheitsverständnis fehlt; 'individuelle Freiheit' besitzt immer den Beigeschmack des 'Sich-gehen-lassens'; vgl. Eberhard (1971), S.8ff. und Bauer (1974), S.200ff.,473ff.

359 Vgl. ebd., S.530ff. Bis in die jüngste Zeit argumentierten sowjetische Kommentatoren in dieser Richtung; z.B. mißt man die Qualität der Reformpolitik an den Konsequenzen für die Industriearbeiterschaft als Klassenkategorie (nicht im Sinne einer Interessengruppe). Ausführlich hierzu Herrmann-Pillath (1986), S.43ff.

360 Ausführlich Meisner (1969). Die Frage der Agrarrevolution

wurde zu einem dauerhaften Konfliktstoff zwischen KPCh und KPdSU; vgl. Schram (1981), S.410ff. und Herrmann-Pillath (1986), S.35ff.

361 Wie Metzger klassisch erläutert hat, lag ein solcher Dualismus auch der neokonfuzianischen politischen Kultur zu Grunde. Zum Abschluß seines Werkes (1977) leitet er interessanterweise aus dieser Analyse eine Prognose der Reformpolitik nach Mao ab. Zur Rolle allgemeiner und schwer operationalisierbarer Werte in der Dynamik chinesischer Politik auch detailliert Madsen (1983). Den Dualismus des chinesischen Marxismus diskutiert auch Schram (1981). Zur Politik Maos in der Zeit vor dem 'Großen Sprung' vgl. den Überblick bei Kraus (1979), S.22ff. und detailliert Zhao Xiaomin et al. (1981). Vgl. weiterhin Opitz (1969b), S.201f.,220ff.

362 Dabei spielte der spätere Chefideologe des 'Maoismus', Chen Boda, vermutlich bereits eine entscheidende Rolle; ausführlich Wylie (1979).

363 S.o., S.1ff.und Gey (1984).

364 Vgl. bereits Huang Songling (1980), S.54ff. (eine neu editierte Arbeit aus den sechziger Jahren), Deng Xiaoping (1983), S.154f., Hu Xichuan (1985), Jingji guanli 1985/1, S. 66f. und vor allem folgendes ausführliches Zitat aus Jingji guanli 1985/3, S.63:

1. Grundlegende Aufgabe des sozialistischen Entwicklungsstadiums ist die Entfaltung der gesellschaftlichen Produktivkräfte und, den sozialen Wohlstand immer mehr zu steigern, unablässig die täglich wachsenden materiellen und kulturellen Bedürfnisse des Volkes zu befriedigen.
2. Der Sozialismus soll die Armut abschaffen, man darf nicht die Armut zum Sozialismus erklären.
3. Die Gesellschaft des Sozialismus muß gewährleisten, daß der materielle und kulturelle Lebensstandard ihrer Mitglieder schrittweise ansteigt, und daß das Ziel des gemeinsamen Wohlstandes erreicht wird. Wenn man jedoch diesen gemeinsamen Wohlstand als egalitären und gleichmäßig wachsenden Wohlstand begreift, wird man dieses Ziel nicht erreichen und notwendig zu gemeinsamer Armut gelangen.
4. Die Politik, einen Teil der Menschen dazu anzuregen, auf der Grundlage ihrer angestrengten Arbeit zuerst wohlhabend zu werden, ist der notwendige Weg der gesamten Gesellschaft zum Wohlstand. Wird zuerst das Leben eines Teiles der Menschen gut, so wird dies unbedingt eine gewaltige beispielhafte Kraft besitzen, ein Echo in der Umgebung finden und die Menschen in anderen Einheiten und Regionen dazu veranlassen, von ihnen zu lernen. Auf diese Weise wird die gesamte Volkswirtschaft dazu angeregt, sich in einer wellengleichen Bewegung fortzuentwickeln, und die Völker jeder der Nationalitäten des ganzen Landes können vergleichsweise schnell wohlhabend werden.
5. Die Politik, einen Teil der Menschen dazu anzuregen, auf der Grundlage ihrer angestrengten Arbeit zuerst wohlhabend zu werden, bedeutet auf gar keinen Fall die Entstehung zweier Klassen. Nach dem sozialistischen Prinzip der Verteilung nach Arbeit kann die Spanne zwischen Arm und Reich nicht übermäßig groß werden. Die Differenz, die entsteht, wenn zuerst ein Teil der Menschen wohlhabend wird, ist ein Unter-

schied der Reihenfolge und der Geschwindigkeit zwischen den Mitgliedern der gesamten Gesellschaft auf dem Weg zum gemeinsamen Wohlstand, und keinesfalls jene Aufspaltung in zwei Klassen, bei der eine äußerst geringe Zahl von Menschen zu Ausbeutern wird, und die Mehrzahl in Armut verfällt.

365 Vgl. Xu Dixin (1979), S.583ff.

366 Vgl. Wu Jie et al. (1984), S.54ff., wo die Rolle entsprechender Machtmittel verfassungsrechtlich erläutert wird. Zu bedenken ist, daß der Begriff der 'Diktatur des Proletariats' in China schillernd ist, vgl. Meisner (1983), und daß die derzeit gültige Verfassung von einer 'Volksdemokratischen Diktatur' spricht, d.h. die Politik versucht sich auch hier von der klassentheoretischen Interpretation des Begriffs zu lösen, wie dies auch schon zur Zeit der 'Einheitsfrontpolitik' der Gründungsjahre der VR China der Fall gewesen war.

367 Jiang Xuemo (1982), S.166ff.; interessant ist ein Vergleich mit traditionellen Auffassungen, wie sie Pye (1982), S.76ff., schildert. Jiang drückt sich so aus, daß 'gegenseitige Hilfe und gegenseitiger Nutzen' ('hubang huli') im Sozialismus vorherrschten, und nicht 'gegenseitige Hilfe und Kooperation' ('hubang hezuo'). Aufschlußreich ist auch folgendes Zitat:

> Wir müssen die Einheit des individuellen materiellen Nutzens und des materiellen Klassennutzens realisieren. Der gemeinsame Klassennutzen war zu jedem Zeitpunkt der Geschichte aus den materiellen Interessen der 'Privaten' entstanden, sobald sich aber das gemeinsame Interesse einmal herausgebildet hat-hatte, unterschied es sich vom privaten. Aber dies bedeutet keinesfalls, daß man den individuellen Nutzen negieren könnte. Der individuelle Nutzen ist die Grundlage des Konzentrates des gemeinsamen Klaseninteresses, und sobald man diese Grundlage verläßt, kann man nicht mehr von einem gemeinsamen Klasseninteresse sprechen. Gleichwohl ist das gemeinsame Klasseninteresse letztendlich als der individuelle Nutzen der Klassenmitglieder zusammenzufassen.

Dai Cheng (1983), S.27f. Dies schließt aber nicht die Ablehnung des westlichen Individualismus aus, vgl. Zhou Qinying (1984), S.4 oder Zhang Zhengming (1985), S.70. Zur praktischen Relevanz dieser Überlegungen vgl. nur Autorenkollektiv (1982), S.300ff., Jingji guanli 1985/1, S.27, Huang Zhiling (1985) und Zhongguo jinrong 1985/2, S.31ff. und 1986/2, S.25ff.

368 Hu Qiaomu (1984). Zum Hintergrund ausführlich Schram (1984). Vgl. auch Shang Dewen (1984).

369 Hierzu gehört auch die scharfe Reaktion auf Liberalisierungsbestrebungen im künstlerischen Bereich, vgl. z.B. Pollard (1985). Womack (1984), S.424ff. spricht sogar prägnant davon, daß zur Zeit zwar die Bereiche politischer Indifferenz ausgeweitet worden seien, auf der anderen Seite jedoch die Bereiche politischer Immunität beträchtlich reduziert. Vgl. auch Scharping (1987). Der gesamte Themenkomplex der sog. 'sozialistischen geistigen'Zivilisation'ist hier einzubeziehen.

370 Bereits in den dreißiger Jahren war die KPCh einmal von stalintreuen Genossen gesäubert worden, in den fünfziger

ein weiteres Mal im Zuge der Gao Gang-Affäre. Rechnet man Liu Shaoqi als Repräsentanten dieser Gruppierungen, kommt eine dritte große Säuberung hinzu; vgl. Hsia (1971).

371 Clausen (1983).

372 Im heutigen China sind echte Stalinisten selten. Allerdings ist man in China nie dem Muster der sowjetischen 'Destalinisierung' gefolgt, vgl. Martin (1979). So sind ohne weiteres positive Wertungen von Teilbereichen der Politik Stalins zu entdecken, wie z.B. bei Sun Yefang (1982), S.325ff. oder Jiang Xuemo. Eine Koalition zwischen Sinosozialisten und Orthodoxen bestand z.B. nach dem 'Großen Sprung', vgl. Domes (1982a), S.46ff. Zur komplexen Beziehung zwischen Maoismus und Stalinismus vgl. Friedman (1982).

373 Man vgl. nur Mao Zedong (1969), S.638ff. und Ma Yinchu (1981b), S.7ff. und besonders S.196ff., wo die geistige Nähe zu den 'Zehn großen Beziehungen' besonders deutlich wird. Vgl. auch Gray/Gray (1983).

374 Vgl. Meisner (1981) und Christensen (1983).

375 So z.B. Xu Dixin (1979), S.145ff. oder Xue Muqiao (1983).

376 Zur aktuellen Situation vgl. China aktuell 1986/5, S.266ff. und /6, S.342ff. Das problematische Verhältnis zwischen Politik und universitärem Liberalismus schildert Israel (1983) detailliert; dort wird auch deutlich, daß es sich nicht nur um ein Problem des sozialistischen China handelt. Insofern könnte hier wieder ein Beispiel für Solomons (1971), S.268ff., Furcht vor 'luan' gesehen werden. Vgl. prinzipiell auch Hayhoe (1987) und zum entwicklungspolitischen Bildungsdirigismus auch konkret Bastid (1984).

377 Lin (1981).

378 Damit ist natürlich nicht das 'basisdemokratische' Modell gemeint, das z.B. Kosta (1984) schildert. Hier sollte deutlich geworden sein, daß die 'Öffentlichkeitswirkung' des Maoismus im Westen ein verzerrtes Bild der Variationsbreite 'sinosozialistischer und -kommunistischer' Ansätze produziert hat. Zum 'chinesischen Modell' alter Prägung vgl. auch Küng (1983), S.33ff.

379 So spricht man z.B. von einer 'Planwirtschaftslehre' als interdisziplinärer technischer Lehre von den wirtschaftspolitischen Instrumenten des Staates; vgl. Huang Songling (1980), S.263ff. oder Autorenkollektiv (1983a), S.3. Fachdisziplinen wie die Industriewirtschaftslehre besitzen einen noch weiteren Abstand von der Politischen Ökonomie.

380 Vgl. Xu Dixin (1980a), S.33ff.

381 Vgl. Zhongguo jingji nianjian 1985, S.IX-9f. oder Jiang Xuemo (1982), S.4f., Sun Yefang (1982), S.177,216ff. und Liu Guoguang (1984b), S.1ff. Sun vertritt z.B. die Auffassung, daß die sozialistische Orthodoxie ungerechtfertigterweise die naturalwirtschaftliche Produktionsweise auf die Industriegesellschaft übertragen habe, die sie nach der Revolution in Agrargesellschaften vorfand.

382 Xu Dixin (1981), S.106ff.

383 Das Thema 'Das System ökonomischer Gesetze im Sozialismus'

wurde von der Fachwelt bereits 1979 und 1980 aufgegriffen, und war dann zwischen 1982 und 1984 Gegenstand von drei Symposien. Es gibt auch eine spezielle akademische Vereinigung, die sich seiner Erforschung widmet. Man beobachtet dabei intensiv die osteuropäische Heterodoxie, und bezeichnet die Theoriebildung in der UdSSR eher als rückständig. Vgl. Xiang Qiyuan (1985), Žuravlev (1985) und Herrmann-Pillath (1986).

384 Besonders radikal ist diese Position von Hu Peizhao formuliert worden; er meint, das sog. 'Gesetz von der planmäßig-proportionalen Entwicklung' sei eine grundlegende Verfälschung der sozialistischen Politökonomie durch Stalin. Es besitze entweder gar keinen eigenständigen Erkenntniswert oder sei lediglich eine Legitimation subjektivistischer Planungsmacht. Hu Peizhao (1986).

385 Die Planung berge die Gefahr in sich, daß Planer aufgrund ihrer Machtposition nur den autoritären, nicht aber den wissenschaftlichen Charakter der Planung sähen. Die Planwirtschaft sei daher mit einem 'feudalen Haushalt' zu vergleichen. Siehe Jiang Yiwei (1982), S.32ff. und Sun Yefang (1983), S. 304.

386 Orthodoxe Autoren neigen allerdings dazu, das Wertgesetz in seiner reinen Form dem Kapitalismus zuzuordnen und in der Planwirtschaft ein eigenständiges Phänomen zu sehen. Zur Diskussion vgl. Zhang Weida (1981), S.41, Jiang Xuemo (1982), S.204ff., Ye Jingzhe (1983), Hu Peizhao (1986) oder der Überblick in Zhongghuo jingji wenti 1985/5, S.61ff.

387 Vgl. Dai Cheng (1983), S.36, Zhang Weida (1981), S.49 oder Zhang Hongxiang (1985).

388 Sun Yefang, einer der Vertreter der 'absoluten' Gültigkeit des Wertgesetzes, erläutert beispielsweise, daß die Budgetprobleme und der Inflationsschub von 1980 direkt damit zusammenhingen, daß der Staat die Agrarpreise nicht gemäß dem Wertgesetz festgelegt hatte und daher zu laufender Subventionierung gezwungen war; Sun Yefang (1982), S.238ff. und vgl. "Jingjixue dongtai" bianjibu (1982), S.104ff. oder Deng Huansong (1984). Manche Autoren fordern daher, daß die Planung im Sozialismus prinzipiell nicht Mengenplanung, sondern 'Wertplanung' zu sein habe. Man stellt sich dabei eine Art 'planification' vor, eventuell mit einer vollständigen Dominanz von Marktpreisen, in der Regel aber ein Mischsystem unterschiedlicher Planungsformen und Preisarten. Vgl. Liu Guoguang/Zhao Renwei (1982), Liu Hongru (1984), (1985), Dai Guanlai (1985), Hu Xichuan (1985) oder Shen Liren (1985).

389 Vgl. Zhang Weida (1981), S.44.

390 Tang Guojun (1985). Auch im wichtigen Reformbeschluß des ZK vom Herbst 1984 tritt nur die unklare Formulierung auf, daß die Reform zur Implementation eines Planungssystems zu führen habe, welches das Wertgesetz bewußt nutzt.

391 Vgl. Chen Yongzhong (1984) oder Zhuang Zongming (1985).

392 Vgl. Xu Dixin (1980a), S.40.

393 Meng Dingzhu (1984), S.26f. meint beispielsweise:

Man sieht daher, daß die Methodologie, die wir suchen, eine wissenschaftliche Methodologie ist, die den objektiven Er-

fordernissen des ganzheitlichen Charakters des sozioökonomischen Systems unseres Landes gerecht wird und spezifisch sinosozialistisch ist. Was die wissenschaftliche Essenz betrifft, so handelt es sich um eine ganzheitliche wissenschaftliche Theorie und Methode, die alle mit dem Inhalt des Untersuchungsobjektes - des sozioökonomischen Systems - zusammenhängenden Theorien und Methoden zusammenfaßt und ein spezifisches System wissenschaftlicher Forschungsmethoden gestaltet, das geeignet ist, in spezialisierter Weise die Probleme der makroökonomischen Lenkung und Kontrolle der sozialistischen Wirtschaft unseres Landes zu untersuchen und zu lösen. Diese Theorie und Methode sollte die 'Systemökonomie' sein. Dies deshalb, weil:
1. Das eigentümliche Forschungsobjekt ist das System, die Theorie besitzt einen ganzheitlichen Charakter. Die Politische Ökonomie untersucht ebenfalls diese Gesamtheit, kann aber die technischen Probleme innerhalb dieses gesamten Systems nicht lösen, denn sie untersucht tatsächlich nur einen Aspekt der Gesamtheit - die Produktionsverhältnisse. Was Fragen angeht wie die Elemente und Verteilung der Produktivkräfte, wie man die planmäßig-proportionale Entwicklung dieser Gesamtheit gestalten soll, oder wie sie wissenschaftlich fundiert gesteuert werden kann, darauf gibt die Politökonomie keine erschöpfende Antwort. Antworten liefern hingegen die Wissenschaft der Produktivkräfte, die Planwirtschaftslehre oder die Wissenschaft der volkswirtschaftlichen Lenkung, die ihrerseits nur bestimmte Aspekte des Ganzen untersuchen. Jede Teildisziplin löst nur Teilprobleme. Die Systemökonomie möchte sozioökonomische Probleme als lebendigen Ausdruck eines 'lebenden Organismus' betrachten, und erforscht dessen umfassenden Inhalt und Bestandteile sowie jeden seiner Aspekte und Glieder; weiterhin analysiert sie ihn, indem sie vom Makrobereich zum Mikrobereich fortschreitet, und ihn inmitten der vielfältigen Beziehungen der vertikalen, horizontalen und quer verbundenen Netzstruktur sowie in Ruhe und Bewegung untersucht.
(...).
Verwandte Beiträge sind <u>Chen Bing/Xie Shusen</u> (1985), <u>Sun Dade</u> (1985) oder <u>Xiang Qiyuan</u> (1985). Das Systemdenken besitzt in China tiefe geistige Wurzeln. In der Wirtschaftswissenschaft hat diese ganzheitliche Betrachtungsweise ohne Zweifel <u>Ma Yinchu</u> (1981b) besonders gefördert, der den ökonomischen Entwicklungsprozeß konkret-intuitiv als spiralförmige Aufwärtsentwicklung eines komplex interdependenten Systems interpretierte, bei dem man kein Teil isoliert betrachten dürfe.

394 Vgl. <u>Liu Guoguang</u> (1984a), S.1ff. In diesem Zusammenhang ist die Wertung <u>Maos</u> bei <u>Xu Dixin</u> (1980), S.40, interessant.

395 Hierzu auch <u>Lin</u> (1981). Eine ausführliche Darstellung der Überlegungen <u>Ping Xins</u> findet man bei <u>Sun Yefang</u> (1982), S.79ff. <u>Ma Hong</u> (1983), S.107ff. geht bei der Analyse der chinesischen Industriestruktur von einem verwandten Ansatz aus. <u>Ping Xins</u> Position wurde besonders von den 'Subjektivisten' der Kulturrevolution abgelehnt, denn er schrieb z.B. der technologischen Entwicklung des 'Produktionsgegenstandes' als 'drittem Element' der gesellschaftlichen Produktivkräfte eine wesentliche Rolle in der sozioökonomischen Entwicklung zu.

Ping Xin wurde während der Kulturrevolution ermordet. Heute gibt es sogar eine eigene wissenschaftliche Vereinigung für 'Produktivkraftökonomie', deren Vorsitzender der bekannte Ökonom Yu Guangyuan ist.

396   Zur allgemeinen Diskussion vgl. "Jingjixue dongtai" bianjibu (1982), S.3ff.,15ff. Eine orthodoxe Kritik Ping Xins findet man bei Jiang Xuemo (1982), S.53ff.

397   Zhongguo jingji nianjian 1985, S.IX-9ff.

398   Lin Zili (1984); vgl. kritisch Li Xu'ai (1984) und zum weiteren Umfeld 'arbeitstheoretischer' Denkansätze auch Zhang Zhuoyan (1985) oder Chen Dehua (1985).

399   Die Differenzierung zwischen 'Produktionsverhältnissen' und 'Arbeitsweise' führt Lin darüber hinaus letztlich auf zwei unterschiedliche Aspekte der menschlichen Arbeit zurück. Sie verfolge einerseits das Ziel, Mittel des Lebensunterhaltes zu produzieren, und andererseits, Bildungsfortschritte zu erreichen und die menschliche Freiheit auszuweiten. Die 'Arbeitsweise' hängt mit der zweiten Zielsetzung zusammen.

400   Der ausschlaggebende Unterschied zwischen Kapitalismus und Sozialismus besteht darin, daß im Sozialismus die Ausbeutung der menschlichen Arbeit aufgehoben ist. Damit bleibt jedoch noch ein erheblicher Spielraum bei der konkreten Ausgestaltung der 'Arbeitsweise'.

401   Vgl. Xu Dixin (1979), S.8ff., Jiang Xuemo (1982), S.60ff., Ye Jingzhe (1983), Xue Shen/Ma Piao (1983) oder Wang Renzhi/Gui Shiyong (1983). Interessant ist auch ein Vergleich mit der sowjetischen Stellungnahme zur chinesischen Diskussion, z.B. bei Naumov (1983).

402   Sun Yefang (1982), S.17ff.,57ff.; vgl. Huang Zhengming (1985).

403   Sehr interessant sind in dieser Hinsicht z.B. die Überlegungen bei Zhang Youren (1982). Zhang unterscheidet zwischen 'ökonomischem Recht' ('jingji quanli') und positiven Rechtsnormen. Das ökonomische Recht sei unmittelbar den Produktionsverhältnissen immanent und daher kein Teil des Überbaus. Änderungen des positiven Rechtes als reine Änderungen des Überbaus können also keine Auswirkungen auf das ökonomische Recht besitzen. Nur die Produktivkraftentwicklung verändert auch das ökonomischer Recht.

404   Zhi Xiaohe (1982). Eine radikale Schlußfolgerung zieht z.B. Xi Yaoyong (1985), S.18:

Gerade weil das Unternehmen Eigentümer seiner Produkte ist, muß es Autonomie genießen hinsichtlich von Fragen wie: Was wird produziert, wieviel wird produziert, wie wird produziert, zu welchem Preis wird verkauft u.s.w. Natürlich kann der Staat unter gesamtwirtschaftlichen Aspekten mit Hilfe administrativer, ökonomischer und rechtlicher Methoden die Produktionsaktivitäten des Unternehmens lenken, aber er darf diese Aktivitäten nicht im einzelnen vorausbestimmen. Dies bedeutet, daß unter den Bedingungen der geplanten Warenwirtschaft die volkswirtschaftliche Planung eine Indikativplanung ist. Ein solches Planungssystem schließt natürlich nicht aus, daß zu einer gewissen Zeit diejenigen Unternehmen

eine Direktivplanung erfahren, deren Produkte unter den gegebenen Produktionsbedingungen besonders wichtig sind und bei denen die Versorgungslage angespannt ist, aber erstens, diese Direktivplanung darf nicht allzu häufig erfolgen und sollte allmählich eingeschränkt werden, und zweitens, nach Erfüllung der Planverpflichtungen dürfen die Unternehmen eigenständig ihre Produktionsaktivitäten bestimmen.
Vgl. Autorenkollektiv (1982), S.68ff. oder Wu Xuangong (1984), (1985), wo sehr gut deutlich wird, daß für chinesische Ökonomen Gemeineigentum und Trennung von Eigentum und Leitungsmacht ohne weiteres vereinbar sind. Dies hängt vermutlich mit der Rezeption des Dualismus von 'Besitz' und 'Eigentum' im deutschen Recht zusammen, vgl. Autorenkollektiv (1983d), S.117ff. Praktische Relevanz besitzen derartige Überlegungen z.B. für die theoretische Rechtfertigung der Verpachtung von Staatsbetrieben; vgl. Jingji guanli 1984/11, S.19ff. und Zhongguo jingji nianjian 1985, S.X-49.

405 Jiang Yiwei war beispielsweise Berater Zhao Ziyangs im Zuge der Sichuaner Reformexperimente. Mit dem Wechsel Zhaos nach Beijing folgte auch Jiang.

406 Jiang Yiwei (1982) und (1985), S.1ff. Vgl. den konkreten Bezug bei Zhou Taihe (1984), S.111ff.,384ff.,432ff.,678ff., oder Ji Chongwei (1982), Ju Shaoyuan (1984). Vgl. die Auseinandersetzung um die Differenzierung zwischen 'Verwaltungstrusts' und 'Trustunternehmen' in Liu Guoguang (1984), S.262 und Jingji guanli 1985/1, S.77f., /3, S.4, /6, S.14ff.

407 Beim Sturz Hu Yaobangs wurde dem Generalsekretär u.a. vorgehalten, er habe den Konsum in der Wirtschaftspolitik zu stark betont; vgl. Schier (1987).

408 Ma Yinchu (1981a), S.268ff.,288ff.,311ff.

409 Vgl. "Jingjixue dongtai" bianjibu (1982), S.11 und Jingji kexue 1984/6, S.1f.,41ff.,77ff. und 1985/4, S.73ff. Zum allgemeinen entwicklungsstrategischen Wandel Klenner (1981).

410 So z.B. Zhou Qinying (1984); vgl. Luo Jirong et al. (1983), S.185f.

411 So wendet sich Liu Guoguang (1979), S.164 deutlich gegen die Annahme, die Akkumulation im Sozialismus erfordere bei der erweiterten Reproduktion die Akkumulation von Konsumgütern. Praktisch wird dies zumeist mit der Annahme in Verbindung gebracht, daß gerade die Konsumgüterproduktion für die Kapitalbildung besonders rasche Ergebnisse zeitigt; vgl. Liu Hong/ Wei Liqun (1982), S.40ff. und Ma Hong (1983), S.98ff.,183ff.

412 Vgl. Zhang Weida (1981), S.72f., Shu Maoyong (1982), S. 193 oder Tian Erzeng (1980), S.102f. Gegenpositionen findet man bei Yang Jianbai (1981), Ma Hong (1983), S.103 oder Lei Qiyuan (1984).

413 Zum 'marktoffenen' Managementkonzept vgl. He Jianwen (1982) und andere Beiträge in Zhongguo guanli xiandaihua yanjiuhui (1982) sowie Jingji guanli (1984), S.37ff., /7, S. 79f., /9, S.48ff. und 1985/2, S.41ff.,48ff., /3, S.34ff.,40ff., /5, S.34ff.,78f.

414 S.o. S.166ff. Man beachte die evolutionstheoretisch plausible Konvergenz von feldabhängiger Verhaltensregulation und kognitivem Stil!

415 Vgl. allg. Nienhaus (1984); zur Bedeutung des Preisproblems in China Krug (1986) und Herrmann-Pillath (1988f).

416 Dies könnte auch den ursprünglichen Intentionen von Marx entsprechen; vgl. Himmelmann (1974).

417 Vgl. Xu Dixin (1983), S.163ff. und die Überblicke bei Louven (1983ff) und Krug (1986).

418 Zur Funktionsweise des 'Doppelgleispreissystems' und seiner Probleme vgl. Byrd (1987a), Wu Jinglian/Zhao Renwei (1987) oder kritisch Liu Guoguang (1987).

419 Song Yanming (1984) stellt z.b. die Hypothese auf, daß jede sozioökonomische Entwicklungsstufe ein spezifisches Preissystem aufweise: Zur einfachen Warenproduktion gehöre der Wertpreis, zur kapitalistischen der Produktionspreis, zum Monopolkapitalismus der Monopolpreis und zum Sozialismus der 'gesellschaftliche Preis'. Vgl. He Anjie (1984), Hong Yuanming (1985), Xie Zuquan (1985) oder Bian Yongzhuang (1985).

420 Xu Dixin (1979), S.42ff.,140ff.,400ff.

421 Sun Yefang (1982), S.161 begründet dies damit, daß Produktionspreise nur bei intersektoral gleicher organischer Zusammensetzung des Kapitals reine Warenwerte widerspiegeln. Andere Autoren betonen mehr die fehlenden Ordnungsbedingungen für die Bildung eines Produktionspreises im Sozialismus; vgl. z.B. He Anjie (1984) oder Hong Yuanming (1985), S.5. Zur Diskussion vgl. noch Zhong Pengrong (1984), Ji Zhengzhi (1984), Bian Yongzhuang (1985), "Jingjixue dongtai" bianjibu (1982), S.98ff. oder Zhongguo jingji nianjian 1984, S.VIII-6f.

422 Sun Yefang (1982), S.144ff. und (1984), S.190ff.

423 Sun vertritt daher die Überzeugung, daß 'Markt' und 'Plan' keine Gegensätze sind. Praktisch schwebte ihm wohl eine Art Demokratisierung des Planungsprozesses vor. Andere Ökonomen weisen freilich mit Nachdruck darauf hin, daß die chinesische Reform kein 'Marktsozialismus' im jugoslawischen Sinne sei; vgl. Yang Jianbai (1985).

424 Sun Yefang (1984). Vgl. die Kommentare von Dong Furen (1984) und Zhang Zhuoyuan (1984). Zur möglichen Bedeutung der Ökonomie Suns für die Reformpolitik vgl. Herrmann-Pillath (1987a).

425 Vgl. Anm.424 und Zheng Ning (1984), Mao Tianqi (1984), und Tang Siwen (1984). Zu den Formeln von der 'Durchdringung von Plan und Markt' und der 'Wertplanung' Liu Guoguang/Zhao Renwei (1982) oder Liu Hongru (1984a,b). Praktische Konsequenzen ergaben sich beispielsweise in Form der schrittweisen Umstellung der volkswirtschaftlichen Gesamtrechnung auf die westliche Volkseinkommensrechnung; vgl. Sun Yefang (1982), S.298 und Qian Bohai (1982). Ein Überblick findet sich bei Louven (1983ff).

426 Vgl. Yang Xunquan (1984), Ma Weigang (1984) oder Cheng Lize (1985). Bei Ji Xianju (1985) finden zwar beide Bedeutungen des Begriffs der 'gesellschaftlich notwendigen Arbeitszeit' Berücksichtigung, doch glaubt der Autor, daß dies keinesfalls einen Angebot/Nachfrage-Ansatz impliziere.

427 Vgl. Tian Erzeng (1980), Gao Changli (1980), Tao Fei

(1980), Gu Shutang/Yang Yuchuan (1984a,b) oder Sun Yingwu (1985). Sun schreibt beispielsweise:

> Zusammengefaßt, Angebot und Nachfrage sind nicht Bestimmungsgrund des Wertes, nicht Element der Wertform, und die Aussage der bürgerlichen Vulgärökonomie ist falsch, daß der Wert durch die Beziehung zwischen Angebot und Nachfrage bestimmt wird, aber um die Bestimmungsgründe des Wertes zu erforschen und die Bildung von Marktwerten zu untersuchen, muß man unter der Annahme eines Gleichgewichtes von Angebot und Nachfrage vorgehen, denn unter der Bedingung dieses Gleichgewichtes bestimmt die zur Produktion der Güter erforderliche gesellschaftliche Arbeit den Warenwert.

428 Der Begriff der 'geplanten Warenwirtschaft' wurde im Jahre 1961 erstmals formuliert; im Jahre 1979 wurde er dann erneut aufgegriffen. Vgl. Zhongguo jinrong 1985/3, S.19 und Zhongguo jingji wenti 1985/1, S.61ff. Der Anspruch auf Allgemeingültigkeit provozierte wiederum die Kritik sowjetischer Ökonomen, vgl. Herrmann-Pillath (1986).

429 Zhang Weida (1981).

430 Insofern betrachtet Zhang freilich im Gegensatz zu Sun Yefang das Wertgesetz als historische Kategorie. Allerdings ist seine Aufhebung an den von Marx beschriebenen utopisch-paradiesischen Zustand gebunden, in dem die 'Quellen gesellschaftlichen Reichtums' grenzenlos fließen.

431 Vgl. auch Ma Weigang (1984).

432 Zhang Weida (1981), S.74f.

433 Im Vorwort zu einem Sammelband heben die Herausgeber hervor, daß es gewisse "falsche" Ansichten in der Reformdiskussion gebe, wie z.B.: die gänzliche Ablehnung der Befehlsplanung, die Deutung des Planbegriffs als reine Globalsteuerung, der Rekurs auf das Wertgesetz als alleinigem Regulator ökonomischer Aktivitäten; Hongqi chubanshe (1983), S.2. Der Reformökonom Liu Guoguang sprach 1983 von "geistiger Verschmutzung" in der Reformdiskussion, Jingji ribao vom 8.11.1983. Zur Differenzierung zwischen 'Marktwirtschaft' und 'Marktregulierung' Xue Muqiao (1983), Yang Jianbai (1985) und He Jianzhang (1983). He erläutert allerdings, es gebe drei Möglichkeiten, den Begriff der 'Planung' zu interpretieren: 'Planwirtschaft an prioritärer Stelle' ('yi jihua jingji wei zhu'), und zwar im Sinne der Direktivplanung, 'planmäßige Verwaltung' ('jihua guanli'), und zwar im Sinne einer planification, und 'planmässige Regulierung' ('jihua tiaojie'), und zwar im Sinne einer Mischung von Makrosteuerung und Mikrokontrolle. 'Marktregulierung' im Sinne des freien Marktes fällt im Prinzip unter keinen dieser Begriffe. Hierbei handelt es sich allerdings eher um eine gemäßigt orthodoxe Position. Zur theoretischen Wertung der 'geplanten Warenwirtschaft' im progressiven Sinne vgl. Zhang Zhuoyuan (1985), Zhang Chaozun (1985) oder Xi Yaoyong (1985). Direkte Stellung gegenüber orthodoxer Kritik bezieht Wang Haibo (1985).

434 China aktuell 1984/10. Einen guten Überblick bietet Kloten (1985).

435 Vgl. z.B. Liu Hong/Wei Liqun (1982), S.86, Ma Hong (1983), S.158, Liu Guoguang (1984), S.113ff.,180ff.,411, Field

(1983) und umfassend Wong (1986).

436 Vgl. He Jianwen (1982), Jiang Zuopei/Yang Haoyu (1984), Gu Renqi (1984), Jingji guanli 1984/10, S.52ff., Zhongguo jingji wenti 1984/6, S.32ff.,36ff., 1985/1, S.46ff., /5, S.60f., /6, S.41ff.

437 Vgl. Lin (1981), Sun Yefang (1982), S.45ff. und kritisch Jiang Yiwei (1984).

438 Vgl. den Überblick bei Ma Hong (1983), S.248ff.

439 Vgl. Xu Dixin (1979), S.394ff., Zhongguo jingji wenti 1984/6, S.52, Sun Yefang (1982), S.25ff.,247ff. und den Überblick bei Herrmann-Pillath (1987a).

440 Umfassende Informationen und Analysen zu diesen Experimenten findet man bei Zhou Taihe et al. (1984), S.198ff., 456ff.,552ff., Jingji guanli 1985/3, S.77ff., Braumann (1983), Jackson (1986) und vor allem Naughton (1985).

441 Vgl. Xu Dongbin (1984), Jiang Yiwei (1985), S.222ff., Wang Jue (1984), Jingji kexue 1985/1, S.30ff., Jingji guanli 1984/6, S.15ff.

442 Überblicke bei Wang Chuan-lun (1984), Naughton (1985) und Herrmann-Pillath (1988b).

443 Für eine begrenzte Übergangsphase sollte eine sog. 'Regulierungsteuer' ungerechtfertigte Rentenelemente in Unternehmensgewinnen abschöpfen, die nach bestimmten branchenspezifischen Normalgewinnen berechnet wurden. Bislang ist diese Steuer zu einer Dauereinrichtung geworden, die es regionalen Verwaltungen ermöglicht, unternehmensspezifische Einkommensteuersätze festzulegen. Darüber hinaus wird jedoch bislang das 'Verantwortungssystem' so gehandhabt, daß Verwaltungen Verträge mit den Unternehmen abschließen, die den absoluten Steuerbetrag festlegen, der in einem Jahr erwirtschaftet werden soll; überschüssige Gewinne können dann vollständig einbehalten werden. In den entsprechenden Verhandlungen spielt das Argument eine große Rolle, welche Preise bei Inputs und Outputs angesetzt werden. Vgl. z.B. Parker (1987).

444 Ausführlicher Herrmann-Pillath (1988f).

445 Hierzu detailliert Byrd (1987a). Byrd zeigt, daß für den engeren Bereich der Güterallokation die Koexistenz von Markt- und Planpreisen deshalb die Marginalbedingungen nicht verletzt, weil die Marktpreise jeweils für die entscheidungsrelevanten 'letzten' Güterkäufe gelten. Dies bedeutet natürlich nicht, daß die erheblichen politisch zugeteilten Renten, die über die Planallokation uno actu zugeteilt werden, keinen verzerrenden Einfluß auf den Wettbewerb, das Investitionsverhalten u.ä. besitzen.

446 Beispiele sind die Stabilisierung des privatwirtschaftlichen Kreditsektors oder der Schutz des Wettbewerbes. Hier können Marktsysteme spontane dysfunktionale Eigenschaften aufweisen.

447 Aus der biologischen Evolutionstheorie mag das Beispiel dysfunktionaler Folgen der sexuellen Selektion dienlich sein (extrem lange Schwanzfedern bei Paradiesvögeln u.ä.). Die zeitliche Folge von Geschlechtspartnern kann als Menge von Sub-

systemen der Ebene 'Group' aufgefaßt werden; die entsprechenden Interaktionen führen auf der Ebene der Art zur Selektion von Körpermerkmalen, die die technische Anpassungseffizienz stören und damit den Erhalt der Art in Frage stellen.

448 Vgl. Hayek (1976), S.24ff.

449 Zur entsprechenden chinesischen Diskussion Zi Zhongyun (1987). Eine positive Sicht des möglichen kulturellen Einflusses skizzieren Fei/Reynolds (1987).

450 Ökonomisch leiten sich diese Zerfallstendenzen aus der Höhe der Kosten zentraler Organisation ab, sowie aus den Kosten der Verteidigung bei Staatsauflösung. Systemtheoretisch kann auf verschiedene Hypothesen zur Systemintegration hingewiesen werden: Hypothesen 5.4.1ff.

451 Vgl. besonders Wang's (1966) Ausführungen zu Yan Fu (der Übersetzer von Huxley und Adam Smith) und Sun Yatsen.

452 Vgl. analog Boyd/Richerson (1985), die derartige Transmissionen auf der Ebene von Individuen untersuchen.

453 Zur ökonomischen Sicht dieser Problematik vgl. Watrin (1984).

454 Umfassend hierzu Smil (1984), der beispielsweise ausführlich erläutert, welche Folgen die Verdrängung natürlicher Dünger durch Kunstdünger im chinesischen Agroökosystem besitzt. Insofern besitzt Elvin's (1972), (1973) Hypothese der 'high-level-equilibrium trap' noch eine wesentlich prinzipellere Bedeutung, als Elvin dies vermuten konnte. Elvin ging davon aus, daß die chinesische Wirtschaft deshalb nicht zu einer autochthonen Industrialisierung in der Lage war, weil die traditionelle Landwirtschaft an den absoluten Grenzen ihrer Leistungsfähigkeit operierte und gleichzeitig die relativen Knappheiten keine Anreize zur Umsetzung industrieller Technologien boten. Damit war es auch nicht möglich, die Agrarproduktivität durch den Einsatz industrieller Inputs weiter zu erhöhen. Das System befand sich also in einem stabilen Gleichgewicht, das keine Industrialisierung zuließ. Aus heutiger Sicht bleibt nur hinzuzufügen, daß offenbar auch industrielle Inputs langfristig keine nachhaltige Erhöhung der Agrarproduktivität bewerkstelligen können, weil die externen Effekte (wie zu hohe Nitratkonzentrationen in Boden und Gewässer) auf das Ökosystem negativ zurückwirken. Chinesische Agrarwissenschaftler berichten neuerdings auch, daß die Bodenproduktivität in einer Weise zurückgeht, die durch Kunstdünger nicht mehr wettzumachen ist, sondern nur noch durch Naturdünger; China aktuell 1988/5, S.367. Insofern dürfte Smil recht haben, wenn er beispielsweise beklagt, daß bei jungen Bauern das Wissen um traditionelle Methoden des 'Recycling' von Biomasse zusehends verloren geht. Vor diesem Hintergrund und in Verbindung mit der bereits erwähnten Theorie von Hesse (1982) gewinnt Elvin's Hypothese der 'high-level-equilibrium trap' also den Status einer generalisierbaren evolutionstheoretischen Hypothese zur kulturierten Anpassung in China.

455 Zhongguo jingji tizhi gaige 1988/7; S.58ff.; vgl. auch Wiens (1987).

456 Dies schließt nicht aus, daß der technologische Wandel zu geeigneten Produktinnovationen gelangen könnte, bei denen

kein Konflikt zwischen kulturierter Anpassung und internationalem Wettbewerb bestünde. Dieser Punkt kann hier lediglich aus Raumgründen nicht ausdiskutiert werden!

457 Vgl. allerdings auch Koslowskis (1988) Empfehlungen zur Veränderung von Konsumnormen in Industriegesellschaften.

458 Hier sei noch einmal auf die bereits erläuterten Hypothesen Stacey's (1983) hingewiesen.

459 Vgl. Crosbie (1986) und Handwerker (1986a).

460 Vgl. Pianka (1983), S.130ff.

461 Vgl. Schultz (1986), S.21ff.

462 In China besteht zur Zeit ähnlich wie z.B. in der Bundesrepublik ein 'Generationenvertrag', d.h. die Renten werden aus dem laufenden Volkseinkommen finanziert und nicht durch eine vorherige Vermögensakkumulation. Die Rentenfinanzierung ist bereits heute ein gewisses Problem, da die Unternehmen zumeist direkt verpflichtet sind, Pensionen aus ihren laufenden Einnahmen zu zahlen. Falls sich jedoch aufgrund der Bevölkerungspolitik die Alterspyramide grundsätzlich verschiebt, sind erhebliche Schwierigkeiten zu erwarten. Hochrechnungen zur Bevölkerungsentwicklung bei alternativen Annahmen zur Familiengröße bieten Chen/Tyler (1982); vgl. auch Banister (1984). Zur Problematik auch Louven (1986c). Zur Rentenfrage umfassender und weniger pessimistisch Herrmann-Pillath (1987c).

463 Vgl. Wong Siu-lun (1984). Interessant sind z.B. Platte's Beobachtungen zum veränderten Ernährungsverhalten in urbanen Ein-Kind-Familien: Die anpassungsineffiziente Über- und Falschernährung der Einzelkinder ist bereits vorprogrammiert. Platte (1986). Vgl. auch Platte (1984).

464 Wong (1987).

465 Jingji guanli 1988/4, S.4ff.

466 Gleichermaßen kann der Einfluß der zentralen Materialallokation gemindert werden, während regional verstärkt geplant wird. Zwischen 1978 und 1983 wurde die Zahl zentral geplanter Produkte auf 30 reduziert; zur gleichen Zeit nahm jedoch die Zahl der geplant verteilten Güter zu und betrug im Jahre 1982 837; vgl. Koziara/Yan (1983), Zhou Taihe et al. (1984), S.513ff. und Jingji guanli 1984/11, S.24f. Weitere Informationen finden sich in Herrmann-Pillath (1987d).

467 Vgl. Oksenberg (1982) und Ma Hong (1986), S.58ff.

468 Vgl. Weggel (1987b), S.112ff.; die Fülle von Konferenzen innerhalb der chinesischen Verwaltung wird immer wieder als Grund von Ineffizienzen beklagt - sie spiegelt letztlich die Entscheidungskosten des Systems wider.

469 Man beachte aber, daß Ministerien als 'Systeme' ('xitong') einen lebenslangen Rahmen individueller Karrieren bieten und daher eine feste organisationale Ideologie vermitteln; schon aus diesem Grunde besteht die Möglichkeit erheblichen Widerstandes gegenüber externen Einflüssen der regionalen Verwaltungen. Vgl. klassisch Barnett (1967).

470 Vgl. ausführlich Hare (1983), S.195ff. und Oksenberg (1982). Zu bedenken ist auch, daß eine ungeheure Informationslücke zwischen Zentrale und Unternehmen klafft. Nach 35

Jahren wurde erstmals wieder im Jahre 1985 eine große Industrieumfrage gestartet, um ein Gesamtbild über die vorhandenen Unternehmen zu erhalten; siehe China aktuell 1985/11, S.750.

471 Vgl. Zhongguo jingji nianjian 1985, S.X-5ff. Zur Entwicklung der Reform des Planungssystems vgl. weiterhin die einschlägigen Abschnitte der nachfolgenden Ausgaben.

472 Zum vorstehenden vgl. Zhongguo jingji nianjian 1985, S. X-23ff. Unter Wirtschaftswissenschaftlern gibt es bezüglich der Politik konglomerater Verflechtungen zwei Grundpositionen: Eine stellt den Wettbewerbseffekt in den Vordergrund, wie bei Lin Ling (1985), und die andere argumentiert orthodox mit der 'notwendigen' Zunahme der Unternehmensgröße im Verlauf der technologischen Entwicklung, vgl. Yang Jianbai (1985).

473 Vgl. Zhongguo jingji nianjian 1985, S.V-74ff. Im Bereich des Maschinenbauministeriums waren Ende 1984 bereits 42,4% aller Provinzunternehmen städtischen Verwaltungen unterstellt, in Liaoning, Guilin und Guangzhou bereits sämtliche.

474 Kueh (1983).

475 Die Steuerreform sollte hier eigentlich dazu führen, daß nicht die Steuer bestimmter Unternehmen bestimmten Verwaltungen zugeführt wird, sondern das Steueraufkommen insgesamt zwischen den Gebietskörperschaften aufgeteilt wird. Entsprechende institutionelle Veränderungen liefen auch an, vgl. Zhongguo jingji nianjian 1985, S.IV-34ff. Dies konnte allerdings nicht konsequent durchgesetzt werden; vgl. Wong (1987) und Herrmann-Pillath (1988b).

476 Vgl. Jingji guanli 1985/10, S.16ff., 1987/10, S.11ff., Zhongguo jingji wenti 1987/2, S.28 oder Herrmann-Pillath (1988g).

477 Illustrativ ist in dieser Hinsicht die Kritik Remygas (1980) an der chinesischen Trustpolitik.

478 Vgl. hierzu Jingji guanli 1985/1, S.77f., /2, S.6, /6, S. 14ff., Liu Guoguang (1984a), S.262, Zhongguo jingji wenti 1984/6, S.45, Zhongguo jingji nianjian 1986, S.IV-7 oder Jingji kexue 1987/1, S.11f. Allgemein weiterhin Xu Lu (1987).

479 Vgl. Ji Chongwei (1982), S.105ff. und Jingji guanli 1984/9, S.36ff., wo ein verwandtes Beispiel aus der Fahrradindustrie diskutiert wird. Grundsätzlich Jiang Yiwei (1984b) und zum Textiltrust ausführlich Zhou Taihe et al. (1984), S. 384ff.

480 Jingji guanli 1984/12, S.42; vgl. Jingji guanli 1985/3, S.4 und /7, S.9ff.

481 Guowuyuan gongbao 1982, S.575ff., 1985/10, S.266ff., /23, S.819ff. /32, S.1098ff. und 1986/1, S.13ff., /8, S.221ff. Vgl. Autorenkollektiv (1983b), S.77ff.

482 Jingji guanli 1984/10, S.37f.

483 Guowuyuan gongbao 1981, S.25ff. und 1982, S.273ff. sowie ausführlich Zhou Taihe et al. (1984), S.308ff. Übrigens knüpft die Trustpolitik zum Teil unmittelbar an Unternehmensgründungen aus der Zeit nach dem 'Großen Sprung' an, als die Trustbildung besonders durch Liu Shaoqi gefördert wurde. Ein schönes Beispiel ist Haushaltsgeräte-Gesellschaft von Chong-

qing, die zur Zeit dezentralisiert wird; vgl. Zhou Taihe et al. (1984), S.111ff. und Jingji guanli 1986/6, S.14ff.

484 Zhongguo jingji nianjian 1984, S.V-100f. und 1985, S.IV-44, V-89f., Jingji guanli 1984/8, S.39ff. und Xu Lu (1987).

485 Jingji guanli 1984/12, S.42ff., 1985/3, S.6ff. und /4, S.6f.

486 Daß dies keinesfalls nur eine unbegründete Hypothese ist, zeigt die Standortkonkurrenz zwischen den Regionen, die sich bei der Schaffung günstiger Rahmenbedingungen für ausländische Investoren abspielt.

487 Wang Jue (1984), S.96f.

488 Donnithorne (1981), S.28ff. und die weiteren Ausführungen unter dem Index-Eintrag 'responsibility system'.

489 Vgl. allg. Pieper (1973). Hier kann leider nicht auf den Gegenpol des europäischen Individualismus eingegangen werden, den Totalitarismus der 'volonté générale'.

490 S.o., S.195ff.

491 Schram (1984), S.423. Vgl. Herrmann-Pillath/Herrmann-Pillath (1986).

492 Vgl. P.C.Huang (1969). Liang war vom Chaos negativ beeindruckt, das seiner Auffassung nach in Gemeinden von Auslandschinesen in Amerika herrschte. Hier schlägt offenbar wieder die Furcht vor 'luan' durch; bezeichnend ist, daß auch die heutige Führung politische Reformen mit dem Argument verzögert, die Wirtschaftsreform benötige politische Stabilität.

493 Die Darstellung muß hier sehr verkürzt bleiben. Das Thema wird umfassend von Nathan (1985) abgehandelt. Man beachte allerdings, daß auch in der konfuzianischen Tradition - mindestens seit Menzius - bestimmte 'natürliche' Ansprüche an eine akzeptable Herrschaft anerkannt wurden. Dabei handelt es sich aber nicht um abstrakte persönliche Rechte, sondern die Verpflichtung des Herrschers, die Voraussetzungen für die allgemeine materielle Wohlfahrt zu schaffen.

494 Vgl. Hsieh (1967), Mei (1967) und Wu (1967a,b). Wu erläutert diese Argumentation zum Teil mit Blick auf die taiwanesische Verfassungsgebung. In Herrmann-Pillath (1987c) wird gezeigt, welchen Einfluß ähnliche Prinzipien auf die Gestaltung der Sozialpolitik in einem sozialistischen Staat haben.

495 Vgl. Autorenkollektiv (1982), S.26ff., Autorenkollektiv (1983d), S.51ff., Shen Liren (1985b), Jiang Yiwei (1985), S.274ff., Liang Huixing (1985a,b) oder Jingji guanli 1985/1, S.74f., /3, S.73, /7, S.65.

496 Zum folgenden ausführlich Lyons (1986).

497 S.o., S.59f.

498 Vgl. Autorenkollektiv (1983b), S.72f. Ausführlich natürlich die einschlägigen Ausführungen in Donnithorne (1981) oder Perkins/Yusuf (1984). Die Kreisverwaltung richtete ihrerseits aggregierte Plananforderungen an die Volkskommunen.

499 Eine herausragende Analyse ist Watson (1984).

500 Vgl. besonders Crook (1985). Die Produktionsgruppe war

nach dem 'Großen Sprung' zum eigentlichen Träger der Eigentumsrechte an Grund und Boden sowie wichtigen Produktionsmittel geworden. Dieses sog. 'dreistufige Eigentumssystem' mit Brigade und Kommune als Eigentümern bestimmter kollektiver Güter war erst 1978 wieder formal bekräftigt worden. Die Reform muß diese Rechtslage zum Ausgangspunkt nehmen; die Produktionsgruppe vertritt auch weiterhin formal den kollektiven Eigentümer des Landes, also den 'Verpächter'. Dagegen wurden die übergeordneten kollektiven Einheiten zum Teil aufgelöst, zum Teil aber in Wirtschaftsunternehmen verwaltet, die gewissermaßen als 'öffentliche Betriebe' der Dörfer operieren, inzwischen allerdings wiederum auch verpachtet sein können.

501 Z.B. Domes (1982b), Perkins/Yusuf (1984), Erling (1984) oder Schlichte (1985).

502 Ausführlich Oi (1986).

503 Vgl. Jingji kexue 1988/1, S.48.

504 Es gab im Prinzip zwei Formen des staatlichen Zwangsankaufes: Bei Getreide und Ölfrüchten erfolgte eine direkte Planung der Produktion der Produktionsgruppen, und der Ankauf geschah bei staatlich festgesetzten Preisen ('tong gou'), und bei Produkten wie Schweinefleisch, Wolle oder Hanf konnten die Volkskommunen selbständig entscheiden, wie der staatliche Plan umgesetzt wird ('pai gou', 'ding gou'); vgl. Liu Fuyuan et al. (1980), S.180ff. Hierzu und zu den Änderungen vgl. vor allem Solinger (1985) und Watson (1988). Nach der Rekordernte von 1984 erhielt der staatliche Ankauf eher den Charakter einer Einkommensgarantie, neuerdings scheint wieder eher der Zwangsaspekt zu dominieren.

505 Vgl. Herrmann-Pillath (1987d), S.54 und (1988f) sowie Zhongguo jingji tizhi gaige 1988/6, S.6ff.

506 Zu 'Handelszentren' vgl. Anm.67. Zur Genossenschaftspolitik vgl. Zhongguo jingji nianjian 1984, S.IX-67ff. und 1985, S.X-14,50ff., Guowuyuan gongbao 1981, S.475ff., Zhongguo jingji wenti 1984/3, S.25ff., und Jingji guanli 1984/8, S.20ff.; nach einer Angabe in China aktuell 1984/1, S.16, waren bereits Ende 1983 95% aller Handelsgenossenschaften als echte Kooperativen reorganisiert, und 80% der bäuerlichen Haushalte waren Genossen. Zur nationalen Organisation der Genossenschaften in den sechziger Jahren Zhou Taihe et al. (1984), S.484.

507 Vgl. Wang Guangtai (1984) und Xu Jingyong (1984), (1985); weiterhin Zhongguo jingji nianjian 1985, S.II-5f., III-85ff.,IV-4ff.

508 Zhongguo jingji nianjian 1985, S.VIII-6ff.

509 Zur Problematik des Faktors 'Land' in der Reformpolitik besonders Byrd/Tidrick (1987).

510 Ausführlich Herrmann-Pillath (1987d) und (1988f).

511 Zum vorstehenden besonders Wiens (1987).

512 Eine ausführliche Analyse der Beziehungen zwischen Industrie- und Agrarpolitik erstellen Perkins/Yusuf (1984), S.9ff.; dort wird deutlich, daß China zwar nicht dem stalinistischen Muster gefolgt ist, andererseits aber auch keine besondere Berücksichtigung von Agrarproblemen stattgefunden hat.

Vgl. Dernberger (1982), Lardy (1985) oder Wiens (1985). Wiens demonstriert auch, welche positiven Auswirkungen mit einer staatlichen 'Entwicklungshilfe' verbunden sein können. Weiterhin Herrmann-Pillath/Herrmann-Pillath (1986) und Tam (1988).

513 Vgl. auch die modelltheoretische Analyse bei Naughton (1987).

514 Vgl. z.B. Hartwig (1987a).

515 Die nachstehenden Ausführungen folgen Herrmann-Pillath (1988g). Dort findet man auch die detaillierten Nachweise.

516 Zum Geldsystem klassischer Zentralverwaltungswirtschaften vgl. auch Jansen (1982) oder Haffner (1985). In der jüngsten westlichen Literatur wie z.b. bei Chow (1987) oder Feltenstein/Farhadian (1987) wird leider das Fehlurteil übernommen, Buchgeld bleibe ohne wesentlichen Zusammenhang mit der Entwicklung der Lebenshaltungskosten und des Preisindex. Bei Herrmann-Pillath (1988f) wird diese Annahme ausführlich kritisiert. Hartwig (1987a) oder Thieme (1985) haben allerdings schon für den Fall gewöhnlicher zentral geplanter Wirtschaftssysteme gezeigt, daß monetäre Impulse jeder Art Wirkung zeitigen.

517 Gemeint ist, daß die Kreditpolitik sich bis vor kurzem auf die Entwicklung der Bargeldmenge konzentrierte; erst im Jahre 1987 wurde festgelegt, daß die Geldmenge als Summe von Bargeld und Depositen Gegenstand geldpolitischer Kontrolle werden solle.

518 Vgl. Lutz (1962).

519 Ebenfalls unberücksichtigt bleiben die bei Zhou Xiaochuan/ Zhu Li (1987) erwähnten 'loan agents'. Es handelt sich dabei um eine Einrichtung, die aus der hier hinzugezogenen Literatur sonst nicht bekannt ist.

520 Feltenstein/Farhadian (1987) schätzen, daß die tatsächliche Inflationsrate ungefähr das 2,5fache der offiziell angegebenen beträgt. Dies entspricht auch ungefähr den Berechnungen in Herrmann-Pillath (1987d).

521 In Abbildung 10 konnte leider nicht berücksichtigt werden, daß die VB-Kreisfiliale in korporative Prozesse einbezogen wird, da die Graphik sonst zu unübersichtlich geworden wäre.

522 S.o., S.156ff.

523 Ich verdanke einen wesentlichen Hinweis auf diese Problematik Herrn Professor Chr. Watrin, Köln.

Literaturverzeichnis

Verwendete Zeitschriften, Periodika und Nachschlagewerke:

Asien (A)
Annual Review of Sociology (ARS)
Annual Review of Ecology and Systematics (ARES)
Asian Survey (AS)
Asian Thought and Society (ATS)
Caizheng (CZ)
China aktuell (C.a.)
China Quarterly (CQ)
Chinese Economic Studies (CES)
Chinese Law and Government (CLG)
Current Anthropology (CA)
das neue China (dnC)
Guowuyuan gongbao (GGB)
Internationales Asienforum (IAF)
Jingji guanli (JJGL)
Jingji kexue (JJKX)
Jingji yanjiu (JJYJ)
Journal of Asian Studies (JAS)
Journal of Comparative Economics (JCE)
Journal of Money, Credit and Banking (JMCB)
Handbuch philosophischer Grundbegriffe (HPhGr)
The New Palgrave: A Dictionary of Economics (NPDE)
ORDO - Jahrbuch für die Ordnung von Wirtschaft und
    Gesellschaft (ORDO)
Pacific Affairs (PA)
Problemy dal'nego vostoka (PDV)
Revue des pays de l'est (RPE)
Studies in Comparative Communism (SCC)
vierteljahresberichte - Problems of International
    Cooperation (vjb)
Zeitschrift für die gesamte Staatswissenschaft
    (ZgS)
Zeitschrift für Wirtschaftspolitik (ZfW)
Zeitschrift für Wirtschafts- und Sozialwissen-
    schaften (ZWS)
Zhengzhi jingji xue cidian (ZJXC)
Zhongguo jingji tizhi gaige (ZGJTGG)
Zhongguo jingji nianjian (ZGJJNJ)
Zhongguo jingji wenti (ZGJJWT)
Zhongguo shuiwu (ZGSW)
Zhongguo tongji nianjian (ZGTJNJ)

Abruzzi, W.S. (1982): Ecological Theory and Ethnic Differentiation among Human Populations. CA 23/1, S.13-35.
Adelman, I./Sunding, D. (1987): Economic Policy and Income Distribution in China. JCE 11/3, S.444-461.
Adelman, J.R. (1983): The Impact of Civil Wars on Communist Political Culture: The Chinese and Russian Cases. SCC XVI/1&2, S.25-48.
Aird, J.S. (1983): The Preliminary Results of China's 1982 Census. CQ 96, S.613-640.
Akademia nauk SSSR, institut vostokovedenija, Hrsg. (1979): Kitaj - poiski putej social'nogo razvitija. Moskva.
Akimov, V.I./Emel'janova, S.S. (1984): Dinamika razvitija ėkonomiki Kitaja. PDV 1984/2, S.43-52.
—/Potanov, V.I. (1979a): Itogi "poterjannogo desjatiletija" i sovremennoe ėkonomičeskoe položenie KNR. PDV 1979/1, S. 56-74.
—/— (1979b): Četyre modernizacii: nametki i real'nost. PDV 1979/2, S.52-63.
—/— (1981): Trudnosti i problemy "uregulirovanija" narodnogo chozjajstva KNR. PDV 1981/2, S.56-66.
Albert, H. (1972<1954>): Ökonomische Ideologie und politische Theorie. Göttingen.
— (1975<1968>): Traktat über kritische Vernunft. Tübingen.
— (1979): The Economic Tradition: Economics as a Research Programme for Theoretical Social Science; in: Brunner (1979), S.1-29.
— (1980): Korreferat: Gesetze, Modelle und institutionelle Alternativen; in: Streißler/Watrin (1980), S.111-119.
— (1986): Freiheit und Ordnung. Zwei Abhandlungen zum Problem einer offenen Gesellschaft. Tübingen.
Alchian, A.A. (1979): Some Implications of Recognition of Property Rights Transaction Costs; in: Brunner (1979), S.233-255.
— (1984): Specifity, Specialization, and Coalitions. ZgS 140, S.34-49.
—/Demsetz, H. (1982<1973>): Das Paradigma der Eigentumsrechte; in: Möller et al. (1982), S.174-183.
Alexander, J.C. (1982): Theoretical Logic in Sociology, Vol. I: Positivism, Presuppositions, and Current Controversies. London and Henley.
Alexander, R.D. (1979a): Darwinism and Human Affairs. Seattle and London.
— (1979b): Evolution and Culture; in: Chagnon/Irons (1979), S.59-79.
Alitto, G.S. (1979): The Last Confucian. Liang Shu-ming and the Chinese Dilemma of Modernity. Berkeley/Los Angeles/London.
— (1980): Introduction: Review Symposium: Thomas A.Metzger's 'Escape from Predicament'; in: JAS XXXIX/2, S.237-243.
Amann, R. (1983): Technical Progress and Political Change in the Soviet Union; in: Schüller et al. (1983), S.197-212.
Andel, N. (1983): Finanzwissenschaft. Tübingen.
Andic, S. (1982): Some Apects of Taxation in Less Developed Countries. Baden-Baden.
Andors, S. (1981): The Political and Organizational Implications of China's New Economic Policies, 1976-1979; in: Greenblatt et al. (1981), S.162-189.
Apel, K.-O. (1973): Transformation der Philosophie. Frankfurt a.M.

Arrow, K. (1959): Towards a Theory of Price Adjustment; in: Abramovitz, A., ed., The Allocation of Economic Resources. Stanford.
—/Hahn, F.H. (1971): General Competitive Analysis. San Francisco/Edinburgh.
Autorenkollektiv (1982): Jingji jianshe zhong de falü wenti. Zhongguo shehuikexue chubanshe.
Autorenkollektiv (1983a): Guomin jingji jihua yuanli. Zhongguo renmin daxue chubanshe.
Autorenkollektiv (1983b): Jingji faxue. Qunzhong chubanshe.
Autorenkollektiv (1983c): Laodong faxue. Qunzhong chubanshe.
Autorenkollektiv (1983d): Minfa yuanli. Falü chubanshe.
Autorenkollektiv (1985): Chang zhang bi bei. Beijing chubanshe.
Auwärter, M./Kirsch, E./Schröter, K., Hrsg. (1976): Seminar: Kommunikation, Interaktion, Identität. Frankfurt a.M.
Awater, L. (1987): Gedanken zu Chinas neuer Arbeitsgesetzgebung. A 22, S.85-90.
Ayala, F.J.(1974): The Concept of Biological Progress; in: Ayala/Dobzhansky (1974), S.339-356.
—/Dobzhansky, Th., Hrsg. (1974): Studies in the Philosophy of Biology. Berkeley/Los Angeles.
Ayer, A.J. (1970<1935>): Sprache, Wahrheit und Logik. Stuttgart.
Ayres, R.U./Kneese, A.V. (1982<1969>): Produktion, Verbrauch und Externalitäten; in: Möller et al. (1982), S.45-67.

Baark, E. (1987): Commercialized Technology Transfer in China 1981-1986: The Impact of Science and Technology Policy Reforms. CQ 111, S.390-406.
Bachman, D. (1986): Differing Visions of China's Post-Mao-Economy: The Ideas of Chen Yun, Deng Xiaoping, and Zhao Ziyang. AS XXVI/3, S.292-321.
Baetge, J. (1984): Überwachung; in: Vahlens (1984), S.159-200.
Baker, H.R. (1977): Extended Kinship in the Traditional City; in: Skinner (1977f), S.499-519.
— (1979): Chinese Family and Kinship. London/Basingstoke.
Balassa, B. (1987): China's Economic Reforms in a Comparative Perspective. JCE 11/3, S.410-426.
Balcerowicz, L. (1986); Enterprises and Economic Systems: Organisational Adaptability and Technical Innovativeness; in: Schüller/leipold (1986b), S.189-208.
Baldinger, K. (1970): Teoría Semantica. Madrid.
Balzer, W. (1982): Empirical Claims in Exchange Economics; in: Stegmüller et al. (1982), S.16-40.
Banister, J. (1984): Population Policy and Trends in China, 1978-83. CQ 100, S.717-741.
Bargatzky, Th. (1984): Culture, Environment, and the Ills of Adaptionism. CA 25/4, S.399-415.
Barker, R./Sinha, R. (1982): Chinese Agriculture: Some Major Issues; in: Barker et al. (1982), S.1-12.
—/Rose, B., Hrsg. (1982): The Chinese Agricultural Economy. Boulder/London.
—/Sisler, D.G./Rose, B. (1982): Prospects for Growth in Grain Production; in: Barker et al. (1982), S.163-181.
Barnett, A.D. (1967): Cadres, Bureaucracy, and Political Power in Communist China. New York/London.
— (1981): China's Economy in Global Perspective. Washington.
Bartley, W.W. (1987): Philosophy of Biology versus Philosophy of Physics; in: Radnitzky/Bartley (1987), S.7-46.
Bastid, M. (1984): Chinese Educational Policies in the 1980s and Economic Development. CQ 98, S.189-219.

Baudrillard, J. (1970): La societé de consommation. Paris.
Bauer, P.T. (1979): Development Economics: Intellectual Barbarism; in: Brunner (1979), S.41-59.
Bauer, W. (1974): China und die Hoffnung auf Glück. München.
Baum, R. (1982): Science and Culture in China: The Roots of retarded Modernization. AS XII/12, S.1166-1185.
— (1985): China in 1985: The Greening of the Revolution. AS XXVI/1, S.30-52.
Baumgartner, H.M. (1973): Wissenschaft; in: Krings et al. (1973), S.1740-1764.
Becker, G.S. (1979): Economic Analysis and Human Behavior; in: Lévy-Garboua (1979), S.7-28.
Beckmann, M.J./Sàto, R., Hrsg. (1975): Mathematische Wirtschaftstheorie. Köln.
Beckner, M. (1974): Reduction, Hierarchies, and Organicism; in: Ayala/Dobzhansky (1974), S.163-178.
Bedeski, R.E. (1988): The Political Vision of Deng Xiaoping. ATS XIII/37, S.3-14.
Bennett,G. (1977): China's Mass Campaigns and Social Control; in: Wilson et al. (1977), S.121-139.
— (1981): Commerce, the Four Modernizations, and Chinese Bureaucracy; in: Greenblatt et al. (1981), S.94-111.
— (1982): Huadong People's Commune, 1980: A Second Look After Seven Years. AS XXII/8, S.745-756.
Bergmann, Th. (1984): Probleme der Agrarpolitik in sozialistischen Ländern; in: Bergmann et al. (1984), S.73-91.
—/Gey, P./Quaisser, W., Hrsg. (1984): Sozialistische Agrarpolitik. Köln.
Berka, K./Kreiser, L., Hrsg. (1983): Logik-Texte. Darmstadt.
Bernholz, P. (1980): Korreferat; in: Streißler/Watrin (1980), S.436-442.
— (1984): Median Voter Theorem, Instability of Outcomes in Non-oligarchic Societies and Constitutional Reform. ZgS 140, S.127-135.
— (1987): A General Constitutional Possibility Theorem; in: Radnitzky/Bernholz (1987), S.383-400.
Beschluß des Zentralkomitees der kommunistischen Partei Chinas über die Reform des Wirtschaftssystems; in: C.a. 1984/10, S.584-599.
Béteille, A. (1986): Individualism and Equality. CA 27/2, S. 121-134.
Bian Yongzhuang (1985): Shi ping "shuang qu jiage". JJKX 1985/5, S.27-32.
Bianco, L. (1981): Birth Control in China: Local Data and Their Reliability. CQ 85, S.119-137.
Biddle, B.J. (1986): Recent Developments in Role Theory. ARS 12, S.67-92.
Blasco, J.Ll. (1973): Lenguaje, filosofía y conocimiento. Barcelona.
Blecher, M. (1985): Balance and Cleavage in Urban-rural Relations; in: Parish (1985b), S.219-245.
Bloom, A.H. (1977): A Cognitive Dimension of Social Control: The Hongkong Chinese in Cross-cultural Perspective; in: Wilson et al. (1977), S.67-81.
— (1981): Language and Theoretical- vs. Reality-centered Morality; in: Wilson et al. (1981), S.21-37.
Blümle, G. (1980): Ungewißheit und Verteilung in marktwirtschaftlichen Ordnungen; in: Streißler/Watrin (1980), S.253-288.

Bog, I. (1984): Wirtschaftspolitische Konzeptionen in der Geschichte; in: Cassel (1984), S.23-44.
Bohnen, A. (1975): Individualismus und Gesellschaftstheorie. Tübingen.
Bohnet, A./Jaehne, G. (1985): Reformen des Planungs- und Leitungssystems in der Industrie der VR China. Grundprinzipien, aktueller Stand und Perspektiven; in: Schüller (1985), S. 63-104.
Bonus, H. (1982): What Can the Public Sector Contribute to Growth?; in: Giersch (1982), S.359-374.
Boone, J.L. (1983): Noble Family Structure and Expansionist Warfare in the Late Middle Ages: A Socioecological Approach; in: Dyson-Hudson/Little (1983), S.79-96.
Born, K.E. (1977): Geld und Banken im 19. und 20. Jahrhundert. Stuttgart.
Bosl, K. (1973): Staat, Gesellschaft, Wirtschaft im deutschen Mittelalter. München.
Boyd, R./Richerson, P.J. (1985): Culture and the Evolutionary Process. Chicago and London.
Brady, J.P. (1982): Justice and Politics in People's China: Legal Order or Continuing Revolution? London/New York et al.
Braumann, F. (1983): Die Erweiterung der Eigenverantwortung staatlicher Industriebetriebe Chinas; in: Braumann et al. (1983), S.8-77.
— et al. (1983): Wirtschaftsreformen in der VR China 1978-1982. Frankfurt/New York.
Braungart, R.G./Braungart, M.M. (1986): Life-course and Generational Politics. ARS 12, S.205-231.
Brede, K. (1976): Interaktion und Trieb; in: Menne et al. (1976), S.135-178.
Broaded, M.C. (1983): Higher Education Policy Changes and Stratification in China. CQ 93, S.125-137.
Broucheux, P. (1983): Moral Economy or Political Economy? The Peasants Are Always Rational. JAS XLII/4, S.791-803.
Broughton, J.M. (1987): The Masculine Authority of the Cognitive; in: Inhelder et al. (1987), S.111-124.
Brümmerhoff, D. (1986): Finanzwissenschaft. München/Wien.
Brunner, K., Hrsg. (1979): Economics & Social Institutions. Boston/The Hague/London.
Buchanan, J.M. (1987): Zur Verfassung der Wirtschaftspolitik. ZfW 36, S.101-112.
Bücher, K. (1971<1914>): Volkswirtschaftliche Entwicklungsstufen; in: Schachtschabel (1971b), S.77-105.
Buck, D.D. (1974): Educational Modernization in Tsinan, 1899-1937; in: Elvin/Skinner (1974), S.171-212.
Buck, H. (1973): Informationsleistungen der Preise in der Zentralplanwirtschaft sowjetischen Typs unter Bezug auf die Verhältnisse in Marktwirtschaften; in: Watrin (1973), S. 11-78.
Bullard, M.R./O'Dowd, E.C. (1986): Defining the Role of the PLA in the Post-Mao-era. AS XXVI/6, S.706-720.
Bunge, M. (1979): Ontology II. A World of Systems. Treatise on Basic Philosophy, Vol.4. Dordrecht/Boston/London.
— (1984): Das Leib-Seele Problem. Ein psychobiologischer Versuch. Tübingen.
Burian, R.M. (1983): "Adaption"; in: Grene (1983), S.287-314.
Burns, J.P. (1981): Rural Guangdong's "Second Economy" 1962-1974. CQ 88, S.629-644.
— (1983): Reforming China's Bureaucracy, 1979-82. AS XIII/6, S.692-722.
— (1984): Chinese Peasant Interest Articulation; in: Goodman (1984c), S.126-151.

— (1985): Local Cadre Accomodation to the "Responsibility System" in Rural China. PA 58/4, S.607-625.
Burton, Ch. (1987): China's Post-Mao Transition: The Role of the Party and Ideology in the "New Period". PA 60/3, S. 431-446.
Buß, E. (1973): Der Wettbewerb. Tübingen.
Butler, St. (1985): Price Scissors and Commune Administration in Post-Mao China; in: Parish (1985b), S.95-117.
Byrd, W. (1983): China's Financial System. Boulder.
— (1987a): The Impact of the Two-Tier Plan/Market System in Chinese Industry. JCE 11/3, S.295-308.
— (1987b): The Role and Impact of Markets; in: Tidrick/Chen (1987c), S.237-276.
—/Tidrick, G. (1987): Factor Allocation and Enterprise Incentives; in: Tidrick/Chen (1987c), S.60-102.

Cailleux, M. (1974): Bemerkungen zum Gebrauch von 'Regel'; in: Heringer (1974), S.25-47.
Čajanov, A. (1932): Die Lehre von der bäuerlichen Wirtschaft: Versuch einer Theorie der Familienwirtschaft im Landbau. Berlin.
Campbell, D.T. (1974): 'Downward Causation' in Hierarchically Organized Biological Systems; in: Ayala/Dobzhansky (1974), S.179-186.
— (1987): Evolutionary Epistemology; in: Radnitzky/Bartley (1987), S.47-90.
Cannon, T. (1983): Foreign Investment and Trade: Origins of the Modernization Policy; in: Feuchtwang/Hussain (1983), S.288-323.
Cassel, D. (1984a): Wirtschaftspolitik in alternativen Wirtschaftssystemen: Begriffe, Konzepte, Methoden; in: Cassel (1984b), S.1-22.
— , Hrsg. (1984b): Wirtschaftspolitik im Systemvergleich. München.
— (1985): Inflation und Inflationswirkungen in sozialistischen Planwirtschaften; in: Thieme (1985b), S.255-287.
— (1986): Funktionen der Schattenwirtschaft im Koordinationsmechanismus von Markt- und Planwirtschaften. ORDO 37, S.73-104.
Castillo-Ríos, C./Schickel, J. (1977): Erziehung in China. Reinbek b. Hamburg.
Cell, Ch.P. (1981): The Utility of Mass Mobilization Campaigns: A Partial Test of the Skinner-Winckler Compliance Model; in: Greenblatt et al. (1981), S.25-46.
Cellérier, G. (1987): Structures and Functions; in: Inhelder et al. (1987), S.15-36.
Chagnon, N.A./Irons, W., Hrsg. (1979): Evolutionary Biology and Human Social Behavior. Belmont.
Chamberlain, H.B. (1987): Party Management Relations in Chinese Industries: Some Political Dimensions of Economic Reform. CQ 112, S.631-661.
Chan, A./Rosen, St./Unger, J. (1980): Students and Class Warfare: The Social Roots of the Red Guard Conflict in Guangzhou (Kanton). CQ 83, S.397-446.
Chan, K.W./Xu, X. (1985): Urban Population Growth and Urbanization in China Since 1949: Reconstructing a Baseline. CQ 104, S.583-613.
Chan, W.-T. (1967a): Chinese Theory and Practice, with Special Reference to Humanism; in: Moore (1967), S.11-30.
— (1967b): The Story of Chinese Philosophy: in: Moore (1967), S.31-76.

Chang Chung-li (1955): The Chinese Gentry. Seattle.
Chang, C.Y. (1980): Overseas Chinese in China's Policy. CQ 82, S.281-303.
Chang Hao (1980): Neo-confucian Moral Thought and its Modern Legacy. JAS XXXIX/2, S.259-272.
Chao Kang (1975): The Growth of a Modern Cotton Textile Industry and the Competition with Handicrafts; in: Perkins (1975c), S.167-202.
Chen Bing/Xie Shusen (1985): Cong xitong lilun kan jingji tizhi gaige. JJKX 1985/5, S.6-12.
Chen, Ch.H.C./Tyler, C.W. (1982): Demographic Implications of Family Size Alternatives in the People's Republic of China. CQ 89, S.65-73.
Chen Dehua (1985): Shi qiye zhenzheng cheng wei shangpin shengchanzhe. JJKX 1985/1, S.8-13.
Chen Jiyuan (1985): Lüe lun zengqiang da qiye de huoli. JJKX 1985/1, S.20-25.
— (1987): The Planning System; in: Tidrick/Chen (1987c), S. 148-174.
Chen, K./Jefferson, G.H./Rawski, Th.G./Wang, H./Zheng, Y. (1988): New Estimates of Fixed Investment and Capital Stock for Chinese State Industry. CQ 114, S.243-266.
Chen, Tingkai (1974): Nord- und Südchina, Unterschiede der Wirtschafts- und Sozialstruktur aufgrund der natürlichen und kulturellen Voraussetzungen. Nürnberg.
Chen Yizi et al. (1987): Reform: Results and Lessons from the 1985 CESRRI Survey. JCE 11/3, S.462-478.
Chen Yongzhong (1985): Yong Makesi de guandian renshi jiazhi zhuanxing wenti. JJKX 1985/5, S.47-52.
Chen Zhizhong (1984): Jiazhi shi lishi de fanchou. JJKX 1984/3, S.41-45.
Chen Zhizhong (1985): Shilun laodong shengchanlü de tigao yu wujia yundong de guanxi. JJKX 1985/2, S.33-39.
Ch'en, K.K.S. (1973): The Chinese Transformation of Buddhism. Princeton.
Cheng, J.Y.S. (1986): The Present Stage of State Building in China and the 1979 Electoral Law. IAF 17/1&2, S.99-130.
Cheng Lize (1985): Di yi zhong hanyi de shehui biyao laodong shijian jueding jiazhi. ZGJJWT 1985/2, S.39-42.
Ch'i Ch'ao-Ting (1963<1936>): Key Economic Areas in Chinese History. New York.
Chibnik, M. (1984): A Cross-Cultural Examination of Chayanov's Theory. CA 25/3, S.335-340.
Chin, A.-L.S. (1970): Family Relations in Modern Chinese Fiction; in: Freedman (1970), S.87-120.
Chinn, D.L. (1980): Basic Commodity Distribution in the People's Republic of China. CQ 84, S.744-754.
Chomsky, N. (1978<1965>): Aspekte der Syntax-Theorie. Frankfurt a.M.
— (1980<1969>): Sprache und Geist. Frankfurt a.M.
Chow, G.C. (1987): Money and Price Level Determination in China. JCE 11/3, S.319-333.
Christensen, P.M. (1983): The Shanghai School and Its Rejection; in: Feuchtwang/Hussain (1983), S.74-90.
Ch'ü T'ung-tsu (1962): Local Government in China under the Ch'ing. Cambridge, Mass.
Čižov, B.K. (1985): Novye tendencii v razvitii vnutrennej torgovli. PDV 1985/3, S.82-86.
Clarke, D.C. (1985): Political Power and Authority in Recent

Chinese Literature. CQ 102, S.234-252.
Clausen, S. (1983): Chinese Economic Debates After Mao and the Crisis of Official Marxism; in: Feuchtwang/Hussain (1983), S.53-73.
Cohen, A. (1974): Two-dimensional Man. An Essay on the Anthropology of Power and Symbolism in Complex Societies. London.
Cohen, M.L. (1970): Developmental Process in the Chinese Domestic Group; in: Freedman (1970b), S.21-36.
Coleman, J.S. (1987): Norms as Social Capital; in: Radnitzky/Bernholz (1987), S.133-156.
Conroy, R. (1984): Technological Innovation in China's Recent Industrialization. CQ 97, S.1-23.
Cooper, E. (1980): Craft Development: Socialist and Capitalist. CQ 83, S.447-460.
Corning, P.A. (1984): The Synergism Hypothesis. A Theory of Progressive Evolution. New York et al.
Correll, W. (1971): Lernen und Verhalten. Frankfurt a.M.
Cotton, J. (1984): Intellectuals as a Group in the Chinese Political Process; in: Goodman (1984c), S.176-195.
Crissman, L.W. (1972): Marketing on the Changhua Plain, Taiwan; in: Willmott (1972), S.215-259.
Croll, E. (1981): A Conflict for Control of Marriage Patterns: Primary Groups Versus Political Organization; in: Greenblatt et al. (1981), S.231-255.
— (1984): Marriage Choice and Status Groups in Contemporary China; in: Watson (1984), S.175-197.
Crook, F.W. (1985): The baogan daohu Incentive System: Translation and Analysis of a Model Contract. CQ 102, S.291-303.
Crosbie, P.V. (1986): Rationality and Models of Reproductive Decision-Making; in: Handwerker (1986c), S.30-58.

Dai Cheng (1983): 1977-1980 Zhongguo jingji lilun de taolun. Renmin chubanshe.
Dai Guanlai (1985): Lun chongfen fahui jiage de tiaojie zuoyong. JJKX 1985/6, S.52-56.
Dai Yuancheng (1985): An Investigation into Fiscal Subsidy. CES XVIII/4, S.71-77.
Davis, D. (1988): Unequal Chances, Unequal Outcomes: Pension Reform and Urban Inequality. CQ 114, S.223-242.
DeAlessi (1987): Nature and Methodological Foundations of Some Recent Extensions of Economic Theory; in: Radnitzky/Bernholz (1987), S.51-78.
Debreu, G./Scarf, H. (1975<1963>): Ein Grenzwertsatz für den Kern einer Wirtschaft; in: Beckmann/Sato (1975), S.210-221.
DeGlopper, D.R. (1972): Doing Business in Lukang; in: Willmott (1972), S.209-226.
— (1977): Social Structure in a Nineteenth-century Taiwanese Port City; in: Skinner (1977f), S.633-650.
de la Sienra, A.G. (1982): The Basic Core of the Marxian Economic Theory; in: Stegmüller et al. (1982), S.118-144.
Demsetz, H. (1979): The Antitrust Dilemma; in: Brunner (1979), S.255-267.
Deng Huansong (1984): On the Duality of Price Subsidy and the Path to Its Reform. CES XVIII/1, S.78-81.
Deng Liqun et al. (1982): Jingji lilun yu jingji shilun wenji. Beijing daxue chubanshe.
Deng Xiaoping (1983): Deng Xiaoping wenxuan 1975-1982. Renmin chubanshe.

Dernberger, R.F. (1975): The Role of the Foreigner in China's Economic Development, 1840-1949; in: Perkins (1975c), S. 19-47.
— (1982): Agriculture in Communist Development Strategy; in: Barker et al. (1982), S.65-79.
Derix, H.-H. (1985): Säkulare Inflation, kompetitive Geldordnung und "unbeschränkte Demokratie". Stuttgart/New York.
Diamond, N. (1985a): Taitou Revisited: State Policies and Social Change; in: Parish (1985), S.246-269.
— (1985b): Rural Collectivization and Decollectivization in China - a Review Article. JAS XLIV/4, S.785-792.
Diederich, W. (1982): A Structuralist Reconstruction of Marx's Economics; in: Stegmüller et al. (1982), S.145-160.
Dietrich, C. (1972): Cotton Culture and Manufacture in Early Ch'ing China; in: Willmott (1972), S.109-136.
Ding Peng (1983): Lun Mozi jingji sixiang. JJYJJK 4, S.388-423.
d'Iribarne, Ph. (1979): Social Sciences and the Reconstruction of Welfare Economics; in: Lévy-Garboua (1979), S.133-160.
Dittmer, L. (1981a): Death and Transfiguration: Liu Shaoqi's Rehabilitation and Contemporary Chinese Politics. JAS XL/3, S.455-479.
— (1981b): Radical Ideology and Chinese Political Culture: An Analysis of the Revolutionary yangbanxi; in: Wilson et al. (1981), S.126-151.
— (1981c): The Formal Structure of Central Chinese Political Institutions; in: Greenblatt et al. (1981), S.47-75.
— (1983): Comparative Communist Political Culture. SCC XVI/2, S.9-24.
Dixon, J. (1981): The Chinese Welfare System 1949-1979. New York.
Dobzhansky, Th. (1974): Chance and Creativity in Evolution; in: Ayala/Dobzhansky (1974), S.307-338.
Dohmen, H. (1979): Soziale Sicherheit in China. Hamburg.
Domes, J. (1982a): Politische Landeskunde der Volksrepublik China. Berlin.
— (1982b): New Policies in the Communes: Notes on Rural Societal Structures in China, 1976-1981. JAS XLI/2, S.253-267.
— (1984): Intra-Elite Group Formation and Conflict in the PRC; in: Goodman (1984c), S.26-39.
Dong Furen (1982): Relationship between Accumulation and Consumption; in: Xu Dixin et al. (1982), S.79-101.
— (1984): Sun Yefang shehuizhuyi liutong lilun de yiyi; in: Sun Yefang (1984), S.283-300.
— (1987): Increasing the Vitality of Enterprises; in: Tidrick/Chen (1987), S.44-59.
Donges, J.B. (1981): Außenwirtschafts- und Entwicklungspolitik. Berlin/Heidelberg/New York.
Donnithorne, A. (1981<1967>): China's Economic System. London.
Durham, W.H. (1979): Towards a Coevolutionary Theory of Human Biology and Culture; in: Chagnon/Irons (1979), S.39-59.
Dyson-Hudson, R. (1983): An Interactive Model of Human Biological and Behavioral Adaption; in: Dyson-Hudson/Little (1983), S.1-22.
—/Little, M.A., Hrsg. (1983): Rethinking Human Adaption. Boulder.

Eberhard, W. (1971): Moral and Social Values of the Chinese. Taipei.

Egidi, R. (1987): Emergence, Reduction, and Evolutionary Epistemology; in: Radnitzky/Bartley (1987), S.157-162.
Egorov, K.A. (1985): O reforme gosudarstvennogo apparata KNR. PDV 1985/2, S.161-169.
Elster, J. (1979): Anomalies of Rationality: Some Unresolved Problems in the Theory of Rational Behavior; in: Lévy-Garboua (1979b), S.65-94.
— (1982): Sour Grapes - Utilitarianism and the Genesis of Wants; in: Sen/Williams (1982), S.219-238.
Elvin, M. (1972): The High-Level Equilibrium Trap: The Causes of the Decline of Invention in the Traditional Chinese Textile Industries; in: Willmott (1972), S.137-172.
— (1973): The Pattern of the Chinese Past. Stanford.
— (1974): The Administration of Shanghai, 1905-1914; in: Elvin/Skinner (1974), S.239-262.
— (1975): Skills and Resources in Late Traditional China; in: Perkins (1975c), S.85-113.
— (1982): The Technology of Farming in Late Traditional China; in: Barker et al. (1982), S.13-35.
—/Skinner, G.W., Hrsg. (1974): The Chinese City Between the Two Worlds. Stanford.
Engelborghs-Berthels,M.(1985): Les structures rurales dans la politique des reformes chinoises. RPE 1985/2, S.57-77.
— (1987a):L'enseignement dans le programme de modernisation de la République Populaire de Chine. RPE 1987/1, S.1-38.
— (1987b): Les reformes a l'heure de la contestation - Lettrés contre légistes. RPE 1987/2, S.38-80.
Engelhard, W.W. (1973): Motivationsaktivierung und Steuerung bei Managern unter dem Einfluß alternativer Eigentumsformen in marktwirtschaftlichen und marktsozialistischen Ordnungen; in: Watrin (1973), S.165-214.
Engfer, H.J./Essler, W.K. (1973): Analyse; in: Krings et al. (1973), S.65-79.
Epstein, I. (1987): Psychological and Behavioral Attributes of Juvenile Delinquents in the People's Republic of China. ATS XII/36, S.267-277.
Erling, J. (1984): Reformen in der chinesischen Landwirtschaft; in: Bergmann et al. (1984), S.214-231.
Eucken, W. (1965<1940>): Die Grundlagen der Nationalökonomie. Berlin/Heidelberg/New York.
— (1952): Grundsätze der Wirtschaftspolitik. Bern/Tübingen.
— (1954): Kapitaltheoretischen Untersuchungen. Tübingen/Zürich.

Fairbank, J.K., Hrsg. (1957): Chinese Thought and Institutions Chicago.
Falkenheim, V.C. (1981): Autonomy and Control in Chinese Organization: Dilemmas of Rural Administration; in: Greenblatt et al. (1981), S.190-208.
— (1982):Popular Values and Political Reform: The "Crisis of Faith" in Contemporary China; in: Greenblatt et al. (1982), S.237-251.
— (1984): Bureaucracy, Factions, and Political Change in China, Review Article. PA 57/3, S.471-479.
Fan Jiaxiang (1982): Baochou dijian guilü he nongye fazhan; in: Deng Liqun et al. (1982), S.217-240.
Feeny, D. (1983): The Moral or the Rational Peasant? Competitive Theories of Collective Action. JAS XLII/4, S.769-789.
Fehl, U. (1983): Die Theorie dissipativer Strukturen als Ansatzpunkt für die Analyse von Innovationsproblemen in alternativen Wirtschaftsordnungen; in: Schüller et al. (1983), S.65-90.

Fei Xiaotong (Fei Hsiao-Tung) (1939): Peasant Life in China. London/Henley.
—/Chang Chih-I (1945): Earthbound China. Chicago.
Fei, J.C.H. (1975): The "Standard Market" of Traditional China; in: Perkins (1975c), S.235-260.
— /Reynolds, B. (1987): A Tentative Plan for the Rational Sequencing of Overall Reform in China's Economic System.
Feldman, G. (1986): The Organizing of Publishing in China. CQ 107, S.519-529.
Feldsieper, M. Kapitalbildung in Entwicklungsländern - Probleme und Scheinprobleme -; in: Priebe (1975), S.29-35.
Feleppa, R. (1986): Emics, Etics, and Social Objectivity. CA 27/3, S.243-255.
Feltenstein, A./Farhadian, Z. (1987): Fiscal Policy, Monetary Targets, and the Price Level in a Centrally Planned Economy: An Application to the Case of China. JMCB 19/2, S.137-156.
Feng Zhibiao (1984): Lun chao'e jiazhi de chuangzao ji qi jicuo. ZGJJWT 1984/6, S.23-27.
Feoktistov, V.F. (1979): Maoizm i sud'by socialisma v Kitae. PDV 1979/3, S.144-155.
Ferdinand, P. (1984): Interest Groups and Chinese Politics; in: Goodman (1984c), S.10-25.
Feuchtwang, S./Hussain, A. (1983a): Introduction; in: Feuchtwang/Hussain (1983b), S.1-50.
—/—, Hrsg. (1983b): The Chinese Economic Reforms. London/Canberra/New York.
Field, R.M. (1983): Slow Growth of Labour Productivity in Chinese Industry, 1952-1981. CQ 96, S.641-664.
— (1984): Changes in Chinese Industry Since 1978. CQ 100, S. 742-761.
— (1986): The Performance of Industry during the Cultural Revolution: Second Thoughts. CQ 108, S.625-642.
FitzGerald, S. (1972): China and the Overseas Chinese. Cambridge.
Flannery, K. (1972): The Cultural Evolution of Civilizations. ARES 3, S.399-426.
Foley, D. (1987): Money in Economic Activity. NPDE, S.519-525.
Franke, H./Trauzettel, R. (1968): Das chinesische Kaiserreich. Frankfurt a.M.
Frankena, W.K. (1972<1963>): Analytische Ethik. München.
Freedman, D.G. (1979): Human Sociobiology. New York.
Freedman, M. (1970a): Ritual Aspects of Chinese Kinship and Marriage; in: Freedman (1970b), S.163-178.
—, Hrsg. (1970b): Family and Kinship in Chinese Society. Stanford.
— (1979): The Study of Chinese Society. Stanford.
Frese, E. (1984): Grundlagen der Organisation. 2. Aufl. Wiesbaden.
— (1987): Unternehmungsführung. Landsberg am Lech.
Friedman, E. (1982): Maoism, Titoism, Stalinism: Some Origins and Consequences of the Maoist Theory of the Socialist Transition; in: Selden/Lippit (1982), S.159-214.
— (1983): The Societal Obstacle to China's Socialist Transition: State Capitalism or Feudal Fascism; in: Nee/Mozingo (1983), S.148-171.
Friedman, M. (1987): Quantity Theory of Money. NPDE 3. S.3-20.
Friese, H. (1959): Das Dienstleistungssystem der Ming-Zeit (1368-1644). Wiesbaden.
Fu Gangzhan/Shi Zhengfu/Jin Chongren (1986): Shehuizhuyi hongguan jingji fenxi. Xuelin chubanshe.

Fuchs, V.R. (1981): Economic Growth and the Rise of Service Employment; in: Giersch (1981), S.221-242.
Funke, P. (1986): Das Sonderverwaltungsgebiet Hainan: Entwicklung trotz Skandal. C.a. 1986/6, S.360-372.
Furth, H.G. (1981<1969>): Intelligenz und Erkennen. Frankfurt a.M.
Furubotn, E./Wiggins, S. (1984): Plant Closing, Worker Reallocation Cost, and Efficiency Gains to Labour Representation on Boards of Directors. ZgS 140, S.176-192.

Gäfgen, G. (1987): Kollektivverhandlungen als Konstitutiver Allokationsmechanismus Korporatistischer Ordnungen. ZfW 36/2, S.125-150.
Gahlen, B. (1981): How Useful are Postkeynesian and Neoclassical Models in Explaining Growth?; in: Giersch (1981), S.1-20.
Galbraith, J.K. (1968): Die moderne Industriegesellschaft. München/Zürich.
— (1987): Anatomie der Macht. München.
Gallagher, J.P. (1987): China's Military Industrial Complex. AS XXVII/9, S.991-1002.
Gallin, B./Gallin, R.S. (1982): The Chinese Joint Family in Changing Rural Taiwan; in: Greenblatt et al. (1982), S. 142-158.
Gamble, S.D. (1954): Ting Hsien, A North China Rural Community. Stanford.
Gao Changli (1980): Shilun shichang shangpin liutong yu guomin jingji de zonghe pingheng; in: Zhongguo shehui kexueyuan (1980), S.35-46.
Gao Dichen (1984a): Sun Yefang shehuizhuyi liutong lilun de xingcheng ji qi zhuyao neirong; in: Sun Yefang (1984), S. 301-311.
— (1984b): Lun shangye jingji xiaoyi de teshuxing; in: Zhongguo tizhi gaige yanjiuhui (1984), S.154-162.
Gao Shangquan (1987): The Reform of China's Industrial System; in: Tidrick/Chen Jiyuan (1987c), S.132-142.
Garms, E. (1980a): Konkurrenz ist willkommen und geschützt - Führender chinesischer Wirtschaftsfunktionär über Chinas neues Außenhandels- und Wirtschaftssystem. C.a. 1980/10, S. 887-890.
— (1980b): Teil-Reprivatisierung der chinesischen Landwirtschaft. C.a. 1980/11, S.983-989.
— (1981): Das Pendel schlägt zurück: Andauernde Strukturschwächen und mißlungene ordnungspolitische Änderungen führen zur Konzentration auf Strukturreformen. C.a. 1981/2, S.119-127.
Garrett, S.S. (1974): The Chambers of Commerce and the YMCA; in: in: Elvin/Skinner (1974), S.213-238.
Gellner, E. (1973): Cause and Meaning in the Social Sciences. London/Boston.
— (1983): Nations and Nationalism. Oxford.
Georgescu-Roegen, N.(1976<1960>): Economic Theory and Agrarian Economics; in: Georgescu-Roegen (1976), S.103-145.
— (1976<1964>): Measure, Quality, and Optimum Scale; in: Georgescu-Roegen (1976), S.271-296.
— (1976<1965>): The Institutional Aspects of Peasant Communities: An Analytical View; in: Georgescu-Roegen (1976), S. 199-231.
— (1971): The Entropy Law and the Economic Process. Cambridge.
— (1976<1972>): Energy and Economic Myths; in: Georgescu-Roegen (1976), S.3-36.
— (1976): Energy and Economic Myths. Institutional and Analy-

tical Economic Essays. New York et al.
— (1987): Entropy. NPDE 2, S.153-156.
Gey, P. (1984): Die Theorie der "einfachen Warenproduktion" und ihre agrarpolitische Bedeutung; in: Bergmann et al. (1984), S.92-112.
—/Quaisser, W. (1984): Konzeptionen und Ergebnisse sozialistischer Agrarpolitik im Vergleich; in: Bergmann et al. (1984), S.19-72.
Ghiselin, M.T. (1987a): Principles and Prospects for General Economy; in: Radnitzky/Bernholz (1987), S.21-32.
— (1987b): The Economics of Scientific Discovery; in: Radnitzky/Bernholz (1987), S.271-282.
Giersch, H. (1977): Konjunktur- und Wachstumspolitik in der offenen Wirtschaft. Wiesbaden.
— , Hrsg. (1981): Towards an Explanation of Economic Growth. Tübingen.
Gill, G. (1984): Personality Cult, Political Culture and Party Structure. SCC XVII/2, S.111-122.
Gintis, H./Katzner, D.W. (1979): Profits, Optimality, and the Social Division of Labour in the Firm; in: Lévy-Garboua (1979b), S.269-304.
Görgens, E. (1983): Entwicklungshilfe und Ordnungspolitik. Bern/Stuttgart.
Golas, P.J. (1977): Early Ch'ing Guilds; in: Skinner (1977f), S.555-580.
Gold, T.B. (1985): After Comradeship: Personal Relations in China Since the Cultural Revolution. CQ 104, S.657-675.
Gong Mengqian (1984): Shengchan jiage de xingcheng lilun tanyi. JJKX 1984/5, S.43-46.
Gonzalez, N.L. (1983): Household and Family in Kaixiangong: A Reexamination. CQ 93, S.76-89.
Goodell, G.E. (1985): Paternalism, Patronage, and Potlatch: The Dynamics of Giving and Being Given To. CA 26/2, S.247-266.
Goodman, D.S.G. (1984a): Groups and Political Studies of the PRC: An Introductory Perspective; in: Goodman (1984c), S. 1-9.
— (1984b): Provincial Party First Secretaries in National Politics: A Categoric or a Political Group?; in: Goodman (1984c), S.68-82.
—, Hrsg. (1984c): Groups and Politics in the People's Republic of China. Cardiff.
Goody, J. (1976): Production and Reproduction. A Comparative Study of the Domestic Domain. Cambridge et al.
Gould, S.J. (1983): The Hardening of the Modern Synthesis; in: Grene (1983), S.71-96.
Granet, M. (1980a<1934>): Das chinesische Denken. München.
— (1980b<1929>): Die chinesische Zivilisation. München.
Granick, D. (1987): The Industrial Environment in China and the CMEA Countries; in: Tidrick/Chen Jiyuan (1987c), S.103-131.
Gransow, B. (1983): Probleme städtischer Beschäftigung und Arbeitskräftepolitik; in: Braumann et al. (1983), S.193-225.
Gray, J./Gray, M. (1983): China's New Agricultural Revolution; in: Feuchtwang/Hussain (1983b), S.151-184.
Gray, J.H. (1987): The Economic Approach to Human Behavior: Its Prospects and Limitations; in: Radnitzky/Bernholz (1987), S.33-50.
Greenblatt, S.L. (1977): Campaigns and the Manufacture of Deviance in Chinese Society; in: Wilson et al. (1977), S.82-120.

— (1981): Organizational Behavior in Chinese Society: A Theoretical Overview; in: Greenblatt et al. (1981), S.1-24.
— (1982): The Sociological Study of Social Interaction and Interaction Patterns in Chinese Society; in: Greenblatt et al. (1982), S.1-28.
—/Wilson, R.W./Wilson, A.A., Hrsg. (1981): Organizational Behavior in Chinese Society. New York.
—/—/—, Hrsg. (1982): Social Interaction in Chinese Society. New York.
Greenough, P.R. (1983): Indulgence and Abundance as Peasant Values: A Bengali Case in Point. JAS XLII/4, S.831-850.
Grene, M., Hrsg. (1983): Dimensions of Darwinism. Cambridge et al./Paris.
Grimm, T. (1969): Ming Education Intendants; in: Hucker (1969), S.129-148.
— (1977): Academies and Urban Systems in Kwangtung; in: Skinner (1977), S.475-498.
Grochla, E. (1978): Einführung in die Organisationstheorie. Stuttgart.
— (1982): Grundlagen der organisatorischen Gestaltung. Stuttgart.
Grossekettler, H. (1980): Zur wirtschaftspolitischen Relevanz neoklassischer und verhaltenstheoretischer Ansätze in der Volkswirtschaftslehre; in: Rippe/Haarland (1980), S.11-62.
Grunow, D./Hegner, F. (1977): Von der Bürokratiekritik zur Analyse des Netzes bürokratischer Organisationen; in: Leuenberger/Ruffmann (1977), S.45-80.
Gu Renqi (1984): Shehuizhuyi jingji xiaoyi de zhibiao tixi ji qi fenxi fangfa. ZGJJWT 1984/5, S.19-27.
Gu Shutang/Yang Yuchuan (1984a): The Transformed Form of Value Under the Socialist System. CES XVIII/1, S.44-59.
—/— (1984b): A Further Inquiry Into Value Determination and the Law of Value. CES XVIII/1, S.59-76.
Gudeman, S. (1986): Economics as Culture. Models and Metaphors of Livelihood. London, Boston and Henley.
Gudošnikov, L.M. (1984): Osobennosti formirovanija i èvolucii prava KNR. PDV 2984/2, S.89-100.
Guo Wentao (1986): Zhongguo gudai zhong nong sixiang he nongxue sixiang; in: Guo Wentao et al. (1986), S.39-61.
— et al. (1986): Zhongguo chuantong nongye yu xiandai nongye. Zhongguo nongye keji chubanshe.
Guo Zhemin (1984): Lun shezhi jingji tequ de yiju. ZGJJWT 1984 /5, S.1-7.
Gutmann, A. (1982): What's the Use of Going to School?; in: Sen/Williams (1982), S.261-278.
Gutmann, G. (1976): Das Beschäftigungsoptimum für den Produktionsfaktor Arbeit in der marktsozialistischen Unternehmung; in: Watrin (1976), S.9-34.
— (1983a): Die Wirtschaftsordnung der DDR im Reformexperiment - Bemerkungen aus theoretischer Sicht; in: Gutmann (1983c), S.3-19.
— (1983b): Zur Ordnungskonformität von Wirtschaftspolitik in der Zentralverwaltungswirtschaft sowjetischen Typs (Rektoratsrede). Köln.
—, Hrsg. (1983c): Das Wirtschaftssystem der DDR: Wirtschaftspolitische Gestaltungsprobleme, Stuttgart/New York.
— (1986): Systemvergleich als Forschungsfeld der Wirtschaftswissenschaft; in: Schriftenreihe der Gesellschaft für

Deutschlandforschung, Band 18, S.11-52. Berlin.
— (1988): Ethische Grundlagen und Implikationen der ordnungspolitischen Konzeption "Soziale Marktwirtschaft"; in: Gutmann/Schüller (1988).
—/Klein, W. (1984): Wirtschaftspolitische Konzeptionen sozialistischer Planwirtschaften; in: Cassel (1984b), S.93-116.
—/—/Paraskewopoulos, S./Winter, H. (1979): Die Wirtschaftsverfassung der Bundesrepublik Deutschland, 2.Aufl. Stuttgart/New York.
—/Schüller, A. , Hrsg. (1988): Ethik und Wirtschaftsordnung. Erscheint demnächst.

Haffner, F. (1985): Monetäre Zentralplanung und Volkswirtschaftsplanung; in: Thieme (1985b), S.189-210.
Hagemann, H./Kurz, H.D./Schäfer, W., Hrsg. (1981): Die neue Makroökonomik. Frankfurt/New York.
Hahn, F.H. (1977): Keynesian Economics and General Equilibrium Theory: Reflections on Some Current Debates; in: Harcourt (1977), S.25-40.
— (1982): On Some Difficulties of the Utilitarian Economist; in: Sen/Williams (1982), S.187-198.
Haken, H. (1983): Synergetics. Berlin/Heidelberg/New York/Tokyo.
Haller, H. (1981): Die Steuern, 3.Aufl. Tübingen.
Hamel, H. (1981): Sozialistische Unternehmenskonzentration und Managerverhalten: Die Kombinatsbildung in der DDR als Effizienzproblem; in: Hedtkamp (1981), S.67-98.
Hammel, E.A./Howell, N. (1987): Research in Population and Culture: An Evolutionary Framework. CA 28, S.141-160.
Hammond, P.J. (1982): Utilitarianism, Uncertainty and Information; in: Sen/Williams (1982), S.85-102.
Handler, R. (1984): On Sociocultural Discontinuity: Nationalism and Cultural Objectification in Quebec. CA 25/1, S.55-71.
Händler, E.W. (1982): Ramsey-Elimination of Utility in Utility Maximizing Regression Approaches; in: Stegmüller et al. (1982), S.41-62.
Handwerker, W.P. (1986a): Culture and Reproduction: Exploring Micro/Macro Linkages; in: Handwerker (1986c), S.1-29.
— (1986b): "Natural Fertility" as a Balance of Choice and Behavioral Effect: Policy Implications for Liberian Farm Households; in: Handwerker (1986c), S.90-111.
—, Hrsg. (1986c): Culture and Reproduction. An Anthropological Critique of Demographic Transition Theory. Boulder and London.
Hankel, W. (1975): Kapitalbildung in Entwicklungsländern; in: Priebe (1975), S.9-28.
Hansmeyer, K.H. (1984): Der öffentliche Kredit I: Der Staat als Schuldner. Frankfurt a.M.
Harcourt, G.C., Hrsg. (1977): The Microeconomic Foundations of Macroeconomics. London.
Harding, H. (1982): From China, With Disdain: New Trends in the Study of China. AS XXII/10, S.934-958.
Hare, P. (1983): China's System of Industrial Economic Planning; in: Feuchtwang/Hussain (1983b), S.185-223.
Hare, R.M. (1982): Ethical Theory and Utilitarianism; in: Sen/Williams (1982), S.23-38.
Harnischfeger-Ksoll, M./Wu Jikun, Hrsg. (1986): China-Handbuch für die Wirtschaft. München/Beijing.
Harootunian, H.D. (1980): Metzger's Predicament. JAS XXXIX/2, S.245-254.

Harris, M. (1979): Cultural Materialism. New York.
Harrison, J.C. (1983): The Problem of the Fifth Modernization
 - A Review Article. JAS XLII/4, S.869-878.
Harsanyi, J.C. (1982): Morality and the Theory of Rational
 Behavior; in: Sen/Williams (1982), S.39-62.
Hartford, K. (1985): Socialist Agriculture is Dead; Long Live
 Socialist Agriculture! Organizational Transformations in Rural China; in: Perry/Wong (1985b), S.31-62.
Hartwig, K.H. (1985): Theoretische und empirische Ansätze zur
 Bestimmung der Geldnachfrage in sozialistischen Planwirtschaften; in: Thieme (1985b), S.235-254.
— (1987a): Monetäre Steuerungsprobleme in sozialistischen
 Planwirtschaften. Stuttgart/New York.
— (1987b): Die Geldnachfrage in sozialistischen Planwirtschaften: Polen 1950-1984. KK 20/3, S.378-401.
— (1987c): Wissenschaftstheoretische Ortsbestimmung ausgewählter Ordnungskonzeptionen; in: Arbeitsberichte zum Systemvergleich Nr.11, Ordnungstheorie: Methodologische und Institutionentheoretische Entwicklungstendenzen, S.1-31. Marburg.
—/Thieme, H.-J. (1984): Determinanten der Vermögensstruktur
 und Anpassungsprozesse im Systemvergleich; in: Krüsselberg
 (1984c), S.89-104.
—/— (1985): Determinanten des Geld- und Kreditangebotes in
 sozialistischen Planwirtschaften; in: Thieme (1985b), S.
 211-234.
Hasenfuss, I. (1987): Die Selektionstheorie; in: Siewing (1987),
 S.339-352.
Haslinger, F. (1982): Structure and Problems of Equilibrium
 and Disequilibrium Theory; in: Stegmüller et al. (1982), S.
 63-84.
Hayden, B. (1986): Resources, Rivalry, and Reproduction: The
 Influence of Basic Resource Characteristics on Reproductive
 Behavior; in: Handwerker (1986c), S.176-195.
Hayek, F.A. v. (1952): The Sensory Order. An Inquiry into the
 Foundations of Theoretical Psychology. Chicago.
— (1972): Die Theorie komplexer Phänomene. Tübingen.
— (1973): Law, Legislation, and Liberty, I: Rules and Order.
 Chicago.
— (1976): Law, Legislation, and Liberty, II: The Mirage of Social Justice. Chicago.
— (1979): Law, Legislation, and Liberty, III: The Political
 Order of a Free People. Chicago.
Hayhoe, R.E.S. (1987): China's Higher Curricular Reform in Historical Perspective. CQ 110, S.196-230.
Hazard, B.P. (1981): Peasant Organization and Peasant Individualism: Land Reform, Cooperation, and the Chinese Communist
 Party. Saarbrücken/Fort Lauterdale.
He Anjie (1984): Makesi de shengchanjiage lilun yu shehuizhuyi
 jiage xingcheng jichu. ZGJJWT 1984/5, S.32-37.
He Changyuan (1984): Lun laodongli gongqiu guilü. JJKX 1984/6,
 S.19-23.
He Jianwen (1982): Lun guanli xiandaihua de zhong de jige wenti;
 in: Zhongguo guanli xiandaihua yanjiuhui (1982), S.1-15.
He Jianzhang (1983): Zai lun jihua jingji yu shichang tiaojie;
 in: Hongqi chubanshe (1983), S.253-266.
He Minglun/Zhou Mingxing, Hrsg. (1983): Shangye jingji xue.
 Beijing kexue jishu chubanshe.

He Tianzhong (1984): Bixu shixing liangji fenpei. JJGL 1984/6, S.15-18.
He Xiaofeng (1984): A Preliminary Inquiry into the Theory of Service Value. CES XVIII/2, S.39-57.
He Zhenyi (1984): Guanyu li gai shui juti banfa de jianyi; in: Zhongguo jingji tizhi gaige yanjiuhui (1984), S.163-166.
Hebel, J. (1986): Beschäftigungsprobleme in der Volksrepublik China. IAF 17/3&4, S.301-327.
Heberer, Th. (1987): Zu einigen Fragen der Individualwirtschaft und ihrer Rolle für Arbeitsmarkt- und Stadtentwicklung. A 23, S.59-74.
Hedtkamp, G., Hrsg. (1981): Anreiz- und Kontrollmechanismen in Wirtschaftssystemen I, Berlin.
—, Hrsg. (1983): Beiträge zum Problem der Schattenwirtschaft. Berlin.
Heike, G., Hrsg. (1974): Phonetik und Phonologie. München.
Heilmann, M. (1984): Zur politischen Ökonomie des Staates und der Staatsfinanzen bei Karl Marx; in: W.A.S.Koch/H.G.Petersen, Hrsg., Staat, Steuern und Finanzausgleich, S.15-54. Berlin.
Helmstädter, E. (1981): Wie bilden sich die Marktpreise nach Adam Smith?; in: Neumark (1981), S.93-110.
Hempel, C.G. (1972<1950>): Probleme und Modifikationen des empiristischen Sinnkriteriums; in: Sinnreich (1972), S.104-125.
— (1972<1951>): Der Begriff der kognitiven Signifikanz: eine erneute Betrachtung; in: Sinnreich (1972), S.126-144.
Henderson, J.M./Quandt, R.E. (1977<1971>): Mikroökonomische Theorie. München.
Henle, P., Hrsg. (1975<1958>): Sprache, Denken, Kultur. Frankfurt a.M.
Hensel, K.P. (1979<1954>): Einführung in die Theorie der Zentralverwaltungswirtschaft. Stuttgart/New York.
Herder-Dorneich, Ph. (1973): Wirtschaftssysteme. Opladen.
Heringer, H.-J., Hrsg. (1974): Der Regelbegriff in der praktischen Semantik. Frankfurt a.M.
Herdzina, K. (1981): Wirtschaftliches Wachstum, Strukturwandel und Wettbewerb. Berlin.
Herrmann-Pillath, C. (1985): Zum institutionellen Rahmen der chinesischen Wirtschaftsreform: Geplante Warenwirtschaft und Banksystem. Berichte des BIOst 23-1985. Köln.
— (1986): Die chinesische Wirtschaftsreform im Spiegel sowjetischer Darstellungen 1979-1986. Berichte des BIOst 42-1986. Köln.
— (1987a): Die Wechselwirkung zwischen Reformtheorie und Reformpolitik in der Volksrepublik China. ZfW 36/1, S.69-99.
— (1987b): Kritischer Rationalismus, Strukturalismus und die methodologischen Prinzipien von Eucken/Hensel; in: Arbeitsberichte zum Systemvergleich Nr.11, Ordnungstheorie: Methodologische und institutionentheoretische Entwicklungstendenzen, S.32-73. Marburg.
— (1987c): Sozialpolitik in der VR China; in: B.Schönfelder, Sozialpolitik in den sozialistischen Ländern, S.121-170. München.
— (1987d): Inflationsprozesse in der Volksrepublik China seit 1979. Berichte des BIOst 44-1987. Köln.
— (1988a): Inflation - Reifeprüfung der Reformer? dnC 1988/3, S.32-34.
— (1988b): Systemwandel, Staatshaushalt und Steuerreform in

der Volksrepublik China. vjb 112, S.141-158.
— (1988c): The Sensory Order and the Evolutionary Concept of Mind: Hayekian Perspectives on the Philosophy of Science. Paper Presented to the Second Hayek Symposium on Knowledge, Evolution and Competition. Freiburg.
— (1988d): Zufall, Regeln und Effizienz - Grundfragen einer evolutionstheoretischen Synthese der Humanwissenschaften. Noch unveröffentlichtes Vortragsmanuskript.
— (1988e): Die konfuzianische Synthese: Wirtschaftspolitische Konzepte und normative Grundlagen gesellschaftlicher Ordnung als anpassungsoptimierende evolutorische Strategien; erscheint in: Gutmann/Schüller (1988).
— (1988f): Die chinesische Wirtschaftspolitik in der Phase beschleunigter Inflation - neue theoretische und empirische Analysen. Berichte des BIOst 2-1989, Köln.
— (1988g): Das Grundproblem der Geldverfassung in den jüngsten wirtschaftspolitischen Erfahrungen der Volksrepublik China. ZfW 37/2&3, S.
—/Herrmann-Pillath, U. (1986): Eigeninitiative, staatlicher Paternalismus und ländliche Entwicklung in der VR China. vjb 106, S.371-387.
—/— (1987): Kultur und Wirtschaftsordnung in der VR China: Korporativismus und begrenzter Individualismus. A 22, S. 1-24.
Herschede, F. (1985): Economics as an Academic Discipline at Nanjing University. CQ 102, S.304-316.
Hershatter, G. (1984): Making a Friend: Changing Patterns of Courtship in Urban China. PA 57/2, S.237-251.
Hertner, P. (1984): Wirtschaftspolitik des Faschismus in Italien; in: Cassel (1984), S.145-164.
Hesse, G. (1982): Die Entstehung industrialisierter Volkswirtschaften. Tübingen.
— (1983): Zur Erklärung der Änderung von Handlungsrechten mit Hilfe ökonomischer Theorie; in: Schüller (1983c), S.79-110.
Heuser, R. (1984): Die Satzung des Behindertenfonds: Zum Aufbau eines Fürsorgewesens in der Volksrepublik China; in: Zeitschrift für Sozialreform 1984, S.625-629.
Heuss, E. (1965): Allgemeine Markttheorie. Tübingen/Zürich.
Hey, J.D. (1981): Economics in Disequilibrium. Oxford.
Hicks, J.R. (1973): Capital and Time. Oxford.
Hildebrand, B. (1971<1864>): Natural-, Geld- und Kreditwirtschaft; in: Schachtschabel (1971b), S.53-71.
Himmelmann, G. (1974): Arbeitswert, Mehrwert und Verteilung. Opladen.
Hiniker, P. (1969): Chinese Reactions to Forced Compliance: Dissonance Reduction and National Character; in: Journal of Social Psychology 77, S.157-176.
Hinton, W. (1982): Village in Transition; in: Selden/Lippit (1982), S.98-115.
— (1983): Shenfan. New York.
Hirshleifer, J. (1987): The Economic Approach to Conflict; in: Radnitzky/Bernholz (1987), S.335-364.
Ho, S.P.S./Huenemann, R.W. (1984): China's Open Door Policy. Vancouver.
Höhmann, H.-H. (1983a): Sowjetunion; in: Höhmann (1983b), S. 11-49.
— (1983b): Die Wirtschaft Osteuropas und der VR China zu Beginn der achtziger Jahre. Köln.
Hörmann, H. (1976): Meinen und Verstehen. Frankfurt a.M.
Hoffman, A. (1983): Paleobiology at the Crossroads: A Critique of Some Modern Paleobiological Research Programs; in: Grene

(1983), S.241-272.
Hoffmann, Ch. (1977): Work Incentives and Social Control; in: Wilson et al. (1977), S.173-206.
— (1981): Urban Labour Allocation under Mao; in: Greenblatt et al. (1981), S.134-161.
Holenstein, E. (1980): Von der Hintergehbarkeit der Sprache. Frankfurt a.M.
Holub, H.W. (1978): Der Konfliktansatz als Alternative zur makroökonomischen Gleichgewichtstheorie. Göttingen.
Homans, G.C. (1986): Fifty Years of Sociology. ARS 12, S.XIII-XXX.
Hong Yingxin (1985): Lun shehuizhuyi shangpinjingji de tiaojie tizhi ji qi ganggan. JJKX 1985/6, S.41-46.
Hong Yuanming (1985): Jiage lilun yu jiage gaige. ZGJJWT 1985/3, S.3-8.
Hongqi chubanshe, Hrsg. (1983): Jihua jingji yu shichang tiaojie wenji. Hongqi chubanshe.
Honig, E. (1984): Private Issues, Public Discourse: The Life and Times of Yu Luojin. PA 57/2, S.252-265.
— (1985): Socialist Revolution and Women's Liberation in China - A Review Article. JAS XLIV/2, S.329-336.
Hoppmann, E. (1980): Korreferat: Wettbewerb und Wachstum in marktwirtschaftlichen Ordnungen; in: Streißler/Watrin (1980), S.240-248.
— (1987): Ökonomische Theorie der Verfassung. ORDO 38, S.31-45.
Hsia, A. (1971): Die chinesische Kulturrevolution. Neuwied/Berlin.
Hsieh, W. (1974): Peasant Insurrection and the Marketing Hierarchy in the Canton Delta, 1911; in: Elvin/Skinner (1974), S.119-142.
Hsieh Yu-wei (1967): The Status of the Individual in Chinese Ethics; in: Moore (1967), S.307-322.
Hsu, R.K. (1982): Agricultural Financial Policies in China, 1949-1980. AS LXXII/7, S.638-658.
Hu Houjun (1984): Guanyu shangpin liutong tizhi gaige de jige wenti; in: Zhongguo jingji tizhi gaige yanjiuhui (1984), S.139-153.
Hu Peizhao (1985): Shehuizhuyi jingji de huoli zai yu xiaochu duoxing. ZGJJWT 1985/1, S.2-7.
— (1986): "Guomin jingji you jihua fazhan guilü" bing bu cunzai. ZGJJWT 1986/1, S.3-8.
Hu Qiaomu (1984): Guanyu rendaozhuyi yu yihua wenti. Renmin chubanshe.
Hu Teh-wei/Bai Jushan/Shi Shuzhong (1987): Household Expenditure Patterns in Tianjin, 1982 und 1984. CQ 110, S.179-195.
Hu Teh-wei/Li Ming/Shi Shuzhong (1988): Analysis of Wages and Bonus Payments Among Tianjin Urban Workers. CQ 113, S.77-93.
Hu Xichuan (1985a): Dui "gongtong fuyu" yu "bufen ren xian fuyu" de lilun sikao. ZGJJWT 1985/6, S.12-17.
— (1985b): Lun zai shehui guimo shang zijue de yunyong jiazhi guilü. JJKX 1985/2, S.40-43.
Huang Hsiao, K.H.Y. (1982): Money and Banking in the People's Republic of China: Recent Developments. CQ 91, S.462-477.
Huang, J.C. (1977): Ideology and Confucian Ethics in the Characterization of Bad Women in Socialist Literature; in: Wilson et al. (1977), S.37-51.
Huang, Ph.C. (1969): Liang Ch'i-ch'ao; in: Opitz (1969b), S.

61-106.
Huang, R. (1969): Fiscal Administration During the Ming Dynasty; in: Hucker (1969), S.73-128.
Huang Songling (1980): Shehuizhuyi jingji wenti yigao. Tianjin renmin chubanshe.
Huang Zhengming (1985): Kefu ziran jingji sixiang, fazhan shehuizhuyi shangpin jingji. JJKX 1985/2, S.12-17.
Huang Zhiling (1985): Xindai zijin yundong guilü xintan. JJKX 1985/3, S.47-51.
Hucker, Ch.O., Hrsg. (1969): Chinese Government in Ming Times. New York/London.
Hürni, B. (1980): Die Weltbank - Funktion und Kreditvergabepolitik nach 1970. Diessenhofen.
Hussain, A. (1983): Economic Reforms in Eastern Europe and Their Relevance to China; in: Feuchtwang/Hussain (1983b), S..91-120.
Husserl, E. (1975): Logische Untersuchungen, 1: Prolegomena zur reinen Logik. Den Haag.
— (1984): Logische Untersuchungen, 2: Untersuchungen zur Phänomenologie und Theorie der Erkenntnis. The Hague/Boston/Lancaster.
— (1985): Die phänomenologische Methode. Ausgewählte Texte I. Stuttgart.
Hutchinson, T.W. (1984): Institutional Economics Old and New. ZgS 140, S.20-29.

Inhelder, B./Caprona, D. de/Cornu-Wells, A., Hrsg. (1987): Piaget Today. Hove/London/Hillsdale.
Irons, W. (1979a): Natural Selection, Adaption, and Human Social Behavior; in: Chagnons/Irons (1979), S.4-39.
— /1979b): Cultural and Biological Success; in Chagnons/Irons (1979), S.257-273.
Isard, W. et al. (1982<1968>): Zur Verknüpfung sozioökonomischer und ökologischer Systeme; in: Möller et al. (1982), S.68-89.
Ishikawa, S. (1983): China's Economic Growth Since 1949 - an Assessment. CQ 94, S.242-281.
— (1987): Sino-Japanese Economic Cooperation. CQ 109, S.1-22.
Israel, J. (1983): The Ideal of Liberal Education in China; in: Morse (1983), S.87-118.

Jackson, S. (1986): Reform of State Enterprise Management in China. CQ 107, S.405-432.
Jacobs, B.J. (1982): The Concept of Guanxi and Local Politics in a Rural Chinese Cultural Setting; in: Greenblatt et al. (1982), S.209-236.
Jakimova, E.V. (1985): Političeskaja kul'tura v traktovke Ljus'ena Paja. PDV 1985/4, S.124-130.
Jakobson, R. (1979<1972>): Die Linguistik und ihr Verhältnis zu anderen Wissenschaften; in: R.Jakobson (1979), Aufsätze zur Linguistik und Poetik, S.150-224. Frankfurt/Berlin/Wien.
Jansen, P. (1982): Das Inflationsproblem in der Zentralverwaltungswirtschaft. Stuttgart/New York.
Jensen, M.C./Meckling, W.H. (1979): Theory of the Firm: Managerial Behavior, Agency Costs, and Ownership Structure; in: Brunner (1979), S.163-233.
Ji Chongwei (1982): Gongye de zhuanyehua yu xiezuo; in: Xue Muqiao et al. (1982), S.100-126.

Ji Xuanju (1985): A Discussion of the Idea that Both Interpretations of Socially Necessary Labour Time Should Be Considered in the Determination of Value. CES XVIII/3, S.77-91.
Ji Zhong (1984): Zongjie lishi jingyan, shixing shangzhang zuzezhi. JJGL 1984/6, S.19-24.
— (1985): Guoyou qiye de juecequan you shui lai xingshi. JJGL 1985/10, S.22-25.
Jiang Guanqun (1985): Jiazhi guilü dui an lao fenpei de zuoyong. ZGJJWT 1985/2, S.18-21.
Jiang Guanyuan (1982): Zuo wei yi zhong gongju de wuchai bie fenxi; in: Deng Liqun et al (1982), S.241-249.
Jiang Shaojin/Li Wei (1986): "Zibenlu" 'lishi juxianxing zhi wei, fei ye. ZGJJWT 1986/1, S.9-16.
Jiang Xuemo (1982): Lun shehuizhuyi jingji shi lun. Hunan renmin chubanshe.
Jiang Yiwei (1982): Gongye guanli de tizhi wenti; in: Xue Muqiao et al. (1982), S.28-53.
— (1984a): Guanyu gongye jingji zerenzhi de yixie lilun wenti; in: Zhongguo jingji tizhi gaige yanjiuhui (1984), S. 72-92.
— (1984b): Dui Shanghai jingji fazhan zhanlüe de ji dian kanfa. JJGL 1984/12, S.12-16.
— (1985): Jingji tizhi gaige he qiye guanli ruogan lilun wenti de tantao. Shanghai renmin chubanshe.
—/Lin Ling/Ji Zhong (1985): Lun you Zhongguo tese de shehuizhuyi qiye lingdao zhidu. JJGL 1985/12, S.15-22.
Jiang Zuopei/Yang Haoyu (1984): Jingji ding'e yu tigao jingji xiaoyi. ZGJJWT 1984/2, S.13-18.
Jie Shusen/Kang Yao/Chen Bing (1984): Xiaofei jijin hongguan kongzhi chulu. ZGJJWT 1984/5, S.55-58.
"Jingjixue dongtai" bianjibu, Hrsg. (1982): 1981 jingji lilun dongtai. Renmin chubanshe.
Jones, S.M. (1972): Finance in Ningpo: The 'ch'ien chuang', 1750-1880; in: Willmott (1972), S.47-78.
— (1974): The Ningpo pang and Financial Power at Shanghai; in: Elvin/Skinner (1974), S.73-96.
— (1981): Misunderstanding the Chinese Economy - A Review Article. JAS XL/3, S.539-557.
Jones, W.C., Hrsg. (1985): Civil Law in China. CLG XVIII/3-4.
Ju Shaoyuan (1984): Shilin qiye zuzhi xingshi. ZGJJWT 1984/6, S.42-47.
Jung, H.Y./Jung, P. (1984): Maoism, Psychoanalysis, and Hermeneutics: A Methodological Critique of the Interpretation of Cultures. ATS IX/26-27, S.143-167.

Kallgren, J. (1985a): The Concept of Decentralization in Document No.1, 1984. CQ 101, S.104-105.
— (1985b): Politics, Welfare and Change: The Single-Child Family in China; in: Perry/Wong (1985b), S.131-156.
Kambara, T. (1984): China's Energy Development During the Readjustment and Prospects for the Future. CQ 100, S.762-782.
Kambartel, F. (1973): Struktur; in: Krings et al. (1973), S. 1430-1440.
Kämpfe, L., Hrsg. (1985): Evolution und Stammesgeschichte der Organismen. Stuttgart/New York.
Kapp, R.A. (1974): Chungking as a Center of Warlord Power, 1926-1937; in: Elvin/Skinner (1974), S.143-170.
Kapralov, P.B. (1982): Infljacionnoe processy v KNR. PDV 1982/2, S.95-104.

Kaufer, E. (1980): Industrieökonomik. München.
Keesing, R.M. (1987): Anthropology as Interpretive Quest. CA 28/2, S.161-176.
Keller, R. (1974): Zum Begriff der Regel; in: Heringer (1974), S.10-24.
Keyes, Ch.F. (1983a): Introduction: Peasant Strategies in Asian Societies: Moral or Rational Economic Approaches - a Symposion. JAS XLII/4, S.753-768.
— (1983b): Economic Action and Buddhist Morality in a Thai Village. JAS XLII/4, S.851-868.
Keynes, J.M. (1936): The General Theory of Employment, Interest and Money. London.
Kieser, A./Kubicek, H. (1983): Organisation, 2.Aufl. Berlin/ New York.
Kirch, P.V./Green, R.C. (1987): History, Phylogeny, and Evolution in Polynesia. CA 28/3, S.431-456.
Kirzner, I.M. (1979): Perception, Opportunity, and Profit. Chicago/London.
Klein, W. (1986): Zur Entwicklung der staatssozialistischen Unternehmensverfassung in der Sowjetunion und in der DDR; in: Leipold/Schüller (1986b), S.95-119.
Klenner, W. (1979): Ordnungsprinzipien im Industrialisierungsprozeß der VR China. Hamburg.
— (1981): Der Wandel der Entwicklungstrategie der VR China. Hamburg.
— (1983): VR China; in: Höhmann (1983), S.389-414.
— (1984): China: Wirtschaftspolitik zwischen Utopie und Pragmatismus; in: Cassel (1984b), S.333-347.
Kliemt, H. (1986): The Veil of Insignificance; in: European Journal of Political Economy 2/3, S.333-344.
Kloten, N. (1972<1955>): Zur Typenlehre der Wirtschafts- und Gesellschaftsordnungen; in: Schachtschabel (1972b), S.449-475.
— (1985): Der Plan-Markt-Mechanismus Chinas. Das Koordinationssystem in Theorie und Praxis; in: Schüller (1985), S.11-62.
Kneißel, J. (1978): Gesellschaftsstrukturen und Unternehmensformen in China. Frankfurt/New York.
Knoke, D. (1986): Associations and Interest Groups. ARS 12, S-1-21.
Kokubun, R. (1986): The Politics of Foreign Economic Policy Making in China: The Case of the Plant Cancellation with Japan. CQ 105, S.19-44.
Konovalov, E.A. (1980): Ob ėvolucii obščestvenno-ėkonomičeskich ukladov v KNR. PDV 1980/3, S.98-107.
— (1981): Glubokaja deformacija processa obščestvennogo vozproizvodstva v KNR. PDV 1981/1, S.26-39.
—/Manežev, S.A. (1981): Social'no-ėkonomičeskie protivorečija v Kitaje. PDV 1981/1, S.26-39.
Korkunov, I.N. (1982): Social'no-ėkonomičeskie problemy kitajskoj derevni. PDV 1982/1, S.58-69.
Kornai, J. (1975): Anti-Äquilibrium. Berlin/Heidelberg/New York.
— (1980): Economics of Shortage. Amsterdam/New York/Oxford.
— (1987): The Dual Dependence of the State-Owned Firm in Hungary; in: Tidrick/Chen Jiyuan (1987c), S.317-336.
Korzec, M./Whyte, M.K. (1981): Reading Notes: The Chinese Wage System. CQ 86, S.248-273.
Koslowski, P. (1984): Evolution und Gesellschaft. Tübingen.

— (1988): Prinzipien der ethischen Ökonomie. Tübingen.
Kosta, J. (1984): Wirtschaftssysteme des realen Sozialismus. Köln.
— (1985): Beschäftigungsprobleme und Beschäftigungspolitik in China; in: Schüller (1985), S.105-140.
Koziara, E.C./Yan, C.S. (1983): The Distribution System for Producer's Goods in China. CQ 96, S.689-702.
Kraus, R. (1983): The Chinese State and Its Bureaucrats; in: Nee/Mozingo (1983), S.132-147.
Kraus, W. (1979): Wirtschaftliche Entwicklung und Sozialer Wandel in der Volksrepublik China. Berlin/Heidelberg/New York.
— (1984): Japan: Wirtschaftspolitik jenseits von Plan und Markt; in: Cassel (1984b), S.247-261.
— (1985): Joint-Venture-Erfahrungen in und mit der VR China. A 16, S.5-30.
Krings, H./Baumgartner, H.M./Wild, C., Hrsg. (1973): Handbuch philosophischer Grundbegriffe. München.
Kröll, M. (1972<1952>): Die Wirtschaftstypologien Euckens und Ritschls; in: Schachtschabel (1972b), S.414-448.
Krohn, W. (1976): Zur soziologischen Interpretation der neuzeitlichen Wissenschaft; in: Zilsel (1976), S.7-43.
Krüsselberg, H.-G. (1983): Property Rights-Theorie und Wohlfahrtsökonomik; in: Schüller (1983c), S.45-78.
— (1984a): Vermögen im Systemvergleich - die Problemstellung; in: Krüsselberg (1984c), S.1-17.
— (1984b): Vermögen, Kapital, Eigentum - Schlüsselbegriffe der Ordnungstheorie?; in: Krüsselberg (1984c), S.37-60.
—, Hrsg. (1984c): Vermögen im Systemvergleich. Stuttgart/New York.
— (1986): Transaktionskostenanalyse der Unternehmung und Markttheorie; in: Leipold/Schüller (1986b), S.67-91.
Krug, B. (1984): The Economists in Chinese Politics; in: Goodman (1984c), S.40-67.
— (1986): Preisreform in der VR China. Berichte des BIOst 7-1986. Köln.
—/Frey, B. (1987): Ökonomik der Familie: Patriarchalismus in China.ZWS 107, S.67-84.
Kruglov, A.M. (1984): Mel'koe promyšlennoe proizvodstvo v KNR. PDV 1984/4, S.76-85.
Kueh, Y.Y. (1983): Economic Reform in China at the 'Xian' Level. CQ 96, S.665-688.
— (1984): A Weather Index for Analysing Grain Yield Instability in China. CQ 97, S.68-83.
— (1985): The Economics of the "Second Land Reform" in China. CQ 101, S.122-131.
—/Howe, C. (1984): China's International Trade: Policy and Organizational Change and Their Place in the "Economic Readjustment". CQ 100, S.813-848.
Kühne, K. (1981): Evolutionsökonomik. Stuttgart/New York.
Küng, E. (1983): Entwicklungsländer, Entwicklungsprobleme, Entwicklungspolitik. Tübingen.
Kuhn, H. (1973): Ordnung; in: Krings et al. (1973), S.1073-1050.
Kuhn, Ph. (1984): Chinese Views of Social Stratification; in: Watson (1984b), S. 16-28.
Küppers, B.-O. (1986): Der Ursprung biologischer Information. München/Wien.
Kuznets, S. (1981): Driving Forces of Economic Growth: What Can We Learn From History?; in: Giersch (1981); S.37-58.

Lai Cheng-chung (1985): Le mouvement cooperatif chinois: 1912-1949. RPE 1985/1, S.85-145.
Landmann, O. (1976): Keynes in der heutigen Wirtschaftstheorie; in: G.Bombach et al., Hrsg., Der Keynesianismus I, S.133-209. Berlin/Heidelberg/New York.
Lardy, N. (1982): Food Consumption in the People's Republic of China; in: Barker et al. (1982), S.147-162.
— (1984): Consumption and Living Standards in China, 1978-83. CQ 100, S.849-865.
— (1985): State Intervention and Peasant Opportunities; in: Parish (1985), S.33-56.
Laski, K. (1983): "Second Economy" in sozialistischen Ländern und Inflationserscheinungen; in: Hedtkamp (1983), S.51-64.
Latham, R.J. (1985): The Implications of Rural Reforms for Grass-Root Cadres; in: Perry/Wong (1985b), S.157-174.
Lauffs, A. (1986): Konkursrechtsgesetzgebung in der VR China; in: Recht der internationalen Wirtschaft 1986/10, S.779-787.
Lee, Hong Yong (1983): Deng Xiaoping's Reform of the Chinese Bureaucracy; in: Morse (1983), S.17-38.
Lee, P.N.-s. (1986): Enterprise Autonomy Policy in Post-Mao China: A Case Study of Policy Making, 1978-1983. CQ 105, S.45-71.
Lei Qiyuan (1984): Jianli guomin jingji jihua gongzuo chengxu moxing de shexiang. ZGJJWT 1984/5, S.28-31.
Leibenstein, H. (1976): Beyond Economic Man. Cambridge.
— (1981): X-Efficiency Theory, Productivity and Growth; in: Giersch (1981), S.187-212.
— (1984): On the Economics of Conventions and Institutions: An Exploratory Essay. ZgS 140, S.74-86.
Leijonhufvud, A. (1981<1973>): Störungen der wirksamen Nachfrage; in: Hagemann et al. (1981), S.263-291.
Leipold, H. (1981): Eigentümerkontrolle und Managerverhalten; in: Hedtkamp (1981), S.29-66.
— (1983a): Eigentumsrechte, Öffentlichkeitsgrad und Innovationsschwäche - Lehren aus dem Systemvergleich; in: Schüller et al. (1983), S.51-64.
— (1983b): Der Einfluß von Property Rights auf hierarchische und marktliche Transaktionen in sozialistischen Wirtschaftssystemen; in: Schüller (1983c), S.185-219.
— (1984a): Wirtschaftspolitische Konzeptionen sozialistischer Marktwirtschaften; in: Cassel (1984b), S.69-92.
— (1984b): Eigentum und Wirtschaftsordnung; in: Krüsselberg (1984c), S.21-36.
— (1987): Constitutional Economics als Ordnungstheorie; in: Arbeitsberichte zum Systemvergleich Nr.11, Ordnungstheorie: Methodologische und Institutionentheoretische Entwicklungstendenzen, S.101-134.
—/Schüller, A. (1986a): Unternehmen und Wirtschaftsordnung: Zu einem integrierten dynamischen Erklärungsansatz; in: Leipold/Schüller (1986b), S.3-40.
—/—, Hrsg. (1986b): Zur Interdependenz von Unternehmens- und Wirtschaftsordnung. Stuttgart/New York.
Lêman, G. (1983): Jugoslawien; in: Höhmann (1983b), S.329-363.
Lemennicier, B. (1979): The Economics of Conjugal Roles; in: Lévy-Garboua (1979b), S.189-222.

Leng, Shao-chuan (1981): The Chinese Judicial System: A New Direction; in: Greenblatt et al. (1981), S.112-133.
Lent, J.A., Hrsg. (1987): The Daily Press of China: A Symposium. ATS XII/35, S.137-151, XII/36, S.252-277.
Leontief, W. (1982<1970>): Umwelteinwirkungen und Wirtschaftsstruktur: Ein Input-Output- Ansatz; in: Möller et al. (1982), S.90-109.
Leontjew, A.N. (1982<1975>): Tätigkeit, Bewußtsein, Persönlichkeit. Köln.
Lesourne, J. (1979): Economic Dynamics and Individual Behavior; in: Lévy-Garboua (1979b), S.29-64.
Leuenberger, Th. (1977): Zur Entstehung und Entwicklung von Bürokratien am Beispiel von China; in: Leuenberger/Ruffmann (1977), S.31-43.
—/Ruffmann, K.H., Hrsg. (1977): Bürokratie - Motor oder Bremse der Entwicklung? Bern/Frankfurt a.M./Las Vegas.
Lévy-Garboua, L. (1979a): Perception and the Formation of Choice; in: Lévy-Garboua (1979b), S.97-132.
—, Hrsg. (1979b): Sociological Economics. London/Beverly Hills.
Lévy-Strauss, C. (1977<1958>): Strukturale Anthropologie I, Frankfurt a.M.
Li Fan (1987): The Question of Interests in the Chinese Policy Making Process. CQ 109, S.64-71.
Li Fang (1985): 1953-1983 nian wo guo huobi liutongliang yu guomin shouru de danxing fenxi. JJKX 1985/6, S.23-29.
Li Kehua/Zeng Muye (1984): Tuixing hetong yonggong zhidu de biranxing he youyuexing. JJKX 1984/2, S.34-38.
Li, P. (1981): In Search of Justice: Law and Morality in Three Chinese Dramas; in: Wilson et al. (1981), S.104-125.
Li, V.H. (1977): Law and Penology: Systems of Reform and Correction; in: Wilson et al. (1977), S.140-150.
Li Xianghai (1985): Dui chao'e chengyu jiazhi dingyi de shangyang. JJKX 1985/6, S.80.
Li Xu'ai (1984): Laodong shi quanbu zhengzhi jingji xue de chufadian. ZGJJWT 1984/3; S.19-25.
Li Yue (1984): Jianli you Zhongguo tese de gongye jingji xue. ZGJJWT 1984/2, S.23-27.
Li Yunyuan (1984): Zenyang renshi zhanguo shiqi tuchu fazhan de shangpin jingji. JJKX 1984/2, S.63-70.
Lian Yunzeng (1984): Jiaohuan jiazhi dingyi shi "shangpin nenggou yong yu jiaohuan de xiaoyong" ma? JJKX 1984/4, S.76-77.
Liang Huixing (1985a): On Contract Responsibility. CLG XVIII/1, S.35-49.
— (1985b): On the Principle of Planning and the Principle of Contract Freedom in Our Country's Contract Law. CLG XYIII/1, S.73-89.
Liang Wensen (1982): Balanced Development of Industry and Agriculture; in: Xu Dixin et al. (1982), S.52-78.
Liao Jianxiang (1982): Size of Industrial Enterprise Operation and Choice of Technology; in: Xu Dixin et al. (1982), S. 130-144.
Liao Jili (1984): Shangpin shengchan, jihua jingji, tizhi gaige. JJGL 1984/6, S.7-10.
Lichtheim, G. (1975<1970>): Kurze Geschichte des Sozialismus. München.
Lieberthal, K. (1985): The Political Implications of Document No.1, 1984. CQ 101, S.109-113.
Liepmann, P. (1980): Bankenverhalten und Bankenregulierung. Berlin.

Lin Changhua (1985): Laòdongli jiazhi tigao yu qi jiage dixia keyi bing cun. ZGJJWT 1985/3, S.44-48.
Lin, C.C. (1981): The Reinstatememt of Economics in China Today. CQ 85, S.1-48.
Lin Ling (1984): Guanyu guojia yu qiye guanxi wenti; in: Zhongguo jingji tizhi gaige yanjiuhui (1984), S.120-124.
— (1985): Fahui chengshi zhongxin zuoyong, fazhan jingji hengxiang lianxi. JJGL 1985/2, S.3-7.
Lin Pu et al. (1985): Lun fazhan zhuanyehu yu xiandaihua nongye jianshe. ZGJJWT 1985/2, S.7-12.
Lin Yutang (1936): My Country and my People. London/Toronto.
Lin Zili (1984): Jingji tizhi gaige ruogan lilun wenti tantao; in: Zhongguo jingji tizhi gaige yanjiuhui (1984), S.1-71.
— (1985): Shehuizhuyi jingji lun - lun Zhongguo jingji gaige. Jingji kexue chubanshe.
Lindenberg, S. (1984a): Preference versus Constraints. ZgS 140, S.96-103.
— (1984b): Normen und die Allokation sozialer Wertschätzung; in: Todt (1984), S.169-191.
Lippit, V. (1982): Socialist Development in China; in: Selden/Lippit (1982b), S.115-158.
List, F. (1971<1844>): Die Nationalität und die Ökonomie der Nation; in: Schachtschabel (1971b), S.33-35.
Little, M.A. (1983): An Overview of Adaption; in: Dyson-Hudson/Little (1983), S.137-148.
Littler, C. (1983): Japan and China; in: Feuchtwang/Hussain (1983b), S.121-149.
Liu, A.P.L. (1982): Problems of Communication in China's Modernization. AS XXII/5, S.481-499.
— (1986): How China Is Ruled. Englewood Cliffs.
Liu Fuyuan/Tang Gonglie/Luo Lixing, Hrsg. (1980): Zhongguo shehuizhuyi shangye jingji. Zhongguo renmin daxue chubanshe.
Liu Guoguang (1980): Shehuizhuyi zaishengchan wenti. Shenghuo, dushu, xin zhi san lian shudian.
—, Hrsg. (1984a): Zhongguo jingji fazhan zhanlüe wenti yanjiu. Shanghai renmin chubanshe.
— (1984b): Xu; in: Sun Yefang (1984), S.1-8.
— (1987): Zhongguo jingji da biandong zhong de shuang zhong zhuanhuan. ZGJJWT 1987/1, S.1-9.
—/Zhao Renwei (1982): Jihua tiaojie yu shichang tiaojie; in: Xue Muqiao et al. (1982), S.54-74.
Liu Hong/Wei Liqun (1982): Wo guo guoqing yu jingji shehui fazhan zhanlüe. Hongqi chubanshe.
Liu Hongru (1984a): Chongxin renshi yinhang zai shehuizhuyi jianshe zhong de zuoyong. ZGJR 1984/10, S.2-6.
— (1984b): Zijue yunyong jiazhiguilü, jianli shehuizhuyi jingji tiaojie tixi. ZGJR 1984/12, S.2-7.
Liu Kexiang (1981): Taiping tianguo hou Qing zhengfu 'zhengdun' he sougua zhengce; in: Zhongguo shehuikexue yuan, jingji yanjiu suo jikan 3, S.65-121.
Liu Shaoqi (1981): Liu Shaoqi xuanji. Renmin chubanshe.
Liu Suinian (1982): Economic Planning; in: Xu Dixin et al. (1982), S.28-51.
Liu Wei/He Xiaofeng (1984): Lun shehuizhuyi jingshen chanpin shengchan. JJKX 1984/5, S.5-9.
Lockett, M. (1983): Enterprise Management - Moves Towards Democracy?; in: Feuchtwang/Hussain (1983b), S.224-256.
Lösch, D. (1978): Produktionsmitteleigentum und Wirtschafts- und Gesellschaftssystem. Hamburg.
Looser, M. (1976): Zur Beziehung zwischen sprachanalytischer und psychoanalytischer Konzeption personaler Identität; in:

Menne et al. (1976), S.75-102.
Louven, E. (1982): Wirtschaftskriminalität in China: Formen und systemimmanente Ursachen. C.a. 1982/8, S.472-482.
— (1983a): Infrastruktur und regionale Entwicklung in China: Zu Fragen der Standortpolitik und des Transportwesens. C.a. 1983/2, S.107-118.
— (1983ff.): Chinesische Wirtschaftsterminologie - Definitionen und Kompatibilitätsprobleme. C.a. 1983/4, S.235-241, 1983/8, S.503-508., 1984/1, S.31-39, 1984/4, S.205-212, 1984/5, S.523-527.
— (1984): Zur Reform der Industriewirtschaft in der Volksrepublik China. C.a. 1984/10, S.579-583.
— (1985a): Die chinesische Wirtschaft 1985: Probleme der Preis- und Lohnreform. C.a. 1985/4, S.228-234.
— (1985b): Anmerkungen zum 7. Fünfjahresplan und zu langfristigen Wirtschaftszielen der VR China. C.a. 1985(11, S.763-770.
— (1986a): 7.Fünfjahresplan der VR China: Gleichgewichtiges Wachstum und Verbesserung der wirtschaftlichen Effizienz. C.a. 1986/4, S.216-226.
— (1986b): Chinas Wirtschaft im Übergang: Von der Befehlsplanung zum Mischsystem. C.a. 1986/10, S.651-660.
— (1986c): Anmerkungen zum Sozialsystem der VR China. C.a. 1986/12, S.772-780.
— (1987): Finanz- und Geldpolitik in der VR China. C.a. 1987//3, S.203-206.
Luckenbach, H. (1986): Theoretische Grundlagen der Wirtschaftspolitik. München.
Luhmann, N. (1970): Soziologische Aufklärung 1. Opladen.
— (1974): Soziologische Aufklärung 2. Opladen.
Lumsden, Ch.J./Wilson, E.O. (1981): Genes, Mind, and Culture. Cambridge/London.
Luo Jirong/Shi Jingyun/Li Xu'ai/Li Guizhang (1983): Shehuizhuyi shehui zaishengchan you guan fanchou de fenxi. Renmin chubanshe.
Luo Yuzong/Liu Wanshi (1984): Shangye dunzui liutong feiyong buchang wenti yanjiu. ZGJJWT 1984/2, S.50-56.
— (1985): "Zibenlun" de san juan zengbu de qishe. ZGJJWT 1985/5, S.38-44.
Lutz, F.A. (1962). Geld und Währung. Tübingen.
Lyons, T.P. (1985): China's Cellular Economy: A Test of the Fragmentation Hypothesis. JCE 9, S.125-144.
— (1986): Explaining Economic Fragmentation in China: A Systems Approach. JCE 10 S.209-236.

Ma Bin/Hong Zhunyuan (1987): Enlivening Large State Enterprises: Where Is the Motive Force? JCE 11, S.503-508.
Ma Hong (1982): Zhongguo shi de shehuizhuyi xiandaihua yu jingji liegou de tiaozheng; in: Xue Muqiao et al. (1982), S. 1-27.
—, Hrsg. (1983): Zhongguo gongye jingji wenti yanjiu. Zhongguo shehui kexue chubanshe.
— (1985): Wo guo qiye guanli mianlin zhe quanxin de zhongda keti. JJGL 1985/6, S.3-7.
—, Hrsg. (1986): Zhongguo jingji yu guanli rumen. Yunnan renmin chubanshe.
Ma Shuyun (1986): Recent Changes in China's Pure Trade Theory. CQ 106, S.291-305.
Ma Weigang (1984): Shilun shehui biyao laodong de "bie yi zhong

yiyi". ZGJJWT 1984/4, S.43-46.
Ma Yinchu (1981a): Jingji lilun wen xuanji, shangpeng. Beijing daxue chubanshe.
— (1981b): Jingji lilun wen xuanji, xia peng. Beijing daxue chubanshe.
Mabbett, I. (1985): Modern China - the Mirage of Modernity. London & Sydney.
Machetzki, R. (1982): Natürlicher Wirtschaftsraum und Regionalwirtschaften der VR China. C.a. 1982/11, S.642-654.
— (1983): Chinas wirtschaftliche Schlüsselregionen: Leistungsfähigkeit der Changjiang-Provinzen. C.a. 1983/12, S.761-773.
— (1986a): Besonderheiten der chinesischen Wirtschaftsplanung und der Markt für Elektrotechnik/Elektronik C.a. 1986/7, S.456-462.
— (1986b): Chinas Landwirtschaft: Wandel zur alten Form? C.a. 1986/8, S.498-518.
— (1986c): Globale Implikationen der Modernisierung Chinas. C.a. 1986/9, S.586-595.
Mackie, J.L. (1981<1977>): Ethik. Auf der Suche nach dem Richtigen und Falschen. Stuttgart.
Madsen, R.P. (1981): The Maoist Ethic and the Moral Basis of Political Activism in Rural China; in: Wilson et al. (1981), S.152-175.
— (1983a): Morality and Power in a Chinese Village. Berkeley/Los Angeles/London.
— (1983b): Harnessing the Political Potential of Peasant Youth; in: Nee/Mozingo (1983), S.244-263.
Mallinckrodt, G.W. (1980): Der Kapitalmarkt in Großbritannien; in: G.Bruns/K.Häuser, Hrsg., Kapitalmärkte des Auslandes, S.177-208. Frankfurt a.M.
Manion, M., Hrsg. (1984): Cadre Recruitment and Management in the People's Republic of China. CLG XVII/3.
— (1985): The Cadre Management System Post-Mao: The Appointment, Promotion, Transfer and Removal of Party and State Cadres. CQ 102, S.203-233.
Mao Tianqi (1984): Shilun Sun Yefang de shehuizhuyi liutong lilun; in: Sun Yefang (1984), S.326-344.
Mao Zedong (1960): Mao Zedong xuanji. Renmin chubanshe.
Marcos Marín, F. (1975): Lingüística y lengua espanola. Madrid.
Marr, R. (1984): Betrieb und Umwelt; in: Vahlens (1984), S. 47-110.
Marschak, J. (1975<1964>): Ökonomische Probleme der Informationsgewinnung und -verwertung; in: Beckmann/Sato (1975), S.119-152.
Martin, H. (1979): Innerparteiliche Auseinandersetzungen und die erste Entmaoisierungsphase. C.a. 1979/6, S.672-696.
Matz, U. (1973): Staat; in: Krings et al. (1973), S.1403-1419.
Mauger, P. (1983): Changing Policy and Practice in Chinese Rural Education. CQ 93, S.138-148.
Mayr, E. (1982): The Growth of Biological Thought. Cambridge/London.
McCormick, R. (1986): The Radio and Television Universities and the Development of Higher Education. CQ 105, S.77-94.
McCoy, J. (1970): Chinese Kin Terms of Reference and Address; in: Freedman (1970b), S.209-226.
McKnight, B.E. (1971): Village and Bureaucracy in Southern Song China. Chicago & London.
Mei, Y.P. (1967): The Status of the Individual in Chinese Thought and Practice; in: Moore (1967), S.323-339.
Meisner, M. (1969): Li Ta-chao; in: Opitz (1969c), S.149-186.

— (1983): The Concept of the Dictatorship of the Proletariat in Chinese Marxist Thought; in: Nee/Mozingo (1983), S.109-131.
Meisner, M. (1981): Scarcity and Moral Ambiguity in Contemporary China; in: Wilson et al. (1981), S.176-196.
Meng Dingzhu (1984): Lun jingji shehui fazhan zhanlüe de xitong yanjiu. JJKX 1984/4, S.23-28.
Meng Zhenhu (1980): Jian mai gui mai guilü chutan; in: Zhongguo shehuikexue yuan (1980), S.254-268.
Menne, K. (1976): Kommunikation und Exkommunikation. Zur Rekonstruktion praktischer Kritik; in: Menne et al. (1976), S.13-74.
— et al. (1976): Sprache, Handlung und Unbewußtes. Frankfurt a.M.
Merl, S. (1984): Differenzierungsprozesse des sowjetischen Dorfes im Vorfeld der Kollektivierung; in: Bergmann et al. (1984), S.113-140.
Meskill, J.M. (1970): The Chinese Genealogy as a Research Source; in: Freedman (1970b), S.139-161.
Meskill, J. (1969): Academics and Politics in the Ming Dynasty; in: Hucker (1969), S.149-174.
Metzger, T.A. (1972): The Organizational Capabilities of the Ch'ing State in the Field of Commerce: The Liang-Huai Salt Monopoly, 1740-1840; in: Willmott (1972), S.9-46.
— (1977): Escape From Predicament. Neo-Confucianism and China's Evolving Political Culture. New York.
— (1980): Author's Reply. JAS XXXIX/2, S.273-290.
Meyer, A.G. (1983): Cultural Revolutions: The Uses of the Concept of Culture in the Comparative Study of Communist Systems. SCC XVI/1&2, S.5-8.
Meyer, W. (1980): Erkenntnistheoretische Orientierungen und der Charakter des ökonomischen Denkens; in: Streißler/Watrin (1980), S.80-110.
— (1983): Entwicklung und Bedeutung des Property-Rights Ansatzes in der Nationalökonomie; in: Schüller (1983c), S. 1-44.
— (1987): Das Erkenntnisprogramm der klassischen Nationalökonomie: Eine kopernikanische Wende; in: M.Borchert/U.Fehl/ P.Oberender, Hrsg., Markt und Wettbewerb, S.491-511. Bern und Stuttgart.
Meyer, W. (1984): Ländliche Entwicklung: Zielgruppenorientierte Projektansätze. Friedrich-Ebert-Stiftung, Forschungsinstitut. Analysen 117. Bonn.
Meyer, F.W./Schüller, A. (1976): Spontane Ordnungen in der Geldwirtschaft und das Inflationsproblem. Tübingen.
Michael, F. (1969): Die Taiping-Rebellion; in: Opitz (1969c), S.35-60.
Michael, R. (1979): Determinants of Divorce; in: Lévy-Garboua (1979b), S.223-268.
Migdley, K./Burns, R.G. (1979): Business Finance and the Capital Market. London and Basingstoke.
Miller, J.G. (1978): Living Systems. New York et al.
Mirrlees, J.A. (1982): The Economic Uses of Utilitarianism; in: Sen/Williams (1982), S.63-84.
Mises, L.v. (1949): Human Action.
Mo Dagang (1984): Ye tan chengu jiazhi fanchou. JJKX 1984/4, S.78-79.
Möller, H./Osterkamp. R./Schneider, W., Hrsg. (1982): Umweltökonomik. Kökigsstein/Ts.
Möschel, W. (1984): Antitrust and the Economic Analysis of Law; ZgS 140, S.156-171.

Monissen, H.G. (1980): Externalitäten und ökonomische Analyse; in: Streißler/Watrin (1980), S.342-377.
— (1983): Externalitäten und Wirtschaftspolitik; in: Woll (1983), S.51-78.
Montaperto, R.N. (1981): The Chinese Communist Youth League, 1970-1974: A Study of Adaptive Behavior; in: Greenblatt et al. (1981), S.209-230.
Montias, J:M. (1976): The Structure of Economic Systems. New Haven/London.
Moody jr., P.R. (1984): Political Liberalization in China: A Struggle Between Two Lines. PA 56/4, S.26-44.
Moore, Ch.J., Hrsg. (1967): The Chinese Mind. Honululu.
Morgenstern, O. (1963): Spieltheorie und Wirtschaftswissenschaft. Wien.
Morishima, M./Catephores, G. (1978): Value, Exploitation and Growth. London.
Morozov, A.P./Naumov, I.N. (1983): Šestja pjatiletka KNR: problemy i perspektivy. PDV 1983/2, S.43-51.
Morris, Ch.W. (1981): Symbolik und Realität. Frankfurt a.M.
Morse, R.A., Hrsg. (1983): The Limits of Reform in China. Boulder.
Mosher, S.W. (1982): Birth Control: A View from a Chinese Village. AS XXII/4, S.356-368.
Mote, F.W. (1977): The Transformation of Nanking; in: Skinner (1977f), S.101-154.
Mozingo, D. (1983): The Chinese Army and the Communist State; in: Nee/Mozingo (1983), S.89-105.
Müller-Armack, A. (1971<1940>): Genealogie der Wirtschaftsstile; in: Schachtschabel (1971b), S.156-207.
Münnich, F.E. (1980): Gesellschaftliche Ziele und Organisationsprinzipien; in: Streißler/Watrin (1980), S.163-196.
Murguzin, A.S. (1984): Social'no-ėkonomičeskaja charakteristika kitajskogo krest'janstva. PDV 1984/4, S.59-75.
Munro, D.J. (1977): Belief Control: The Psychological and Ethical Foundations; in: Wilson et al. (1977), S.14-36.
Muromceva, Z.A. (1985): Modernizacija sel'skogo chozjajstva KNR: voprosy kapital'nych vloženii. PDV 1985/1, S.96-106.
Murphey, R. (1974): The Treaty Ports and China's Modernization; in: Elvin/Skinner (1974), S.17-72.
— (1982): Natural Resources and Factor Endowments; in: Barker et al. (1982), S.49-63.
Myers, R.H. (1970): The Chinese Peasant Economy. Cambridge, Mass.
— (1972): The Commercialization of Agriculture in Modern China; in: Willmott (1972), S.173-192.
— (1975): Cooperation in Traditional Agriculture and Its Implications for Team Farming in the People's Republic of China; in: Perkins (1975c), S.261-278.
— (1982): Land Property Rights and Agricultural Development in Modern China; in: Barker et al. (1982), S.37-47.

Najarian, N.J. (1982): Religious Conversion in Nineteenth Century China: Face-to-Face Interaction Between Western Missionaries and the Chinese; in: Greenblatt et al. (1982), S.67-111.
Nathan, A.J. (1985): Chinese Democracy. New York.
Naughton, B. (1985): False Starts and Second Winds: Financial Reforms in China's Industrial System; in: Perry/Wong (1985b), S.223-252.

— (1987): Macroeconomic Policy and Response in the Chinese Economy: The Impact of the Reform Process. JCE 11/3, S. 334-353.
Naumov, I.N. (1983): Diskussija o formach sobstvennosti v Kitae. PDV 1983/4, S.53-69.
Nee, V. (1983): Between Center and Locality: State, Militia; and the Village; in: Nee/Mozingo (1983), S.223-243.
— (1985): Peasant Household Individualism; in: Parish (1985), S.164-191.
—/Mozingo, D., Hrsg. (1983): State and Society in Contemporary China. Ithaka and London.
Nelson, R.R./Winter, S.G. (1982): An Evolutionary Theory of Economic Change. Cambridge/London.
Negishi, T. (1979): Microeconomic Foundations of Keynesian Macroeconomics. Amsterdam/New York/Oxford.
Neumark, F. (1975): Zyklen in der Geschichte ökonomischer Ideen; in: Kyklos 28/2, S.16-42.
—, Hrsg. (1981): Studien zur Entwicklung der ökonomischen Theorie I. Berlin.
—, Hrsg. (1982): Studien zur Entwicklung der ökonomischen Theorie II. Berlin.
Nie Delin (1985): Jingzheng shi shangpin jingji de banlü. JJKX 1985/2, S.52-55.
Niehans, J. (1980): Theorie des Geldes. Bern und Stuttgart.
— (1987): Transaction Cost. NPDE 4, S.676-679.
Nienhaus, V. (1984): Kontroversen um Markt und Plan. Darmstadt.
Niessen, H.-J./Rippe, W. (1980): Grundlagen und Arbeitsgebiet der sozialökonomischen Verhaltensforschung; in: Rippe/Haarland (1980), S.187-206.
Ning Zhangqing (1984): Jixie gongye zhixing sanzhong jihua yuanli xingshi de jingyan yu wenti. JJGL 1984/4, S.8-10.
— (1985): Mian xiang quan hangye, gao hao hangye guanli shi jixie gongye buman guanli zhineng de genben zhuanbian. JJGL 1985/4, S.15-17.
North, D.C. (1984): Transaction Costs, Institutions and Economic History. ZgS 140, S.7-17.
Nove, A. (1968): The Soviet Economy. London.
Novoselova, L.V. (1985): Reforma v kapital'nom stroitel'stve. PDV 1985/3, S.71-81.

Oberschall, A./Leifer, E.M. (1986): Efficiency and Social Institutions: Uses and Misuses of Economic Reasoning in Sociology. ARS 12, S.233-253.
Obersteller, C./Schmutz, J. (1987): Geld- und Wertpapiermärkte in der VR China; in: Die Bank 9/88, S.480-484.
O'Brien, M.J. (1987): Sedentism, Population Growth, and Resource Selection in the Woodland Midwest: A Review of Coevolutionary Developments. CA 28, S.177-197.
Ochel, W. (1982): Die Entwicklungsländer in der Weltwirtschaft. Köln.
Odgen, S. (1982): China's Social Sciences: Prospects for Teaching and Research in the 1980s. AS XXII/7, S.581-608.
Öhlschläger, G. (1974): Einige Unterschiede zwischen Naturgesetzen und sozialen Regeln; in: Heringer (1974), S.88-111.
Oi, J.C. (1986): Peasant Grain Marketing and State Procurement: China's Grain Contracting System; CQ 106, S.272-290.
Oksenberg, M. (1982): Economic Policy Making in China: Summer 1981. CQ 90, S.165-194.
Olsen, S.M. (1972): The Inculcation of Economic Values in Tai-

pei Business Families; in: Willmott (1972), S.261-295.
Opitz, P.J. (1968a): Präkonfuzianische Ordnungsspekulation; in: Opitz (1968c), S.17-34.
— (1968b): Konfuzius; in: Opitz (1968c), S.35-68.
—, Hrsg. (1968c): Chinesisches Altertum und konfuzianische Klassik. München.
— (1969a): Chinas Aufbruch in die Moderne; in: Opitz (1969c), S.7-34.
— (1969b): Mao Tse-tung; in: Opitz (1969c), S.187-224.
—, Hrsg. (1969c): Vom Konfuzianismus zum Kommunismus. München.
Orescu, S. (1983): A Structural-Functional Model for the Comparative Study of Communist Systems; in: SCC XVI/4, S.265-274.
Orlove, B.J.(1986): Barter and Cash Sale on Lake Titicaca: A Test of Competing Approaches. CA 27/2, S.85-106.
Osche, G. (1987): Die Sonderstellung des Menschen aus biologischer Sicht: Biologische und kulturelle Evolution; in: Siewing (1987), S.499-524.
Ostrovskij, A.V. (1984): Rabočij klass KNR kak proizvoditel'naja sila. PDV 1984/1, S.63-73.

Pähler, K. (1986): Qualitätsmerkmale wissenschaftlicher Theorien. Tübingen.
Paltiel, J.T. (1983): The Cult of Personality: Some Comparative Reflections on Political Culture in Leninist Regimes. SCC XVI/1&2, S.49-64.
Papert, S. (1987): The Value of Logic and the Logic of Values; in: Inhelder et al. (1987), S.101-110.
Paraskewopoulos, S. (1985): Konjunkturkrisen im Sozialismus. Stuttgart/New York.
— (1988): Die wirtschaftsethische Position nach dem Alten Testament; in: Gutmann/Schüller (1988).
Parish, W.L. (1984): Destratification in China; in: Watson (1984b), S.56-83.
— (1985a): Introduction: Historical Background and Current Issues; in: Parish (1985b), S.3-39.
—, Hrsg. (1985b): Chinese Rural Development. The Great Transformation. Armonk/London.
—/Whyte, M.K. (1978): Village and Family in Contemporary China. Chicago/London.
Park, S. (1977): Allokative Effizienz, Bürokratisierung und Partizipation in der Entwicklungsplanung (unter besonderer Herausstellung der partizipativen Planung in der VR China); in: Leuenberger/Ruffmann (1977), S.279-296.
Parker, J. (1987): China's Economy - the Biggest Developer of All; in: The Economist, 1.8.1988, S.5-22.
Parsons, J.B. (1969): The Ming Dynasty Bureaucracy: Aspects of Background Forces; in: Hucker (1969), S.175-231.
Pasternak, B. (1972): The Sociology of Irrigation: Two Taiwanese Villages; in: Willmott (1972), S.193-214.
Patzig, G. (1980): Tatsachen, Normen, Sätze. Stuttgart.
Peacock, A./Shaw, G.K. (1976): The Economic Theory of Fiscal Policy. London.
Pears, D. (1971): Ludwig Wittgenstein. München.
Pejovich, S. (1979): The Capitalist Corporation and the Socialist Firm; in: Brunner (1979), S.131-163.
— (1983): Innovation and Property Rights; in: Schüller et al. (1983), S.41-50.
Pelzel, J. (1970): Japanese Kinship: A Comparison; in: Freedman (1970b), S.227-248.

— (1972): Economic Management of a Production Brigade in Post-Leap China; in: Willmott (1972), S.387-414.
Perelomov, L.S. (1986): Kriterii ocenkiličnosti v tradicionnoj kul'ture Kitaja. PDV 1986/2, S.101-113.
—/Kozin, P.M./Saltykov, G.F. (1983): Tradicii v social'no-političeskoj žizni Kitaja. PDV 1983/1, S.97-106.
—/—/— (1984): Tradicii upravlenija v političeskoj kul'ture KNR. PDV 1984/2, S.110-123.
Perkins, D.H. (1975a): Introduction: The Persistence of the Past; in: Perkins (1975c), S.1-18.
— (1975b): Growth and Changing Structure of China's Twentieth Century Economy; in: Perkins (1975c), S.115-165.
—, Hrsg. (1975c): China's Modern Economy in Historical Perspective. Stanford.
— (1983): Research on the Economy of the People's Republic of China: A Survey of the Field. JAS XLII/2, S.345-372.
—/Yusuf, S. (1984): Rural Development in China. Baltimore and London.
Perry, E.J. (1985a): Rural Violence in Socialist China. CQ 103, S.414-440.
— (1985b): Rural Collective Violence: The Fruits of Recent Reforms; in: Perry/Wong (1985b), S.175-194.
—/Wong, C. (1985a): Introduction: The Political Economy of Reform in Post-Mao China: Causes, Content, and Consequences; in: Perry/Wong (1985b), S.1-32.
—/—, Hrsg. (1985b): The Political Economy of Reform in Post-Mao China. Cambridge, Mass./London.
Peters, D.S. (1983): Evolutionary Theory and Its Consequences for the Concept of Adaption; in: Grene (1983), S.315-328.
Pfohl, H.-C./Braun, G.E. (1981): Entscheidungstheorie. Landsberg am Lech.
Piaget, J. (1975): L'équilibration des structures cognitives: Problème central du développement. Paris.
Pianka, E.R. (1983): Evolutionary Ecology. New York et al.
Picot, A. (1984): Organisation; in: Vahlens (1984), 2, S.95-158.
Pieper, A. (1973): Individuum; in: Krings et al. (1973), S.728-737.
Platte, E. (1984): China's Fertility Transition: The One-Child Campaign. PA 57/4, S.646-671.
— (1986): The State of Nutrition in China. A 20, S.27-50.
Polachek, J.M. (1983): The Moral Economy of the Kiangsi Soviet (1928-1934). JAS XLII/4, S.805-829.
Polanyi, K. (1944): The Great Transformation. New York.
Poljakov, V.P. (1985): Sozdanie patentnoj sistemy v Kitae. PDV 1985/4, S.113-118.
Pollard, D.E. (1985): The Controversy Over Modernism, 1979-1984. CQ 104, S.641-656.
Popkin, S.L. (1979): The Rational Peasant: The Political Economy of Rural Society in Vietnam. Berkeley.
Popper, K. (1973): Objektive Erkenntnis. Hamburg.
— (1974): Scientific Reduction and the Essential Incompleteness of All Science; in: Ayala/Dobzhansky (1974), S.259-284.
— (1983): Realism and the Aim of Science. London et al.
— (1984): Logik der Forschung, 8.Aufl. Tübingen.
Portes, R./Santorum, A. (1987): Money and the Consumption Goods Market in China. JCE 11/3, S.354-371.
Portjakov, V.J. (1985): Naučnyi poisk vidnogo kitajskogo ékonomista. PDV 1985/2, S.174-179.

Potter, J. (1970): Land and Lineage in Traditional China; in: Freedman (1970b), S.121-138.
Priebe, H., Hrsg. (1975): Eigenfinanzierung und Entwicklung. Berlin.
Provine, W.B. (1983): The Development of Wright's Theory of Evolution: Systematics; Adaption, and Drift; in: Grene (1983), S.43-70.
Prybyla, J.S. (1984): The Economic System of the People's Republic of China. ATS IX/25, S.3-29.
Pryor, F.L. (1977): The Origins of the Economy. New York et al.
Pütz, Th. (1983): Die Theorie der rationalen Wirtschaftspolitik - Kritik und Antikritik; in: Woll (1983), S.9-50.
Pulaski, M.A. (1978<1971>): Piaget. Frankfurt a.M.
Puntel, L.B. (1973): Wahrheit; in: Krings et al. (1973), S. 1649-1669.
— (1985): Einführung in Nicholas Reschers pragmatische Systemphilosophie; in: Rescher (1985), S.7-48.
Pusey, J.R. (1981): On Liang Qichao's Darwinian "Morality Revolution", Mao Zedong's "Revolutionary Morality", and China's "Moral Development"; in Wilson et al. (1981), S.73-103.
Putterman, L. (1985): The Restoration of the Peasant Household as Farm Production Unit: Some Incentive Theoretic Aspects; in: Perry/Wong (1985b), S.63-82.
Pye, L.W. (1981): The Dynamics of Chinese Politics. Cambridge.
— (1982): Chinese Commercial Negotiating Style. Cambridge/Königsstein, Ts.
— (1986a): On Chinese Pragmatism in the 1980s. CQ 106, S.207-234.
— (1986b): Reassessing the Cultural Revolution. CQ 108, S.597-612.

Qian Bohai (1982): Guomin jingji zonghe pingheng tongji xue. Zhongguo caimao jingji chubanshe.
—/Dong Zhihuang/Yang Miankun (1984): Guomin jingji pingheng fanchou de ji ge wenti. ZGJJWT 1984/5, S.8-14.
Qiu Huabing (1984): Li gai shui ji qi jingji zuoyong. ZGJJWT 1984/3, S.9-13.
Quine, W.V.O. (1972<1961>): Zwei Dogmen des Empirismus; in: Sinnreich (1972), S.167-194.
— (1975<1969>): Ontologische Relativität und andere Schriften. Stuttgart.
— (1980<1960>): Wort und Gegenstand. Stuttgart.
— (1981<1964>): Grundzüge der Logik. Frankfurt a.M.
Quinn, M.-N. (1982): Deng Xiaoping's Political Reform and Political Order. AS XII/12, S.1187-1205.

Radnitzky, G. (1987a): An Economic Theory of the Rise of Civilization and Its Policy Implications: Hayek's Account Generalized. ORDO 38, S.47-90.
— (1987b): Cost-Benefit Thinking in the Methodology of Research: The "Economic Approach" Applied to Key Problems of the Philosophy of Science; in: Radnitzky/Bernholz (1987), S.283-334.
—/Bernholz, P., Hrsg. (1987): Economic Imperialism. The Economic Approach Applied Outside the Field of Economics. New York.
—/Bartley, Hrsg. (1987): Evolutionary Epistemology, Rationality, and the Sociology of Knowledge. La Salle.

Rae, A.E.I. (1982): Talking Business in China. CG 90, S.271-280.
Raffée, H. (1984): Gegenstand, Methoden und Konzepte der Betriebswirtschaftslehre; in: Vahlens (1984), S.1-46.
Raschke, J. (1987): Soziale Bewegungen. Ein historisch-systematischer Grundriß. Frankfurt/New York.
Ratnikov, S.R./Radikovskij, D.A. (1984): Diskussija v KNR o puti razvitija strany. PDV 1984/4, S.115-128.
Raupach, H. (1979): Wirtschaft und Gesellschaft Sowjetrußlands 1917-1977. Wiesbaden.
Rawski, T.G. (1975): The Growth of Producer Industries, 1900-1971; in: Perkins (1975c), S.203-243.
— (1982): Agricultural Employment and Technology; in: Barker et al. (1982), S.121-136.
Reding, K. (1985): Probleme der Produktivitätsmessung staatlicher Leistungen; in: K.Häuser, Hrsg., Produktivitätsentwicklung staatlicher Leistungen, S.123-199. Berlin.
Rehn, D. (1983): Betriebliche Forschung und Entwicklung: Innovationsprobleme in der Elektronikindustrie; in: Braumann et al. (1983), S.78-108.
— (1987): Die Reform der chinesischen Industriewirtschaft: Das Beispiel der Elektronikindustrie. Berichte des BIOst 4-1987. Köln.
Reiitsu, K. (1982): Accumulation, Technology, and China's Economic Development; in: Selden/Lippit (1982b), S.238-265.
Remyga, V.N. (1980): Charakter izmenenij v sisteme upravlenija narodnym chozjajstvom KNR. PDV 1980/4, S.90-104.
Rescher, N. (1973): The Coherence Theory of Truth. Oxford.
— (1985): Die Grenzen der Wissenschaft. Stuttgart.
"Resolution" (1981): Resolution über einige Fragen der Geschichte der KP Chinas seit 1949. Beijing.
Reynolds, B.L. (1987): Trade, Employment, and Inequality in Postreform China. JCL 11/3, S.479-490.
Rhoads, E.J.M. (1974): Merchant Associations in Canton, 1895-1911; in: Elvin/Skinner (1974), S.97-118.
Richter, R./Schlieper, U./Friedmann, W. (1978): Makroökonomik, 3.Aufl. Berlin/Heidelberg/New York.
Riedl, R. (1983): The Role of Morphology in the Theory of Evolution; in: Grene (1983), S.205-240.
Riese, H. (1985): Keynes' Geldtheorie; in: Scherf (1985), S. 9-26.
Rieter, H. (1985): Hypothesen zur Erwartungsbildung bei Keynes und Schumpeter; in: Scherf (1985), S.27-73.
Rindos, D. (1985): Darwinian Selection, Symbolic Variation, and the Evolution of Culture. CA 26/1, S.65-88.
— (1986): The Evolution of the Capacity for Culture: Sociobiology, Structuralism, and Cultural Selectionism. CA 27, S. 315-332.
Rippe, W./Haarland. H.-P., Hrsg. (1980): Wirtschaftstheorie als Verhaltenstheorie. Berlin.
Riskin, C. (1975): Surplus and Stagnation in Modern China; in: Perkins (1975c), S.49-84.
— (1982): Market, Maoism and Economic Reforms in China; in: Selden/Lippit (1982), S.300-323.
Risler, M. (1986): Berufliche Bildung in der Volksrepublik China - Zaubermittel der Modernisierung? IAF 17/3&4, S.327-346.
Robinson, J.C. (1985): Of Women and Washing Machines: Employ-

ment, Housework, and the Reproduction of Motherhood in Socialist China. CQ 101, S.32-57.
— (1988): Mao After Death. Charisma and Political Legitimacy. AS XXVIII/3, S.353-368.
Röpke, J. (1970): Primitive Wirtschaft, Kulturwandel und die Diffusion von Neuerungen. Tübingen.
— (1980): Zur Stabilität und Evolution marktwirtschaftlicher Ordnungen aus klassischer Sicht; in: Streißler/Watrin (1980), S.124-154.
— (1983a): Handlungsrechte und wirtschaftliche Entwicklung; in: Schüller (1983), S.111-144.
— (1983b): Staatsversagen als Ursache der Innovationsschwäche in westlichen Industrieländern; in: Schüller et al. (1983), S.91-114.
Rose, M. (1980): Finanzwissenschaftliche Makrotheorie. München.
Rosen, S. (1987): China in 1986. A Year of Consolidation. AS XXVII/1, S.35-55.
— (1988): China in 1987. The Year of the Thirteenth Party Congress. AS XXVIII/1, S.35-51.
Ross, C./Silk, M.A., Hrsg. (1986): Environmental Law and Policy in China. CLG XIX/1.
Rothschild, K.W. (1980): Kritik marktwirtschaftlicher Ordnungen als Realtypus; in: Streißler/Watrin (1980), S.13-37.
— (1981): Einführung in die Ungleichgewichtstheorie. Berlin/Heidelberg/New York.
Rudolph, W./Tschohl, P. (1977): Systematische Anthropologie. München.
Ryle, G. (1969<1949>): Der Begriff des Geistes. Stuttgart.

Saari, J.L. (1982): Breaking the Hold of Tradition: The Self-Group Interface in Transitional China; in: Greenblatt et al. (1982), S.28-66.
Sahlins, M. (1981<1976>): Kultur und praktische Vernunft. Frankfurt a.M.
Saich, T. (1984). Workers in the Worker's State: Urban Workers in the PRC; in: Goodman (1984c), S.152-175.
Samochin, A. (1981): Kitajskij krug rossii. Frankfurt a.M.
Samuelson, P.A. (1947): Foundations of Economic Analysis. New York.
Sandschneider, E. (1985): Political Succession in the People's Republic of China. Rule by Purge. AS XXV/6, S.638-658.
Sangren, P.S. (1984): Traditional Chinese Corporations: Beyond Kinship. JAS XLIII/3, S.391-415.
Sarafanov, I.I. (1986): Izmenenija v sisteme organizacii NIOKR v Kitae. PDV 1986/2, S.91-100.
Savigny, E.v. (1980): Die Philosophie der normalen Sprache. Frankfurt a.M.
— (1983): Zum Begriff der Sprache. Konvention, Bedeutung, Zeichen. Stuttgart.
— (1973): Zeichen; in: Krings et al. (1973), S.1787-1798.
Scanlon, T.M. (1982): Contractualism and Utilitarianism; in: Sen/Williams (1982), S.103-128.
Schachtschabel (1971a): Die sozialgeordnete Wirtschaft als Grundgestalt der Gegenwart; in: Schachtschabel (1972b), S. 314-342.
— (1971b): Wirtschaftsstufen und Wirtschaftsordnungen. Darmstadt.
Schädler, M. (1983): Reformen in Verwaltung und Management ländlicher Kommune- und Brigadebetriebe; in: Braumann et al.

(1983), S.109-149.
—/Peters, V. (1983): Entwicklungsprobleme urbaner Industriezweige: Reform der Privatwirtschaften; in: Braumann et al. (1983), S.150-192.
Schäfer, W. (1981): Preissignale, Mengensignale und Beschäftigung; in: Hagemann et al. (1981), S.292-304.
Schaeffler, R. (1973): Sinn; in: Krings et al. (1973), S.1325-1341.
Schanz, G. (1978): Verhalten in Wirtschaftsorganisationen. München.
— (1980): Verhaltensforschung und Erkenntnisfortschritt in der Betriebswirtschaftslehre; in: Rippe/Haarland (1980), S.91-106.
Scharping, Th. (1987): Macht, Moral und Modernisierung, Teil II: Chinas Reformpolitik in der Krise. Berichte des BIOst 25-1987. Köln.
— (1988): Probleme der westlichen China-Forschung: Interessen, Quellen und Paradigmen. Berichte des BIOst 14-1988.
Šaumjan, S.K. (1973): Philosophie und theoretische Linguistik. München.
Schefold, B. (1981a): Nachfrage und Zufuhr in der klassischen Ökonomie; in: Neumark (1981), S.53-92.
— (1981b): Die Marktpreise bei Smith - Eine Erwiderung; in: Neumark (1981), S.111-116.
Schelling, T.C. (1978): Micromotives and Macrobehavior. New York/London.
Schenk, K.-E. (1981): Märkte und Hierarchie: Anreiz- und Kontrollmechanismen in der Theorie der Wirtschaftssysteme; in: Hedtkamp (1981), S.11-28.
— et al. (1983): Vergleichende System- und Industriestudien - Ein "Institutional Choice"-Ansatz. Stuttgart/New York.
—/Wass von Czege (1983): Second Economy und Wirtschaftsordnung - ein systemübergreifender, transaktionsökonomischer Erklärungsansatz; in: Hedtkamp (1983), S.29-50.
Scherf, H., Hrsg. (1985): Studien zur Entwicklung der ökonomischen Theorie IV, Berlin.
—, Hrsg. (1986): Studien zur Entwicklung der ökonomischen Theorie V. Berlin.
Scheuch, F. (1986): Marketing. München.
Schickel, J. (1968): Große Mauer, Große Methode. Frankfurt a.M.
—, Hrsg. (1974): China - Deutschlands Partner? Frankfurt a.M.
Schier, P. (1984a): Veränderungen im Verwaltungssystem der Volksrepublik China. C.a. 1984/7, S.392-398.
— (1984b): Viel Lärm um (fast) nichts - ein undogmatischer Kommentar über den Marxismus, übertriebene westliche Reaktionen und die lange Tradition der Entdogmatisierung des Marxismus in China. C.a. 1984/12, S.722-725.
— (1986a): Verwaltung und politische Führung der provinzfreien Stadt Shanghai. C.a. 1986/2, S.92-96.
— (1986b): Die Diskussion über politische Reformen und ihre Hintergründe. C.a. 1986/8, S.534-537.
— (1987): Der Sturz des Hu Yaobang - Orthodoxe Marxisten und alte Berater schlagen zurück. C.a. 1987/1, S.63-68 und 1987/2, S.147-153.
Schimmler, H. (1984): Volkswirtschaftliche Gesamtrechnung und Wirtschaftspolitik; in: W.A.S.Koch/H.G.Petersen, Hrsg., Staat, Steuern und Finanzausgleich, S.55-66. Berlin.
Schinke, E. (1985): Der Agrarsektor in der Volksrepublik China. Wandlungen und Möglichkeiten; in: Schüller (1985), S.141-157.

Schipper, K. (1977): Neighborhood Cult Associations in Traditional Tainan; in: Skinner (1977f), S.651-677.
Schmidt, A. (1973): Praxis; in: Krings et al. (1973), S.1107-1139.
Schmidt, I. (1981): Wettbewerbstheorie und -politik. Stuttgart.
Schmidtchen, D. (1984): German "Ordnungspolitik" as Institutional Choice. ZgS 140, S.54-70.
Schmölders, G. (1984<1978>): Verhaltensforschung im Wirtschaftsleben. München.
Schneider, D. (1981): Geschichte betriebswirtschaftlicher Theorie. München/Wien.
— (1986a): Die Erklärung hierarchischer Unternehmensorganisationen aus der Unternehmerfunktion im Wettbewerb: Anfänge einer institutionellen Marktprozeßtheorie?; in: Leipold/Schüller (1986b), S.41-66.
— (1986b): Unternehmer und Unternehmung in der heutigen Wirtschaftstheorie und der deutschsprachigen Nationalökonomie der Spätklassik; in: Scherf (1986), S.29-80.
Schneider, H.K. (1974): Economic Man. New York.
Schotter, A. (1981): The Economic Theory of Social Institutions. Cambridge.
Schram, S.R. (1981): To Utopia and Back: A Cycle in the History of the Chinese Communist Party. CQ 87, S.407-439.
— (1984a): "Economics in Command"? Ideology and Politics Since the Third Plenum. CQ 99, S.417-461.
— (1984b): Classes, Old and New, in Mao Zedong's Thought; in: Watson (1984b), S.29-55.
— (1986): The Limits of Cataclysmic Change: Reflections on the Place of the "Great Proletarian Cultural Revolution" in the Political Development of the People's Republic of China. CQ 108, S.613-624.
— (1988): China After the 13th Congress. CQ 114, S.177-197.
Schran, P. (1975): On the Yenan Origins of Current Economic Policies; in: Perkins (1975c), S.279-302.
Schrenk, M. (1987): The Self-Managed Firm in Yugoslavia; in: Tidrick/Chen (1987c), S.339-370.
Schroeder, P.E. (1982): The Ohio-Hubei Agreement: Clues to Chinese Negotiating Practices. CQ 91, S.486-491.
Schüller, A. (1983a): Innovationsprobleme und wirtschaftspolitische Experimente im Systemvergleich; in: Schüller et al. (1983), S.1-16.
— (1983b): Property Rights, Theorie der Firma und wettbewerbliches Marktsystem; in: Schüller (1983c), S.145-184.
—, Hrsg. (1983c): Property Rights und ökonomische Theorie. München.
—, Hrsg. (1985): China im Konflikt zwischen verschiedenen Ordnungskonzeptionen. Berlin.
— (1987): Ordnungstheorie - Theoretischer Institutionalismus. Ein Vergleich; in: Arbeitsberichte zum Systemvergleich Nr. 11, Ordnungstheorie: Methodologische und institutionentheoretische Entwicklungstendenzen, S.74-100. Marburg.
—/Leipold, H./Hamel, H., Hrsg. (1983): Innovationsprobleme in Ost und West. Stuttgart/New York.
Schulz, T.W. (1986<1981>): In Menschen investieren. Tübingen.
Schumpeter, J.A. (1965): Geschichte der ökonomischen Analyse. Göttingen.
Schurmann, F. (1966): Ideology and Organization in Communist China. Berkeley/Los Angeles.

Schwarcz, V. (1983): Reflections on the Intellectual Climate of China; in: Morse (1983), S.119-138.
— (1986): Behind a Partially-Open Door: Chinese Intellectuals and the Post-Mao Reform Process. PA 59/4, S.577-604.
Scott, M.B./Lyman, S.M. (1976<1968>): Praktische Erklärungen; in: Auwärter et al. (1976), S.73-114.
Scott, J.C. (1976): The Moral Economy of the Peasant: Rebellion and Subsistence in Southeast Asia. New Haven.
Searle, J.R. (1979): Intentionalität und Gebrauch der Sprache; in: G.Grewendorf, Hrsg., Sprechakttheorie und Semantik, S. 149-171. Frankfurt a.M.
Seebaß, G. (1981): Das Problem von Sprache und Denken. Frankfurt a.M.
Segal, G. (1984): The Military as a Group in Chinese Politics; in: Goodman (1984c), S.83-101.
Seidenfus, H.S. (1976): Die Durchsetzung von Entwicklungsplänen im Marktsozialismus; in: Watrin (1976), S.91-108.
Seidl, C. (1980): Die Individual- versus die Kollektiventscheidung: Freiheit in marktwirtschaftlichen Ordnungen; in: Streißler/Watrin (1980), S.386-435.
Seifman, E. (1987): The Development of Higher Education in the People's Republic of China. ATS XI/34, S.31-47.
Selden, M. (1982): Cooperation and Conflict: Cooperative and Collective Formation in China's Countryside; in: Selden/Lippit (1982), S.32-98.
— (1985): Income Inequality and the State; in: Parish (1985b), S.193-218.
—/Lippit, V., Hrsg. (1982): The Transition to Socialism in China. Armonk/London.
Sen, A. (1975): Ökonomische Ungleichheit. Frankfurt/New York.
—/Williams, B., Hrsg. (1982): Utilitarianism and Beyond. Cambridge et al.
Ševel', I.B. (1985): Novoe v kreditno-bankovskoj sisteme. PDV 1985/2, S.85-91.
Seymour, J. (1983): The Abortive Attempt to Democratize China's Political System; in: Morse (1983), S.139-155.
Shackle, G.L.S. (1973): Epistemics & Economics. Cambridge.
Shapere, D. (1974): On the Relation Between Compositional and Evolutionary Theories; in: Ayala/Dobzhansky (1974), S.187-204.
Shang Dewen (1984): Guanyu yihua laodong lilun zai Makesi zhuzuo de diwei he zuoyong. JJKX 1984/2, S.10-13.
Shankman, P. (1984): The Thick and the Thin: On the Interpretive Theoretical Program of Clifford Geertz. CA 25/3, S.261-279.
Shen Liren (1984): Shi lun chengshi gongshang qiye gaige de tedian ji qi chufadian. JJKX 1984/4, S.14-19.
— (1985a): Shixing jihua jingji yu zijue yunyong jiazhiguilü. JJGL 1985/1, S.13-16.
— (1985b): Wo guo gongshangye zerenzhi yu jihua guanli. JJKX 1985/2, S.18-22.
Shi Shiqi (1986): Zhongguo gudai zhi sheng zhi xue de huangjin shidai. JJKX 1986/6, S.54-60.
Shiba, Y. (1977): Ningpo and Its Hinterland; in: Skinner (1977f) S.391-440.
Shirk, S.L. (1982): Recent Chinese Labour Policies and the Transformation of Industrial Organization in China. CQ 88, S.575-593.
— (1982b): Competitive Comrades: Career Incentives and Student

Strategies in China. Berkeley.
— (1984): The Decline of Virtuocracy in China; in: <u>Watson</u> (1984b), S.56-83.
— (1985): The Politics of Industrial Reform; in: <u>Perry/Wong</u> (1985b), S.195-222.
Shu Maoyong (1982): Makesi de zibenliutong lilun yu woguo de jingji tiaozheng he gaige; in: <u>Deng Liqun</u> et al. (1982), S. 183-195.
Sicular, T. (1985): Rural Marketing and Exchange in the Wake of Recent Reforms; in: <u>Perry/Wong</u> (1985b), S.83-110.
Siewing, R., Hrsg. (1987): Evolution. Stuttgart/New York.
Silin, R.H. (1972): Marketing and Credit in a Hongkong Wholesale Market; in: <u>Willmott</u> (1972), S.327-352.
— (1976): Leadership and Values. The Organization of Large-Scale Taiwanese Enterprises. Cambridge/London.
Simon, D.F. (1984): Chinese-Style S & D Modernization: A Comparison of the PRC and Taiwan Approaches. SCC XVII/2, S.87-112.
Sinnreich, J., Hrsg. (1972): Zur Philosophie der idealen Sprache. München.
Skinner, G.W. (1964/65): Marketing and Social Structure in Rural China. JAS XXIV/1-3, S.3-43, 195-228, 363-399.
— (1977a): Introduction: Urban Development in Imperial China; in: <u>Skinner</u> (1977f), S.3-33.
— (1977b): Regional Urbanization in Nineteenth-Century China; in: <u>Skinner</u> (1977f), S.211-251.
— (1977c): Introduction: Urban and Rural in Chinese Society; in: <u>Skinner</u> (1977f), S.253-274.
— (1977d): Cities and the Hierarchies of Local Systems; in: <u>Skinner</u> (1977f), S.275-352.
— (1977e): Introduction: Urban Social Structure in Ch'ing China; in: <u>Skinner</u> (1977f), S.521-554.
—, Hrsg. (1977f): The City in Late Imperial China. Stanford.
— (1985a): Presidential Address: The Structure of Chinese History. JAS XLIV/2, S.271-292.
— (1985b): Rural Marketing in China: Repression and Revival. CQ 103, S.393-413.
Skocpol, T. (1979): States and Social Revolutions. Cambridge.
—/Amenta, E. (1986): States and Social Policies. ARS 12, S. 131-157.
Smil, V. (1984): The Bad Earth. Armonk/London.
Smith, E.A. (1983a): Evolutionary Biology and the Analysis of Human Social Behavior; in: <u>Dyson-Hudson/Little</u> (1983), S. 23-40.
— (1983b): Anthropological Applications of Optimal Foraging Theory: A Critical Review. CA 24, S.625-651.
Smith, M.E. (1982): The Process of Sociocultural Continuity. CA 23/2, S.127-142.
Sneed, J.D. (1972): The Logical Structure of Mathematical Physics. Dordrecht.
Solinger, D. (1983): Marxism and the Market in Socialist China: The Reforms of 1979-1980 in Context; in: <u>Nee/Mozingo</u> (1983), S.194-219.
— (1985a): Commercial Reform and State Control: Structural Changes in Chinese Trade, 1981-1983. PA 58/2, S.197-215.
— (1985b): "Temporary Residence Certificate" Regulations in Wuhan, May 1983. CQ 101, S.98-103.
Solomon, R.M. (1971): Mao's Revolution and the Chinese Political Culture. Berkeley et al.

Sombart, W. (1971<1927>): Die Ordnung des Wirtschaftslebens; in: in: Schachtschabel (1971b), S.343-413.
Song Dao (1985): Yunyong "Zibenlun" de lilun yanjiu wo guo shehuizhuyi jingji jianshe de wenti. JJKX 1985/2, S.1-11.
Song, Du-Yol (1984): Sowjetunion und China - Egalisierung und Differenzierung im Sozialismus. Frankfurt/New York.
Song Yanming (1984a): Shehui yu wujia gaige; in: Zhongguo jingji tizhi gaige yanjiuhui (1984), S.170-176.
— (1984b): Dang de shiyi you san zhong quanhui yi lai chengshi jingji tizhi gaige yanjiuhui. JJGL 1984/9, S.8-14.
Spatz, H. (1979): Die allgemeine Gleichgewichtstheorie. München.
— (1981): "Neokeynesianische" Modelle des totalen Gleichgewichtes; in: Hagemann et al. (1981), S.225-239.
Speare jr., A. (1974): Migration and Family Change in Central Taiwan; in: Elvin/Skinner (1974), S.303-330.
Spiethoff, A. (1971<1932>): Die allgemeine Volkswirtschaftslehre als geschichtliche Theorie: Die Wirtschaftsstile; in: Schachtschabel (1971b), S.123-155.
Spitzer-Christoff, P. (1986): A Case-Study Approach to US-China Scientific Research Exchanges. A 20, S.129-146.
Sprenkel, S.v.d. (1977): Urban Social Control; in: Skinner (1977f), S.609-632.
Srinivasan, T.N. (1987): Economic Liberalization in China and India: Issues and Analytical Framework. JCE 11/3, S.427-443.
Stacey, J. (1983): Patriarchy and Socialist Revolution in China. Berkeley/Los Angeles/London.
Staiger, B. (1984a): Kampf gegen die "geistige Verschmutzung". C.a. 1984/2, S.76-85.
— (1984b): Schwächen der beruflichen Bildung in China. C.a. 1984/11, S.679-681.
— (1986a): Schwerpunkte der Erziehungsarbeit im Jahre 1986. C.a. 1986/3, S.166-169.
— (1986b): Sind die Volksmassen die Schöpfer der Geschichte? ein geschichtstheoretischer Streit mit politischem Hintergrund. C.a. 1986/9, S.596-598.
— (1987): Der Kampf gegen die "bürgerliche Liberalisierung" zu Beginn des Jahres 1987. C.a. 1987/2, S.143-146.
Stamm, L./Tsui, A.O. (1986): Cultural Constraints on Fertility Transition in Tunisia: A Case-Analysis from the City of Ksar-Hellal; in: Handwerker (1986c), S.159-174.
Stavis, B. (1982a): Rural Institutions in China; in: Barker et al. (1982), S.81-98.
—, Hrsg. (1982b): China's Cropping System Debate. CES XV/2,
— (1983): The Dilemma of State Power: The Solution Becomes the Problem; in: Nee/Mozingo (1983), S.175-193.
—/Meisner, M. (1982): China's Cropping System Debate - Introduction. CES XV/2, S.4-36.
Stegmüller, W.: Probleme und Resultate der Wissenschaftstheorie und Analytischen Philosophie:
(1970): Band II: Theorie und Erfahrung.
(1973a): Band II, zweiter Halbband: Theoriestrukturen und Theoriendynamik.
(1973b): Band IV, erster Halbband: Personelle Wahrscheinlichkeit und rationale Entscheidung.
(1983): Band I, 2.Aufl.: Erklärung, Begründung, Kausalität.
(1986): Band II, dritter Teilband: Die Entwicklung des neuen Strukturalismus seit 1973.
Berlin et al.

— (1979): Rationale Rekonstruktion von Wissenschaft und ihrem Wandel. Stuttgart.
—/Balzer, W./Spohn, W., Hrsg. (1982): Philosophy of Economics. Berlin/Heidelberg/New York.
Steinvorth, U. (1973): Regel; in: Krings et al. (1973), S. 1212-1220.
Stepanov, S.V./Portjakov, V.Ja. (1985): Aktual'nye problemy chozjajstvennogo razvitija v Kitaja. PDV 1985/2, S.78-84.
—/— (1986): Šestaja pjatiletka KNR: itogi i problemy. PDV 1986/2, S.78-90.
Stone, B. (1982): The Use of Agricultural Statistics: Some National Aggregate Examples and the Current State of the Art; in: Barker et al. (1982), S.205-245.
— (1985): The Basis for Chinese Agricultural Growth in the 1980s and 1990s: A Comment on Document No.1, 1984. CQ 101, S.114-121.
Stover, L. (1974): The Cultural Ecology of Chinese Civilization. New York.
Strauch, J. (1983): Community and Kinship in Southeastern China: The View from the Multilineage Villages of Hongkong. JAS XLIII/1, S.21-50.
Strawson, P.F. (1972<1959>): Einzelding und logisches Subjekt. Stuttgart.
Streißler, E. (1977): What Kind of Microeconomic Foundations of Macroeconomics Are Necessary?; in: Harcourt (1977), S.96-132.
— (1980a): Einleitung; in: Streißler/Watrin (1980), S.1-12.
— (1980b): Kritik des neoklassischen Gleichgewichtsansatzes als Rechtfertigung marktwirtschaftlicher Ordnungen; in: Streißler/Watrin (1980), S.38-69.
— (1981): Adam Smith - Der Adam oder nur Wachstum? Paradoxa einer wissenschaftlichen Revolution; in: Neumark (1981), S.9-52.
—/Watrin, C., Hrsg. (1980): Zur Theorie marktwirtschaftlicher Ordnungen. Tübingen.
Streit, M./Wegner, G. (1988): Information, Transaction amd Catallaxy - Reflections on Some Key Concepts of Evolutionary Market Theory. Beiträge zur angewandten Wirtschaftsforschung, Discussion Paper 367-88. Mannheim.
Stützel, W. (1979<1953>): Paradoxa der Geld- und Konkurrenzwirtschaft. Aalen.
Su Dongbin (1984): Lun jiazhiguilü zai an lao fenpei zhong de zuoyong. JJKX 1984/3, S.18-22.
Su Minghui (1986): Deng Zihui de nongye shengchan zerenzhi guandian. ZGJJWT 1986/1, S.50-54.
Sucharčuk, G.D. (1979): Social'no-ėkonomičeskie vzglady Čan Kai-ši; in: Akademia (1979), S.223-244.
Sullivan, L.R. (1986): Leadership and Authority in the Chinese Communist Party: Perspectives From the 1950s. PA 59/4, S. 605-633.
— (1987): The Analysis of "Despotism" in the CCP: 1978-1982. AS XXVII/7, S.800-821.
— (1988): Assault on the Reforms: Conservative Criticism of Political and Economic Liberalization in China, 1985-1986. CQ 114, S.198-222.
Sun Dade (1985): Jingji tizhi peiyao gaige yu jingji guilü tixi heli zuoyong. JJKX 1985/2, S.23-27.
Sun, E-tu Zen (1972): Sericulture and Silk Textile Production

in Ch'ing China; in: Willmott (1972), S.79-108.
Sun Liancheng (1985): Lüelun Zhongguo tese de shehuizhuyi nongye fazhan daolu. ZGJJWT 1985/1, S.21-23.
Sun Xiaoliang (1985): Jixie gongye tizhi gaige san yi. JJGL 1985/3, S.13-17.
Sun Yefang (1982): Shehuizhuyi jingji de ruogan lilun wenti, xuanji. Renmin chubanshe.
— (1983): Sun Yefang tongzhi zhuchi zuotanhui xuexi Chen Yun tongzhi chunjie zhongyao jianghua; in: Hongqi chubanshe (1983), S.300-318.
— (1984): Sun Yefang shehuizhuyi liutong lilun. Zhongguo zhanwang chubanshe.
Sun Yingwu (1985): Makesi dui jiazhi, jiage yu gongqiu guanxi wenti de fenxi. ZGJJWT 1985/4, S.34-38.

Taeuber, I.B. (1970): The Families of Chinese Farmers; in: Freedman (1970b), S.63-85.
Tam, On-Kit (1988): Rural Finance in China. CQ 113, S.60-76.
Tang Chün-i (1967): The Individual and the World in Chinese Methodology; in: Moore (1967), S.264-285.
Tang, J./Ma, L.J.C. (1985): Evolution of Urban Collective Enterprises in China. CQ 104, S.614-640.
Tang Siwen (1984): Ping Sun Yefang guanyu jihua jingji yu jiazhiguilü de zuoyong de guandian. JJKX 1984/2, S.15-18.
Tang Yong'an (1984): Jingji qu he jingji guanli tizhi gaige de wenti de tantao; Zhongguo jingji gaige yanjiuhui (1984), S.177-190.
Tang Zongkun (1987): Supply and Marketing; in: Tidrick/Chen (1987c), S.210-136.
Tao Fei (1980): Shilun shangpin de gongqiu pingheng guilü; in: Zhongguo shehuikexue yuan (1980), S.172-186.
Tardos, M. (1983): Institutionelle Determinanten von Innovationen in sozialistischen Wirtschaftssystemen - der Fall Ungarn; in: Schüller et al. (1983), S.135-150.
Tarski, A. (1972<1943>): Die semantische Konzeption der Wahrheit und die Grundlagen der Semantik; in: Sinnreich (1972), S.53-100.
— (1983<1935>): Der Wahrheitsbegriff in den formalisierten Sprachen; in: Berka/Kreiser (1983), S.443-546.
Taylor, M. (1985): Symbolic Dimensions in Cultural Anthropology. CA 26/2, S.167-185.
Thaxton, R. (1983): China Turned Rightside Up: Revolutionary Legitimacy in the Peasant World. New Haven.
Thieme, H.J. (1985a): Produktions- und Beschäftigungseffekte monetärer Impulse in sozialistischen Planwirtschaften; in: Thieme (1985b), S.287-310.
—, Hrsg. (1985b): Geldtheorie. Baden-Baden.
Thoegerson, S. (1987): China's Senior Middle Schools in a Social Perspective: A Survey of Yantai District, Shandong Province. CQ 109, S.72-100.
Tian Erzeng (1980): Shangyebu gaohao jihua tiaojie yu shichang tiaojie de tantao; in: Zhongguo shehuikexue yuan (1980), S. 101-117.
Tian Yinong/Zhu Fulin/Xiang Huaicheng (1985): Lun Zhongguo caizheng guanli tizhi de gaige. Jingji kexue chubanshe.
Tidrick, G. (1987): Planning and Supply; in: Tidrick/Chen (1987c), S.175-209.
—/Chen Jiyuan (1987a): The Essence of Industrial Reforms; in:

—/— (1987b): Characteristics of the Twenty Firms; in: Tidrick/Chen (1987c), S.11-38.
—/—, Hrsg. (1987c): China's Industrial Reform. New York et al.
Tietzel, M. (1983): Ökonomie und Soziobiologie oder: Wer kann was von wem lernen? ZWS 103, S.107-127.
Tismer, J. (1973): Wirtschaftspolitische Entscheidungsfindung unter marktwirtschaftlichen oder planwirtschaftlichen Bedingungen; in: Watrin (1973), S.99-141.
Todt, H., Hrsg. (1984): Normengeleitetes Verhalten in den Sozialwissenschaften. Berlin.
Tong Dalin/Liu Ji (1984): Lüe lun jingji lingdao; in: Zhongguo jingji tizhi gaige yanjiuhui (1984), S.206-218.
Travers, S.L. (1982): Bias in Chinese Economic Statistics: The Case of the Typical Example Investigation. CQ 91, S.478-485.
— (1984): Post-1978 Rural Economic Policy and Peasant Income in China. CQ 98, S.260-286.
— (1985): Getting Rich Through Diligence: Peasant Income After the Reforms; in: Perry/Wong (1985b), S.111-130.
Trubetzkoy, N.S. (1967<1939>): Grundzüge der Phonologie. Göttingen.
Tsai Wen-hui (1987): Life After Retirement. Elderly Welfare in China. ASXXVII/5, S.566-576.
Tsou, Tang (1983): Back From the Brink of Revolutionary-"Feudal" Totalitarianism; in: Nee/Mozingo (1983), S.53-88.
—/Blecher, M./Meisner, M. (1982): National Agricultural Policy: The Dazhai Model and Local Change in the Post-Mao Era; in: Selden/Lippit (1982), S.266-299.
Tugendhat, E. (1976): Vorlesungen zur Einführung in die sprachanalytische Philosophie. Frankfurt a.M.
—/Wolf, U. (1986): Logisch-semantische Propädeutik. Stuttgart.
Tullock, G. (1987a): Biological Applications of Economics. NPDE 1, S.246-247.
— (1987b): Autocracy; in: Radnitzky/Bernholz (1987), S.365-382.
Tung, R.L. (1982): Chinese Industrial Society After Mao. Lexington.
Türk, K. (1978): Soziologie der Organisation. Stuttgart.
Turner, R. (1976<1962>): Rollenübernahme: Prozeß versus Konformität; in: Auwärter et al. (1976), S.115-139.

Unger, J. (1984): The Class System in Rural China: A Case Study; in: Watson (1984b), S.121-141.
— (1985a): Remuneration, Ideology, and Personal Interests in a Chinese Village, 1960-1980; in: Parish (1985b), S.117-140.
— (1985b): The Decollectivization of the Chinese Countryside: A Survey of Twenty-Eight Villages. PA 58/4, S.585-606.
Urff, W.v. (1975): Kapitalbildung und Wirtschaftsordnung; in: Priebe (1975), S.79-104.

Vahlens (1984): Vahlens Kompendium der Betriebswirtschaftslehre, Band 1 und 2. München.
Vaizey, Lord J. (1981): Economic Growth as Endogenous Process - Human Resources and Motivation; in: Giersch (1981), S.71-87.
Vanberg, V. (1984): "Unsichtbare-Hand Erklärung" und soziale Normen; in: Todt (1984), S.115-147.
Varenne, H. (1984): Collective Representation in American Anthropological Conversations: Individual and Culture. CA 25/3, S.281-299.

Vermeer, E.B. (1982): Income Differentials in Rural China; CQ 89, S.1-33.
Viechtbauer, H./Wegmann, K. (1969): Sun Yat-sen; in: Opitz (1969c), S.107-148.
Vinzentz, V. (1981): Über die Ausgestaltung von Prämiensystemen; in: Hedtkamp (1981), S.99-125.
Vogel, E. (1965): From Friendship to Comradeship: The Change in Personal Relations in Communist China. CQ 21, S.46-60.
Volkova, L.A. (1983): Tendencii izmenenii form chozjajstvennoj organizacii v kitajskoj derevne v načale 80ch godov. PDV 1983/1, S.73-82.
— (1985): Problemy sovremennoj kitajskoj derevni. PDV 1985/4, S.106-112.
Volti, R. (1981): In Search for the Fifth Modernization: Dilemmas of Organizational Behavior and Technological Change; in; Greenblatt et al. (1981), S.76-93.

Wagener, H.-J. (1979): Zur Analyse von Wirtschaftssystemen. Berlin/Heidelberg/New York.
Wagenmann, B. (1980): Die Entwicklungsländer und der internationale Austausch von Gütern, Ideen, Kapital und Technologie. Diessenhofen.
Wagner, U. (1976): Das Zielsystem der selbstverwalteten Unternehmung und sein Einfluß auf Beschäftigung und Beschäftigungspolitik; in: Watrin (1976), S.35-60.
— (1986): Allokations- und Entwicklungseffekte der jugoslawischen selbstverwalteten und der deutschen mitbestimmten Unternehmensverfassung; in: Leipold/Schüller (1986b), S.225-261.
Waismann, F. (1963): Niedergang und Sturz der Kausalität; in: A.C.Crombie/D.terHaar, Hrsg., Wendepunkte in der Physik, S.67-126. Braunschweig.
— (1970<1936>): Einführung in das mathematische Denken. München.
— (1976): Logik, Sprache, Philosophie. Stuttgart.
Walder, A. (1982): Some Ironies of the Maoist Legacy in Industry; in: Selden/Lippit (1982), S.215-237.
— (1983a): Industrial Reform im China: The Human Dimension; in: Morse (1983), S.39-64.
— (1983b): Organized Dependence and Cultures of Authority in Chinese Industry. JAS XLIII/1, S.51-76.
— (1986): Wage Reform and the Web of Factory Interests. CQ 109, S.22-41.
Walker, K. (1984): Chinese Agriculture During the Period of Readjustment. CQ 100, S.783-812.
Waller, M. (1984): Communist Politics and the Group Process: Some Comparative Conclusions; in: Goodman (1984c), S.196-217.
Walter, C.E. (1985): Dual Leadership and the 1956 Credit Reforms of the People's Bank of China. CQ 102, S.277-290.
Wan Dianwu (1984): Shangye tizhi gaige de jige lilun wenti; in: Zhongguo jingji tizhi gaige yanjiuhui (1984), S.125-138.
Wang Anxiang/Wang Xinhua (1984): Shehuizhuyi jieduan de laodong bu jinjin she geren de mousheng shouduan. JJKX 1984/6, S.24-27.
Wang Bingqian (1984): On Several Problems Involving Financial Work. CES XVII/4, S.81-98.
Wang Chuan-lun (1984): Some Notes on Tax Reform in China. CQ 97, S.53-67.

Wang Guangtai (1984): Liangshi zhuanyehu yu duozhong jingying zhuanyehu de fazhan guanxi. JJKX 1984/4, S.33-36.
Wang Haibo (1985): Pingshu ji zhong fouding guoyou qiye shi xiangdui duli shangpin shengchanzhe de guandian. ZGJJWT 1985/3, S.9-14.
Wang Jue (1984): Guanyu jingji zerenzhi de ji ge wenti; in: Zhongguo jingji tizhi gaige yanjiuhui (1984), S.93-105.
Wang Renzhi/Gui Shiyong (1983): Jianchi he gaijin zhilingxin jihua zhidu; in: Hongqi chubanshe (1983), S.282-299.
Wang Shihua (1984): Duiyu "san ge pingheng" lilun de zai renshi. JJKX 1984/6, S.29-32.
Wang, Y.C. (1966): Chinese Intellectuals and the West, 1872-1949. Chapel Hill.
Wang Zheng (1981): Some Question of Right and Wrong in Statistics Work Must Be Clarified. CES XV/1, S.47-61.
Wang Zhiping (1984): Ba shehuizhuyi de youyuexing tong shangpin jingji de chuangzaoli jiehe qi lai; in: Zhongguo jingji tizhi gaige yanjiuhui (1984), S.191-205.
Wang Zhuo (1984): Zhongguo shi jingji tizhi de lilun zhizhu; in: Zhongguo jingji tizhi gaige yanjiuhui (1984), S.106-119.
Ward, B.E. (1972): A Small Factory in Hongkong: Some Aspects of Its Internal Organization; in: Willmott (1972), S.352-385.
Watrin, Chr., Hrsg. (1973): Information, Motivation und Entscheidung. Berlin.
— (1975): Ökonomische Theorien und wirtschaftspolitisches Handeln; in: Kritischer Rationalismus und Sozialdemokratie, Band 79 der Internationalen Bibliothek, S.421-456. Berlin/Bonn.
—, Hrsg. (1976): Studien zum Marktsozialismus. Berlin.
— (1984): Staatsaufgaben - die ökonomische Sicht; in: Bitburger Gespräche, Jahrbuch 1984, S.41-68.
— (1988): Alfred Müller-Armack (1901-1978); in: F.-W.Henning, Hrsg., Kölner Volkswirte und Sozialwissenschaftler, S.39-68. Köln/Wien.
Watson, A. (1979): The People versus Tai Hung-sheng. CQ 78, S. 360-365.
— (1984): New Structures in the Organization of Chinese Agriculture: A Variable Model. PA 57/4, S.621-645.
— (1988): The Reform of Agricultural Marketing in China Since 1978. CQ 113, S.1-28.
Watson, J.L. (1982): Chinese Kinship Reconsidered: Anthropological Perspectives on Historical Research. CQ 92, S.589-622.
— (1984a): Introduction: Class and Class Formation in Chinese Society; in: Watson (1984b), S.1-15.
—, Hrsg. (1984b): Class and Social Stratification in Post-Revolution China. Cambridge et al.
Watt, J.R. (1972): The District Magistrate in Late Imperial China. New York/London.
— (1977): The Yamen and Urban Administration; in: Skinner (1977f), S.353-390.
Weber-Schäfer, P. (1968a): Menzius; in: Opitz (1968c), S.69-100.
— (1968b): Hsün-tzu; in: Opitz (1968c), S.101-140.
— (1968c): Die "Große Lehre" und die "Anwendung der Mitte"; in: Opitz (1968c), S.141-168.
Wegehenkel, L. (1981): Gleichgewicht, Transaktionskosten und Evolution. Tübingen.

Weggel, O. (1980a): Der Erdrutsch im Rechts- und Vertragswesen und seine Auswirkungen auf das Außenhandelsrecht. C.a. 1980/8, S.656-668.
— (1980b): Chinesischen Rechtsgeschichte. Leiden/Köln.
— (1981a): Im Dickicht der chinesischen Außenhandelsorganisationen. C.a. 1981/4, S.258-271.
— (1981b): Eine Zeitbombe im Sozialismusgebäude der VR China: Das Einzelwirtschafts- und Haushaltsquotensystem. C.a. 1981/7, S.429-439.
— (1981c): Die acht neuralgischen Punkte im Gefüge des neuen chinesischen Rechtssystems. C.a. 1981/10, S.668-676.
— (1981d): Neue Entwicklungen im Außenhandelsrecht: Die Provinzen melden sich zu Wort. C.a. 1981/11, S.725-731.
— (1982a): Die stille "Revolution": Wandlungen in den Eigentumsvorstellungen und im Sachenrecht der VR China. C.a. 1982/1, S.15-21.
— (1982b): Gemeinden, Kommunen, Wohnviertel und Zellen: Wie China ganz unten an der Basis verwaltet wird. C.a. 1982/8, S.482-494.
— (1983): Ideologie im nachmaoistischen China - Versuch einer Systematisierung. C.a. 1983/1, S.19-40.
— (1984a): Die Kampagne ist tot, es lebe die Strukturreform - Eine weitere Kehrtwendung im nachmaoistischen China. C.a. 1984/1, S.24-30.
— (1984b): Das neue chinesische Patentgesetz (wörtlich: "Sondergewinn"-Gesetz): ein mürrisches Zugeständnis an die Ausländer. C.a. 1984/6, S.331-335.
— (1984c): Der neue Mythos Wissenschaft - Herausforderungen der Vergangenheit, "Modernisierungs"-Antworten für die Zukunft. C.a. 1984/11, S.648-678.
— (1985a): Das chinesische Außenhandelssystem im Umbruch. C.a. 1985/3, S.159-183.
— (1985b): Sozialismus - oder was sonst? Eine Vorausschau auf das Jahr 2000 (2.Teil). C.a. 1985/8, S.510-532.
— (1985c): China im Jahr 2000: Ist eine Rückkehr zur Kulturrevolution denkbar? - Sicherungsbollwerke der Reformer, Zeitgeist und die normative Kraft des Faktischen. C.a. 1985/10, S.694-710.
— (1986a): China im Jahr 2000 - wirtschaftliche und soziale Perspektiven. C.a. 1986/2, S.97-116.
— (1986b): Fünf Tendenzen im gegenwärtigen Außenwirtschaftssystem der VR China. C.a. 1986/7, S.436-455.
— (1986c): Gesetzgebung und Rechtspraxis im nachmaoistischen China, Teil I: Auf der Suche nach einer juristischen Infrastruktur. C.a. 1986/8, S.519-533.
— (1986d): Gesetzgebung und Rechtspraxis im nachmaoistischen China, Teil II: Das öffentliche Recht - Einführung und Politrecht. C.a. 1986/11, S.705-721.
— (1986e): Gesetzgebung und Rechtspraxis im nachmaoistischen China, Teil III: Das Öffentliche Recht - Verfassungsrecht. C.a. 1986/12, S.781-792.
— (1987a): Gesetzgebung und Rechtspraxis im nachmaoistischen China, Teil IV: Öffentliches Recht - Das Organisationsrecht. C.a. 1987/1, S.27-59.
— (1987b): Gesetzgebung und Rechtspraxis im nachmaoistischen China, Teil V: DAs Öffentliche Recht - Das Dienstrecht. C.a. 1987/2, S.206-238.
Welge, M.K. (1985): Unternehmungsführung, Band 1: Planung. Stuttgart.
Wei Huachun/Song Yangyin (1984): Dui queding huobi liutongliang

de ji dian qian jian. JJKX 1984/5, S.14-17.
Weintraub, E.R. (1979): Microfoundations. Cambridge.
Weizsäcker, C.C.v. (1984): The Influence of Property Rights on Tastes. ZgS 140, S.90-95.
Westen, D. (1984): Cultural Materialism: Food for Thought or Bum Steer? CA 25/5, S.639-653.
White, G. (1983a): Urban Employment and Labour Allocation Policies; in: Feuchtwang/Hussain (1983b), S.257-287.
— (1983b): The Postrevolutionary Chinese State; in: Nee/Mozingo (1983), S.27-52.
— (1984): Distributive Politics and Educational Development: Teachers as a Political Interest Group; in: Goodman (1984c), S.102-125.
— (1987): The Politics of Economic Reform in Chinese Industry: The Introduction of the Labour Contract System. CQ 111, S. 365-389.
White, L.T. (1977): Deviance, Modernization, Rations, and Household Registers in Urban China; in: Wilson et al. (1977), S.151-172.
— (1984): Bourgeois Radicalism in the 'New Class' of Shanghai, 1949-1969; in: Watson (1984b), S.142-174.
White, S. (1983): What is a Communist System? SCC XVI/4, S.247-264.
Whyte, M.K. (1984): Sexual Inequality Under Socialism: The Chinese Case in Perspective; in: Watson (1984b), S.198-238.
—/Parish, W.L. (1984): Urban Life in Contemporary China. Chicago/London.
Wiedemann, K.M. (1986): China in the Vanguard of a New Socialism. AS XXVI/7, S.774-792.
Wiens, T.B. (1982): Technological Change; in: Barker et al. (1982), S.99-120.
— (1985): Poverty and Progress in the Huang and Huai River Basins; in: Parish (1985b), S.57-95.
— (1987): Issues in the Structural Reform of Chinese Agriculture. JCE 11/3, S.372-384.
Wildermuth, A. (1977): Bürokratie und Technokratie; in: Leuenberger/Ruffmann (1977), S.81-98.
Wilhelm, R. (1930): Chinesische Wirtschaftspsychologie. Leipzig.
Willeke, F.-U. (1980): Wettbewerbspolitik. Tübingen.
Willgerodt, H. (1964): Regeln und Ausnahmen in der Nationalökonomie; in: N.Kloten et al., Hrsg., Systeme und Methoden in den Sozialwissenschaften, S.697-725. Tübingen.
Williamson, O. (1984): The Economics of Governance: Framework and Implications. ZgS 140, S.195-223.
Willmott, W.E., Hrsg. (1972): Economic Organization in Chinese Society. Stanford.
Wilson, A.A. (1977): Deviance and Social Control in Chinese Society: An Introductory Essay; in: Wilson et al. (1977), S. 1-13.
—/Greenblatt, S.L./Wilson, R.W., Hrsg. (1977): Deviance and Social Control in Chinese Society. New York/London.
Wilson, R.W. (1977): Perceptions of Group Structure and Leadership Position as an Aspect of Deviance and Social Control; in: Wilson et al. (1977), S.52-66.
— (1981): Moral Behavior in Chinese Society: A Theoretical Perspective; in: Wilson et al. (1981), S.1-20.
—/Greenblatt, S.L./Wilson, A.A., Hrsg. (1981): Moral Behavior

in Chinese Society. New York.
—/Pusey, A.W. (1982): Achievement Motivation and Small Business Relationships in Chinese Society; in: Greenblatt et al. (1982), S.195-208.
Windisch, R. (1980): Staatseingriffe in marktwirtschaftliche Ordnungen; in: Streißler/Watrin (1980), S.297-339.
— (1987): Privatisierung natürlicher Monopole: Theoretische Grundlagen und Kriterien; in: R.Windisch, Hrsg., Privatisierung natürlicher Monopole im Bereich von Bahn, Post und Telekommunikation. Tübingen.
Winter, S.G. (1987): Natural Selection and Evolution. NPDE 3, S.614-617.
Witt, U. (1985): Economic Behavior and Biological Evolution: Some Remarks on the Sociobiology Debate. ZgS 141, S.365-389.
— (1987): Individualistische Grundlagen der evolutorischen Ökonomik. Tübingen.
Wittgenstein, L. (1971<1921>): Tractatus logico-philosophicus. Frankfurt a.M.
— (1971<1958>): Philosophische Untersuchungen. Frankfurt a.M.
Wolf, M. (1970): Child Training and the Chinese Family; in: Freedman (1970b), S.37-62.
— (1984): Marriage, Family, and the State in Contemporary China. PA 57/2, S.213-236.
Woll, A., Hrsg. (1983): Aktuelle Wege der Wirtschaftspolitik. Berlin.
Womack, B. (1979): Politics and Epistemology in China Since Mao. CQ 80, S.768-792.
— (1982): The 1980 County-Level Elections in China: Experiment in Democratic Modernization. AS XXII/3, S.261-277.
— (1984): Modernization and Democratic Reform in China. JAS XLIII/3, S.417-439.
Wong, C.P.W. (1982): Rural Industrialization in China; in: Barker et al. (1982), S.137-146.
— (1985): Material Allocation and Decentralization: Impact of the Local Sector on Industrial Reform; in: Perry/Wong (1985b), S.253-280.
— (1986): The Economics of Shortage and Problems of Reform in Chinese Industry. JCE 10/4, S.363-387.
— (1987): Between Plan and Market: The Role of the Local Sector in Post-Mao China. JCE 11/3, S.385-398.
Wong Siu-lun (1984): Consequences of China's New Population Policy. CQ 98, S.220-240.
Woon, Y.-F. (1983): The Voluntary Sojourner among the Overseas Chinese: Myth or Reality? PA 56/4, S.673-690.
— (1984): Social Organization in South China, 1911-1949. Ann Arbor.
Wortzel, H.V. (1983): Equity and Efficiency in the Distribution of Non-Food Consumer Goods in China. AS XIII/7, S.845-857.
Wu Jie/Lian Xisheng/Gui Dingren, Hrsg. (1984): Zhonghua renmin gingheguo xianfa shiyi. Falü chubanshe.
Wu Jinglian (1981): Shehuizhuyi de jingji biao; in: Zhongguo shehuikexue yuan jingji yanjiusuo jikan 2, S.1-33.
—/Zhao Renwei (1987): The Dual Pricing System in China's Industry. JCE 11/3, S.309-318.
Wu, J.C.H. (1967a): Chinese Legal and Political Philosophy; in: Moore (1967), S.213-237.
— (1967b): The Status of the Individual in the Political and

Legal Traditions of Old and New; in: Moore (1967b), S.340-364.
Wu Qianxia/Pan Pengfei (1984): Qian tan nongcun zhuanyehu de fazhan. JJKX 1984/2; S.42-45.
Wu Xuangong (1984): Wo guo de guojia suoyouzhi shizhishang shi shehuizhuyi de quanmin suoyouzhi. ZGJJWT 1984/2, S.1-6.
— (1985): San zhong zhanyou fangshi he suoyouquan jingyingquan de shedang fenkai. ZGJJWT 1985/5, S.1-8.
Wu Yusan (1982): Zhong xi gudai jingji sixiang bijiao yanjiu xulun; in: Deng Liqun et al. (1982), S.68-98.
Wuketits, F. (1987): Evolution als Systemprozeß: Die Systemtheorie der Evolution; in: Siewing (1987), S.453-474.
Wylie, R.F. (1979): Mao Tse-tung, Ch'en Po-ta and the "Sinification of Marxism", 1936-38. CQ 79, S.447-480.

Xi Yaoyong (1985): Zengqian qiye huoli, fazhan shangpin jingji. ZGJJWT 1985/4, S.16-21.
Xiang Qiyuan (1982): Economic Development and Income Distribution; in: Xu Dixin et al. (1982), S.102-129.
— (1985): Lun yanjiu shehuizhuyi shehui jingji guilü tixi de xianshi yiyi - lian yu yi xie tongzhi shangyang. JJKX 1985/4, S.1-5.
Xiao Ting et al. (1984): "Nong gong yi ti hua" shi nongcun jingji fada diqu tigao jingji xiaoyi de tujing. JJKX 1984/4, S.29-32.
Xie Zuquan (1985): Tan jianli heli de jiage tixi. ZGJJWT 1985/4, S.9-15.
Xu Dixin (1979): Lun shehuizhuyi de shengchan, liutong yu fenpei. Renmin chubanshe.
—, Hrsg. (1980a): Zhengzhi jingji xue ci dian, shang. Renmin chubanshe.
—, Hrsg. (1980b): Zhengzhi jingji xue ci dian, zhong. Renmin chubanshe.
—, Hrsg. (1981): Zhengzhi jingji xue ci dian, xia. Renmin chubanshe.
—, Hrsg. (1983): Jianming zhengzhi jingji xue ci dian. Renmin chubanshe.
— et al. (1982): China's Search for Economic Growth. Beijing.
Xu Dongbin (1984): An lao fenpei de san ge cengci he san zhong laodong xingtai wenti. ZGJJWT 1984/6, S.12-16.
Xu Jinshui (1985): Lun tequ jingji hongguan jihua zhidao xia de shichang tiaojie. ZGJJWT 1985/1, S.13-16.
Xu Jing'an (1987): The Stock-Share System: A New Avenue for China's Economic Reform. JCE 11/3, S.509-514.
Xu Jingyong (1984): Cujin zhuanye fengong, fazhan shangpin shengchan. ZGJJWT 1984/4, S.53-57.
— (1985): Jixu fazhan shangpin liang zhuanyehu de ji ge wenti. ZGJJWT 1985/3, S.24-28.
Xu Lu (1987): Industrial Corporations; in: Tidrick/Chen (1987c), S.281-296.
Xu Shenda (1985): "Baochou dijian lü" sixiang yanbian xiaoshi. JJKX 1985/1, S.65-70.
Xu Shuxin (1985):Shehui jizi chutan. ZGJR 1985/3, S.40-45.
Xue Muqiao (1983): Guanyu jingji guanli tizhi gaige lilun wenti de taolun; in: Hongqi chubanshe (1983), S.185-197.
— (1984): Anzhao keguan jingji guilü guanli jingji. JJGL 1984/12, S.7-11.
— (1985): Shehuizhuyi shengchan guanxi ying neng cujin shengchanli de fazhan. JJGL 1985/1, S.2-7.

— et al. (1982): Gongye jingji yu qiye guanli jiben zhishi jiangzuo. Zhongguo shehuikexue chubanshe.
Xue Shen/Ma Piao (1983): Jianchi shehuizhuyi daolu bixu shixing jihua jingji; in: Hongqi chubanshe (1983); S.170-184.

Yan Cunzeng et al. (1980): Ying ban maoyi huozhan da you biyao; in: Zhongguo shehui kexue yuan (1980), S.128-136.
Yang Bangjie/Tan Dingzhao (1982): Gongye qiye de jiben jianshe; in: Xue Muqiao et al. (1982): S.159-183.
Yang Binkun (1984): Gongzi xingshi zhi yi. ZGJJWT 1984/3, S. 14-18.
Yang, C.K. (1965a): The Chinese Family in the Communist Revolution; in: Yang (1965c).
— (1965b): A Chinese Village in Early Communist Transition; in: Yang (1965c).
— (1965c): Chinese Communist Society: The Family and the Village. Cambridge, Mass.
Yang Jianbai (1981): Shehui jingji tongjixue he shuli tongjixue tong yi bian; in: Zhongguo shehuikexue yuan jingji yanjiusuo jikan 2, S.34-70.
— (1985): Lun jihua jingji yu shangpin huobi guanxi. ZGJJWT 1985/4, S.2-9.
Yang Lien-sheng (1952): Money and Credit in China. Cambridge, Mass.
— (1957): The Concept of 'Pao' as a Basis for Social Relations in China; in: Fairbank (1957), S.291-309).
— (1969): Ming Local Administration; in: Hucker (1969), S.1-22.
Yang Peixin (1984): Wo guo shehuizhuyi yinhang. Jingji kexue chubanshe.
Yang Xunquan (1984): Liang zhong shehui biyao laodong shijian yu jiazhi de guanxi. ZGJJWT 1984/4, S.40-42.
Yang Xian/Li Shunrong (1985): Cong ge ren shouyi de fenpei kan shehuizhuyi jingji guilü tixi de zuoyong. JJKX 1985/1, S. 10-33.
Yang Zhexing/Wang Xiyi et al., Hrsg. (1985): Xindai jihua de lilun yu shijian. Zhongguo jinrong chubanshe.
Ye Jingzhi (1983): Bixu jianchi jihua jingji wei zhu; in: Hongqi chubanshe (1983), S.114-130.
Ye Lin (1988): Qiye zhidu bu wanshan shi daozhi huobi faxing guo duo de genben yuanyin. ZGJR 1988/6, S.53-55.
Yeh, K.C. (1984): Macroeconomic Changes in the Chinese Economy During the Readjustment. CQ 100, S.691-716.
Yi Changtai (1984): Jingji zhongxin yu liutong wangluo. ZGJJWT 1984/5, S.51-54.
Yin Shijie (1984): San zhong laodong xingtai ji qi ying yong. JJKX 1984/2, S.14-20.
Yu Cheung-Lieh (1974): Wirtschaftspolitische Prinzipien der VR China; in; Schickel (1974), S.171-198.
— (1975): Der Doppelcharakter des Sozialismus, 2 Bde. Berlin.
Yu, E.S.H. (1979): Overseas Remittances in Southeastern China. CQ 78, S.339-350.
Yu Shaojun (1984): Qian lun qiye "bian xing". JJGL 1984/5, S. 78-80.

Zafanolli, W. (1985): A Brief Outline of China's Second Economy. AS XXV, S.715-736.
Zahn, M. (1973): System; in: Krings et al. (1973), S.1458-1475.
Zeng Qiyuan (1982): Employment Creation and Economic Development; in: Xu Dixin et al. (1982), S.145-166.

Zeng Yongshou (1985): Jishu shangpinhua yu jingji xiandaihua. ZGJJWT 1985/6, S.19-23.
Zhang Chaozun (1985): "Jueding" dui Makesi Liening zhuyi you na xie zhongyao fazhan. JJKX 1985/1, S.14-19.
Zhang Hongxiang (1985): Guanyu jiazhi guilü jiujing ying bu ying he neng bu neng xianzhi de wenti. JJKX 1985/2, S.44-48.
Zhang Nanzhou (1984): Zou chu yi tao 'te shi te ban' xin luzi lai. ZGJJWT 1984/2, S.43-46.
Zhang Shaojun/Ma Shiru (1980): Jian mai gui mai bu shi shehuizhuyi shangye de guilü; in: Zhongguo shehuikexue yuan (1980), S.269-276.
Zhang Weida (1981): Lun jiazhi guilü zai shehuizhuyi jianshe zhong de zuoyong. Guilin renmin chubanshe.
Zhang Youren (1985): Jingji tizhi gaige zhong xuexi 'Chen Yun wenxuan' de tihui. JJKX 1985/3, S.1-8.
Zhang Zhenming (1985): Zhengque pingjia he duichi xifang guojia de qiye guanlixue zhong de "xingwei kexue". JJKX 1985/2, S.68-72.
Zhang Zhi (1986): Xian Qin he gu xila jingji sixiang bijiao. JJKX 1986/1, S.67-72.
Zhang Zhuoyan (1984): Zhuoye de lilun gongxian, shensui de sixiang qitu; in: Sun Yefang (1984), S.267-282.
— (1985): Lun shehuizhuyi shangpin jingji. JJKX 1985/1, S.1-7.
Zhao Jing (1986): Zhongguo gudai jingji sixian shi jianghua. Renmin chubanshe.
Zhao Lukuan/Yang Tiren (1988): Lun gongzi yu wujia de guanxi. ZGJZG 1988/4, S.22-26.
Zhao Xiaomin/Zhu Banshi/Zhao Zengyan (1981): Guanyu di er ci guonei geming zhanzheng shiqi dang de tudi zhengce ruogan wenti de chubu yanjiu; in: Zhongguo shehuikexue yuan jingji yanjiusuo ji kan 2, S.34-70.
Zheng Guanliang (1987): The Leadership System; in: Tidrick/Chen (1987c), S.297-312.
Zheng Ning (1984): Sun Yefang de liutong lilun yu jingji tizhi gaige de shijian; in: Sun Yefang (1984), S.312-325.
Zheng Yanchao (1984): Shengchanli yundong guilü yu jingji yundong guilü. JJKX 1984/2, S.23-27.
Zhi Xiaohe (1982): Lun qiye bufen suoyou; in: Deng Liqun et al. (1982), S.41-56.
Zhong Pengrong (1984): Li gai shui yu duo qu jiage. ZGJJWT 1984/2, S.19-23.
Zhong Xiefu et al., Hrsg. (1985): Touru chanchu yuanli ji qi yingyong. Zhongguo shehuikexue chubanshe.
Zhongguo guanli xiandaihua yanjiuhui, Hrsg. (1982): Zhong Ri guanli xiandaihua wencui. Henan renmin chubanshe.
Zhongguo jingji tizhi gaige yanjiuhui, Hrsg. (1984): Jingji tizhi gaige ruogan lilun wenti lunji. Fujian renmin chubanshe.
Zhongguo shehuikexue yuan caimao wuzijingji yanjiusuo/shangye bu jiaoyu ju, Hrsg. (1980): Lun shangpin liutong. Zhongguo shehui kexue chubanshe.
Zhou Cheng et al., Hrsg. (1985): Shehuizhuyi nongye laodong jingji yu guanli wenti gailun. Nongye chubanshe.
Zhou Qinying (1984): Zhengzhi jingji xue yao shengchan, fenpei, jiaohuan, xiaofei de xianghu zhijue zhong yanjiu shengchan guanxi. JJKX 1984/6, S.3-9.
Zhou Shulian (1984): Lun gongye zhong shengchan he shuili de tongbu zengzhang. ZGJJWT 1984/4, S.21-27.
Zhou Taihe et al., Hrsg. (1984): Dangdai Zhongguo jingji tizhi gaige. Zhongguo shehuikexue chubanshe.

Zhou Xiaoquan/Zhu Li (1987): China's Banking System: Current Status, Perspective on Reform. JCE 11/3, S.399-409.
Zhou Yongjin (1985): Shi lun wo guo xian jieduan jingji jianshe de xin zhanlüe. JJKX 1985/2, S.28-33.
Zhou Zhiqun/Liu Jiajin (1984): Guanyu wo guo bu fa da diqu shengchanli fazhan de ji ge wenti. JJKX 1984/2, S.27-33.
Zhuang Zongming (1985): Bo zichan jiji xuezhe dui Makesi zhuanxing lilun de feiyi. ZGJJWT 1985/5, S.45-50.
Zi Zhongyun (1987): The Relationship of Chinese Traditional Culture to the Modernization of China. AS XXVII/4, S.442-458.
Zilsel, E. (1976): Die sozialen Ursprünge der neuzeitlichen Wissenschaft. Frankfurt a.M.
Zimmerman, L.-J. (1975): Nicht-monetäre Kapitalbildung und Unterbeschäftigung auf dem Lande; in: Priebe (1975), S.37-54.
Zimmermann, K.F. (1986): Die ökonomische Theorie der Familie; in: B.Felderer, Hrsg., Beiträge zur Bevölkerungsökonomie, S.11-63.
Zinn, K.-G. (1972): Arbeitswertlehre. Herne.
Zuravlev, V.Ja. (1985): Kitajskoe obščestvovedenie o nekotorych voprosach socialističeskogo stroitel'stva. PDV 1985/1, S. 120-131.
Zuo Mu (1984): Price Ratios Among Agricultural Products Must Be Well Adjusted. CES XVIII/1, S.16-19.
— (1985): Bixu dui xianxing gongzi zhidu jinxing genbenxing gaige. JJGL 1985/2, S.8-11.
Zweig, D. (1983): National Elites, Rural Bureaucrats, and Peasants: Limits on Commune Reform in China; in: Morse (1983), S.65-86.
— (1985): Peasants, Ideology, and New Incentive Systems: Jiangsu Province, 1978-1981; in: Parish (1985), S.141-163.
— (1986): Prosperity and Conflict in Post-Mao Rural China. CQ 105, S.1-18.

Bei Fragen zur Produktsicherheit wenden Sie sich bitte an:
If you have any questions regarding product safety,
please contact:

Walter de Gruyter GmbH
Genthiner Straße 13
10785 Berlin
productsafety@degruyterbrill.com